Erfolgsunternehmen – empirisch belegte Wege an die Spitze

Hanno Goffin

Erfolgsunternehmen – empirisch belegte Wege an die Spitze

Wie erlangen führende Unternehmen besondere Ergebnisse?

 Springer Gabler

Hanno Goffin
VIP-Unternehmensberatung
Ratingen, Deutschland

ISBN 978-3-662-59818-4   ISBN 978-3-662-59819-1 (eBook)
https://doi.org/10.1007/978-3-662-59819-1

Die Deutsche Nationalbibliothek verzeichnet diese Publikation in der Deutschen Nationalbibliografie; detaillierte bibliografische Daten sind im Internet über http://dnb.d-nb.de abrufbar.

Springer Gabler
© Springer-Verlag GmbH Deutschland, ein Teil von Springer Nature 2020

Springer Gabler ist ein Imprint der eingetragenen Gesellschaft Springer-Verlag GmbH, DE und ist ein Teil von Springer Nature.
Die Anschrift der Gesellschaft ist: Heidelberger Platz 3, 14197 Berlin, Germany

Inhaltsverzeichnis

Teil I

Was macht den Erfolg?

Was bisher geschah

1

Es gibt einige wenige, dauerhaft erfolgreiche Unternehmen und eine riesige Anzahl von Unternehmen in einem Mittelfeld, die nur sehr durchschnittliche Ergebnisse erzielen. Was macht den Erfolg aus? Sind es geniale Ideen zur richtigen Zeit, besonders erfolgreiche Unternehmensführer, eine magische Unternehmenskultur oder ein besonders diszipliniertes Management? Oder eine faszinierende Kombination von vielen Faktoren? Sind Unternehmen aufgrund der Märkte, Technologien und Aktivitäten in gewissen Branchen einfach erfolgreicher? Wie schaffen es Unternehmen, vom Krisenunternehmen an die Spitze der besten Unternehmen zu kommen?

In den letzten 35 Jahren gab es verschiedene, breit angelegte Forschungsvorhaben mit dem Ziel, endlich den Erfolg der wenigen, besonders herausragenden Unternehmen zu erklären und zu duplizieren. Es wurden Prinzipien und Handlungsanweisungen für den maximalen Unternehmenserfolg in allgemeingültiger Art abgeleitet. Die Untersuchungen brachten viele valide Ergebnisse, manche wurden auch aufgrund ihres Vorgehens und ihrer Auswahlmethodik kritisiert.

Häufiger Kritikpunkt war, dass viele Untersuchungen die Auswahl langfristig erfolgreicher Unternehmen und der dort beobachteten Methoden nicht daraufhin überprüften, inwiefern nicht betrachtete, untergegangene Unternehmen gleichfalls diese Methoden angewandt hatten („survival bias"). Waren es tatsächlich diese Konzepte, die den Erfolg brachten? Die freie Auswahl eines Beobachtungszeitraumes in Untersuchungen gab gleichfalls Anlass zur Kritik. Bei einem leicht veränderten Zeitraum hätten andere Unternehmen als Spitzenunternehmen betrachtet werden müssen. Die Auswahl war bei einer Verschiebung der Periode nicht mehr zutreffend, andere Unternehmen wären ggf. in die Auswahl gekommen. Das bedeutet jedoch nicht zwangsläufig, dass die Ergebnisse andere gewesen wären. Die Analysen entlang eines langen Zeitraumes haben mit ihren Ergebnissen großartige Beiträge zum Verständnis des Unternehmenserfolgs und für die Ableitung valider Erfolgsprinzipien geleistet, die sich auch in weiteren Untersuchungen bestätigen.

© Springer-Verlag GmbH Deutschland, ein Teil von Springer Nature 2020
H. Goffin, *Erfolgsunternehmen – empirisch belegte Wege an die Spitze*,
https://doi.org/10.1007/978-3-662-59819-1_1

Zu Beginn des vorliegenden Buches werden einige bekannte, zumeist in Bestseller-Büchern veröffentlichte Resultate der letzten 20 Jahre in einem Überblick zusammenge-fasst. Diese Ergebnisse brachten wichtige konzeptionelle Empfehlungen und Handlungs-anweisungen darüber, was zu herausragendem Erfolg beiträgt. Sie behandelten jedoch im Allgemeinen nicht das „Wie" der detaillierten Umsetzung, was auch nicht Ziel der Unter-suchungen war. Zahlreiche andere Analysen und empirische, statistisch signifikante Er-gebnisse der letzten 20 Jahre von renommierten Instituten und Beratungen erbrachten tie-fere Einblicke in die Methoden – das „Wie" der erfolgreichen Umsetzung. Diese Ergebnisse liegen in tausenden wissenschaftlichen Veröffentlichungen, Praxisberichten, Datenbanken und Archiven großer Unternehmensberatungen bereit, stehen jedoch dem Manager in der Praxis schon aus zeitlichen Gründen nicht zur Verfügung.

Spitzeninstitute wie Stanford, Harvard, MIT und viele weitere mit ihren Weltklasse-Management- und Wirtschaftsexperten und internationale Unternehmensberatungen er-fassen in tausenden Beiträgen mit Daten tausender Unternehmen eine Vielzahl erfolgrei-cher Methoden und realer Ergebnisse des „Wie". Welcher Manager kann nach einer 60-Stundenwoche die Recherchearbeit aufnehmen, um aus dieser Vielzahl von Quellen die maßgeblichen herauszufiltern, zu analysieren, Handlungsempfehlungen abzuleiten und in einem Konzept zusammenzufassen?

Die systematische Aufarbeitung der Ergebnisse aus großen Datenbanken und Erfah-rungsberichten von Unternehmensberatungen wie McKinsey, Bain & Company, CEB, Egon Zehnder u. a. und aus Archiven tausender Artikel der weltweit führenden Manage-mentexperten ist eine Herausforderung. Diese Aufgabe hat sich das vorliegende Buch ge-stellt. Sie bietet dem interessierten Manager in kompakter Form einen Überblick der Er-gebnisse mit klaren Handlungs- und Umsetzungsempfehlungen. Aufgrund dieser außergewöhnlich hohen Dichte ist das Buch nicht einfach und schnell zu lesen, jedoch viel einfacher und schneller, als auch nur ein kleiner Bruchteil der hier zusammengefassten Untersuchungen dazu, wie Erfolg erreicht werden kann.

Die Darstellung einer besonders breiten Vielfalt der Aspekte der Unternehmensführung in zwölf Kapiteln bedingte andererseits eine Beschränkung der Anzahl der Fallbeispiele, um den Umfang des Buchs noch in einem realisierbaren Rahmen zu halten. Dem erfahre-nen Leser werden aus eigener Erfahrung weitere Beispiele präsent sein. Aufgezeigte Fra-gestellungen werden ihm ein Déjà-vu entlocken und den Weg zu neuen Lösungsideen öffnen.

Über tausend Untersuchungen, Bücher, Berichte und Daten der weltbesten Manage-ment- und Wirtschaftsexperten, Institute und internationalen Unternehmensberatungen wurden analysiert, verglichen und ihre Ergebnisse mit dem Fokus auf die erfolgreiche Umsetzung des „Was" durch ein „Wie" zusammengefasst. Sie geben den empirisch viel-fach belegten Einblick in die Methoden, die den Erfolg herausragender Unternehmen oder einzelner Erfolgsinitiativen ausmachen.

Die Grundlagen des „Wie" sind bekannt und überall zugänglich. Die Anwendung der Grundlagen des „Wie" werden deshalb auch nicht den Unterschied erklären können zwi-schen den durchschnittlichen Unternehmen und den wenigen besonders erfolgreichen. Es geht um den feinen, kleinen Unterschied. Deshalb wird hier nicht auf Grundlagen und bekannte Methoden eingegangen. Sie werden vorausgesetzt. Aufgezeigt werden Methoden und Ergebnisse, die im Allgemeinen nicht in Lehrbüchern und allgemeinen Seminaren zu den Themen genannt werden. Gezeigt werden besondere Methoden, die diesen Unterschied ausmachen und im Erfolg dennoch mit breiter, empirischer Grundlage belegt sind. Es ist eine Auswahl besonderer Maßnahmen mit besonderen Resultaten.

Das Augenmerk wurde auf Ergebnisse gelegt, die in ihrer Wenn-dann-Beziehung aufzeigen, wie Maßnahmen den Erfolg unterstützen. Die früher gern angewendete Methode der Übernahme bzw. Kopie sogenannter Best-practice-Methoden aus anderen Unternehmen in das eigene Unternehmen war selten erfolgreich. Sie führte trotz hohen Aufwandes zu enttäuschenden Ergebnissen. Jedes Unternehmen ist anders in seiner Kultur, seinem Führungsstil, seinen Werten, in seiner Personalauswahl, seinen Bewertungssystemen, seiner Unternehmensgeschichte, seinen Organisationsformen, Prozessen, in seinem Markt und einer großen Vielzahl anderer Parameter und Details. Beim Vergleich von tausenden Unternehmen mit ganz unterschiedlichen Grundbedingungen, aus denen Methoden resultieren, die übergreifend zum Erfolg führen, eröffnet sich eine empirisch belegte Perspektive. Ergebnisse werden allgemeingültiger. Um die mögliche Verzerrung auszuschließen, die automatisch entsteht, wenn nur die besonders erfolgreichen Unternehmen betrachtet werden, wurde auch immer wieder die Klasse der am wenigsten erfolgreichen Unternehmen in die Untersuchungen miteinbezogen.

Dennoch: Selbst die Anwendung aller Ergebnisse, die in sehr vielen Unternehmen zu langfristigem Erfolg führt, gibt keine Garantie auf Erfolg im eigenen Unternehmen. Wirtschaftsprofessor Rosenzweig beschrieb in seinem Buch *Der Halo Effekt*, die Managementliteratur mit Analysen der Unterschiede von Managementmethoden in erfolgreichen und weniger erfolgreichen Unternehmen überschätze die Auswirkungen des Führungsstils und der Managementpraktiken auf den Geschäftserfolg. In der Tat gibt es zahlreiche weitere Einflüsse. Noch nicht einmal der beste Manager wird Produkte ohne Nachfrage zu einem Verkaufsschlager entwickeln können. Inzwischen gibt es jedoch statistisch sehr signifikante und belegte Ergebnisse großer Stichproben. Sie zeigen den tatsächlichen Grad, die Korrelation und dementsprechend auch die Grenzen des Einflusses guter Managementmethoden. Auch diese Ergebnisse werden aufgezeigt.

Die Anwendung der Wege des „Was" mit empirisch belegten Methoden des „Wie" wird die Wahrscheinlichkeit des Erreichens deutlicher Verbesserungen mittelfristiger Ergebnisse dramatisch steigern. Das Vorgehen in Form einer systematischen Recherche, Auswertung und miteinander in Bezug setzen der Daten und Methoden aus dem großen Pool der in der Welt vorhandenen Ergebnisse wird einer eher zufälligen Auswahl aus persönlich bekannten, jedoch dementsprechend auch zwangsläufig immer eingeschränkteren Auswahl von Methoden überlegen sein.

Laden Sie die weltbesten Managementexperten und Unternehmensberatungen mit ihren Ergebnissen aus diesem Buch in Ihr Unternehmen ein!

Besonders bekannt aufgrund des Bestsellererfolgs sind die Untersuchungen von Collins bzw. Collins und Hansen unter dem Titel *Der Weg zu den Besten* und *Oben bleiben*.

Immer. Weitere maßgebliche Untersuchungen der letzten fünfzehn Jahre sind u. a. die von Nohria, Joyce und Roberson, *What really works*, und von Bailom, Matzler, Tschemernjak „Was Top-Unternehmen anders machen" sowie Raynor und Ahmed, *The Three Rules: How exceptional companies think.*

Im ersten Kapitel werden die wichtigsten Grundzüge der genannten und weiterer Werke aufgezeigt und zusammengefasst. Das gibt den schnellen, effektiven Überblick über das „Was". In den folgenden elf Kapiteln mit den nachweislichen Erfolgsmethoden des „Wie" wird die Umsetzung belegt.

Erfolgsfaktoren in den verschiedenen Studien waren im Allgemeinen Finanzkennzahlen wie die Entwicklung des Aktienwertes inklusive Dividenden (TRS), die Rendite auf dem investierten Kapital sowie die Umsatz- und Gewinnentwicklung. Die Wege zu den besten Ergebnissen in diesen Erfolgsfaktoren sind der Inhalt von 12 Kapiteln.

Die herausragenden, sogenannten 10X-Unternehmen der Veröffentlichung von Collins und. Hansen mussten den Branchenindex des Aktienmarkts um mindestens das Zehnfache übertroffen haben. Sie wurden mit einem Unternehmen der gleichen Branche mit möglichst ähnlichen Merkmalen bezüglich Alter, Größe und Startbedingungen im Untersuchungszeitraum verglichen. Der direkte Vergleich der besonders erfolgreichen Unternehmen mit ähnlichen Unternehmen, welche in ähnlichen Bedingungen und ähnlicher Position gestartet waren, jedoch keine herausragenden Ergebnisse erzielten, ist die Stärke der Untersuchung von Collins. Bei der Analyse der Ergebnisse muss jedoch beachtet werden, dass die Erkenntnisse auf der Basis einer kleinen Stichprobe von ausgewählten Unternehmen basieren.

Die besondere Stärke der Untersuchung von Nohria, Joyce, Roberson ist die Tatsache, dass hier nicht nur zwischen Sieger- und Verliererunternehmen unterschieden wird, sondern im Untersuchungszeitraum auch Unternehmen berücksichtigt werden, die sich innerhalb dieser Zeit entweder als Aufsteiger oder als Absteiger durch eine Veränderung ihrer wirtschaftlichen Entwicklung herausstellten.

Die besondere Stärke der im Weiteren vorgestellten Untersuchung von Bailom, Matzler und Tschemernjak ist die statistische Methode, die zur eingehenden Validierung der Erfolgsparameter aufwendige statistische Algorithmen untersucht. Diese Methodik gestattete auch eine statistisch-quantitative Bewertung der Höhe des Einflusses der Erfolgsfaktoren und der dazugehörigen Erfolgstreiber. Außerdem hatten die Autoren einen starken europäischen Fokus im Unterschied zu anderen großen Studien. Sie werteten die Daten von 1100 europäischen und 200 amerikanischen Unternehmen aus. In ihr Modell gingen die Ergebnisse von ca. 900 Geschäftseinheiten ein.

Die Untersuchung von Raynor und Ahmed wandte Auswahlkriterien zur Identifikation der erfolgreichsten Unternehmen aus dem großen Feld der von 1966–2010 im US-Aktienmarkt jemals notierten Unternehmen an. Dies führte zu einer sehr engen Auswahl von weniger als 1 % Top-Unternehmen. Die Autoren konnten zwei gemeinsame Regeln ableiten, zu deren Umsetzung des „Wie" jedoch ausdrücklich keine weiteren Aussagen im Rahmen der Untersuchung möglich waren.

1.1   Der Weg zu den Besten

In seinen aufsehenerregenden Untersuchungen betrachtete Jim Collins besonders herausragende Unternehmenserfolge im Vergleich zum Gesamtmarkt und ihre Ursachen über einen langen Zeitraum von 30 Jahren: 1972 bis 2002 (Collins 2011). Collins wird seit Jahren in der Thinkers50-Liste, einem globalem „ranking of management thinkers" geführt. Er hat mit seinen Werken maßgebliche Beiträge zur Anleitung und Erklärung des Erfolgs der Top-Unternehmen der Welt im Vergleich zu ihren Wettbewerbern geleistet. Collins betrachtete Unternehmen, die sich zunächst nach einer langen durchschnittlichen Leistung schlagartig zu hervorragenden Unternehmen entwickelten und den Erfolg über mindestens fünfzehn Jahre halten konnten. Der Erfolg wurde an einer herausragenden Entwicklung im Aktienmarkt gemessen. Diese Unternehmen wurden mit Unternehmen verglichen, die zu dem Startzeitpunkt über vergleichbare Möglichkeiten und Chancen verfügten, jedoch nicht diesen dramatischen Wachstumssprung mit einem derartig nachhaltigen Erfolg schafften. Was erklärte den Erfolg der einen Gruppe gegenüber allen anderen? Über verschiedene Kriterien des Erfolgs wurden aus der breiten Masse der Unternehmen im US-Aktienmarkt in drei Stufen und einem rigorosen Auswahlprozess elf Unternehmen identifiziert, die er als die herausragenden „Take-off-Unternehmen" bezeichnete.

1.1.1   Sieben Prinzipien des Erfolgs

Collins leitete aus den Analysen die Anwendung von sieben Prinzipien des Erfolgs ab, die den nachhaltigen Unterschied zu den Vergleichsunternehmen erklären. Ziel war ein dauerhaft lebensfähiges Unternehmen, dessen langfristiger Erfolg nicht auf einer Führungspersönlichkeit oder Geschäftsidee basiert und in dem zentrale Werte und Ziele dauerhaft verankert sind.

1. **Level-5-Führungsqualität:** Herausragende Level-5-Führungskräfte identifizieren, die sich auf das Unternehmen und nicht auf sich selbst fokussieren. In persönlicher Bescheidenheit *und* professioneller Entschiedenheit bauen sie Unternehmen auf, die auch ohne sie funktionieren, bewahren den Kern und fördern die Weiterentwicklung
2. **Erst wer, dann was:** Herausragende Mitarbeiter identifizieren, deren herausragende Einstellung und Charakter wichtiger sind als spezifisches Wissen und Erfahrung: „Erst wer, dann was."
3. **Der Realität ins Auge blicken:** Entscheidungen auf Basis der Faktenlage und den zentralen Werten treffen, Weiterentwicklungen fördern
4. **Igel-Prinzip:** Die Passion zu haben, im Einsatz, im Kerngeschäft, der Beste zu werden;den wirtschaftlichen Motor identifizieren, der die größte Auswirkung auf die Unternehmensentwicklung hat

5. **Eine Kultur der Disziplin:** Eine nachhaltige Kultur der Disziplin mit disziplinierten Menschen, Denken und Handeln fördern
6. **Technologie als Beschleunigungsfaktor:** Sie dient den zentralen Unternehmenswerten und beschleunigt das Schwungrad der Unternehmensentwicklung zu den hohen Zielen.
7. **Schwungrad statt Teufelskreis:** Das Momentum des Schwungrades sorgt für nachhaltige Beschleunigung einer evolutionären Weiterentwicklung für revolutionäre Resultate.

1.1.2 Führung, die den Unterschied macht

An der Spitze dieser von Collins untersuchten, besonders erfolgreichen Unternehmen standen ausnahmslos herausragende, als Level-5 bezeichnete Führungskräfte, die sich durch eine persönliche Bescheidenheit, gepaart mit einer außerordentlichen Willenskraft, Fleiß und starker Disziplin, auszeichneten. In ihrem Zentrum stand die Absicht, ein Unternehmen mit sie selbst überdauerndem bleibenden Wert zu schaffen. Sie schafften im Unternehmen Systeme, die den Erfolg auch ohne ihre Präsenz nachhaltig sicherstellten. Diese Führungskräfte unterscheiden sich klar vom Typ der charismatischen, autoritären Führungskraft, die nach den Ergebnissen von Collins nicht in der Lage ist, langfristigen Erfolg zuverlässig zu gestalten. Herausragende Führung erfolgt primär durch das Stellen der richtigen, offenen Fragen anstelle des Beginns mit „Antworten". Collins unterscheidet Level-5 Persönlichkeiten von Level-4-Führungskräften, die als erfolgreiche, effektive Manager mit klaren überzeugenden Visionen konsequent Ziele mit hoher Leistung umsetzen und eine effiziente Organisation zu vorgegebenen Zielen führen. Der Level-3-Manager zeichnet sich aus, indem er es schafft, Mitarbeiter und alle weiteren Ressourcen zur effektiven und effizienten Umsetzung der vorgegebenen Ziele zu organisieren.

Die herausragenden Erfolgsunternehmen zeichneten sich gleichzeitig durch eine besondere Methode in der Personalauswahl aus. Erfolgreiche Persönlichkeiten müssen nicht geführt und motiviert werden, da sie über ein hohes Maß an Eigenmotivation verfügen. Erfolgsunternehmen fanden zuerst die richtigen Leute mit herausragenden Fähigkeiten und Einstellungen und legten in der Folge fest, was sie erzielen sollten: „zuerst wer, dann was". Hervorragende Führungskräfte sind in den Unternehmen in der Lage, später festgelegte Formen der Strategie und der Organisation sowie andere Aufgaben unter allen Bedingungen umzusetzen. In der Personalauswahl der Erfolgsunternehmen zeigte sich im Vergleich zu anderen, dass die Arbeitseinstellung entscheidender war als die konkrete, detaillierte fachliche Erfahrung. Der herausragende Mitarbeiter ist stärker durch die Charaktereigenschaften und natürlichen Fähigkeiten gekennzeichnet als durch die Ausbildung eines spezifischen fachlichen Wissens und sehr spezifischer Berufserfahrung.

Die Erfolgsunternehmen setzten die besten Leute auf den Bereich der besten Chancen und weniger auf die Bereiche der größten Probleme. Die Vergleichsunternehmen verhielten sich eher entgegengesetzt und erkannten nicht, dass die Lösung von Problemen maximal zu einem guten, jedoch nicht herausragenden Unternehmen führen kann. Der Einsatz von Motivation und Bonussystemen oder die Höhe der Gehälter des oberen Managements zeigte keine Korrelation zum Unternehmenserfolg. Entscheidend war es nicht, die Motivation der hervorragenden Leute zu fördern, da diese sich selbst motivieren und den Zielen verpflichtet sind, sondern eine Demotivation durch falsche Maßnahmen auszuschließen.

Die Führungskräfte in den Top-Unternehmen zeichneten sich durch strenge Disziplin aus und blickten der Realität offen ins Auge. In der Entscheidungsfindung und der anschließenden Umsetzung herrschte ein sehr diszipliniertes Denken, in dem grundsätzlich alle Fakten berücksichtigt wurden und auch negative Tatsachen nicht ausgeblendet waren. Es gab die klare Maßgabe, keine Schwierigkeiten zu verbergen und ein Klima der schonungslosen Offenheit zu fördern, bei der Mitarbeitern auch bei besonderen Schwierigkeiten ein wertschätzendes Gehör gegeben wurde. In der Umsetzung auf dem Weg zum Ziel waren die Erfolgsunternehmen flexibel und auch in der Lage, auf der Basis von neuen Tatsachen die Wege zu modifizieren. Alle Unternehmen überstanden auf dem Weg zur Spitze auch wichtige Krisen, in denen jedoch der feste Glaube an ein erfolgreiches Ende stets beibehalten wurde.

1.1.3 Fuchs oder Igel – in drei Kreisen einfach mit Leidenschaft zum Erfolg

Füchse verfolgen viele Ziele gleichzeitig und erfassen die Welt in hoher Komplexität und sind dabei auf verschiedenen Ebenen gleichzeitig in Aktion, ohne dies in ein zusammenhängendes klares Konzept zu integrieren. Das Igelprinzip reduziert komplexe Zusammenhänge auf einen zentralen Punkt in einer einfachen Ebene. Was außerhalb dessen liegt, wird nicht beachtet. Die erfolgreiche Ausrichtung der Top-Unternehmen wird als „Igel-Prinzip" im Gegensatz zum „Fuchs-Prinzip" identifiziert. Führungspersönlichkeiten herausragender Unternehmen waren meisterhaft in der Konzentration und Vereinfachung auf grundlegende Geschäftsprinzipien und ein Geschäftsmodell. Es wurde nach entsprechender Identifikation, Diskussion, Entscheidungsfindung und Definition mit harter Konsequenz und strenger Disziplin umgesetzt. Alle Nebenaktivitäten und vermeintlichen zusätzlichen Gelegenheiten außerhalb der Definition eines engen Kerns und eines Modells der Kohärenz wurden gestrichen. Es wurden klare Prozesse identifiziert, in denen das Unternehmen am besten sein kann, und die als Kraftstoff für den wirtschaftlichen Motor funktionieren. Über allem stand eine starke Leidenschaft der Führungsmannschaft und der Mitarbeiter für das Geschäft und das Unternehmen mit seinen Zielen.

Das Igelprinzip setzt sich aus drei Kreisen zusammen, die sich überschneiden und deren Schnittmenge der Kern des Geschäftskonzepts ist. Die drei Kreise des Igelprinzips beantworten die drei Fragen:

1. **Worin können wir die Besten werden?** Hier geht es nicht um ein Kerngeschäft, in dem man dank Kompetenz sehr gut ist, jedoch nicht zwangsläufig der Beste werden kann, sondern um die Identifikation der Fähigkeiten, die das Unternehmen eindeutig besser kann als alle anderen.
2. **Was ist unser wirtschaftlicher Motor?** Es geht darum, den besten wirtschaftlichen Quotienten zu definieren, aus dem ein nachhaltig robuster Kapitalfluss und eine hohe Profitabilität gewonnen werden.
3. **Was ist unsere Passion?** Hier geht es um Geschäftsaktivitäten, die mit Enthusiasmus und wirklicher Leidenschaft betrieben werden.

Entscheidend ist die Einfachheit dieser strategischen Grundlagen, die in den Top-Unternehmen in einem langen Prozess über Jahre zum tatsächlichen Durchbruch führten. Die Entwicklung dieses Prinzips in dieser Einfachheit sichert auch für alle Mitarbeiter eine klare Führung und fördert das Verständnis in der täglichen Entscheidungsfindung. Wachstum selbst war bei den Top-Unternehmen nicht das Geschäftsprinzip, sondern die Konsequenz aus der Umsetzung des Igelprinzips, bei demFokus und Kohärenz eine Rolle spielen. Beachtenswert ist, dass die Top-Unternehmen sich nicht durch dramatische Veränderungsprozesse entwickelten, sondern durch eine strenge Kontinuität und Einsicht in die grundlegenden Elemente des Erfolgskonzepts. Der Start der Entwicklung zum herausragenden Unternehmen war kein spezifisches Veränderungsprogramm, sondern der kohärente Beginn eines langfristigen Konzepts. Es gab keine entscheidende Maßnahme oder dramatische Innovation, die den Beginn markierte. Weniger erfolgreiche Vergleichsunternehmen setzten häufiger aufwendig kommunizierte Veränderungsprogramme ein, die jedoch meist allenfalls kurzfristige Erfolge erzielen konnten. Der darauffolgende Einsatz weiterer neuer Programme stoppte den Schwung zuvor beschlossener Maßnahmen und sorgte für Enttäuschung und unklare Orientierung bei den Mitarbeitern.

1.1.4   Fokus und Kohärenz – keine Ablenkung bitte

Die erfolgreichen Geschäftsentwicklungen ergaben sich durch die langfristig disziplinierte Berücksichtigung des Geschäftsprinzips der Kohärenz und des Fokus, und nicht durch das Ergreifen vermeintlich attraktiver Geschäftschancen mit weiteren Produkten oder in verwandten, vermeintlich attraktiveren Branchen. Die Übernahme von Firmen betrachteten die erfolgreichen Unternehmen stets streng innerhalb ihres Kohärenz-Prinzips, um den eigenen Wachstumsschwung weiter zu verstärken. Sie war jedoch in keinem Fall erfolgreich durch besondere Firmenübernahmen mit dem Ziel eines schnellen Wachstumsdurchbruchs für das Unternehmen.

1.1.5 Kultur vor Technologien – in schöpferischer Disziplin zum Erfolg

In der Kultur der Unternehmen standen große schöpferische Disziplin und Unternehmergeist an der Spitze. Bürokratie wurde als Zeichen wachsender Inkompetenz und mangelnder Disziplin identifiziert. Die Kultur der Disziplin entwickelte sich in diesen Unternehmen nicht unter Druck, sondern im Rahmen von schöpferischer Freiheit und Eigenverantwortung. Disziplinierte Mitarbeiter konnten sich in dem vorgegebenen Rahmen weitgehend selbstständig führen. Der Unterschied zwischen den Top-Unternehmen und weiteren guten Unternehmen bestand insbesondere auch darin, dass die herausragenden Unternehmen eine dauerhafte Kultur der Disziplin implementieren konnten, während andere Unternehmen diese über die Ausübung von Macht gewannen. Streng überwachte Disziplin ist oft erfolgreich zur Erzielung kurzfristiger Ergebnisse. Sie kann jedoch kein nachhaltiges, dauerhaftes Wachstum sicherstellen. Aufgrund der hohen Disziplin und Kompetenz der Mitarbeiter der Top-Unternehmen konnten bürokratische Kontrollstrukturen abgebaut werden. Das Management war weniger mit dem Management der Mitarbeiter beschäftigt und konnte sich stärker auf das Management eines gut installierten Geschäftssystems konzentrieren, welches mit Disziplin umgesetzt wurde. Wichtiges Merkmal der kulturellen Werte der Unternehmen war die Tatsache, dass Sinn und Ziel der Aktivität des Unternehmens deutlich über den rein wirtschaftlichen Profit hinaus betrachtet wurde. Der Wert an sich war im Vergleich der Top-Unternehmen weniger entscheidend als die Tatsache der Existenz zentraler Werte, die Unternehmen und Mitarbeitern langfristig eine wichtige Rolle, Aufgabe und Sinn vermitteln konnten.

In den herausragenden Wachstumsunternehmen war der Einsatz der richtigen Technologien ausgesprochen wichtig. Collins unterstreicht dennoch, dass eine Kultur der klaren Ausrichtung, Disziplin und hervorragenden Führung der entscheidende Auslöser des Erfolgs war und nicht die Einführung neuer Technologien. Die Spitzenposition der Unternehmen resultierte aus dem richtigen Management. Technologische Veränderungen waren nicht die Ursache für den Aufbau oder den Abstieg von Unternehmen. Der Erfolg lag im Management, in der Führung, der Kultur und in den Werten des Unternehmens begründet.

Dies wird auch belegt durch die Tatsache, dass viele technologische Pioniere der jüngeren Wirtschaftsgeschichte bald wieder vom Markt verschwanden und durch andere Unternehmen mit hervorragendem Management in ihrer Position ersetzt wurden. Top-Unternehmen nutzen die modernen Techniken zur Weiterentwicklung ihrer Geschäftsmodelle innerhalb ihres Fokus und Geschäftsprinzips. Der Drang zum Erreichen einer absoluten Spitzenposition mit hervorragenden Standards ist entscheidend. Dies kann nicht hervorragende Technologie leisten, sondern ist eine Frage der Einstellung aller Mitarbeiter.

Technologien werden im Rahmen des Geschäftsprinzips sorgfältig ausgewählt und treiben anschließend die Beschleunigung des Wachstums massiv an. Collins zeigt dementsprechend auf, dass die Führungs- und Unternehmenskultur der zentrale Punkt des Erfolgs ist. Dem Aspekt der Entwicklung einer erfolgreichen Unternehmenskultur wird in Kap. 9 ein breiter Raum mit empirisch belegten Erfolgstools eingeräumt.

1.2   Oben bleiben- Immer

Warum haben sich manche Unternehmen auch unter hoher Unsicherheit, Chaos und starken Marktveränderungen mit herausragenden Erfolg durchgesetzt? Zahlreiche andere
Unternehmen blieben jedoch zurück. Was macht den Unterschied aus?

Basis der Untersuchung waren Daten der Jahre 1971 bis 2002, aus denen wiederum in
einem mehrstufigen Auswahlprozess Unternehmen ausgewählt wurden (Collins und Hansen
2012). Kriterien waren außergewöhnliche Aktienrendite, Größe des Unternehmens und Zugehörigkeit zu einer Branche, die von besonderer Unsicherheit charakterisiert war. Entscheidend war, dass die ausgewählten Unternehmen sich seit dem Bestehen von einer jungen oder
kleinen Firma zu einem großen Unternehmen entwickelt hatten und sie über mindestens
fünfzehn Jahre eine hohe Aktienrendite unter Vermeidung von starken Schwankungen im
Branchenvergleich erzielen konnten. Die ausgewählten 10X-Unternehmen mussten in dem
Beobachtungszeitraum den jeweiligen Branchenindex um mindestens das 10-fache
übertroffen haben. Sie überflügelten in ihrer Gesamtheit diese Benchmark sogar um den
Faktor 32.

Fluggesellschaften, Versicherungen, Computerfirmen, elektronische Bauteile, Biotechnologie und Medizinzubehör waren die Branchen, die von besonderer Unsicherheit oder chaotischen Verläufen infolge wichtiger Ereignisse in der Zeit geprägt waren, die in Zeit, Form, Ausprägung und Effekt nicht vorhersehbar gewesen waren. Es
blieben im Auswahlprozess sieben Unternehmen übrig, die alle strengen Kriterien erfüllten. Diesen Unternehmen wurden sieben Vergleichsunternehmen gegenübergestellt, die im Untersuchungszeitraum gleichfalls an die Börse gegangen waren. Die
Vergleichbarkeit bezüglich der Ausgangsbedingungen wurde detailliert untersucht
und hinterfragt. Faktoren wie Branche, Alter, Größe waren Grundanforderungen. Das
Vergleichsunternehmen musste zum Zeitpunkt des Börsengangs sogar erfolgreicher
sein als das 10X-Unternehmen. Dies sollte durch einen zu Beginn stärkeren Vergleichsfall eine strenge Auslese gewährleisten. Die sieben Vergleichspaare der
10X-Spitzenunternehmen/Vergleichsunternehmen waren: Amgen/Genentech, Biomet/
Kirschner, Intel/AMD, Microsoft/Apple, Progressive Insurance/Safeco, Southwest
Airlines/PSA, Stryker/USSC.

Die identifizierten Spitzenunternehmen entwickelten sich aus einer vergleichbaren
Ausgangsposition mit im Vergleich dramatischen Kursgewinnen und konnten diese Spitzenposition auch unter sehr instabilen Bedingungen halten. Den Vergleichsunternehmen
war dies jedoch nicht gelungen. Die Ergebnisse der Untersuchung bestätigen die Erfolgs-
grundlagen der zuvor genannten Untersuchung von Collins auch für Unternehmen unter
den hier geschilderten, besonders schwierigen Rahmenbedingungen.

Wichtige Ergebnisse waren, dass auch hier die Unternehmensführer als Level-5-
Führungspersönlichkeiten eine Kultur der leidenschaftlichen und strengen Disziplin etablieren konnten. Strenge Disziplin, gepaart mit einem unbedingten Durchhaltewillen
und dem Glauben an den Erfolg sicherte den Unternehmen den langfristig erfolgreichen

Kurs. Eine hohe Vorsicht und Wachsamkeit sicherte ihnen Handlungsfähigkeit unter allen Bedingungen. Disziplin herrschte in der Konsequenz des Handelns im Verfolgen der Unternehmenswerte, des Verhaltenskodexder langfristigen Ziele und der beschlossenen Maßnahmen.

1.2.1   Produktive Paranoia und empirische Resultate

Die Erfolgsunternehmen basierten ihre geschäftlichen Entscheidungen auf empirisch gewonnene Resultate und Erfahrungen, die ihnen zeigten, welche Maßnahmen aus welchem Grund hervorragend funktionierten. Die Unternehmensführer waren in der Lösungsfindung äußerst kreativ. Dank ihrer vorsichtigen Entscheidungen und ihrem Vorgehen auf Basis empirisch gewonnener Einsichten konnten große Risiken vermieden werden.

Eine „produktive Paranoia" in der Beobachtung des Geschäftsumfeldes und in ihren Entscheidungen zeichnet diese Unternehmen aus. Sie trafen Geschäftsentscheidungen stets unter großer Vorsicht und Wachsamkeit. Sie konnten auf diese Weise große Risiken vermeiden und auch beim Eintreffen von unvorhergesehenen und unglücklichen Umständen und Katastrophen handlungsfähig bleiben. Bill Gates: „Ich ziehe regelmäßig in Betracht, dass etwas schief gehen könnte."

Es konnte nicht festgestellt werden, dass die Spitzenunternehmen innovativer waren als die weniger erfolgreichen Vergleichsunternehmen. Zusätzlich wurde auch die Frage untersucht, ob die Top-Unternehmen dank besonders glücklicher Umstände außergewöhnliche Erfolge erzielen konnten. Die genaue Untersuchung zeigte jedoch, dass die erfolgreichen Unternehmen nicht öfter auf glückliche Umstände getroffen waren als Vergleichsunternehmen. Die Top-Unternehmen verstanden es jedoch im Sinne von Chancenintelligenz, das Glück produktiver zu nutzen. Interessant ist, dass nicht belegt werden konnte, dass die 10X-Unternehmen visionärer, risikofreudiger, mutiger oder ehrgeiziger waren.

10X-Unternehmen hatten in ihren Wertvorstellungen auch das Ziel, dass Unternehmen unter bestimmten Aspekten der Umwelt dienlich sein sollen. Sie wollten neben dem Unternehmenserfolg auch übergeordnet sinnvolle Ziele erreichen. Mit ihrer engagierten Vision und einem gewissen Fanatismus zogen sie Mitarbeiter mit den gleichen Werten und dem gleichen Engagement an: ein Wettbewerbsvorteil im Wettbewerb um die besten Mitarbeiter.

1.2.2   Kontinuität im Erfolg – feine Kalibrierung präziser Kanonenschüsse

Die 10X-Unternehmen zeichneten sich nicht durch eine aggressive Wachstumspolitik und Wachstumsziele aus, sondern definierten einen Wachstumspfad mit konstanten Zielen und einer konstanten Entwicklung. Mittelmäßige Vergleichsunternehmen zeigten deutlich öfter aggressive Wachstumsziele, deren Erreichung mit rigorosen Veränderungsprogrammen

verfolgt wurden. Die herausragenden Unternehmen verfolgten ihren Wachstumsplan mit
hartem Ehrgeiz und Disziplin, die Collins und Hansen mit einem täglichen 20 -Meilen-
Marsch vergleichen, der sowohl unter besonders günstigen als auch unter besonders ungünstigen Umständen exakt und diszipliniert eingehalten wurde. Die Einhaltung der
Wachstumsziele auch in Krisenzeiten und eine konservative, aber dennoch stark ambitio-
nierte Unternehmensplanung zeichneten die herausragenden Unternehmen aus. Entscheidend war es auch, unter günstigen Bedingungen nicht darüber hinauszugehen. Dies hätte
das Risiko erhöhen können, Kapazitäten, Ressourcen, Kultur und daraus folgend Rentabilität zu schädigen. Collins unterstreicht Disziplin und Konsequenz in der Konstanz der
Verfolgung kontinuierlicher Wachstumsziele ohne große Abweichungen als besonders
auffälliges   Merkmal   der   Unterscheidung   zwischen   den   Spitzen-   und   den
Vergleichsunternehmen. Derartige Wachstumspläne in Größe und Zeitplanung waren genau zugeschnitten auf die Branche und die Unternehmen mit Zielen, die innerhalb des eigenen Kontrollbereichs lagen. Die 10X-Unternehmen, die sich diszipliniert an ihren selbst
auferlegten, kontinuierlichen Wachstumsweg hielten, erzielten auch in branchenspezifisch
schwierigen Zeiten und Turbulenzen stets gute Resultate. Die Vergleichsunternehmen erzielten in diesen Zeiten meistens schlechte Resultate. Southwest Airlines erreichte sogar
in dem für die Luftfahrt großen Krisenjahr 2002 positive Resultate.

Die Größe des Wachstumsparameters im Unternehmen konnte sowohl finanzieller als
auch technischer Art sein. Weniger erfolgreiche Vergleichsunternehmen gingen zur Nutzung von besonderen Wachstumschancen auch hohe Risiken ein, wie die Aufnahme hoher
Fremdkapitalbeträge. Dies konnte im Fall von unvorhergesehenen wirtschaftlichen Veränderungen zu erheblichen Schwierigkeiten und Einschränkungen der Handlungsfreiheit
führen. Spitzenunternehmen gingen mit vorausschauender Vorsicht nur begrenzte Risiken
ein, die ihnen auch unter ungünstigen wirtschaftlichen Entwicklungen ausreichende
Handlungsfreiheit ließ.

Besonders herausragende Innovationsleistungen waren kein Merkmal von 10X-
Unternehmen. Weder die Anzahl von Patenten noch eventuell besonders bedeutsame Patente zeichneten die Erfolgsunternehmen gegenüber der Vergleichsgruppe aus. Collins
stellt fest, dass es in jeder Branche offensichtlich ein gewisses Mindestmaß der Innovationsfähigkeit gibt, es jedoch in der Folge nicht entscheidend ist, ob man noch deutlich mehr
Innovationen für den Markt entwickeln konnte. Unternehmen, die unterhalb dieser
Schwelle blieben, waren jedoch nicht erfolgreich. Unter der Bedingung des Erreichens
dieser notwendigen Innovationsschwelle erscheint die Kombination aus Disziplin und ge-
schäftlicher Kreativität entscheidender.

In der technischen Entwicklung traten erfolgreiche Unternehmen mit maßvollen Entwicklungsschritten auf und nutzten empirisch gewonnene Erfahrungen, um zu entdecken,
was tatsächlich funktioniert. Empirisch abgesicherte Erkenntnisse waren die Basis wichtiger Investitionen in qualifizierte, aufwendige Entwicklungen und Markteinführungen. Auf
Basis einer Vielzahl von Einzelentwicklungen in Testmärkten kam es anschließend zur
Einführung durchschlagender Neuentwicklungen und Innovationen. Die erfolgreichen
Unternehmen nutzten kleine Entwicklungsschritte zur Kalibrierung eines in der Folge

genau ausgerichtetes Kanonengeschosses mit durchschlagendem Erfolg. Dieses Vorgehen mag zwar erheblichen Zeitaufwand verursachen und den wirtschaftlichen Erfolg verzögern, beschränkt jedoch auch erheblich das entsprechende Risiko. Nach eingehender Analyse und Klassifizierung fällt auf, dass die weniger erfolgreichen Vergleichsunternehmen deutlich häufiger riskante „nicht zuvor kalibrierte Kanonengeschosse" abfeuerten.

Im Fall des Kaufs von neuen Unternehmen und Fusionen war gleichfalls ein maßvolles Vorgehen unter der Beachtung geringerer Kosten und geringer Kapitalanforderungen wichtig, um neue Märkte oder Technologien zu gewinnen. (Abschn. 4.5)

Auch Spitzenunternehmen begingen wichtige strategische Fehler, aus denen sie Lehren zogen und sich eines disziplinierten Vorgehens besannen. Eine genaue Analyse zeigt, dass empirische Betrachtungen der Entscheidungsfindung entscheidend waren und nicht eine visionäre Annahme über die Zukunft.

1.2.3 Kleine oder große Risiken für den Erfolg?

In der Politik der „produktiven Paranoia" planen Unternehmen höhere Sicherheitsreserven für den Zeitpunkt eines nicht vorhersehbaren Krisenfalls ein. Die besonders erfolgreichen Unternehmen hatten im Vergleich zu ca. 80.000 anderen Unternehmen eine im Durchschnitt drei- bis zehnmal so hohe Liquiditätsquote in ihrer vergleichsweise konservativen Finanzpolitik. Auch in Relation zu den in der Untersuchung betrachteten Vergleichsunternehmen hatten die 10X-Unternehmen in den meisten Fällen eine höhere Liquiditätsreserve.

Vergleichsunternehmen gehen nach der Analyse auch zwei- bis dreimal öfter Entscheidungen mit besonders hohem geschäftlichen Risiko ein. Hierunter fallen insbesondere die drei Kategorien der besonderen „Killer-Risiken", die einem Unternehmen außerordentlichen Schaden zufügen können, der „asymmetrischen Risiken", bei denen die potenziellen Nachteile die entsprechenden Vorteile überwiegen, und der „unkontrollierbaren Risiken" (Collins und Hansen 2012). Entscheidend war eine konservative Risikopolitik.

Spitzenunternehmen konnten mit ihrer hohen Wachsamkeit stets zeitgerecht auf Krisen reagieren und sich für die entsprechenden Entscheidungen Zeit in einem vertretbaren Rahmen nehmen. Sie erkannten die entscheidenden Momente, in denen Veränderungen in Plänen und Ausrichtung auftraten und in denen sie dank ihrer Kontinuität und konservativen Wachstumspolitik flexibel reagieren konnten.

1.2.4 Prinzipien und Verfahren – spezifisch, methodisch und konsistent zum Erfolg

Ein weiteres entscheidendes Merkmal der Erfolgsformel liegt in der Formulierung der Prinzipien einer dauerhaft festgelegten, klaren nachvollziehbaren Geschäfts- und Verfahrenspraxis. Sie ist spezifisch, methodisch und kontinuierlich in ihrer Anwendung und für alle Mitarbeiter stets nachvollziehbar in der Umsetzung zur Unterstützung des Geschäftsmodells und der Strategie („specific, methodical and consistent", SMaC). Diese dauerhaft gültigen Handlungsanleitungen sagen klar aus, was in welcher Art angewendet wird bzw. nicht angewendet oder umgesetzt werden soll. Unter schwierigen Bedingungen vermittelt dies im gesamten Unternehmen eine klare Orientierung für alle Mitarbeiter und dient als Grundlage für Entscheidungen. Insbesondere in kritischen Situationen reduzieren diese Richtlinien die Risiken von Fehlern aufgrund unklarer oder falscher Verhaltensweisen. Hierbei geht es nicht um die Formulierung einer Vision, Mission, Strategie, von Werten und einer Kultur. Stattdessen geht es um eine spezifische Verfahrenspraxis, die ausreichend allgemeingültig sein muss – mit praktischen, konkret ausgerichteten Anweisungen zur Umsetzung des Geschäftskonzepts. Bei den Spitzenunternehmen fiel auf, dass diese Konzepte mit sehr strenger Disziplin eingehalten wurden. Auch wenn fast alle Unternehmen ein derartiges Konzept hatten, zeichneten sich die Spitzenunternehmen dadurch aus, dass diese sehr viel seltener oder in deutlich geringerem Umfang in den betrachteten Zeiträumen verändert wurden. Erfolgsunternehmen konnten ihre einmal definierte Erfolgsformel auch unter einem sich veränderten Umfeld beibehalten und veränderten diese nicht aufgrund kurzfristiger Perspektiven. Nur in dem Fall, dass externe Bedingungen sich grundlegend und unabhängig von vorübergehenden Krisen verändert haben, sollte die Änderung dieser Erfolgsformel und des Geschäftsmodells betrachtet werden. Jedoch sollte auch hier die bisherige Erfolgsformel als Grundlage zur Entwicklung der Veränderung sein. Basis sollten in diesem Fall der Anpassung neue empirische Erfahrungen aus dem Unternehmen selbst oder die wichtige vorausschauende Betrachtung und Vermeidung von Risiken sein. Dies stellt eine Ausgewogenheit zwischen Kontinuität und notwendiger Veränderung sicher.

1.3   Was wirklich funktioniert

200 Managementmethoden in 160 Unternehmen über zehn Jahre: Was macht denn nun wirklich den Erfolg aus von Gewinnern und Aufsteigern im Vergleich zu den Verlierern und Absteigern? Was macht den Unterschied aus, welcher der einen Gruppe eine kumulierte Aktienrendite von 945 % verschafft und die andere Gruppe im gleichen Zeitraum bei 62 % stehen lässt?

Die Unternehmen wurden in vierzig branchenspezifische Gruppen mit jeweils vier Unternehmen aufgeteilt (Joyce et al. 2003). Es wurde beachtet, dass auch hier die wirtschaftlichen Ausgangsbedingungen der Unternehmen einer Gruppe zu Beginn der Untersuchung einander ähnlich waren. Aufgrund der wirtschaftlich sehr unterschiedlichen Entwicklung der Unternehmen im Beobachtungszeitraum wurden die Unternehmen jeder Gruppe in Gewinner, Verlierer, Aufsteiger und Absteiger unterschieden. Die Gewinnerunternehmen hatten im 10-jährigen Beobachtungszeitraum eine Gesamtrendite von 945 % aus Aktienkurssteigerung und Dividende erreicht, während die durchschnittliche Rendite der Verliererunternehmen eine Rendite von 62 % auswies. Unternehmen, die sich im

Laufe der Studien nach einem schwachen Beginn sehr positiv entwickelten, wurden als Aufsteiger bezeichnet; Unternehmen, die nach einem positiven Start in der Vergleichsgruppe ins Hintertreffen kamen, wurden als Absteiger bezeichnet.

1.3.1 Die Formel zum Erfolg – 6 aus 8

Die Gruppe der Gewinnerunternehmen folgte konsequent einer 4 + 2 Formel. Sie setzt sich zusammen aus der Anwendung der vier als primäre Managementdisziplinen bezeichneten Techniken (Strategie, Ausführung, Kultur und Unternehmensstruktur) und zwei der vier als sekundäre Managementdisziplinen bezeichneten Techniken (Talentförderung, Innovation, Führung, Fusion und Partnerschaften). Entscheidend war, dass Unternehmen die ausgewählten 4 + 2 Techniken mit hoher Disziplin konsequent und erfolgreich umsetzten. Es war jedoch unbedeutend zur Erklärung der unterschiedlichen Leistung der Unternehmen, welche Werkzeuge das Unternehmen im Rahmen dieser Felder anwendete.

Trotz der im Allgemeinen sehr guten Kenntnisse dieser Techniken war es für die meisten Unternehmen nicht trivial, diese konsequent, diszipliniert und in herausragender Weise anzuwenden. Gewinnerunternehmen wandten die Werkzeuge in sechs Disziplinen konsequent und mit hohem Engagement an. Fehler konnten nicht zugelassen werden. Nach Abschluss der Studie zeigte sich auch, dass Unternehmen in dem Fall, dass sie diese Techniken nicht mehr weiter in entsprechend herausragender Weise anwendeten, den wirtschaftlichen Erfolgspfad verloren. Nach den Ergebnissen waren weniger als 5 % der Unternehmen in der Lage, dauerhaft über einen Zeitraum von mehr als zehn Jahren eine deutlich höhere Rendite im Vergleich zum Branchendurchschnitt zu erwirtschaften.

1.3.2 Die primären Managementdisziplinen zum Erfolg

Strategie Im Rahmen der Strategie war nicht eine besondere, spezifische strategische Ausrichtung (wie z. B. Innovation, Premiumpositionierung, Preis, Service u. a.) entscheidend. Entscheidend war es auch in dieser Analyse, dass die Unternehmen ihre einmal beschlossene Strategie und ihr Wertversprechen konsequent und diszipliniert umsetzten. Diese Strategie wurde von Gewinnerunternehmen an Kunden, Mitarbeiter und Anteilseigner transparent kommuniziert. Basis der erfolgreichen Strategiefestlegung war eine gewissenhafte Prüfung, klare Definition und Entscheidung, die sich auf tiefem Wissen über den Markt, die Kunden und auf dem Wissen über die eigenen Fähigkeiten gründete, auf deren Basis man Herausragendes leisten konnte. Erfolgreiche Unternehmen konzentrierten sich auf ihr Kerngeschäft und betrachteten Expansionen nur in sehr nahe, verwandte Bereiche, die sie auch aufgrund der Entwicklung der äußeren Umstände, der Entwicklung neuer Technologien und Trends in das Kerngeschäft integrieren konnten. Dies erlaubte eine Anpassung an die sich fortentwickelnden Märkte. Absteiger-Unternehmen fielen z. B. dadurch auf, dass sie von ihrer ursprünglichen strategischen Ausrichtung zu stark abwichen (ebd.).

Ausführung und Umsetzung Im Rahmen der Ausführung und Umsetzung war es nicht entscheidend, welche Werkzeuge angewendet wurden, sondern *wie* diese Werkzeuge angewendet und umgesetzt wurden. Erfolgreiche Unternehmen konzentrierten sich mit Disziplin auf die entsprechenden Abläufe. Gewinnerunternehmen schafften es, ihren jährlichen Produktivitätszuwachs doppelt so stark zu entwickeln wie der Branchendurchschnitt. Der durchschnittliche Produktivitätszuwachs der Unternehmen der Studie lag bei ca. 3 %, bei den Gewinnerunternehmen lag er bei 6 bis 7 %. Der Einsatz neuer Technologien muss in erster Linie danach beurteilt werden, ob damit Kosten gesenkt oder der Output deutlich gesteigert werden kann. Das Management der Gewinnerunternehmen richtete ihre Prozesse darauf aus, ausgewählte kritische Kundenanforderungen zu befriedigen. Es ging jedoch nicht darum, Kundenforderungen überzuerfüllen und einem besonderen Perfektionsanspruch gerecht zu werden. Ein Drittel der Siegerunternehmen lieferte nur durchschnittliche Produktqualität. Entscheidend war es, nicht *unter* die Erwartungen der Kunden zu fallen.

Struktur und Organisation Betreffs der Unternehmensstruktur war es nicht wichtig, in welcher Art das Unternehmen organisiert war (z. B. in zentralen, produktorientierten oder lokalen Geschäftseinheiten). Entscheidend war, dass die Struktur Arbeit, Funktionen und Prozesse für Mitarbeiter und Kunden vereinfachte. Siegerunternehmen reduzierten ihre interne Bürokratie durch den Abbau von Führungsebenen, Anweisungen und Formalia auf ein angemessenes Niveau und gewannen dadurch Flexibilität. Die Einschränkung der Bürokratie in Unternehmen muss als fortlaufender Prozess verstanden werden. Herausragende Unternehmen unterstützten nachdrücklich den Informations- und Wissensaustausch zwischen verschiedenen Bereichen und Abteilungen. Die besten Mitarbeiter wurden dort eingesetzt, wo die Unternehmensstärken weiterentwickelt werden konnten. Mitarbeiter und Mittelmanager erhielten Freiräume zur verantwortlichen Entwicklung von kreativen und innovativen marktgerechten Lösungen und optimierten Prozessen. Das Aufrechterhalten effizienter Strukturen und Prozesse und der Abbau von bürokratischen Hemmnissen und Befehlsketten ist auch in den Top-Unternehmen ein fortlaufender, nicht endender Prozess.

Kultur In der Unternehmenskultur der Gewinnerunternehmen fielen bei allen Mitarbeitern das Streben zu Höchstleistungen, die Achtung moralischer Prinzipien und eine starke persönliche Motivation auf. Diese Unternehmen hatten ihre Werte klar definiert und kommuniziert. Sie richteten ihr Handeln konsequent daran aus. Die Mitarbeiter erkannten die wichtigen Gründe und waren motiviert, ihr Verhalten daran auszurichten. Es gelang, eine Kultur zu entwickeln, die alle Mitarbeiter und Teams zu Spitzenleistungen motivierte. Gewinnerunternehmen unterstützten dies besonders oft mit einer leistungsorientierten Bezahlung und anderen Maßnahmen der persönlichen Anerkennung und der Unterstützung der Mitarbeiterentwicklung.

1.3.3   Die sekundären Managementdisziplinen zum Erfolg

Es war nicht entscheidend, welche zwei der vier sekundären Managementdisziplinen verfolgt wurden. Auch konnten Unternehmen, die in mehr als zwei der vier sekundären Managementdisziplinen Herausragendes leisten, ihre Ergebnisse im Vergleich der Untersuchung nicht weiter steigern (ebd.).

Talente Unternehmen, die eine besondere Stärke in der Talentförderung zeigten, konnten Führungskräfte im Unternehmen aus den eigenen Reihen besetzen. Es gelang ihnen auch öfter als anderen Unternehmen, ihre besten und talentiertesten Führungskräfte im Unternehmen zu halten. Diese Unternehmen bereiteten mit entsprechenden Weiterbildungsmaßnahmen ihre Mitarbeiter auf neue Aufgaben im Unternehmen vor und gaben ihnen ausreichend Freiraum zur Wahrnehmung von Fortbildungsmaßnahmen. Im Rahmen der Studie der Autoren waren etwa die Hälfte der Siegerunternehmen im Bereich der Talententwicklung und der Gewinnung neuer herausragender Mitarbeiter besonders erfolgreich. Unternehmen mit sehr guten Mitarbeitern zogen weitere herausragende Kräfte an.

Innovation Gewinnerunternehmen mit einem starken Fokus im Bereich der Innovation hatten das intensive Bestreben nach Erfolg mit besonderen „breakthrough innovations" im Bereich von Produkten, Technologien und Prozessen. Sie entwickelten dadurch das Unternehmen und die eigene Branche fort. Siegerunternehmen gewannen innovative Entwicklungen sowohl aus internen Entwicklungstätigkeiten als auch aus externen Quellen wie Forschungsinstituten, Zulieferern und Kunden. Innovationskompetenz erlaubte es diesen Unternehmen, neue technologische Trends und Durchbrüche frühzeitig zu erkennen und entsprechend zu reagieren. Es gab dabei kein auffälliges Muster, welche Wege der Innovationsentwicklung für besondere Erfolge maßgeblich waren. Erfolgreiche Unternehmen akzeptierten für weitere Innovationen auch den Ersatz und die Kannibalisierung bestehender, erfolgreicher Produkte. Ziel war es, einen kontinuierlichen Strom von Innovationen zu entwickeln und aufrechtzuerhalten. In der Untersuchung war etwa die Hälfte der Siegerunternehmen im Bereich Innovation besonders herausragend. Demnach kann Innovation einen wichtigen Beitrag leisten, ist jedoch keine grundsätzliche Voraussetzung für ein besonders erfolgreiches Unternehmen.

Führung Im Bereich der Führung konnte kein spezifischer Führungsstil identifiziert werden, der für die Gewinnerunternehmen typisch ist. Aufgrund der persönlichen Eigenschaften des CEOs wurde kein besonderes Muster zum Erfolg identifiziert. In der Studie konnten die Autoren jedoch einen erheblichen Einfluss der Qualität des CEOs auf die Rentabilität und die Aktienrendite feststellen. Dieser Einfluss betrug 15 % der Schwankungen und entsprach genau dem Einfluss einer Branche auf Rentabilitätsunterschiede. Es war dabei nicht entscheidend, ob der CEO z. B. eine besonders visionäre oder detailorientierte Ausrichtung hatte oder ob er ein besonders charismatisches oder zurückhaltendes Auftreten an den Tag legte. Wichtig war jedoch der Aufbau von guten, partnerschaftlichen Beziehungen zu Mitarbeitern auf allen Ebenen und diese Führungskultur im Unternehmen zu fördern. Ein autokratisches Führungsverhalten war kontraproduktiv. Herausragende Führungskräfte erkannten geschäftliche Chancen und Probleme frühzeitig, nutzten entsprechende Gelegenheiten vor ihren Wettbewerbern und reagierten schnell auf etwaige Probleme im Unternehmen.

Fusion und Partnerschaften Im Bereich der Fusionen und Partnerschaften konnten nur 22 % der Unternehmen diese zu ihrem Vorteil nutzen. Erfolgreicher waren Unternehmen, die sich konstant auf relativ kleine Operationen mit einem Transaktionsvolumen von weniger als 20 % im Vergleich zur eigenen Unternehmensgröße beschränkten. Größere Firmenübergänge waren seltener von Erfolg gekrönt. Es gab sehr unterschiedliche Motive für eine Firmenübernahme bei den erfolgreichen Unternehmen. Sinnvoll waren Übernahmen, die bestehende Kundenbeziehungen auf einer der beiden Seiten stärkten oder bei denen sich die Stärken der Unternehmen ergänzten. Transaktionen weit außerhalb des Kerngeschäfts waren im Allgemeinen nicht erfolgreich. Siegerunternehmen erzielten im Allgemeinen drei Jahre nach Übernahme eine positive Rendite und konnten sich in ihren Stärken ergänzen oder die Marktbedingungen durch die Transaktionen verbessern. Verliererunternehmen waren in ihren Übernahmen wirtschaftlich meistens nicht erfolgreich. Die erfolgreichen Unternehmen investierten in den Prozess von Übernahmen und Partnerschaften erhebliche personelle und finanzielle Ressourcen und stellten interdisziplinäre Spezialteams zur Gestaltung des erfolgreichen Ablaufs aller Aspekte der Transaktion und der Integration zur Verfügung. (Abschn. 4.5) In Übernahmen erfahrene Unternehmen haben im Allgemeinen entsprechend festgelegte Maßgaben und Prozesse zur erfolgreichen Gestaltung aller Prozessschritte des Ablaufs von der Identifikation von Übernahmekandidaten bis zur erfolgreichen Integration.

1.4   Was Top-Unternehmen anders machen

Die methodisch neue Vorgehensweise der in diesem Kapitel aufgezeigten Untersuchung (Bailom et al. 2013) sollte die Schwächen vorheriger Untersuchungen vermeiden. Die Kritik vorheriger Ergebnisse betraf u. a. die Größe der Unternehmensauswahl, die Qualität der Stichproben, der Untersuchungszeiträume oder das methodische Vorgehen, wenn die Untersuchung sich z. B. auf Interviews mit Unternehmensführungen beschränkte. Bailom et al. arbeiteten stark mit statistischen Methoden, um diesen Kritikpunkten zu begegnen. Das statistische Modell stellte das gleichzeitige Testen der Wirksamkeit zahlreicher Parameter in einem komplexen Modell sicher. In diesem „IMP-Modell" (Bild 1.3) zeigen die Autoren, dass knapp 50 % des Unternehmenserfolgs mit den verschiedenen Faktoren des Modells erklärt werden kann. Weitere wichtige Faktoren sind selbstverständlich die externen, nicht beeinflussbaren Faktoren, die den Unternehmenserfolg beeinflussen können. Dem Aspekt des Zufalls auf den Unternehmenserfolg widmen die Autoren ein separates Kapitel. Collins hatte in seiner Betrachtung den Einfluss des Glücks für den Unternehmenserfolg im Vergleich zu anderen Unternehmen bewertet und war zu einer neutralen Einschätzung des Einflusses gekommen.

In einer Untersuchung der Ergebnisse von über 2000 europäischen Unternehmen über einen Zehnjahreszeitraum betreffs der Rentabilitätskennzahlen („return on asset", ROA %

und Gesamtaktienrendite, TRS %) zeigte sich gleichfalls, dass hervorragende Unternehmen auch in schwierigen Branchen überdurchschnittliche Geschäftsergebnisse erreichen
können (Abschn. 4.6). Dies belegt die starke Beeinflussbarkeit des Erfolgs auch unabhängig von den Markt- und Branchenbedingungen.

1.4.1   Ausgangslage – Harter Wettbewerb in Preis, Qualität und stetiger Verbesserung

Die Autoren (Bailom et al. 2013) unterstreichen den starken Wettbewerb auf der Seite von
Preis, Qualität und Produktverbesserungen.

- Ca. 32 % der Unternehmen mussten sich im Markt trotz eines weiterentwickelten, höheren Qualitätsniveaus in den drei der Untersuchung vorausgegangen Jahren mit niedrigeren Preisen zufriedengeben.
- 27 % konnten in diesem Zeitraum bei einem weiterentwickelten Qualitätsniveau ihre
  Preise halten.
- Je 8,3 % mussten bei gleichem Qualitätsniveau niedrigere Preise akzeptieren bzw.
  konnten unter diesen Bedingungen ihre Preise halten.
- Nur ca. 14 % konnten unter der Bedingung innovativer Entwicklungen höhere Preise
  im Markt durchsetzen. 56 % dieser Gruppe von Unternehmen erzielte eine höhere Profitabilität als der Durchschnitt ihrer Branche. 40 % der Unternehmen dieser Gruppe, die
  dank innovativer Entwicklungen höhere Preise im Markt erzielten, erreichten die
  durchschnittliche Profitabilität der eigenen Branche. Diese Gruppe bezeichnen die Autoren als Veränderer, wohingegen die anderen zuvor genannten Unternehmen in eine
  Gruppe der Optimierer eingeordnet wurden.
- Ca. 80 % aller Unternehmen (Optimierer) versuchten durch die Verbesserungen im Rahmen
  der bestehenden Unternehmensprozesse, Kosten, Mitarbeiterentwicklung und einer betreffs
  der Investitionen optimierten Produktentwicklung auf ihr Marktumfeld zu reagieren.
- Ca. 34 % dieser Unternehmen konnten ihre Kosten deutlich senken.
- 26 % der Unternehmen mussten trotz Optimierungsmaßnahmen Kostensteigerungen
  verarbeiten.

Die Methode der kontinuierlichen Verbesserung und Steigerung der Effizienz führte in
Unternehmen trotz umfangreicher Kostensenkungsprogramme in der Mehrzahl der Fälle
nur zu unbefriedigenden Ergebnissen. Über 75 % der Unternehmen hatten in den drei
Jahren vor der Untersuchung Kostensenkungsprogramme durchgeführt, in über der Hälfte
der Unternehmen war dies sogar mehrfach der Fall gewesen. Dennoch konnten über 25 %
keine Verbesserung ihrer Position im Marktwettbewerb feststellen und ein Drittel erzielte
nur kurzfristige Verbesserungen. Ca. 60 % der Unternehmen fokussierten ihre Programme
auf eine Effizienzsteigerung der internen Prozesse, 43 % reagierten mit einer Reduktion
des Personals, 28 % konnten Kosten im Einkauf senken und 30 % veränderten die

Wertschöpfungskette. Entsprechend der Aussage der Befragten sollte die weitere Effizi-
enzgestaltung der internen Prozesse zusätzlich an Bedeutung gewinnen. (Kap. 10)

Die sogenannten Optimierer vernachlässigten entsprechend der Analyse zu leichtfertig
die Chancen, mittels tief greifender Innovation einen echten Mehrwert im Wettbewerb zu
schaffen. Die Gruppe der Veränderer (14 %) versuchte mit sehr wichtigen Innovationen im
Bereich der Produkte und der Prozesse die Wettbewerbsfähigkeit des Unternehmens weiterzuentwickeln.

70 % der Unternehmen, die ihre Wettbewerbsposition durch Kostensenkungen verbessern konnten, gehörten zu der kleinen Gruppe der Veränderer. Nach Aussagen der Führungskräfte in den Umfragen verlagerte sich der Fokus der Kostensenkungsprogramme.
Die effiziente Gestaltung interner Prozesse gewann in der zukünftigen Betrachtung ein
erheblich höheres Gewicht, wohingegen weitere, zukünftige Maßnahmen der Personalre-
duktion deutlich zurückhaltender betrachtet wurden.

In der Untersuchung gelang es innovativen Veränderern nicht nur, höhere Preise am Markt
durchzusetzen, sondern sich auch durch neue Geschäftsmodelle im Wettbewerb und in der
Wertschöpfung Vorteile durch eine aktive Veränderung des Marktes zu erarbeiten. Ihre Kostenstruktur konnten sie aufgrund innovativer Prozessveränderungen und der radikaleren Infragestellung aktueller Prozesse gegenüber der Gruppe der Optimierer verbessern. Unternehmen
mit dem Ziel, ihre Position im Markt zu verbessern, bewerteten und prüften dementsprechend
das verbreitete Konzept der Optimierung und Effizienzsteigerung kritisch. Es stellt sich die
Frage: Hätten diese Unternehmen mit einem Modell, welches auf visionärem und innovativem
Denken, Willen und Mut zur Veränderung und einer konsequenteren Kunden- und Marktorientierung beruhte, mittelfristig ihre Position im Markt nicht nachhaltiger verändern können?

Die Ergebnisse weiterer Umfragen der Untersuchung von Bailom et al. und weitere in
dem vorliegenden Buch aufgeführten Ergebnisse zeigen auf, dass der Führung und Kultur
eine besondere Bedeutung zum Erfolg zukommen. (Kap. 9) Das volle Potenzial der Mitarbeiter zu nutzen ist unter allen hier befragten Führungskräften die am häufigsten ange-
gebene strategische Herausforderung.

1.4.2 Die Parameter und Treiber zum Erfolg

Eine Strategie unter dem Mandat des Wachstums und der Wertsteigerung führte nicht zum
Ziel. Stattdessen wird die Schaffung werthaltiger Produkte und Dienstleistungen für den
Kunden der zentrale Punkt einer erfolgreichen Strategie sein. Wachstum und langfristig
nachhaltige Wertsteigerung werden nur das Ergebnis einer erfolgreichen und engagierten
Unternehmensführung sein können, in deren Zentrum Kunden, Mitarbeiter und Eigentümer
sind. Bailom et al. kommen zu dem alarmierenden Ergebnis, dass unter 1172 europäischen
Unternehmen aus 31 Ländern im Zeitraum von 1977 bis 2007 ca. 40 % der Unternehmen
unter der Messgröße des „economic profit" trotz deutlichen Unternehmenswachstums Wert
vernichteten. (Abschn. 1.5) In dieser Berechnung wurden die Kapitalkosten entsprechend
berücksichtigt. Ca. 45 % der Unternehmen erreichten bei positivem Wachstum auch eine

positive Wertsteigerung (Abb. 1.1). In dem Modell haben die Erfolgsparameter einen unmittelbaren Einfluss auf den Unternehmenserfolg, die hier in diesem Abschnitt als Erfolgstreiber bezeichneten Größen haben wiederum einen Einfluss auf die als Erfolgsparameter
bezeichneten Größen.

Die umfangreichen statistischen Untersuchungen auf der Basis von ca. 900 Ergebnissen von Geschäftseinheiten führten zu dem wenig überraschenden, aber wichtigen Schluss,
dass Unternehmen höchstwahrscheinlich dann sehr erfolgreich sind, wenn sie in den folgenden fünf Parametern gut aufgestellt sind:

1. Kernkompetenzen
2. Marktorientierung
3. Marktposition
4. Innovationserfolg
5. Kompetenzmanagement

Der unmittelbare, direkte Einfluss von starken und einzigartigen Kernkompetenzen ist
statistisch am größten, gefolgt von der Reihenfolge der weiteren aufgeführten Parameter.
Diese Bereiche beeinflussen sich jedoch zusätzlich auch in erheblichem Maß gegenseitig.
Dadurch entsteht ein kompliziertes System, welches jedoch durch die dahinterliegenden
Treiber effektiv, effizient und nachhaltig zum Erfolg gesteuert werden kann. Die fünf Erfolgsparameter werden durch die hier als Treiber bezeichneten sekundären Einflussgrößen
bestimmt.

Kernkompetenzen   Die Entwicklung der Kernkompetenzen wird auch durch die Marktorientierung und das Kompetenzmanagement bestimmt. Die Bildung und Pflege herausragender Kernkompetenzen ist der stärkste interne Parameter zum Unternehmenserfolg. Die
Kernkompetenzen werden insgesamt durch drei Treiber und die zwei Erfolgsparameter
der Marktorientierung und das Kompetenzmanagement entwickelt:

1. Entrepreneurship-Kultur
2. Kompetenzmanagement
3. Marktorientierung
4. Innovationsorientierung des Top-Managements
5. Stärke der Unternehmenskultur

Marktorientierung   Die Marktorientierung eines Unternehmens nimmt starke und
schwache Signale des Marktes auf und setzt diese unternehmensintern mittels entsprechender Strategien und Programme um. Die Marktorientierung wird in dem statistischen
Erfolgsmodell maßgeblich bestimmt durch die Treiber:

1. Innovationsorientierung des Top-Managements
2. Entrepreneurship-Kultur

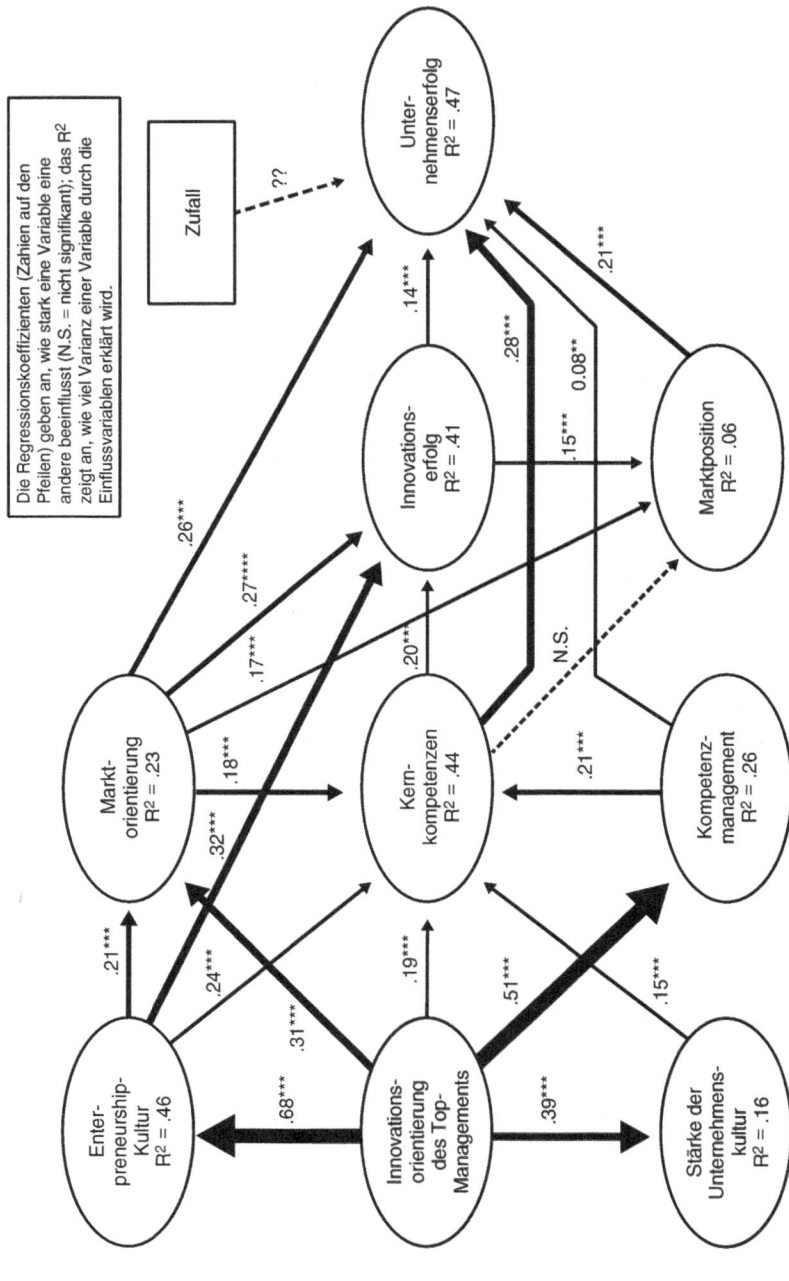

Abb. 1.1 IMP Modell (Bailom et al. 2013). Mit freundlicher Genehmigung von: © Linde Verlag

Marktposition   Eine starke Marktposition unterstützt den Unternehmenserfolg durch die Nutzung der Skaleneffekte und die mögliche Beeinflussung von Marktbedingungen oder Standards. Sie wird bestimmt durch:

1. Marktorientierung
2. Innovationserfolg
3. Statistisch nicht signifikant kann sie von Kernkompetenzen beeinflusst werden.

Innovationserfolg   Der Innovationserfolg wird in Form von innovativen Produkten und Dienstleistungen, Prozessen und Geschäftsmodellen wiederum zusätzlich auch von

1. Entrepreneurship-Kultur
2. Marktorientierung
3. Kernkompetenzen

gestärkt und ist somit auch ein wichtiger Output dieser beiden entscheidenden Erfolgsparameter und des Treibers der Entrepreneurship-Kultur (Abschn. 1.4.3), der im folgenden Kapitel aufgezeigt wird.

Der Innovationserfolg stärkt im statistischen Modell gleichfalls die Marktposition, was einfach nachzuvollziehen ist. Jeder weiß, dass erhebliche Wechselwirkungen zwischen den Erfolgsparametern bestehen, die sich auch im statistischen Modell manifestieren.

Kompetenzmanagement   Unter dem Begriff des „competence-based management" verstehen die Autoren das Bemühen eines Unternehmens, Kernkompetenzen aufzubauen, zu schützen und im Wettbewerb auszuspielen.

1.4.3   Treiber zum Erfolg – die zentrale Aufgabe des Managements

Wie können die zu Beginn des letzten Abschnitts aufgezeigten fünf unmittelbaren Parameter zur Gestaltung des Unternehmenserfolgs vorangetrieben werden? Dies sind die zentralen internen Aufgaben des Managements. Sie bestimmen zu fast 50 % den Unternehmenserfolg entsprechend der statistischen Auswertung (Bailom et al. 2013). Es mag die Aufmerksamkeit des Lesers wecken, dass die Innovationsorientierung des Top-Managements keinen direkten, statistisch signifikanten Einfluss auf den Unternehmenserfolg zu haben scheint, da dieser Faktor nicht unter den primären Erfolgsparametern auftaucht. Die zuvor genannten fünf Parameter werden im statistischen Modell jedoch stark von den folgenden Treibern bestimmt:

1. Entrepreneurship-Kultur
2. Innovationsorientierung des Top-Managements
3. Stärke der Unternehmenskultur

Ein sehr starker Treiber ist eine Entrepreneurship-Kultur (Kap. 9). Dieser treibt die Parameter

1. Innovationserfolg
2. Entwicklung starker Kernkompetenzen
3. Marktorientierung

Die Ausbildung einer starken Unternehmenskultur treibt gleichfalls die Entwicklung herausragender Kernkompetenzen. Mitarbeiter identifizieren sich mit den Unternehmenszielen und -werten. Gegenseitiges Vertrauen, Wertschätzung und Anerkennung sind Merkmale dieser Kultur. Mitarbeiter bringen ihren Beitrag mit Engagement zur Erreichung gemeinsamer Unternehmensziele ein.

Die Innovationsorientierung des oberen Managements fördert innovatives Denken der Mitarbeiter und stellt entsprechende Ressourcen zur Verfügung. Das Management akzeptiert gewisse Risiken, um Innovationen zu entwickeln und im Markt einzuführen. Der Wille und die Bereitschaft zu Veränderungen stehen in diesen Fällen über den Merkmalen der klassischen, hierarchisch und von Prozesseffizienz getriebenen Unternehmen, deren Funktionsweise auf Regeln, Standardprozessen und Vorgaben basiert.

Diese Innovationsorientierung des Top-Managements ist ein entscheidender Erfolgstreiber auf die folgenden Größen in entsprechender Reihenfolge:

1. Entrepreneurship-Kultur
2. Kompetenzmanagement
3. Stärke der Unternehmenskultur
4. Marktorientierung
5. Entwicklung der Kernkompetenzen

Die zentralen Aufgaben der Unternehmensführung für den Erfolg

Der Erfolg des Unternehmens entscheidet sich stark im Inneren des Unternehmens und der Unternehmensführung. Zentrale Aufgaben des Top-Managements liegen in den fünf zuletzt genannten Faktoren, die die weiteren Treiber und Parameter des Erfolgs stützen. Bailom et al. zeigen, dass bei einer Vereinfachung des Modells (d. h. einer Ausblendung der zwischen Unternehmenserfolg und Top-Management liegenden Treiber und den Erfolgsparametern Kultur, Marktorientierung, Kernkompetenzen und Innovationserfolg) die Innovationsorientierung des Top-Managements signifikant direkt auf den Unternehmenserfolg wirkt.

Die Parameter und Treiber unterliegen starken Wechselwirkungen. Die Erfolgstreiber und Kernaufgaben des Managements zum Erfolg sind jedoch statistisch klar herausgearbeitet und priorisiert. Die Erfolgsfaktoren Kernkompetenzen, Marktorientierung, Innovationserfolg und Kompetenzmanagement sowie die Innovationsorientierung des

Managements und eine unternehmerische und starke Unternehmenskultur unterschieden sich bei den Top-Unternehmen deutlich von den restlichen Unternehmen.

Herausragende Unternehmen geben sich grundsätzlich nicht mit dem aktuellen Erfolg zufrieden, sondern sind gezeichnet von einem kontinuierlichen Drang, sich zu verändern und weiterzuentwickeln.. Sie beobachten dabei sehr intensiv ihren Markt und die Marktentwicklungen und betreiben ein äußerst aktives Lebenszyklusmanagement ihrer Produkte und Dienstleistungen. Sie zeigen auch eine hohe Wachsamkeit betreffs des rechtzeitigen Erkennens von Risiken und Problemen und der Einführung entsprechender Korrekturmaßnahmen.

Jenseits des finanziellen Erfolgs wollen die Führungskräfte dieser Unternehmen etwas Visionäres und Besonderes für ihr Umfeld schaffen. Sie pflegen einen intensiven Kontakt zu möglichst vielen Mitarbeitern des gesamten Unternehmens auf allen Hierarchiestufen. Sie investieren viel Zeit und Engagement, Märkte detailliert zu verstehen und Kunden für einen intensiven Informationsaustausch zu besuchen, um stets neue Chancen zu entdecken. Sie prüfen die Notwendigkeit der Entwicklung neuer Kernkompetenzen zur Sicherung des Markterfolgs unter Vorwegnahme oder Erfüllung von zukünftigen Kundenforderungen. Es zeigte sich, dass die Manager der weniger erfolgreichen Unternehmen sich wesentlich stärker mit ihren Wettbewerbern als mit ihren Kunden auseinandersetzten. Die entsprechend stärkere Kunden- statt Wettbewerberorientierung zeichnete die oberen Führungskräfte der Top-Unternehmen aus.

Analysen der Autoren dieser Untersuchung und weitere (Abschn. 4.6) zeigen, dass der Unternehmenserfolg nicht in erster Linie von der Attraktivität einer Branche und Struktur des Markts bestimmt wird, sondern maßgeblich von den internen Unternehmensfaktoren. Dementsprechend ist es Aufgabe der Führungskräfte, den aktuellen Status im Unternehmen ständig herauszufordern und Veränderung und Innovation voranzutreiben.

1.4.4 Kernkompetenzen

Die strategischen Fähigkeiten und Ressourcen der Unternehmen für den Erfolg sind wichtiger als der entsprechende Markt und die Branche.

Kernkompetenzen und die Grundlagen dieser Kernkompetenzen sind nach dem statistischen Modell der Autoren besonders maßgeblich am Unternehmenserfolg im Wettbewerb beteiligt. Erfolgreiche Unternehmen konzentrieren sich auf ihre Stärken und setzen die besten Manager und Mitarbeiter zur Fortentwicklung dieser Stärken ein (Abschn. 1.1).

Die Markt- und Branchenstrategie wird aufgrund der Kernkompetenzen und daraus abgeleiteten Wettbewerbsvorteilen mit dem Ziel entwickelt, die Märkte selbst erfolgreich zu machen. Erfolgreiche Unternehmen unterscheiden diese Kernfähigkeiten und Prozesse klar von den Kompetenzen, über die viele Unternehmen verfügen, die jedoch kaum zu schützen und leicht zu kopieren sind.

Kernkompetenzen ergeben Wettbewerbsvorteile, wenn sie folgende Bedingungen erfüllen (Dierickx und Cool 1989; Barney und Hesterly 2006; Bailom et al. 2013):

1. Sie gründen sich auf einzigartigen historischen Bedingungen und Begebenheiten, die
   das Unternehmen in seiner Geschichte entwickelte, z. B. auch als First Mover.
2. Das Entstehen der Kernkompetenzen lässt sich nicht einfach zurückverfolgen, wodurch
   sie für Wettbewerber und Nachahmer schwierig zu kopieren sind.
3. Sie basieren auf Faktoren, die schwer aufgebaut oder imitiert werden können wie Unternehmenskultur, Mitarbeitermotivation, Erfahrungswissen, Beziehungen.
4. Patente.

Wie entstehen Kernkompetenzen? Sie entstehen insbesondere, wenn das Unternehmen
unterschiedliche, unternehmensspezifische Ressourcen durch die einzigartige Kombina-
tion mit weiteren Fähigkeiten und expliziten und impliziten Wissen kombinieren kann.
Unternehmensspezifische Abläufe und Prozesse und die Unternehmenskultur sind oft
wichtige, jedoch nicht offensichtliche Bestandteile von spezifischen Kernkompetenzen.
Das Verständnis der Treiber und der gegenseitigen Abhängigkeiten dieser
Kernkompetenzen und der Wettbewerbsvorteile ermöglicht es, diese fortzuentwickeln.
Ein entsprechendes Kennzahlensystem kann dies unterstützen. Der Nutzen auf Basis der
Kernkompetenzen lässt sich nicht leicht kopieren oder durch andere Fähigkeiten und
Technologien ersetzen. Das Unternehmen muss diese Kompetenzen systematisch zur
Entwicklung von Innovationen und neuen Geschäftsfeldern nutzen.

Sie führen dazu, dass Kunden im Markt ein besonders wertvoller, einzigartiger Nutzen
geboten werden kann. In der Marktkommunikation stellen Unternehmen sicher, dass Kunden diese Kernkompetenzen auch als solche wahrnehmen und bewerten.

Entsprechend dem hohen Einfluss auf den Unternehmenserfolg, der im statistischen Modell ablesbar ist, kommt dem Management und der Weiterentwicklung der Kernkompetenzen
eine sehr entscheidende Rolle zu. Im Zuge der kreativen Zerstörung werden Unternehmen in
der Entwicklung der Kernkompetenzen auch erkennen, wann sie neue Kompetenzen gewinnen
und alte ersetzen müssen. Das Konzept der kreativen Zerstörung bezieht sich auf die Notwendigkeit, bestehende Erfolgskonzepte durch innovative neue rechtzeitig weiterzuentwickeln
oder sogar zu ersetzen. Dies kann neue Chancen zum Eintritt in neue Märkte und Geschäftsfelder öffnen, wobei ggf. offene Kompetenzfelder zusätzlich geschlossen werden müssen.

1.4.5 Innovationen jenseits der traditionellen Methoden

Wie werden innovative, marktorientierte Unternehmen erfolgreicher? Die oberen Führungskräfte der Top-Unternehmen entwickeln sich selbst zu Marktexperten und treiben
diese Entwicklungen mit Experimentier- und Risikofreude voran.Sie entwickeln Systeme, die ihnen neue Quellen der Innovation in den immer komplexer werdenden

Systemen öffnen. Ihre wichtigen Methoden finden sie jenseits der üblichen, konventionellen Marktforschung und Marktorientierung. Externe Partner werden in offenen Innovationsprozessen eingebunden. Interne Entwicklungsabteilungen identifizieren und nutzen externe Erkenntnisse und machen sie für das Unternehmen nutzbar. Führende Kunden werden genauso als Lead-User in innovativen Entwicklungen integriert, wie Online Communities in Innovationsprozesse eingebunden werden. Es können Erkenntnisse von Meinungsführern gewonnen werden, die den Bedürfnissen des Massenmarktes weit voraus sind.

Unternehmen sichern ihren Markterfolg auch durch die Entwicklung eines sehr komplexen Marktverständnisses mit spezifischen Spielregeln, die erkannt werden. Netzwerkstrukturen im Markt werden gesucht, um den Erfolg von Innovationen durch positive Auswirkungen auf andere Marktteilnehmer sicherzustellen. Im Fall von grundlegenden Innovationen geht es nicht nur darum, die Produktvorteile am Markt zu kommunizieren, sondern die Hebel des Marktsystems mit seinen Spielregeln und verschiedenen Marktteilnehmern unter Beachtung der Machtverhältnisse zu nutzen. Widerstände im Markt müssen überwunden werden. Marketingabteilungen erkennen sich verändernde Rollen im Markt, nehmen sie auf und nutzen sie. Dazu gehört, sich von der konventionellen Marktforschung und traditionellen Kundenorientierung mit dem strengen Folgen der manifestierten, expliziten Kundenwünsche zu lösen und selbst neue visionäre Kategorien und Anwendungen zu entdecken und die Frage zu stellen: Welche disruptiven Modelle könnten vorangetrieben werden? Die Entwicklung der Apple-Anwendungen und Marketingphilosophie von Steve Jobs, der gerne mit der Fokusgruppengröße 1 (Jobs allein) arbeitete, ist dabei nur eines von unzähligen Beispielen. In vielen erfolgreichen Entwicklungen zeigte es sich, dass es nicht immer vorteilhaft ist, den Verführungen der Big-Data- Möglichkeiten zu folgen. Jedes Problem hat das Potenzial einer neuen Geschäftsidee. Erfolgreiche Unternehmen werden zum Problemfinder!

In der Entwicklung von disruptiven Innovationschancen und der Markteinführung sind etablierte Unternehmen häufig in der eigenen Rationalität zwischen ihren Kernkunden gefangen. Führende, größere Unternehmen können erfolgreich sein, wenn sie sich zur Entwicklung der neuen Möglichkeiten im Bereich disruptiver Produkte und Märkte in kleinen, unabhängigen Einheiten für diese neuen Produkte organisieren. Dies erlaubt es, dank eigener, spezifischer Kennzahlen und innovativer Kultur in den neuen Start-ups diese zu Beginn kleinen Märkte auch jenseits von Marktforschungen zu entwickeln.

Einem engagierten Vertrieb mit neuen Strategien und Methoden der Kunden- und Marktbearbeitung kommt eine sehr entscheidende Rolle zu. Im Rahmen der Gestaltung einer guten „customer-journey" (Abschn. 4.7) werden alle Prozesse nachhaltig am Kundenerlebnis ausgerichtet. Im häufigen Widerspruch zwischen operativer Gestaltung einer effizienten Prozesskette und der Optimierung des Kundenerlebnisses können im Rahmen von komplexeren statistischen Simulationsmodellen optimierte Lösungen herausgearbeitet werden, die strategische Ziele, Prozesseffizienz und Kundenanforderung aufeinander abstimmen.

1.4.6   Innovation und Erfolg

Der Wettkampf an der Innovationsfront bedingt immer schnellere Innovationszyklen bei Produkt-, Prozess- und Geschäftsmodellinnovationen. Erfolgreiche Marketingabteilungen identifizieren neue Marktchancen mit visionärem Denken, bevor diese zum Allgemeingut werden. Es werden Informationsquellen und Chancen gefunden, die nicht nur eine inkrementelle Innovation im eigenen Markt erfindet, sondern jenseits der bekannten Kundenforderungen denkt. Dramatische Innovationen auf der Seite von Beschaffung und Produktionsprozessen öffnen Türen, um Kostenstrukturen jenseits der üblichen inkrementellen Verbesserungen zu entwickeln. Anders als die einzig auf Produkt- und Prozessinnovationen basierten Ansätze bieten Geschäftsmodellinnovationen zusätzlich neue Chancen einer langfristig höheren Rendite (Kap. 5). Dennoch hat nur jedes zweite untersuchte Top-Unternehmen systematische Innovationsprozesse installiert (Bailom et al. 2013). Unter den übrigen Unternehmen hatte jedoch weniger als ein Drittel einen systematischen Innovationsprozess installiert. Hier könnte noch Potenzial für viele Unternehmen liegen, ihre Stärke und den Erfolg weiter zu entwickeln.

Erfolgreiche Unternehmen finden eine individuelle Lösung zwischen dem Effekt einer starken Marktposition mit herausragenden Skaleneffekten auf der einen Seite und ihrer Alleinstellung aufgrund der Kernkompetenzen in spezifischen, ggf. auch kleineren Marktsegmenten auf der anderen Seite. Entsprechend den Untersuchungsergebnissen setzen Top-Unternehmen mehr auf ihre Einzigartigkeit als auf Marktanteile.

1.4.7   Kultur – ein unterschätzter Treiber zum Erfolg

Selbst in der Gruppe der Top-Unternehmen engagieren sich nach den Einschätzungen der Führungskräfte nur 70 % der Mitarbeiter für das Unternehmen, bei durchschnittlichen Unternehmen werden 60 % seitens der befragten Führungskräfte geschätzt (Bailom et al. 2013). Bekannte Gallup-Analysen gehen jedoch nur von ca. 15 % wirklich engagierten Mitarbeitern im Durchschnitt aller Unternehmen aus. Weitere Untersuchungen kommen erfreulicherweise zu höheren Werten als Gallup. Die Ursachen mangelnden Engagements erscheinen nach den Ergebnissen vielfach auch im Verhalten der Führungskräfte selbst zu liegen (Kap. 9; Nink 2014).

Hohes Engagement der Mitarbeiter ist eine wertvolle Ressource der erfolgreichen Unternehmen. Das Maß des Engagements und der Begeisterung für Aufgaben und Unternehmen ist auch vom Verhalten der Führungskräfte abhängig. Es steigt, wenn Mitarbeiter sich mit dem Unternehmen, dem Sinn und Zweck, seinen Zielen und Werten jenseits der wirtschaftlichen Gewinnmaximierung identifizieren können. Am häufigsten wurden als Ursache mangelnden Engagements folgende Probleme angegeben: Das Verhalten der Führungskräfte selbst, die fehlende Wertschätzung der Person und der Arbeit, die fehlende Identifikation mit dem Unternehmen und unklare Ziele (Kap. 9, Bild 9.6).

Die Top-Unternehmen der Untersuchung zeichnen sich durch ihre Entrepreneurship-Kultur aus. Sie ist gekennzeichnet durch Marktorientierung, die Unterstützung von Unternehmertum, unternehmerischem Denken, Dynamik und Risikoakzeptanz sowie Flexibilität und Spontanität. Leadership inspiriert Mitarbeiter, neue Chancen auf kreative Art zu suchen, zu entdecken und zu nutzen. Moderne Organisationsformen unterstützen das Engagement der Mitarbeiter. Enge Beziehungen und Vertrauen im Unternehmen (Kap. 9) fördern den Zusammenhalt und die gemeinsame Arbeit in der Organisation. Die erfolgreiche Organisation ist von Vertrauen gekennzeichnet, sodass Mitarbeiter Initiativen vorschlagen, aufnehmen und umsetzen.

Führungskräfte übernehmen die Rolle des Unternehmers und risikobereiten Innovators. Mitarbeiter werden in einer offenen Informations- und Diskussionskultur in die Strategiearbeit des eigenen Unternehmens eingebunden. Es wird ihnen in einer kontinuierlichen „unternehmerischen Unruhe" in einem „Wir-Gefühl" emotionale Sicherheit in der Gemeinschaft geboten. Maßnahmen zur Entwicklung der Unternehmenskultur in herausragenden Unternehmen und den messbaren Erfolgen werden in Kap. 9 aufgezeigt.

Die Autoren weisen die unterschiedliche statistische Signifikanz der Faktoren des Modells und ihres Beitrages zum Erfolg der besten Unternehmen im Unterschied zu allen anderen nach. Es war ausdrücklich nicht Ziel ihrer Darstellung, Methoden und Instrumente zur Entwicklung der einzelnen Bausteine des Modells darzustellen, sondern Denkansätze zu liefern. Eben dies ist jedoch das Ziel des vorliegenden Buchs.

1.5   Die drei Regeln: Wie denken außergewöhnliche Unternehmen?

Raynor und Ahmed (2013), die Autoren der folgenden Untersuchung nahmen gleichfalls die Kritik an vorausgegangenen Studien zur Identifizierung der Erfolgsmethoden herausragender Unternehmen auf und berücksichtigten diese t.w. durch ein neues Vorgehen. Wie erwähnt, waren Kernelemente der Kritik u. a. die Auswahl eines festgelegten Zeitintervalls, mit dem Risiko einer aufgrund des frei gewählten Zeitintervalls vom Zufall beeinflussten Auswahl und die fehlende Berücksichtigung vom Markt verschwundener Unternehmen („survival bias"). Deshalb wählten die Autoren alle 25.000 Unternehmen, die zwischen 1966 und 2010 irgendwann an einer US- Börse notiert waren. Als Vergleichskenngrößen wählten sie die Gesamtkapitalrendite (ROA), die weniger stimmungsabhängig ist als Aktienrenditen. Mit statistischen Methoden („quantile regression") eliminierten sie verzerrende Faktoren wie Unternehmensgröße, Verschuldung und den Survival Bias. Zur Auswahl der Spitzenunternehmen definierten sie Faktoren, die sicherstellten, dass die Wahrscheinlichkeit von hervorragenden Ergebnissen auf Basis glücklicher Umstände nur einen geringen Einfluss haben konnte. Die statistische Relevanz der Daten erfolgreicher Unternehmen wurde dadurch sichergestellt, dass Aufzeichnungen zu den Unternehmen über mindestens zehn Jahre vorliegen mussten und in diesem Zeitrahmen das Unternehmen in allen Jahren zu den obersten 10 % der Unternehmen mit dem besten ROA gehörte. Unternehmen, zu denen Daten aus allen 45 Jahren vorlagen, mussten mindestens 16 Jahre in der Gruppe der besten 10 % in der Bewertung des ROA gelegen haben. Deshalb wurde davon ausgegangen, dass nicht mehr von einer zufälligen oder durch glückliche Umstände bedingten Erfolgsgeschichte ausgegangen werden kann.

Im Anschluss wurden neun Branchen ausgewählt, in denen jeweils ein sogenanntes Renditewunder, ein Dauerbrenner und ein Durchschnittsunternehmen paarweise verglichen wurden. Die betrachteten Branchen waren: Haushaltsgeräte, Halbleiter, Elektrik, Medizintechnik, Bekleidungs- und Lebensmitteleinzelhandel, Süßwaren, Pharma- und Transportunternehmen.

Es wurde in der Untersuchung die Frage gestellt: Welchen Beitrag zur Differenz in der Kapitalrendite hatten die Parameter Umsatzrendite, Gesamtkapitalumschlag, Bruttomarge und die verschiedenen Ausgaben wie Forschung und Entwicklung, Vertriebs- und Verwaltungskosten, Abschreibungen, Sonderposten u. a.? Der Beitrag zum Gesamtkapitalumschlag wurde in die Anteile des Umlauf- und des Anlagevermögens aufgeschlüsselt. Im Vergleich der Unternehmen wurde auf eine Vergleichbarkeit geachtet, z. B. betreffs der Größe der Unternehmen. Die Autoren suchten nach Merkmalen, die die spezifischen Ursachen der Unterschiede auf Basis von speziellen Strategien und Umsetzungsmaßnahmen erklären konnten, die auch anhand von Finanzmodellen auf ihre Wirksamkeit untersucht wurden.

Von Renditewundern und Dauerbrennern. Was macht den Erfolg der besten 174 von 25.000?

Die herausragenden Unternehmen der Gruppe der „Renditewunder" zeichneten sich unter den 25.000 Unternehmen dadurch aus, dass sie über den zuvor definierten, sehr langen Zeitraum zu den besten zehn % in der erzielten Kapitalrendite gehörten. Die sogenannten „Dauerbrenner" waren Unternehmen, deren ROA in der Gruppe der obersten 20 bis 40 % über einen entsprechend langen Zeitraum lag. Diese zwei erfolgreichen Unternehmensgruppen wurden mit der Kategorie der anderen „Durchschnittsunternehmen" verglichen. Im Ergebnis fanden die Autoren 174 Renditewunder und 170 Dauerbrenner. Nur 0,7 % der Unternehmen erfüllten das Kriterium der Renditewunder unter allen US-börsennotierten Unternehmen in einem Zeitraum von 45 Jahren. In dieser sehr strengen Auswahl waren nur 12 % der Spitzenunternehmen vertreten, die in 19 zu Vergleichszwecken herangezogenen anderen Studien benannt waren (Raynor und Ahmed 2013). Im weltweiten Vergleich von über 51.000 Unternehmen in Europa, Asien und den USA erreichten 430 Unternehmen (ca. 0,8 %) diesen herausragenden Status. In der weltweiten Analyse standen Daten aus dem Zeitraum von 1988 bis 2010 zur Verfügung. Unter den deutschen Unternehmen waren 0,7 % Renditewunder. Frankreich und das Vereinigte Königreich lagen auf einem ähnlichem Niveau wie Deutschland und die USA. In Spanien erreichten 1,2 %, in der Schweiz 1,6 und in Japan sogar 2 % der börsennotierten Unternehmen diesen Status in dem betrachteten Zeitraum. Die weitere detaillierte Untersuchung der Erfolgsmethoden beschränkte sich auf die in den USA identifizierten Unternehmen. Hier lag ein längerer

Zeitraum vor, der die zu Beginn erwähnten Maßgaben besonders unterstützt, um zu langfristig validen Ergebnissen zu kommen.

Die besonders erfolgreichen Unternehmen entwickelten in sehr unterschiedlichen Disziplinen besondere Stärken, die es nicht erlaubten, die Ursache der herausragenden Ergebnisse auf spezifische Bereiche, Aktivitäten und Umsetzungsmaßnahmen festzulegen. Den Erfolg der herausragenden Unternehmen genau erklären konnte keine bestimmte Vorgehensweise in den Bereichen Qualität, Innovation, Diversifizierung und in der speziellen Konzentration auf ein Kerngeschäft oder spezifische Wachstumsinitiativen im Bereich „mergers and acquisitions" (M&A), internationale Expansion und anderen Feldern. Die Autoren versuchten auch, im Bereich der internen Prozesse besondere gemeinsame Erfolgsmerkmale herauszuarbeiten. Es konnte z. B. keine Erklärung des Erfolgs aufgrund besonderer interner operativer Prozesse, Führungsstil und Personalentwicklung gefunden werden.

Zwei Regeln machen den Unterschied

Als gemeinsames Muster unter den Renditewundern fällt eine Differenzierungsstrategie aufgrund herausragender Merkmale auf. Dies ist ein Angebot einer starken Marke oder eines besonderen Funktionsumfangs, einer herausragender Qualität oder eines Komforts. Eine Niedrigpreisstrategie kommt nur in sehr seltenen Fällen vor und konnte im Lebensmitteleinzelhandel beobachtet werden. In den meisten Fällen erzielten die Unternehmen ihre hohe Rentabilität über einen hohen Umsatz und einen Premium-Preis-Ansatz. Eine Strategie der Kostenführerschaft war nur in sehr seltenen Fällen der Treiber einer überlegenen Rentabilität. Selbstverständlich müssen die Unternehmen ihre Preise dennoch am Wettbewerb ausrichten. Sie müssen jedoch die erste Regel aus den Untersuchungsergebnissen voranstellen: „Besser vor billiger".

Durchschnittsunternehmen wählten auffallend oft eine Strategie der Erfüllung eines gewissen Mindeststandards, um darüber hinaus Kunden durch einen besonders günstigen Preis anzuziehen. Als Renditetreiber setzen sie eine disziplinierte Kostenstrategie ein. Der Ansatz der Entwicklung über eine besonders aggressive Umsatzentwicklung unter Akzeptanz kleinerer Margen scheint nicht zum Erfolg zu führen. In sieben der neun betrachteten Branchen folgten die Durchschnittsunternehmen einer Niedrigpreis-Strategie.

Auch wenn das Kostenmanagement in jedem Fall auch für Renditewunder wichtig war, war es bei diesen Unternehmen keine vorrangige Strategie, um den eine herausragende Rentabilität zu erzielen. Kurzfristig orientierte Kostensenkungsprogramme beinhalten ein hohes Risiko der Beschädigung der erfolgreichen Premiumstrategie, wenn sich dies in Produktangebot und Kundenservice niederschlägt. Aspekte der Umsetzung einer derartigen Premium- und kostenorientierten Doppelstrategie werden in Kapitel (Abschn. 4.7.9) aufgeführt. Die Untersuchung der außergewöhnlichen Unternehmen und ihrer Entwicklung über die Zeit zeigte, dass die Aufgabe der Premiumstrategie mit der Modifikation des Produktangebotes und Entwicklung zugunsten günstiger Preise die Fortsetzung der herausragenden Rentabilität negativ beeinflusste.

Die Gruppe der sogenannten Dauerbrenner hatten eine unterschiedliche, nicht einheitliche Strategie der Rentabilitätssteigerung im Wettbewerb.

Ein dominantes Muster der erfolgreichen Unternehmen war die Gewinnsteigerung durch die Erzielung hoher Umsätze über einen größeren Absatz. In acht der neun Branchen wurde eine Premiumpositionierung mit der Durchsetzung höherer Preise umgesetzt. Außerdem war in acht der neun Fälle der Renditewunder ein hoher Umsatz der wichtigste Treiber der herausragenden Ergebnisse. Lediglich im Lebensmitteleinzelhandel stand ein Unternehmen an der Spitze, welches über niedrige Preise und Kosten seine herausragende Profitabilität sicherstellte. Daraus leiteten die Autoren die zweite Regel ab: „Umsatz vor Kosten". Diesen zwei Regeln („Besser vor billiger" und „Umsatz vor Kosten") folgten die Renditewunder auch in ihren weiteren Strategien und Taktiken. Übernahmen wurden verfolgt, wenn sie die Differenzierungsstrategie stärkten. Maßnahmen zur Stärkung der Kernkompetenzen, Eintritte in neue Märkte und andere Maßnahmen berücksichtigten immer die in dieser Untersuchung als Erfolgsparameter identifizierten zwei Regeln.

Die erfolgreichen Unternehmen müssen sehr wachsam gegenüber Kopierern ihrer Strategie im Wettbewerb sein, sich wehren und ihre einzigartige Positionierung im Markt stets deutlich kommunizieren. Die Preisstrategie wird darauf ausgerichtet, Konkurrenten nicht das Feld zu öffnen, mit einer ähnlichen Strategie unter der Akzeptanz niedrigerer Preise den Renditewundern ihren Markt abzugraben.

Zur Wahrung des Erfolgs passen sich die herausragenden Unternehmen stetig den Markt- und anderen Entwicklungen dynamisch an, sie werden jedoch entsprechend der Ergebnisse in keinem Fall die Verfolgung der beiden zuvor genannten Regeln einschränken.

Abschließend stellen die Autoren fest, dass außergewöhnliche Firmen in der Regel höhere Kosten in Kauf nehmen, um die Einzigartigkeit ihres Angebots sicherzustellen und ihren Umsatz zu entwickeln. Gleichzeitig betonen sie, dass die Befolgung der zwei Regeln noch nicht einen Erfolg garantieren kann. Es könnte im Markt auch zu teuer werden, sich dauerhaft über ein besonderes Image, die Qualität und die Zuverlässigkeit zu differenzieren, sodass dieses Problem kreativ gelöst werden muss. Die Autoren unterstreichen auch hier, dass nur betrachtet wurde, mit welchem grundsätzlichem Ansatz des „Was" ein herausragender Erfolg erzielt werden kann. Es war ausdrücklich nicht Ziel der Untersuchung, das „Wie" mit entsprechenden Umsetzungsmaßnahmen zu identifizieren.

1.6   Wachstum ist kein Allheilmittel

Der Lehrstuhl für Unternehmensentwicklung an der wissenschaftlichen Hochschule für Unternehmensführung in Vallendar (WHU) untersuchte mit mehreren langfristigen Forschungsprojekten 637 Unternehmen der verarbeitenden Industrie über einen mindestens 13 Jahre dauernden Zeitraum (Hutzschenreuter 2005). Aus den Ergebnissen können wichtige Erkenntnisse sowohl zur erfolgreichen Unternehmensführung als auch zur Vermeidung von Unternehmenskrisen abgeleitet werden.

Alarmierend ist zunächst, dass zahlreiche Unternehmen im Beobachtungszeitraum insbesondere durch folgende Verhaltensweisen Wert vernichteten:

1. Wachstumsziele werden über das Ziel einer Wertsteigerung gestellt.
2. Bereiche des Kerngeschäfts werden ausgelagert.
3. Die Unternehmensführung kann sich nicht für eine Wettbewerbsstrategie entscheiden.
4. Neue Managementkonzepte kommen eher willkürlich zur Anwendung.
5. Ausgaben für Forschung und Entwicklung können nicht in Umsatz übertragen werden.
6. Es kommt häufig zu falschen Personalentscheidungen.

Unternehmen, die eine Wertvernichtung verzeichneten, waren durch eine stark schwankende Umsatz- und Gewinnentwicklung gekennzeichnet (Abschn. 1.2).

In der finanzmathematischen Betrachtung wurde eine wirtschaftliche Kenngröße (compounded economic profit) zur Bewertung der langfristigen Wertveränderung entwickelt. Dies erfolgte mithilfe der Weiterentwicklung der Kennzahlen EVA (economic value added) und NPV (net present value) und der Bewertung der Langfristleistung. Die Gewinne wurden unter Abzug der Kapitalkosten über die vergangenen drei bis zehn Jahre unter Aufzinsung der Erträge addiert. Auf der Basis dieser Kalkulation konnte die Wertentwicklung genau bewertet werden. Die Analyse zeigte, dass 55 % der Unternehmen trotz Wachstum Wert vernichteten und weitere 25 % kein Unternehmenswachstum bei gleichzeitiger Wertvernichtung erzielten. Dementsprechend erzielten nur 20 % der 557 wachstumsorientierten Unternehmen zusätzliche Werte, 16 % dieser 557 Firmen schufen Wachstum sowohl bei Wachstum als auch Wertsteigerung.

Wertentwicklung angemessen beurteilen   Die Untersuchung belegt empirisch, dass die Wahrscheinlichkeit einer weiterhin positiven Gewinnentwicklung einhergeht mit einer konstanten, wenig schwankenden Gewinnentwicklung in der Vergangenheit. Hutzschenreuter (2005) vermutet, dass außergewöhnliche Gewinnsteigerungen zu unrentablen Investitionsentscheidungen führen und eine strenge Managementdisziplin einschränken. Dies deckt sich auch mit den Ergebnissen von Collins (2011). Das Management sollte in einer langfristigen Betrachtung der Entwicklung der Geschäftszahlen und der Strategie offen und kritisch die Gründe für außergewöhnliche Veränderungen prüfen und entsprechende Schlüsse ziehen. Die Betrachtung von typischen Kennzahlen wie Gewinn vor Steuern und Rentabilitätskennzahlen könnten aufgrund der statischen Betrachtung leicht falsch interpretiert werden.

Hutzschenreuter erkennt allgemein als Ursache der häufigen wirtschaftlichen Wertvernichtung einen Qualifizierungsmangel im Management. Er regt entsprechend den Ergebnissen geeignete Richtlinien und Vorgehensweisen zur Wertentwicklung und Vermeidung von Krisen an.

Wachstumsstrategien kritisch prüfen   Die Chancen des potenziellen Erfolgs einer Wachstumsstrategie werden durch die Unternehmensführung oft überbewertet. Wachstumsstrategien bieten nicht nur die Chance erheblicher Wertschaffung, sondern beinhalten auch hohe Risiken. Zur Beurteilung der Wachstumsfähigkeit wird eine Bewertung des operativen Ergebnis in Relation zu den Netto-Vermögenswerten empfohlen. Dieser Wert soll im Branchenvergleich einen überdurchschnittlich hohen Wert zeigen.

Erfolgreiche Wachstumsunternehmen hatten zunächst alle anderen Möglichkeiten zur Wertsteigerung des Unternehmens im Bereich Prozessentwicklung und Optimierung der Marktprozesse unter Nutzung der entsprechenden, im Unternehmen bereits vorhandenen Fähigkeiten genutzt. Erfolgreich können Unternehmen sein, wenn die zur Umsetzung einer Wachstumsstrategie notwendigen Managementfähigkeiten und -ressourcen tatsächlich vorhanden sind.

Gewinnentwicklung kritisch prüfen Erfolgreiche Unternehmen der Untersuchung (Hutzschenreuter 2005) zeichnen sich durch eine besondere Kontinuität in der Ergebnisentwicklung unter Vermeidung von besonderen positiven oder negativen Ausreißern aus. Deutliche Veränderungen in der Unternehmensentwicklung verursachen eine erhebliche Beanspruchung der zur Verfügung stehenden Managementressourcen. Im Fall von Krisen und starken Kostensenkungsprogrammen entstehen erhebliche Verluste aufgrund obsoleter Vermögenswerte und teurer Personalmaßnahmen.

Eindeutige Positionierung im Wettbewerb Häufig streben Unternehmen in ihrer Wettbewerbsstrategie ein duales Vorgehen durch Entwicklung eines Volumens- und eines Innovationsvorteils an. Die Untersuchung zeigt, dass es nur 4,6 % der Unternehmen gelingt, in beiden Bereichen gleichzeitig Vorteile zu gewinnen. Dem gegenüber stehen jedoch 97 % der Unternehmen, die diese Strategie nach eigener Aussage verfolgen. Es bedarf im Management offensichtlich umfangreicher Erfahrung und Wissen in der entsprechend komplexen Umsetzung beider Ziele.

Effizienter Einsatz der Forschungsaufwendungen Auffallend ist, dass zahlreiche Unternehmen ihre Aktivitäten im Bereich von Forschung und Entwicklung nicht in eine entsprechende Umsatzentwicklung umsetzen konnten. Dieses Ergebnis korrespondiert mit anderen Untersuchungen, wie die der Munich Strategy Group unter 1600 mittelständischen Unternehmen (Salz 2011).

Unternehmen steigern ihre Erfolgschancen, indem sie ein strenges Monitoring ihrer Forschungs- und Entwicklungsausgaben übernehmen. In einem rollierenden mehrjährigen Zeitrahmen wird ein Vergleich der Umsätze mit den entsprechenden Innovationsprodukten verfolgt. Im Fall von rückläufigen Umsätzen infolge einer externen Krise sollte das Entwicklungsbudget nicht automatisch als Funktion der rückläufigen Umsätze reduziert werden. Dies wird auch im Kap. 2 dieses Buches in einem Vergleich von 4700 Unternehmen über drei Krisenzyklen aufgezeigt.

Keine Kernaktivitäten auslagern Erfolgreiche Unternehmen nutzen ihre Kernbereiche im Wettbewerb zur Stärkung ihrer Marktposition und ihres Markenversprechens. Strategische Kernbereiche sollten auch in Krisenzeiten nicht ausgelagert werden.

Mitarbeiterabbau auch in Krisen zurückhaltend planen Im Krisenfällen zeigte sich, dass Unternehmen, die mit einem starken Stellenabbau reagierten, dies mit erheblichen Folgen bezüglich des späteren Unternehmenserfolgs bezahlen mussten, da eine Korrelation zwischen dem Umfang des Mitarbeiterabbaus und dem Erfolg nach der Krisenzeit festzustellen war. Dies bestätigen zahlreiche weitere Untersuchungen (Kap. 2). Der Verlust von wettbewerbsrelevantem Know-how muss vermieden werden. Ein kurzfristiger Kostenvorteil kann mittelfristig erhebliche wirtschaftliche Nachteile verursachen.

Konsistente und geringe Anzahl von Managementmethoden anwenden Bei der Auswahl der richtigen Kennzahlen und Managementmethoden gehen erfolgreiche Unternehmen diszipliniert und strategisch abgestimmt vor. Es werden Widersprüche in der strategischen Ausrichtung und der Umsetzung durch Anwendung verschiedener Managementwerkzeugen vermieden. Erfolgreiche Unternehmen setzen wenige Instrumente ein, die sehr zielgerichtet ausgesucht werden.

Insgesamt zeigte sich, dass nur wenige Unternehmen langfristig Wert schaffen konnten. Die langfristige Ausrichtung an der Wertentwicklung und nicht am Diktat des Wachstums wird empfohlen.

Wertsteigernde Wachstumsentwicklung unter Einsatz von innovativen Produkten, Service und Prozessen fordert herausragende Managementfähigkeiten und -ressourcen, die vorab mit Offenheit kritisch zu prüfen sind. Erfolgreiche Unternehmen zeichnen sich durch eine moderate, kontinuierliche wirtschaftliche Entwicklung und eine langfristige Unternehmensausrichtung aus (Hutzschenreuter 2005).

1.7 Weitere Erfolgstreiber

Es gibt eine größere Zahl weiterer Untersuchungen, die Ursachen des Erfolgs besonders erfolgreicher Unternehmen untersuchen und beschreiben (z. B. Kirby 2005). Die Anzahl der betrachteten Unternehmen lag meistens im unteren und mittleren zweistelligen Bereich. Die Erkenntnisse unterstreichen für besonders erfolgreiche Unternehmen eine starke Marktorientierung der Unternehmen, die Entwicklung einer Hochleistungskultur und -struktur (Timothy, Beene, Nunes, Accenture, zitiert nach Kirby (2005)) und einzigartige Kernkompetenzen zur Entwicklung einer starken Marktposition und neuen Wachstumspotenzials (Zook und Allen 2001). Herausragende Unternehmen entwickelten sich mittels grundlegendem Wandel statt der Entwicklung nur kleiner Verbesserungen, der progressiven Entwicklung von Strukturen, Vorgehensweisen, Kontrollmechanismen und Entscheidungsprozessen (Foster und Kaplan 2002). Diese Unternehmen entwickelten eine herausragende Unternehmens-, Führungs- und Entrepreneurship-Kultur mit Werten, Zielen, Leitbildern und persönlicher Anerkennung (Katzenbach 2000). Die Unternehmenskultur berücksichtigte alle Stakeholder des Unternehmens (Kotter und Heskett 1993). Simon (1996) stellt in seiner Analyse von 500 unbekannten Weltmarktführern eine Differenzierung durch Innovation und die Schaffung neuer Marktnischen heraus. Die Top-Unternehmen gewannen entsprechend seiner Analyse in Märkten mit intensivem Wettbewerb durch Kundennähe, erfolgreiche Differenzierung und Innovation – und nicht durch die Betonung des Erreichens von Kostenvorteilen der Produkte. Die Führungskultur der erfolgreichen Unternehmen zeichnete sich durch eine teamorientierte Leistungskultur mit starken und dynamischen Führungspersönlichkeiten aus.

1.8   Mit Vielstimmigkeit zum Erfolg – die Klaviatur des „Was"

In der Zusammenfassung der zuvor aufgezeigten Ergebnisse aus zahlreichen Untersuchungen des „Was" zum Erfolg ergeben sich die folgenden Kernmerkmale:

1.8.1   Strategie

- Klare, einfache und langfristige Strategie mit nachvollziehbaren Regeln einer Geschäfts- und Verfahrenspraxis, um ein nachhaltiges Erfolgsmomentum in Bewegung zu setzen und zu halten.
- Strenge Disziplin in der strategischen Ausrichtung, der Verfolgung der Ziele und der Entscheidungsfindung.
- Positive Formulierung übergeordneter Ziele und Werte des Unternehmens, mit denen sich Mitarbeiter identifizieren können.
- Unternehmerische Vorsicht und „kreative Paranoia", um angemessen im Markt zu entscheiden und zu reagieren.
- Kontinuierliche Infragestellung der Strategie und Prozesse.

1.8.2   Wachstum und Innovation

- Wachstum nicht als Strategie, sondern als Folge der erfolgreichen Unternehmensführung und Umsetzung der Strategie.
- Innovation kann im Unternehmen ein wichtiger Erfolgstreiber sein, war jedoch nicht in allen Fällen eine zwingende Voraussetzung. Wichtig ist eine innovationsorientierte Führung, die wiederum eine moderne Unternehmens- und Entrepreneurship-Kultur und Marktorientierung treibt.

1.8.3   Markt

- Entwicklung einer starken Marktposition und eines herausragenden Angebotes mit entsprechender Positionierung, welche überdurchschnittliche Preise rechtfertigt.
- Die Entwicklung von herausragender Unternehmensrendite und Gewinn ist stärker getrieben durch die Entwicklung einer starken Marktposition und eines steigenden Umsatzvolumens als durch besondere Maßnahmen eines strengen Kostensenkungsprogramms.

1.8.4   Kernprozesse und Kernkompetenzen

- Kontinuierliche Entwicklung und Überprüfung der Kernkompetenzen
- Klare Kernkompetenzen, die im Markt gegenüber allen Wettbewerbern einzigartig sind.
- Erfolgreiche Kernkompetenzen werden aus dem gesamten Unternehmenskontext entwickelt und sind deshalb für Wettbewerber nur schwer kopierbar.

1.8.5   Finanzmanagement

- Keine außergewöhnlichen Geschäftsrisiken eingehen und bei Bedarf eine moderate Akquisitionsstrategie kleinerer Übernahmen entwickeln, die das Kerngeschäft stärken, ohne eine maßgebliche höhere Verschuldung.
- Gesunde Finanzstruktur, die auch das Management von externen Krisen ohne dramatische Kurzfristmaßnahmen gestattet.

1.8.6   Führung

- Erfolgreiche Führungskräfte entwickeln eine hohe Chancenintelligenz, um gute Gelegenheiten zu nutzen. Herausragender Unternehmenserfolg war nicht abhängig von außerordentlich glücklichen Umständen.
- Herausragende, visionäre, mitarbeiterorientierte Führungskräfte mit einem unbedingten Erfolgswillen, der über die persönlichen Ziele hinausgeht.
- Führungskräfte übernehmen eine starke Vorbildrolle und sind ein Vorbild bei der Disziplin in Werten und Handlungen.
- Starke Markt- und Innovationsorientierung des Managements.
- Faktenorientierte, transparente und für alle nachvollziehbare Entscheidungen auf Basis klarer Regeln und Parameter, deren Grundlagen möglichst empirisch begründet werden.

- Mitarbeiter erhalten innerhalb formulierter Regeln und Spielräume Gestaltungs- und Entscheidungsfreiräume.
- Gesunde Unternehmenskultur der Leidenschaft und des Engagements, eine unternehmerische Kultur mit Chancen- und Kostenbewusstsein.
- Mitarbeiter- und Talententwicklung, die Freiraum in der Gestaltung der eigenen Entwicklung gibt.
- Organisationsstruktur die Funktion, Arbeit und Prozesse vereinfacht und Bürokratie konsequent reduziert.

Literatur

Bailom, Franz; Matzler, Kurt; Tschemernjak, Dieter (2013): Was Top-Unternehmen anders machen. Mit Strategie, Innovation und Leadership zum nachhaltigen Erfolg. 2., aktualis. u. erw. Aufl. Wien: Linde (Linde international).

Barney, Jay B.; Hesterly, William S. (2006): Strategic management and competitive advantage. Concepts. Upper Saddle River, NJ: Pearson/Prentice Hall.

Collins, James C. (2011): Der Weg zu den Besten. Die sieben Management-Prinzipien für dauerhaften Unternehmenserfolg. [Neuausg.].

Collins, James C.; Hansen, Morten T. (2012): Oben bleiben. Immer. Frankfurt, M., New York, NY: Campus-Verl.

Dierickx, Ingemar.; Cool, Karel (1989): Asset stock accumulation and sustainibility of competitive advantage. In: *Management Science* 35 (12), S. 1504–1511.

Foster, Richard; Kaplan, Sarah (2002): Schöpfen und Zerstören. Wie Unternehmen langfristig überleben. Frankfurt Main: Redline Wirtschaft bei Ueberreuter.

Hutzschenreuter, Thomas (2005): Wachstum ist kein Allheilmittel. In: *Harvard Business Manager* (11), S. 104–111.

Joyce, William; Nohria, Nitin; Roberson, Bruce (2003): What really works. The 4+2 formula for sustained business success. 1. ed. New York NY: HarperBusiness.

Katzenbach, Jon R. (2000): Peak performance. Aligning the hearts and minds of your employees. Boston, Mass.: Harvard Business School Press.

Kirby, Julia (2005): Auf der Suche nach der Weltformel. In: *Harvard Business Manager* 27 (11), S. 92–95.

Kotter, John P.; Heskett, James L. (1993): Die ungeschriebenen Gesetze der Sieger. Erfolgsfaktor Firmenkultur. Düsseldorf: ECON-Verl.

Nink, Marco, Engagement Index, Die neuesten Daten und Erkenntnisse aus 13 Jahren Gallup-Studie, Redline Verlag, 2014, München, ISBN 9783868815283

Raynor, Michael E.; Ahmed, Mumtaz (2013): The three rules. How exceptional companies think. New York: Portfolio.

Salz, Jürgen (2011): Innovation : Die Champions im Mittelstand (Wirtschaftswoche). Online verfügbar unter https://www.wiwo.de/unternehmen/mittelstand/innovation-die-champions-im-mittelstand/5980094.html, zuletzt geprüft am 11.01.2019.

Simon, Hermann (1996): Die heimlichen Gewinner. Die Erfolgsstrategien unbekannter Weltmarktführer = (Hidden champions). Frankfurt/Main: Campus Verl.

Zook, Chris; Allen, James (2001): Erfolgsfaktor Kerngeschäft. Zeitlose Strategien für Wachstum und Innovation. 1. Aufl. München: Econ.

Teil II

Wie macht man den Erfolg?

Aus der Krise an die Spitze: Wie machen es erfolgreiche Krisengewinner?

2.1 Entwicklung zum Top-Unternehmen: Raus aus der Wirtschaftskrise?

Ein Buch, das die Maßnahmen des Erfolgs der besten Unternehmen aufzeigt, startet mit dem Management von Unternehmenskrisen? Der Weg vom denkbar ungünstigsten Fall, des Einbruchs einer Wirtschaftskrise, soll das „Wie" aufzeigen, um in einer mittelfristig orientierten Strategie und Umsetzung unter die Top-Unternehmen der eigenen Branche aufzusteigen? Empirisch belegte Erfolgs- und Misserfolgsstrategien werden den Weg zeigen – von der Strategieentwicklung zu Profitabilität und Wachstum, den entscheidenden Merkmalen der erfolgreichsten Unternehmensführer und ihrer Management- und Führungswerkzeuge bis zur Gestaltung einer Unternehmenskultur, in der Freude und Begeisterung für den Erfolg unter allen Mitarbeitern Raum gewinnt. Was macht erfolgreiche Teams aus? Wie werden endlich die notwendigen Change-Maßnahmen zum Erfolg geführt? Was ist mit den Unternehmen, die nicht in einer Krise sind, sondern in dem riesigen Mittelfeld des Durchschnitts? Das „Wie" zum Erfolg gilt auch für sie, wie die Ergebnisse zeigen werden.

2.2 Interne Unternehmenskrise: Wie gelangt das Unternehmen an die Spitze?

Unternehmensseitig begründete Krisenursachen wurden detailliert untersucht. Entsprechend verschiedener Analysen (u. a. Institut für Krisenforschung, Kiel) sind die wichtigsten Ursachen in größeren Unternehmen (> 500 Mitarbeiter, > 50 Mio. € Umsatz) insbesondere in Problemen auf der Absatzseite, in Führungsfehlern, in operativen Problemen in der Produktion und im Bereich Personal zu finden. Strategisch folgen danach Gründe wie eine

© Springer-Verlag GmbH Deutschland, ein Teil von Springer Nature 2020
H. Goffin, *Erfolgsunternehmen – empirisch belegte Wege an die Spitze*,
https://doi.org/10.1007/978-3-662-59819-1_2

zu schnelle Expansion, Fehleinschätzungen im Bereich Forschung und Entwicklung und in einem geringeren Maße auch falsche Investitionsentscheidungen. In kleineren Unternehmen (<500 Mitarbeiter) liegt nach den Ergebnissen die häufigste Ursache in Qualifikationsproblemen des Managements selbst, in falschen Marktprognosen bzw. in wichtigen Veränderungen im Markt (Goffin 2014). Detaillierte Ergebnisse zeigt der Autor dieses Buches an anderer Stelle auf (Kap. 4). Weitere wichtige Fehler waren hier der Ausfall von Kunden und Lieferanten, zu hohe Gewinnentnahmen, mangelnde Auslastung oder auch die Nichtbeachtung von üblichen Governance-Regeln. Krisenverschärfende Ursachen sind zudem in größeren Unternehmen insbesondere Probleme in Planungs- und Kontrollsystemen und im Bereich mangelnden Eigenkapitals. Bei den kleineren Unternehmen ist der Aspekt des mangelnden Eigenkapitals ein dominanter Faktor der Krisen verschärfenden Aspekte, gefolgt von Problemen im Rechnungswesen und in der Kalkulation.

Auf den typischen Krisenverlauf, die Krisenursachen und entsprechende Maßnahmen zur Krisenlösung wurde in den beiden Veröffentlichungen des Autors detailliert eingegangen (Goffin 2014, 2019). Je nach Krisenstadium des Unternehmens werden spezifische Maßnahmen angewendet, um das Unternehmen zum Gewinn einer nachhaltigen Profitabilität und zu einem stabilen Geschäftsmodell zurückzuführen. Die Rückführung des Unternehmens wird jedoch langfristig nicht nur eine branchenübliche Profitabilität zum Ziel haben, sondern verfolgt das Ziel, das Unternehmen an der Spitze zu platzieren. Wie gestalten sich die Wege dorthin? In den folgenden Kapiteln zeigen empirisch belegte Erfolgswege neue Wege und Chancen.

Um den statistischen „Bias" zu vermeiden, der automatisch entsteht, wenn nur die besonders erfolgreichen Unternehmen betrachtet werden, wird auch immer wieder die Klasse der am wenigsten erfolgreichen Unternehmen in die Untersuchungen miteinbezogen.

2.3   Welche Risiken birgt Erfolg? Burn-out und Premature-Aging-Syndrome

Lange Zeit erfolgreiche Unternehmen stürzten plötzlich auch ohne Eintritt einer Rezession in eine Krise. Was sind die Ursachen derartiger scheinbar plötzlicher Zusammenbrüche? Wie entsteht und entwickelt sich eine solche als überraschend wahrgenommene Abwärtsspirale des Niedergangs?

In einer detaillierten Untersuchung der hundert größten Unternehmenskrisen in einem Zeitraum von fünf Jahren analysierten Probst und Raisch die fünfzig größten Firmenpleiten in Europa und in USA analysiert (Probst und Raisch 2004). Zusätzlich wurden die fünfzig größten Abstürze betrachtet, in denen Unternehmen über fünf Jahre mindestens 40 % ihres Wertes eingebüßt und erhebliche Schulden in Milliardenhöhe aufgebaut hatten. Die Ergebnisse der Studie sind für die Strategie und die Führung mit dem Ziel, ein erfolgreiches Unternehmen dauerhaft im Erfolg zu halten, sehr aufschlussreich.

In dem betrachteten Fünfjahreszeitraum der Untersuchung hatten die hundert Firmen einen Wert von insgesamt ca. 2,5 Bio. US $ vernichtet. Auffallend war, dass über 50 % der untersuchten Unternehmen bis zu ihrem Einbruch sehr erfolgreich waren als Marktführer ihrer Branche und somit hochprofitable Unternehmen. Bei genauerer Untersuchung dieser ca. fünfzig Unternehmen zeigte sich bei allen Unternehmen eine überraschend einheitliche Logik.

> Probleme entstanden in den folgenden vier Bereichen: starkes Wachstum, permanenter Wandel, visionäre Führung und starke Erfolgskultur. In den meisten Fällen wuchsen und veränderten sich die Unternehmen zu schnell, besaßen zu mächtige Manager und pflegten eine überzogene Erfolgskultur. Waren diese Faktoren andererseits zu schwach ausgeprägt, alterten die Firmen vorzeitig, was ebenfalls zum Absturz führte (Probst und Raisch 2004).

Dementsprechend kommt die Untersuchung zu dem Schluss, dass es zur Vorbeugung des Niedergangs einer erfolgreichen Firma bzw. zur (Weiter-) Entwicklung einer erfolgreichen Firma auch wichtig ist, die Balance zwischen den beiden oben aufgeführten Extremen der zu starken oder zu schwachen Positionierung in den benannten vier Bereichen zu halten.

70 % der untersuchten Unternehmen im Niedergang verfolgten die genannten vier Faktoren im Übermaß und fielen in ein Burn-out-Syndrom. „Es scheint eine Grenze zu geben, von der an diese 4 Eigenschaften kontraproduktiv wirken" (Probst und Raisch 2004). Ein zu schnelles Wachstum mittels fremdfinanzierter Akquisitionen ist auch entsprechend der zuvor vom Institut für Krisenforschung u. a. genannten langjährigen Statistik ein häufiger Grund von Insolvenzen (Abschn. 1.2). In der Untersuchung von Probst und Raisch folgte der Niedergang der Unternehmen fast immer einer Phase starker Expansion. Firmen wie z. B. ABB, Tyco, Worldcom und auch der frühere Daimler-Chrysler-Konzern sind auch nach langen Jahren immer noch in guter Erinnerung. Daimler schaffte es mit zahlreichen großen Unternehmenskäufen unter E. Reuter mit der Vision des Technologiekonzerns und mit J. Schrempp erneut mit der Vision der „Auto Welt AG" sogar zweimal in ein Burn-out zu fallen, konnte aber beide Male gerettet werden.

Unternehmen, die eine Krise unter hoher Schuldenlast abwenden konnten, sind dennoch auf lange Zeit in ihren Entscheidungen und Ergebnisbeiträgen durch die hohe Finanzlast beeinträchtigt. Untersuchungen, auf die in Abschn. 4.5 eingegangen wird, zeigen, dass zum einen der positive Ergebnisbeitrag von Unternehmenskäufen häufig überschätzt wird und zum zweiten, dass Akquisitionen für das gesamte Unternehmen eher erfolgreich sind, wenn sie aus den bestehenden Finanzmitteln bestritten werden und das gekaufte Unternehmen relativ zum Käuferunternehmen eine gewisse Größe nicht überschreitet. Wirtschaftsrezessionen mit entsprechend dann meist rückläufigen Umsätzen sind in Fällen von stark fremdfinanzierten großen Unternehmenskäufen ein wichtiges Risiko und oftmals der Eintritt in dramatische Unternehmenskrisen. Der Integrationsaufwand von akquirierten Unternehmen mit der entsprechend steigenden Komplexität und Störungen in den operativen Prozessen sind gleichfalls oft Gründe für einen Niedergang nach großen Akquisitionen. Der Aufwand des Wandels bzw. ein unkontrollierter Wandel führen zu erheblichen Problemen. Der Verlust des Fokus auf das Kerngeschäft führt oft dazu, dass Kunden und Mitarbeitern darüber hinaus die Identität des Unternehmens nicht mehr erkennen können. (Abschn. 1.4, 4.7)

Ein weiterer wichtiger Faktor des Niedergangs von ehemals sehr erfolgreichen Unternehmen lag auch in der Person des autokratischen, mächtigen Führers, der als überdominante Person an der Unternehmensspitze nach Gutdünken agierte. Er etablierte einen Stab treuer, angepasster Gefolgsleute, die andere Sichtweisen oder die Wahrnehmung von Risiken auf Basis der Entscheidung des Autokraten nicht zuließen. Erfolg braucht Vielfalt und eine entsprechende Unternehmenskultur (Kap. 9). Eine starke Erfolgskultur fördert Mitarbeitermotivation und harten Einsatz und setzt auf starke extrinsische Motivatoren. Dies ist oft kontraproduktiv hinsichtlich der wichtigen intrinsischen und entsprechend langfristig ausgelegten Mitarbeitermotivation (Abschn. 9.4), die für den dauerhaften Erfolg und eine erfolgreiche Unternehmenskultur entscheidend ist. In einem langfristigen Rückblick über verschiedene Wirtschaftszyklen zeigen die Autoren der Untersuchung, dass es ein typisches Phänomen einer längeren signifikanten Aufwärtsphase ist, dass die Anzahl der „Burn-outs" unter den Mitarbeitern insbesondere nach Börsencrashs massiv ansteigt.

Es können weitere Untersuchungen angeführt werden, die einerseits aufzeigen, dass Wachstum für die Entwicklung der Profitabilität wichtig ist, dass dieser Effekt jedoch deutlich ins Negative rutscht, wenn ein gesundes Maß des Wachstumswertes überschritten wird. Eine nachhaltige Wachstumsstrategie muss entwickelt werden. Gleiches gilt für die Dynamik des Wandels, der die Mitarbeiter und die gesamte Organisation nicht überfordern darf und ein gewisses Maß an Sicherheit und Routine sicherstellen muss. Autokratische Unternehmensführer sind allenfalls in besonderen Krisensituationen für Unternehmen hilfreich. Die Wichtigkeit des richtigen Maßes des Vertrauens und die Entwicklung in der Organisation dieses Faktors wird in Kap. 9 aufgezeigt. Auch hier ist ein optimales Maß zwischen den Extremen einer Kultur des Misstrauens und einer Kultur des übermäßigen Vertrauens zu finden. Entscheidend für ein rechtzeitiges Gegensteuern ist die Entwicklung eines Frühwarnsystems und Risikomanagements. In den Kennzahlensystemen der hundert Unternehmen gab jedoch auch ihre Verfolgung zu spät Warnhinweise. Ein gutes Frühwarnsystem wird dementsprechend qualitative Faktoren berücksichtigen, die frühzeitig Hinweise geben auf eine Strategie des übermäßigen Wachstums und der Entwicklung einer strengen Erfolgskultur mit dem Verlust der langfristigen und auch stark von der intrinsischen Motivation der Mitarbeiter getriebenen gesunden Unternehmenskultur. Die Aufsichtsgremien werden diese Kontrollfunktion als eine wichtige Rolle übernehmen, um frühzeitig die Hinweise der Entwicklung von kritischen Faktoren des Burn-outs oder Premature-Aging-Syndroms zu erkennen und gegenzusteuern. Dies betrifft die kombinierte Betrachtung von Kennzahlen, Führungskultur und Unternehmenssituation. Die Risiken einer langfristig sehr erfolgreichen Strategie werden trotz des Erfolges ständig geprüft werden müssen.

Wenn andererseits Unternehmen einen zu geringen Fokus auf die Entwicklung von Wachstum, Wandel und erfolgsorientierte Unternehmensführer und Mitarbeiter legten, kam es in Unternehmen aufgrund eines Premature-Aging-Syndroms zum Niedergang (Probst und Raisch 2004). Dies traf auf ca. 30 % der untersuchten Krisenunternehmen zu.

Dem Mangel an Wachstum folgten zögerliche Versuche, die jahrelang stagnierenden Umsätze zu steigern. Unternehmen wie Kodak, United Airlines, Xerox und andere sind noch gut bekannt. General Motors und IBM verschliefen in der Vergangenheit wichtige, grundlegende Industrieveränderungen. Das lange Festhalten an veralteten, ehemals sehr guten Erfolgsformeln und der Mangel an Innovation und Veränderung führte zum Niedergang. Altgediente Unternehmensführer setzten in konservativer Ausrichtung auf die bewährten Methoden der Vergangenheit. Nachfolger, die für Wandel und Innovation sorgen konnten, wurden nicht aufgebaut. Eine bequeme, auf starke Loyalität und Vertrauen ausgerichtete Unternehmenskultur bremste auch den Veränderungswillen in der Belegschaft, und es fehlte das notwendige Maß an Erfolgskultur. Die Langzeituntersuchung zeigt, dass in dieser Gruppe von Unternehmen das Premature-Aging-Syndrom weitgehend konjunkturunabhängig auftrat.

2.4   Downsizing: Ergebnisse in der Krise?

Externe Ursachen für Unternehmenskrisen in Form von Wirtschaftsrezessionen oder politisch motivierte Konjunktureinbrüche treffen auch die besten Unternehmen häufig unvorbereitet und überraschend. Zahlreiche Unternehmen machen es sich in derartigen Krisen zur Aufgabe, gestärkt aus der Krise hervorzugehen und mittelfristig aus entsprechenden Maßnahmen ihre strategische Position zu verbessern. Wer erreicht diesen Erfolg? Was sichert diesen Erfolg oder macht ihn zumindest wahrscheinlich? Zahlreiche Analysen zeigen überraschende Ergebnisse. Der klassische Weg des Downsizings mittels Arbeitsplatzabbau allein wird mit größerer Wahrscheinlichkeit nicht erfolgreich sein. Zahlreiche Untersuchungen belegen dieses evtl. überraschend klingende Ergebnis. In den folgenden Kapiteln zeigen empirisch belegte Erfolgswege neue Chancen.

Eine Untersuchung (CASCIO et al. 1997) unter mehr als 5000 Arbeitsplatzabbau-Maßnahmen in über 500 US-Unternehmen zeigte, dass die Unternehmen dadurch ihre Effizienz (ROA) nicht steigern konnten. Es gab keinen Vorteil im Vergleich zu den Unternehmen, die keine Arbeitsplatzmaßnahmen eingesetzt hatten. Zahlreiche weitere Ergebnisse scheinen dies zu belegen.

Eine Untersuchung unter 4700 börsennotierten Unternehmen aus 83 Branchen verglich die Unternehmenssituation aus dem Jahr 2015 mit den jeweiligen Daten des Jahres 2010 nach der letzten Rezession 2008 (Zorn et al. 2017). US-amerikanische Unternehmen hatten in dieser Rezession ca. 8 Mio. Mitarbeiter entlassen. Das Ergebnis der wissenschaftlichen Untersuchung in der Nachfolge der Krise 2008 bestätigt, dass erhebliches Downsizing sogar die Wahrscheinlichkeit einer Insolvenz deutlich erhöht. Kündigungen in größerem Maß erschüttern nicht nur Vertrauen und Loyalität der Mitarbeiter und bedingen erheblichen Wissensverlust, sondern führen auch dazu, dass die verbleibenden Mitarbeiter stärker belastet werden.

In dieser Analyse werden auch zahlreiche weitere Ergebnisse von Untersuchungen aufgezeigt, welche Konsequenzen der Arbeitsplatzabbau in Unternehmenskrisen nach sich zog. Nicht nur Produktivität und Kundenzufriedenheit fielen ab (Goesaert und Vanormelingen 2015; Guthrie und Datta 2008; Lewin et al. 2010, nach Zorn et al. 2017).

Neben den zuvor aufgezeigten neueren Resultaten zu den steigenden Risiken einer Unternehmenspleite nach Maßnahmen des Arbeitsplatzabbaus wurde das Risiko steigender Insolvenzrisiken auch schon in vorausgegangenen Untersuchungen aufgezeigt (Powell und Yawson 2012; Smith 2010, nach Zorn et al. 2017).

In einer weiteren Untersuchung zu den Auswirkungen größerer Entlassungsmaßnahmen in Wirtschaftsrezessionen kommen Guthrie und Datta (Guthrie und Datta 2008) zu ähnlichen Schlüssen. Nach der statistischen Auswertung verschiedener Branchen- und Unternehmenskennzahlen und dem Vergleich der wirtschaftlichen Leistung vor und nach einem Arbeitsplatzabbau kommen sie zu dem Resultat, dass Downsizing einhergeht mit einem Abfall der zukünftigen Profitabilität des Unternehmens. Die statistischen Daten zeigen, dass hiervon insbesondere Unternehmen mit hoher Forschungs- und Entwicklungstätigkeit und ansonsten guten Wachstumsraten betroffen sind.

Weitere Ergebnisse zeigen, dass in den Finanzergebnissen oftmals auch kaum kurzfristige Verbesserungen erzielt wurden (Cascio 1998; Cascio und Young 2003; De Meuse et al. 1994, 2004, nach Meuse und Dai 2012).

Dennoch soll erwähnt werden, dass es auch Resultate gab, die aufzeigten, dass Unternehmen Gewinn aus Downsizing-Maßnahmen erzielen konnten (De Meuse und Dai 2013; Love und Nohria 2005; Yu und Park 2006, nach Meuse und Dai 2012). In der Gesamtbetrachtung erscheinen jedoch die Nachteile von Downsizing-Maßnahmen in Krisen von erheblicher Wichtigkeit. Sie führen nicht zu den theoretisch abgeleiteten Effekten und zeigen zum Teil erhebliche, in der Summe negative Ergebnisse. Die Studie von Cascio und Young 2003 schloss mit der Empfehlung, dass Manager zumindest sehr vorsichtig mit Downsizing-Maßnahmen umgehen müssen, die traumatische Folgen sowohl bei Mitarbeitern, die gehen müssen, als auch bei den verbleibenden verursachen.

Vergleichbare Resultate zu den insgesamt nachteiligen Effekten des Downsizings auf Unternehmensresultate zeigen sich auch in anderen Märkten Asiens und Europas.

In Korea wurde der Zusammenhang zwischen präventiven Maßnahmen des Arbeitsplatzabbaus und verschiedenen wirtschaftlichen Leistungsdaten durch die Analyse von 258 koreanischen Unternehmen im Zeitraum von 1997 bis 2002 unter Einbeziehung der Krise von 2001/2002 untersucht (Yu und Park 2006). Es kamen Methoden der multiplen statistischen Regression zur Anwendung. Untersuchte Leistungskriterien waren Gesamtkapitalrentabilität (return on assets, ROA), Asset Turnover, operatives Ergebnis/ Mitarbeiter, Umsatz/Mitarbeiter und Wertschöpfung/Mitarbeiter. Hier wurde zwar gezeigt, dass im Mittel die Profitabilität und Effizienz in dem kurzfristig betrachteten Krisen-/Ergebniszeitraum stieg, die Unternehmen mit stark präventivem Arbeitsplatzabbau hatten jedoch stärkere Finanzprobleme als ihre Marktbegleiter. Es zeigte sich kein positiver Effekt bei der Mitarbeiterproduktivität. Die teilweise Verbesserung der Finanzergebnisse beim ROA durch Arbeitsplatzabbau war bei den Unternehmen größer, die zuvor nicht in einer wirtschaftlich schwierigen Ergebnis- und Verlustsituation waren. Dies bedeutet, dass gerade Unternehmen in wirtschaftlich engen Verhältnissen sich durch den

Abbau von Arbeitsplätzen keinen Vorteil verschaffen können. Dieser trat eher bei den Unternehmen auf, die aus einer wirtschaftlich gesunden Situation heraus derartige Maßnahmen einführten.

In einer Untersuchung unter 297 großen Unternehmen im spanischen Markt bauten 141 Unternehmen in einem Zeitraum von fünf Jahren mehr als fünf % ihrer Arbeitsplätze ab, ein Drittel dieser Unternehmen reduzierte die Mitarbeiteranzahl sogar um mehr als 15 %. Die Ergebnisse wurden anhand der Arbeitsproduktivität (Umsatz/Mitarbeiter), Veränderung des Umsatzes des Unternehmens und Gewinn/Umsatz über fünf Jahre bewertet. In zwei Zeitfenstern wurden in einer statistischen Bewertung die Unternehmen mit starkem Abbau denjenigen ohne nennenswerten Abbau gegenübergestellt (Suarez-Gonzalez 2001).

Statistisch signifikante Unterschiede in den Kennzahlen Gewinn/Umsatz und Arbeitsproduktivität gab es bereits zu Beginn der Analysen zwischen den Gruppen. Offensichtlich hatten Firmen im Markt, die in der Folge Mitarbeiter reduzierten, schon zu Beginn eine schwächere Wettbewerbsposition als die übrigen Unternehmen. Die weitere Analyse der Arbeitsproduktivität und des Gewinns der Firmen nach fünf Jahren und in der sich darin anschließenden dreijährigen Folgeperiode zeigte die Folgeeffekte des Arbeitsplatzabbaus auf.

Unternehmen gewannen zum Startjahr der Analyse dank des Abbaus in der Produktivität bzw. der Mitarbeiterzahl im Vergleich. Die Arbeitsproduktivität dieser Unternehmen war jedoch dennoch weiterhin schwächer als die der Vergleichsgruppe, die keine Maßnahmen beim Arbeitsplatzabbau durchgeführt hatten. Im Umsatz konnten beide Gruppen Wachstum verzeichnen. Jedoch gab es bei dem Unternehmen ohne Abbau ein signifikant stärkeres Wachstum. Insbesondere fällt jedoch auf, dass der Gewinn/Umsatz der Unternehmen nach dem Arbeitsplatzabbau und auch für die folgende Dreijahresperiode weiter zurückgegangen war. Diese Kennzahl war weiterhin erheblich schwächer im Vergleich zu den übrigen Unternehmen ohne starke Arbeitsplatzmaßnahmen. Suarez-Gonzalez kommt zu dem Schluss, dass die Maßnahme des Arbeitsplatzabbaus nicht den gewünschten Effekt zeigte, und dass die Wettbewerbssituation und auch die finanzielle Situation dieser Unternehmen sich nicht wesentlich veränderten.

Andere strategische und operative, marktorientierte Maßnahmen werden notwendig sein. Die Ergebnisse zeigen auf: Der Arbeitsplatzbau in Form größerer Downsizing-Maßnahmen verbessert im Allgemeinen nicht die wirtschaftlich kritische Situation in der Krise. Entsprechend der Studienergebnisse steigt sogar die Wahrscheinlichkeit einer Firmenpleite auf ca. den doppelten Wert. Kurzfristige Kostensenkungen können offensichtlich nicht die längerfristigen negativen Auswirkungen ausgleichen. Sollten nach den Ergebnissen starke Reduzierungen im Bereich der Arbeitskräfte und anderer präventiver Maßnahmen im Hinblick auf die Unternehmensentwicklung und -ergebnisse sehr vorsichtig eingesetzt werden? Führen sie zumeist nicht zu den theoretisch beabsichtigten Ergebnissen? Die Ergebnisse der zahlreichen Untersuchungen bestätigen dies.

In einem Folgekapitel (Abschn. 2.7) werden empirisch belegte Maßnahmen vorgestellt, die im Management der Krise und im Vergleich dreier großer Wirtschaftskrisen tatsächlich positive Ergebnisse hervorgebracht haben. Sind andere Maßnahmen der Effizienzsteigerung und die Sicherung wichtiger immaterieller Vermögenswerte in Form des Know-hows von Mitarbeitern und der Weiterentwicklung von Produktinnovationen der bessere Weg?

In einer umfangreichen Analyse von 4700 börsennotierten Unternehmen und ihren Strategien und Taktiken in den großen Wirtschaftskrisen 1980–1982, 1990–91 und 2000–2002 und auch in Folgeuntersuchungen nach der Krise 2008 konnten Muster abgeleitet werden, die mit größerer oder auch kleinerer Wahrscheinlichkeit zu Erfolg bzw. Misserfolg führen (Abschn. 2.7)

2.5   Krisenmaßnahmen: Was sind die Effekte des Downsizing?

Wie kann das Ergebnis des vorausgegangenen Kapitels, dass Downsizing zumeist nicht zu den erwarteten Gewinnen in Effizienz und Ergebnis führt, erklärt werden? Zahlreiche Untersuchungen analysierten die Effekte von Downsizing-Maßnahmen in einer sehr großen Anzahl von Unternehmen. Welche Effekte stellten sich ein?

Folgende Ergebnisse scheinen zur Erklärung wichtig: In der Folge von Downsizing-Maßnahmen wurden größere Probleme im organisatorischen Ablauf verzeichnet (Goesaert et al. 2015; nach Zorn et al. 2017; Guthrie und Datta 2008). Prozessstörungen führren zu geringerer Effizienz und verlangten von Mitarbeitern die Entwicklung neuer Fähigkeiten. Der Arbeitsplatzabbau unterbrach die organisatorische Routine, reduzierte die Produktivität und erhöhte das Stressniveau der verbleibenden Mitarbeiter. Große Veränderungen bedingten maßgebliche Veränderungen in den Prozessen des Unternehmens und der Mitarbeiter. Neue Routinen mussten entwickelt werden: ein Effekt, der dem Ziel der Effizienzsteigerung entgegensteht.

Es kam weiter zu Mängeln im Bereich der Innovation und Entwicklung von Produktneuheiten und in der Folge auch zu einem Mangel in der Organisation, neues Wissen zu gewinnen, Neues zu lernen (Datta et al. 2010; De Meuse et al. 2011 nach Meuse und Dai 2012). Noch kritischer wurde aus der Perspektive einer Organisation der Verlust des Sozialkapitals in Form von internen und externen Netzwerken der Mitarbeiter betrachtet. Dies führte gleichzeitig zu weiteren negativen Auswirkungen auf die bestehende Prozessroutine und das Wissen innerhalb der Organisation.

Die Arbeitsmoral und die Unsicherheit sanken alarmierend im Bereich der übrigen Belegschaft, was zu geringerer Kreativität, Innovation und zu steigendem Stress und Burn-out-Risiken führte (Fisher und White 2000; Niehoff et al. 2001, 2003; Probst et al. 2007; Rusaw 2004; Shaw et al. 2005 nach Seth und Lee 2017).

Des Weiteren beeinflusste ein größeres Downsizing den psychologischen Vertrag zwischen den verbleibenden Mitarbeitern und den Unternehmen negativ, indem Leistung nicht nur gegen Lohn, sondern auch gegen soziale Sicherheit erbracht wurde. Verbleibende Mitarbeiter mussten darüber hinaus in der angespannten Situation neue Fähigkeiten entwickeln.

Eine Analyse auf Basis der US-Arbeitssicherheitsbehörden aus den Jahren 2002 bis 2011 offenbarte, dass sich der Ergebnisdruck in Unternehmen deutlich auf die Anzahl von

Verletzungen und Krankschreibungen auswirkte. In den Unternehmen, die die Ergebnisprognosen der Analysten nur knapp erreichten oder minimal übertrafen, stieg die Anzahl der Verletzungen und Krankschreibungen in diesen Phasen regelmäßig um 5 bis 15 %. Unternehmen, die ihre Ziele entspannt erreichten, wiesen die geringsten Verletzungsrisiken auf. Aufgrund dieser Resultate kann geschlossen werden, dass der zunehmende Druck auf Mitarbeiter in kritischen Unternehmensphasen wichtige Krankheitsrisiken mit sich bringt. Caskey et al.belegten den zuvor aufgezeigten Stressanstieg in Phasen von Krisenmaßnahmen mit Auswirkungen auf Mitarbeitermoral, Kreativität und Innovation (Caskey et al. 2017).

Ergebnisse von McKinsey zeigen mithilfe von Daten von 100.000 Führungskräften und Mitarbeitern aus 52 Unternehmen auf, dass signifikativ weniger Arbeitsunfälle und daraus resultierende Ausfälle und Kosten in Unternehmen auftraten, die sich durch ein überlegenes Betriebsklima auszeichneten („organizational health index", OHI). Unternehmen im oberen Viertel des Rankings des OHI hatten eine um mehr als 75 % niedrigere Unfallrate, als die Unternehmen im unteren Viertel des Rankings des OHI (Lim et al. 2018).

2.6 Unternehmenskrisen: Kostensenkungs- oder Wachstumsstrategie?

In klassischen Sanierungskonzepten für Unternehmen in Absatz-, Ertrags- oder insolvenznahen Krisen wird meistens zunächst der Fokus auf die Kostensenkung und die Schaffung von Liquidität gelegt. Erst nach einer Sicherung der Wirksamkeit der Kostensenkungen und einem ggf. zusätzlichen Liquiditätsfluss durch Optimierung der Lagerbestände, veränderte Zahlungstermine Überbrückungskredite, die Veräußerung von Unternehmensanteilen oder anderen wichtigen Aktivposten wird in einer zweiten Phase die Entwicklung einer Wachstumsstrategie umgesetzt. Maßnahmen der Kostensenkung gehen in diesen Konzepten expansiven Strategien voraus. Ist dieser Weg erfolgreich? Gibt es erfolgreichere Wege aus der Unternehmenskrise zum mittelfristigen Erfolg?

In einer Untersuchung erfolgreicher Krisenkonzepte wurde geprüft, inwieweit dieser konsekutive Ansatz oder ein Ansatz der parallelen Entwicklung von defensiven Kostensenkungs- bzw. Liquiditätsmaßnahmen und expansiv ausgerichteten Wachstumsmaßnahmen zum Erfolg beiträgt. Mit welchen Maßnahmen sollte begonnen werden und welche Maßnahmen sollten entweder parallel oder aber nach einer Phase der Konsolidierung- und Kostensenkung eingeleitet werden?

Sanierungsexperten von neun internationalen Beratungsunternehmen wie Bain & Company, KPMG, Roland Berger und 24 im deutschsprachigen Raum tätigen Beratungen. (u. a. CMS, Dr. Helbling, Dr. Wieselhuber & Partner) steuerten zur Untersuchung von Schmitt und Raisch Daten und Informationen bei (Schmitt und Raisch 2015). Die aus insgesamt 107 Sanierungsprojekten im deutschsprachigen Raum gewonnenen Erkenntnisse geben Aufschluss darüber, welche Maßnahmen zur Kostensenkung oder zum Wachstum in welchen Phasen zur Anwendung kamen (Tab. 2.1). Die zeitliche Gestaltung der

Tab. 2.1 Vergleich des Erfolgs verschiedener Sanierungsmaßnahmen über der Zeit (Schmitt und Raisch 2015)

Unternehmenssanierung (107 Unternehmen)	Kostensenkungsmaßnahmen	Wachstumsmaßnahmen
Frühe Sanierungsphase		
Alle	74 %	26 %
Top-20-Unternehmen	56 %	44 %
13 Insolvenzfälle	78 %	22 %
Späte Sanierungsphase		
Alle	41 %	59 %
Top-20-Unternehmen	51 %	49 %

Maßnahmen wurde in Beziehung gesetzt zum Erfolg der Projekte. Maßnahmen der Kostensenkung waren z. B. Personalreduzierung, Abbau des Lagerbestandes und Reduzierung des Anlagevermögens. Wachstumsmaßnahmen betrafen beispielsweise die Bereiche Produktinnovation, Marketing und Erschließung neuer Märkte. Messkriterien des Erfolgs waren Umsatz- und Gewinnwachstum, Marktanteilsentwicklung, Eigenkapital- und Gesamtkapitalrendite in einem Zeitraum von bis zu drei Jahren nach der Sanierung. Im Vergleich der Maßnahmen verschiedener Konzepte der frühen Sanierungsphase lag das Verhältnis von Kosten- zu Wachstumsmaßnahmen bei 74 % zu 26 %. Bei den 20 Unternehmen, die bei den Erfolgskriterien durchschnittlich am besten abschnitten, zeigte sich von Beginn an ein simultanes Vorgehen:

> In der frühen Sanierungsphase lag das Verhältnis von Kosten- und Wachstumsmaßnahmen bei 56 % zu 44 %. (…) Noch deutlicher zeigt sich der Nachteil in Sanierungen, bei denen der Fokus zunächst vor allem auf Einsparungen liegt, bei den 13 Projekten in unserer Studie, die in einer Insolvenz endeten: Hier lag das Verhältnis von Kosten- und Wachstumsmaßnahmen bei 78 % zu 22 %. (Schmitt und Raisch 2015)

In der späteren Sanierungsphase wurden bei den 20 erfolgreichsten Unternehmen expansive Wachstumsmaßnahmen zu 51 % angewendet, während dieser Wert in der Gesamtuntersuchung nur bei 41 % lag. Die Ergebnisse der empirischen Untersuchung die sowohl erfolgreiche als auch erfolglose Sanierungen betrachtete, zeigen, „dass die klassischen Herangehensweisen – Effizienzsteigerung zur Stabilisierung, gefolgt von strategischen Wandel – für eine Unternehmenssanierung nicht ausreicht. Vielmehr ergibt sich der Erfolg aus den Synergieeffekten zwischen gleichzeitigen Kostensenkungs- und Wachstumsmaßnahmen" (Schmitt und Raisch 2015). Eine optimal austarierte Abstimmung beider Wege ist wichtig, um den langfristigen Erfolg sicherzustellen. Der Form halber sei dennoch erwähnt, dass die strenge Verfolgung eines den spezifischen Umständen entsprechenden cashgeneriernden Plans dennoch wichtig ist, um das Überleben des Unternehmens zu sichern.

Exemplarisch führt diese Studie die erfolgreiche Sanierung des Fiat-Konzerns an. Nach einer exorbitanten Verschuldung senkte Fiat einerseits durch eine Flexibilisierung der

Arbeitsverhältnisse, eine überarbeitete Plattformstrategie in der Modellpolitik und Maßnahmen zur schnelleren Fahrzeugentwicklung sowohl die Kosten als auch die Entwicklungszeit, um neue Fahrzeuge schneller auf dem Markt präsentieren zu können. Auf der
anderen Seite gelang die expansive strategische Neupositionierung mit verschiedenen Ko-
operationspartnern wie Ford und Tata oder SAIC in Indien und China, um Zugang zu
neuen Märkten zu erhalten. Nach der Übernahme des Krisenunternehmens Chrysler wurde
eine ähnliche Strategie umgesetzt, mit Synergiegewinnen durch gemeinsame
Fahrzeugplattformen und expansive Wachstumsinvestitionen in neue Fahrzeugmodelle.
Aus den Erkenntnissen dieser umfangreichen Studie wurden drei wichtige Empfehlungen
abgeleitet (Schmitt und Raisch 2015):

1. **Strategie hat Vorrang:** Dies bedeutet, dass bereits zu Beginn einer Sanierung die
   künftige Strategie bestimmt werden muss. Management und Mitarbeiter erhalten eine
   klare Orientierung der Felder der zukünftigen Wertschaffung und den Fokus der auf die
   Zukunft ausgerichteten Tätigkeiten.
2. **Gläubiger früh ins Boot holen:** Anstelle der Verfolgung schneller operativer Resultate mit kurzfristigen Erfolgen werden die Gläubiger von Beginn an über die geplante
   Ausrichtung informiert, dass neue Investitionen notwendig sind, um Kostensenkung
   und strategischen Wandel gleichzeitig einzuleiten. Eine herausfordernde Betrachtung
   der Risiken und eine Klassifizierung der Auftretenswahrscheinlichkeit mit Anwendung
   von Simulationswerkzeugen sowie der Höhe der möglichen wirtschaftlichen Effekte
   mit allen Stakeholdern ist gleichfalls wichtig.
3. **Ein Sanierungsteam einsetzen:** Anstelle des in Sanierungen oftmals anzutreffenden
   Führungsstils mit einem meist eher autoritär-hierarchischen Sanierungsmanager wird
   von Beginn an Raum für Kreativität und Diskussion unter einem eher partizipativen
   Führungskonzept genutzt. Vertrauen, Kreativität und die Entwicklung gemeinsamer
   Lösungen mit den Mitarbeitern werden unter einem entsprechenden mehrköpfigen
   Führungsteam den notwendigen organisatorischen Wandel über die Krise hinaus si-
   chern.

Dazu gehört des Weiteren auch, dass das Top-Management sich selbst zur Kritik des eigenen Plans herausfordert. Das Führungsteam muss in der Lage sein, eine kompakte Change-
Story glaubhaft kommunizieren zu können, die unter den Mitarbeitern leicht verständlich
und überzeugend ist. Schnelle Erfolge schaffen Glaubwürdigkeit und Überzeugung unter
allen Parteien. Neben der wichtigen intrinsischen Motivation kann ein neuer, auf die entscheidenden Sanierungsschritte ausgerichteter Incentive-Plan die Mitarbeiter auf die
nächsten wichtigen Erfolgsziele ausrichten (Yakola 2014).

Das Management von Unternehmenskrisen erfordert jedoch nicht nur Kosteneinsparungen auf der einen Seite und eine Überarbeitung des Geschäftsmodells und andere expansive Maßnahmen auf der anderen Seite. In Krisenzeiten sinken meist Moral und Zusammenhalt in der Belegschaft. Abteilungen und Mitarbeiter treten oft in einen defensiven

Modus ein und bauen Selbstschutz auf, um nicht angreifbar zu sein. Die Suche nach Fehlern und Schuldigen in der Vergangenheit fördert diese Einstellung und gestaltet die informelle Kommunikation im Unternehmen schwieriger. Mitarbeiter verlassen das Unternehmen, die Belastungen in der verbleibenden Belegschaft steigen, die Zukunftsaussichten scheinen düster, Moral und Engagement fallen. Forderungen der Unternehmensführung nach harten Kostensenkungen und Einsparungen, gleichzeitig neue Projekte noch schneller zum Erfolg zu bringen, Absatzzahlen zu steigern, resultieren in einem Mangel an Verständnis und Akzeptanz und münden nicht selten in offenen Zynismus innerhalb der Belegschaft. Diese Abwärtsspirale kann nur mit vereinten und motivierten Mitarbeitern gestoppt werden. Der Krisenmanager hat die zentrale Rolle, mittels einer hohen sozialen, kommunikativen und motivierenden Führungskompetenz ein Klima der Aufbruchstimmung und der gemeinsamen Motivation zu erzeugen:

> Um ein Unternehmen aber wieder auf Erfolgskurs zu bringen, muss die Person an der Spitze die Belegschaft aufrütteln, von ganz unten bis ganz oben. Kleine Fortschritte, die Mitarbeiter mit neuem Schwung machen, sind das erste Zeichen dafür, dass ein Unternehmen auf dem richtigen Weg ist. Ein guter Krisenmanager schafft es, Mitarbeitern, die sich längst in ihr Schicksal gefügt hatten, wieder Zuversicht zu geben. (Moss Kanter 2003)

Auf Basis der Erfahrungen zahlreicher erfolgreicher und erfolgloser Turnarounds leitet Moss Kanter (Harvard Business School) dabei entscheidende Maßnahmen ab, die der Krisenmanager zur Gestaltung einer motivierenden Aufbruchstimmung umsetzen muss.

- **Offene Kommunikation und Dialog stärken:** Offene Kommunikation und transparente Fakten müssen den unternehmensweiten Dialog fördern. Informationen und kritische Themen müssen transparent diskutiert werden, ohne den Fokus der Suche nach Schuldigen und Verursachern, sondern um kreative Lösungen zu entwickeln. Informelle und direkte hierarchieübergreifende Kommunikation und Diskussion unterstützen einen derartigen Dialog und bauen die Distanz zwischen den Führungskräften und Mitarbeitern ab.
- **Aufbau respektvoller Beziehungen unterstützen:** Ziel muss es sein, positive und respektvolle Beziehungen in einem Klima der Offenheit und Versöhnung zu schaffen. Persönliche Angriffe und Beschuldigungen müssen vermieden werden, auch wenn es in der Vergangenheit offensichtliche Fehler gab.
- **Zusammenarbeit stärken:** Die abteilungs- und bereichsübergreifende Zusammenarbeit in flexiblen, hierarchieübergreifenden Arbeitsgruppen muss zur Lösung aller Probleme und Entwicklung von Krisenlösungen entwickelt werden.
- **Initiative schaffen:** Kreative Ideen gilt es positionsunabhängig zu gewinnen und Mitarbeiterinitiativen zu fördern, sodass Mitarbeiter die Chance wahrnehmen, an der Gestaltung des zukünftigen Erfolgsunternehmens teilzuhaben. Es gibt jedoch keine Einheitslösung, um dies zu erreichen.

Weiter führt Moss Kanter aus:

> Trotz der Unterschiede in der Vorgehensweise gilt es bei einer Neuausrichtung eine allumfassende Aufgabe zu lösen: das Selbstvertrauen der Mitarbeiter wiederaufzubauen, die Verweigerungshaltung durch Dialog zu ersetzen, Schuldzuweisungen durch Respekt, Abschottung durch Zusammenarbeit und Hilflosigkeit durch die Chance zur Eigeninitiative. Jede Führungsfigur hat die schwierige Aufgabe, bei den Mitarbeitern eine Siegermentalität zu erzeugen, bevor überhaupt eine Schlacht gewonnen ist. (Moss Kanter 2003)

Es geht nicht nur um Kostensenkungen, sondern auch um die Investition in neue Produkte und expansive Maßnahmen. Ein derartiger Ansatz wird höchstwahrscheinlich nicht in weiterer Demoralisierung enden, sondern Ansporn für die Mitarbeiter sein.

Jürgen Dormann startete seine auf zwei Jahre angesetzte Zeit der Sanierung des ABB-Konzerns seinerzeit mit einer aufsehenerregenden Kommunikation per E-Mail an alle ABB-Mitarbeiter. Der Stil seiner insgesamt 112 E-Mails an alle Mitarbeiter, um sich deren Mitarbeit und Kreativität zu sichern, unterschied sich von der traditionellen Arbeitsweise der meisten Sanierer von Beginn an deutlich:

> Ich schreibe Euch, nachdem ich Chef von ABB geworden bin. Mein Ziel ist es, die Umsetzung der Konzernstrategie zu beschleunigen und mit Eurer Hilfe die operative Performance zu verbessern. Gemeinsam müssen wir aber auch unseren alten ABB-Spirit wiederbeleben. Ich setze auf vollkommene Transparenz. Deshalb verspreche ich Euch, in den kommenden Wochen und Monaten regelmäßig mit Euch zu kommunizieren. (Morhart und Jenewein 2007)

Zusammenfassend zeigen diese Ergebnisse im Fall der Sanierung von Krisenunternehmen ein grundsätzlich analoges Modell des Erfolgs wie im Fall von Krisenszenarien aufgrund von volkswirtschaftlichen Wirtschaftsrezessionen, die im Folgekapitel aufgezeigt werden. Der Erhalt einer Unternehmenskultur intrinsisch motivierter Mitarbeiter gehört dazu.

2.7   Erfolg nach der Wirtschaftskrise – empirisch bewiesene Wege zum Erfolg

In einer umfangreichen Analyse (Gulati et al. 2010) von 4700 börsennotierten Unternehmen und den Strategien und Taktiken dieser Unternehmen in den großen Wirtschaftskrisen 1980–1982, 1990–1991 und 2000–2002 konnten Muster abgeleitet werden, die mit größerer oder auch kleinerer Wahrscheinlichkeit zum Erfolg bzw. Misserfolg führen. Weitergehende Untersuchungen, die auch die letzte Krise von 2008 bis 2010 miteinbeziehen, bestätigten im Allgemeinen die Ergebnisse aus den vorausgegangenen drei Krisenzyklen. Wie wird einer Wirtschaftskrise wie einer der letzten Jahrzehnte begegnet? Was kann aus den Maßnahmen und Ergebnissen tausender Unternehmen aus vier Krisenzyklen als Erfolgs- und Misserfolgsparameter abgeleitet werden?

Die Unternehmen wurden in dem Betrachtungszeitraum in drei Perioden – drei Jahre vor, drei Jahre nach einer Rezession und die Zeit der Rezession, aufgeteilt. Basis waren

Finanzdaten, die in der Compustat-Datenbank von Standard & Poor's geführt werden. Zur Analyse der angewandten Strategien und möglicher Strategiewechsel als Reaktion auf die Krise wurden Kennzahlen zur Beurteilung der Verwendung wichtiger Ressourcen vor und während der Krisenjahre verglichen: Mitarbeiteranzahl, Herstellungskosten der verkauften Produkte, Ausgaben für Forschung und Entwicklung, Vertriebs- und Verwaltungsgemeinkosten sowie Bestand und Investitionen in Sachwerte. Veränderungen wurden aufgrund des Vergleichs der Daten vor und während der Krise beurteilt und um die entsprechende Branchenentwicklung bereinigt. Anschließend wurden die jeweiligen Veränderungen in einem Ranking der prozentualen Veränderungen bewertet und die Veränderungen im oberen und im unteren Drittel wegen ihrer besonderen Bedeutsamkeit betrachtet.

Mittels der Veränderungen in der Bemessung der Ressourcen wurden vier Gruppen identifiziert:

1. **Präventive Unternehmen:** Sie unternahmen bei einigen oder mehreren der aus den Daten gebildeten Kennzahlen im Vergleich zum Wettbewerb größere Einschnitte und wiesen bei keiner der Ausgaben Erhöhungen aus.
2. **Expansive Unternehmen:** Diese Unternehmen erhöhten bei mindestens einer Kennzahl die Ausgaben maßgeblich und führten bei keiner der übrigen Kennzahlen eine stärkere Absenkung im Vergleich zum Wettbewerb ein.
3. **Pragmatische Unternehmen:** Diese Unternehmen führten bei einigen der Parameter, z. B. bei den Herstellungskosten oder der Mitarbeiteranzahl, präventiv wichtige Reduzierungen durch; sie erhöhten aber andere Ausgaben wie beispielsweise im Bereich Forschung und Entwicklung expansiv.
4. **Progressive Unternehmen:** Diese Unternehmensgruppe konnten einerseits die Herstellungskosten der verkauften Produkte durch eine Steigerung der Effizienz in Produktion und Lieferkette absenken, ohne eine überdurchschnittliche Reduzierung der Anzahl der Mitarbeiter. Gleichzeitig steigerten sie überdurchschnittlich ihre marktrelevanten Kennzahlen und entsprechenden Ausgaben, z. B. im Bereich Vertrieb und Marketing und Forschung und Entwicklung. Sie erhöhten ihre Investitionen in Sachanlagen und Vermögenswerte stärker als der Durchschnitt.

Die Ergebnisse dieser Strategien wurden auf Basis des durchschnittlichen dreijährigen Wachstums bei Nettoumsatz und Gewinn EBITDA (Prozent vom Umsatz) bewertet und um den Branchendurchschnitt bereinigt. Die Wahl dieser Kennzahlen lässt sowohl den Vergleich von Unternehmen unterschiedlicher Größe als auch den Vergleich zwischen verschiedenen Branchen zu, die von den Krisen unterschiedlich betroffen waren. Die Autoren folgerten aus den Ergebnissen, dass Unternehmen mit einem durchschnittlichen Umsatz- und Gewinnwachstum von mehr als 10 % im Branchenvergleich herausragende Ergebnisse vorweisen. Zur Überprüfung der Hypothesen wurden die Ergebnisse auch bei einer Schwelle von nur 5 % oder von 20 % getestet. Die Gültigkeit der Ergebnisse bestätigte sich auch bei diesen Schwellen. In jeder der vier Gruppen gab es grundsätzlich herausragende Unternehmen. Deshalb wird die Wahrscheinlichkeit für jede Gruppe kalkuliert, mit der ein Unternehmen ein derartig herausragendes Ergebnis erzielt. Die Zahl der herausragenden Unternehmen wurde dazu mit der Gesamtzahl der Unternehmen der entsprechenden Gruppe dividiert.

In den Ergebnissen zeigt sich Folgendes (Gulati et al. 2010): 17 % der untersuchten Unternehmen überlebten die Krise nicht. Sie gerieten in die Insolvenz, wurden aufgekauft oder von der Börse genommen. Ca. 40 % der überlebenden Unternehmen erreichten auch drei Jahre nach der Krise nicht die vorherigen Werte bei Umsatz und Gewinn. Weitere 40 % der überlebenden Unternehmen erzielten drei Jahre nach der Krise nicht wieder ihre vorherigen Wachstumskennzahlen bei Umsatz und Gewinn. 9 % der Unternehmen erzielten herausragende Ergebnisse und wuchsen bei Umsatz und Gewinn mindestens 10 % stärker als die Wettbewerber in der Branche.

Unternehmen aus der Gruppe der präventiven Unternehmen, die den Fokus auf schnellere und stärkere Kostensenkungen im Wettbewerb legten, hatten mit einer Wahrscheinlichkeit von 21 % die geringsten Aussichten, nach der Krise den Wettbewerb zu überflügeln. Unternehmen aus der expansiven Strategiegruppe, die während der Krise erhebliche Investitionen unternahmen, hatten eine Wahrscheinlichkeit von 26 %, sich nach der Krise im Wettbewerbervergleich an der Spitze zu platzieren. Pragmatische Unternehmen waren in ihrer Kombination aus defensiven und offensiven Maßnahmen mit einer Wahrscheinlichkeit von 29 % in der erfolgreichsten Gruppe. Die progressiven Unternehmen sind mit der größten Wahrscheinlichkeit von 37 % am erfolgreichsten. Sie unternahmen selektive Maßnahmen in der Balance zwischen schnellen Einsparungen, Effizienzsteigerungen und wichtigen Zukunftsinvestitionen. Die Steigerung der Effizienz in betrieblichen Prozessen wurde ergänzt durch Investitionen im Bereich Marketing, Forschung und Entwicklung und Investitionen. Die Untersuchung kommt zu dem Ergebnis: „eine solche mehrseitige Strategie ist die beste Antwort auf eine Rezession" (Gulati et al. 2010).

1. Progressive Unternehmen, Erfolgswahrscheinlichkeit 37 %
2. Pragmatische Unternehmen, Erfolgswahrscheinlichkeit 29 %
3. Expansive Unternehmen, Erfolgswahrscheinlichkeit 26 %
4. Präventive Unternehmen, Erfolgswahrscheinlichkeit 21 %

Bei Betrachtung der präventiven Maßnahmen schaffen diese Unternehmen mit der schnellen und kurzfristig orientierten Maßnahme kurzfristig Liquidität. Sie senken fast alle Kostenpositionen und reduzieren auch in erheblichem Maße Investitionen in die zukünftige Erschließung neuer Geschäftsfelder und Produktentwicklungen. In dieser Gruppe senkten die Unternehmen bei mindestens einer Kennzahl die Ausgaben deutlich stärker als der Wettbewerb. Präventive Unternehmen konnten ihre Kosten im Vergleich zum Umsatz um drei Prozentpunkte stärker senken als der Branchendurchschnitt. Die strengen Sparmaßnahmen und der Abbau von Arbeitsplätzen führten im Unternehmen zu Pessimismus, einem Gefühl der Machtlosigkeit und im Fall des starken Abbaus von Mitarbeitern auch zum Verlust wichtiger Kompetenzen und Know-how (Abschn. 2.5).

Als warnendes Beispiel eines präventiven Unternehmens kann Sony angeführt werden. Sony reduzierte sowohl in der Krise 2001 als auch in der Krise 2008 seine Mitarbeiteranzahl erheblich und strich wichtige Investitionen in dem Kerngeschäft. 2001 hatte man die Mitarbeiteranzahl um 11 %, Forschung und Entwicklungsausgaben um 12 % und die Sachinvestitionen um 23 % gesenkt. Man erreichte damit einen erheblichen Anstieg der Gewinnmarge im Jahr 2002 im Vergleich zu 1999 von 8 % auf 12 %, trotz eines dramatischen Einfalls des Umsatzwachstums. In der Folge dieser Krisenmaßnahmen verlor Sony seine führende Position in zahlreichen Produktkategorien. Die schnellen Kürzungen führten zu erheblichen Kosteneinsparungen, jedoch nicht zwangsläufig zu einer Erhöhung der tatsächlichen Effizienz in den Unternehmensprozessen. Häufig nehmen allgemeine „Haircut-Kürzungen" zu wenig Rücksicht auf die unterschiedliche strategische Wichtigkeit einzelner Initiativen. Unternehmen und Mitarbeiter schalten auf einen Überlebensmodus. Die Analyse zeigt, dass diese Unternehmen im Durchschnitt nach der Krise ein erheblich schwächeres Umsatzwachstum als der Wettbewerb aufwiesen und auch kein überdurchschnittliches Gewinnwachstum ausweisen konnten.

Expansive Unternehmen laufen Gefahr, in einer Kultur des Optimismus und des Erfolgs Warnzeichen einer Krise zu missachten. Sie investieren auch während einer Wirtschaftskrise erheblich in offensive Maßnahmen, um Chancen für günstige Unternehmenskäufe, den Gewinn guter Mitarbeiter und Investitionen in strategische Projekte mit langfristigen Erfolgsaussichten wahrzunehmen. Als Beispiel wird die Firma Hewlett-Packard angeführt, die ein anspruchsvolles Veränderungs- und Restrukturierungsprogramm mit großen Akquisitionen und hohen Entwicklungsausgaben trotz fallendem Umsatz und Gewinn in der Krise 2001 umsetzte.

Die Risiken dieser Unternehmen steigen erheblich, wenn Krisen länger als gedacht dauern und Kunden Ausgaben für aufwendigere und innovative Produkte zurückhalten und streng preisorientiert einkaufen. In einer derartigen Situation sind später dann ggf. zwingend notwendige Kostenreduzierungen kaum noch umsetzbar.

Der Umsatz dieser expansiven Unternehmen stieg im Durchschnitt um 8 %, der Gewinn um 6 %. Umsatz und Gewinn in der Gruppe der progressiven Unternehmen stieg hingegen um 13 % bzw. 12 %.

Zur Umsetzung wird entsprechend der Ergebnisse ein Weg empfohlen, „den der Philosoph William James definiert hat: ‚die Einstellung, nicht auf erste Dinge, Prinzipien, Kategorien und vorausgesetzte Notwendigkeiten zu blicken, sondern auf letzte Dinge, Früchte, Folgen und Tatsachen‘" (Gulati et al. 2010). Die Unternehmen, die diesen Weg verfolgten, setzen sowohl Kostensenkungen als auch Investitionen in zukünftiges Wachstum ein, um aus der Krise gestärkt hervorzugehen. Es können „3 defensive Maßnahmen – Stellen streichen, Effizienz erhöhen oder beides – mit 3 offensiven: neue Märkte erschließen, in neue Vermögenswerte investieren oder beides" (Gulati et al. 2010) angewendet werden. Aus dem Vergleich der neun möglichen Kombinationen zeigt sich, dass diese Unternehmen ihren Fokus darauf legten, die Kostensenkungen durch eine höhere Effizienz zu gewinnen und nicht durch übermäßigen Stellenabbau. Gleichzeitig investierten sie erheblich mehr als der Wettbewerb in Forschung und Entwicklung, Marketing und auch in Anlageinvestitionen. Progressive Unternehmen gewannen aus der Krise langfristige Vorteile, weil sie Kostensenkungen vor allem durch Effizienzsteigerung und nicht zuvorderst durch einen übermäßigen

Mitarbeiterabbau realisierten. In Krisenzeiten betrieben nur 23 % der progressiven Unternehmen einen moderateren Stellenabbau, während 46 % der präventiven Unternehmensgruppe stark auf Stellenabbau setzte. Die Unternehmen, die ausschließlich Arbeitsplätze abbauten, hatten eine im Vergleich aller Gruppen besonders niedrige Wahrscheinlichkeit von nur 11 %, nach der Krise zu den herausragenden Unternehmen zu gehören. Die starke Mitarbeiterreduktion während der Krise führte zu erheblichen Wachstumsproblemen in der Phase der Erholung (ebd.). Es kann der Vergleich zwischen den beiden US-Wettbewerbern Office Depot und Staples angeführt werden. Office Depot reduzierte in der Krise 2001 die Arbeitsplätze um 6 %, konnte die weiteren Betriebskosten jedoch nicht erheblich senken. Das Umsatzwachstum von 19 % vor der Krise verringerte sich auf 8 % nach der Krise (–5 Prozentpunkte im Vergleich zu Staples). Staples wickelte zwar auch einige Betriebe mit schlechten Ergebnissen ab, erhöhte jedoch die unternehmensweite Mitarbeiteranzahl um 10 %, um den Absatz neuer hochwertiger Produkte und Dienstleistungen voranzutreiben. Das Management schaffte es dennoch, die Betriebskosten auf einem ansprechenden Niveau zu halten. Während Staples in den insgesamt sechs Jahren vor bzw. nach der Krise seinen Umsatz mehr als verdoppeln konnte und die Profitabilität im Vergleich zu dem wichtigsten Wettbewerber erheblich steigern konnte, gelang Office Depot nur ein Umsatzwachstum von 50 % bei gleichzeitig entsprechend geringerer Profitabilität (ebd.).

Progressive Unternehmen nutzen Krisen, um neue Märkte zu entwickeln und neue Vermögenswerte günstig zu kaufen. Derartige Maßnahmen zur Effizienzsteigerung und Kostensenkung einerseits und andererseits wichtige Investitionen in Zukunftsprojekte fordern ein starkes Management. Als weiteres Beispiel wird die US-Handelskette Target angeführt, anhand derer progressive Maßnahmen und Resultate aufgeführt werden können. In der Krise 2001 erhöhte Target die Ausgaben für Marketing und Verkauf um 20 % und die Investitionen um 50 % , sodass die Anzahl der Geschäfte und Supermärkte erheblich anstieg. Weitere Investitionen in neue Warensegmente, Internetgeschäfte und Partnerschaften unterstützten das Wachstum. Läden verschiedener Marken wurden zusammengeführt. Zusätzlich wurden wichtige Effizienzsteigerungen in der Lieferkette und Kostensenkungen erzielt. Im Verlauf der Krise stieg der Umsatz infolgedessen um 40 %, der Gewinn um 50 % und die Gewinnmarge um einen Prozentpunkt im Vergleich vor und nach der Krise. In der Krise 2008 musste Target aufgrund aggressiver Preise und Werbung von Walmart einen Rückgang beim Umsatz bezogen auf die Verkaufsfläche vermelden. Kunden reduzierten ihre Ausgaben bei nicht notwendigen Gütern. Target verstärkte daraufhin das Angebot bei den Basisbedürfnissen im Bereich Lebensmittel. Ein neues Ladenformat mit einer größeren Verkaufsfläche für Lebensmittel, ein preislich veränderter Produktmix und die Optimierung der betrieblichen Prozesse im Bereich Lebensmittel veränderten das Angebot, die Kosten und den Auftritt am Markt. Dies wurde mit zusätzlichen Werbemaßnahmen unterstützt, die Eigenmarken wurden stärker in den Fokus der Verbraucher gesetzt. Zusätzliche Werbemaßnahmen zur Unterstützung des neuen Auftritts wurden eingesetzt. Der Gesamtumsatz im Lebensmittelbereich stieg (Gulati et al. 2010).

Im Vergleich dazu steht der US-Discounter TJX, der in der Zeit der Krise um 2001 gleichzeitig erhebliche Investitionen unternahm und günstig Grundstücke zur Vergrößerung seiner

Verkaufsfläche erwerben konnte. Der spezifische Umsatz der Verkaufsfläche stieg zwar nach der Rezession stärker als beim Wettbewerb, das Unternehmen konnte jedoch keine größeren Gewinne vermelden und erreichte ein Gewinnwachstum, welches 9 % unterhalb des Wettbewerbs lag und damit im Wachstum im Vergleich zum Wettbewerb zurückfiel. Dies wird darauf zurückgeführt, dass das Unternehmen parallel zu den erheblichen Investitionen nicht gleichzeitig starke Maßnahmen einführte, um die Effizienz zu steigern (ebd.).

Der taiwanesische Halbleiterhersteller Taiwanese Semiconductor Manufacturing Company, TSMC, entschied sich strategisch zu wichtigen Investitionen, als die Krise der Internetblase 2001 ausgebrochen war und die Halbleiternachfrage stark sank. Das Unternehmen kaufte Ausrüstungen am Tiefpunkt in der Krise zu sehr günstigen Preisen und war entsprechend vorbereitet, nach dem erneuten Anstieg des Marktbedarfs von Halbleitern zu liefern. In der Folge entwickelte sich TSMC zu einem der größten und erfolgreichsten Halbleiterproduzenten der Welt.

GE verdoppelte seine Investitionen in Flugzeugantriebe der kommerziellen Luftfahrt von 2009–2012. Wettbewerber agierten deutlich vorsichtiger nach der letzten Krise. Ex-CEO Jeffrey Immelt führte den Erfolg von GE auf der Luftfahrtmesse 2017 auf diese ex-

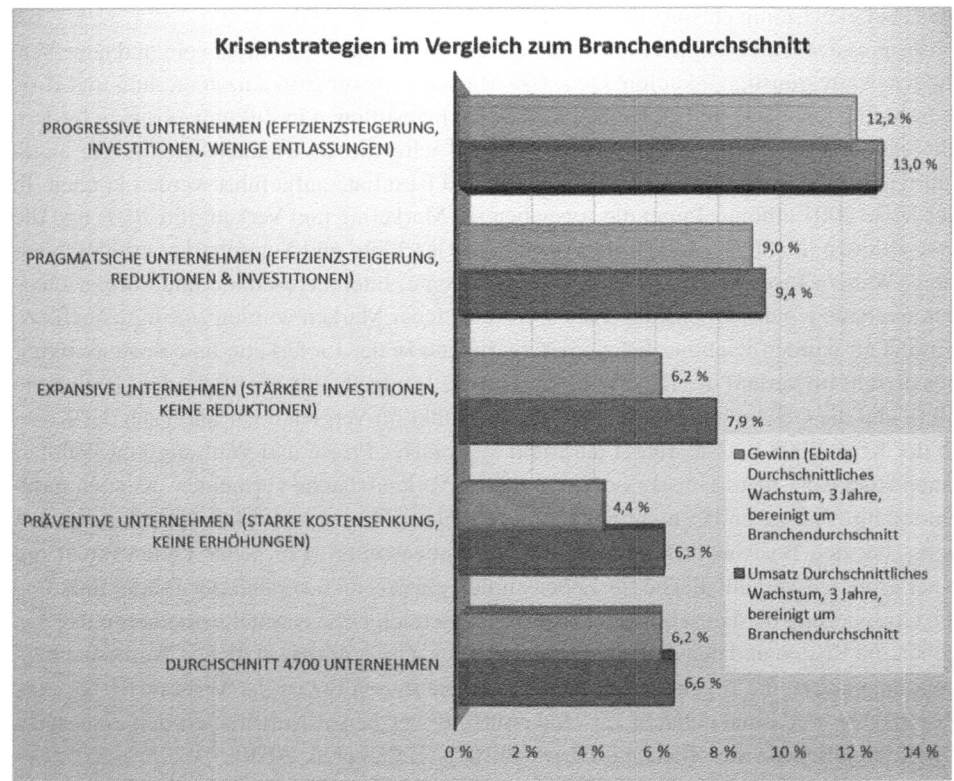

Abb. 2.1 Vergleich Krisenstrategien und Ergebnisse in Unternehmen in Wirtschaftskrisen (Daten Gulati et al. 2010). Mit freundlicher Genehmigung von: © Spiegel Verlag

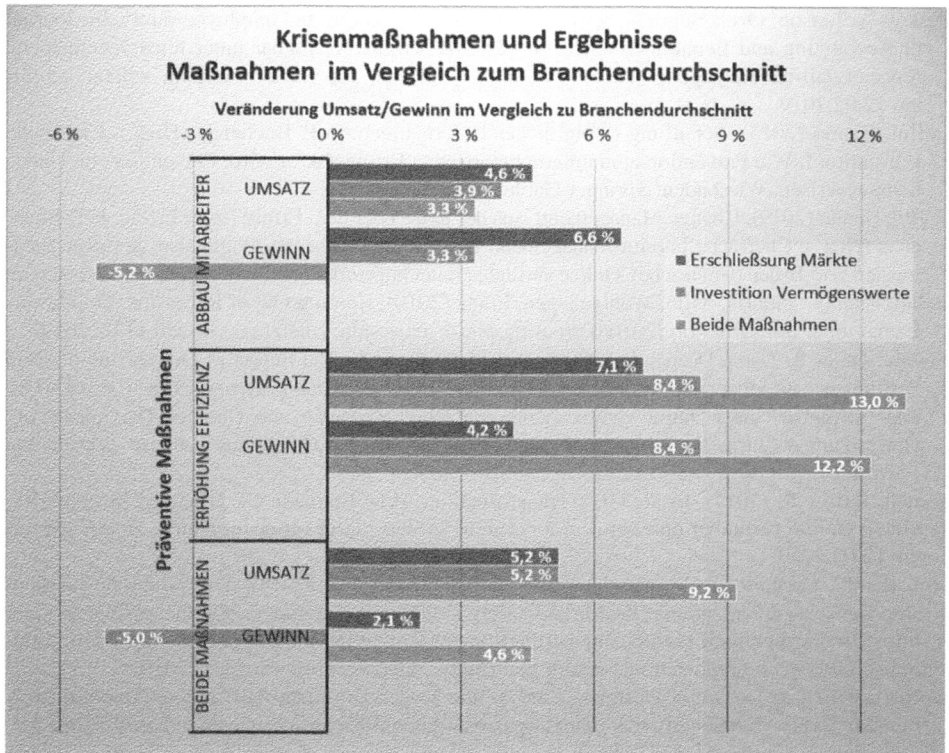

Abb. 2.2 Vergleich strategischer Maßnahmen und Ergebnisse in Unternehmen in Wirtschaftskrisen (Daten Gulati et al. 2010). Mit freundlicher Genehmigung von: © Spiegel Verlag

pansiven Investitionen auch in Krisenzeiten zurück. Jeffrey Immelt kommentierte die Ergebnisse von General Electric im Vergleich zum Wettbewerb mit den Worten, dass sie „Aufträge in Höhe von 30 Mrd. US $ verbuchen konnten, während die Konkurrenz lediglich auf ein paar Milliarden kam" (Immelt 2017).

Sowohl die empirisch abgeleiteten Daten von 4700 erfolgreichen und auch nicht erfolgreichen oder sogar vom Markt verschwundenen Unternehmen als auch die Einzelbeispiele belegen die Wichtigkeit einer progressiven Doppelstrategie in einer Wirtschaftskrise, deren wichtige Merkmale Effizienzsteigerung auf der einen Seite und Investitionen in wichtige Zukunftsprodukte und Zukunftsmärkte auf der anderen Seite sind (Abb. 2.1 und 2.2).

Literatur

CASCIO, W. F.; YOUNG, C. E.; MORRIS, J. R. (1997): Financial Consequences of employment - change decisions in major U.S. Corporations. In: *Academy of Management Journal* 40 (5), S. 1175–1189. DOI: https://doi.org/10.2307/256931.

Caskey, A. Judson; Ozel, Bugra N. (2017): Earnings expectations and employee safety. In: Journal of Accounting and Economics 63(1), S. 121–141. Online verfügbar unter https://econpapers. repec.org/article/eeejaecon/v_3a63_3ay_3a2017_3ai_3a1_3ap_3a121-141.htm, zuletzt geprüft am 12.02.2019.

Goffin, Hanno (2014): Schaffung erfolgreicher Unternehmen, in P. Buchenau (Hrsg.), Chefsache Prävention I: Wie Prävention zum unternehmerischen Erfolgsfaktor wird. Prävention von Unternehmenskrisen. Wiesbaden: Springer Gabler (Chefsache).

Goffin, Hanno (2019): Change Management: Aus der Krise oder dem Erfolg - zum Erfolg, in P. Buchenau (Hrsg.), Chefsache Interimsmanagement. Hg. v. Peter Buchenau. Wiesbaden: Springer Fachmedien Wiesbaden (Chefsache). Online verfügbar unter https://doi.org/10.1007/978-3-658-18051-5.

Gulati, Ranjay'; Nohria, Nitin; Wohlgezogen, Franz (2010): Roaring Out of Recession. Online verfügbar unter https://hbr.org/2010/03/roaring-out-of-recession, zuletzt geprüft am 11.02.2019.

Guthrie, James P.; Datta, Deepak K. (2008): Dumb and Dumber: The Impact of Downsizing on Firm Performance as Moderated by Industry Conditions. In: *Organization Science* 19, S. 108–123. Online verfügbar unter http://www.academia.edu/26069984/Dumb_and_Dumber_The_Impact_of_Downsizing_on_Firm_Performance_as_Moderated_by_Industry_Conditions, zuletzt geprüft am 11.02.2019.

Immelt, Jeffrey R. (2017): Inside GE's Transformation. How I remade GE (Harvard Business Review). Online verfügbar unter https://hbr.org/2017/09/inside-ges-transformation, zuletzt geprüft am 12.02.2019.

Lim, Randy; Gregoire, Rousseau; Jean-Benoit; Weddle, Brooke (2018): The symbiotic relationship between organizational health and safety (McKinsey Quarterly). Online verfügbar unter https://www.mckinsey.com/business-functions/organization/our-insights/the-symbiotic-relationship-between-organizational-health-and-safety, zuletzt geprüft am 12.02.2019.

Morhart, Felicitas; Jenewein, Wolfgang (2007): Wie Jürgen Dormann ABB rettete (Harvard Business Manager). Online verfügbar unter http://www.harvardbusinessmanager.de/heft/d-52601705.html, zuletzt geprüft am 12.02.2019.

Probst, Gilbert; Raisch, Sebastian (2004): Die Logik des Niedergangs (Harvard Business Manager). Online verfügbar unter http://www.harvardbusinessmanager.de/heft/d-30036706.html, zuletzt geprüft am 11.02.2019.

Schmitt, Achim; Raisch, Sebastian (2015): Wie Unternehmen Krisen meistern (Harvard Business Manager). Online verfügbar unter http://www.harvardbusinessmanager.de/heft/d-131295465.html, zuletzt geprüft am 12.02.2019.

Seth, Tapan; Lee, Jaegul (2017): Consensus and conflict: Exploring moderating effects of knowledge workers on industry environment and entrepreneurial entry relationship. In: *Journal of Business Research* 78, S. 119–132.

Suarez-Gonzalez, Isabel (2001): Downsizing Strategy: Does it Really improve Organizational Performance? (International Journal of Management Vol. 18, 3). Online verfügbar unter https://www.google.com/search?client=firefox-b-d&q=Isabel+Suarez-Gonzalez%2C+International+Journal+of+Management+Vol.+18+No.+3%2C+September+2001, zuletzt geprüft am 12.02.2019.

Yakola, Doug (2014): Ten tips for leading companies out of crisis (McKinsey Quarterly). Online verfügbar unter https://www.mckinsey.com/business-functions/strategy-and-corporate-finance/our-insights/ten-tips-for-leading-companies-out-of-crisis, zuletzt geprüft am 12.02.2019.

Yu, Gyu-Chang; Park, Jong-Sung (2006): The effect of downsizing on the financial performance and employee productivity of Korean firms. In: *Int J of Manpower* 27 (3), S. 230–250. DOI: https://doi.org/10.1108/01437720610672158.

Zorn, Michelle L.; Norman, Patricia M.; Butler Frank C.; Bhussara, Manjot S. (2017): Cure or Curse ? Does Downsizing Increase the Likelihood of Bankruptcy? In: *Journal of Business Research* (76), S. 24–33, zuletzt geprüft am 11.02.2019.

Die Kunst der erfolgreichen Strategieentwicklung

Die Unternehmensstrategie wird auf Basis von Vision, Mission und Leitbild des Unternehmens zur Erreichung der mittel- und langfristigen Ziele entwickelt. Wesentliche Elemente der Umsetzung sind das Geschäftsmodell mit Produkten und Dienstleistungen, die einen herausragenden Kundennutzen bieten. Der Kundennutzen wird aufgrund eines guten Marketings und besonderer Alleinstellungsmerkmale entwickelt und angeboten. Die Unternehmensstärken, sehr gute operative Prozesse, Kernkompetenzen und innovative Entwicklungen sind Eingangsgrößen zur Erstellung eines einzigartigen Angebots.

Diese bekannten Grundlagen eines Strategiemodells werden hier nicht betrachtet, sondern vorausgesetzt. Die Ursache von Erfolgen liegt jedoch im Allgemeinen in ganz entscheidenden Details der Unterschiede. Welche Details unterscheiden die Siegerunternehmen von allen anderen? Gibt es schon Unterschiede im Strategieentwicklungsprozess der Gewinnerunternehmen und Durchschnittsunternehmen, bevor überhaupt mit der Umsetzung begonnen wird?

Sull und Eisenhardt (London Business School/Stanford University) belegen ihren Studien zufolge, dass zur erfolgreichen Umsetzung die Unternehmensstrategie in einfachen, für alle Stakeholder nachvollziehbaren konkreten Faustregeln und einer Zieldefinition formuliert sein soll. Diese einfachen Regeln bleiben auch in schwierigen Situationen als verlässliche Entscheidungshilfe gültig (Sull und Eisenhardt 2012).

Entsprechend des Strategiemodells von Michael Porter sollten Unternehmen Strategien entlang ihrer Wertschöpfungskette vom Lieferanten bis zum Kunden entwickeln und nicht nur auf Basis des Absatzmarktes und seines Wettbewerbsumfeldes. Attraktive Geschäftsfelder und Investitionen werden in Feldern mit geringem Wettbewerbsdruck entwickelt, die von anderen Marktteilnehmern nicht erkannt werden. Nahe beieinander liegende Geschäftsmodelle haben ein geringes Potenzial, große Wettbewerbsvorteile durch klare Differenzierung gegeneinander herauszuarbeiten (Gavetti 2012; Joyce et al. 2003).

© Springer-Verlag GmbH Deutschland, ein Teil von Springer Nature 2020
H. Goffin, *Erfolgsunternehmen – empirisch belegte Wege an die Spitze*,
https://doi.org/10.1007/978-3-662-59819-1_3

Es reicht jedoch heute allein nicht mehr aus, eine Strategie auf der Basis klassischer Werkzeuge und Elemente zu entwickeln, um profitable Kunden zu gewinnen. Genauere Betrachtungen, Analysen und neue Ideen sind notwendig, um eine wirklich profitable Strategie zu entwickeln und in der Folge umzusetzen. In einer McKinsey-Umfrage sagten knapp 80 % der Senior-Führungskräfte aus, dass der Strategieentwicklungsprozess in ihrem Unternehmen mehr darauf ausgerichtet war, existierende Hypothesen zu bestätigen, als neue Hypothesen zu testen (Bradley et al. 2018a). Dies gefährdet das rechtzeitige Erkennen aufkommender Probleme in der Zeit, in der ggf. die Unternehmensleistung noch gut ist. Noch kritischer ist jedoch die erfolgreiche Umsetzung einer Strategie. Zwei Drittel der befragten Manager sagten aus, dass die Unternehmen insbesondere in der erfolgreichen Umsetzung der Strategie Probleme hatten (Bradley et al. 2018b). Ex-Siemens-Vorstand Löscher formulierte: „Heutzutage kommt es weniger darauf an, eine einzigartige Strategie zu haben, wichtiger ist eine geschickte Umsetzung: wie passt man sich ständig an die höchst veränderliche Welt an, in der wir heute leben?" (Löscher 2012). Bei der Festlegung kurzfristiger Ziele muss genau geprüft werden, ob sie die Erzielung der langfristigen strategischen Ziele absichern und diese nicht gleichzeitig negativ beeinträchtigen. Aus den bekannten Gründen werden oftmals Zielkonflikte zugunsten eher kurzfristiger Erfolge entschieden.

Der erfolgreiche Strategieentwicklungsprozess beinhaltet die regelmäßige Überprüfung des Geschäftsmodells. Die Managementberatung Horváth & Partners kam nach einer Untersuchung unter 147 Führungskräften in Deutschland, Österreich und der Schweiz zu dem Ergebnis, dass mehr als 70 % die Gestaltung und Weiterentwicklung des Geschäftsmodells als wichtigen Teil dieses Prozesses betrachteten und dies in 44 % der Fälle ein eigener Schritt im Prozess war (Höhmann 2014). Unternehmen, die sich in Wachstum und Profitabilität besser bewerteten als der Wettbewerb, legten besonderen Wert auf diese Disziplin und überarbeiteten ihr Geschäftsmodell alle zwei bis drei Jahre. Hier bedarf es nach den Ergebnissen der Untersuchung noch besserer Methodenkenntnis. Die Umfrage zeigt, dass der Grad der Auseinandersetzung mit diesem Thema über einen Zeitraum von zehn Jahren sehr stark zugenommen hat. Unternehmen, die häufiger und regelmäßiger ihre Strategie und Zielerreichung überprüfen, sind nach den Ergebnissen auch erfolgreicher im Wettbewerb. Komplexe und volatile Märkte bedingen die Einführung neuer Werkzeuge der Geschäftsmodellanalyse.

Zur kritischen Prüfung des eigenen Angebots und Geschäftsmodells werden wichtige Fragen betreffs Markt- und Margenentwicklung, Aufkommen neuer, unerwarteter Wettbewerber, Stellung des Angebotes beim Kunden, Position des Unternehmens in der Bewertung der Mitarbeiter bis hin zur Bewertung des Unternehmens an den Finanzmärkten betrachtet.

Die empirische Untersuchung der Qualität der Strategie von 238 Geschäftseinheiten von 50 Unternehmen zeigte, dass Unternehmensstrategien sehr oft noch ein erhebliches Entwicklungspotenzial zur weiteren Entwicklung des Unternehmens haben (Hinterhuber 2011). In drei Viertel der Fälle wurde eine Strategie ausgewiesen, die nicht den Grundanforderungen einer detailliert ausgearbeiteten Strategie entsprach. Nur 25 % der untersuchten Geschäftseinheiten konnten eine klare Strategie ausweisen. Schlechte Strategien zeichneten

sich insbesondere dadurch aus, dass sie entweder banal mit nur einer grundsätzlichen Beschreibung der allgemeinen Ziele formuliert waren (45 %), bürokratisch aufgebaut waren
(40 %) oder nur geringe Veränderungen des aktuellen Status aufzeigten (38 %). Die Formulierungen der Strategie als formale Absegnung politisch korrekter Ideen (32 %) fiel gleichfalls auf. In 25 % der Fälle war das Dokument der Strategieformulierung eine reine Budgetierung und Finanzplanung. 20 % der unzureichenden Strategien erschienen als „externes
Diktat" und als Antwort auf Fragen von Analysten. Weitere Scheinstrategien, wie Ho-
ckey-Stick, Eigenlob und andere „mystische Formulierungen" wurden in 35 % der Fälle
beobachtet. Der Strategieplanungsprozess und die Strategieformulierung sollten die Vermeidung dieser Fallen proaktiv überprüfen und ausschließen.

3.1   Welche Strategie passt in welches Marktumfeld?

Die Formulierung der Strategie hängt stark vom Marktumfeld ab. Es können vier grundsätzliche Strategiefelder (Abb. 3.1) in Abhängigkeit von der Berechen- und Beeinflussbarkeit des Industrie- und Marktumfeldes unterschieden werden (Reeves et al. 2012):

Klassisch Im Bereich der klassischen Industriefelder befindet man sich in einem berechenbaren, jedoch schwer beeinflussbaren Umfeld. Hier kommen klassische Strategiemodelle wie die von M. Porter, das 5- Kräfte-Modell, die BCG-Matrix und die Strategie der

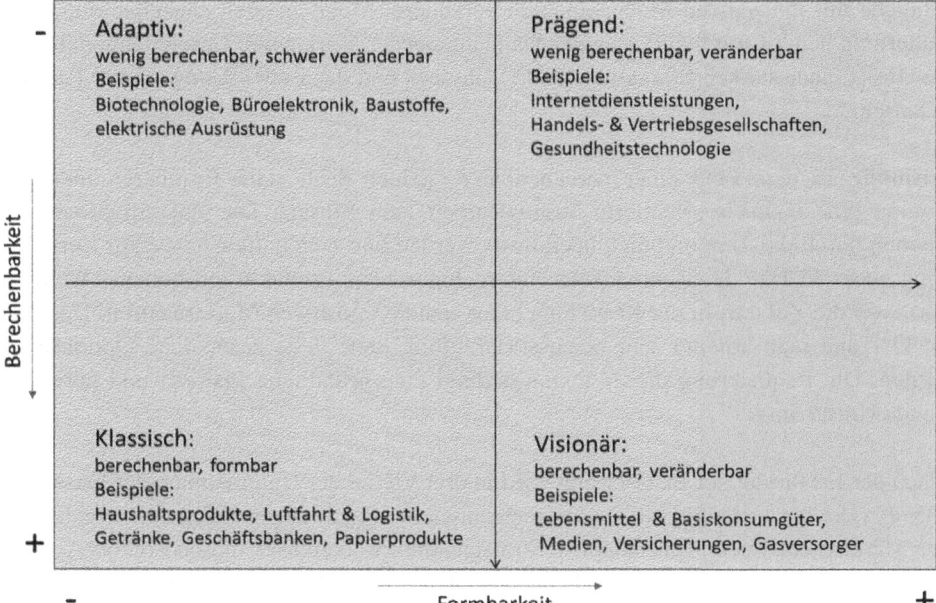

Abb. 3.1 Markt-Strategie-Matrixmodell der Boston Consulting Group (Reeves et al. 2012)

blauen Ozeane zum Einsatz, die unter regelmäßiger Planung und Anwendung quantitativer Prognosemethoden und der Bewertung langfristiger Trends entwickelt werden. Gute analytische und quantitative Fähigkeiten sind entscheidend. In diesen Bereich fallen klassisch z. B. Versorger, Pharmakonzerne, Geschäftsbanken, die Tabak- oder die Haushaltsgeräteindustrie.

Adaptiv In den Bereich der adaptiven Strategien fällt ein Umfeld, dessen Markt wenig berechenbar, aber dennoch schwierig zu verändern ist. Biotechnologie, die Computer- und Halbleiterindustrie, Büroelektronik und die Textil- und Luxusgüterindustrie gehören dazu. Es gibt einen starken globalen Wettbewerb, starke technologische Innovationen und wirtschaftliche Unsicherheit, sodass eine strategische Planung relativ schnell stark überarbeitet werden muss, da sie schnell obsolet werden kann. Auf der Basis grober Hypothesen entwickelt sich die Strategiearbeit in kurzfristigeren Planungszyklen, in deren Rahmen eine schnelle Erkennung neuer Signale entscheidend ist. Unternehmen müssen schnell eine große Anzahl neuer Produkte auf den Markt bringen.

Prägend In Branchen wie Onlinehandel, diversifizierte Konsumdienstleister, in einigen Feldern bei Autoteilen oder Luftfahrt, bei Internetsoftware und -dienstleistungen sowie Handel- und Vertriebsgesellschaften hat man einen wenig berechenbaren Markt, der veränderbar ist und durch die eigene erfolgreiche Arbeit geprägt werden kann. Hier gibt es wachstumsstarke Branchen, niedrige Einstiegshürden, schnelle Innovationszyklen und eine schwierige Prognose der Nachfrage. Anbieter haben hier die Chance, Spielregeln der Branche mit innovativen Maßnahmen zu verändern. Möglichkeiten entstehen durch die Schaffung neuer Communities, neuer Standards, neuer Märkte und Geschäftsmodelle auf der Basis eines starken Marketings und Lobbyings und der Entwicklung starker Partnerschaften.

Visionär In dem Feld einer berechenbaren, jedoch auch stark formbaren Industrie kommt eine visionär orientierte Strategiearbeit zum Einsatz. Die Zukunftsprognosen können durch das Unternehmen beeinflusst werden und bieten die Chance zur Entwicklung neuer Märkte. Hier entwickeln Unternehmen neue Produkte mit hohem „Wetteinsatz" auf die Zukunft in der Erwartung einer späteren positiven Marktreaktion. Das Ziel ist klar und man arbeitet sehr bewusst daraufhin, ohne viele zusätzliche Optionen zu öffnen. Die Realisierung dieser Vision bedingt eine gründliche Planung und hervorragende Umsetzung.

Nach der Erfahrung der BCG-Group wird in drei Viertel der Unternehmen der klassische (35 %) oder der visionäre (40 %) Strategieentwicklungsstil angewendet, der berechenbaren Märkten entspricht. Eine adaptive Strategiearbeit wählen nach diesen Ergebnissen nur 16 % der Unternehmen. Entsprechend einer Umfrage unter 120 Unternehmen in zehn Branchen überschätzten Manager im Rahmen der eigenen Strategiearbeit häufig die Formbarkeit und Berechenbarkeit des eigenen Marktes (Reeves et al. 2012). Die Chancen überraschender Entwicklungen in bislang scheinbar berechenbar eingeschätzten Märkten könnten Manager stärker in Betracht ziehen. Im klassischen Strategieentwicklungsweg erfolgt zunächst eine Zielfestlegung. Auf dieser Basis wird ein mittelfristiger Weg zur Erreichung festgelegt. Unter dem klassischen Mandat einer Kultur der Effizienz, Vereinbarkeit und Elimination von Veränderungen werden oft Experimente verhindert, die zusätzliche Lerneffekte ermöglichen würden. Im Rahmen ihrer Strategieentwicklungsarbeit sollten Unternehmen prüfen, inwieweit sie den Markt im Sinne einer prägenden oder visionären Strategie verändern können, anstelle sich im existierenden Umfeld eine optimale Position zu erkämpfen. Die tatsächliche Berechenbarkeit des Marktes lässt sich anhand der Innovationsgeschwindigkeit und der Branchenkonzentration beurteilen, zu der jedoch heutzutage stets das Potenzial vollkommen neuer Wettbewerber aus Randgebieten hinzugezogen werden muss.

Die Automobilindustrie, in der bisher eher der klassische Strategieentwicklungsstil angewendet wurde, hat heute neue Chancen einer visionären oder prägenden Strategie im Bereich der digitalen Chancen und neuen Mobilitätskonzepte. Gleichzeitig werden die Elemente der Großserienproduktion weiterhin mithilfe der klassisch orientierten Strategieentwicklungsarbeit weiterentwickelt werden.

3.2 Strategieentwicklungsprozess

Welche Fallen und Chancen stecken in einem Strategieentwicklungsprozess, aus dem sich am Ende ein Unterschied zwischen den sehr erfolgreichen und den wenig erfolgreichen Unternehmen entwickeln kann? Die im folgenden aufgezeigten Wege, Werkzeuge und Aspekte decken nicht die Grundlagen dieses Prozesses ab, sondern sollen entsprechend dem Ziel des Buches besondere Aspekte in Betracht ziehen, die nach den Untersuchungen in vielen Entwicklungsprozessen nicht hinreichend betrachtet wurden, jedoch die Chancen des Unternehmenserfolges deutlich erhöhen. Die Auswahl orientiert sich an Erfahrungen, Forschungsergebnissen, empirisch ermittelten Resultaten und Aspekten zahlreicher herausragender Wirtschaftsdenker und -führer, die u. a. auch in dem globalen Business-Ranking der Top50Thinkers gelistet sind.

Daraus werden u. a. folgende Vorgehensweisen abgeleitet, die in den zu jedem Punkt (3.2.1- 3.2.12) gehörenden, folgenden Unterkapiteln genauer betrachtet werden:

1. Werden grundsätzliche Fallen in der Vorgehensweise vermieden?
2. Ist die „soziale Seite" im Strategieentwicklungsprozess berücksichtigt?
3. Sind die Grundsätze des strategischen Rahmens und Vorgehens klar fixiert?
4. Welche neue Ansätze der Ideenentwicklung kommen zur Anwendung?
5. Sind die fixen und veränderbaren Größen definiert?
6. Was sind die Bedingungen und Hindernisse verschiedener Strategieszenarien?
7. Sind die sechs Prinzipien der stabilen Strategieentwicklung in einem komplexen, stark veränderlichem Umfeld berücksichtigt?

8. Welche kurzfristigen Wettbewerbsvorteile gibt es für den langfristigen Erfolg?
9. Welches Risiko hat die Strategie und wie wird Risikomanagement betrieben?
10. Schwache Signale und wichtige Wendepunkte
11. Wettbewerb – Schach den Konkurrenten
12. Stretchgoals – wann könnten sie Erfolg haben?

Auf diese zwölf Punkte wird in den folgenden Abschnitten detailliert eingegangen.

3.2.1   Gibt es grundsätzliche Fallen zu vermeiden?

Der Strategieentwicklungsprozess fokussiert die Entwicklung des eigenen Umsatzes und nicht die diesem zugrunde liegenden eigenen Kosten. Entsprechend Roger L. Martin (Top 1 des 2017 Thinkers50 global Ranking of Management Thinkers) gibt es drei Fallen zu beachten, die mit den beschriebenen Vorgehensweisen vermieden werden sollten (Martin 2014):

1. Unternehmensplanung anstelle einer Strategieentwicklung: Nach der Formulierung einer Vision mit ehrgeizigen Zielen und der Bestimmung geeigneter Initiativen zur Erreichung werden die finanziellen Konsequenzen dargestellt, sodass die Strategieplanung zu einer Budgetentwicklung der kommenden Jahre wird, in der ggf. wichtige Annahmen nicht hinterfragt werden. Infolgedessen hat häufig kein strikter und komplexer Auswahl- und Entscheidungsprozess stattgefunden. Die Strategieformulierung sollte nicht Finanzierbarkeit und verfügbare Mittel des Unternehmens in den Vordergrund stellen.
2. Kostenbasierte Planung: Da Kosten im Vergleich zu Umsätzen relativ gut gesteuert und geplant werden können, besteht die Gefahr, auf der Basis gesicherter Kostenschätzungen damit einhergehende detaillierte Umsatzpläne zu entwickeln, bei denen davon ausgegangen werden kann, dass sie dementsprechend eintreten. Diese unterliegen jedoch einer hohen Unsicherheit und Volatilität des Marktes.
3. Fokus der Strategieentwicklung auf steuerbare Größen: Allgemein überschätzen Manager ihre Fähigkeit, sichere Zukunftsszenarien entwickeln zu können. Indirekte „emergente Strategien" (Mintzberg, Management Science, 1978) unterscheiden sich von bewusst ausgewählten Strategien aufgrund der Tatsache, dass sie nicht aus einer bestimmten Absicht entstehen. Hier bedarf es bei grundlegenden Veränderungen im Markt der schnellen Reaktionen des Unternehmens auf unvorhergesehene Ereignisse.

Aufgrund der schnellen und oftmals nicht genau vorhersehbaren Veränderungen werden Unternehmen zunehmend auch aufgrund von neuen, sich entwickelnden „emergenten" Strategien arbeiten. Die Basis dieser Strategien werden dennoch die Kernkompetenzen und Kernfähigkeiten und besonderen Fähigkeiten in der Wertschöpfung des Unternehmens sein. Der traditionelle Strategieentwicklungsprozess wird überholt.

Es gibt eine strategische Richtung, die jedoch kein strategischer Fixpunkt ist (Smet und Gagnon 2018).

Der ehemalige CEO von Procter & Gamble Lafley äußerte die Kritik, dass Strategieplanung häufig nur das Fortschreiben des Status quo ist. Zu Beginn des Prozesses der Strategieentwicklung bzw. -planung soll die Formulierung wohlüberlegter Hypothesen des Geschäftsumfeldes stehen. Es werden die Voraussetzungen einer Analyse und des Testens geklärt, um herauszuarbeiten, welche der am Ende zur Auswahl stehenden verschiedenen Möglichkeiten die größten Erfolgsaussichten hat (Lafley et al. 2012). Lafley et al. empfehlen, in der Strategieentwicklung stets echte Wahlmöglichkeiten unter Nutzung neuer Hypothesen und entsprechender Verfahren zur Überprüfung zu entwickeln. Diese Wahlmöglichkeiten sollen sich gegenseitig ausschließen und somit eine echte Wahl bedingen (Abschn. 3.2.6).

3.2.2   Die „soziale Seite" des Strategieentwicklungsprozesses

Häufige Probleme im Prozess betreffen die sogenannte soziale Seite der Strategie. Unternehmenspolitik, menschliche Voreingenommenheit und individuelle Anreizsystemen sind wichtige Faktoren, die Prozess und Ergebnis beeinflussen. Die menschliche Tendenz, aus einem Status und einer Entwicklung der Vergangenheit heraus linear in die Zukunft zu extrapolieren, sogenannte Ankereffekte in der Vorhersage und Abschätzung von Ereignissen und die Bestätigungsneigung von Annahmen, behindern den kreativen Prozess der Strategieentwicklung. Hinzu kommt die Tendenz der Risikovermeidung (Kahneman 2015). Die bekannte Studie, dass 80 % der Führungskräfte ihr Produkt als herausragend gegenüber den Produkten der Wettbewerber betrachten, dies aber nur von 8 % der Kunden bestätigt wird, kann als weiteres Indiz für häufige Fehleinschätzungen in wichtigen Unternehmensentscheidungen herangezogen werden (Dodd und Favaro 2007).

Die vielseitige Betrachtung und der notwendige intensive Diskussions- und Bewertungsprozess können durch Teilnehmer mit unterschiedlichen Spezialisierungen aus allen operativen Einheiten gestärkt werden. Wichtige Teilnehmer sind insbesondere auch solche, die an der Schaffung des aktuellen Status nicht beteiligt waren. Denkmuster können im Prozess des intensiven Zuhörens und mit einer starken Empathieentwicklung in der Diskussion mit allen beteiligten Parteien aufgebrochen werden. Dies ist ein wichtiges Element im interaktiven Entwicklungsprozess (Lafley et al. 2012).

Der Kampf um einen wichtigen Anteil im Budgettopf kann Ursache für weitere Verzerrungen in der Darstellung und Bewertung strategischer Optionen im Management-Team sein. Die typische Hockey-stick-Planung ist ein Indiz für die Schwierigkeiten eines zuverlässigen Geschäftsplanungsprozesses.

Nach einer Umfrage unter 156 Top-Managern fassen T. W. Malnight et al. (IMD Lausanne) den Bedarf einer permanenten strategischen Hinterfragung aller Aktivitäten und Ressourcen unter der Maßgabe der „drei R's" zusammen: Rethink, Redefine, Reshape (Malnight et al. 2013). Erfolgreiche Manager nehmen notwendige Änderungen kurzfristig

vor. Sie werden in ihrem Vorgehen stets die Gefahr einer gewissen natürlichen Voreingenommenheit für sich selber und ihre eigenen Sichweisen in Betracht nehmen, die sie zu
ihrem vermeintlich hohen Vertrauen über ihre eigenen Glaubensätze und Analysen führt.
Dies erkennen sie mit Offenheit gegenüber sich selbst. Diese kritische Überprüfung wird
in einem guten Strategieentwicklungsprozess systematisch angelegt sein.

3.2.3   Was sind die Grundsätze des strategischen Rahmens und Vorgehens?

Unternehmen müssen sich immer schneller anpassen können. Unternehmensstrategien
zielen häufig auf den kurzfristigen Geschäftserfolg. Oftmals beachten sie jedoch weniger
die langfristige Stabilität. Eine Analyse der Lebensdauer von 30.000 US-börsennotierten
Unternehmen, die von der US Börse verschwanden, zeigt, dass sie 1970 ein durchschnittliches Alter von 52 Jahren erreichten. Im Jahr 2010 notierten Unternehmen nur noch
durchschnittlich 31 Jahre an der Börse, Unternehmen verschwanden von den Börsen aufgrund von Übernahmen, Überschuldung, Liquidation oder anderen Gründen. Diese Quote
ist in 40 Jahren auf das 6-fache angestiegen (Reeves et al. 2016). Es gibt zahlreiche Beispiele lange erfolgreicher Unternehmen, in denen Geschäftsbereiche oder das gesamte
Unternehmen untergehen, weil sie sich nicht rechtzeitig mithilfe von adaptiven Vorgehensweisen angepasst haben.

Strategieentwicklung und Unternehmensplanung sind grundsätzlich zu unterscheiden.
Zunächst geht es darum, Annahmen zur eigenen Branche, zum Wettbewerb, zur Marktentwicklung, zu den Kunden und zu eigenen Fähigkeiten zu treffen. Strategieentwicklung ist
ein Prozess, der akzeptiert, dass unberechenbare Variablen und Volatilität des Umfelds
einen wichtigen Einfluss haben und dies zugrunde legt. Strategieentwicklung erfordert auf
allen Seiten ein erhebliches persönliches Engagement und eine intensive Diskussion unter
allen Beteiligten sowie die Fähigkeit, mit Unsicherheiten des Marktes und der eigenen
Planung umzugehen. Wichtige Elemente sind (Bradley et al. 2013):

1. Strategischer Rahmen mit den richtigen Fragestellungen
2. Klarheit darüber, auf welchem Wege das Unternehmen Geld verdient
3. Betrachtung wichtiger Zukunftsszenarien
4. Identifikation neuer Potenziale zu Gewinn und Fortentwicklung der eigenen Stärke
5. Integration einer Gesamtstrategie
6. Beantwortung der Frage, wie Veränderungen vorangetrieben werden
7. Festlegen von Wegen der Anpassung, des Lernens und der Fortentwicklung

Der letzte Schritt zeigt Wege der kontinuierlichen strategischen Überwachung, Überarbeitung und des Gewinns neuer strategischer Informationen an. Moderne Strategieentwick-
lungsprozesse werden von einem periodisch wiederkehrenden Prozess zu einem fortlaufenden Prozess.

Strategische Schwächen werden häufig erst in Krisen aufgedeckt. Gute Strategiearbeit wird auch folgende grundsätzliche Fragestellungen stets überprüfen (Simons 2010):

1. **Stehen die wichtigsten Kunden im Mittelpunkt?** Auf die wichtigsten Kunden werden alle Unternehmensprozesse und Ressourcen ausgerichtet. Nachdem McDonald's in den achtziger und neunziger Jahren Immobilienunternehmen und Franchisenehmer als die wichtigsten Kunden betrachtet hatte, waren die Endkunden aus dem Fokus geraten. Nachdem im Jahr 2003 die Umsätze flächenbereinigt gesunken waren und die Endkunden der überall gleichen Angebote überdrüssig waren, entdeckte McDonald's den Endkunden als neues strategisches Ziel und passte Strukturen und Ausrichtung der Angebote regional an. In den Folgejahren stieg der Umsatz kontinuierlich an und die Kundenzufriedenheit gewann jedes Jahr neue Höchstwerte. Unternehmen, die ein sehr breites Kundenportfolio in ihrer Strategie berücksichtigen, verteilen Ressourcen oft zu weit, was zu mangelndem Service und Verwirrung führt (Abschn. 4.7).

2. **Welche Stakeholder haben Priorität?** Hier geht es darum festzulegen und zu kommunizieren, wo die Prioritäten des Unternehmens liegen. Es ist weniger entscheidend, welche Gruppe, Kunden, Anteilseigner, Mitarbeiter in der Wahl der konsequenten Strategie gewählt werden, als vielmehr einen klaren Fokus festzulegen, der in der Folge konsequente Entscheidungen gestattet.

3. **Welche Kennzahlen sind in der erfolgreichen Umsetzung entscheidend?** Es sollen wenige Kennzahlen maßgeblich sein, sodass Manager ihre begrenzten Ressourcen zielgerichtet in Übereinstimmung mit der gewählten Strategie einsetzen können.

4. **Welchen Raum und welche Grenzen gibt die Strategie Mitarbeitern?** Im Zuge der Entwicklung von Innovationen und unternehmerischem Denken wird kreativen Mitarbeitern ein weiter Rahmen gesetzt, der durch eine Definition darüber begrenzt wird, was sie keinesfalls tun sollten. Innerhalb dieser Grenzen können Mitarbeiter unter disziplinierter Anwendung Raum zur Umsetzung kreativer Ideen entwickeln. Dies schafft Empowerment durch klare Regeln zur Umsetzung auf der operativen Ebene und stellt die Nutzung des Handlungsrahmens der Mitarbeiter sicher. Typischerweise setzen sich ansonsten viele Mitarbeiter einen engeren Handlungsrahmen, als ihnen das Management gestatten würde. Eine entsprechende Einweisung und Schulung zu diesen Punkten und ihrer Umsetzung ist notwendig.

5. **Sorgen Sie für kreative Spannung?** Zur Förderung von Innovation und kreativer Spannung tragen ehrgeizige, realistische Ziele und ein leistungsbezogenes System der Mitarbeiterförderung und der Belohnung bei. Dies wird sich daran ausrichten, welche positiven Wettbewerbskräfte innerhalb des Unternehmens entwickelt werden sollen. Die Übertragung von Verantwortung an Mitarbeiter und Manager wird das unternehmerische Denken erweitern. Durch die angemessene Ausweitung des Verantwortungsbereiches über den eigenen Kontroll- und Zuständigkeitsbereich hinaus kann die Zusammenarbeit zwischen Managern und Abteilungen gefördert werden. Bereichsübergreifende Teams und die Führung einer Matrixorganisation können den Verantwortungs- und Einflussbereich der Manager gleichfalls über den eigenen Kontrollbereich

hinaus ausdehnen. Organisatorischer Mehraufwand und das Risiko von Ineffizienz werden jedoch durch eine wohlüberlegte Struktur und Festlegung der Entscheidungsprozesse berücksichtigt.

6. **Wird Teamwork mit sinnvollen Zielen, Werten und einer Kultur des Vertrauens gefördert?** Engagement und Verantwortungsbewusstsein werden über sinnvolle Ziele, Werte und ein inspirierendes Umfeld gewonnen, welches gleichzeitig Stolz und ein starkes Zugehörigkeitsgefühl zum Unternehmen fördert. Eine Vertrauenskultur im Unternehmen mit Mitarbeiterförderung, Regeln der Fairness im Umgang und der Gestaltung gerechter, angemessener Belohnungssysteme fördert die Zusammenarbeit (Kap. 9).

7. **Welche Risiken und Unwägbarkeiten gibt es in der Strategie und wie werden diese überwacht?** Die zugrunde liegenden Annahmen über Risiken der Strategie werden kontinuierlich überwacht.

Eine gute Strategie ist einfach gehalten und beschreibt mit einfachen Worten ein klares Konzept und die damit einhergehenden Risiken. Sie ist eine „Wette" auf ein Ergebnis und von einer detaillierten Planung zu unterscheiden. Sie konzentriert sich in ihrer Wahl auf die wichtigsten Marktsegmente und Kunden und die Formulierung eines überzeugenden Angebots im Vergleich zum Wettbewerb. Die Unternehmensstrategie basiert auf den einzigartigen Kernkompetenzen des Unternehmens, die es in besonderer Art und Weise nutzt und ihren Kunden zur Verfügung stellt.

Die Vorgabe zu vieler Ziele wird vermieden. Aus der Strategieformulierung geht für jeden Mitarbeiter hervor, welche Vorgaben er auf welche Art umsetzen sollte, sodass sie die tägliche Arbeit aller unterstützt. Ein strategisches Briefing klärt Aufgabe, Zweck und ggf. Prioritäten mit einem klaren Statement zu Zielen, Sinn und Werten in Form einer Mission, was von den Mitarbeitern aus welchen Gründen erwartet wird (Morriss et al. 2011).

3.2.4 Welche neue Ansätze der Ideenentwicklung werden gefunden?

Moderne Unternehmensführung und Strategieentwicklung basiert nicht vornehmlich auf Datenanalysen, sondern auf der Entwicklung von innovativen strategischen Ansätzen und Optionen auf der Basis von Vorstellungskraft, Experimenten und Diskussion. Die Konzentration auf die Analyse der Daten der Vergangenheit gibt wenig Aufschluss über Produkte und Prozessen, die es bisher noch nicht gegeben hat (Martin und Golsby-Smith 2017).

Neue Ideenentwicklung Es geht darum, Denkmuster aufzubrechen. Ein intensives Zuhören und Empathieentwicklung in der Diskussion mit allen beteiligten Parteien ist genauso wichtig wie die Auswertung von Daten und Analysen. Der Entwurf von Zielbildern wird durch die Schaffung von Geschichten illustriert, die eine Welt beschreiben können, die es in der Form noch gar nicht gibt. Die Verknüpfung von noch nicht zusammenhängenden Konzepten lässt häufig erst Innovationen entstehen. Probleme werden in Möglichkeiten, Möglichkeiten in Ideen und schließlich in Handlungen übersetzt.

Neues Denken jenseits des Bekannten   Führungskräfte einer Branche analysieren Geschäftsumfelder aufgrund gleicher Denkmuster meist mit ähnlichen Ergebnissen und entwickeln entsprechend ähnliche Ideen, Strategien und Geschäftsmodelle. Die meisten Strategien werden auf deduktive Art und Weise unter Hinzuziehung der bekannten Basismodelle wie dem von M. Porter mithilfe zahlreicher Markt- und Unternehmensinformationen, Regeln und Annahmen entwickelt (Gavetti 2012).

Neue Strategien jenseits des konventionellen Branchendenkens lassen sich durch das Entdecken neuer Chancen in einem assoziativen Vorgehen entwickeln, welches durch die Ziehung von Parallelen zu anderen Branchen und Geschäftsumfeldern und -modellen neue Konzepte intuitiv entwickelt.

Assoziative Modelle   Der assoziative Prozess mit neuen Ideen aus anderen Geschäftsumfeldern und Branchen lässt sich in einem Brainstorming oder in strukturierter Weise gestalten. So werden Analogien entdeckt und Metaphern, Geschichten und Bilder genutzt, um weit entfernte Chancen zu erkennen. Der Prozess beschränkt sich nicht auf oberflächliche Assoziationen und Parallelen. Der Bestätigungstendenz einer vorgeschlagenen Analogie wird entgegengewirkt, indem aktiv nach positiven und negativen Merkmalen im Vergleich von Geschäftsmodellen gesucht wird. Die Betrachtung einer fremden Branche aus der eigenen Branchenperspektive in der Suche nach neuen Ideen wird genauso vermieden, wie vorschnelle, negativ belegte Assoziationen bei der Entwicklung von Parallelen. Dies könnte z. B. die Hinzuziehung des Falls eines Pleiteunternehmens der Parallelbranche darstellen. Als Beispiel des neuen Ansatzes mag Charlie Merrill dienen, der in den dreißiger Jahren die Investmentbank Merrill Lynch nach dem neuen Modell eines „Finanzsupermarkts" gründete. Die Erfindung des Klettverschlusses entstand aus Beobachtungen der großen Haftfähigkeit von großen Kletten auf der Kleidung bei einem Bergspaziergang, die Idee der drehbaren Trommel des Revolvers bekam Samuel Colt nach der Beobachtung der Drehung und Fixierung des Steuerrades auf großen Schiffen.

Auch im Business-Canvas-Modell von Alexander Osterwalder wird ein entsprechendes Vorgehen dargestellt, in dem branchenunabhängig eine Vielzahl von Geschäftsmodulen zur Verfügung gestellt wird, die sich frei kombinieren lassen (Osterwalder und Pigneur 2013).

Neuen Mut und neue Chancen integrieren   In der Weiterentwicklung kann es in der Folge für Unternehmen herausfordernd sein, sich mit einer vollkommen neu entwickelnden Strategie die notwendigen neuen Kernkompetenzen und Ressourcen zu beschaffen. Hierzu müssen entsprechende Ideen und ggf. Maßnahmen entwickelt werden.

Die Wirtschaftsgeschichte zeigt, dass es in Unternehmen und unter Anteilseignern schwierig sein kann, für entstehende, vollkommen neuartige Geschäftsmodelle und Strategien die notwendige Unterstützung intern und extern zu erhalten. George Fisher, CEO bei Kodak, erkannte in den neunziger Jahren zwar die Chancen der digitalen Kameraentwicklung, konnte sich jedoch mit einer entsprechenden vollkommen neuen Strategie in der Organisation nicht durchsetzen. Der Ursprung zahlreicher innovativer Geschäftsmodelle der letzten 20 Jahre liegt in einem assoziativen Entwicklungsprozess.

Den Mut zu neuen Ideen und Vorgehensweisen fordert Nobelpreisträger Daniel Kahnemann in seinem Bestseller „Schnelles Denken, langsames Denken" heraus: „Weil sich die Befolgung der üblichen Vorgehensweise nur schwer im Nachhinein kritisieren lässt, neigen Entscheidungsträger, die damit rechnen, dass ihre Entscheidungen im Nachhinein überprüft werden, zu bürokratischen Lösungen – und zu einer extremen Risikoscheu" (Kahneman 2012, S. 253).

3.2.5 Welche fixen und veränderbaren Größen gibt es?

In dem Strategieentwicklungsprozess werden Manager zwischen beeinflussbaren und nicht beeinflussbaren Elementen und Daten unterscheiden. Es muss erkannt werden, welche Elemente unveränderlich sind und durch welche Gegebenheiten dies bedingt ist. Es gilt Hypothesen zu den veränderbaren Größen in Experimenten oder Umfragen zu überprüfen, da es für die Zukunftsvision noch keine maßgeblichen Daten geben wird. Im Bereich der unbeeinflussbaren Größen werden maßgebliche Daten zusammengestellt und ausgewertet.

In dem Fall scheinbar unveränderlicher Elemente geht es darum, einen Weg zu finden, mit dem sich der aktuelle Status optimieren lässt. Hier können auf Basis von Daten und Analysen Entscheidungen getroffen werden.

Veränderbare Elemente können mit Vorstellungskraft und neuen Ideen modifiziert werden. „Dass Daten vorliegen, heißt noch lange nicht, dass ihnen die Ergebnisse zwangsläufig entsprechen müssen. Daten sind keine Logik. Tatsache ist sogar, dass viele der besten geschäftlichen Entscheidungen gegen die Datengrundlage getroffen wurden" (Martin und Golsby-Smith 2017). In diesem Bereich kann das wissenschaftliche, faktenbasierte Vorgehen die Entwicklung neuer strategischer Konzepte und innovativer Ideen behindern.

3.2.6 Was sind die Bedingungen und Hindernisse verschiedener Strategieszenarien?

Alan G. Lafley, Ex-CEO von Procter & Gamble (P&G), beschrieb das Vorgehen in der Entwicklung und dem Testen der strategischen Optionen (Lafley et al. 2012):

Welche möglichen Strategieszenarien gibt es? Die verschiedenen Strategieszenarien und die dafür jeweils notwendigen Bedingungen werden ausgearbeitet, um zu beurteilen,

ob sie eine überzeugende Wahl zum Erfolg sein können. In dieser Phase wird geklärt, wie
die zukünftigen Bedingungen aussehen müssten, und ob sie Realität werden können,
damit diese neuen „Geschichten" selbst geschäftliche Wirklichkeit werden können. Die
Logik des Prozesses wird manifestiert, indem aufgezeichnet wird, welcher Nutzen
geschaffen wird, wo und wie er wirksam wird und durch welche Maßnahmen in der gesamten Wertschöpfungskette dies erreicht wird. Dieses Vorgehen erlaubt es, Logik und Prozess Tests zu unterwerfen.

Welche Bedingungen sind wirklich entscheidend für den Erfolg? Es geht noch
nicht darum zu ermitteln, ob diese Bedingungen tatsächlich schon erfüllt werden. Im
Anschluss ist bei der Betrachtung der Möglichkeiten und Bedingungen zu fragen, ob im
Falle der Nichterfüllung der Bedingungen auch diese strategische Möglichkeit dann
ausgeschlossen werden muss. In dem Fall, dass die Bedingungen nicht zwingend für den
Erfolg sind, wären sie zwar wünschenswert, sie sollten jedoch als notwendige Grundlagen dieser strategischen Möglichkeiten gestrichen werden. Auf diese Art und Weise
wird die Liste der Bedingungen reduziert, sodass am Ende nur noch alle tatsächlich
zwingenden definiert sind.

Prüfung der Bedingungen und Möglichkeiten Im nächsten Schritt wird entschieden,
ob auf der Basis des Zutreffens dieser Bedingungen die entsprechenden Möglichkeiten
gewählt werden oder weitere Bedingungen zu berücksichtigen sind. Es bleiben Bedingungen übrig mit unterschiedlicher Wahrscheinlichkeit, dass diese tatsächlich erfüllt werden.
Die am schwierigsten realisierbaren sollten in Tests auf ihre mögliche Erfüllung überprüft
werden. Diesen Tests muss sich auch der Status quo der Strategie mit seinen entsprechenden Bedingungen unterziehen. Es wird sich zeigen, dass auch ein Festhalten am derzeitigen Status nicht ohne Risiken ist. Die größten Bedenkenträger werden von der Erfüllung
der Bedingungen überzeugt, indem sie maßgeblich an der Überprüfung und Durchführung
von Tests mitarbeiten.

Wahl aus den Möglichkeiten – raus aus der Komfortzone Nach abgeschlossener Prüfung aller Bedingungen und der Auswertung der Tests kommt es in der Gruppe zur Wahl
der Möglichkeiten, die am attraktivsten sind und eine geringe Anzahl von ernsthaften
Hindernissen aufweist. Dieser Entscheidungsprozess sollte sich jenseits einer einfachen
strategischen Komfortzone bewegen, denn ein gutes strategisches Konzept bedingt im
Allgemeinen auch, Wetten auf die Zukunft einzugehen und schwierige Entscheidungen
mit großem Risiko zu treffen (Abschn. 3.2.3).

Lafley et al. kommen zu dem Schluss: „Oft ist eine auf diese Weise gewählte Strategie erstaunlich mutig und wäre bei einem traditionellen Prozess schon in einem frühen Stadium
abgewürgt worden" (Lafley et al. 2012). Die Entwicklung des möglichkeitsbasierten Ansatzes unter der Frage „Was könnten wir tun?" stellt die Frage „Was sollten wir tun?" zurück. Man muss sich intensiv mit der Frage beschäftigen, welche echten Chancen der ggf.

neue Ansatz unter Berücksichtigung der notwendigen Bedingungen und Tests eröffnet. Hier wird unter dem Fokus der präzisen, im Strategieteam erarbeiteten Fragestellungen unter verschiedenen Möglichkeiten die strategische Wahl getroffen. Manager wählen die richtigen Fragen aus, anstelle die richtigen Antworten geben zu müssen. Der Prozess führt anschließend im Team zur gemeinsamen Strategiewahl.

3.2.7   Sechs Prinzipien der Strategieentwicklung in einem komplexen Umfeld

Die Forderung nach immer flexibleren, adaptiven Strategieentwicklungsprozessen und Strategieformulierungen führte zu einer Studie der Boston Consulting Group (Reeves et al. 2016). Anlass war die schon zuvor aufgezeigte, sich stets verkürzende mittlere Lebensdauer von Unternehmen. Reeves et al. empfehlen auf Basis der Ergebnisse die Anwendung von sechs Prinzipien, nach denen sich Unternehmen in einem komplexen geschäftlichen und in einem schwer vorhersehbaren Umfeld widerstandsfähiger strukturieren können. Hierzu werden Analogien zu adaptiven, biologisch-komplexen Systemen gezogen. Die Autoren vergleichen Merkmale von robusten, dynamischen Systemen mit solchen Systemen, die schrumpfen oder zusammenbrechen. Drei Prinzipien betreffen den Aufbau des Systems, drei weitere den Führungsstil, die menschliche Erkenntnisfähigkeit und die Absicht. Die Prinzipien stehen teilweise in Wechselwirkung und verursachen zusätzliche Kosten, sodass eine optimierte Umsetzungsintensität unter Einsatz einer ausgewogenen Balance gewählt werden muss:

1. **Heterogenität:** Ideen, Vorhaben, Mitarbeiter mit unterschiedlichen Persönlichkeitstypen und Arbeitsstilen. Zur Entwicklung neuer Ideen muss eine Fehlerkultur entwickelt werden.
2. **Modulare, adaptiv aufgebaute Systeme:** Sie sind aus lose verbundenen Bestandteilen aufgebaut, sodass sich eine Störung über verschiedene Einheiten oder Märkte weniger stark auswirken kann. Es wird auf Vorteile durch eine besonders starke Vernetzung verzichtet. Eine enge Verbindung zwischen unterschiedlichen Unternehmensteilen, regionalen Organisationen und Tochterunternehmen mag den Vorteil einer höheren Effizienz und größeren Wendigkeit haben, sie verursacht jedoch auch eine höhere Anfälligkeit für Störgrößen des gesamten Unternehmens. Die Entwicklung einer modularen Struktur erfordert Kompromisse, sie ist jedoch prinzipiell eine zentrale Eigenschaft widerstandsfähiger Systeme.
3. **Redundanz:** Verschiedene Unternehmensteile können Rollen anderer Teile übernehmen. Dies widerspricht dem Ziel schlanker und effizienter Prozesse. Beispielhaft sei die Wahl einer Ein- oder Zwei-Lieferantenstrategie genannt, die abhängig von den entsprechenden Risiken gewählt wird.
4. **Planung:** Im Fall von komplexen, adaptiven Systemen können die zukünftigen Zustände nicht genau vorhergesagt werden. Unternehmen suchen rechtzeitig in den

Märkten nach schwachen Signalen von Veränderungen und beobachten intensiv experimentierfreudige Wettbewerber und Bedrohungen aus der Peripherie ihrer Märkte und Technologien (Abschn 3.2.10). Sie prüfen aktiv mögliche Risiken und Konsequenzen innovativer Ideen und Wettbewerber und entwickeln frühzeitig Abwehrstrategien.

5. **Anpassung:** Mittels Rückkopplungsschleifen erkennt und nutzt das Unternehmen Veränderungen im eigenen Umfeld. Führungskräfte werden hierzu adaptive Fähigkeiten zur Entwicklung von Innovationen und Veränderungen im Unternehmen fördern. Es gilt, auf schwache Signale in Märkten und im Bereich neuer Technologien mit dem Potenzial für Veränderungen zu reagieren. Die Entwicklung von Testprojekten infolge des Erkennens solche Signale ist sehr hilfreich. Zu kurze Rückkopplungsschleifen können jedoch auch ein System instabil werden lassen und Überreaktionen verursachen. Eine Beurteilung von Markt- und Technologietrends und Unternehmensrisiken wird in einem multidisziplinären Team oder mithilfe von externen Partnern und anderen Prognoseinstrumenten erfolgen (Abschn. 3.2.10 und 8.7).

6. **Vertrauen:** In Organisationen sind häufig widersprechende Interessen zu vereinigen. Auf der Basis von Vertrauen, gemeinsamen Regeln und Kooperation arbeiten Akteure zusammen, um den gesamten Nutzen des Systems zu erhöhen. Dies gilt auch für die Betrachtung von Unternehmenssystemen unter Berücksichtigung und Hinzuziehung externer Stakeholder wie Markteilmehmer, Gesellschaft und Anteilseigner. Moderne Strategien der Corporate-Social-Responsibility zeigen Wege der vertrauensvollen und für alle Seiten erfolgreichen Zusammenarbeit mit ihrem wirtschaftlichen und strategischen Potenzial auf. Das Fazit der Autoren lautet: „Was es braucht, ist ein Paradigmenwechsel im unternehmerischen Denken. Bislang waren Führungskräfte es gewohnt zu fragen: „Wie können wir das Spiel gewinnen? Heute müssen sie außerdem fragen: ‚Wie können wir das Spiel am Laufen halten?'" (Reeves et al. 2016).

3.2.8 Wie führen kurzfristige Wettbewerbsvorteile zu langfristigen Erfolgen?

Nachhaltige Wettbewerbsvorteile sind immer schwieriger zu erzielen. Wie können dennoch langfristige Vorteile gefunden werden?

Klassische Strategiemodelle führen häufig nicht mehr zum Ziel des langfristig entwickelten strategischen Vorteils. Eine Vielzahl kurzfristiger Vorteile kann dennoch ein Unternehmen langfristig in einer führenden Position halten. Kurzfristige Wettbewerbsvorteile werden mit schnellen Entscheidungen in einen Umfeld kritischer Debatten und der Infragestellung des Status quo erlangt. Herausragende Unternehmen entwickeln kurzfristige Wettbewerbsvorteile unter Berücksichtigung des langfristigen Wertbeitrages.

Rita G. McGrath (Columbia Business School, Top 10 des Thinkers50 global Ranking 2017 of Management Thinkers) fordert Unternehmen auf, neue Initiativen zu entwickeln und ihre Arbeitsweise zu erweitern, in der auch Elemente der zuvor erwähnten assoziativen Entwicklung enthalten sind (McGrath 2013):

1. **Denken in Arenen:** Neues Denken erfolgt in weiter gefassten Arenen und nicht mehr in Branchen, um sich auch mit Wettbewerbern in verwandten Branchen zu vergleichen und vor der Überraschung durch neue Angebote im Markt durch Außenseiter und neue Wettbewerber zu schützen. Eine Arena umfasst „ein Kundensegment, außerdem ist es ein Angebot und der Ort, an dem dieses Angebot verkauft wird". Unternehmen definieren die Grenzen von Arenen und Märkten, in denen sie aktiv werden. Außerdem geht es darum, zu klären, wie für den Kunden der gewünschte „Job" zu erledigen" ist. Diesem „job to be done" liegt das Modell von Clayton M. Christensen zugrunde (Abschn. 4.7), der Produkte und Marktauftritt danach ausrichtet, welche Aufgabe ein Produkt für den Kunden in dem spezifischem Geschäfts- und Vermarktungsmodell „erledigt". Ein Milkshake to go übernimmt auf dem morgendlichen Weg zur Arbeit als schnelles Frühstück eine ganz andere Aufgabe, als der Milkshake to go" am Sonntagnachmittag auf dem Ausflug mit den Kindern (Christensen et al. 2017).
2. **Experimente in Themenbereichen:** Zur Entwicklung von Wettbewerbsvorteilen innerhalb der Arenen werden Mitarbeitern Experimentier- und Themenbereiche vorgegeben, innerhalb derer verschiedene neue Geschäftsansätze ausprobiert werden können. Hier geht es um die Bewertung schwacher Umweltsignale und die Entdeckung neuer Muster im Markt.
3. **Förderung des unternehmerischen Wachstums:** Besonders innovative Unternehmen können das Experimentieren zu einem strategischen Kernprozess machen. Dazu können sie passende Kennzahlen einführen, die das unternehmerische Wachstum unterstützen.
4. **Entwicklung von Kundenlösungen und Kundenerlebnissen:** Es geht um die Entwicklung neuartiger Kundenerlebnisse und die umfassende Entdeckung und Lösung der Kundenprobleme. Unternehmen versetzen sich zur Nutzung kurzfristiger Vorteile in die Position ihrer Kunden, um ihnen das Erreichen ihrer tatsächlichen Ziele zu ermöglichen.
5. **Entwicklung von Netzwerken:** Entwicklung einer herausragenden Beziehung zu Kunden, Lieferanten, anderen Unternehmen.
6. **Kontinuierliche Anpassung und Umverteilung der Ressourcen:** Erfolgreiche Unternehmen führen selten Restrukturierungen und konzertierte Kostensenkungsmaßnahmen durch. Sie verfolgen kontinuierlich Anpassungen.
7. **Konsequenter Innovationsprozess:** Erfolgreiche innovative Unternehmen gestatten Mitarbeitern innerhalb eines Budgets und klarer Regeln Innovationsinitiativen. Es gibt einen abgestimmten Ablauf der Entwicklung des Innovationsportfolios. Innovationen kommen aus Quellen innerhalb und außerhalb des Unternehmens. Die Unternehmensführung nimmt Einfluss in kritischen Punkten zur Steuerung der Aktivitäten des Unternehmens.

8. **Experimentieren, lernen, verbessern:** Neue Projekte werden mit angepassten Methoden geplant und entwickelt, die ein Experimentieren, Lernen und das flexible Reagieren auf neue Erkenntnisse gestatten. Nach Abschluss der Experimentierphase kann das
Projekt oder die Dienstleistung auf der Basis von Pilottests ersten Kunden zur
Erprobung zur Verfügung gestellt werden. Das Testen der grundlegenden Annahmen
und die Verbesserung des Produktes folgen. Wenn Ergebnisse einen stabilen Produkt-
oder Servicestand bestätigen, wird die Initiative auf die notwendige Größe skaliert.

Erfolgreiche Unternehmen unterstützen die Entwicklung kurzfristiger Wettbewerbsvorteile durch schnelle Entscheidungen:

- Sie managen flexibel die Freigabe oder Umverteilung von Ressourcen und Budgets.
- Sie entwickeln etablierte Wettbewerbsvorteile weiter oder ersetzen sie.
- Sie verfügen über einen Prozess, um über den Ausstieg aus existierenden Geschäfts-
  bereichen zu entscheiden.
- In der Nutzung von Kapitalinvestitionen verfolgen sie einen flexiblen Ansatz.
- Unsichere Projekte werden ggf. auch kurzfristig beendet.
- Die besten Leute arbeiten an neuen Chancen für das Unternehmen.
- Die Unternehmen passen ihre Strukturen entsprechend den Erfordernissen flexibel an.
- Die Unternehmen zeichnen sich durch eine Fehlerkultur aus, in denen Erfahrungen auf-
  grund von Experimenten höher bewertet werden als detaillierte Analysen.

Eine kritische Analyse des Unternehmens in Bezug auf diese Merkmale gestattet einen
Einblick, wie das Unternehmen zur Nutzung kurzfristiger Wettbewerbsvorteile positioniert ist.

Erfolgreiche Führungskräfte nehmen heute nichts mehr als gegeben hin und entwickeln
die Zukunft des Unternehmens konstruktiv durch die Gestaltung neuer Regeln und durch
die Übersetzung in fantasiereiche Bilder der Zukunft.

- Die Annahmen über Branchengrenzen, Wettbewerb, Geschäftsmodelle, neue Bedürf-
  nisse werden kontinuierlich geprüft. Kann eine Neukonfiguration des Geschäftsmo-
  dells, der Unternehmensorganisation, des Angebots, der Wertschöpfungsketten, des
  Partnernetzwerkes neue Bilder der Zukunft umsetzen?
- Unterstützt die Wertschöpfungskette in ihren Kern- und Einzelelementen weiterhin die
  Einzigartigkeit des Angebots und des Unternehmens?
- Wie kann das Unternehmen die fortlaufende Tendenz immer höherer Vernetzungen
  nutzen, aber auch in der Komplexität und Qualität beherrschen?

Führungsaufgaben in Netzwerkstrukturen werden komplexer und fordern sowohl die
Akzeptanz als auch die Auflösung von Widersprüchen (von den Eichen et al. 2003). Die
Beschäftigung mit der Zukunft ist ein wichtiges Führungsthema, welches oftmals unter
den dringenden Tagesaufgaben zu kurz kommt. Zukunft ist nicht vorhersagbar, aber kein

kleiner Punkt am Horizont, sondern wie eine Software, für die tägliche Updates herein-
kommen, die beachtet und verstanden werden wollen.

3.2.9   Welches Risiko hat Ihre Strategie?

Der Erfolg einer Strategie und ihrer Umsetzung hängt auch von dem Risikomanagement
und der Risikobewertung ab. Herausragende Unternehmen zeichnen sich durch ein sehr
gutes Risikomanagement und die Vermeidung überproportionaler Risiken aus (Kap. 1).
Risiken werden frühzeitig identifiziert, priorisiert und systematisch in der Reihenfolge der
Schwere der einzelnen Risiken mit angemessenen Ressourcen und Methoden ausgeräumt.
Schrittweise Investitionen, die Bewertung der Risiken und die Anpassung der funktionel-
len Strategie bezüglich der Ergebnisse führt zu besseren Erfolgen. Eine Untersuchung
unter den am schnellsten wachsenden US-Unternehmen zeigt, „dass die erfolgreichen
Unternehmen ihre Strategie mindestens fünfmal geändert hatten, bevor sie einen soliden
Wachstumspfad einschlugen" (Gilbert und Eyring 2010).

Risikoabschätzung und Risikomanagement Risiken werden in verschiedene Klassen
eingeteilt: Deal-Killer-Risiken, die ein gesamtes Vorhaben oder sogar Unternehmen
zum Einsturz bringen können, pfadabhängige Risiken und solchen Risiken, die keine
größeren Kosten und Zeitverzögerungen verursachen können. Pfadabhängige Risiken
treten dort auf, wo aufgrund von falschen Entscheidungen im Verlauf des Projektes Geld
und Zeit verloren wurden. Der Ausschluss größerer Risiken schafft echten Mehrwert.
Risiken zeigen sich ggf. erst im Projektverlauf und benötigen deshalb eine konstante
Überprüfung. Kognitive Verzerrungen treten insbesondere auf, wenn Manager ihre eigenen Projekte bewerten oder bereits erhebliche Investitionen in ein Projekt geflossen
sind und die ggf. verlorenen Ressourcen dennoch weiter in rein zukunftsbezogene Entscheidungen einfließen. Erfolgreiche Unternehmen wenden z. B. die betriebswirtschaftli-
che Grundlage „sunk costs are sunk" an. Oftmals wird auf der Basis vorausgegangener
Entscheidungen nach einer bloßen Bestätigung zuvor getroffener Annahmen Ausschau
gehalten. Neuen Aspekten im Projektverlauf, die neue Risiken aufzeigen, wird aus dem
gleichen Grund nicht früh genug angemessene Beachtung geschenkt. Derartige Verzerrungen sind oft für erhebliche Verluste in großen Projekten verantwortlich. Der Einfluss
von Veränderungen oder das Eintreten seltener Ereignisse mit erheblichen Auswirkungen und Risiken wird in einem kontinuierlichem Prozess in Betracht gezogen (von den
Eichen et al. 2003).

Methoden im Risikomanagement Eine immer höhere Komplexität in den Märkten
mit neuen überraschenden Wettbewerbern und Technologien macht Vorhersagen immer
schwieriger. Fast identische Ausgangssituationen können zu unterschiedlichen Ergebnissen führen und die Entscheidungen können Folgen nach sich ziehen, mit denen niemand gerechnet hat. Was sind die Auswirkungen eines Risikos? Zur Bewertung werden

überholte Prognosemethoden ersetzt, neue Werkzeuge eingeführt, Risikomanagement und Prozesse der Entscheidungsvorbereitung neu überdacht. Die bestmögliche Erfassung einer Situation wird unter Betrachtung vieler Blickwinkel und mit der Bereitschaft, über kognitive Grenzen nachzudenken, aufgenommen (Sargut und McGrath 2011). Auch hier werden Teamansätze mit Gruppen sehr unterschiedlicher Denk- und Erfahrungshintergründen und Querdenkern sowie der Gewinn von Einsichten des offenen Storytellings zum Gewinn neuer, überraschenden Einsichten genutzt. Solche Teams beinhalten Mitglieder, die nicht unmittelbar an den Projektentscheidungen beteiligt waren. Wie können systemisch weniger offensichtliche Zusammenhänge mit ggf. dramatischen Auswirkungen offensichtlicher werden? Konventionelle Strategieentwicklungs- und Entscheidungsprozesse werden um intensive Prüfungsschritte und Risikobewertungen erweitert.

Probates Mittel der Risikoüberprüfungen sind kostengünstige Tests, die darauf ausgelegt sind, Konzepte und Annahmen ggf. frühzeitig zu widerlegen. Es werden nicht zu viele Faktoren gleichzeitig getestet. Ein „experimenteller ROI" bewertet die finanziellen Investitionen in Tests, mit deren Hilfe ein Risiko ausgeräumt werden kann. Derartige Experimente werden bestenfalls anhand eines Pilotprojektes, unter Bereitstellung von Prototypen oder Belieferung von Pilotkunden oder Markteinführungstests durchgeführt (Gilbert und Eyring 2010).

3.2.10 Schwache Signale und überraschende Wendepunkte?

Wie werden kleine, schwache Signale neuer Trends und überraschende Wendepunkte frühzeitig entdeckt? Schwache Signale werden zu Beginn oft noch falsch eingeschätzt. Sie werden auch als „Außentrend" oft übersehen. So verpasste Nokia den rechtzeitigen Anschluss an das Smartphone, weil sie sich weiter auf ihre Rolle als Gerätespezialisten konzentrierten und den Übergang der Entwicklungsaufgaben in den Bereich Design & Software verpassten.

Neue Signale entdecken Vorausschauende Unternehmen beschäftigen sich mit gesellschaftlichen Veränderungen, die nicht nur ihr unmittelbares Umfeld betreffen, sondern sie betrachten auch politische, gesellschaftliche und ökonomische Veränderungen mit einem „360°-Stakeholderblick" . Offen gestellte Fragen an Partner, Wettbewerber, Lieferanten, Banken, Aktionäre, Kunden, Gewerkschaften und branchenfremde Trendforscher vermitteln neue Sichtweisen. Sie werden erst im Nachhinein in einem multidisziplinärem Team aus externen und internen Teilnehmern in Ihrer Tragweite durch ein Punktsystem bewertet. Moderne, einfache internetbasierte Umfragetools leisten hier unkompliziert einfache Hilfe. Gibt es auffällige Muster und Trends, die trotz seltener Nennung einen wichtigen Einfluss haben könnten (Govindarajan 2016)?

Vijay Govindrajan (Top-10 Professor in Corporate Executive Education, Businessweek 2012, gelistet in dem Thinkers50 global Ranking of Management Thinkers) schlägt die Einführung der „Beweglichkeit nach Plan" mit der Entwicklung eines Systems zum Aufspüren schwacher Signale neuer Trends vor, da die Zukunft stark von zufälligen Ereignissen und nicht linearen Entwicklungen geprägt wird. Das System der „Beweglichkeit nach Plan" führt Govindrajan als systematischen Prozess ein, der Veränderungen und daraus resultierende Chancen frühzeitig erkennt und Experimente zur Prüfung auch nicht linearer Geschäftstendenzen einsetzt.

Die Spielzeugfirma Hasbro installierte dazu eine digitale Unternehmensplattform, in der ca. 300.000 Angestellten ihre Einschätzungen wichtiger Veränderungen in der Branche unternehmensweit diskutieren konnten. Ein Softwareprogramm filterte häufig angesprochene Themen heraus. Hasbro reagierte schnell auf schwache Signale, die disruptive Technologien, neue Vertriebskanäle, wesentliche Veränderungen in der Zielgruppe und das Auftreten nicht traditioneller Wettbewerber aus dem Hochtechnologiebereich sowie die Globalisierung indizierten. Hasbro steigerte im Vergleich zum Wettbewerber Mattel massiv seinen Unternehmenswert und steigerte den Aktienwert auf mehr als das 6-fache in den Jahren 2001 bis 2015.

Andere sehr erfolgreiche Firmen nutzen die gesamte Belegschaft in einem Prinzip des Crowdsourcing. General Electric setzte eine 40-köpfige Taskforce interner und externer Teilnehmer ein, um schwache Signale und nicht lineare Markttendenzen in weniger bekannten Märkten wie Indien aufzunehmen, die das Geschäft des Unternehmens betreffen könnten. Ziel war es, aus den Erkenntnisses Ideen hervorzubringen, um neue Marktsegmente adäquat bedienen zu können oder um neue Märkte zu schaffen. Idealerweise entwickelt das Unternehmen auf einfache Art in einem Start-up ähnlichen Unternehmensumfeld schnelle Testmöglichkeiten dieser neuen Ideen auf ihre Marktrelevanz und Marktreife. Auf diesen Wegen können Unternehmen einen guten Überblick auf eventuell vernachlässigte schwache, aber in der Tragweite wichtige Faktoren der Zukunft erhalten (Wulf et al. 2011).

Wendepunkte erkennen Der Begriff des strategischen Wendepunktes wurde vom früheren Intel CEO Andy Groove eingeführt. Diese Wendepunkte sind mit traditionellen Werkzeugen der Strategieentwicklung nur schwer zu erfassen. Branchengrenzen sind heute nicht mehr klar markiert, neue Marktteilnehmer und neue Geschäftsmodelle benachbarter Branchen können das Geschäft etablierter Marken erheblich schädigen (McGrath 2017). Gillette hatte 2010 bei Rasierern einen Marktanteil von 70 % und verlor in kurzer Zeit erhebliche Marktanteile an das neu gegründete Unternehmen Dollar Shave Club, die Rasierer in einem Abo-Modell vertrieben. Sie erreichten in wenigen Wochen Millionen Menschen mittels sozialer Medien und origineller Einführungsvideos. Ein strategischer Wendepunkt trat mit der Entwicklung neuer Gewohnheiten bei den Kunden auf. P&G reagierte durch die Einführung von Abo-Modellen mit dem eigenen Gillette-Shave-Club und einem Abo für Waschmittelkapseln. Das Produkt blieb an diesem Wendepunkt zwar stabil, das Vertriebs- und Geschäftsmodell entwickelte jedoch überraschend neue innovative Wege.

3.2.11 Wettbewerbsschach und Kriege mit Opfern

Beim Einbruch neuer, revolutionärer Wettbewerber im Markt gibt es verschiedene Strategien für etablierte Unternehmen (D'Aveni 2003). Wenn die Bedrohung früh entdeckt wird, kann das Unternehmen versuchen, den Einbruch abzuwehren, indem es durch besondere Maßnahmen Kunden an sein Unternehmen bindet und die Wechselkosten der Kunden zum neuen Anbieter erhöht. Strategisch intelligent gestaltete Marktkommunikation kann das Verbraucherverhalten gegenüber den neuen Wettbewerbern erschüttern und das Vertrauen in die Qualität oder Nachhaltigkeit der neuen Produktentwicklung verändern.

Wenn der Markteinbruch und die Veränderung durch neue Wettbewerber sich nicht mehr aufhalten lassen, kann die Zusammenarbeit mit dem neuen Start-up oder anderen, etablierten Wettbewerbern eine Chance sein. Kann man sich als Lieferant des neuen Wettbewerbers entwickeln, kann man Einfluss auf die Produktgestaltung und die Lieferkette des neuen Wettbewerbers gewinnen.

Starke Marktführer können auch versuchen, die neue Produktentwicklung zu absorbieren, indem das eigene Produktangebot entsprechend weiterentwickelt wird.

Eine Kooperation mit anderen Marktteilnehmern, Wettbewerbern und Zulieferern kann das Start-up-Angebot isolieren, sodass es sich im Markt nicht durchsetzen kann und zum Übernahmekandidaten wird.

In dem Fall der Neutralisierungsstrategie wird der Marktrevolutionär durch eine schnelle Verbesserung der eigenen Produkte oder durch die Überschwemmung des Marktes mit sehr kostengünstigen Angeboten oder Gratisprodukten abgedrängt, wie es in diesem Kapitel im Fall von P&G und Clorox geschildert wird.

Neue Wettbewerber konnten auch schon aus dem Markt gedrängt werden, in dem man rechtlich gegen sie vorging, wenn z. B. der Verdacht auf Schutzrecht und Patentverletzungen angeführt werden konnte.

Sollte die Marktrevolution allerdings schon volle Fahrt gewonnen haben und sich nicht mehr ausheben lassen, wird der Marktführer mit einem eigenen Angriff aus der eigenen strategischen Stärke heraus reagieren und die Revolution „überspringen" oder, wenn möglich, ihr insgesamt aus dem Weg gehen.

Jenseits der Entwicklung von Wettbewerbsvorteilen mittels Einführung von Innovationen, Erhöhung von Kundennutzen und Erzielung von Preisvorteilen gibt es noch ein anderes Spiel im Wettbewerb: „Schach der Konkurrenz" (MacMillan et al. 2003). Dieser Ansatz wurde von MacMillan, van Putten und McGrath (Wharton School/Columbia University) vorgestellt. Sie betrachteten die Strategien und Taktiken der Wettbewerber im Markt analog zu einer Schachpartie und unter Zuhilfenahme von Spieltheorien . Sie planten Marktzüge und Reaktionen mit dem Ziel, die Züge des Wettbewerbs zum eigenen Vorteil vorherzusehen und zu nutzen. Ein klassisches, bekanntes Beispiel ist der Kampf der Tabakgiganten Philip Morris und R.J. Reynolds in den neunzigerJahren. Philip Morris eröffnete die Partie durch eine dramatische Preisreduzierung der Marlboro-Zigaretten und flankierende aufwändige Marketingkampagnen in den USA. Reynolds reagierte sofort und es entfachte sich ein Preiskrieg, der beiden Unternehmen enorme finanzielle Einbußen abverlangte. Philip Morris investierte dann hohe Beträge in osteuropäische Staaten, um den dortigen sich neu entwickelnden Markt zu gewinnen. Der Wettbewerber konnte nach den hohen Verlusten im Preiskampf nicht mehr entsprechend reagieren und verlor den dortigen Marktkampf. Es handelte sich um einen Konkurrenzkampf zwischen den Wettbewerbern mittels sich gegenseitig beeinflussender Strategien, die auch in weit entfernten Bereichen liegen können: „Competing under Strategic Interdependence" (MacMillan et al. 2003).

Die Basis dafür ist eine globale Markt- und Wettbewerbsbetrachtung unter Aufstellung der Wettbewerber in den verschiedenen Gebieten, Märkten und Produkten. Es wird analysiert:

1. In welchen Bereichen die Wettbewerber stark sind
2. Wie stark sie vermutlich auf Wettbewerbsdruck reagieren
3. Welchen Einfluss der Wettbewerber im Markt relativ zur eigenen Position hat
4. Welche übrigen, auch nicht unmittelbar wirtschaftliche Faktoren können die Wichtigkeit eines Marktes für den Wettbewerber noch ausmachen? Zum Beispiel könnte ein Heimatmarkt oder ein besonderes Marktsegment im besonderen strategisches Interesse stehen, obgleich es vordergründig rein wirtschaftlich nicht besonders attraktiv ist.
5. Bewertung der Verteidigungsfähigkeit und Einflussmöglichkeit des Wettbewerbers in den Marktfeldern. In wichtigen und profitablen Märkten wird der Wettbewerb stärker reagieren als in anderen (Abb. 3.2).

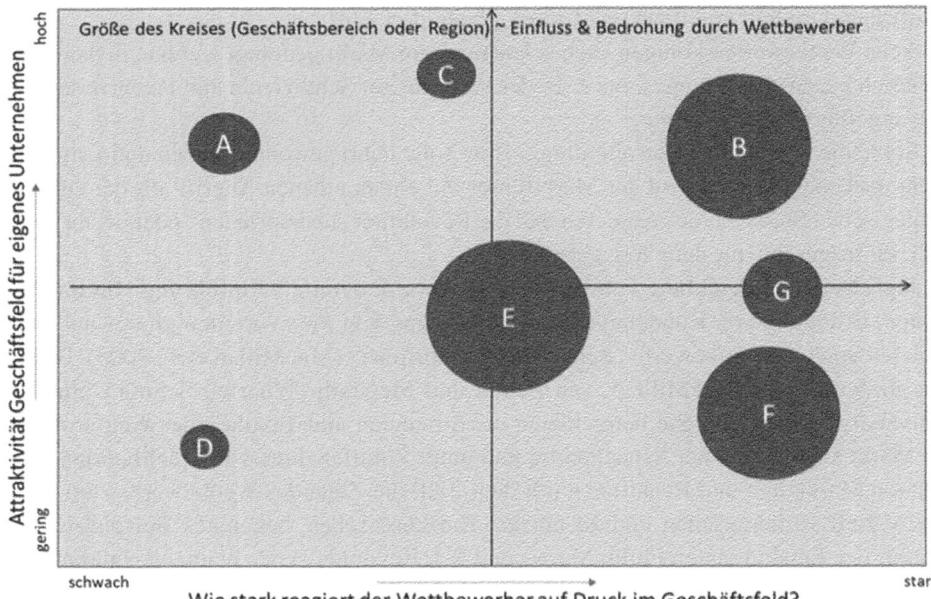

Abb. 3.2 Wettbewerbsschach (MacMillan et al. 2003). Mit freundlicher Genehmigung von: © Spiegel Verlag

Eingangsgrößen sind die Absatzzahlen für die entsprechenden Produkte oder Regionen und die Bedeutung einer Produktgruppe innerhalb eines Unternehmens, die jeweils im Vergleich zahlenmäßig bewertet werden. Die Analyse ermöglicht einen übersichtlichen Einblick in die verschiedenen Strategien und zeigt Felder auf, in denen der Angriff vorteilhafter ist. Die Ergebnisse werden in einer Bubble-Matrix veranschaulicht und bewertet, auf deren x-Achse die Reaktionsneigung eines Wettbewerbers und auf der die y-Achse die Attraktivität des Marktes für das eigene Unternehmen und die Größe des Kreises, der „Bubble", die Einflussmöglichkeit des jeweiligen verteidigenden Unternehmens in dem jeweiligen Produktmarkt angibt. Das Diagramm zeigt transparent die Positionen der Wettbewerber auf. Strategien sind unter Hinzunahme der Einflussmöglichkeit des verteidigenden Unternehmen im jeweiligen Markt abzuwägen. Das angreifende Unternehmen wählt das Feld des ersten Zuges aus. Positionen im Feld geringer Reaktionsneigung (x-Achse) des Wettbewerbs bei höherer Attraktivität des Marktes für das eigene Unternehmen (y-Achse) bieten die beste Angriffsmöglichkeit für den ersten Zug (A). Im Fall des Feldes F wird ein Angriff wenig attraktiv sein. Der Fall B erscheint als ein Fall der „friedlichen Koexistenz". Im Vergleich der Position E und G hat der verteidigende Wettbewerber im Fall E zwar einen stärkeren Einfluss (Größere „Bubble"), wird jedoch im Fall G grundsätzlich stärker reagieren. Da er jedoch hier einen geringeren Markteinfluss hat, ist seine Reaktion schwieriger abzuschätzen.

Im Marktkampf stehen fünf verschiedene Angriffsstrategien zur Verfügung (MacMillan et al. 2003):

1. **„Der Frontalangriff":** Der Angreifer setzt hohe Ressourcen ein, um den Angriff glaubhaft zu platzieren. Die Forschungsergebnisse der Autoren zeigen, dass sich hier Wettbewerber bei einem soliden, gut und glaubhaft geführten Angriff oft nach anderen neuen Chancen umsehen. Die Kosten können jedoch hoch sein, wenn der Wettbewerber einen hohen Einfluss im Markt besitzt und entsprechend reagiert. „Man muss einfach damit rechnen, dass es Opfer gibt, wenn man eine Festung angreift. Das ist in der Wirtschaft wie im Krieg" (Lafley und Dillon 2011). Als P&G in den achtziger-Jahren ein neues Bleichmittel gegen den Platzhirsch Clorox mit einer gewaltigen Marketingkampagne einführen wollte, suchte man sich bewusst einen Ort für erste Markttests, der weit entfernt von der Firmenzentrale von Clorox in Kalifornien lag. Clorox reagierte dennoch heftig mit der Gratisverteilung einer 3,5-Liter-Flasche ihres Bleichmittels an alle Haushalte, was alle Haushalte damit über Monate mit ausreichend Bleichmittel versorgte. Die starke, eindeutige Botschaft seitens Clorox war für P&G ein Lehrstück, sich nicht wieder auf dem Markt von Bleichmitteln zu bewegen. Später war P&G durch eine Veränderung erfolgreich, indem die Firma eine überarbeitete Bleichmittelformel in ihr Waschmittelprodukt *Tide* integrierte. Als im Gegenzug Clorox in den Bereich der Waschmittel gegen P&G einsteigen wollte, setzte P&G mit Erfolg eine ähnlich starke Botschaft wie zuvor Clorox ab, sich nicht in dem Waschmittelmarkt von P&G zu platzieren.

2. **„Der Wettstreit":** Der Angreifer konzentriert sich auf attraktive Felder, in denen der Wettbewerber eine schwächere Verteidigungsposition hat, sodass die Position schwieriger zu halten ist. Diese Auseinandersetzung tritt insbesondere dann auf, wenn

es zu erheblichen Marktveränderungen, z. B. aufgrund von innovativen Angeboten kommt, in denen der Angreifer die Überhand gewinnen kann.

3. **„Die Guerilla Kampagne"**: Sie findet Anwendung in attraktiven Märkten mit einer großen Einflussmöglichkeit im Markt seitens des Wettbewerbers. Das angreifende Unternehmen fokussiert sich auf Randbereiche, in denen mit geringerer Reaktion seitens des Wettbewerbers zu rechnen ist. Diese Taktik kommt zur Anwendung, wenn der Angreifer zunächst Eintritt in einen neuen Teilmarkt oder bei einer neuen Zielgruppe gewinnen möchte und seinen Angriff danach weiter ausdehnen kann.

4. **„Die Finte"**: Diese Taktik wendete Philip Morris im eingangs aufgezeigten Beispiel an. Der Angreifer attackiert zunächst in einem anderen Feld als dem Zielmarkt, in dem der Verteidiger mit hoher Wahrscheinlichkeit unter Einsatz entsprechender Ressourcen reagieren muss. Die Aufmerksamkeit des Wettbewerbers wird von dem eigentlichen Ziel abgelenkt. Anstelle der Verteidigung der eigenen Position im attackierten Feld kann der Verteidiger auch in einem anderen Markt mit ähnlicher Attraktivität für den Gegner mit dem Ziel angreifen, dass beide Unternehmen sich aus der jeweiligen Angriffsposition wieder zurückziehen. Sollte dies nicht gelingen, wird der Verteidiger in dem anderen Markt aufgrund des eigenen Angriffs hoffentlich Gewinne erzielt haben, um ggf. Verluste im ersten „Schlachtfeld" auszugleichen.

5. **„Das Gambit"**: In diesem Spielzug akzeptiert man ein „Bauernopfer", mit welchem man dem Wettbewerber ein Marktfeld zum Angriff öffnet, auf dem der Wettbewerber Ressourcen konzentrieren soll. Das angreifende Unternehmen bietet dem Wettbewerber dazu einen Vorteil in einem Markt, indem es selbst seine Flanke öffnet. Der Wettbewerber geht hoffentlich darauf in der Erwartung ein, dass er dann in dem eigentlichen Zielobjekt des Angreifers diese Ressourcen nicht einsetzt. Eröffnungsspielzüge können in dem Feld des „Bauernopfers" Preiserhöhungen sein, das Zurückziehen eines Produktes vom Markt oder die Reduzierung eigener Marketingkampagnen. Reagiert der Wettbewerber wie geplant, wird sich der Angreifer auf den eigentlichen Zielmarkt konzentrieren. Als Beispiel kann der Fall angeführt werden, in dem Gillette sich vom Markt der Einwegfeuerzeuge zurückzog, um BIC dieses Feld unter Einsatz entsprechender Ressourcen zu überlassen. Gillette konnte sich selbst daraufhin sehr erfolgreich im Wettbewerb der Einmalrasierer unter dem Einsatz der entsprechenden Ressourcen platzieren.

Die vorgeschlagenen Strategien lassen sich sowohl für globale Unternehmen einsetzen als auch für kleinere Unternehmen mit einer regionalen Orientierung.

3.2.12 Strategien und Pläne mit Stretch-Goals: Wer scheitert, wer ist erfolgreich?

Stretch-Goals werden eingesetzt, um besondere Ziele unter besonderen Herausforderungen zu erreichen. Wann erreichen Unternehmen damit besondere Erfolge und in welchen Fällen werden sie höchstwahrscheinlich scheitern? Sitkin, Miller, See (Duke University/University Houston/University of Colorado) untersuchten die Führung und Erfolgswahrscheinlichkeit von

Stretch-Goals bei verschiedenen Unternehmen (Sitkin et al. 2017). Unternehmen, die herausragende Ziele erreichen, sind hinlänglich bekannt. Zahlreiche Unternehmensführer verfolgten
derartige Ziele, proklamierten sie und scheiterten gleichfalls nachdrücklich, was zuweilen
auch ihren Abgang nach sich zog. Gerne werden derartige Ziele insbesondere in Unternehmen
ausgerufen, die aus einer schwierigen Situation schnell zurück auf die Erfolgsspur kommen
wollen. Es gibt jedoch auch Top-Unternehmen, die solche Ziele ausriefen, verfolgten und erreichten. Was macht den Unterschied und welche Unternehmen sind dabei erfolgreich?

Die Untersuchung kommt zu dem Schluss, dass typischerweise gerade in den Unternehmen, die am wenigsten auf die Realisierung solcher Ziele vorbereitet sind, Stretch-
Goals am häufigsten gesetzt werden (Sitkin et al. 2017). Die Realisierung dieser besonders herausfordernden Ziele benötigt auch angemessene Ressourcen. Auf der Basis der
Ergebnisse identifizieren die Autoren erfolgreiche, jedoch selbstzufriedene Unternehmen,
die gleichzeitig über ausreichend freie Ressourcen verfügen, als die perfekten Kandidaten
für Stretch-Goals.

Den erfolgreichen Unternehmen, die über keine freien Ressourcen verfügen, wird eine
Strategie der schrittweisen Verbesserung und kleinen Erfolge empfohlen. Aufgrund der
Ressourcenknappheit wird die Strategie der Stretch-Goals bei ihnen nicht funktionieren.

Erfolglose Unternehmen mit ausreichend freien Ressourcen, die als „entmutigt, aber
fähig" bezeichnet werden, wird stattdessen empfohlen, statt großer Ziele lieber „kleine
Verluste" durch zahlreiche kleine Experimente anzustreben, da kleine Experimente nur
ein leichtes Risiko ausmachen. Die daraus folgenden, wenigen erfolgreichen Experimente
sollten die Basis für zukünftige große Erfolge bilden.

Aktuell erfolglosen Unternehmen („erfolglos, aber gierig") ohne freie Ressourcen, die
typischerweise häufig Stretch-Goals setzen, empfehlen Sitkin et al., dem zu widerstehen
und kleine Erfolge anzustreben, bis sie der schwierigen Lage entkommen können.

3.2.13 Von der Planung zur Umsetzung: eine einfache Prüfung für Erfolg?

Entsprechend der zu Beginn von Abschnitt x erwähnten Umfrage der Beratungsgesellschaft
Horváth & Partner unter 147 Führungskräften im deutschsprachigen Raum wird die erfolgreiche Umsetzung der Unternehmensstrategie positiv unterstützt durch die Nutzung standardisierter Systeme der Erfassung von Zielen, die gleichzeitig ein gemeinsames Verständnis
der Strategie schaffen, die Verbindlichkeit erhöhen und die Kommunikation erleichtern.
62 % der befragten Firmen überprüft den Stand der Umsetzung mindestens alle 3 Monate
(Höhmann 2014). Ein wichtiges Ergebnis der Umfrage zeigt, dass Unternehmen, die häufiger die Zielerreichung überprüfen, auch erfolgreicher im Wettbewerb sind. Diese regelmäßige kontinuierliche Überprüfung ist allerdings nur eine ganz kleine erste, aber den Ergebnissen zufolge schon sehr wirksame Maßnahme. Die kontinuierliche Überprüfung wird in
erfolgreichen Unternehmen dementsprechend ein in der Strategieplanung bereits angeleg-
ter Prozess sein. Die tatsächlich erfolgreiche Umsetzung im Wettbewerb auf dem Weg zu
herausragenden Unternehmensergebnissen ist Ziel der nachfolgenden Kapitel (Abschn. 4).

Literatur

Bradley, Chris; Dawson, Angus; Smit, Sven (2013): The strategic yardstick you can't afford to ignore (McKinsey Quarterly). Online verfügbar unter https://www.mckinsey.com/business-functions/strategy-and-corporate-finance/our-insights/the-strategic-yardstick-you-cant-afford-to-ignore, zuletzt geprüft am 11.01.2019.

Bradley, Chris; Hirt, Martin; Smit, Sven (2018a): Strategy Beyond the Hockey Stick. People, Probabilities, and Big Moves to Beat the Odds. 1. Auflage. New York: John Wiley & Sons.

Bradley, Chris; Hirt, Martin; Smit, Sven (2018b): Strategy to beat the odds (McKinsey Quarterly). Online verfügbar unter https://www.mckinsey.com/business-functions/strategy-and-corporate-finance/our-insights/strategy-to-beat-the-odds, zuletzt geprüft am 12.02.2019.

Christensen, Clayton M.; Hall, Taddy; Dillon, Karen; Duncan, David S. (2017): Besser als der Zufall. „Jobs to be done" – die Strategie für erfolgreiche Innovation. Kulmbach: Plassen Verlag.

D'Aveni, Richard (2003): Das Imperium schlägt zurück (3). Online verfügbar unter http://www.harvardbusinessmanager.de, zuletzt geprüft am 12.01.2019.

Dodd, Dominic; Favaro, Ken (2007): The three tensions. Winning the struggle to perform without compromise. San Francisco, Calif.: Jossey-Bass. Online verfügbar unter http://www.loc.gov/catdir/enhancements/fy0739/2006029102-b.html.

Gavetti, Giovanni (2012): Mit Psychologie zu neuen Strategien. In: *Harvard Business Manager* 34 (1), S. 76.

Gilbert, Clark G.; Eyring, Matthew J. (2010): Wie Gründer Risiken managen. In: *Harvard-Business-Manager : das Wissen der Besten* 32 (8), S. 74–82.

Govindarajan, Vijay (2016): Planned Opportunism. Online verfügbar unter https://hbr.org/2016/05/planned-opportunism, zuletzt geprüft am 24.02.2019.

Hinterhuber, Hans H. (2011): Die 5 Gebote für exzellente Führung. Wie Ihr Unternehmen in guten und in schlechten Zeiten zu den Gewinnern zählt. Frankfurt am Main.: F.A.Z.-Inst. für Management- Markt- und Medieninformationen (Frankfurter Allgemeine Buch).

Höhmann, Ingmar (2014): Neue Tools für Strategen (6). Online verfügbar unter http://www.harvardbusinessmanager.de/heft/d-126981453.html, zuletzt geprüft am 12.01.2019.

Joyce, William; Nohria, Nitin; Roberson, Bruce (2003): What really works. The 4+2 formula for sustained business success. 1. ed. New York NY: HarperBusiness.

Kahneman, Daniel (2012): Schnelles Denken, langsames Denken. 5. Auflage. München: Penguin Verlag.

Kahneman, Daniel (2015): Schnelles Denken, langsames Denken. Zwanzigste Auflage. München: Pantheon.

Lafley, A. G.; Martin, Roger L.; Rivkin, Jan W.; Siggelkow, Nicolaj (2012): Bringing Science to the Art of Strategy. Online verfügbar unter https://hbr.org/2012/09/bringing-science-to-the-art-of-strategy, zuletzt geprüft am 24.02.2019.

Lafley, Alan G.; Dillon, Karen (2011): „Misserfolge sind ein Geschenk". In: *Harvard-Business-Manager* 33 (6), S. 60–65.

Löscher, Peter (2012): Wie ein Skandal Gutes bewirkte (Harvard Business Manager). Online verfügbar unter http://www.harvardbusinessmanager.de/heft/d-89521604.html, zuletzt geprüft am 12.01.2019.

MacMillan, I. C.; van Putten, A. B.; McGrath, R. G. (2003): Schach der Konkurrenz (Harvard Business Manager, 8). Online verfügbar unter http://www.harvardbusinessmanager.de/suche/?suchbegriff=HBM+8-2003%2C+I.C.+MacMillan%2C+A.B.+van+Putten%2C+R.G.+McGrath%2C+Schach+der+Konkurrenz&submit=Suchen, zuletzt geprüft am 12.01.2019.

Malnight, Thomas W.; Keys, Tracey S.; van der Graaf, Kees (2013): Ready? The 3Rs of preparing your organization for the future. Rivaz: Strategy Dynamics Global SA.

Martin, Roger L. (2014): The Big Lie of Strategic Planning. Online verfügbar unter https://hbr. org/2014/01/the-big-lie-of-strategic-planning, zuletzt geprüft am 24.02.2019.

Martin, Roger L.; Golsby-Smith, Tony (2017): Management ist mehr als eine Wissenschaft. In: *Harvard-Business-Manager : das Wissen der Besten* 39 (11), S. 80–89.

McGrath, Rita G. (2017): Etablierte Marken sind nicht immun (Harvard Business Manager). Online verfügbar unter http://www.harvardbusinessmanager.de, zuletzt geprüft am 12.01.2019.

McGrath, Rita Gunther (2013): Plädoyer für ein anderes Kurzfristdenken. In: *Harvard-Business-Manager : das Wissen der Besten* 35 (8), S. 56–65.

Morriss, Anne; Ely, Robin J.; Frei, Frances X. (2011): Managing Yourself: Stop Holding Yourself Back. https://www.facebook.com/HBR (Harvard Business Review). Online verfügbar unter https://hbr.org/2011/01/managing-yourself-stop-holding-yourself-back, zuletzt geprüft am 24.02.2019.

Osterwalder, Alexander; Pigneur, Yves (2013): Business model generation. A handbook for visionaries, game changers, and challengers. New York: Wiley&Sons.

Reeves, Martin; Levin, Simon Asher; Ueda, Daichi (2016): The biology of corporate survival. In: *Harvard business review : HBR* 94 (1/2), S. 46–55.

Reeves, Martin; Love, Claire; Tillmanns, Philipp (2012): Eine Strategie für die Strategiearbeit. In: *Harvard-Business-Manager : das Wissen der Besten* 34 (10), S. 49–57.

Sargut, Gökçe; McGrath, Rita G. (2011): Learning to Live with Complexity. Online verfügbar unter https://hbr.org/2011/09/learning-to-live-with-complexity, zuletzt geprüft am 12.02.2019.

Simons, Robert (2010): Stress-Test Your Strategy: The 7 Questions to Ask (Harvard Business Review). Online verfügbar unter https://hbr.org/2010/11/stress-test-your-strategy-the-7-questions-to-ask, zuletzt geprüft am 12.01.2019.

Sitkin, Sim B.; Miller, C. Chet; See, Kelly E. (2017): The stretch goal paradox. In: *Harvard business review : HBR* 95 (1), S. 92–99.

Smet, Aaron de; Gagnon, Chris (2018): Organizing for the age of urgency (McKinsey Quarterly). Online verfügbar unter https://www.mckinsey.com/business-functions/organization/our-insights/organizing-for-the-age-of-urgency, zuletzt geprüft am 12.01.2019.

Sull, Donald; Eisenhardt, Kathleen M. (2012): Einfache Regeln für eine komplexe Welt - Entscheidungen. In: *Harvard Business Manager* 34 (10), S. 38.

von den Eichen, Stephan Friedrich; Hinterhuber, Hans H.; Stahl, Heinz K.; Mirow, Michael (2003): Das Netz knüpfen (Harvard Business Manager, 8/2003). Online verfügbar unter http://www.harvardbusinessmanager.de/heft/d-27741276.html, zuletzt geprüft am 12.01.2019.

Wulf, Torsten; Krys, Christian; Brands, Christian; Meissner, Philip; Stubner, Stephan (2011): Ein Radar für die Strategieplanung. In: *Harvard-Business-Manager* 33 (3), S. 56–62.

Von der Strategie zu Profitabilität und Wachstum

In einer Analyse von 1026 Unternehmen verschiedener Branchen schaffen Unternehmen in den meisten Fällen Mehrwert durch die Verfolgung eines stetigen Unternehmenswachstums und nicht durch die Fokussierung auf Kostensenkungen (Harvard Business Manager 2017). In den in Kap. 1 aufgezeigten Analysen herausragender Unternehmen wurde dies gleichfalls bereits aufgezeichnet, u. a. mit der Regel „Absatz vor Kosten" und mit den Ergebnissen von Bailom et al. (2013). Auf die Bedeutung von Kostensenkungsmaßnahmen in Krisenfällen wird in Kap. 2 mit gleichfalls überraschenden Ergebnissen eingegangen.

Die Priorisierung der Regel „Absatz vor Kosten" gilt insbesondere bei Unternehmen mit einer Eigenkapitalrendite oberhalb von 4 %. Gestärkt wird diese Ausrichtung durch niedrige Finanzierungskosten. In Zeiten hoher Finanzierungskosten war der Fokus stärker auf die Rentabilität ausgerichtet, mit Maßnahmen im Bereich der Kostensenkung und Restrukturierung. Eine besonders starke Wertsteigerung erzielten Unternehmen durch ein 1-prozentiges Wachstum im Vergleich zu einer 1-prozentigen Zunahme des operativen Gewinns vor Steuern im Bereich der Konsumgüterhersteller (Tab. 4.1, Kennziffer Wertzuwachs/je 1 % Zunahme bei Wachstum oder Vorsteuergewinn im Vergleich).

Erfolgreiche Unternehmen fast aller Branchen entscheiden sich insbesondere in Zeiten mäßiger Finanzierungskosten und eines großen Kapitalangebotes bei der Wahl zwischen Wachstumsinitiativen oder Kostensenkungsprogrammen für die erstgenannten. Dies schafft den Raum dafür die lukrativen Märkte der Zukunft zu entwickeln.

In einem Vergleich der im Untersuchungszeitraum dreihundert größten europäischen Unternehmen über einen Zehnjahreszeitraum von Gomez et al. zeigte sich gleichfalls, dass überdurchschnittliche Renditen am Aktienmarkt nur jene Unternehmen erzielten, die ein gleichmäßiges Wachstum bei Umsatz und Gewinn erzielten (Gomez et al. 2007). Besonders herausfordernd war jedoch die gleichzeitige kontinuierliche Steigerung bei beiden Parametern um mindestens 5 % pro Jahr, was nur ca. 25 % der Unternehmen gelang. Eine einseitige Fokussierung von Wachstum oder Gewinn schaffte deutlich weniger Wert. 56 %

© Springer-Verlag GmbH Deutschland, ein Teil von Springer Nature 2020
H. Goffin, *Erfolgsunternehmen – empirisch belegte Wege an die Spitze*,
https://doi.org/10.1007/978-3-662-59819-1_4

Tab. 4.1 Analyse des Wertzuwachses von Unternehmen in Abhängigkeit von der Steigerung des langfristigen Wachstums oder des operativen Gewinns. Daten: Bain & Company, Analyse 1026 Unternehmen (Harvard Business Manager 2017). Mit freundlicher Genehmigung von: © Spiegel Verlag

	Wertzuwachs je 1 % Zunahme bei	
	langfristiges Wachstum	op. Gewinn vor Steuern
Konsumgüterhersteller	28 %	5 %
Einzelhandel	23 %	8 %
Dienstleistungen	19 %	4 %
Maschinen & Anlagenbau	18 %	4 %
Chemie, Metalle, Rohstoffe	18 %	5 %
Transport & Kommunikation	16 %	4 %
Finanzen, Versicherung, Immobilien	10 %	3 %
Bergbau	6 %	4 %
Baugewerbe	5 %	15 %

der Unternehmen konnten jedoch nur einseitig entweder Gewinn oder die Umsatzziele erreichen, während 19,2 % beide Ziele verfehlten. Die Schwierigkeit liegt in der Herausforderung, flexible Strukturen zur Schaffung von Innovation und Wachstum zu öffnen und gleichzeitig effiziente operative Prozesse zur Steigerung der Profitabilität und Effizienz aufrecht zu erhalten. Mögliche organisatorische Strategien, Maßnahmen und Organisationsmodelle, deren Untersuchung auch Bestandteil der Analyse waren, werden im Kapitel Organisation (Abschn. 10) vorgestellt.

Kontinuierliches und konstantes Wachstum über verschiedenen Wirtschaftszyklen hinweg erzielen nur sehr wenige Unternehmen. Eine Analyse von Rita Gunther McGrath, Columbia Business School, unter 2347 Unternehmen mit einer Marktkapitalisierung von mindestens 1 Mrd. US $ zeigt, dass nur zehn Unternehmen über einen Zeitraum von zehn Jahren den Nettogewinn jedes Jahr kontinuierlich um mindestens 5 % steigern konnten; , nur fünf Unternehmen schafften dies sowohl bei Umsatz wie Gewinn (McGrath 2012). In der Betrachtung eines Fünfjahreszeitraums vermochten nur 8 % von 4793 Unternehmen ihren Umsatz kontinuierlich um mindestens 5 % zu steigern, nur 4 % gelang dies auch bei dem Unternehmensgewinn. Selbst wenn die Autorin den Krisenzeitraum herausnahm und die Daten auf Basis einer Periode vor dem Krisenjahr 2008 erhob, konnten nur 7 % der knapp 5000 Unternehmen ein stabiles Wachstum von 5 % im Unternehmensgewinn über fünf Jahre ausweisen. Der Autorin der Analyse fiel dabei auf, dass diese erfolgreichen Unternehmen Elemente der Stabilität im Bereich Strategie, Kultur, Führung und Beziehungen mit dynamischen Elementen wie eine schnelle Mobilisierung von Ressourcen, die Durchführung von Experimenten und die Mobilität im Personalbereich verbanden. Diese Ergebnisse decken sich mit den Resultaten anderer Studien (Kap. 1). Die Strategie, die Organisation, die operative Ausführung, die Umsetzung sowie die Unternehmenskultur als Erfolgskombination können in dem Kurzbegriff „SOAK" (Strategie, Organisation, Ausführung, Kultur) zusammengefasst werden. SOAK bildet somit das Rückgrat des vorliegenden Buches.

4.1 Erfolgreiche Umsetzung: Welche klaren Basisregeln steuern die Umsetzung?

„However beautiful the strategy, you should sometimes look at the results." (Winston Churchill)

Welche Anforderungen, Chancen und Herausforderungen stellt die Aufgabe der erfolgreichen Strategieumsetzung? Was sind die Maßnahmen der erfolgreichsten Unternehmen in der Umsetzung? Eine Umfrage unter mehr als 400 CEOs in den USA, in Europa und in Asien zeigt, dass die exzellente Umsetzung auf der Top-Position unter ca. 80 schwierigen Aufgaben der Unternehmensführer steht, gefolgt von Aufgaben im Bereich Innovation, Umsatzwachstum und dem Umgang mit der geopolitischen Instabilität. Rund 70 % der großen Unternehmen haben Probleme bei der erfolgreichen Umsetzung ihrer Strategie (Sull et al. 2015).

Entscheidend für die strategische Umsetzung sind die entsprechenden operativen Prozesse mit der geeigneten Organisation und Unternehmensstruktur, engagierten Mitarbeitern und Führungskräften und einem strategischen Controlling, welches die Umsetzungspläne kontrolliert und ggf. zeitgerechte Anpassungen ermöglicht. Strategisches Controlling muss sich zukunftsgerichtet ausrichten. Dies wird unterstützt durch ein schlankes, strategisch ausgerichtetes Berichtswesen. Die Vermeidung einer oftmals über die Zeit angewachsenen Bürokratie schafft realen Mehrwert. Das Finanzcontrolling überprüft die Realisierung oder die Anpassung der finanziellen Parameter und Ergebnisse und muss gleichfalls im Sinne der Unternehmensstrategie und Entwicklung agieren. Der Vertrieb hat die entscheidende Aufgabe, in der Kommunikation mit den Marktteilnehmern Umsatz, Gewinn und Wachstum zu realisieren. Die Aufsichtsgremien des Unternehmens werden insbesondere die zukünftige Entwicklung des Unternehmens begleiten, kontrollieren und auf die Einhaltung der Unternehmenswerte achten.

Wie schon zu Beginn des Abschn. 3.2 (Sull und Eisenhardt 2012) aufgezeigt, belegen Ergebnisse an der London Business School/Stanford University, dass zur erfolgreichen Umsetzung Unternehmensstrategien in einer einfachen konkreten Faustregel und Zieldefinition formuliert sein sollen. Diese einfachen Regeln bleiben auch in schwierigen Situationen eine verlässliche Entscheidungshilfe. Ein Problem in der Umsetzung ist oft ein Mangel an Koordination im Unternehmen. Gemeinsame, unmissverständliche, klare Ziele und Regeln gestatten eine sachliche Entscheidungsfindung. Die Regeln stellen einen gemeinsamen Vertrag zwischen allen Führungskräften und Mitarbeitern dar, auf dessen Basis Entscheidungen getroffen werden.

Am Beispiel der brasilianischen Güterverkehrsgesellschaft América Latina Logistica zeigte sich eine dramatisch positive Geschäftsentwicklung nach ihrer Ausgliederung 1997. Die Dachgesellschaft und das Unternehmen selbst waren in ihrer Dienstleistung ausgesprochen unzuverlässig, die Infrastruktur in einem katastrophalem Zustand und das Unternehmen in finanziell desaströsen Verhältnissen. Nachdem das Unternehmen in der Vergangenheit ein komplexes System von Investitionsregeln festgelegt hatte, die Mitarbeitern wenig Möglichkeiten gab, eigene Einschätzungen und Kreativität zu entwickeln, schaffte man die positive Entwicklung durch ein anpassungsfähigeres System. Klare Ziele in Kostensenkungen, Dienstleistungsangebot, Entwicklung der Infrastruktur und Entwicklung einer dynamischen Unternehmenskultur standen auf der Liste. Es wurden einfache Regeln der Investitionsentscheidungen mit klaren Parametern festgelegt, die unter allen Mitarbeitern für transparente Entscheidungen sorgte. Die Regeln waren mit Einbindung aller Abteilungsleiter transparent entwickelt worden und konnten genauso angewendet werden. Die Eisenbahngesellschaft war mit den neuen, einfachen Regeln und der Transparenz so erfolgreich, dass die Umsätze im Eisenbahnverkehr um 50 % stiegen und der Gewinn EBITDA sich verdreifachte. Im Jahr 2004 ging es als das größte unabhängige Logistikunternehmen Lateinamerikas erfolgreich an die Börse. Das Unternehmen positionierte sich unter den beliebtesten Arbeitgebern Brasiliens (Sull und Eisenhardt 2012).

Komplizierte Entscheidungsmodelle erfordern eine Vielzahl an Daten und beinhalten dennoch eine große Zahl unbekannter Faktoren, die sorgfältig kalkulierte Ergebnisse schnell im Ausgang stark verändern können. Zur Entwicklung einfacher Regeln identifizieren Unternehmen zunächst kritische strategische Engpässe in Prozessen und Prozessschritten, die überwunden werden sollen. Die Konzentration auf einige wenige kritische Bereiche erreicht wichtige Resultate, indem Engpässe verhindert werden. Diese Engpässe werden auf der Basis einer genauen Analyse historischer Daten und Erfahrungen identifiziert, um nicht der Gefahr von kognitiven Verzerrungen aufgrund aktueller, kurzfristig aufgetretener Vorkommnisse zu unterliegen. Welche Dinge haben funktioniert, welche funktionierten nicht und aus welchen Gründen? Die zur Vermeidung von Engpässen notwendigen Regeln sollen von denjenigen entwickelt werden, die diese auch anwenden. Dies eröffnet die Möglichkeit, sie unmittelbar auf ihre gute Anwendbarkeit zu prüfen. Die oberen Führungskräfte stellen die Teams zusammen, die die Regeln entwickeln. Sie werden möglichst konkret und nicht als vage, abstrakte Richtlinien formuliert. Ergebnisse zeigen, dass einfache Regeln zu schnellen, transparenten Entscheidungen führen. Dies schafft extern strategische und taktische Vorteile in umkämpften Märkten und stärkt intern eine dynamische Unternehmenskultur (Kap. 9).

Regeln werden sich mit der Entwicklung des Unternehmens und des Marktes verändern, sodass sie, genauso wie die Unternehmensstrategie, regelmäßig auf der Basis von Erfahrungen überprüft und angepasst werden. Dennoch gilt: „Einfache Regeln erwecken (…) eine Strategie zum Leben" (Sull et al. 2015). Umfragen unter insgesamt 7600 Managern in rund 250 Unternehmen und weitere umfangreiche Studien und Experimente zeigen, dass die Erfüllung der folgenden fünf Basisanforderungen zur erfolgreichen Strategie-Umsetzung in vielen Unternehmen nicht gegeben ist. Die Verfasser kommen zu dem Schluss: „Viele weit verbreitete Annahmen darüber, wie man Strategien erfolgreich realisiert, sind schlichtweg falsch" (ebd.). Sie identifizieren folgende fünf Mythen, auf die sich die weiter unten folgenden Regeln beziehen.

1. Die Umsetzung folgt der strategischen Ausrichtung.
2. Gute Umsetzung heißt, sich genau an den Plan zu halten.

3. Kommunikation führt zu Verständnis.
4. Eine Hochleistungskultur erleichtert die Umsetzung.
5. Die Umsetzung muss von ganz oben gesteuert werden.

Die Erfüllung und Absicherung der folgenden Basisanforderungen werden die erfolgreiche Implementierung absichern. Der nach den Umfrageergebnissen hohe Anteil der Unternehmen, die diese nicht erfüllen, erscheint dramatisch. Dies eröffnet gleichzeitig denjenigen Unternehmen, die diese erfüllen ein großes Potenzial an Wettbewerbsvorteilen (Sull und Eisenhardt 2016). In diesen Bereichen liegt offensichtlich ein erhebliches Verbesserungspotenzial für eine erfolgreiche, zeitgerechte Umsetzung:

1. **Umsetzung der Strategie durch kohärente Initiativen, Handlungen und gute Koordination:** Die Umfrageergebnisse zeigen, dass der klassische Weg der strategischen Ausrichtung und die Berücksichtigung entsprechender Methoden in den meisten Unternehmen gut etabliert ist. Dennoch gibt es eine dramatisch hohe Anzahl von Problemen bei der Strategieumsetzung. Woran liegt das?

   Auch wenn 84 % der befragten Manager aussagten, dass sie sich auf ihren Vorgesetzten und ihre direkten Mitarbeiter (immer/fast immer) bei Zusagen verlassen können, sagten dies nur 9 % der Manager über ihre Kollegen aus anderen Abteilungen. Nur ca. 50 % sagten, dass dies zumindest meistens der Fall ist. Das führte dazu, dass im Unternehmen die Einlösung von Versprechen oft nur ungenau oder unter hohem Terminverzug erfüllt wird und zu entsprechenden Konflikten führt. Diese wurden in ca. zwei Dritteln der Fälle nicht zufriedenstellend oder gar nicht gelöst.

   30 % der Manager sagten aus, eine bereichsübergreifende Koordination in der Umsetzung der strategischen Ausrichtung funktionierte nicht ausreichend und 40 % sahen sogar Mängel in der strategischen Ausrichtung selbst. Das Erreichen von Zielvorgaben scheitert dreimal öfter an der mangelnden Unterstützung anderer Unternehmensbereiche als an der Erfüllung der Aufgaben in den eigenen Reihen. Auch wenn es in den meisten Unternehmen ein System zur Überwachung von bereichsübergreifenden Zusagen gab, sagten nur 20 % aus, dass dies auch zuverlässig funktionierte. Ca. 50 % begrüßten stärker strukturierte Prozesse in der Koordination. Die Struktur des Zielvereinbarungssystems sahen ca. 25 % als verbesserungswürdig an.

2. **Flexible Anpassung des Strategieplans im Fall des Auftretens überraschender Hindernisse und kurzfristiger neuer Chancen:** Mangelnde Flexibilität und Agilität im Unternehmen zur schnellen Anpassung an veränderte Bedingungen ist entsprechend der Ergebnisse ein großes Hindernis der effektiven Umsetzung der Strategie. Firmen reagieren oft zu langsam, um kurzfristige Chancen zu ergreifen oder auf neue Bedrohungen zu reagieren.

   Manager forderten strukturierte Prozesse zur Anpassung der Ressourcenverteilung an veränderte Bedingungen. Nur ca. 30 % der befragten Manager glaubten, dass ihr Unternehmen die Verteilung der finanziellen Ressourcen ausreichend schnell anpasst, um effektiv zu agieren. Im Fall der den strategischen Veränderungen angepassten Versetzung von Mitarbeiterressourcen zwischen Unternehmensbereichen sahen dies sogar nur 20 %. Lediglich 22 % erkannten, dass sich Unternehmen nicht schnell genug von Aktivitäten trennen und erfolglose Initiativen rechtzeitig beenden, die nicht mehr attraktiv sind. Wichtige Ressourcen gingen dadurch in der Umsetzung der strategischen Ziele verloren. Die Fähigkeit der schnellen Anpassung der Ressourcen im Unternehmen verbessert gemäß der Untersuchung von McKinsey (Koller et al. 2017, Abschn. 4.3) die Aktienrenditen von Unternehmen um durchschnittlich 30 % im Vergleich zu Unternehmen, die in der Anpassung von Ressourcen an veränderte Bedingungen langsam reagieren. Andererseits erkannten 51 % der Befragten, dass Unternehmen Ressourcen einsetzen, die nicht den strategischen Zielen entsprechen und dass Unternehmen dementsprechend nicht ausreichend strategisch fokussiert handeln. Demgegenüber standen nur 11 % der befragten Manager, die den angemessenen Einsatz ausreichender Ressourcen bei allen strategischen Prioritäten erkennen. Ein großer Anteil der strategischen Ziele muss dementsprechend mit knapp bemessenen Budgets dennoch erreicht werden: ein erhebliches Risiko, welches die Verfehlung vieler strategischer Ziele erklären könnte.

3. **Die strategischen Prioritäten des Unternehmens und Abstimmung der entsprechenden Initiativen ist auf allen Mitarbeiterebenen bekannt:** Lediglich 55 % des mittleren Managements konnten in den Umfragen zumindest eine der fünf strategischen Prioritäten des Unternehmens benennen. Große Unklarheit bestand selbst auf der Ebene der Top-Manager, wie strategische Prioritäten und Initiativen des Unternehmens zusammenpassen. Ca. 50 % konnten keinen Zusammenhang zwischen den strategischen Prioritäten erkennen. Dies führte dazu, dass auf der unteren Managementebene nur noch 16 % ein entsprechendes Verständnis bestätigten. Trotz zum Teil wiederholter Kommunikation dieser Prioritäten konnte das Verständnis auf den verschiedenen Mitarbeiterebenen oft nicht erreicht werden. Mitarbeiter begründeten dies mit der Vorgabe zu vieler strategischen Initiativen und Prioritäten und mit einer unklaren Kommunikation. Ca. 25 % der Befragten sagten aus, dass entsprechende Mitteilungen immer wieder verändert wurden, wodurch das Verständnis weiter erschwert werde.

4. **Eine Leistungskultur wird gefördert und Probleme in ihrer Umsetzung werden schnell gelöst:** In ca. einem Drittel der Befragungen sagten Manager aus, dass Unternehmen nicht ausreichend schnell und konsequent Probleme mit leistungsschwachen Mitarbeitern angehen oder schlechte Leistungen sogar tolerieren (11 %). Die notwendige Flexibilität von Mitarbeitern in der Umsetzung und Anpassung und ihre Bereitschaft und Fähigkeit, sich aufgrund veränderter Umstände auch auf Experimente einzulassen, ist wichtig. Dem entgegen stehen häufig strenge, zahlenmäßige Zielvorgaben, die es zu erreichen gilt. Mitarbeiter verfolgen Zielvorgaben, die in periodischen Vereinbarungen häufig konservativ ausgehandelt wurden, anstelle Ziele riskanterer, sich neu ergebender Wachstumschancen zu verfolgen. Erfolgreiche Unternehmen beziehen die Zusammenarbeit und Kooperationsfähigkeit von Mitarbeitern stärker in die Leistungsbeurteilung ein, um die Umsetzung der Unternehmensstrategie zu

fördern und eine einseitige Fokussierung auf die Erreichung quantitativer Ziele zu reduzieren. Eine erfolgreiche Strategieumsetzung bedingt zahlreiche schnelle Entscheidungen.

5. **Das mittlere Management wird vom Top-Management in die Lage versetzt, die Strategie zu verstehen und umzusetzen:** Das Verständnis der Unternehmensstrategie im mittleren Management und auf der Expertenebene ist entscheidend für die Umsetzung. Es sollen strukturierte, jedoch unbürokratische Prozesse im Unternehmen eingeführt sein, die die Koordination zwischen den Abteilungen und Bereichen regeln und optimieren. Die Verfolgung von abteilungsspezifischen Zielen mündet in Konflikte, die auf der Ebene des mittleren Managements gelöst werden müssen. Erfolgreiche Unternehmen setzen das mittlere Management durch entsprechende Führung, Kommunikation und Entscheidungsbefugnisse in die Lage, schnelle und richtige Entscheidungen zu treffen. Schnellere Umsetzung, Empowerment und die Förderung einer unternehmerischen Kultur sind der Lohn. Andernfalls lässt ein Entscheidungsstau schwierige Situationen im Bereich des mittleren Managements eskalieren. Dies führt gleichzeitig zu einer Unternehmenskultur, in der die kollegiale Zusammenarbeit zwischen den entsprechenden Bereichen schwieriger wird. Gemäß der Umfrage konnten 37 % der Manager Probleme erst mit erheblicher Verzögerung lösen oder scheiterten in 10 % der Fälle daran. In 12 % der Fälle wurde die Lösung dieser Konflikte gar nicht verfolgt. Allerdings sahen auch ca. ein Drittel aller befragten mittleren Führungskräfte, dass das obere Management-Team selbst Konflikte in der Zusammenarbeit nicht ausreichend löste.

Entsprechend der Ergebnisse werden nur in wenigen Unternehmen diese grundlegenden Anforderungen zur erfolgreichen Strategieumsetzung erreicht. Umsetzung bedeutet hier auch die Wahrnehmung neuer Chancen, die in das strategische Konzept passen, jedoch zuvor noch nicht erkennbar waren oder im Plan nicht berücksichtigt wurden. Erst eine strenge Verfolgung der fünf genannten Basisanforderungen und insbesondere die Absicherung des Verständnisses und die Umsetzung auf allen Hierarchieebenen des Unternehmens wird für die meisten Unternehmen die Umsetzungsqualität deutlich steigern (Sull und Eisenhardt 2016).

4.2 Wachstum und Kapital: Wo wird investiert?

Clayton M. Christensen, Professor der Harvard Business School und Top 3 des Thinkers50 Ranking, zeigt kritisch auf, dass Investitionsentscheidungen heutzutage in den meisten Unternehmen auf der Basis von kennzahlengestützen Analysen getroffen werden (Christensen und van Bever 2014). Diese Größen werden von Anteilseignern, Finanzmärkten und Börsenbeobachtern streng verfolgt. Die Optimierung der üblicherweise durch Quotienten abgebildeten Kennzahlen erlaubt oft schnellere Ergebnisse durch die Reduzierung der Nenner als durch den Zähler, der z. B. durch Umsatzwachstum und Schaffung neuer

Märkte beeinflusst wird. Die Effizienz von Investitionen wird auf der Basis von langfristig verfolgten Kapitalkosten und des erwarteten Ergebnisbeitrags unter Bewertung eines Risikos der entsprechenden Realisierung betrachtet. Maßnahmen der Effizienzsteigerung werden auf diese Weise in vielen Fällen besser bewertet als Investitionen in Wachstumsinnovationen. Sie entwickeln und vergrößern jedoch bestehende Märkte, schaffen neue Märkte, deren Umsatz- und Ergebnisbeitrag noch ungewiss erscheint. Effizienzsteigernde Investitionen spielen hingegen eine wichtige Rolle, um auf den kontinuierlichen Preisdruck im Markt zu reagieren und können auch Liquidität freisetzen, z. B. durch den Abbau von Lagerbeständen.

Kapital wird als knappes Gut bewertet, wenngleich viele börsennotierte Unternehmen hohe Liquiditätsbestände haben, die sie z. T. zu Rückkauf von Aktien motiviert. Dieses Kapital steht Wachstumsinnovationen und Volkswirtschaft nicht mehr zur Verfügung. Wie erfolgreich langfristige Investitionsstrategien in neue Kompetenzen, visionäre Kunden- und Marktorientierung und Wachstumsinitiativen sind, zeigt z. B. der oft bewunderte deutsche Mittelstand der „hidden champions" (Simon 2007): die Investitionsstrategie von asiatischen Unternehmen und auch die Erfolgsgeschichte aktueller Börsenstars, die durch mutige, visionäre Investitionen in neue Technologien und Märkte enorme Werte schaffen. Die besondere Wertschöpfung langfristig orientierter Unternehmen zeigen auch die Ergebnisse, die in Abschn. 4.6 referiert werden.

In den vergangenen und voraussichtlich auch nächsten Jahren war und wird Kapital an den Märkten in sehr großem Umfang verfügbar. Den Erfolg wachstumsorientierter Investitionen zeigen die mittelfristigen Unternehmensbewertungen entsprechend der Analyse von Bain & Company (Harvard Business Manager 2017) auf. In weiteren Untersuchungen bestätigt Bain & Company die Einschätzung, dass insbesondere durch die Entwicklung der Finanzmärkte in Schwellenländern in den nächsten Jahren noch größere Kapitalmengen zur Verfügung stehen (Christensen und van Bever 2014). Um Missverständnisse bezüglich der zuvor aufgezeigten Ergebnissen zu vermeiden, soll hier jedoch noch einmal der Unterschied zwischen einer reinen, eher kurzfristig orientierten Wachstumsverfolgung und einer langfristigen, nachhaltigen und profitablen Wachstumsverfolgung unterstrichen werden. In den Betrachtungen hier ist nur die nachhaltige und profitable Wachstumsverfolgung unter Wertschaffung gemeint.

Langfristig erfolgreiche Unternehmen zeichnen sich durch Investitionen in Wachstumsfelder und durch die Entwicklung neuer Kompetenzen aus, sie setzen auf eine konservative, sichere Finanzstruktur des Unternehmens und achten auf Kundenbedürfnisse. Sie schaffen auf diesem Weg hohe eigene und wichtige volkswirtschaftliche und nachhaltige Werte. Dies wiederum stärkt ihre Reputation in der Gesellschaft, was wiederum dem eigenen Markenwert und auch dem Marketing nützt (Kap. 5). Dementsprechend wird eine andere Bewertung von Investitionsvorhaben vorgeschlagen, die Wachstum und gesellschaftliche Werte als Ziel im Vergleich zur heutigen Bewertung höher bewertet als Effizienzmaßnahmen. Christensen empfiehlt die Suche nach mehr „geduldigerem Kapital" als es den weitverbreiteten Betrachtungen an den Finanzmärkten entspricht. Seiner Meinung nach soll ein neues Anreizsystem für langfristige Kapitalinvestitionen gegenüber kurzfristigen Renditen

entwickelt werden. Strategische Erwägungen sollten nicht gegen finanz- und effizienzge-
triebene Logik ausgespielt werden. Neue Kalkulationsgrößen, die Chancen in neuen Märkten bewerten, würden anstelle des zukünftigen Cashflows unter Risiko stärker bewertet
werden. Investitionen und Ressourcen, die neue Märkte mit Innovationen schaffen, werden
durch die Kalkulation auf der Basis risikobereinigter Kapitalkosten benachteiligt. Einfach
zu berechnende Finanzkennzahlen haben ein nicht adäquates Gewicht in der Beurteilung
von wert- und marktschaffenden Innovationen und Investitionen erhalten. Darüber hinaus
zeigen zahlreiche Top-Unternehmen der jüngeren Wirtschaftsgeschichte, dass eine andere
Betrachtung zur wertschaffenden Wachstumsentwicklung sehr erfolgreich ist.

4.3   Welche Ressourcenverteilung bestimmt Wachstum und Gewinn?

Was sind die Entscheidungskriterien in der Ressourcenverteilung, mit denen Unternehmen die besten Resultate in Wachstum und Profitabilität im Vergleich zum Wettbewerb
erzielen?

McKinsey untersuchte in einer Umfrage unter 1271 Managern den Zusammenhang zwischen dem Erfolg eines Unternehmens im Unternehmenswachstum, der Steigerung der Profitabilität und der Entscheidungsfindung in der Zuteilung entsprechender Ressourcen im Unternehmen (Koller et al. 2017). Die Teilnehmer bewerteten ihr Unternehmen im Vergleich zu
Wettbewerbern und machten Angaben zu ihrem Vorgehen in der Entscheidung der Ressourcenzuteilung. Die Umfrage erfolgte weltweit in allen Regionen, Branchen, Unternehmensgrößen und Funktionen unter Beachtung des jeweiligen nationalen Gewichtes im weltweiten
Bruttoinlandprodukt (GDP). McKinsey verglich fünf Vorgehen der Entscheidungsfindung in
der Ressourcenzuteilung mit klarer Korrelation zu Wachstum und Profitabilität:

1. **Budgetzuteilung entsprechend strategischem Plan:** Es gelingt nicht immer, den
   strategischen Plan und die Ressourcenzuteilung genau aufeinander abzustimmen. Ursachen können z. B. kurzfristige Ergebnisanforderungen sein, aufgrund derer Investi-
   tionsbudgets oder R&D Ressourcen („research and development", R&D) gekürzt werden. Nur 30 % der Teilnehmer sagten aus, dass ihr Budget bei Kapitalinvestitionen,
   Entwicklung, Produktstart, geografischer Ausdehnung oder bei den Ausgaben im Bereich Vertrieb und Marketing annähernd dem jüngsten strategischen Plan des Unternehmens entsprechen. In den Ergebnissen der Umfrage zeigt sich jedoch, dass die Ressourcenzuteilungen entsprechend dem strategischen Unternehmensplan die besten
   Ergebnisse in der Entwicklung schnellen Wachstums und guter Profitabilität im Vergleich zum Wettbewerb bringen.

   Die Zuteilung der Ressourcen dem strategischen Plan folgend hatte den stärksten
   positiven Einfluss auf Wachstum und Profitabilität im Vergleich zu den weiteren
   aufgeführten Maßnahmen. Die Unternehmen mit einem 75-Prozent-Perzentil-Score in
   dieser Disziplin erreichten entsprechend der Umfrage mit 53 % höherer Wahrschein-

lichkeit ein schnelleres Wachstum und mit 29 % höherer Wahrscheinlichkeit höhere Profitabilität im Vergleich zum Wettbewerb als die Unternehmen im 25-Prozent-Perzentil. Die Zuweisung der angemessenen Ressourcen in Übereinstimmung mit dem strategischen Plan anstelle der Berücksichtigung kurzfristiger Ergebnisanforderungen sind also Merkmale besonders erfolgreicher Unternehmen.

2. **Evidenzbasierte Entscheidung:** Derartige Entscheidungsfindungen basieren auf klaren Daten und Managementdiskussionen. Es stimmten nur 60 % der Manager zu, dass die Entscheider ausdrücklich Unsicherheiten in dem Entscheidungsprozess diskutieren. Nur 41 % sahen, dass das Unternehmen verschiedene mögliche Resultate oder Szenarien für ein bestimmtes Investment betrachtet. Am meisten verbreitet ist mit 59 % die Szenarioanalyse bei dieser Art der Entscheidungsfindung. Jedoch nur ein Drittel der befragten Manager bestätigten die Anwendung anderer Techniken. Dazu gehörten: Überprüfung betreffs offener, vorurteilsfreier, neutraler Entscheidungen, Chancen-Risikoanalyse betreffs möglicher Fehlschläge des Projektes und entsprechende Post-mortem-Analysen mit der Überprüfung von Fehlschlägen nach Projektabschluss. Die Anwendung der in der Untersuchung benannten Techniken führte laut Umfrage mit 36 % höherer Wahrscheinlichkeit zu besserem Wachstum und mit 22 % höherer Wahrscheinlichkeit zu besserer Profitabilität im Wettbewerbsvergleich.

   Erfolgreiche Unternehmen orientieren sich stärker an evidenzbasierten Entscheidungen, führen Chance-Risikoanalysen verschiedener Szenarien durch, bewerten und diskutieren die Unsicherheiten im Entscheidungsprozess und nutzen die Chancen des Lernens aus Projektanalysen.

3. **Bottom-up-Leistungsziele:** Im Vergleich zu der Setzung von Top-down-Leistungszielen erreichen Unternehmen mit der Bottom-up-Methode nach Aussage der Teilnehmer mit 26 % höherer Wahrscheinlichkeit ein schnelleres Wachstum und mit 18 % höherer Wahrscheinlichkeit eine höhere Profitabilität als ihre Mitbewerber. In der Umfrage zeigte sich auch, dass größere Unternehmen öfter die Top-down-Methode anwenden als kleinere Unternehmen. Unternehmen können durch eine konsequente Bottom-up-Entwicklung der Leistungsziele ihren Erfolg steigern.

4. **Formelles Ranking der Investitionen:** In vielen Fällen erstellen Unternehmen ein Ranking der potenziellen Investitionen. Nahezu zwei Drittel der Befragten berichteten von unternehmensweiten Ratings bei Kapitalinvestitionen und mehr als die Hälfte gaben dies im Fall von Produktentwicklungs- und Vertriebsmarketing-Investitionen an. Die Unternehmen, die bei diesem Vorgehen am besten abschnitten, erzielten entsprechend der Umfrage mit 20 % höherer Wahrscheinlichkeit ein schnelleres Wachstum als ihre Mitbewerber. Es ist auffallend, dass ungefähr zwei Drittel der Befragten in weniger komplexen Unternehmen mit maximal drei Geschäftseinheiten aussagten, ihr Unternehmen unternehme ein Ranking der Marketinginvestitionen, wohingegen dies nur 36 % der Befragten von besonders komplexen Unternehmen mit mehr als fünfzehn Geschäftseinheiten berichteten. Ein formelles Ranking der strategischen Investitionen zur Entscheidungsfindung steigert den Erfolg. Insbesondere komplexe Unternehmen haben hier oft noch erhebliche Optimierungschancen.

5. **Ähnlichkeit der Finanzcharakteristik:** Es ist wahrscheinlicher, dass Unternehmen im Vergleich zu anderen Wettbewerbern bessere Resultate erzielen, wenn ihre Geschäftseinheiten ähnliche Finanzdaten und Kennzahlen bei Umsatz, Gewinnmarge und Rentabilität aufweisen. Unternehmen im oberen Viertel in dieser Vergleichskategorie erreichten mit größerer Wahrscheinlichkeit als diejenigen im unteren Viertel stärkeres Wachstum und Profitabilität als ihre Mitbewerber. Interessanterweise hatten Merkmale wie ähnliches Kundenportfolio, ähnliche Vertriebssysteme, Technologien und Produktionsmethoden in den verschiedenen Geschäftseinheiten nur einen geringen Effekt auf die Unternehmensleistung, wenn das Unternehmen nicht gleichzeitig auch ähnliche Finanzcharakteristiken aufwies.

Die aufgezeigten Ergebnisse (Abb. 4.1 und 4.2) zeigen den kumulativen Effekt der verschiedenen Managementwerkzeuge in Unternehmen in Bezug auf Wachstum und Profitabilität.

4.3.1   Welche Art der Ressourcenverteilung ist besonders erfolgreich?

Die Ressourcenverteilung im Unternehmen orientiert sich meistens stark an der Ressourcenverteilung der Vorjahre. Die positive Entwicklung einer stark dynamisch ausgeprägten Ressourcenverteilung über der Zeit wird in der Folge aufgezeigt und belegt. Um entsprechend der Chancen neuer Märkte Ressourcen dynamisch zu verteilen und den Status quo und seine Fortschreibung in Frage zu stellen, wenden erfolgreiche Unternehmen in den internen Prozessen oft ganz neue Techniken an (Birshan et al. 2013):

1. **Landkarte der Ressourcenverteilung:** Ein erster Ansatz kann darin bestehen, eine detaillierte Karte zu entwerfen, die darstellt, in welchen Geschäftsbereichen welche Budgetpositionen für Marketing, Produktentwicklung, Forschung und weitere Gebiete

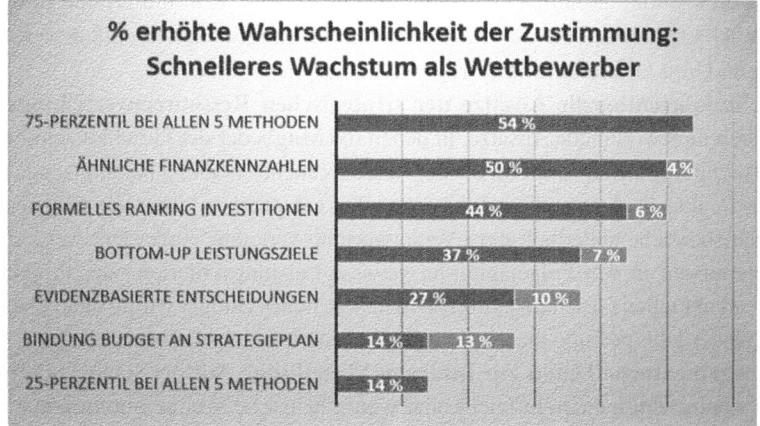

Abb. 4.1 Einfluss verschiedener Managementwerkzeuge auf das Wachstum (Daten: Koller et al. 2017) Mit freundlicher Genehmigung von: © McKinsey & Company

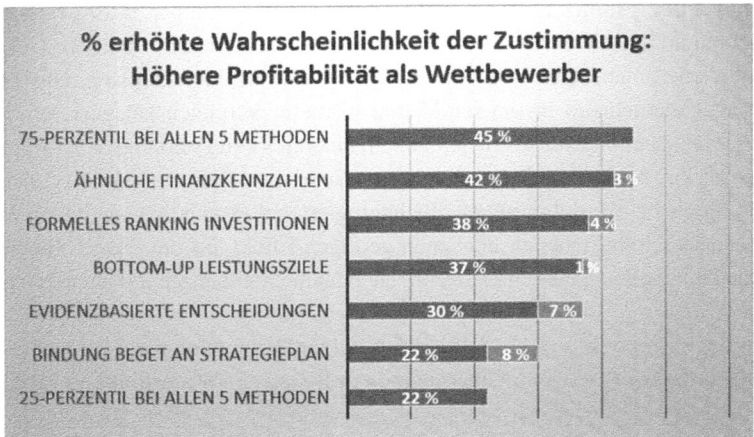

Abb. 4.2 Einfluss verschiedener Managementwerkzeuge auf die Profitabilität (Daten: Koller et al. 2017) Mit freundlicher Genehmigung von: © McKinsey & Company

auch außerhalb von Kapitalinvestitionen in welcher Höhe aufgestellt sind und ausgegeben werden. Diese Übersicht ist hilfreich, sodass nicht nur die Kapitalinvestitionen betrachtet werden. Im Anschluss werden diese Aufwendungen in das Verhältnis zu den Wachstumsmöglichkeiten und der aktuellen und in Zukunft zu erwartenden Profitabilität der Bereiche und Produkte gesetzt. Auf diese Weise gewinnt die Geschäftsführung oder die Vorstandsebene Einblick in die Budgetzuteilungen innerhalb der Geschäftsbereiche und kann diese im Rahmen der Gesamtstrategie und Geschäftsentwicklungsmöglichkeiten genauer beurteilen.

2. **Genaue Prüfungen statt kontinuierlicher Budgets:** Erfolgreiche Unternehmen werden auch aufmerksam die Entwicklung der Ressourcenverteilung über die Jahre in einzelnen Produktbereichen und Regionen beobachten. Kontinuierliche Budgets ohne genaue Überprüfung von Geschäftsentwicklungsmöglichkeiten sollen so stärker auffallen und von Grund auf hinterfragt werden.

3. **Neue, unkonventionelle Ansätze der strategischen Ressourcenverteilung:** Denkbar sind auch ungewöhnliche Ansätze, in denen die Mitglieder der Geschäftsleitung und Geschäftsbereiche, die an dem Prozess der Ressourcenentscheidung beteiligt sind, ein individuelles Punkte-Budget erhalten. Sie können dies entsprechend ihrer Vorschläge auf andere Geschäftsbereiche außerhalb ihrer Verantwortung verteilen. Außerdem werden Ressourcenzuteilungen in den Folgejahren an gewisse Leistungskriterien oder Projekt-Meilensteine im aktuellen Geschäftsjahr gebunden. Ein neues Budget würde dann erst nach entsprechender Überprüfung dieser Meilensteine und Leistungskriterien erfolgen.

4. **Was sagen externe Daten zur internen Verteilung?** Auf der Basis vorheriger Ressourcenbemessung entsteht leicht eine wenig kritische Voreingenommenheit, sich an dieser wieder zu orientieren. Durch die Integration unabhängiger Berichterstattungen über Wirtschaftswachstum und Ausblick der Branche oder einzelner Produktbereiche

und der Märkte kann auch eine externe Sicht berücksichtigt werden. In vielen Fällen wird erkennbar sein, dass die Vorhersagen externer Quellen nicht mit internen Ressourcenzuteilungen übereinstimmen. Dies gibt Raum für zusätzliche Diskussionen und eine Überprüfung.

5. **Welches Zeitfenster bestimmt Strategie- und Ressourcenplan?** In manchen Unternehmen ist der Zeitraum zwischen der Verabschiedung eines Strategieplans und der finalen Entscheidung der Zuweisung von Ressourcen kurz. Zwischen der Verabschiedung des Strategieplans und dem Entscheidungsprozess der Ressourcenverteilung sollte ein ausreichend großer Zeitraum vorhanden sein, um strategisch adäquate Entscheidungen und die angemessene Beurteilung der Prioritäten des Plans mit seinen Veränderungen zu berücksichtigen.

6. **Flexible Budgets für schnelle Reaktionen:** Dynamische Märkte und kurzfristige Chancen erfordern heutzutage oft kurzfristige Anpassungen. Dementsprechend kann auf der Vorstandsebene ein gewisses flexibles Budget vorhanden sein, welches eine kurzfristige Anpassung der Zuteilung unter entsprechend gerechtfertigten Umständen ermöglicht. Insbesondere für Unternehmen in sehr volatilen oder zyklischen Märkten kann dies wichtig sein, um agil und schnell reagieren zu können.

7. **Sind die Ressourcen für die Zukunft noch gerechtfertigt?** Oft ist die Entscheidung schwierig, ein bestehendes Geschäft, welches für das Unternehmen wichtig war, auslaufen zu lassen, auch wenn die wirtschaftlichen Zahlen den Fortbestand im Vergleich zu anderen Aktivitäten nicht mehr unterstützen. Gute Entscheidungen berücksichtigen, ob ein derartiger Markt auch heute noch tatsächlich entsprechende Investitionen und Ressourcenzuteilung rechtfertigt.

8. **Flexibler Einsatz der Talente und Spitzenleute im richtigen Projekt:** Personalressourcen, herausragende Talente und Führungskräfte sind ein knappes Gut. Typischerweise sichern sich Geschäftsbereiche und Abteilungen ihre besten Leute gerne langfristig. Unternehmensweit sind solche Leute bekannt und stehen im Fall wichtiger neuer Projekte und Geschäftschancen entsprechend der strategischen Wichtigkeit und Anforderung und der persönlichen Fähigkeiten zur Verfügung. Experten und Talente sind eine strategische Ressource, die unternehmensweit optimal genutzt werden sollte.

9. **Zeitbudget der oberen Führungskräfte:** Das Zeitbudget der obersten Führungskräfte richtet sich nach den strategisch wichtigsten Punkten aus.

10. **Konsequente „lessons learned":** Der Rückblick auf frühere Investitionsentscheidungen und die Bereitschaft, aus Fehlern und neuen Erkenntnissen zu lernen, ist wichtig. Dementsprechend werden nach Projekten und Investitionen Lessons-learned-Analysen angewendet. Wichtige Investitionsentscheidungen der Zukunft werden erst bewilligt, nachdem ein unabhängiges Team eine entsprechende technische und geschäftliche Bewertung vorgenommen hat. Es gibt Unternehmen, in denen die an Entscheidungen beteiligten Führungskräfte eine formal dokumentierte Stimme für oder gegen eine spezifische Investment-Entscheidung unterzeichnen, um entsprechende Lernerfahrungen und Verantwortlichkeit zu dokumentieren.

Die Kommunikation von Veränderungen der Ressourcenzuteilung zu verschiedenen Aktivitäten und Geschäftsbereichen wird in erfolgreichen Unternehmen meistens transparent durch die gesamte Organisation erfolgen. Auf diese Weise erkennen Mitarbeiter, in welcher Art und Weise sich die zukünftige Strategie des Unternehmens und die Ressourcenzuteilung entwickeln. Mitarbeiter, die zunächst über die Einschränkung von gewissen Ressourcen kritisch denken, werden das positive Investment in neue Geschäftsmöglichkeiten wertschätzen. Die hier aufgeführten Vorschläge der zusätzlichen Betrachtungen und Vorgehensweisen im Rahmen von Budgetentscheidungen gelten nicht für alle Unternehmen. Die Geschäftsführung oder der Vorstand werden überprüfen müssen, ob einige der hier aufgeführten und in guten Unternehmen zumindest teilweise praktizierten Prozesse die strategische Ressourcenzuteilung im eigenen Unternehmen optimieren können (Birshan et al. 2013).

4.3.2 Ressourcendynamik als Hebel der Profitabilität

Eine dynamischen Zuweisung der internen Ressourcen der Kapitalinvestitionen im Vergleich von mehr als 1500 Unternehmen zeigt im Vergleich über 20 Jahre hinweg eine enge Verbindung zur Entwicklung des Unternehmenswertes (Hall et al. 2012; Fruk et al. 2013). Der Korrelationsfaktor von geschäftsbereichsspezifischen Kapitalinvestitionen über dem Untersuchungszeitraum nahe 1 zeigt eine sehr geringe Dynamik bzw. statische jährliche Zuweisung der Ressourcen an, d. h. das Budget des Folgejahres ist sehr ähnlich dem des vorausgegangenen Jahres. Ein Index im Bereich von 0,9 drückt eine mittlere Dynamik aus. Ein Korrelationsindex im Bereich 0,8 entspricht einer im Vergleich hohen Dynamik. Im Durchschnitt aller Unternehmen lag dieser Index bei 0,92. Ein Drittel der Unternehmen hatte eine sehr kontinuierliche, statische Ressourcenverteilung über den Beobachtungszeitraum mit einem Korrelationsindex von durchschnittlich 0,99.

Überraschend ist es, dass trotz oftmals hoher Aufwendungen im Bereich der strategischen Planung der Unternehmen diese offensichtlich oft nur in geringem Maße zur Veränderung bei der Ressourcenzuteilung führten. Dieses Ergebnis wurde über eine Vielzahl von Branchen als konsistentes Muster beobachtet. Das obere Drittel der Unternehmen mit der dynamischsten Anpassung ihrer Ressourcen erzielte im Durchschnitt jedoch eine um 30 % höhere Aktienrendite als die Unternehmen im unteren Drittel mit einer sehr konstanten Ressourcenverteilung. Außerdem wiesen Unternehmen mit einer konsistenten Veränderung der Ressourcenzuweisung eine geringere Varianz bzw. größere Stabilität der Aktienrendite in einer langfristigeren Betrachtung auf. Unternehmen im oberen Drittel der Dynamik waren außerdem im statistischen Durchschnitt um 13 % seltener von Übernahmen oder Insolvenz betroffen als Unternehmen aus der Gruppe der Unternehmen mit geringen Veränderungen der Ressourcenverteilung (Hall et al. 2012). Die Untersuchung unterstreicht die Wichtigkeit der langfristigen Analyse, da Unternehmen mit einer dynamischen Ressourcenzuweisung kurzfristig in Zeiträumen von weniger als drei Jahren durchschnittlich geringere Aktienrenditen aufwiesen. Dies belegt: Entscheidend ist eine konsistente, jedoch dynamische Anpassung über einen mittleren und längeren Zeitraum in

Abstimmung mit einer klaren Unternehmensstrategie. Entsprechend der Ergebnisse werden erfolgreiche Unternehmen in einer dynamischen Verteilung insbesondere den Risiken der organisatorischen Trägheit und der kognitiven Verzerrung und Voreingenommenheit in der Budgetierung begegnen. Diese Unternehmen priorisieren streng sachlich strategische Überlegungen, z. B. gegenüber einer Unternehmenspolitik des Interessensausgleichs zwischen Führungskräften und ihren Bereichen.

Im Rahmen des Portfoliomanagements wird die Budgetierung nicht auf der Basis des Fortschreibens aktueller Zahlen entwickelt, sondern auf der Basis der erzielten Ergebnisse, der kurzfristigen und mittelfristigen Finanzplanung und der strategischen Positionierung der Bereiche. Diese Unternehmen vermeiden konsequent das Bereichsdenken in der Organisationsstruktur und Kultur. Einfache Entscheidungsregeln vermeiden politische Auseinandersetzungen und Budgetierungen. In diesen Unternehmen wird aufgrund von Daten und Nachweisen entschieden, welche Tätigkeiten mit entsprechenden Budgets gefördert werden und nicht aufgrund von Budgetdaten der Vergangenheit. Ein periodischer Prozess überprüft grundsätzlich alle Aktivitäten und Investitionen im Sinne einer neuen strategischen Entscheidung. Zero-based Budgeting gewinnt wieder an Bedeutung.

Die Untersuchung über einem Zeitraum von 20 Jahren berücksichtigt auch die Effekte der letzten Finanzkrise im Jahr 2008. Das Ergebnis unterstreicht deutlich den Erfolg von Unternehmen mit einer dynamischen Anpassung ihrer Ressourcen. Hatten die betrachteten US-Unternehmen im Zeitraum vor der Finanzkrise (15-Jahreszeitraum) in der Gruppe der Unternehmen mit dynamischer Anpassung mit einer Aktienrendite von 10,2 % noch einen Vorsprung von 2,4 Prozentpunkten gegenüber Unternehmen mit niedriger Ressourcendynamik (7,8 %) erzielt, so hatte die Hinzunahme von zusätzlichen fünf Jahren (20-Jahreszeitraum) unter Einschluss der Daten der Finanzkrise diese Differenz auf 3,9 Prozentpunkte erhöht (10,0 % vs. 6,1 %; Abb. 4.3). Die Unterscheidung der Unternehmen, die in den beiden Krisen 2001 und 2008 eine dynamische Ressourcenzuweisung aufwiesen (n = 136), erzielten mit einer durchschnittlichen Aktienrendite von 10,2 % gleichfalls deutlich bessere Resultate als die Unternehmen (n = 400), die nur in einer der beiden Krisen mit einer dynamischen Ressourcenanpassung reagierten (7,2 %; Abb. 4.4; Fruk et al. 2013).

Eine detaillierte Gruppierung von 932 Unternehmen in Funktion der Anzahl der signifikanten Umverteilung von Ressourcen in dem Zeitraum von 20 Jahren zeigt die statistische Korrelation des durchschnittlichen Anstiegs der Aktienrendite mit steigender Frequenz der Ressourcenanpassungen. Eine Veränderung der Ressourcenzuteilung wurde betrachtet, wenn die Kapitalinvestitionen sich in dem Bereich um mehr als 5 % veränderten (Abb. 4.3 und 4.4).

Die Varianz der Rendite innerhalb der Gruppe von Unternehmen mit niedriger Frequenz ist sehr viel höher und kann in Einzelfällen auch herausragende Renditen oder hohe negative Werte aufweisen. Die Varianz der Rendite der Unternehmen mit hoher Frequenz der Ressourcenanpassung ist deutlich geringer und erzielt in der dynamischsten Gruppe mit einem überlegenem Mittelwert von 11,9 % deutlich zuverlässiger die entsprechenden Ergebnisse (Fruk et al. 2013). Die Bedeutung der dynamischen Entwicklung im Sinne einer konstanten Erneuerung wird in den verschiedenen Untersuchungen, die Grundlage des Buches sind, immer wieder unterstrichen.

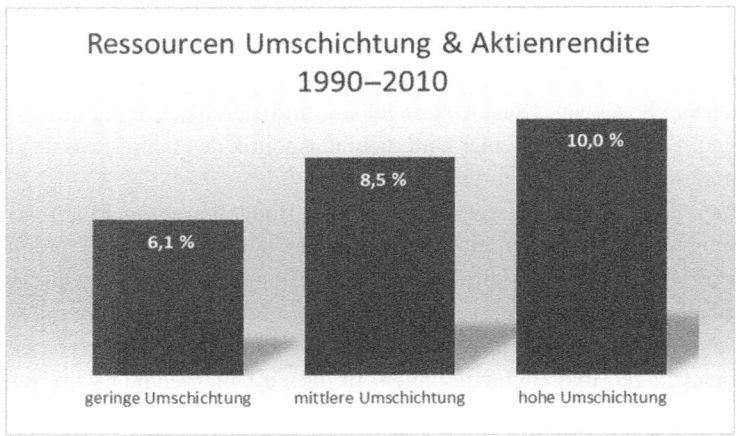

Abb. 4.3 Dynamik der Ressourcenanpassung und Aktienrendite (Fruk et al. 2013) Mit freundlicher Genehmigung von: © McKinsey & Company

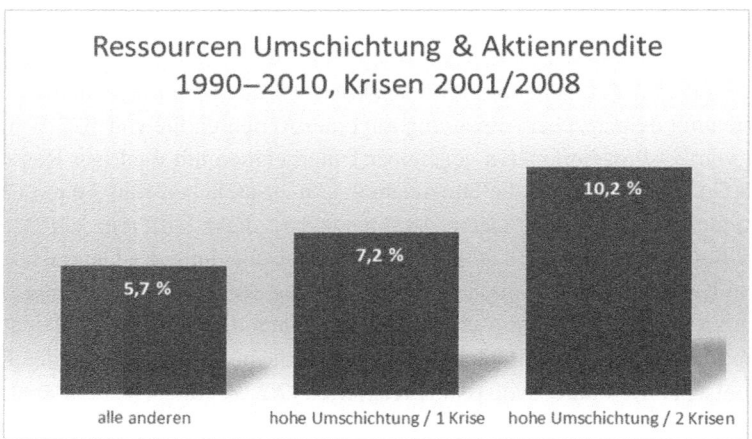

Abb. 4.4 Dynamik der Ressourcenanpassung und Aktienrendite (Fruk et al. 2013) Mit freundlicher Genehmigung von: © McKinsey & Company

4.4   Wege zum organischen Wachstum – mehr Chancen als vermutet?

Die Entwicklung des langfristigen, organischen und wertschaffenden Unternehmens-wachstums ist Kernaufgabe der Unternehmensleitung in allen Unternehmen. Üblicher-weise reduziert sich die Wachstumsgeschwindigkeit von Unternehmen im Laufe der Zeit mit der Entwicklung der Marktreife. Erfolgreiche Unternehmen suchen jedoch beständig zusätzliches Potenzial. Führungskräfte einzelner Geschäftsbereiche entwickeln Ehrgeiz und suchen selbstständig die Chancen mit besonders großem Potenzial. Sie konzentrieren sich nicht nur auf die reinen Zahlenvorgaben der Unternehmensführung mit der Entwicklung der Bereiche mit sicheren Maßnahmen der Zielerreichung. In den erfolgreichen Unternehmen treibt die Unternehmensleitung das aktive Engagement und stimmt Wachstumsinitiativen der Geschäftsbereiche aufeinander ab, um den Einsatz von Investitionsmitteln zu optimieren. Überschneidungen zwischen Geschäftsbereichen werden vermieden.

4.4.1   Wachstum und Profitabilität entwickeln – im Markt und im Geschäftsmodell

4.4.1.1   Wie treibt Wachstum die Profitabilität?

Basis einer Wachstumsinitiative ist die grundlegende Datenerhebung, die intensiv nach unternehmens- bzw. konzernweiten neuen Chancen und Möglichkeiten jenseits der einzelnen Geschäftsbereiche sucht. Die Datenprüfung wird betrachten:

- Markt, Marktanteile, neue zusätzliche potenzielle Märkte
- aktuelle Kunden, potenzielle neue Kundensegmente und Kunden
- Kundenanforderungen und -zufriedenheit
- Potenzial von ergänzenden Angeboten, Schließung von Angebotslücken und Cross-selling-Möglichkeiten
- Entwicklung innovativer Produktangebote
- Neue Angebots- und Vertriebsmodelle

Hierzu bieten sich innovative Workshopmodelle und andere kreative Ideenfindungssysteme an. Visionäre Konzepte unterstützen die Suche nach innovativen Chancen, deren Prüfung, Tests und Umsetzung in erfolgreichen Geschäftsmodellen.

Die Unternehmensleitung wird ein bereichs- und marktübergreifendes Denken in die Wachstumsinitiativen einbringen und fördern. Das Engagement der Unternehmensleitung vermeidet den Aufbau von redundanten Ressourcen, sichert die Nutzung von vorhandenen Investitionen, Ressourcen und Kenntnissen sowie Erfahrungen anderer Geschäftsbereiche. Hier können durch detaillierte Analysen Synergien gewonnen werden, die ggf. im Kontext des gesamten Unternehmens das Ergebnis verbessern, auch wenn sie für einzelne Geschäftsbereiche bei isolierter Betrachtung suboptimal sind.

Die langfristige Orientierung der Unternehmensleitung wird sicherstellen, dass kurzfristig orientierte Aktionen der Geschäftsbereiche aufgrund von Budgetvorgaben und sich ändernden Konjunkturzyklen nicht die langfristige Entwicklung beeinträchtigen. Zahlreiche, z. T. zuvor aufgezeigte Untersuchungen demonstrieren, dass konservative, aber gleichmäßige Investitionen den Wachstumskurs und den langfristigen Erfolg von Unternehmen jenseits der Schwankungen von Konjunkturzyklen positiv beeinflussen.

Der ehemalige CEO von Gillette James Kilts erinnerte seine Bereichsleiter und Aktionäre immer wieder daran, „dass Unternehmen, die über einen Zeitraum von 5 Jahren in ihrer Branche an der Spitze liegen, in jedem einzelnen Jahr bei Umsatz und Gewinn im oberen Drittel zu finden sind" (Favaro et al. 2012). Die Priorisierung eines langfristig stabilen Gewinnwachstums gegenüber kurzfristig ggf. herausragenden Ergebnissen eröffnete Gillette nach einer mehrjährigen Krise und Umsatzrückgängen ein erhebliches und sehr rentables organisches Wachstum mit einer Steigerung der Kapitalrendite auf über 30 %.

Spezifische Zielvorgaben können Geschäftsbereichen zusätzliche Vorgaben machen, neue Wege zur Entwicklung des organisch-profitablen Wachstums zu finden, Finanzierungsquellen in dem eigenen Bereich zu identifizieren und entsprechende Initiativen zu fördern. Kosteneinsparungen in einzelnen Bereichen werden dann zu einem wesentlichen Anteil den Fachbereichen selbst für organische Wachstumsinvestitionen zur Verfügung gestellt.

4.4.1.2 Wachstumsprojekte mit Gemeinkostensenkungen finanzieren

Der konsequente Blick auf die Reduzierung von Gemeinkosten schafft gleichfalls Raum für Investitionen in Wachstum und Gewinn. Strategische Konzernmittel können gemeinsame Initiativen verschiedener Geschäftsbereiche fördern. Kilts setzte bei Gillette Gewinne aus Kostensenkungen für „Konzernstipendien" ein, u. a. um Wachstumsinitiativen zu fördern, die von Geschäftsbereichen andernfalls nicht favorisiert wurden (Favaro et al. 2012). Einzelne Aktivitäten und Bereiche aus dem Gemeinkostenbereich werden in Unternehmen, die in der Gemeinkostensenkung erfolgreich sind, aufgeschlüsselt und separat bewertet. Abgesehen von den unvermeidlich notwendigen Funktionen zur Aufrechterhaltung des laufenden Geschäfts werden Gemeinkostenträger daraufhin geprüft, welchen Beitrag der Wertschaffung sie leisten. Ein detaillierter Einblick und eine Analyse des Wertbeitrages im Vergleich zu den Kosten werden höchstwahrscheinlich neue Einblicke eröffnen. Auf dieser Basis kann eine neue Gemeinkostenverteilung entwickelt werden. Manche Bereiche werden dabei voraussichtlich mehr beanspruchen können, andere Bereiche werden voraussichtlich Kürzungen relativ zu ihrem Wertbeitrag rechtfertigen, die für strategisch wichtige Aspekte eingesetzt werden können. Der US-Spielwarenhersteller Hasbro konnte den Gemeinkostensatz innerhalb von zehn Jahren von durchschnittlich 42 % auf 29 % senken. Dies gelang mittels organisatorischer Maßnahmen, der Nutzung moderner, automatisierter Prozesse und durch Veränderungen und Optimierungen im Vertrieb sowie in strategisch nicht wichtigen Service-Aktivitäten. Dennoch schaffte das Unternehmen in dieser Zeit ein beeindruckendes Umsatzwachstum und eine überproportionale Wertsteigerung des Unternehmens an der Börse aufgrund von Initiativen und Investitionen in neue Produkte und innovative Vermarktungsaktivitäten (Bradley et al. 2018).

4.4.1.3 Wachstum im eigenen Markt neu entdecken

Verschiedene Untersuchungsergebnisse im Feld größerer mittelständischer Unternehmen zeigen auf, dass innerhalb der eigenen Geschäftsaktivität häufig erhebliches Wachstumspotenzial liegt, welches nicht ausreichend beachtet wird (Ashton et al. 2003; Salz 2011). Erfolgreiche Wachstumsunternehmen überprüfen hingegen kontinuierlich:

- Wie steht es um die Größe des eigenen Marktes und die Annahmen des eigenen Markt-anteils und der verschiedenen Marktsegmente?
- Welche Markt- und Produktsegmente wachsen auf der Basis neuer Trends oder der Nutzung der Kerntechnologien des Unternehmens? Welche Größe haben diese Markt-segmente?
- Welche Chancen können noch entdeckt werden? Wie kann das eigene Wertversprechen weiterentwickelt werden? Welche zusätzlichen Kunden oder Produktapplikationen sind erreichbar?

Das Ziel der Identifikation neuer Chancen wird dabei mit großem Engagement verfolgt. Derart entdecken Unternehmen zusätzliche Wachstumschancen in der Entwicklung des eigenen strategischen Pfads auf der Ebene der bestehenden Geschäftsbereiche. Dies er-fordert eine sehr genaue, detaillierte Analyse der eigenen Marktsegmente, Wettbewerber und Räume angrenzender Märkte. In einer Analyse größerer mittelständischer Unterneh-men erkannten Ashton et al., dass eine sehr große Anzahl dieser Unternehmen mit einem entsprechenden Vorgehen den kurzfristigen Umsatz um 15–20 % jährlich steigern können (Ashton et al. 2003). Sie bemerkten, dass Manager sehr häufig die Größe des eigenen Markts unterschätzen und ihren eigenen Marktanteil gleichzeitig überschätzen. Dies führte zu einer mangelnden Nutzung des eigenen Markts. Vertrieb und Marketing müssen die Erfolgsfaktoren im Markt genau analysieren und vorantreiben, um zusätzliche Poten-ziale zu identifizieren.

Zwingend gehört dazu die Entwicklung der operativen Exzellenz mit dem Fokus der Steigerung der Kundenzufriedenheit. Im Vergleich von ca. 1600 mittelständischen Unter-nehmen in Deutschland mit Umsätzen von 15 Mio. €-350 Mio. € zeigte sich, dass sich die erfolgreichsten Mittelständler durch die kontinuierliche Entwicklung des eigenen Ge-schäftsmodells, der Vertriebsstärke in internationalen Märkten und dem Streben nach Marktführerschaft sowie einer klaren Definition der eigenen Mission und Strategie aus-zeichneten (Salz 2011). Dies ist ein klarer Weg zum Erfolg, wenn die entsprechenden Umsetzungsmethoden folgen.

Die folgende Tabelle (Tab. 4.2) zeigt an, wie stark Umsatz, Gewinn und Unternehmens-wert steigen, wenn es nur gelingt, in den sieben aufgeführten Parametern des Marketings eine Steigerung von je 5 % zu erreichen. Eine genaue Analyse der Parameter, die Optimierung des Marketing-Mixes, die Identifikation neuer Kunden, Verkaufsmethoden u. a. birgt in vielen Unternehmen ein erhebliches Wertschöpfungspotenzial.

In dem in dem in Tab. 4.2 aufgeführten Unternehmen wird der Umsatz um 30 % stei-gen. Gemeinkosten steigen dabei unterproportional an, die Marge entwickelt sich dank Maßnahmen auf Preis- und ggf. zusätzlich auf Kostenseite positiv. Eine Steigerung der Marge um 5 % von 30 % auf 31,5 % im Unternehmen bedeutet eine Preissteigerung um ca. 2,2 %, wenn keine Kostensenkungsmaßnahmen durchgeführt werden können. Wenn die sieben Maßnahmen laut Tabelle bei jedem Markthebel um 5 % gesteigert werden, steigt das Ergebnis (EBITDA) von 15 % auf 17,4 % des Umsatzes. Der Betrag des Ge-winns („earnings before interest, taxes, depreciation and amortization", EBITDA) steigt

Tab. 4.2 Unternehmensbeispiel mit Auswirkungen der Entwicklung der Marktpositionierung: Sieben Hebel mit einer Steigerung um 5 %

Steigerung von Umsatz, Gewinn, Unternehmenswert			
Faktor	Basis	Steigerung %	Neu
1. Anzahl Interessenten	300.000	5,0%	315.000
2. Umwandlungsrate	20%	5,0%	66.150
3. Anzahl Käufe / Jahr	60.000	5,0%	69.458
4. Mehrverkauf / Kauf je Kunde	0	5,0%	72.930
5. Empfehlungsverkäufe	3% /61.800	5,0%	75.228
6. Länge Kundenbeziehung (Jahre)	3	5,0%	78.989
7. Marge	30%	5,0%	31,5%
Umsatz	100%	31%	131%
Preis	100 €	2,2%	102,2 €
Marge	30%	5,0%	31,50%
	Basis	Neu	Veränderung
EBITDA % / Anstieg Betrag (€) %	15%	17,4%	51%
Unternehmenswert (f) EBITDA	100%	151%	51%

jedoch um ca. 50 %. Der auf der Basis des EBITDA-Betrages kalkulierte Unternehmenswert steigt dementsprechend um 50 %. Aufgrund einer ggf. günstigeren Nutzung der Anlagegüter wird der Gewinn vor Zinsen und Steuern (EBIT) dann noch deutlicher steigen.

Preis und Marge haben einen überproportionalen Einfluss auf das Ergebnis. Eine Absenkung der Preise um 2 % (Marge von 30 % auf 28,5 %) im Vergleich zum Ausgangsfall würde trotz einer Umsatzsteigerung von 24 % auf der Basis der anderen aufgeführten Marketingmaßnahmen bei unveränderten Produktkosten den Gewinn (EBITDA) auf ein EBITDA von ca. 14 % fallen lassen. Der Absolutbetrag der EBITDA Zunahme fällt mit +17 % unterproportional aus. Eine Steigerung der Empfehlungsverkäufe, die im Beispiel niedrig angesetzt sind, kann in manchen Branchen deutlich höher ausfallen. Sie sind in diesen Fällen ein sehr wertvoller Treiber von Umsatz und Gewinn.

Die Analyse des Unternehmens unterstreicht die Ergebnisse der Untersuchung von 25.000 Unternehmen in Abschn. 1.5 (Raynor und Ahmed 2013). Die Ergebnisse bestätigen die Erfolgsregel: 1. Besser vor billiger, 2. Umsatz vor Kosten.

Gleichfalls werden die in diesem Abschnitt aufgeführten Ergebnisse der erfolgreichsten Unternehmen aus der erwähnten Untersuchung der 1600 mittelständischen Unternehmen belegt: Marktführerschaft, internationale Vertriebsstärke, operative Exzellenz und Kundenzufriedenheit. Marktführer zeichnen sich nur sehr selten durch aggressive Preispolitik aus, sondern können im Allgemeinen eine Premiumpositionierung preislich umsetzen.

4.4.1.4 Neues Wachstum, wenn das Geschäftsmodell bedroht ist

Geschäftsmodelle und Kerngeschäfte von Unternehmen entwickeln sich unter dem Einfluss der „Commodisierung" in reifen Märkten und sind in der Folge von härterem Wettbewerb, rückläufigen Wachstum und Umsätzen, sinkenden Preisen und Gewinnen betroffen. Die

Lebensdauer von börsennotierten Unternehmen hat sich in den letzten fünfzig Jahren kontinuierlich reduziert. Geschäftsmodelle geraten unter Wettbewerbsdruck und sind immer schneller von technologischen Veränderungen betroffen. Erfolgreiche Unternehmen passen ihre Kerngeschäftsstrategie und ihr Geschäftsmodell an oder verändern es grundlegend.

Marketing und Business-Development prüfen das Geschäftsmodell in regelmäßiger Beobachtung und Ideenfindung anhand anderer Branchen und möglicher Analogien. Neue Aspekte werden regelmäßig eingeführt und das Geschäftsmodell über einen Zeitraum von zwei bis drei Jahren um neue Aspekte ergänzt. Alle Mitarbeiter im Unternehmen sollten in der Lage sein, das Geschäftsmodell mit klar zu erfassenden Differenzierungsmerkmalen zu den drei größten Wettbewerbern unter der Herausstellung des besonderen Wertversprechens des Unternehmens in einer Minute zu erklären. Mitarbeiter in Marketing, Business Development, Vertrieb und in allen Führungspositionen können die Kohärenz des Systems der Differenzierungsmerkmale, Kernkompetenzen und Kernprozesse prägnant darlegen. Das Preis- und Konditionenmodell im Vertrieb wird in erfolgreichen Unternehmen die Stärken und Differenzierungsmerkmale des Unternehmens abbilden. Strategische und operative Ziele sind klar getrennt und überprüfbar,

Unternehmen werden kontinuierlich ihr Kerngeschäft beobachten und insbesondere neue Reserven entdecken müssen, wenn Umsatz- und Gewinnmöglichkeiten entlang der gesamten Wertschöpfungskette in reifen Märkten abnehmen. Bestehende Kostenstrukturen in Märkten und Unternehmen können für existierende Unternehmen und Geschäftsmodelle eine Bürde im Kampf gegen neue Wettbewerber und Marktentwicklungen sein. Märkte können in einem reifen Stadium eine Sättigung erreichen, die unter dem Anstieg des Wettbewerbs und einem angemessenem Kosten-Nutzen Verhältnis kein weiteres Wachstum mehr zulassen.

In diesem engen Wettbewerbsfeld werden erfolgreiche Unternehmen das Kerngeschäft in existierenden oder nahen Geschäftsfeldern neu entdecken, den strategischen Fokus überprüfen und es dennoch vermeiden, die Komplexität am Ende wesentlich zu erhöhen. Wichtige Beobachtungsfelder des aktuellen Kerngeschäfts liegen in fünf Bereichen (Zook 2007):

1. **Markt:** Marktposition, Kundenbindung, Position bei Kernkunden im Wettbewerb und Rentabilität der Kernkunden im Kerngeschäft
2. **Wettbewerb:** Alleinstellungsmerkmale und Entwicklung der Differenzierung, Kostenposition im Wettbewerb, aktuelle und neue Geschäftsmodelle des Wettbewerbs, aktuelle Position des Unternehmens im Markt und in der zukünftigen Entwicklung des Markts
3. **Branche:** Entwicklung der Branche, Wachstumsprognosen und Veränderungen, Bereiche der besonderen Wertschöpfung und Gewinne, Entwicklung der Preise und Kosten
4. **Kompetenzen:** eigene Kernkompetenzen im Markt und im Wettbewerb.
5. **Organisation und Kultur:** Unternehmenskultur und Organisation, Mitarbeiter, Motivation und Fähigkeiten

Können in den verschiedenen Bereichen neue Wachstums- und Gewinnchancen entdeckt und genutzt werden? Gibt es Schwachpunkte, die das Unternehmen positiv zum eigenen Vorteil entwickeln kann? Je mehr diese Bereiche jedoch nachteilige Verschiebungen für das eigene Unternehmen aufzeigen, desto kritischer ist die Position des eigenen Geschäftsmodells. Es wird auf der Basis von Erfahrungen empfohlen, im Fall der Bedrohung von zweien der fünf Felder die Überarbeitung der grundlegenden Strategie und des Kerngeschäfts aufzunehmen (ebd.). Viele Unternehmen waren von erheblichen Krisen betroffen, weil sie die Frühwarnsignale nicht wahrnahmen und eine rechtzeitige Kontrolle und Neuausrichtung des Kerngeschäfts nicht in die Wege leiteten.

Die Chancen, den Status quo selbst erfolgreich zu verteidigen, die Position durch Firmenkäufe, Fusionen und Partnerschaften zu verbessern oder das eigene Unternehmen durch die Bedienung neuer Märkte mit diesem Geschäftsmodell zu entwickeln, sind in der Situation einer kritischen Entwicklung des zugrunde liegenden Geschäftsmodells niedrig. Sie werden basierend auf umfangreichen Industriedaten in der Größenordnung auf 10–15 % abgeschätzt (Zook 2007).

Bevor neue Chancen in weiter entfernten Markt- und Produktbereichen oder durch Übernahmen gesucht werden, werden Unternehmen nach Chancen und Vermögenswerten im eigenen Unternehmen suchen.

Eine schrittweise Transformation nimmt vorsichtig die Verlagerung des Schwerpunktes der Wertschöpfung im Markt auf bei Schutz des bestehenden Modells.

Die Entdeckung von noch nicht vollständig genutzten Vermögenswerten öffnet neue Wachstumschancen und Geschäftsmodelle. Derartige Vermögenswerte können die Kenntnis von Kundenbedürfnissen und der privilegierte Zugang zu Kunden des Unternehmens in angrenzenden Märkten und Kundensegmenten mit erweiterten Angeboten sein, die unter Verwendung bekannter Kerntechnologien genutzt werden können. Kunden- und Nutzungsdaten können neue Serviceangebote eröffnen. Versteckte Vermögenswerte fallen meistens in eine der drei Kategorien (Zook 2007):

- Unterbewertete Geschäftsplattform
- Ungenutzte Erkenntnisse über Kunden
- Nicht ausreichend genutzte Fähigkeiten

Unternehmen werden in den Randbereichen ihres Geschäfts und ihrer Aktivitäten konsequent nach Vermögenswerten suchen, um neue Kerngeschäfte daraus entwickeln zu können. Entscheidend ist, dass sich mit diesen Vermögenswerten im neuen Kerngeschäft Wettbewerbsvorteile entwickeln lassen, die neuen Markt- und Kundennutzen bieten, sodass sich im Markt eine dominante Position und langfristige Gewinne erzielen lassen.

Unterbewertete Geschäftsplattformen betreffen die Erschließung benachbarter Märkte, Produktsegmente, die Nutzung von Bereichen und Funktionen in der Organisation, die das neu zu entwickelnde Kerngeschäft unterstützen sowie Randgeschäfte und vernachlässigte Produkte, die zu neuen Umsatzträgern ausgebaut werden können.

Das Beispiel eines führenden Anbieters von Kühlschränken für Reisemobile zeigt, wie er sein Kerngeschäft neu ausrichtete. Unter Nutzung seines hervorragenden Vertriebsnetzes entwickelte er sich zum Komfortanbieter für Reisemobile durch die Erweiterung seines Angebots u. a. im Bereich von Kochen, Wasseraufbereitung, Beleuchtung und Hygiene (Zook 2007).

Versteckte Vermögenswerte werden im Bereich der Produkte und Kundenbeziehungen in verschiedenen Bereichen des Unternehmens gesucht. Wie kann aus diesen Vermögenswerten in neuer Kombination ein neues oder überarbeitetes Kerngeschäft entwickelt werden? Unternehmen sollen auch den Mut haben, ein bestehendes Kerngeschäft schrumpfen und unter Nutzung interner Vermögenswerte in Form von Wissen und Kundenbeziehungen neue Kerngeschäfte wachsen zu lassen. Prominentes Beispiel ist das Unternehmen IBM, das sich von dem ehemaligen Kerngeschäft der Computerhardware trennte und deren Dienstleistungsbereich sehr erfolgreich und profitabel unter Nutzung vorhandener Vermögenswerte in Know-how und Kundenbeziehungen wuchs. IBM entwickelte seine neue Geschäftsplattform und nutzte vorhandene Fähigkeiten zur Entwicklung des neuen Kerngeschäfts. Die deutschen Fischerwerke entwickelten ihre hervorragende Kompetenz in der Kunststofftechnik aus dem Dübel-Geschäft weiter, indem sie in den riesigen Automobilmarkt als Zulieferer eintraten.

Das Technologieunternehmen Danaher entwickelte seinen Firmenwert dramatisch durch die Entwicklung besonderer Fähigkeiten in einem systematischen System zur Identifizierung interessanter Übernahmekandidaten. Die erfolgreiche Integration und Steigerung des Firmenwertes wurden mithilfe des Danaher-Business-Systems erreicht.

Erfolgreiche Unternehmen kombinieren vorhandene oder unzureichend genutzte Fähigkeiten derart, dass ein nachhaltiger Wettbewerbsvorteil entsteht. Ein Unternehmen wird das Portfolio der vorhandenen Fähigkeiten aufzeigen und Ausschau danach halten, wie diese durch weitere Kernfähigkeiten zu einem einzigartigen Wettbewerbsvorteil ausgebaut werden können. Apple ist eine Firma, die aus ihren Fähigkeiten im Bereich „Design, Markenmanagement, Benutzeroberfläche und elegante, bedienerfreundliche Software Kapital schlug" (Zook 2007). Apple verschaffte sich zusätzlich notwendiges Know-how im Bereich des Musikgeschäfts und der digitalen Rechte und schloss vorteilhafte Verträge für alle Seiten mit den größten Musikfirmen ab.

4.4.2   Erfolg in der Heimat oder noch mehr Erfolg in anderen Ländern?

4.4.2.1   Überraschungen in der Übertragung der Geschäftsmodelle

Die Übertragung des Geschäftsmodells in andere Länder stößt häufig auf überraschende Probleme. In der Analyse unter 20.000 Unternehmen aus 30 Ländern über einen Zeitraum von 20 Jahren konnten Firmen, die sich in ihrer Expansionsstrategie auf ihren Heimatmarkt konzentrierten, deutlich bessere Kapitalrenditen über zehn Jahre entwickeln als Unternehmen, die eine Expansion vornehmlich im Ausland zur Erwirtschaftung zusätzlicher Gewinne betrieben (Stadler et al. 2015).

Der durchschnittliche „return on assets" (ROA) bei Auslandsinvestitionen lag in der Analyse im ersten Jahr bei −3,4 %, nach fünf Jahren bei −1 % und lag auch nach acht bis zehn Jahren nur in der Größenordnung von ca. 1 %. Unternehmen, die sich auf ihren Heimatmarkt konzentrierten, konnten von Beginn an eine positive Rendite erzielen. Sie lag nach zehn Jahren bei ca. 2,5 % und damit um ca. 140 % oberhalb der durchschnittlichen Rendite einer Auslandsexpansion. Entsprechend der Untersuchung unterschätzen viele Manager die Wachstumschancen im eigenen Markt. Erfolgreiche Wachstumsgeschichten internationaler Konzerne lassen sich nur schwer imitieren und stellen Unternehmen vor große Herausforderungen. Unternehmen sind nach der umfangreichen Analyse erfolgreicher, wenn sie sich zunächst auf Länder mit ähnlichen Markt- und Kundenstrukturen in regionaler Nähe konzentrieren. Wo liegen diese ähnlichen Märkte?

In der internationalen Expansion gehen Manager davon aus, dass die Übertragung des Geschäfts einer Branche in einen anderen Markt auf ähnliche Strukturen trifft und sich damit auch ähnliche Gewinne realisieren lassen. Viele dieser Ansätze scheitern jedoch. Eine Untersuchung (Khanna 2014) prüfte und verglich in 43 OECD- und Schwellenländern die durchschnittliche Profitabilität verschiedener Branchen, auf deren Basis die Korrelation in allen Länderpaaren ermittelt wurde. Das überraschende Ergebnis zeigt, dass nur in 11 % der Fälle eine signifikante positive Korrelation zwischen Ländern bezüglich der Profitabilität der Branchen gegeben ist. Es bestehen jedoch in einigen Fällen auch bedeutende negative Korrelationen. In den allermeisten Fällen liegt eine unbedeutende Korrelation betreffs der durchschnittlichen Profitabilität der verschiedenen Branchen in den verschiedener Ländern vor. Dementsprechend gibt es nur in seltenen Fällen eine einfache Übertragung des Erfolgsmodells von einem Land auf ein anderes. Im Fall Deutschlands fand man eine signifikante, positive Korrelation nur mit sechs Ländern (Frankreich, Irland, Niederlande, USA, Schweiz, Venezuela) der insgesamt 42 bewerteten Länderpaarungen. Selbst bei kulturell nahe beieinander liegenden Ländern gibt es sehr häufig keine positive Korrelation. Zwei EU-Länder wie Österreich und Großbritannien wiesen sogar eine negative Korrelation der durchschnittlichen Branchenprofitabilität in der Untersuchung auf (Khanna 2014).

Entscheidend ist es, das Umfeld in allen Details zu verstehen und sich darauf einzustellen. Märkte, Verbraucherverhalten, Kundenvorlieben, verschiedene Kundenpräferenzen betreffs der Gestaltung der Produktpräsentationen und der Verkaufsflächen, Distributions- und Lieferantennetzwerke, Managementmethoden und -kultur, Gewerkschaften und lokale Bestimmungen sowie persönliche Wertvorstellungen von Mitarbeitern und Kunden haben auch bei kleineren Abweichungen ggf. einen wichtigen Einfluss. Betriebsabläufe sind selbst als unmittelbare Kopie häufig nicht übertragbar und ergeben im anderen nationalen Unternehmensumfeld andere Ergebnisse. Diese Schwierigkeiten können auch für globale Konzerne trotz weltweiter Erfahrungen und Erfolge in der Expansion in fremde Märkte überraschend sein. Als Beispiel seien die aufwändigen und teuren Erfahrungen des Kaufhauskonzerns Metro angeführt, der bei der Expansion nach China und Indien vor Ort erkennen musste, dass trotz großer internationaler Erfahrungen nicht ausreichend beachtete

Unterschiede im Verbraucherverhalten und politischen Umfeld das gesamte Geschäftsmodell scheitern ließen. Es gelang erst mit umfangreichen weiteren Anpassungen, das Unternehmen dort zu etablieren (ebd.)

Im Fall der Expansion in andere regionale Märkte lernen Unternehmen auch auf experimentelle Weise, welche Anpassungen im Detail notwendig sind. Der Einsatz von Mitarbeitern mit besonders breiter interkultureller Erfahrung und Erfahrung ist hilfreich, wenn es darum geht, Risiken und Maßnahmen zu identifizieren. Die genaue Analyse von nationalen Regeln und Gesetzen ist eine Grundvoraussetzung. Das detaillierte Verständnis der Kunden- und Mitarbeitervorlieben und -werte ist unabdingbar und fördert bei präziser Betrachtung manche Überraschung zutage. Unternehmenskultur und Führung müssen sich auf nationale Gegebenheiten und Erfordernisse einstellen. Erfolgreiche Unternehmen wägen das Risiko und die Chancen sorgfältig gegenüber anderen Investitionen und Wachstumschancen in etablierten Märkten ab.

4.4.2.2 Internationale Chancen und Risiken unter neuen Regeln

Eine McKinsey-Studie zur Weltwirtschaft und Unternehmensentwicklung zeigt die Veränderung der Unternehmensgewinne von 1980 bis 2013 nach Steuern auf (Dobbs 2015). Diese machten 2013 einem Anteil von 9,8 % am globalen BIP weltweit aus, während es 1980 noch 7,6 % des BIP waren. US-Unternehmen konnten ihre Gewinnmarge in den vergangenen 30 Jahren um 65 % verbessern. In Zukunft werden insbesondere die neuen globalen Unternehmen der Schwellenländer mit hoher Beweglichkeit und Aggressivität die globalen Gewinne der Unternehmen der westlichen Welt reduzieren. Der rasante Anstieg der Industrialisierung und der verfügbaren Einkommen in den Schwellenländern führt zu enormen Investitionsanstrengungen, von denen bisher insbesondere die Großkonzerne in Nordamerika und Europa profitierten. Sie trieben ihre Expansion in ausländische Märkte voran. Sinkende Kosten mit hohen Produktivitätszuwächsen dank rasant steigender Automatisierung und unterproportional wachsender Lohnzuwächse, sinkender Technologiepreise, Steuersätze und Finanzierungskosten befeuerten diesen Boom. Ein Ende des Booms ist jedoch aufgrund steigender Zinsen und Arbeitskosten in den Schwellenländern und der Alterung der Gesellschaft mit einer Verknappung hoch qualifizierter Fachkräfte absehbar. Die neuen Wettbewerber aus den Schwellenländern spielen nach anderen Regeln, auf die sich die westlichen Platzhirsche einstellen müssen. Die langfristig orientierten globalen Player der Schwellenländer unterscheiden sich in ihrer Investitionsstrategie dank einer anderen Unternehmensphilosophie und anderen Anteilseignerstrukturen. Wichtige Akquisitionen der asiatischen Unternehmen in strategisch definierten Industrien unterstützen diesen langfristigen, global orientierten Ansatz. Brasilianische, indische und chinesische Unternehmen haben ihre M&A-Aktivität („mergers & aquisitions"; in US $) im Vergleich der Zeiträume 2000–2006 und 2007–2013 vervierfacht (Dobbs 2015).

Im Vergleich zu den Industrien der westlichen Länder haben diese neuen Wettbewerber oftmals moderat orientierte Ziele bei den Gewinnmargen, die die Wettbewerbsfähigkeit stützen. Trotz ihrer Größe können viele dieser Unternehmen ihre Stärken wie

Schnelligkeit, Dynamik und Kostenvorteile trotz steigender Lohnaufwendungen erhalten und überproportional wachsen.

Gründerdominierte Technologiefirmen des Nasdaq-Index im Bereich Software und Internet zeigen ähnliche Charakteristika mit stärkerem Wachstum von durchschnittlich 13 % (2010–2013) gegenüber ihren übrigen Marktbegleitern bei 9 %. Den Bedrohungen der Position der westlichen Konzerne stehen erhebliche Chancen weiter steigenden Konsums in den Schwellenländern gegenüber.

Die Entwicklung der Unternehmensgewinne und insbesondere der Gewinnmargen werden weniger optimistisch und schwieriger planbar sein. Angesichts dieser Trends werden die westlichen Industrieunternehmen, die weiter an der Spitze stehen, reagieren, um ihre führenden Positionen zu verteidigen. Aus den Ergebnissen entsprechender Untersuchungen und Erfahrungen herausragender Unternehmen können fünf grundlegende Empfehlungen abgeleitet werden (Dobbs 2015):

1. **Seien Sie paranoid:** Unternehmen müssen Spielweise und Regeln, Stärken und Geschäftsumfeld auch aus der Sicht ihrer Wettbewerber intensiv erforschen und verstehen. Collins erkannte bereits die „kreative Paranoia" als Merkmal herausragender Top-Unternehmen.
2. **Suchen Sie geduldigeres Kapital:** Der weiter steigende Druck auf die Führung westlicher Konzerne, gute Finanzergebnisse zu erreichen, sollte einer langfristigeren Ausrichtung weichen. 86 % der Teilnehmer einer Umfrage unter Vorständen und Aufsichtsräten sagten aus, dass eine langfristigere Orientierung der Strategie zu mehr Innovationen und einer Verbesserung der Unternehmensergebnisse führen würde. Die Suche nach geduldigerem Kapital empfahl auch Christensen. (Abschn. 4.2)
3. **Erneuern Sie sich radikal:** Unternehmen müssen dynamisch reagieren und Chancen nutzen, auch wenn die Gefahr besteht, ein existierendes Geschäft zu kannibalisieren. Ressourcen und Investitionen müssen dynamisch und flexibel verteilt werden und sich mehr an der Zukunft und neuen Bedingungen orientieren, als an der Verteilung des Vorjahres. (Abschn. 4.3)
4. **Investieren Sie in Wissen:** Wissen über Markt- und Kundenverhalten und intellektuelles Kapital hat einen besonderen strategischen Wert. Das Wissen über Nutzergemeinschaften, gemeinsame Lieferanten- oder Kundenentwicklungen und geistiges Eigentum zeichnen den wissensgetriebenen Sektor aus, aus dem die Hälfte der wertvollsten Marken der Welt kommt.
5. **Kämpfen Sie um Talente:** Hervorragende Führungskräfte und Mitarbeiter, die sich in einer positiven Unternehmenskultur unternehmerisch entwickeln können, sind ein sehr hoher Vermögenswert für erfolgreiche Unternehmen. Der hohe Wert von Hochleistungsmitarbeitern wird auf der Basis von Untersuchungsergebnissen auch in Abschn. 9.4 quantifiziert. Das Personalwesen muss neuartige Werkzeuge zur Identifizierung der besten Bewerber und Förderung der Mitarbeiter entwickeln. Unternehmen müssen ein motivierendes Betriebsklima bieten und einen Ruf als besonders guter Arbeitgeber gewinnen.

4.4.3 Wachstumsinitiativen und Start-up-Projekte

Wachstumsinitiativen in Form von neuen Gründungsprojekten brauchen ein spezifisches Management, welches sich von dem des etablierten Geschäfts erheblich unterscheidet. Zahlreiche Wachstumsprojekte scheitern, da zu früh Kriterien und Vorgehensweisen etablierter Geschäftsmodelle zugrunde gelegt werden. Im Laufe von vielen erfolgreichen und nicht erfolgreichen Wachstumsansätzen in verschiedenen Unternehmen über mehrere Jahre zeigten sich spezifische Aspekte für Start-ups, die erfolgreiche Unternehmen beachten und Fehler, die in der erfolgreichen Begleitung und neuen Wachstumsprojekten vermieden werden sollten. Dies wird in fünf wichtigen Maßnahmen berücksichtigt werden (Laurie und Harreld 2013):

1. **Aufmerksamkeit und Ressourcen von der Unternehmensführung**: Die Unternehmensführung begleitet das Gründungsteam intensiv und setzt sich mit den Fragen des zukünftigen Marktes, des Wachstums, des Teams und der Kunden auseinander. Im Mittelpunkt stehen die Ziellösungen zur Lösung von Kundenproblemen, der Aufbau der eigenen Kompetenzen und die Entwicklung des Geschäftsmodells sowie der Verfolgung der wichtigen Meilensteine des Projekts. In erfolgreichen Gründungsprojekten nimmt der CEO und die Leitung der betreffenden Geschäftsbereiche aktiv zur Unterstützung des Teams und auch ggf. mit der Übernahme von eigenen Aufgaben teil. Erfolgreiche Projekte werden aus der längerfristigen Wachstumsperspektive heraus betrachtet. Es wird ein Umfeld geschaffen, das nicht unter dem Fokus eines kurzfristigen Gewinndenkens steht. Die Kennzahlen unterscheiden sich erheblich von denen etablierter Geschäfte. Die notwendigen Ressourcen und Kompetenzen werden aus den Fachbereichen zur Förderung des Erfolgs bereitgestellt.

2. **Zusammensetzung der Teams mit den besten und erfahrensten Leuten:** Zur erfolgreichen Entwicklung eines neuen Geschäfts sind die besten und erfahrensten Leute mit großer operativer Kompetenz und Urteilsvermögen, Neugier der Entwicklung neuer Geschäftsfelder gegenüber und mit einem sehr guten Unternehmensnetzwerk notwendig. Es ist nicht ausreichend, ehrgeizige, junge Manager oder Manager mit Stabs- und Supportfunktionserfahrung in den entscheidenden Funktionen des Gründungsteams einzusetzen. Die Berufung der besten und erfahrensten Leute setzt auch Zeichen innerhalb der Organisation, dass dieser neuen Aktivität eine hohe Priorität beigemessen wird. Dies unterstützt die Bereitstellung von Ressourcen und Know-how der Fachbereiche.

3. **Auswahl des Teams nach Fähigkeit und Kompetenz und nicht nach Verfügbarkeit:** Die notwendigen Teammitglieder werden erst nach der Festlegung von Strategie, Geschäftsmodell und Kundenwertversprechen auf der Basis der erforderlichen Kompetenzen und nicht nach Verfügbarkeit ausgewählt. Die benötigten Kompetenzen können sich im Projektverlauf ändern und eine Anpassung der Teamzusammenstellung verlangen, die schnell erfolgt.

4. **Festlegung der spezifischen Kennzahlen und Meilensteine entsprechend einem Gründungsprojekt:** Gründungsspezifische Kennzahlen können als Indikatoren für Kundenprobleme und Kundenkriterien, für die Identifikation des potenziellen Marktes und die Entwicklung entsprechender Lösungsmöglichkeiten fungieren. Weitere Indikatoren können die Entwicklungsfortschritte von Prototypen, Markttests und Meilensteinen der verschiedenen Entwicklungsphasen unter Beachtung realistischer Vorgaben sein. Eine exakte Finanzplanung bei Gründungsprojekten ist aufgrund zahlreicher Unwägbarkeiten wenig zielführend. Dennoch wird ein grundlegender Geschäftsplan mit klar definierten Annahmen und Finanzprognosen unterlegt, die im Projektverlauf immer wieder auf die Probe gestellt werden. Die Finanzierung wird über ein unabhängiges Budget sichergestellt, aus dem Mittel in Funktion der Erreichung der festgelegten Meilensteine abgerufen werden. Die Überwachung erfolgt durch die Unternehmensleitung. Es ist auch die Möglichkeit der Bewilligung zusätzlichen Kapitals gegeben, falls während einer erfolgreichen Projektentwicklung zusätzlicher, unvorhergesehener Bedarf entsteht. Andererseits wird beim Verfehlen wichtiger Meilensteine durch entsprechende Analysen sehr genau geprüft werden, welche Konsequenzen sich für die Zukunft des Projektes und der Produkte ergeben. Wachstumsinitiativen erhalten aber auf jeden Fall eine angemessene Frist, um nachhaltige Gewinne zu erzielen. In erfolgreichen Projektplanungen werden detaillierte Pläne über zu erwartende Umsetzungsprobleme und Risiken sowie organisatorische Hindernisse gemacht. Die notwendigen Ressourcen werden eingesetzt und Verantwortlichkeiten benannt. Derartige Projekte werden auf Basis der o. g. Parameter außerhalb der üblichen Finanz- und Steuerungsprozesse der operativen Bereiche im Unternehmen geführt.
5. **Nutzung aller im gesamten Unternehmen vorhandenen, notwendigen Fähigkeiten:** Auch wenn Gründungsprojekte einen geschützten Rahmen benötigen, müssen sie Zugriff auf wichtige Kernbereiche, Fähigkeiten und Erfahrungen im gesamten Unternehmen haben. Kompetenz und Kapazität der Forschung und Entwicklung, Kundenbeziehungen und Kundenkenntnisse, Markt- und Vertriebskompetenzen sind wichtige strategische Stärken, die große Unternehmen im Wettbewerb mit anderen Start-up-Unternehmen nutzen können. Eine Anpassung der Ressourcen in diesen Bereichen wird ggf. bedarfsgerecht erfolgen. Die Unternehmensleitung unterstützt die Wachstumsprojekte bei der Nutzung der Unternehmensressourcen.

4.4.4 Turbowachstum, um etwas Besonderes zu schaffen

„Blitzscaling" hat sich als Begriff etabliert, wenn Unternehmen einen großen internationalen oder weltweiten Markt sehr schnell aufbauen müssen, um von Beginn an die führende Position zu besetzen. Mitbewerbern soll dabei die Chance genommen werden, im Wettbewerb mit aufzusteigen. Gründerguru Reid Hoffmann erläuterte Modell und Vorgehen anhand von Gründungen wie Paypal und LinkedIn (Sullivan 2016). Typische Geschäftsmodelle, auf die das Vorgehen des „Blitzscaling" zutrifft, sind Softwaregründungen, da hier aufgrund der geringen Grenzkosten des Produktes eine schnelle Skalierung im Markt einfach und oftmals zwingend ist. Das dient der Sicherung des Marktes, der Akzeptanz des Systems unter einer großen Anzahl der Verbraucher und der schnellen Amortisation der erheblichen Anfangsinvestitionen. Die besondere Herausforderung ist das schnelle Wachstum der Organisation, um operativ die entsprechende Dienstleistung zu entwickeln und den Betrieb sicherzustellen. Aufgrund der hohen Geschwindigkeit der Entwicklung und der rasanten Veränderungen ist es nicht mehr möglich, Regeln für Prozesse, Finanzentscheidungen, Mitarbeiterrekrutierung und Produktvermarktung zu erstellen und regelmäßig anzupassen. Es werden stattdessen Regeln für die Entscheidungsfindung und schnelles, ständiges Lernen festgelegt. Unterschiedliche Unternehmensbereiche wachsen in verschiedenem Tempo. Dennoch muss das gesamte Unternehmen im Blick gehalten werden, um Personal und Kultur zu entwickeln, Markt und Wettbewerb zu beobachten und zu reagieren. Der Startpunkt des Blitzscaling nach der Unternehmensgründung kann nicht genau festgelegt werden, tritt jedoch häufig ein, wenn Unternehmen den dreistelligen Mitarbeiterbereich erreichen und deutlich in den zweistelligen Millionenbereich im Jahresumsatz eintreten. Es besteht zu diesem Zeitpunkt eine klare Sichtweise betreffs Markt und Wettbewerb (ebd.).

Aufgrund des rasanten Wachstums kann der Kapitaleinsatz nicht mehr nach Effizienzkriterien beurteilt werden. Entscheidungen fallen entsprechend dem Ziel hoher Geschwindigkeit und dem klaren Fokus in der Geschäftsentwicklung. Die Entwicklung einer stimmigen Unternehmenskultur bleibt ein wichtiger Faktor. Hoch qualifizierte Mitarbeiter müssen in rasantem Tempo und passend zur Unternehmenskultur gewonnen werden. Uber hat in dieser Phase Mitarbeiter allein aufgrund von Empfehlungen anderer Mitarbeiter ohne den üblichen Rekrutierungsprozess engagiert. Paypal engagierte dringend benötigte Mitarbeiter im Kundenservice über öffentliche Aufrufe und gruppenweise geführte Bewerberinterviews. Googles Einstellungskriterium war die Absolvierung einer Elitehochschule, um den Prozess schnell und einfach zu gestalten.

Im Lauf der rasanten Entwicklung wird die Organisation sich ständig wandeln. Dysfunktionen gehören zum Alltag, mit denen Führung und Mitarbeiter eine Zeit lang leben müssen. Unzufriedenheit und Unklarheiten zu Funktion und Verantwortung treten an vielen Stellen auf. Die Organisation und die Mitarbeiter werden jedoch getragen von dem Willen, der Begeisterung und der Überzeugung, in kurzer Zeit mit hoher Geschwindigkeit etwas Besonderes zu schaffen und Teil des Erfolgs zu sein.

Mit dem weiteren Wachstum sind zusätzliche Kompetenzen entscheidend. Entwicklungsabteilungen und -aufgaben müssen kompetent geleitet werden, das Marketing braucht eine schnelle und dynamische Fortentwicklung, Systeme zur Markt- und Unternehmenssteuerung werden geschaffen. Neue Felder und Chancen im Markt werden entdeckt und bewertet und dazu passende Maßnahmen ggf. zusätzlich entwickelt werden. Dies führt im Bereich des Wachstums in den vierstelligen Bereich der Mitarbeiteranzahl und zur Aufspaltung von Funktionen und Entwicklung in größere Projektstrukturen. Maßnahmen in dieser Wachstumsphase werden sich aufgrund des hohen notwendigen Kapitalbedarfs stark an den Forderungen der Kapitalgeber ausrichten (ebd.).

4.4.5 Wachstum und Digitalisierung

Wie beeinflusst die Digitalisierung die wirtschaftliche Zukunft der Unternehmen im Markt? Wie können Unternehmen Risiken, Kosten und aus Unternehmenssicht kritischen Marktkräften begegnen?

4.4.5.1 Digitalisierung: auf der Gewinner- oder Verliererseite?

Untersuchungen und Analysen bei mehr als 2.000 Unternehmen betreffs der Auswirkungen der Digitalisierung zeigen auf, dass viele Unternehmen durch die Digitalisierung von einem Rückgang des Wachstums bei Umsatz und Gewinn betroffen sind (Bughin et al. 2017). Der Grad der Digitalisierung wurde auf der Basis einer Umfrage unter mehr als 1500 Unternehmen aus zehn Branchen aufgrund der Veränderungen in den Dimensionen, den Produkten, dem Marketing und der Distribution, den Prozessen, der Versorgungskette und den neuen Teilnehmern im Ecosystem bewertet.

Die Digitalisierung ist demnach in den Branchen Medien und Unterhaltung (62 %), Einzelhandel (55 %), Hochtechnologie (54 %) und Gesundheitsdienste und -systeme (51 %) am weitesten fortgeschritten. 16 % aller Unternehmen gaben an, den Grad einer vollen oder dominanten Digitalisierung erreicht zu haben, 24 % bewerteten die Digitalisierung als sehr wichtigen Faktor im Unternehmen, 20 % gaben an, einige grundlegende Veränderungen durch die Digitalisierung durchgeführt zu haben, und 30 % sagten aus, geringere Veränderungen durch die Digitalisierung eingeführt zu haben. Innerhalb der zehn untersuchten Branchen haben die Branchen Automobil und Fertigung (32 %) und Verbrauchsgüter (31 %) im Durchschnitt den geringsten Grad der Durchdringung in der Digitalisierung erreicht. Unternehmen sagten aus, dass der gegenwärtige Grad der Digitalisierung ihrer Branche ihr durchschnittliches Unternehmenswachstum in der Branche um 6 % reduziert und im Fall einer umfassenden Digitalisierung einen Wert von −12 % erreicht hat (negativer Effekt von −12 % einer vollen Digitalisierung bei der Gesamtheit der beteiligten Unternehmen). Die durchschnittliche Veränderung des Gewinnwachstums (EBIT) ist beim derzeitigen Digitalisierungsgrad um −4,5 % reduziert und wird bei voller Digitalisierung auf −10,2 % geschätzt.

Trotz der von allen Seiten viel beachteten Trends und der Wichtigkeit der Digitalisierung zeigte eine Studie (Rochus Mummert 2017) unter 114 Top-Managern (Vorstände oder Geschäftsführer 48 %, Geschäftsbereichsleiter 20 % und weitere Führungskräfte), dass nur ein knappes Drittel glaubt, über einen guten oder sehr guten Überblick in diesen Dingen zu verfügen. Auf der Basis der Daten, die auch das zeitliche Engagement der Führungskräfte zum Aufholen von Kenntnisdefiziten umfassten, kommen die Autoren zu dem Schluss, dass die Bereitschaft zur Beschäftigung mit der digitalen Transformation noch erheblich wachsen muss. Überraschend und auch statistisch nicht nachvollziehbar ist die Aussage von 64 % der Spitzenkräfte, dass sie ihre eigenen digitalen Kompetenzen im Vergleich zu ihren Kollegen als überdurchschnittlich bewerten. Hier besteht die Gefahr einer gefährlichen Selbstüberschätzung („cognitive bias"). Zusätzlich alarmierend könnte die Erkenntnis gewertet werden, dass sich die befragten Führungskräfte vor allem innerhalb ihrer eigenen Hierarchiestufe und der von ihnen geführten Mitarbeiter und internen Experten austauschen (71 %). Der entsprechend eingeschränkte Einblick setzt Unternehmen stärker dem Risiko externer Überraschungen durch disruptive Technologien, Geschäftsmodelle und Markt- und Kundentrends aus. 45 % der Befragten verzichten auf eine strukturierte Beobachtung und Suche nach Innovationen. Nur 27 % bzw. 22 % der befragten Unternehmen beobachteten auf strukturierte Weise Innovationen in den USA bzw. Asien. Die meisten Teilnehmer der Studie arbeiteteten in den Branchen Maschinen- und Anlagenbau, Automobilindustrie, Chemie- und Pharmaindustrie, IT und Telekommunikation.

4.4.5.2 Wo werden Gewinne dank Digitalisierung erzielt?

Auf der Basis gewisser Annahmen und Kalkulationen unter Zuhilfenahme von Regressionstechniken ergibt die o. g. Untersuchung von McKinsey (Bughin et al. 2017), dass der dominante Effekt im Bereich der Veränderung von Umsatzwachstum und Unternehmensgewinn (EBIT) aus dem Bereich der Digitalisierung der Versorgungskette kommt. Für den Fall einer vollständigen Digitalisierung wird ein Beitrag von −9,4 % allein der Versorgungskette zugerechnet aus dem durchschnittlichen Gesamtbetrag von −10,2 % beim Gewinnwachstum. Das Umsatzwachstum ist um −6,8 % (−12,0 %) beeinträchtigt. Die Digitalisierung im Bereich Produkte und Service bzw. Marketing und Distribution haben in beiden Kategorien einen geringeren negativen Einfluss. Einen positiven Beitrag bei der Veränderung des Unternehmensgewinns (EBIT) leistet die Prozessdigitalisierung (+1,2 %) und beim Umsatzwachstum die Digitalisierung der Ecosysteme (0,5 %), wo Unternehmen wie Amazon und Google für erhebliche Veränderungen sorgen. Aufgrund dieser Daten werden erfolgreiche Unternehmen einen Ansatz für mögliche Digitalisierungs- und Abwehrstrategien in Betracht ziehen können (Abb 4.5).

4.4.5.3 In welchen Bereichen ist Digitalisierung erfolgreicher?

Der wirtschaftliche Druck erfordert eine genaue Beachtung, wo und auf welche Art Unternehmen in den Wettbewerb treten und welche Investitionen in die Digitalisierung erfolgen. In der erwähnten Analyse bei über 2000 Unternehmen zeigte sich, dass einige Maßnahmen der Digitalisierung sehr positive Rendite erwirtschafteten, während zahlreiche andere nicht einmal die Kapitalkosten einspielen konnten (Bughin et al. 2017).

- 29 % der Unternehmen erreichten ein „return on investment" (ROI) oberhalb von 25 %.
- 23 % lagen im Bereich eines ROI von 10–25 %.
- 25 % erwirtschafteten mit einem ROI bei 0–10 % bzw. 23 % der Unternehmen unter 0 % nicht die notwendige Profitabilität.

Trotz der erwarteten erheblichen Auswirkungen im Bereich der Versorgungskette fokussieren derzeit nur 2 % der Unternehmen ihre zukünftige Digitalstrategie auf diesen Bereich. Dominant ist der Bereich Marketing und Distribution. 49 % der Unternehmen fokussieren ihre zukünftigen Digitalstrategien in diesem Bereich, gefolgt von den Bereichen Produkte und Service (21 %), Prozesse (14 %) und Ecosysteme (13 %).

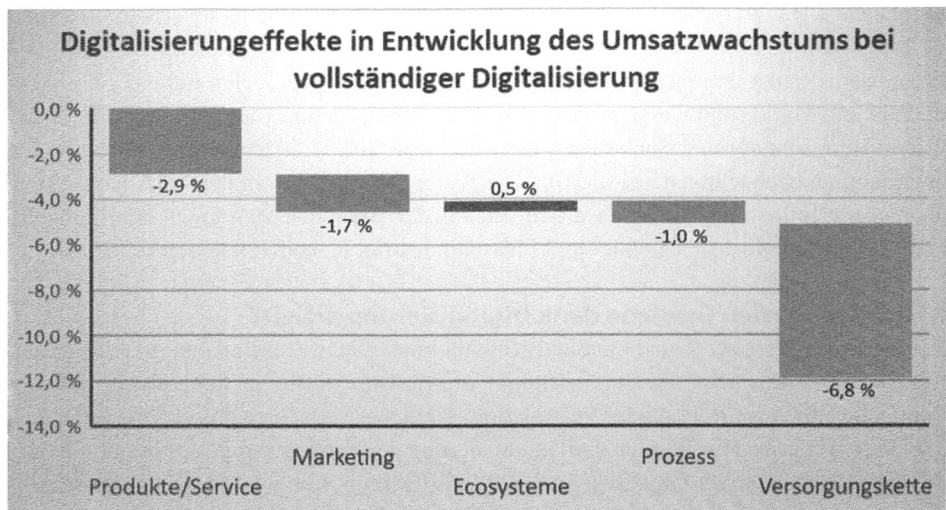

Abb. 4.5 Effekt der Digitalisierung auf das aktuelle Umsatzwachstum (Daten Bughin et al. 2017). Mit freundlicher Genehmigung von: © McKinsey & Company

Insgesamt zeigte sich in der Umfrage, dass führende Unternehmen wesentlich stärker und breiter in die verschiedenen Dimensionen der Digitalisierung investieren als ihre weniger erfolgreichen Marktbegleiter. Entsprechend der Analyse sind zwei Drittel der Veränderung bei den Unternehmensgewinnen durch branchenspezifische Effekte verursacht. Erfolgreiche Unternehmen werden entsprechend industriespezifisch reagieren und die kritischen Maßnahmen in der gesamten Prozesskette und im Ecosystem externer Partner, Kunden und Lieferanten entwickeln. Chancen und Risiken disruptiver Veränderungen werden auch mit nichtlinear operierenden Prognosemethoden verfolgt werden.

4.4.5.4 Entscheidende Basisanforderungen des Digitalisierungserfolges

Die erfolgreichsten Unternehmen in den Bereichen Umsatz- und Gewinnwachstum und Profitabilität der Kapitalinvestitionen passen die Unternehmensstrategie an neue Gegebenheiten an und stimmen die digitale Strategie entsprechend genau ab. Während 49 % der in Umsatz- und Gewinnwachstum führenden Unternehmen überdurchschnittlich stark in Digitalisierungsmaßnahmen investieren, fällt auf, dass in den weniger erfolgreichen Gruppen 90 % der Unternehmen weniger als ihre führenden Marktbegleiter in diesen Bereich investieren. Die führenden Unternehmen investieren jedoch nicht nur wesentlich stärker in die Digitalisierung, sondern investieren in alle der zuvor aufgezeigten Bereiche (Marketing und Vertrieb, Produkte und Service, Prozesse, Versorgungskette, Ecosysteme).

Die Entwicklung einer digitalen Kultur im gesamten Unternehmen und ein bereichsübergreifendes Denken und Kundenverständnis über Geschäftsbereiche und Abteilungen hinweg unterstützt die Digitalisierung maßgeblich. Gemäß der Analyse vermeiden erfolgreiche Unternehmen deutlich häufiger Probleme in diesen Aspekten als andere (Bughin et al. 2017) (Abb. 4.6).

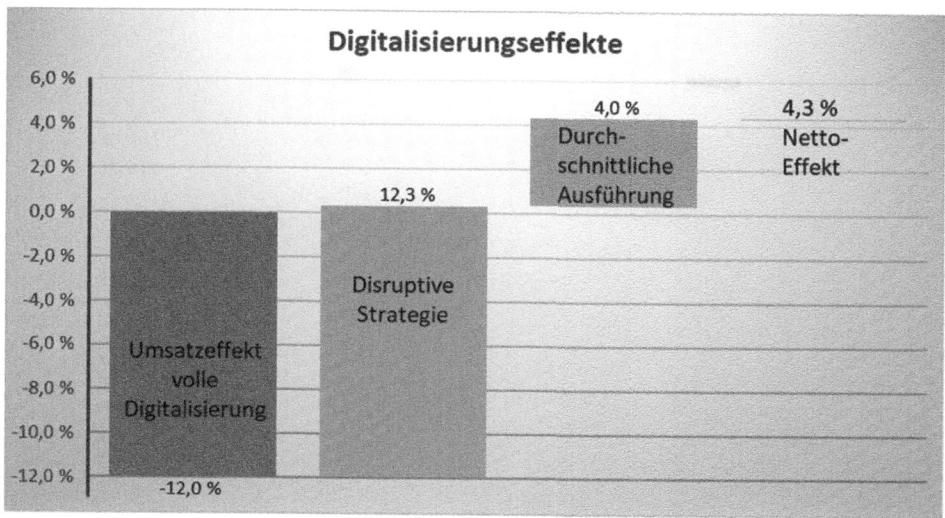

Abb. 4.6 Effekt einer disruptiven Digitalisierungsstrategie (Daten Bughin et al. 2017). Mit freundlicher Genehmigung von: © McKinsey & Company

Unternehmen, denen es gelingt, disruptive Geschäftsstrategien mithilfe der Digitalisierung einzusetzen, sind erwartungsgemäß besonders erfolgreich. Sie erzielen dadurch im Durchschnitt entsprechend des zugrunde liegenden Umfrage- und Kalkulationsmodells im Umsatzwachstum einen Vorteil von 12,3 % zum Ausgleich des erwarteten, zuvor berichteten Rückgangs im Umsatzwachstum im digitalen Wettbewerb von 12 % bei voller Digitalisierung. Im Fall einer durchschnittlichen Umsetzung in den nicht strategischen Dimensionen des „McKinsey Digital Quotient" (u. a. agile Prozesse, Organisation, Kultur und Talentmanagement) wird dieser Wert durch einen zusätzlichen Gewinn von 4,0 Prozentpunkten zu einem Nettogewinn in der Summe von 4,3 % im Umsatzwachstum abgeschätzt (Abb. 4.7).

Da sich die Realisierung disruptiver Modelle jedoch meist nicht grundsätzlich erreichen lässt, entwickelten die Autoren der Analyse ein Modell zur Abschätzung des Effekts einer „Fast-follower- Strategie" und der hervorragenden Ausführung der Digitalisierung aufgrundder erhaltenen Daten. Dementsprechend könnten „Fast-Follower" und die hervorragende Ausführung mit einem Umsatzwachstum von 5,3 % (Fast-Follower) und 7,1 % (hervorragende Ausführung) mit der Summe von 12,4 % bei dem Grad der vollen Digitalisierung einen Netto-Effekt von +0,4 % erzielen (negativer Effekt von −12 % einer vollen Digitalisierung bei der Gesamtheit der beteiligten Unternehmen).

Die Analyse anhand von präzisen Zahlen zeigt auf, dass erfolgreiche Unternehmen nur durch eine breite und starke Investition in allen Bereichen der Digitalisierung negative wirtschaftliche Auswirkungen ausgleichen oder zu ihrem Vorteil ausbauen können. Ergebnis der Analyse ist jedoch auch, dass zu dieser Gruppe aktuell nur ein kleiner Anteil aller Unternehmen gezählt werden kann (ebd.). Dies eröffnet den erfolgreichen Umsetzern erhebliche Chancen im Wettbewerb.

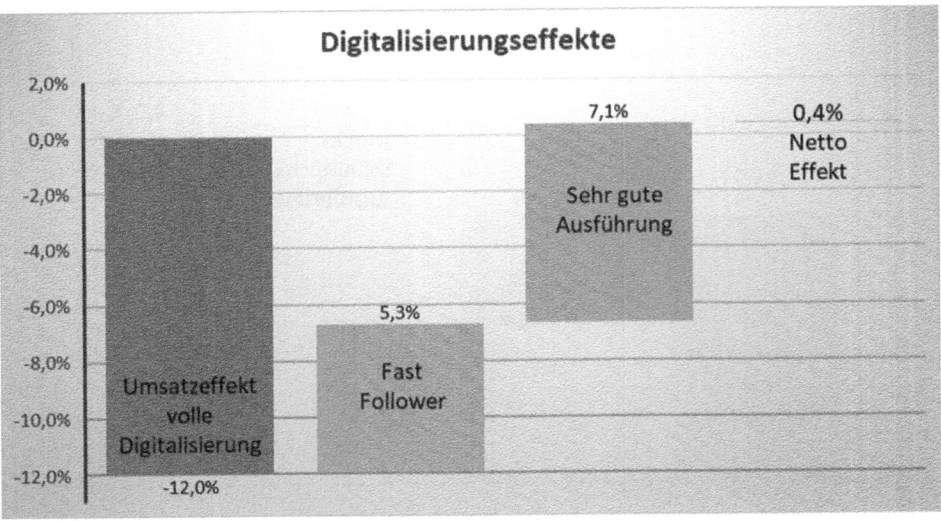

Abb. 4.7 Effekt einer Fast-follower-Digitalisierungsstrategie (Daten Bughin et al. 2017). Mit freundlicher Genehmigung von: © McKinsey & Company

4.5   Wachstum durch Akquisition

4.5.1   Wann sind Akquisitionen erfolgreich?

Unternehmensakquisitionen scheitern zu 70–90 %. Diese Quote wird in Fachkreisen auf der Basis verschiedener Studien angegeben (Christensen et al. 2011; Martin 2016). Clayton Christensen und Roger L. Martin (Top 3 der Top 50 Thinker List) zeigen vielfältige Gründe für dieses Scheitern auf. Viele Übernahmen scheitern, da die Akquisitionen zu selten mit den genauen strategischen Zielen übereinstimmen. Exzessive Wachstumsziele mithilfe von hohem Fremdkapitaleinsatz unter Zahlung überhöhter Preise und einer hohen Anzahl weiterer Akquisitionen war in der Vergangenheit ein häufiger Grund für den Untergang von Unternehmen. Prominente, besonders eindrücklich warnende Beispiele übersteigerter Akquisitionsaktivitäten sind Unternehmen wie Enron, Tyco, Worldcom, ABB und Suez, die über mehrere Jahre eine Vielzahl von Akquisitionen im Monat zum Erfolg führen wollten (Probst und Raisch 2004). Microsoft musste 96 % des Kaufpreises der Mobiltelefonsparte von Nokia nach nur einem Jahr abschreiben. Google verlor mit dem Kauf und Verkauf des Handygeschäfts von Motorola gleichfalls mehr als 75 % des Kaufpreises und einen Betrag von rund 10 Mrd. US $. Was sind die Faktoren, die den Erfolg einer Akquisition deutlich steigern können?

Untersuchungen von McKinsey unter 917 Unternehmen mit mehr als 30.000 Akquisitionen zeigen, dass nicht die Größe oder Anzahl der durchgeführten Deals von Unternehmen besonders entscheidend ist, sondern ein disziplinierter Prozess vom Beginn der

Identifikation möglicher Akquisitionskandidaten über die Bewertung bis hin zur vollständigen Integration (Cottin et al. 2011; Rehm et al. 2012). Eine detailliertere Analyse auf der Basis von 15.000 Käufen innerhalb eines Jahrzehnts zeigt auf, dass langfristig Unternehmen mit einer größeren Anzahl kleinerer Unternehmenskäufe erfolgreicher sind als Unternehmen mit wenigen großen Deals oder Unternehmen mit sehr wenigen Käufen (Vergleich auf Basis der Entwicklung der Aktienpreise). Zu berücksichtigen ist bei dieser Bewertung jedoch, dass der Aktienpreis zahlreiche andere Faktoren bewertet und insofern insbesondere in Abhängigkeit der Größe der Akquisition nur ein schwacher Indikator sein könnte.

Große Akquisitionen Große Akquisitionen (Kauf > 30 % des eigenen Marktwertes) beinhalten ein hohes Risiko und fordern einen sehr komplexen, langfristigen Integrationsprozess. Die Erfolgsbilanz ist äußerst unterschiedlich und zeigt in der Summe der Untersuchung für große Akquisitionen die schlechtesten Ergebnisse. Diese Operationen waren für Unternehmen in reifen, langsam wachsenden Industriebranchen erfolgreicher als für Unternehmen in dynamischen, jungen Branchen. Sie können in reifen Industrien auch durch den Abbau von Überkapazitäten für das Käuferunternehmen wertvoll sein.

Diese großen Akquisitionen waren jedoch insbesondere in schnell wachsenden Industrien im Vergleich zu den zuvor genannten Bereichen im Durchschnitt nicht erfolgreich und vernichteten erheblichen Wert. Der lange Integrationsprozess kollidiert mit den dynamischen Anforderungen der Industrie und den dynamischen Produktentwicklungszyklen. Der Zukauf vermeintlich komplementärer Produktangebote war gleichfalls oft nicht erfolgreich, weil sich die Basis in der Form von Ergänzungen durch ähnliche Produkten und Angeboten als nicht ausreichend erwies. Oft war auch die Bewertung des akquirierten Unternehmens zu hoch. Die hohen Risiken und Schwierigkeiten bei der umfassenden Integration lassen derartige Käufe nur in Ausnahmesituationen sinnvoll erscheinen, wie durch zahlreiche Negativbeispiele belegt werden kann (Cottin et al. 2011).

Selektives Vorgehen Ein sehr selektives Vorgehen in den M&A-Aktivitäten war im Vergleich aller Unternehmen für Unternehmen des produzierenden Gewerbes und industriell ausgerichtete Branchen erfolgreicher als für andere Branchen.

In Unternehmen mit einem eher opportunistischem Vorgehen mangelt es jedoch häufig an disziplinierten Prozessen und umfangreicher Erfahrung in der Bewertung und insbesondere bei der Integration von Unternehmen. Aufwand und Komplexität der Aufgabe bedürfen entsprechender Managementkompetenz.

Programmatisches Vorgehen Hier führen Unternehmen eine größere Anzahl kleinerer Käufe durch, deren Wert insgesamt jedoch einen größeren Anteil der Marktkapitalisierung im Beobachtungszeitraum ausmacht (Median-Anteil an der Marktkapitalisierung: 36 % in 33 Akquisitionen). Unternehmen der Konsumgüterindustrie, der Telekommunikation, der pharmazeutischen Industrie und der Werk- und Rohstoffbranche waren hier erfolgreicher als andere Branchen. BASF trieb seinerzeit die Änderung seines strategischen Fokus mit einer solchen Akquisitionsstrategie voran, als das Unternehmen den Wechsel von chemischen Commodities zu Spezialprodukten entwickelte. BASF kaufte entsprechende Unternehmen und integrierte sie schnell. IBM akquirierte auf seinem Weg der Strategieentwicklung in einem Jahr bis zu 18 Softwareunternehmen.

Taktisches Vorgehen Die Gruppe der taktischen Käufer, die eine große Anzahl von Käufen mit einem insgesamt geringen Volumen durchführte, war gemäß der Untersuchung aufgrund der Aktienpreisentwicklung in einigen Fällen erfolgreich. Derartige Käufe werden beispielsweise gemacht, um spezifische Fähigkeiten und Marktzugänge zu gewinnen oder das eigene Produktportfolio zu ergänzen. Das kaufende Unternehmen kann gleichzeitig den kleineren Unternehmen Marktzugänge verschaffen. Beispiele können größere Software-Unternehmen sein, die kleine Unternehmen der Branche mit spezifischen Programmmodulen kaufen, um diese in das eigene Angebot zu integrieren. Industrieunternehmen werden ergänzende Produkte oder Serviceangebote von kleinen Unternehmen in dem gleichen Sinn nutzen. In der Untersuchung erzielten im Durchschnitt Unternehmen der Branchen „consumer packaged goods" und Einzelhandel die besten Ergebnisse (Cottin et al. 2011).

Eine Analyse stark wachsender Firmen im Bereich Software und Online-Services zeigt auf, dass zumindest in diesem Feld das Wachstum der Unternehmen nicht nur durch zahlreiche Zukäufe stieg, sondern im Fall exzellenter Unternehmen eine starke Akquisitionstätigkeit auch das eigene, interne Wachstum antrieb (Dinneen et al. 2015). Den zahlreichen Akquisitionen lag gleichfalls ein systematischer, disziplinierter Prozess der Identifikation, des Kaufs und der Integration dieser Unternehmen zugrunde. Die Akquisitionskompetenz wurde durch eine steigende Zahl von Transaktionen in diesem Bereich gestärkt. „In short, what matters is not whether you do acquisitions. What counts is how you do them" (Dinneen et al. 2015).
    Die grundlegenden Kaufstrategien im Bereich Software und Online-Services betrachteten die Erweiterung der Kundenbasis auf der Basis neuer Angebote und neuer Marktzugänge, der Schließung einer Angebotslücke und des Eintritts in benachbarte Märkte. In anderen Fällen war das Kaufmotiv auch der Gewinn herausragender Fähigkeiten und Mitarbeiter (ebd.).

4.5.2 Welche Stärken haben erfolgreiche Unternehmen im Bereich M&A?

In einer weiteren McKinsey-Untersuchung zeichnen sich besonders erfolgreiche M&A-Aktivitäten dadurch aus, dass die befragten Unternehmen ihre Ziele betreffs Synergien bei Umsatz und Kosten über einen Zeitraum von fünf Jahren übertroffen haben (Doherty et al. 2015). Die Gruppe der wenig erfolgreichen Unternehmen berichtet, dass sie weder Umsatz noch Kostensynergien entsprechend der zuvor festgelegten Ziele in diesem Zeitraum erzielten.

M&A-Fähigkeiten werden kontinuierlich entwickelt, um nachhaltig Werte zu schaffen. Die erfolgreichen Unternehmen haben hier genauso einen klaren Fokus und Disziplin wie in allen anderen Aktivitäten. Sie betrachten M&A als strategischen Prozess und haben ein eingehendes Verständnis darüber, wie Wert geschaffen wird.

Es gibt in den erfolgreichen Unternehmen ein spezialisiertes M&A-Team und einen M&A-Stage-Gate Prozess, der für jede Akquisition durchlaufen wird (Uhlaner und West 2008; Doherty et al. 2015). In einer McKinsey-Umfrage sagten allerdings unter 818 Teilnehmern 52 % aus, dass sie nicht über ausreichend Ressourcen verfügen, um ihre M&A Ziele tatsächlich bewältigen zu können. 49 % gaben an, ein Standard-Deal-Team zu haben, 37 % gaben an, über Standard-Integrations-Teams zu verfügen (Uhlaner und West 2011). Diese spezialisierten Teams sind auf der Basis von Daten und Erfahrungen deutlich besser und erfolgreicher in der Umsetzung ihrer M&A-Strategie. Entsprechend der Resultate (Engert und O'Loughlin Mckinsey Blog Eintrag, 2018) ist ein besonders häufiger Fehler, dass in dem gesamten Prozess die detaillierten, kulturellen Aspekte der Integration zu wenig beachtet werden. Der oberflächliche Blick scheint eine ausreichend gute Passung beider Unternehmen aufzuzeigen, die Soft-Faktoren und Aspekte des kulturellen Fit finden zu wenig Beachtung.

Im z. B. dreistufigen Stagegate-Prozess werden im ersten Schritt, „strategy-approval stage", mögliche Ziele identifiziert, bewertet und verglichen. Passt das betrachtete Unternehmen zur eigenen Geschäftsstrategie? Bereits hier werden auch die Aspekte der Integration und die Ziele des möglichen Due-Diligence-Prozesses diskutiert. Ein Team wird dies genauer bewerten. Im „approval-to negotiate" Stagegate wird das Unternehmen einer Preisrahmen definieren und die aus dem Due-Diligence-Prozess erworbenen Einblicke kritisch bewerten. Aspekte der Integration werden intensiv betrachtet. Wie wird der Businessplan nach einem möglichen Abschluss aussehen, welche Synergien und weitere Vorteile können identifiziert werden und entsprechen klaren strategischen Zielen des eigenen Unternehmens? Am Ende wird ein Letter of Intent und ein Plan eines Verhandlungsablaufs stehen, zu dem auch weitere Due-Diligence-Untersuchungen gehören. Den Abschluss bildet das „Deal-approval-Stagegate".

Erfolgreiche Unternehmen überprüfen kontinuierlich und deutlich öfter als die wenig erfolgreichen Unternehmen ihr Geschäftsportfolio in Bezug auf Akquisitionen, Chancen der Entwicklung von neuen Joint Ventures und von Verkäufen eigener Unternehmensteilen (Abb. 4.8 und 4.9).

Die Gruppe der Erfolgreichen füllt ständig die Pipeline potenzieller Akquisitionsziele, die sich mit der Akquisitionsstrategie decken (Ferrer et al. 2013). Die mögliche Wertschaffung wird sehr detailliert anhand von messbaren Größen wie Entwicklung von Marktanteilen, Kundensegmenten oder Produktentwicklungszielen geprüft. Die detailliert fixierte Strategie und ein klarer Prozess ermöglichen es, die Beobachtung von wirklich wichtigen Akquisitionskandidaten auf eine überschaubare Anzahl zu beschränken. Bain & Company kommt in seinen umfangreichen Analysen der Erfolgskriterien zu analogen Resultaten. Unternehmen mit einer großen Erfahrung und optimierten M&A-Prozessen erzielten in einem 20-Jahres-Vergleich mit anderen Unternehmen mit einer moderaten Anzahl von Akquisitionen deutlich höhere Gewinne (Rousse und Frame 2009).

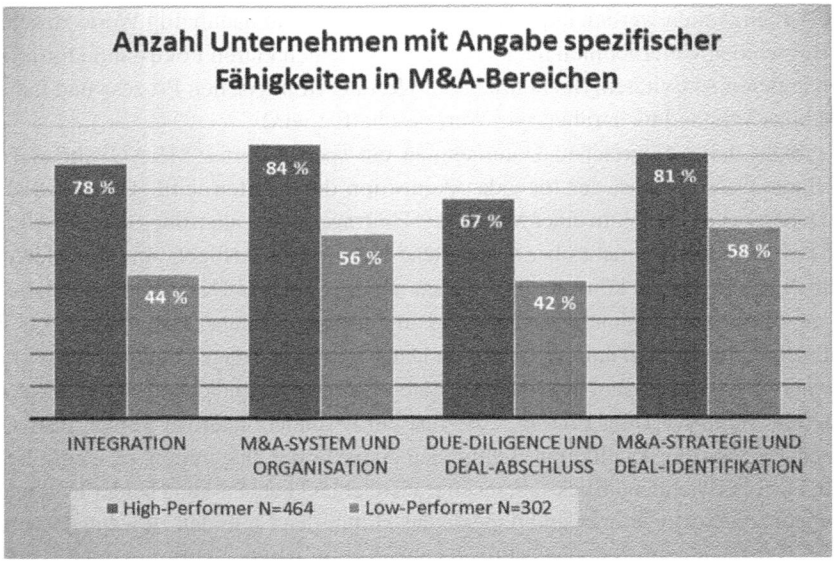

Abb. 4.8 Merkmale erfolgreicher Unternehmen bei Akquisitionen (Angabe %: Unternehmen hat spez. Fähigkeiten in M&A-Bereichen, Daten Doherty et al. 2015). Mit freundlicher Genehmigung von: © McKinsey & Company

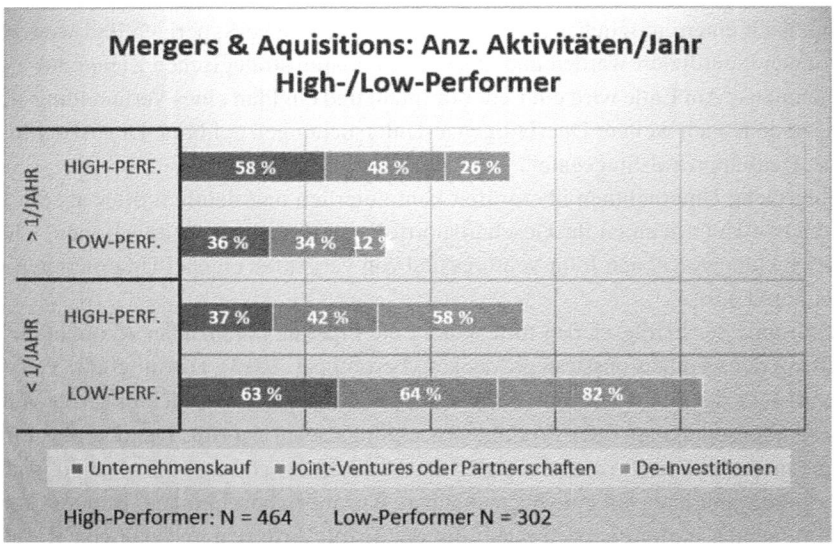

Abb. 4.9 Einfluss der Merger-Erfahrung erfolgreicher Akquisiteure (Angabe %: Unternehmen mit häufiger/geringer Bewertung strategischer M&A-Optionen, häufig > 1/Jahr: geringer < 1/Jahr; Daten Doherty et al. 2015). Mit freundlicher Genehmigung von: © McKinsey & Company

Erfolgreiche Unternehmen achten im Akquisitionsmarkt auf ihr eigenes Image als akquirierendes Unternehmen. Ein aktives Marketing bei möglichen Ziel-Unternehmen und verschiedenen Stakeholdern sorgt für eine positive Bewertung. Diese Gruppe war deutlich besser in dem Beziehungsaufbau mit möglichen Ziel-Unternehmen zu einem Zeitpunkt, der noch vor dem Start konkreter Akquisitionsaktivitäten war. Sie zeigen auf, wie sie für Ziel-Unternehmen und seine Stakeholder Wert schaffen und welche Akquisitions- und Integrationsprozesse angewendet werden. Ruf und positive Ergebnisse früherer Akquisitionen können wichtige Elemente dieser Marketingaktivität sein. Tab. 4.3 zeigt auf, wie die im M&A-Bereich erfolgreichen Unternehmen in diesem Markt agieren.

Eine weitere, selbstverständliche Forderung ist die eines realistischen Akquisitionspreises, der eine profitable Wertschöpfung ermöglicht und unter Beachtung der Risikofaktoren kalkuliert wird. Umfangreiche Geschäfts- und Risikoanalysen unterschiedlicher Szenarien zeigen die Chancen und Risiken und eine akzeptable Preisrange genau auf. Im Rahmen des Fortgangs der Due-Diligence und Verhandlungen werden diese stets aktualisiert.

4.5.3 Was ist eine geeignete Akquisitionsstrategie?

Eine erfolgreiche Akquisitionsstrategie ist vorab genau formuliert, um sich nicht in einem vagen Konzept mit dem bloßen Ziel Wachstum oder strategische Positionierung zu verlieren. Prinzipiell wird unterschieden werden zwischen Akquisitionen, die das bestehende Geschäft stärken sollen, und jenen, die ganz neue Wachstumsaussichten öffnen sollen.

Im ersten Fall geht es entweder um die Absicherung oder Weiterentwicklung der eigenen Position oder um Kostensenkungen („economies of scale"). Abschätzungen über die zu erzielenden Vorteile lagen in der Vergangenheit sehr oft in einem zu optimistischen

Tab. 4.3 Übersicht und Grad der Anwendung und Korrelation zu Erfolg von Maßnahmen zur Identifikation von Zielunternehmen (Doherty et al. 2015)

Maßnahmen zur Identifikation interessanter Zielunternehmen	High-Perf.	Low-Perf.
Verständnis der Merkmale richtiger Zielunternehmen	92 %	68 %
Identifikation des richtigen Typs eines Zielunternehmens	91 %	59 %
Benennung passender MA für Zielidentifikation	79 %	46 %
Definition klarer Rollen/Verantwortung für den Beziehungsaufbau zu potenziellen Zielunternehmen	78 %	53 %
Identifikation der richtigen Anzahl von Zielunternehmen	74 %	54 %
Entwicklung guter Marketing-Pitches zur Unterstützung früher Kontaktaufnahme mit Zielunternehmen	49 %	46 %
Regelmäßige Road-Show/Meeting für Kontaktaufbau zu interessanten Zielunternehmen	46 %	32 %

Bereich, sodass Unternehmen einen zu hohen Preis bezahlten. Im zweiten Fall geht es um eine Weiterentwicklung oder Neudefinition des eigenen Geschäftsmodells. In diesen Fällen ist die Preisfindung der Akquisition und die Übernahme in das eigene Unternehmen noch schwieriger als im ersten Fall.

Weitere Gründe einer Akquisition sind die Diversifizierung des eigenen Geschäftsportfolios oder der Einstieg in benachbarte Märkte ("economies of scope"). Analysen und Erfahrungen von McKinsey, Christensen und Martin werden im Folgenden zusammen vorgestellt. Dies kann eine Guideline der Entwicklung erfolgreicher Akquisitionsstrategien und -planung sein.

McKinsey teilt Akquisitionsstrategien in sechs Felder ein (Goedhart et al. 2017):

1. Verbesserung der Leistungsfähigkeit des Zielunternehmens
2. Reduktion des Kapazitätsüberschusses einer Branche
3. Beschleunigter Marktzugang für Produkte des akquirierten oder des eigenen Unternehmens
4. Entwicklung der weiteren Skalierbarkeit und Gewinn von Größenvorteilen
5. Gewinne neue Fähigkeiten oder Technologien schneller oder zu niedrigeren Kosten durch eine Akquisition als durch die eigene Entwicklung
6. Unternehmenskauf im frühen Lebenszyklus einer neuen Industrie oder Produktlinie und Unterstützung der Geschäftsentwicklung

Die sechs Felder korrespondieren mit Strategiefeldern der beiden folgenden Betrachtungen von Christensen und Martin in der Weiterentwicklung des Geschäftsmodells, im Gewinn von Synergien und Kostenvorteilen und im Kauf von besonderen Fähigkeiten. Es wird im Folgenden jedoch besonders die Wichtigkeit unterstrichen, den Blick auf die Stärkung des akquirierten Unternehmens zu legen.

Christensen (Christensen et al. 2011) führt folgende wichtige Treiber für die Akquisition an, die sich mit einem oder mehreren der o. g. sechs McKinsey-Felder decken:

1. Stärkung des laufenden Geschäfts zur Erzielung höherer Preise
2. Kostensenkungen und Nutzung von Cross-Selling-Möglichkeiten
3. Entwicklung des Geschäftsmodells und Neuausrichtung mit ggf. disruptiven Produkten und Vermarktungsmodellen
4. Ausbau einer Differenzierung, um einer im Produktlebenszyklus auftretenden Commodisierung im Markt entgegenzuwirken

Übernahmen können nur erfolgreich sein, "wenn der Käufer das organische Wachstum des neu hinzugekommenen Unternehmens fördern kann" (Favaro et al. 2012). Eine Akquisition hat dementsprechend die größten Erfolgschancen, wenn beide Unternehmen sich gegenseitig durch ihre Fähigkeiten verstärken und wachsen. Ein einseitiges "Nehmen" wird in seltenen Fällen erfolgreich sein.

Martin erweitert die oben aufgeführten Aspekte und sieht die Chancen von Akquisitionen darin, dass das kaufende Unternehmen folgende Rollen übernehmen kann:

1. Besseres Management zur Stärkung des akquirierten Unternehmens
2. Rolle eines klügeren Kapitalgebers
3. Übertragung besonderer Fähigkeiten
4. Teilung wichtiger Ressourcen

An den Zielen der Akquisition wird sich auch der Integrationsprozess ausrichten. Erfolgreiche und erfahrene Unternehmen haben zur Integration einen eigenen Geschäftsprozess entwickelt. Erfolgreichen Übernahmen liegt auf der Basis einer sehr kritischen Prüfung ein detailliertes Verständnis zugrunde, wie das Geschäftsmodell des Zielunternehmens aufgebaut ist, worin der Wert des akquirierten Unternehmens für das eigene Unternehmen tatsächlich besteht und welchen Wert das eigene Unternehmen dem neuakquirierten Unternehmen geben kann (Christensen et al. 2011). Der Markt der Neuakquisition ist gleichfalls detailliert geprüft und entsprechend in der Bewertung berücksichtigt. Zusätzliche und nicht vom Verkäufer abzuschätzende und eingepreiste Gewinne lassen sich mit der Akquisition realisieren, wenn dem neuen Unternehmen Stärken und Fähigkeiten gegeben werden können, die dessen Wettbewerbsfähigkeit erheblich steigern. Hier liegt ein wichtiger und effektiver Hebel der Steigerung des Unternehmenswerts nach einer Akquisition (Martin 2016; Grant 2013)

Die Einzelelemente des Übernahmekandidaten betreffen das Marktangebot, das Geschäftsmodell der Wertschöpfung mit Umsatz und einer gegebenen Kostenstruktur, die Ressourcen des Unternehmens mit Kunden und Produkten, Technologien, Maschinen und Anlagen, Mitarbeitern, Finanzmitteln und intellektuellem Kapital. Des Weiteren gehören Prozesse im Bereich Vertrieb und Verwaltung, Produktion, Forschung und Entwicklung dazu. Unter günstigen Bedingungen können die Ressourcen des akquirierten Unternehmens in das eigene Unternehmen integriert werden, wodurch jedoch erfahrungsgemäß keine außergewöhnliche zusätzliche Rendite erzielt wird.

Entsprechend der Ergebnisse von Christensen bietet jedoch der Kauf eines anderen Geschäftsmodells mehr Wachstumspotenzial als das Ziel des Kaufs der Ressourcen eines Unternehmens:

- **Stärkung des laufenden Geschäfts, Synergien und Kostenvorteile:** Der Kauf eines Unternehmens mit dem Ziel der Integration der neuen Ressourcen soll das Produktangebot für den Kunden verbessern oder kritische Ressourcen bei Technik, Entwicklung oder Komponenten im Markt weiterentwickeln, absichern oder die Produktkosten durch den Gewinn von Synergien bei Fixkosten und durch Skaleneffekte senken. Der Gewinn von Synergien wird jedoch oftmals überschätzt. Die zusätzliche Komplexität in der Umsetzung der Integration wird hingegen oftmals unterschätzt. Statistiken zeigen, dass sich nur bei ca. einem Drittel der Übernahmen ausreichend Synergien gewinnen lassen, die den gezahlten Kaufpreis rechtfertigen. Bei ca. zwei Dritteln der Fälle liegt die Rendite für die Anteilseigner bei durchschnittlich –2 % (Favaro et al. 2012). Erfolgreiche Unternehmen ziehen Alternativen zur Bewertung einer Akquisitionsstrategie in Betracht. Mit welchen eigenen Mitteln könnten sie allein ohne Akquisition Vorteile auf der Kostenseite, der Entwicklung besonderer Fähigkeiten und Ressourcen oder durch den effektiveren Einsatz eigener Ressourcen gewinnen? Im Fall des Zukaufs von Unternehmen, die das Potenzial der Entwicklung des eigenen Angebots mit dem Ziel eines höheren Preises oder Erreichung eines größeren Marktes entwickeln sollen, prüft die Unternehmensleitung gleichfalls, welche alternativen Wege bestehen. Welche Bewertungen ergeben sich für diese alternativen Wege unter Validierung der Risiken und der technischen und zeitlichen Realisierbarkeit?

- Das Produktangebot und die Produktions- und Unternehmensprozesse beider Unternehmen müssen sich unternehmensweit gut integrieren lassen und untereinander kompatibel sein. Nicht benötigte Ressourcen werden herausgelöst und im günstigsten Fall verkauft. Wichtige Skaleneffekte im Vertrieb sind nur möglich, wenn bei den gleichen Kunden gleichzeitig der Bedarf nach den neuen Produkten des bisherigen Angebots und des Angebots des neues akquirierten Unternehmens entsteht. Das Produktangebot beider Unternehmen muss sich dafür sinnvoll ergänzen und dem Kunden ein höheres Wertversprechen bieten. Nur in dem Fall, dass der Vertriebs- und Distributionskostenanteil oder auch der allgemeine Fixkostenanteil ein wichtiger Faktor in den Gesamtkosten ist, können hier Kostenvorteile in dem Fall nachweisbarer Synergien erzielt werden.
- In der Phase der Konsolidierung von fragmentierten Märkten können führende Unternehmen bei der Realisierung von zusätzlichen Skaleneffekten durch den Kauf anderer Marktbegleiter Kostenvorteile oder eine stärkere Marktmacht zur Sicherung eines attraktiven Preisniveaus erzielen, soweit es nicht zu Konflikten mit den Kartellbehörden kommt.
- Den Daten von McKinsey zufolge ist die unrealistische Bewertung der Synergien einer der häufigsten Fehler innerhalb des gesamten Transaktionsprozesses. Es kann entsprechend der Abschätzungen davon ausgegangen werden, dass Synergie-Effekte in ca. 40 % aller Fälle entweder über- oder unterschätzt werden (Doherty et al. 2016).
- Die Bewertung in dem Due-Diligence-Prozess wird sich nicht nur auf Finanzdaten und operative Daten sowie rechtliche und steuerliche Aspekte beschränken. Eine systematische Due-Diligence berücksichtigt insbesondere auch, ob die strategische Vision des Kaufs mit einer „strategischen Due-Diligence" bestätigt werden kann.
- Ein Verständnis der Komplexität des Integrationsprozesses und der Kosten der neu entstehenden Unternehmensstruktur und -organisation wird vor Abschluss der Akquisition unter Berücksichtigung entsprechender Risiken geprüft.

- **Entwicklung des Geschäftsmodells:** Zusätzliches Wachstumspotenzial kann durch die Erweiterung oder Erneuerung des eigenen Geschäftsmodells durch eine Akquisition gewonnen werden. Im besten Fall wird ein disruptives Geschäftsmodell erworben, welches durch die weitere Verbesserung des Angebots oder den Gewinn neuer wertvoller Marktsegmente zusätzliches Geschäftspotenzial realisiert (Christensen et al. 2001). Insbesondere in einer Zeit, in der Branchenveränderungen mit ihrer technischen Entwicklung den Bedürfnissen der Kunden oftmals vorauseilen, bieten derartige neue Geschäftsmodelle und Geschäftsfelder eine gute Chance, in der sich verändernden Wertschöpfung neue Quellen des wirtschaftlichen Gewinns zu entdecken. Gerade in diesem Gebiet bieten zahlreiche neue Unternehmen neue Chancen und werden dadurch zu attraktiven Akquisitionszielen. Ist der Kauf eines neuen Geschäftsmodells der Grund einer Akquisition, wird dies normalerweise eigenständig fortgeführt.

Differenzierung des eigenen Geschäftsmodells: In den Bereich der Erweiterung des eigenen Geschäftsmodells fallen auch Akquisitionen mit dem Ziel eines Ausbaus der Differenzierung des Angebots, um dem typischen Preisverfall etablierter Produktangebote etwas entgegenzusetzen. Hier geht es darum, sich auf neue Punkte der gesamten Wertschöpfungskette des Produktangebots zu konzentrieren, wo die Gewinne in der Zukunft liegen werden. Die Integration von Unternehmen, die derartige kritische Prozessschritte in der Wertschöpfung bedienen, können die Profitabilität des Geschäftsmodells steigern. Handelt es sich um neue, noch nicht ausgereifte Produkte, die innerhalb einer Wertschöpfungskette entwickelt werden, hat insbesondere ein größeres, integriertes Unternehmen die besseren Chancen, diese zum Erfolg zu führen und neue Differenzierungsmöglichkeiten zu realisieren. Dies schafft neue Produktangebote mit zusätzlichem Kundenwert. Des Weiteren bieten sich diesen Unternehmen meist erhebliche Skalenvorteile und die Amortisation hoher Fixkosten über größere Volumen. Im Zuge der weiteren technologischen Entwicklung und Reifung der integrierten Produktangebote kann es zu einem späteren Zeitpunkt jedoch geschehen, dass sich diese zu Beginn ggf. sehr profitablen Wertschöpfungsschritte zu einem modularen Konzept entwickeln, das von verschiedenen Anbietern separat angeboten wird. Die integrierten Unternehmen werden dann angreifbar. Dies kann zu einem Zeitpunkt passieren, in dem der Kunde mit dem dann inzwischen modularen Standardangebot sehr zufrieden ist und die frühere Differenzierung nicht mehr greift. „Manager, deren Firmen derzeit viel Geld verdienen, sollten sich nicht fragen, ob dieses Potenzial, attraktive Gewinne zu erzielen, auf andere übergehen wird, sondern wann. Wenn sie genau auf die Signale achten, können Sie möglicherweise über alle Zyklen prosperieren statt nur in einem einzigen" (Christensen et al. 2001). Christensen et al. zeigen diese Entwicklung anhand der Beispiele in der Entwicklung der Computer- und Automobilindustrie auf, die sich von einem Gesamtkonzept zu einem Modulkonzept entwickelten.

- **Besseres Management zur Stärkung des akquirierten Unternehmens:** Die Stärkung der Management-Fähigkeiten des gekauften Unternehmens ist eine weitere Möglichkeit, die sich jedoch in vielen Fällen nicht realisieren ließ. Der Fall Daimler Chrysler wird als bekanntestes Beispiel angeführt (Martin 2016). Ein positives Beispiel ist das Unternehmen Danaher, das mit einer großen Erfahrung aus Firmenübernahmen ein System entwickelt hat, Übernahmen effizient und erfolgreich zu gestalten. Wichtiger

Bestandteil des Systems ist vonseiten Danaher als dem kaufenden Unternehmen, die Wettbewerbsfähigkeit des zugekauften Unternehmens nachhaltig zu verbessern. Dennoch zeigt auch hier die Erfahrung, dass es keinen Oone-fits-all-Integrationsprozess geben kann, sondern Anpassungen in jedem einzelnen Deal notwendig werden.

- **Der bessere Kapitalgeber:** Das Modell, als Kapitalgeber in die Akquisition für das neue Unternehmen einzutreten, bietet sich besonders in Ländern mit wenig entwickelten Kapitalmärkten oder für junge Unternehmen in neuen, wachstumsstarken Branchen an. In Indien waren die Tata Group und die Mahindra Group (Automobil) mit dieser Strategie und dem Kauf und der Wachstumsfinanzierung kleinerer Unternehmen sehr erfolgreich (Martin 2016). Unternehmen mit Wachstumspotenzial werden auf diese Weise neue Chancen eröffnet. Zusätzlich kann sich das junge Unternehmen ggf. durch spezifische Branchenkenntnisse des akquirierenden Unternehmens schneller und erfolgreicher im Markt fortentwickeln.
- **Übertragung wichtiger Fähigkeiten:** In dem Fall, dass das Käufer-Unternehmen dem neu erworbenen Unternehmen wichtige, funktionale Fähigkeiten zur Stärkung und Weiterentwicklung der Wettbewerbsfähigkeit übertragen kann, wird die Wahrscheinlichkeit einer erfolgreichen Akquisition gleichfalls steigen. Hier erscheint es evident, dass das Geschäft des Zielunternehmens bereits sehr nahe an dem eigenen Geschäft liegen sollte und die eigenen Fähigkeiten im Vergleich zu denjenigen des Zielunternehmens deutlich stärker ausgeprägt sind. Aufseiten des zugekauften Unternehmens muss die Übernahme neuer Fähigkeiten und Prozesse akzeptiert werden. Google konnte seine Stärke in der Softwareentwicklung zur Entwicklung des akquirierten Android-Systems beitragen.
- **Teilung wichtiger Ressourcen:** Die weitere Chance der Stärkung des Zielunternehmens durch das eigene Unternehmen besteht darin, Personal und Fähigkeiten oder Vermögenswerte dem neuen Unternehmen zur Nutzung bereitzustellen. Dies kann beispielsweise die Nutzung des Vertriebsnetzes zum Verkaufen der Produkte des Zielunternehmens sein. Das Beispiel der erfolgreichen Nutzung der Vertriebskraft von Microsoft zum Verkauf der Visualisierungssoftware des Unternehmens Visio aufgrund der Integration in das Office Portfolio ist ein Beispiel des Teilens dieser Ressourcen. Andererseits konnte Microsoft bei der Übernahme des Mobilfunkgeschäfts von Nokia keine wertvollen Fähigkeiten anbieten, die Nokia stärkten (Martin 2016).

Procter & Gamble entwickelte sein starkes Wachstum unter dem CEO Alan G. Lafley auch durch zahlreiche Firmenübernahmen. Als häufige Gründe des Scheiterns von Firmenübernahmen nennt Lafley (Lafley und Dillon 2011):

1. Fehlende Gewinnstrategie für den Zusammenschluss
2. Zu langsame oder zu schlechte Integration
3. Erwartung von Synergien, die sich nicht einstellten
4. Inkompatible Unternehmenskulturen
5. Führungskräfte, die niemals miteinander auskommen würden

Den Wert der Entwicklung einer langfristigen Erfahrungskurve schätzt Lafley ab: „Mit dem Wissen darüber, was zwischen 1970 und 2000 schiefgelaufen war, waren wir in der Lage, unsere Erfolgsquote bei Firmenkäufen innerhalb von zehn Jahren von unter 30 % auf über 60 % zu steigern" (ebd.). Die Entwicklung erfolgreicher Übernahme- und Integrationsprozesse erfordert eine klare Einhaltung von Prozessen und Regeln.

4.5.4   Wie viele der Synergieziele können tatsächlich gewonnen werden?

Welcher Anteil der ursprünglichen Synergieziele der M&A-Planung kann in Unternehmen tatsächlich gewonnen werden? McKinsey befragte 200 erfahrene Manager aus dem Bereich M&A und gewann in dem schwierigen Feld der Synergiegewinne im Vertrieb detaillierte Einblicke (Chartier et al. 2018). Durchschnittlich wurden nur 77 % der Synergieziele erreicht, zwischen den einzelnen Branchen lag dieser Prozentsatz zwischen 69 % und 83 %. (Abb. 4.10) Die Frist bis zum Gewinn dieser Synergien verzögerte sich darüber hinaus deutlich stärker als im Fall des Gewinns von Kostensynergien.

Während Synergien zur Realisierung der tatsächlichen Kosteneinsparungen meistens einen Zeitraum von zwei bis drei Jahren benötigen, wurde bei Umsatzsynergien nach drei Jahren erst 82 % des finalen Wertes und auch nach fünf Jahren erst 93 % des finalen Wertes erreicht (Abb. 4.11). Worin bestehen die besonderen Schwierigkeiten in der Rea-

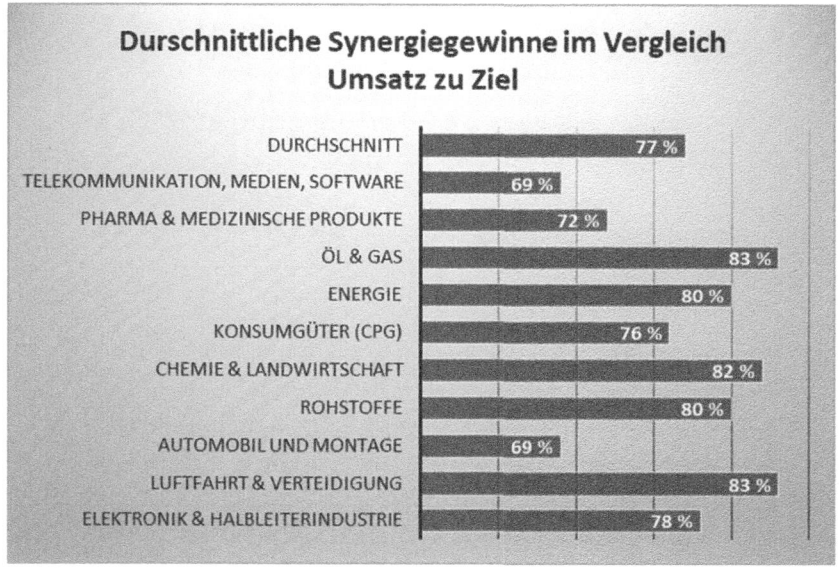

Abb. 4.10 Durchschnittliche, tatsächlich realisierte Umsatzsynergien im Vergleich zum Ziel (Daten Chartier et al. 2018). Mit freundlicher Genehmigung von: © McKinsey & Company

lisierung (Chartier et al. 2018)? Vorsichtig kalkulierende Unternehmen werden diese empirischen Erkenntnisse aus einer Vielzahl von M&A in der Planung und Abschätzung ihrer eigenen Annahmen nach der Due-Diligence zur Berechnung möglicher Synergiegewinne berücksichtigen.

Dennoch erzielen gemäß den Daten von McKinsey die erfolgreichsten Unternehmen in Unternehmenskäufen 30 % und sogar bis zu 100 % zusätzliche Synergiegewinne, als im Due-Diligence-Prozess veranschlagt. Diese Ergebnisse können jedoch nur erreicht werden, wenn jenseits möglicher Kostensynergien und Umsatzsynergien eine höhere Produktivität bei Kapitalinvestitionen erreicht wird. Große Unternehmenskäufe benötigen typischerweise längere Zeit als kleine, programmatische Käufe, um Synergieergebnisse ausweisen zu können. Gleichzeitig haben diese großen Abschlüsse ein deutlich höheres wirtschaftliches Risiko und bedingen zumeist größere Veränderungen.

In den Umfragen wird eine Vielzahl von Problemen benannt, die Synergiegewinne reduzieren und verzögern. Ausrichtung des Vertriebs auf neue Produkte und neues Verhalten der Vertriebsmitarbeiter mit der Nutzung der neuen Chancen, die Definition realistischer Ziele, die Ausrichtung der gesamten Organisation und Prozesse auf das neue Angebot waren einige der Aspekte.

Die größten Gewinne wurden durch Cross Selling bei bestehenden Kunden, durch die geografische Ausdehnung und die Entwicklung von neuen Angebotsbündelungen bei Produkten und Lösungsverkauf erzielt. Umsatzgewinne wurden in den Bereichen des „Wo

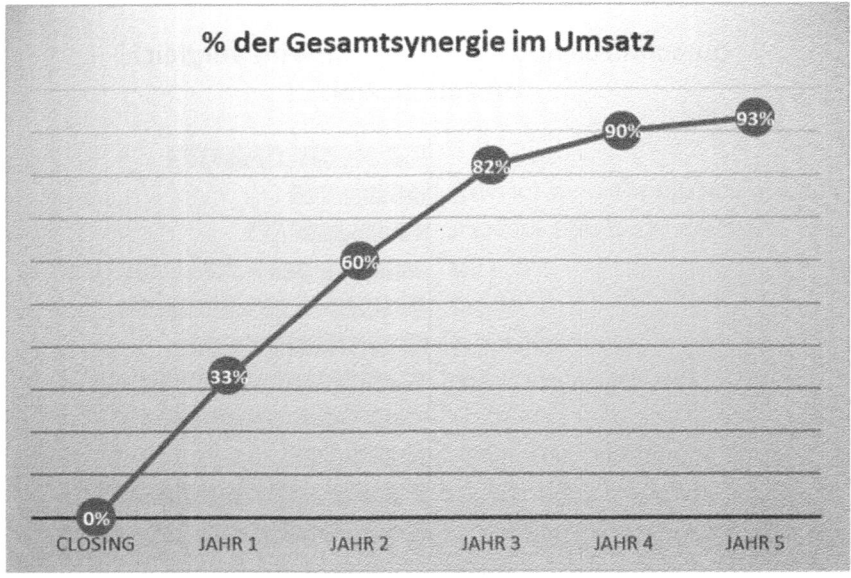

Abb. 4.11 Anteil der tatsächlich realisierten Umsatzsynergien nach Closing in Abhängigkeit von der Zeit (Daten Chartier et al. 2018). Mit freundlicher Genehmigung von: © McKinsey & Company

zusätzlich verkaufen?", des „Wie zusätzlich verkaufen?" und des „Was zusätzlich verkaufen?" verfolgt (Chartier et al. 2018):

- **Wo:** Cross Selling, geografische Ausdehnung, Ausweitung der Vertriebskanäle
- **Wie:** Umsatzmanagement, Optimierung der Abdeckung und Vertriebskanäle, Entwicklung der Vertriebseffizienz
- **Was:** Neue Produktbündelungen und Lösungsangebote, neue Produkte

Zunächst müssen Unternehmen detailliert herausfinden, in welchen Bereichen Chancen liegen und wo Chancen noch übersehen werden. Dazu wird im Bereich des Produktangebots, der Vertriebsmitarbeiter und der Systeme z. B. geprüft:
Produktangebot:

- Bietet das neue Produkt- oder Dienstleistungsangebot besondere Vorteile für spezifische Kunden durch Synergien?
- Welche neuen Produkt- und Lösungspakete können zur Erzielung zusätzlichen Umsatzes angeboten werden?
- Welche Gewinne können durch das erweiterte Angebot bei bestehenden Kunden durch eine besondere Positionierung erzielt werden?
- Welche neuen Produkte kann das Unternehmen aufgrund zusätzlicher Entwicklungskapazitäten, Fähigkeiten und Know-how entwickeln und anbieten?

Vertrieb:

- Welche bestehenden und neuen Vertriebspunkte können zur Nutzung der Synergien eingesetzt werden?
- Welche neuen Kunden können wie mit dem neuen Angebot zusätzlich gewonnen werden?
- Können besonders gute Kundenbeziehungen aus einem der beiden Unternehmen genutzt werden, um zusätzlich die Produkte des zweiten Unternehmens zu verkaufen?
- Wie kann die ggf. unterschiedliche Ausrichtung der Vertriebsmitarbeiter beider Unternehmen zusammengeführt werden?
- Bieten die Vertriebsmethoden eines Unternehmens besondere Chancen, wenn sie auch für die Produkte des zweiten Unternehmens genutzt werden können?
- Gibt es Unterschiede in der Angebots- und Preisstrategie und wie wird eine neue, integrierte Angebots- und Preisstrategie definiert?
- Wie kann die Zielsetzung angepasst werden, die Synergien im Vertrieb beider Unternehmen berücksichtigt?
- Welche Trainingsmaßnahmen bei Mitarbeitern sind notwendig, um sowohl Kenntnisse als auch Verhalten und Ausrichtung anzupassen?

Prozesse:

- Wie werden die Vertriebs- und Marketingprozesse beider Unternehmen zusammengeführt?

Synergien werden erfolgreicher gewonnen, wenn alle Stakeholder in den Prozess der
Identifikation neuer Chancen und der Zielentwicklung eingebunden werden. Synergieziele werden sowohl top-down als auch bottom-up entwickelt. Im Top-down-Prozess
werden die Chancen der Entwicklung des Marktes und der Marktanteile, in der Bottom-
up-Betrachtung wird der Vertrieb bei den einzelnen Kunden genau analysieren, welche
Chancen sich durch neue Produkte, ein neues Angebot und neue Vertriebsmethoden umsetzen lassen. In einem detaillierten Prozess werden neue, zusätzliche Ziele identifiziert.
Das Herunterbrechen dieser Chancen auf Kunden und Produktebenen ist eine aufwendige, detaillierte Arbeit, die sich durch neue, zusätzliche Umsatzsynergien auszeichnen
wird.

Die Anreizsysteme im Unternehmen werden ggf. geprüft und auf spezifische Ziele des
Synergiegewinns angepasst. Eine enge Verfolgung der Realisierung der Synergie unterstützt diesen Prozess.

4.5.5 Das M&A-Team

Ein M&A-Projektteam und ein Integrationsteam mit erfahrenen Spezialisten wird die umfangreichen Aufgaben führen und steuern.

Die dringend zusätzlich notwendigen Managementressourcen in diesem Prozess
müssen die Aufrechterhaltung und den reibungslosen Fortgang des operativen Tagesgeschäfts gewährleisten. Erfahrungen zeigen, dass die Produktivität im Unternehmen
infolge der Unruhe und Veränderungen nach der Akquisition zu Beginn der Integrationsphase oft um mindestens 5 % nachlässt. In einer Risikoplanung werden besonders kritische Bereiche des Tagesgeschäfts identifiziert, die in dieser Phase zusätzliche Unterstützung benötigen. Gerade zu Beginn der Integrationsarbeit wird ein stärkerer
Innenfokus in der Organisation bestehen, der im Markt zu Problemen führen kann. Erfolgreiche Unternehmen starten eine rechtzeitige Planung zur Sicherstellung der Fortführung des Tagesgeschäfts ohne Beeinträchtigung durch die Akquisitions- und Integra-
tionsaufwendungen. Das Kennzahlensystem verfolgt weiterhin streng die Konzentration
und den Fokus auf den Erfolg des bestehenden Kerngeschäfts. Dies erfordert ggf. den
rechtzeitigen Gewinn befristeter Managementressourcen. Grundlage jedes M&A-Pro-
zesses vom Start bis zur vollständigen Integration ist ein systematisches Vorgehen. Die
oben zitierten Ausführungen von Lafley zeigen exemplarisch die hohen Anforderungen
und Lernerfahrung von Akquisitionsprojekten auf.

Umfang und spezifische, notwendige Fähigkeiten von M&A-Teams variieren stark
entsprechend verschiedener Anforderungen (Beitel und Rehm 2010). Große Teams

können den Prozess von Beginn bis zum Ende durchziehen und sind effizient in der Identifikation möglicher Akquisitionsziele. In dem Fall, dass ein Unternehmen eine große Anzahl kleinerer Akquisitionen in fragmentierten Industrien anpeilt, werden diese Teams effizient sein. Akquisitionen im Bereich Software beispielsweise, in denen zumeist eine Vielzahl kleinerer Akquisitionen von einem Unternehmen durchgeführt werden, lassen einen formalisierten, speziellen M&A-Prozess mit spezialisierten Teams angemessen erscheinen.

So effizient spezialisierte M&A-Teams diese Prozesse durchführen, so besteht aber auch ein gewisses Risiko, dass das Verständnis einzelner Business-Unit-Strategien aufgrund ihres limitierten externen Fokus nur eingeschränkt vorhanden sein kann.

Im Fall geringerer M&A-Aktivitäten kommt ein aus wenigen, sehr erfahrenen Personen zusammengesetztes Kernteam zum Einsatz, welches im Rahmen einer Projektorganisation die verschiedenen Experten im Unternehmen hinzuzieht. Diese Konstellation liegt eher in klassischen Industriebereichen vor. In einem derartigen Umfeld gibt es meistens Investitionsrichtlinien und Entscheidungskriterien, die auch auf die Investitionen eines Unternehmenskaufs angewendet werden können. Erfolgreiche Unternehmen wenden hier ein diszipliniertes und systematisches Vorgehen mit detaillierten Analysen, einem Due-Diligence-Prozess unter Einsatz eines Integrationsteams an.

Innerhalb eines derartigen kleinen M&A-Teams verfügen erfolgreiche Unternehmen über erfahrene M&A-Manager, die für diese Aktivitäten verantwortlich sind.

Neben der Teamgröße und einer wünschenswerten Diversität gilt es, die verschiedenen Stakeholder, die Sicherung umfangreichen Know-hows sowohl in Akquisitions- und Due-Diligence-Prozessen als auch das fachliche Know-how zu berücksichtigen. Diversität sichert verschiedene Sichtweisen (Kap. 9). Die frühzeitige Berücksichtigung der betroffenen Funktionen und ihrer Beiträge im Integrationsprozess wird das „buy-in" in den folgenden Schritten und die Akzeptanz neuer Ziele sichern. Annahmen im gesamten Akquisitionsprozess werden immer wieder herausgefordert und geprüft. Die Finanzabteilung hat im gesamten Akquisitionsprozess eine Kernaufgabe und ist in erfolgreichen Teams in der Lage, in kurzer Zeit während des Akquisitionsprozesses und nach dem Abschluss Kosten und Synergiechancen kritisch unter verschiedenen Szenarien und Annahmen zu prüfen. Ein detailliertes Kostenverständnis der eigenen Strukturen wird ergänzt durch Branchen- und Erfahrungswissen in der Beurteilung der Strukturen von Akquisitionskandidaten. Der CEO wird in seinem Führungsteam und im M&A-Team eine gemeinsame Vision des geplanten Deals sichern, ohne dabei kritische Stimmen und Aspekte zu unterdrücken (Rudnicki et al. 2017).

4.5.6 Integration: Wird die Akquisition erfolgreich?

Eine formelle Integrationsplanung startet bei erfolgreichen Unternehmen bereits frühzeitig im Due-Diligence-Prozess. Die Führung im Integrationsprozess selbst übernimmt ein Integrationsmanager, der in der Due-Diligence-Phase maßgeblich eingeschlossen ist.

Ein aus beiden Unternehmen besetztes Integrationsbüro wird nach Abschluss des Deals mit Führungskräften beider Unternehmen mit hoher Reputation und einem guten, internen Netzwerk besetzt. Das Integrationsbüro kann sowohl eine im Prozess operativ ausgerichtete Führungsaufgabe als auch alternativ eine Supportfunktion der Projektleitung mit der Verfolgung der kritischen Aufgaben und Ziele übernehmen. Es wird alle Entscheidungen im Integrationsprozess schnell vorantreiben. Das Büro sorgt dafür, dass die richtigen Personen zur richtigen Zeit auf der Basis der bestmöglichen Informationen die notwendigen Entscheidungen treffen.

Die Erstellung des Masterplans mit zahlreichen Interdependenzen ist sehr komplex. Er zeigt in der obersten Ebene die wesentlichen Meilensteine der Integration, in der darunter liegenden Darstellung die verschiedenen, komplexen Abhängigkeiten und Risiken der Pläne der Integrationsteams, die das Fundament des Masterplans bilden. Auf der Ebene der Risiken werden auch die kritischen Pfade der Planung ausgewiesen und besonders verfolgt. Das Integrationsbüro übernimmt die enge Verfolgung der Pläne.

Die Planung wird in die Designphase und die Integrationsphase unterteilt. Die Designphase beginnt unmittelbar nach dem Closing und deckt die ersten —zwei bis drei Monate ab. Hier werden die wichtigen kurz-, mittel- und langfristigen Werttreiber der Akquisition detailliert betrachtet, bewertet und mit messbaren Leistungszielen versehen, die in der Folge im Integrationsprozess umgesetzt werden. In diese Phase fallen wichtige Entscheidungen zur zukünftigen Struktur und Organisation des Unternehmens. Die Verantwortlichkeiten der oberen Ebenen werden bestimmt, Geschäfts- und Aufgabenbereiche werden ggf. voneinander abgegrenzt.

Ein definierter Integrationsprozess wird die besonderen Aspekte des jeweiligen Kaufs berücksichtigen. Motive des Kaufs werden strategische Überlegungen und besondere Stärken des neuen Unternehmens und des Erwerbers sein. Erfolgreiche Unternehmen priorisieren die Integration dieser Kernaspekte und stellen andere zurück. Daraus folgt eine spezifische Aufstellung darüber, in welchen Bereichen die Zusammenführung besonders beschleunigt und priorisiert werden soll, da sie die wesentliche Grundlage des Unternehmenskaufs sind. Im Fall besonders wichtiger Marketingaspekte und Marktzugänge des Unternehmenskaufs werden diese priorisiert (Doherty et al. 2016).

Probleme im Integrationsprozess kommen häufig sowohl durch Fehler im Ablauf der Vorbereitung und des Deal-Abschlusses zustande als auch durch Probleme in der Organisation selbst, in den operativen Bereichen und im Finanzbereich. Schwerwiegende Probleme entstehen oft im Bereich des Veränderungsmanagements und der kulturellen Anpassung (ebd.).

Unterschiedliche Systeme und Messkriterien zwischen beiden Unternehmen werden angepasst, um eine vergleichbare Bewertung sicherzustellen. Die Realisierung der Ziele der Akquisition und der Fortgang des Integrationsprozesses werden in kurzen Zeitabständen geprüft.

Nach Abschluss des Deals können Workshops häufig zusätzliche Potenziale identifizieren, wenn vorherige Annahmen verworfen werden oder von Grund auf eine Neubewertung in einem kreativ-unternehmerischen Umfeld gestartet wird (Ferrer et al. 2013).

4.5.7   Integration der Kulturen: Die größte Herausforderung?

Wie wird der Soft- und Kulturfaktor der Übernahme mit der Zusammenführung der Unternehmenskulturen erfolgreich bewältigt? Dies ist ein besonders kritischer Punkt, auf den erfolgreiche Akquiseure von Beginn an hohe Aufmerksamkeit legen. In den Umfragen unter Managern zeigt sich immer wieder, dass Unternehmen im Bereich des Integrationsprozesses am häufigsten wichtige Defizite identifizieren. Der größte Unterschied zwischen besonders erfolgreichen und wenig erfolgreichen Unternehmen im Bereich M&A zeigt sich gerade in diesem Bereich (Doherty et al. 2016).

Wichtige Aspekte sind Erwartungshaltungen der Partner und Mitarbeiter, Integration der Prozesse und Wertschöpfungsarchitektur, Entwicklung der Berichtsbeziehungen und Management der „Machtverhältnisse" sowie die Gestaltung des Übergangsprozesses. Gemischt besetzte Arbeitsgruppen, Management- und Lenkungsgremien übernehmen in dem langen Integrationsprozess wichtige Rollen. Unterschiedliche Unternehmensprofile und Erwartungshaltungen bieten ein erhebliches Spannungspotenzial. Die notwendigen erheblichen Managementressourcen nach dem Closing müssen bis zum Abschluss der Integration realistisch zur Verfügung stehen. Inkompatible IT-Architekturen können schon allein ein großer Stolperstein einer erfolgreichen Integration sein.

Die Integration der Kulturen soll bereits im Due-Diligence-Prozess detailliert bewertet und bis zum Abschluss des gesamten Prozesses verfolgt werden. In erfolgreichen Integrationsprozessen erkennen Mitarbeiter die Integration auch als einen Bestandteil ihrer eigenen Aufgaben. Leadership, Überzeugungskraft der Führungskräfte und eine inspirierende Motivation aller Mitarbeiter sind Kernbestandteile und Basisanforderungen erfolgreicher Integrationsarbeit. Die kulturelle Integration betrifft nicht nur große Standorte und Kernbereiche, sondern alle Regionen und Mitarbeiter und wird sehr detailliert betrachtet. Es geht um Punkte, die weit jenseits gemeinsamer Werte und Visionen liegen. Die Zusammenführung der Unternehmenskulturen betrifft Führung und Managementpraxis, Arbeitsnormen und Prozesse, Art der Entscheidungsfindungen und -prozesse u. a. In diesen Bereichen liegen erhebliche Risiken, die die Motivation betreffen und zum Verlust der besten Mitarbeiter führen können (ebd.).

Beide Unternehmen werden kulturelle Gemeinsamkeiten und erhebliche Unterschiede mit verschiedenen Stärken aufweisen. Die Förderung der verschiedenen Stärken und ihre Priorisierung werden mit den Zielen der Akquisition bewertet und in ihrer Etablierung in der Umsetzung verfolgt. Wie soll die gemeinsame Unternehmenskultur nach Abschluss der Integration aussehen? Die Betonung der Gemeinsamkeiten der beiden Kulturen wird ein Momentum schaffen, das die Integration der unterschiedlichen Aspekte unterstützt. Herz und Kopf der wichtigen Mitarbeiter müssen von Sinn und Zielen der Akquisition und Integration überzeugt werden. Der Status der Werte, kulturelle Prioritäten und Einstellungen der Mitarbeiter kann zu Beginn z. B. durch intranet-basierte Fragebögen erhoben werden. Differenzen zwischen den Unternehmen werden dadurch offensichtlich. Ergebnisse und sich daraus ergebende Herausforderungen werden in Workshops vorgestellt und diskutiert. Die Entwicklung der kulturellen Integration wird verfolgt und dokumentiert. Entsprechend den Ergebnissen in Untersuchungen sind i. A. sowohl bei den erfolgreichen wie wenig erfolgreichen Unternehmen die kritischsten Bereiche das effektive Management der kulturellen Unterschiede und die Fähigkeit zur Festlegung von Synergiezielen.

Der Integrationsprozess benötigt eine hohe Anzahl von Mitarbeitern mit sehr unterschiedlichen Fähigkeiten über eine längere Periode. Die Anforderung hoher Kompetenzen und der längerfristige Aufwand gestalten die Zusammenstellung eines entsprechenden Integrationsteams schwierig. Andererseits zeigt sich gerade hier, dass erfolgreiche Akquisitionsunternehmen im Vergleich zu anderen eine besondere Stärke haben. 76 % der besonders erfolgreichen Unternehmen sagen aus, dass ihr Integrationsteam mit den richtigen Mitarbeitern mit den richtigen Fähigkeiten besetzt war, während dies nur 46 % der befragten Manager bei den Unternehmen mit enttäuschenden Resultaten aussagten. Die größte Differenz bestand bei der Beurteilung des Einsatzes der richtigen Leadership-Fähigkeiten, um die Integration zu leiten. Bei den besonders erfolgreichen Unternehmen sahen dies 81 % erfüllt, bei den wenig erfolgreichen Unternehmen nur 42 % (Doherty et al. 2016).

Erfolgreiche Unternehmen haben ein intensives Verständnis von der Komplexität und der Wichtigkeit aller Aspekte der Integration. In erfolgreichen Integrationsprozessen werden Entscheidungen dennoch schnell getroffen. In dem Integrationsplan sind bereits wichtige Entscheidungspunkte vorgesehen. Die erfolgreiche Integration steht über der Optimierung der Ergebnisse, die im Nachgang der Integration verfolgt werden (Rousse und Frame 2009).

Besondere Herausforderungen im Personalbereich bei der Zusammenführung verschiedener Kulturen bestehen in der Anpassung der Leistungsparameter im Integrationsprozess in der gesamten Organisation und im Erhalt oder Gewinn herausragender und besonders wichtiger Mitarbeiter. Diese Aufgabe liegt jedoch keinesfalls in der alleinigen Verantwortung der Personalabteilung, sondern kann nur mit der Unterstützung aller Führungskräfte und Mitarbeiter gelingen (Abb. 4.12).

In erfolgreichen Unternehmen gibt es einen organisierten Analyse- und Lernprozess nach Abschluss des Kaufs und des Integrationsprozesses. M&A mit all seiner Komplexität erweitert mit jedem abgeschlossenen Deal und der folgenden Integration den Erfahrungshorizont. „Lessons learned" werden in formalisierten Workshops nach Abschluss oder auch Abbruch des Deals, nach der Erreichung wichtiger Meilensteine und des Abschlusses des Integrationsprozesses mit allen Beteiligten dokumentiert und in die M&A-Richtlinien übernommen.

4.5.8   Haben Big Deals besondere Merkmale?

Im Vergleich von neun besonders erfolgreichen, sehr großen Akquisitionen mit sechs außerordentlich negativen Transaktionen vergleichbarer Größe wurden einige Umsetzungs- und Integrationsmaßnahmen identifiziert, die sich von dem Vorgehen bei kleineren Käufen unterscheiden (Agrawal et al. 2011):

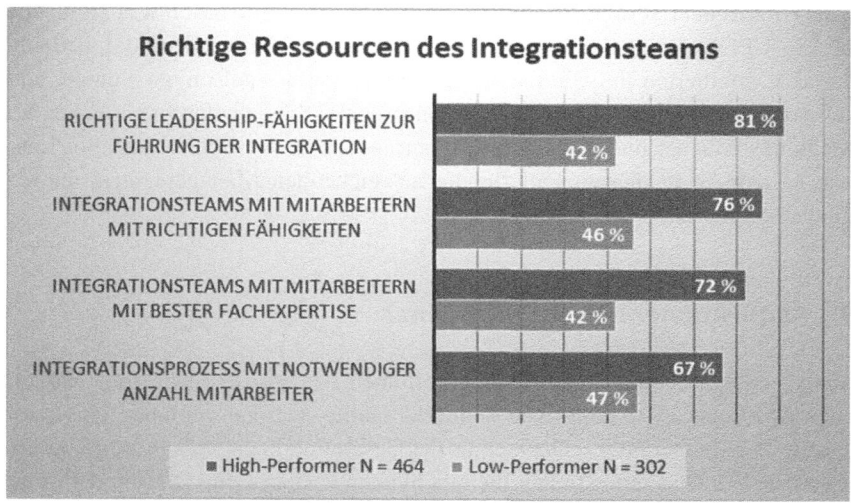

Abb. 4.12 Richtige Ressourcen des Integrationsteams (Angabe % Ressourcenausstattung der Integrationsteams: Vergleich High-Performer/Low-Performer (Daten Doherty et al. 2016). Mit freundlicher Genehmigung von: © McKinsey & Company

Leistungsziele werden höher angesetzt als Annahmen aus dem Due-Diligence Prozess Nach dem Abschluss des Kaufs erzielten Unternehmen, die die Synergieziele der Due-Diligence anschließend erneut überprüften und höher ansetzten, bessere Ergebnisse als andere. Eine genaue Analyse der Chancen eröffnet meistens zusätzliche Einsichten im Bereich von Produktion, Kunden, neuen Produkten und Dienstleistungen, die zuvor nicht ausreichend untersucht werden konnten.

Erfolgreiche Unternehmen verfolgen nicht den Ansatz, „das Beste aus jedem der zwei Unternehmenskulturen zu übernehmen" Entsprechend der Ergebnisse führen derartige Ansätze eher zu Konfusion und Schwierigkeiten im Integrationsprozess. Stattdessen wird eine genaue Überprüfung von kulturellen Unterschieden durchgeführt. Dies betrifft z. B. Entscheidungs- und Planungsprozesse, Leistungsmessungen und Verantwortungsbereiche bzw. Verantwortungsumfänge und die Art der Kommunikation und der Kommunikationskanäle. Anschließend werden neue und verbesserte Prozesse entwickelt und den Mitarbeitern aufgezeigt. Diese Maßnahmen sollen eine gemeinsame Kulturentwicklung vorantreiben. Ausnahmen kann es geben, wenn besondere Bereiche eines zugekauften Unternehmens besonders geschützt werden sollen, wie z. B. die Aufrechterhaltung einer besonderen innovativen Kultur in einem Hochtechnologieumfeld. In diesen Fällen muss zwischen den Kosten durch parallele, unterschiedliche Systeme, Prozesse und eventuellen Redundanzen einerseits und den Vorteilen des Wertbeitrages auf der anderen Seite der bessere Weg gefunden werden.

Der CEO fokussiert sein Engagement auf einige wenige, besonders kritische Bereiche Die CEOs, die in den außerordentlich erfolgreichen, großen Akquisitionen beteiligt waren, limitierten ihre Teilnahme und ihren Einfluss auf einige wenige, außerordentlich kritische Bereiche in dem Integrationsprozess. Sie delegierten ein hohes Maß an Entscheidungsbefugnis und Verantwortung an andere Senior-Führungskräfte. Entscheidend ist es jedoch, in diesem Fall für die ausreichenden Managementressourcen und -fähigkeiten zu sorgen.

4.5.9 Akquisitionen: Wie ist die Bilanz?

Die Analyse von 215 Fusionen mit einem Volumen von jeweils mehr als 5 Mrd. Dollar zwischen 2000 und 2010 zeigt, dass sich „die Hälfte der Transaktionen langfristig um mindestens 25 % besser oder schlechter als der Gesamtmarkt entwickelten" (Khorana und Shivdasani 2013). Dies unterstreicht die erheblichen Chancen und Risiken derartiger Fusionen. Im Marktdurchschnitt entwickelte sich der Aktienkurs der Käufer über zwei Jahre um 6 % besser als der Aktienmarkt. Die stark divergierenden Ergebnisse belegen das hohe Risiko von Akquisitionen. Die Analyse zeigt folgende Merkmale:

1. Fusionen und Übernahmen innerhalb des Kerngeschäfts des kaufenden Unternehmens entwickelten sich besser als diejenigen mit dem Ziel der Diversifizierung.
2. Die zeitliche Spanne der Gewinnentwicklung war sehr entscheidend. Die langfristigen Bewertungen am Aktienmarkt entwickelten sich um durchschnittlich 13 % besser als der breite Markt, wenn die Übernahme den Gewinn je Aktie innerhalb von zwei Jahren steigerte. In dem Fall von Akquisitionen, die einen größeren Zeitraum zur Steigerung des Gewinns der Aktien benötigten, entwickelten sich die Anteilswerte jedoch mit −17 % erheblich schlechter im Vergleich zum Aktienmarkt. Dementsprechend lässt sich der langfristige Erfolg einer Akquisition bereits frühzeitig im Integrationsprozess beobachten: „Es passt oder passt nicht."
3. Zur Bewertung eines fairen Preises bei Übernahmen werden häufig vergleichbare Käufe herangezogen. Dennoch zeigt sich, dass Unternehmen, die einen im Vergleich zu anderen Übernahmen höheren Preis zahlten, den Markt um durchschnittlich 12 % schlugen. Entscheidend ist die genaue Analyse des Nutzens einer Übernahme bei der Bewertung realistisch zu rechtfertigender Preise.
4. In ca. 20 % der Übernahmen wurden diese Transaktionen mithilfe von Cash-Mitteln des kaufenden Unternehmens bezahlt. Derartige Unternehmenskäufe entwickelten sich um 26 % besser als Käufe mit anderen Finanzierungsmethoden. Diese Unternehmen entwickelten sich am Aktienmarkt im Durchschnitt langfristig um 15 % besser als der übrige Markt, auch wenn eine vorübergehende Herabstufung der Bonität in Kauf genommen werden musste. Dieses Ergebnis deckt sich auch mit anderen Analysen, die moderate Akquisitionen ohne die Aufnahme hoher Fremdmittel empfehlen.

Internationale Käufe zur Expansion in neue Märkte entwickelten sich im Durchschnitt genauso gut wie Akquisitionen im eigenen Land –„mit einer Ausnahme: Globale Übernahmen außerhalb des Kerngeschäfts des Käufers entwickelten sich sehr schlecht" (Khorana und Shivdasani 2013).

Auch wenn es typische Richtwerte zur Unternehmensbewertung gibt, muss am Ende das akquirierende Unternehmen den Preis bestimmen, der sich aus Ziel und Zweck der Übernahme berechnen muss. Wie zuvor aufgezeigt, lässt sich erhebliches Gewinnpotenzial realisieren, wenn besondere Fähigkeiten des eigenen Unternehmens zum Gewinn des akquirierten Unternehmens weitergegeben werden können, die das verkaufende Unternehmen zuvor nicht einpreisen konnte.

4.6 Wachstum zu Profitabilität entwickeln

Welche Rolle zum Unternehmenserfolg spielt die Branchenzugehörigkeit mit ihren spezifischen Industrietrends, welche strategischen Hebel sind Ursachen des Aufstiegs von Unternehmen? Welchen Anteil hat die Unternehmensführung am Erfolg? Die folgenden Ergebnisse zeigen aufgrund von Vergleichen von ca. 2000–6000 Unternehmen weltweit bzw. in Europa grundlegende Einblicke in die Mechanismen des Erfolgs der Top-Unternehmen.

4.6.1 Wirtschaftlicher Erfolg: Welchen Einfluss haben die Branche und das Unternehmen?

In der weltweiten Untersuchung der Aktienrendite von 6138 Unternehmen aus 65 Branchen im Zeitraum von 2001 bis 2011 zeigt sich, dass der Einfluss der Branche zur Erklärung der Profitabilität von Unternehmen deutlich geringer ist als vielfach angenommen wird (Hirsh und Rangan 2013). Auch weitere Untersuchungen, die später aufgeführt werden, zeigen, dass gerade unter den Spitzenunternehmen und den Unternehmen mit der geringsten Profitabilität die Unternehmensfaktoren und Unternehmensführung einen größeren Einfluss haben als in dem großen Mittelfeld.

Die Unterschiede zwischen Gewinnern und Verlierern innerhalb einer Branche sind ausnahmslos größer als die Unterschiede zwischen verschiedenen Branchen. Spitzenunternehmen der schwierigsten Branche mit der niedrigsten Aktienrendite (2001–2011) entwickelten sich besser als die schlechtesten Unternehmen der Branche mit der durchschnittlich besten Aktienperformance. Unternehmen der Branchen des obersten Viertels erzielten eine durchschnittliche Aktienrendite von mindestens 17 %. Es gab jedoch in jeder anderen größeren Branche mindestens ein Unternehmen, das gleichfalls dieses Ergebnis erzielte. Zudem verschob sich im Vergleich des Zehnjahreszeitraums 1991 bis 2001 zum Zehnjahreszeitraum 2001 bis 2011 die durchschnittliche Aktienrendite einzelner Branchen erheblich. 50 % der Topbranchen des ersten Zehnjahreszeitraumes waren im folgenden Zehnjahreszeitraum in das untere Viertel gefallen (Hirsh und Rangan 2013).

Dementsprechend ist es nicht sinnvoll, auf der Suche nach einem vermeintlichen Boom oder nach größerer Profitabilität neue oder andere Branchen mittels Diversifizierung oder neuer Aktivitäten zu verfolgen. Das Risiko, den strategischen Fokus zu verlieren und die mittelfristige Branchenentwicklung zu verändern ist im Vergleich zu groß. Stattdessen sind die Unternehmen erfolgreicher, die sich auf den eigenen Markt konzentrieren, um dort bessere Unternehmensergebnisse zu erzielen. Die Fokussierung auf die Entwicklung des eigenen Marktes, der Kunden- und Produktportfolios und der Kundenzufriedenheit bleibt auch in dieser Untersuchung der entscheidende Erfolgsfaktor im Vergleich zum Einfluss der Zugehörigkeit zu einer Branche.

Zu ähnlichen Ergebnissen kam auch Michael Porter (McGahan und Porter 1997). Er war ursprünglich ein Verfechter der marktbasierten Perspektive für Unternehmen und fand später für US-Unternehmen in verschiedenen Branchen heraus, dass die Branchenzugehörigkeit durchschnittlich nur 19 % des Erfolgs erklärte, jedoch die Merkmale der Unternehmen 32 % erklärten. Dies gilt entsprechend seiner Ergebnisse in noch stärkerem Maß für produzierende Unternehmen, wohingegen das Gewicht der Branchenzugehörigkeit in Handelsgeschäften, Service- oder Transportunternehmen im Vergleich höher zu bewerten war. Es gibt weitere Studien, die diese Betrachtungsweise teilweise noch eindeutiger mit Resultaten belegen.

In einer weiteren Untersuchung (Rumelt 1991) wird gleichfalls aufgezeigt, dass die wichtigste Grundlage des Unternehmenserfolgs wesentlich von unternehmensinternen Faktoren bestimmt wird und die Branchenzugehörigkeit eine untergeordnete Rolle spielt. Dies gilt auf der Ebene von Unternehmenseinheiten, denn es zeigte sich, dass eine Konzernzugehörigkeit den Erfolg nur geringfügig beeinflusst.

In einer weiteren Untersuchung (Hawawini et al. 2003) konnten die Autoren zeigen, dass unternehmensspezifische Erfolgsfaktoren insbesondere die Leistung bei den Top- und Verliererunternehmen bestimmten, die entweder besonderen Wert schafften oder vernichteten. Basis der Bewertung waren wertreibende Kennzahlen wie der „economic profit" und „market to book value". Die Wertschaffung der durchschnittlichen Unternehmen wurde auch, wie in Ergebnissen zuvor gezeigt, im Vergleich zu den „Siegern" und „Verlierern" stärker von branchenspezifischen Größen bestimmt.

Schwache Branche – starke Unternehmen?
Ein Vergleich der Ergebnisse von über 2000 europäischen Unternehmen über einen Zehnjahreszeitraum betreffs der Rentabilitätskennzahlen (ROA % und Gesamtaktienrendite, TRS %) zeigte gleichfalls, dass hervorragende Unternehmen auch in schwierigen Branchen überdurchschnittliche Geschäftsergebnisse erreichen können (Bailom et al. 2013). Die Unternehmen wurden in zwei Gruppen eingeteilt, die der über- und der unterdurchschnittlich erfolgreichen Unternehmen betreffs der Kennzahlen ROA und TRS. Auch in dieser Analyse zeigte sich, dass der Erfolg eines Unternehmens nur in begrenztem Maß von der Branchenzugehörigkeit bestimmt wird. Dies entspricht auch dem statistischen Modell, welches nachweist, dass ca. 50 % des Erfolgs eines Unternehmens von den internen Faktoren des Managements bestimmt werden (ebd.; Abschn. 1.4).

In der Auswertung der Analyse auf Basis des ROA erreichen ungefähr 35 % der Unternehmen in überdurchschnittlich rentablen Branchen auch überdurchschnittliche Erfolge. 12,8 % der Unternehmen mit einem überdurchschnittlichen ROA erreichten diese Ergebnisse trotz einer Branche mit unterdurchschnittlichen Branchenkennzahlen. Alarmierend sollte der Umstand sein, dass ca. 25 % der Firmen schwache, unterdurchschnittliche Ergebnisse beim ROA ablieferten, obgleich sie in überdurchschnittlich profitablen Branchen tätig waren.

Im Fall der Gesamtaktienrendite der Anteilseigner (TRS) müsste das Ergebnis noch alarmierender für viele Unternehmensführer sein. Es erreichten nur ca. 21 % der Firmen in überdurchschnittlichen Branchen auch überdurchschnittliche Ergebnisse (Abb. 4.13). Weitere 21 % der überdurchschnittlichen Unternehmen gehörten jedoch zu unterdurchschnittlichen Branchen. 16 % der Unternehmen erreichten eine unterdurchschnittliche Aktienrendite, obgleich sie zu den überdurchschnittlichen Branchen gezählt werden mussten (ebd.).

4.6.2 Warum verdienen 20 % der Unternehmen 90 % des wirtschaftlichen Profits?

Warum erzielen 20 % der Unternehmen aus einer Gruppe von 2900 Firmen 90 % der gesamten Gewinne? Was machen diese anders als die übrigen 80 % der Unternehmen? Wo liegen die Probleme bei den ganz großen Verlierern? In einer Untersuchung unter ca. 2900 großen Unternehmen wurde der durchschnittliche Gewinn der Jahre 2007 bis 2011 in fünf Klassen (je 20 %) eingeteilt (Bradley et al. 2013). Außerdem wurde genauer betrachtet,

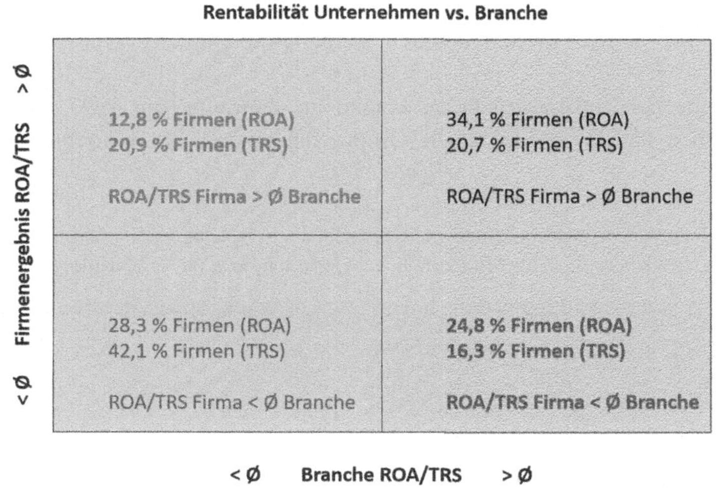

Abb. 4.13 Rentabilität von Unternehmen im Vergleich zur Branchenkennzahl. (Daten Bailom et al. 2013) Mit freundlicher Genehmigung von: © Linde Verlag

unter welchen Bedingungen sich Unternehmen aus dem Mittelfeld in die Spitzengruppe bewegen. Unternehmen aus den Top 20 % mit dem höchsten wirtschaftlichen Profit (economic profit) erzielten in der Summe einen Gewinn von 677 Mrd. US $ bzw. 1,18 Mrd. US $ im Durchschnitt eines Unternehmens. Unternehmen der drei mittleren Klassen (total 60 %) erreichten in der Summe einen wirtschaftlichen Gewinn von nur 29,4 Mrd. $ bzw. 17 Mio. $ je Unternehmen. Sie erzielten im Durchschnitt nur 10 % des gesamten Gewinns. In der Klasse des untersten Fünftels wurden Gesamtverluste von 411 Mrd. US $ bzw. durchschnittlich 709 Mio. US $ Verlust je Unternehmen angehäuft (Tab. 4.4). Der durchschnittliche Gewinn aller Unternehmen lag bei 102 Mio. US $. Gibt es Muster, Strategien, Taktiken, die zeigen, was die Top-Unternehmen anders machen?

Unternehmen der Top 20 % erwirtschafteten im Schnitt fast 70-mal so viel wirtschaftlichen Profit wie Unternehmen der mittleren 60 % aller Unternehmen. In der weiteren Analyse zeigte sich, dass die Unternehmensgröße, gemessen am Umsatz ein wichtiger Erfolgstreiber sein könnte. Die Klasse der Top-Unternehmen erreicht einen durchschnittlichen Umsatz von ca. 20 Mrd. US $, die Unternehmen der mittleren 60 % einen durchschnittlichen Umsatz von ca. 5,5 Mrd. US $. Jedoch sind auch die Unternehmen des untersten Fünftels mit einem Umsatz von durchschnittlich 16 Mrd. US $ auffallend große Unternehmen.

Unternehmen der vier oberen Klassen wuchsen im Durchschnitt über fünf Jahre um ca. 11 %, Unternehmen der untersten Klasse mit durchschnittlich 7 % pro Jahr deutlich langsamer. Die Top-Unternehmen zeichneten sich durch herausragend bessere Gewinnmargen aus. Im Vergleich der Periode 1997–2001 zur Periode 2007–2011 zeigte sich in der Analyse (2240 Unternehmen), dass nur 11 % der Unternehmen aus den mittleren Klassen in die Top-Klasse aufstiegen, jedoch die Hälfte der Top-Unternehmen im Vergleich der Zeiträume aus der obersten Klasse herausfielen und teilweise sogar in die unterste Klasse zurückfielen. Die Gruppe der Unternehmen, die sich aus dem Mittelfeld im Zehnjahresvergleich in die Top-Klasse bewegen konnten, steigerten ihren Gewinn und ihre Rentabilität maßgeblich.

Die Gruppe der Top-Unternehmen konnte im Zeitraum von 1997 bis 2011 ihren wirtschaftlichen Profit verdoppeln, die Gruppe der unteren 20 % konnten im gleichen

Tab. 4.4 Vergleich wichtiger Kennzahlen von Unternehmen in Abhängigkeit vom mittleren wirtschaftlichen Gewinn (Bradley et al. 2013) Mit freundlicher Genehmigung von: © McKinsey & Company

	Quintile (mittl. wirtschaftl. Gewinn)				
	Top-20 %	2	3	4	Untere 20 %
Umsatz (Mrd. US$)	20,06	6,17	4,48	5,84	16,14
Umsatz/Asset	2,3	2,8	3,0	2,2	1,3
Marge (%)	11,8	6,6	4,3	3,8	4,3
Mittl. Wirtschaft. Profit (Mio. US$)	1.180	121	10	-80	-709
Mittl. jährliche Wachstum (%, 5 Jahre)	11	12	11	10	7

Zeitraum ihre Verluste jedoch auch in etwa halbieren, während die Gruppe der mittleren 60 % auf einem ähnlich niedrigen Niveau zwischen 1997 und 2011 blieb.

37 Unternehmen der mittleren drei Quintile schafften innerhalb von zehn Jahren den Aufstieg in die Spitzenklasse. Diese Unternehmen zeichneten sich durch ein starkes Umsatzwachstum von 21 % pro Jahr und durch eine stark gestiegene Profitabilität von 18 Prozentpunkten (ROIC) aus. 90 % dieser 37 Unternehmen gehören Branchen an, die insgesamt ihren durchschnittlichen wirtschaftlichen Profit deutlich verbesserten. Der Industrietrend war der wichtigste Treiber des wirtschaftlichen Aufschwungs dieser Unternehmensgruppe.

Es zeigt sich jedoch auch hier, dass gerade innerhalb der stärksten und schwächsten Industriebranchen Unternehmen sich in ihrem wirtschaftlichen Profit besonders deutlich unterscheiden. Eine genaue statistische Analyse illustriert, in welchem Maß in den verschiedenen Gewinnklassen die Branche und die Unternehmensführung eine Rolle zur Klärung des Beitrages der Unternehmensleistung spielt. Im Durchschnitt der betrachteten 128 globalen Branchen können 40 % des wirtschaftlichen Profits eines Unternehmens durch die Branche selbst und 60 % durch andere Faktoren im Unternehmen erklärt werden. Unter den Unternehmen der obersten und unteren 20 % ist der Brancheneffekt kleiner mit 33 % bzw. 38 % und der Effekt der Unternehmensfaktoren entsprechend größer mit 67 % bzw. 62 %. In den mittleren Klassen beträgt der Brancheneffekt im Durchschnitt ca. 52 % und der der Unternehmensführung ca. 48 % . Die Größenordnung dieser Zahlen fanden auch Bailom et al. (2013) in ihrer Untersuchung und Formulierung eines statistisch belegten Modells (Abschn. 1.4).

Gerade für Unternehmen im Mittelfeld sind strategische und operative Maßnahmen und die Nutzung neuer strategischer Chancen entscheidend, um sich in die Spitzengruppe zu entwickeln. Unternehmen im unteren Fünftel sollten sich auf die Verbesserung ihrer Profitabilität (ROIC) konzentrieren und nach neuen Industrietrends Ausschau halten (Bradley et al. 2013). Unternehmen der Spitzengruppe werden sehr genau Anzeichen eines Wandels beobachten. Es besteht ein hohes Risiko, aus der Spitzengruppe zu fallen. Die Unternehmensführung muss durch strategische und operative Maßnahmen ständig diese Position verteidigen und im Unternehmen die Stärken, Werte und Kultur fördern und weiterentwickeln, die das Unternehmen befähigt haben, diese Spitzengruppe zu erreichen.

4.6.3 Welche strategischen Hebel gibt es zum Aufstieg in die Spitzenklasse?

Das Durchschnittsunternehmen einer ergänzenden Analyse (Bradley et al. 2018) erzielte einen operativen Profit von 920 Mio. US $ mittels 9,3 Mrd. Dollar investierten Kapitals. Nach Abzug der Kapitalkosten (8 %) verblieb dem Durchschnittsunternehmen ein Profit, der knapp 2 % oberhalb der Kapitalkosten betrug. Diesen Wert erreichten oder übertrafen jedoch nur sehr wenige Unternehmen, da die Profitverteilung über der Gesamtheit der Unternehmen sehr ungleich war. Die ungleiche Verteilung setzte sich auch noch in der

Gruppe der Top 20 % der Unternehmen fort, da die Top 2 % der Unternehmen genauso viel Gewinn zusammen verbuchen konnten wie die folgenden 8 % der Unternehmen zusammen. Diese Tendenz der Verteilung des größten Teils des weltweiten Profits unter wenigen Spitzenunternehmen verschärfte sich in den letzten Jahren deutlich. Im Zeitraum 2000–2004 verdienten die Top 20 % der Unternehmen zusammen 186 Mrd. $, im Zeitraum 2010–2014 stieg der Anteil dieser Unternehmen auf 684 Mrd. $. Ein ähnliches Bild zeigte sich unter den letzten 20 % der 2393 Unternehmen betreffs ihrer negativen Profitabilität.

Der größte Teil der Unternehmen kann also nicht einmal die durchschnittlichen Kapitalkosten erwirtschaften. Der größte Teil des Geldes von Investoren fließt deshalb an wenige Spitzenunternehmen. Auch in einzelnen Branchen kann eine vergleichbare Verteilung der Unternehmensprofite beobachtet werden. Ein Aufstieg in die obere Klasse der Profitabilität ist für die meisten Unternehmen kaum erreichbar. Nur 8 % der Unternehmen aus dem breiten Mittelfeld (60 %) der Unternehmen gelingt es, sich über einen Zeitraum von zehn Jahren mit der Positionierung unter den Top-20-Prozent-Unternehmen erheblich zu verbessern (ebd.). Ist die Strategie eines Unternehmens, welches sich aus dem Mittelfeld in die Spitzengruppe bewegt. besser als die der 92 % der Unternehmen dieser Gruppe, die dies nicht erreichen? Was macht ggf. den Unterschied?

Auf der Basis umfangreicher Daten konnten die wichtigsten Einflussgrößen und Hebel identifiziert werden, um sich aus diesem Mittelfeld in die Spitzengruppe der Unternehmen zu bewegen, in denen Unternehmen Gewinne erwirtschaften, die tatsächlich zumindest oberhalb der o. g. langfristigen Kapitalkosten liegen. Diese lassen sich in drei Kategorien einteilen (Bradley et al. 2018):

1. Start-Bedingungen des Unternehmens, von denen die Parameter Umsatz und Größe, Kapitalstruktur und Verschuldungsgrad sowie Innovationsinvestitionen der Vergangenheit die wichtigsten sind
2. Industrietrends und geografische Ausrichtung in Wachstumsregionen
3. Strategische Maßnahmen

Die statistische Untersuchung zeigt, dass die Startbedingungen des Unternehmens zu ca. 30 % und der Branchentrend zu ca. 25 % die Mobilität des Unternehmens auf der Verteilungskurve beeinflussen. Entscheidend sind die Unternehmensführung und entsprechende strategische Maßnahmen, unter denen die fünf Faktoren mit dem größten Einfluss identifiziert werden können (ebd.):

1. **Programmatisches Vorgehen im Bereich Unternehmenskäufe:** Erfolgreiche Unternehmen verfügen über einen kontinuierlichen Strom von moderaten Akquisitionskandidaten. Sie akquirieren Unternehmen, von denen keines allein 30 % der eigenen Marktkapitalisierung übertrifft. Die Summe der Akquisitionen beträgt über einen Zeitraum von zehn Jahren mindestens 30 % der eigenen Marktkapitalisierung. (Abschn. 4.5)

2. **Dynamische Anpassung von Ressourcen:** Erfolgreiche Unternehmen passen Kapital-investitionen strategisch an und unterstützen Unternehmenseinheiten, die wichtigen wirtschaftlichen Gewinn beisteuern können. Sie ordnen mindestens 50 Prozent der Kapitalinvestitionen unter den Geschäftseinheiten innerhalb von zehn Jahren neu zu (Abschn. 4.3).

3. **Hohe Kapitalinvestitionen:** Erfolgreiche Unternehmen liegen unter den Top 20 % der Unternehmen bei den auf den Umsatz bezogenen Kapitalinvestitionen. Dies bedeutet typischerweise ein ca. 70 % höheres Investitionsvolumen, als es dem Median der Branche entspricht.

4. **Starkes Produktivitätsprogramm**: Die Produktivität der besten Unternehmen liegt mindestens unter den Top 30 % der eigenen Industrie. Dies betrifft sowohl die Effizienz im Bereich der Produktion als auch im Bereich der Overhead-Kosten. Erfolgreichen Unternehmen gelingt es bei hoher Effizienzentwicklung, ihren Markt und ihr Produkt-portfolio mit entsprechenden Investitionen strategisch weiterzuentwickeln.

5. **Entwicklung der Marktdifferenzierung:** Die Bruttomarge der Unternehmen, die sich in die Klasse der Top-20-Prozent-Unternehmen bewegen, liegt mindestens unter den besten 30 % der Branche. Premiumpreisvorteile und innovative Geschäftsmodell-entwicklungen erhöhen die Chance, dies zu erreichen (Abschn. 4.7).

Die Anwendung einer Mehrzahl dieser Maßnahmen erhöht deutlich die Chancen, sich für die Top-20-Prozent-Unternehmen zu qualifizieren (Bradley et al. 2018). Unternehmen, die sich im Mittelfeld bewegen und zwei der fünf Maßnahmen umsetzen, konnten sich mit einer Wahrscheinlichkeit von 17 % unter den Top 20 % platzieren. Unternehmen, die drei der fünf Merkmale nachhaltig umsetzen, erhöhen die Wahrscheinlichkeit bereits auf 47 %. Gleichzeitig zeigt sich, dass die Anwendung einer möglichst großen Anzahl der vorge-schlagenen Maßnahmen die Nachteile schlechterer Anfangsbedingungen und einer weni-ger vorteilhaften Entwicklung des Industrietrends ausgleicht. Diese zwei Kriterien waren als eine der 3 Ausgangsgrößen vorgestellt worden.

Aufgrund der Zuspitzung der Verteilung der wirtschaftlichen Gewinne unter wenigen Spitzenunternehmen sind starke Veränderungen effektiv, um sich in dem Top-Bereich der Verteilungskurve des überproportionalen wirtschaftlichen Gewinnwachstums an der Spitze zu platzieren. Der wahrscheinlichkeitsgewichtete Zusatzprofit eines Unternehmens betrug 123 Mio. US $, wenn es aufgrund einer größeren Anzahl der aufgezeigten strategi-schen Maßnahmen gelang, die Chancen des Erfolgs des Aufstiegs aus dem Mittelfeld in das obere Fünftel von dem durchschnittlichem Basiswert von 8 % auf 27 % zu erhöhen. Der Wert 8 % entspricht der zu Beginn genannten durchschnittlichen Wahrscheinlichkeit, dass sich ein Unternehmen in einem Zehnjahreszeitraum aus dem Mittelfeld in das Feld der Top-20-Prozent-Unternehmen bewegen kann (ebd.).

Darüber hinaus sind vier der fünf vorgeschlagenen Maßnahmen nach den Daten (Bradley et al. 2018) im wirtschaftlichen Risiko asymmetrisch verteilt. Dies bedeutet hier, dass die Wahrscheinlichkeit der positiven Entwicklung die wirtschaftlichen Risiken der Maßnahme übersteigt. Erfolgreiche Unternehmenskäufe reduzieren auch die Gefahr eines weiteren

Abstiegs in der Gewinnverteilungskurve. Einzig im Fall von erhöhten Kapitalinvestitionen lag keine günstige asymmetrische, sondern eine ausgeglichene Risikoverteilung vor.

Wie auch schon in den früheren Untersuchungen zum Unternehmenserfolg (Kap. 1) aufgezeigt, ist der Fokus einer Wachstumsorientierung nicht zielführend. Wachstum ist das Ergebnis und nicht das Ziel einer erfolgreichen Strategie.

Organisatorische Strategien und Maßnahmen werden in Kap. 10 vorgestellt. Es wird auch auf verschiedene Organisationsmodelle eingegangen, die entsprechend der Untersuchung der Wachstumsinitiativen der 300 größten europäischen Unternehmen bei ihnen zur Anwendung kamen.

4.6.4 Langfristige oder kurzfristige Strategie – ein gewaltiges wirtschaftliches Potenzial

Welche Chancen, Risiken und Kosten für Anteilseigner und Volkswirtschaft werden durch kurzfristig orientierte Maßnahmen in Unternehmen generiert?

McKinsey veröffentlichte Untersuchungen betreffs der Auswirkungen bei Unternehmenswachstum, Gewinn und bezüglich der volkswirtschaftlichen Auswirkungen bei vorwiegend kurzfristig orientierten Unternehmen im Vergleich zu den Ergebnissen langfristig orientierter Unternehmen (Barton 2017). Wie lässt sich die Unterscheidung der kurzfristig vs. langfristig orientierten Unternehmen messen? Es wurde der Corporate Horizon Index (CHI) eingeführt. Dieser bewertet:

- Investitionen
- Methodik in der Bilanzierung der Gewinne
- Quartalsorientierung des Managements
- Wachstum des Gewinns pro Aktie
- Kontinuität bei der Entwicklung des Wachstums der Gewinne und des Umsatzes

Die Hypothese geht bei Langfristunternehmen davon aus, dass solche Unternehmen gleichmäßigere und konsistentere Investitionen im Verhältnis zu Abschreibungen unternehmen. Die Gewinnausweisung wird sich stark am Cashflow und nicht an buchhalterischen Entscheidungen und Methoden orientieren. Außerdem wird die langfristige Orientierung zugrunde gelegt, wenn es eine Kontinuität bei der Entwicklung des Wachstums der Gewinne und des Umsatzes gibt. Reporting und Management orientieren sich bei diesen Unternehmen weniger an Kennzahlen, die durch die Börse verfolgt werden, sondern konzentrieren sich auf eine fundamentale Wertschöpfung. Durch Tests stellt man Zuverlässigkeit und Robustheit der Bewertung sicher. Diese Tests betrachten Aspekte, die sicherstellen, dass die Bewertung von Unternehmen nicht durch Faktoren wie Unternehmensgröße oder die ungleiche Repräsentation von Industriebranchen zwischen den langfristig orientierten und anderen Unternehmen beeinflusst wird. Man unterstreicht jedoch, dass diese Untersuchung keine Bewertung der Kausalität zwischen der langfristigen Orientierung und den besseren Ergebnissen gegenüber kurzfristig orientierten Unternehmen und schwächerer Leistung zulässt, da die Untersuchung keine statistischen Zusammenhänge zwischen den Variablen aufzeigt.

Auf der Basis von 615 großen und mittleren US-börsennotierten Unternehmen der Jahre 2001 bis 2014 ergibt der Vergleich folgende Ergebnisse (Barton 2017):

1. Von 2001 bis 2014 wuchs der Umsatz der langfristig orientierten Unternehmen (n = 164) kumulativ im Durchschnitt um 47 % stärker als der Umsatz der übrigen Firmen (n = 451) bei gleichzeitig geringerer Volatilität. Die kumulativen Gewinne wuchsen um 36 % stärker in diesem Zeitraum als die der übrigen Firmen. Der Economic Profit, der Gewinn nach Abzug der Kapitalkosten, stieg sogar um 81 % stärker an.
2. Langfristig orientierte Unternehmen investierten im Zeitraum 2001 bis 2014 mehr als andere Unternehmen. Kumulativ hatten sie bis 2014 im Durchschnitt fast 50 % mehr in Entwicklungskosten (R&D) investiert. Beachtenswert ist vor allem, dass sie diese Ausgaben im Durchschnitt auch während der Finanzkrise erhöhten, während andere Unternehmen diese kürzten (Kap. 2). Im Zeitraum von 2007 bis 2014 wuchsen diese Ausgaben bei den langfristig agierenden Unternehmen um durchschnittlich 8,5 % pro Jahr gegenüber nur 3,7 % pro Jahr bei anderen Unternehmen.
3. Langfristig orientierte Unternehmen erzielen stärkere Finanzergebnisse. Im Durchschnitt wuchs ihre Marktkapitalisierung von 2001 bis 2014 um 7 Mrd. US $ stärker als die der übrigen Firmen. Die Rendite für die Anteilseigner war gleichfalls höher. Die Wahrscheinlichkeit war um 50 % größer, dass sich das Unternehmen unter den Top-10 % oder Top-25 % im Jahr 2014 platzierte. Langfristig orientierte Unternehmen waren stärker vom Rückgang des Aktienmarkts während der Finanzkrise als andere Firmen betroffen, jedoch konnte sich der Aktienpreis auch wieder schneller nach der Krise erholen.
4. Langfristig orientierte Unternehmen schufen durchschnittlich fast 12.000 mehr Arbeitsplätze als andere Firmen. Dies würde bei einer Hochrechnung dieses Effekts auf alle börsennotierten US-Unternehmen einer Schaffung von 5 Mio. Arbeitsplätzen entsprechen, wenn alle Unternehmen eine derartige langfristige Orientierung verfolgen würden. Die Hochrechnung zeigt ein zusätzliches potenzielles Wachstum des „gross domestic product" (GDP) von 0,8 % pro Jahr.

Trotz dieser positiven Resultate sagten in einer Umfrage 87 % der oberen Führungskräfte aus, dass sie sich unter erheblichen Druck zur Erzielung herausragender Finanzresultate innerhalb einer Frist von maximal zwei Jahren fühlen und 65 % sagten aus, dass dieser in den letzten 5 Jahren zugenommen habe. 55 % der Führungskräfte der nicht langfristig orientierten Unternehmen sagten weiterhin aus, dass sie neue Projekte zurückstellen würden, um Quartalsziele zu erzielen, auch wenn dies die Wertschaffung vermindert. Trotz der positiven Resultate für langfristig ausgerichtete Unternehmen zeigt die Bewertung auf Basis des „corporate horizon index" (CHI), dass die Kurzfristorientierung des Managements im Markt über 15 Jahre und auch nach der letzten Finanzkrise 2009 weiter anstieg (ebd.).

4.7   Wachstum im Markt: Wie entwickeln erfolgreiche Firmen das „gewisse Extra"?

Langfristig erfolgreiche Unternehmen entwickeln Strategien, aus denen Wachstum und Profitabilität folgen. Beide Aspekte wurden in den vorigen Kapiteln betrachtet. Welche besonderen Chancen bieten sich im Kontakt zu dem Kunden mit messbaren Erfolgen? Gibt es Systeme, die messbar und empirisch belegt die Profitabilität im Kundengeschäft erhöhen?

Eine Untersuchung unter 10.000 Marketingmanagern in 92 Ländern und persönliche Interviews mit 350 Firmen-, Marketing- und Agenturleitern und einer Vielzahl weiterer Diskussionsrunden zeigt auf, wie sich das Marketing verändern und weiter entwickeln wird (Avery et al. 2014). Es gibt gleichfalls Hinweise auf Grundsätze, die im Marketing bisher galten und auch weiter gelten werden: sehr gute Datenanalysen, Kundenverständnis und Markenbedeutung. Wesentliches Ergebnis der Untersuchung ist, dass Unternehmen immer stärker auf die richtige unternehmensweite Komposition der verschiedenen Einzelteile achten müssen. Mitarbeiter werden Kunden durch die passgenaue, individuelle Ansprache („customer journey") inspirieren, motivieren und begeistern. Diese Aufgabe erfüllt jede einzelne Funktion und nicht nur der Marketing- und Vertriebsbereich. In hervorragenden Unternehmen ist Marketing und Vertrieb eine unternehmensweite Aufgabe. Jeder Mitarbeiter ist im Vertrieb. Aus diesem Grund kann aus dem Ergebnis auch nicht eine besonders geeignete Form der Marketingorganisation abgeleitet werden, sondern im Ergebnis wird festgestellt, dass auch hier die Struktur der Strategie folgen muss.

In der Befragung wurden Daten erhoben zu Fähigkeiten in der Datenanalyse, zur Markenstrategie und zur funktionsübergreifenden globalen Zusammenarbeit und Weiterbildung der Mitarbeiter. Auf der Basis des Vergleichs des Unternehmenswachstums mit dem der Konkurrenz über die drei vorausgegangenen Jahren wurden die Unternehmen in zwei Gruppen geteilt: die der Spitzenreiter und die der Nachzügler. Eine wichtige Erkenntnis ist, dass das Marketing nicht mehr als separate Funktion operieren kann, sondern dass Marketing das gesamte Unternehmen mit einen starken Marketing-Mindset durchziehen muss. Den besten Unternehmen gelingt es, die Marketingfunktion mit allen Bereichen und Abteilungen des Unternehmens zu verknüpfen. Unter den Spitzenreitern galt das Marketing in 52 % der Fälle als strategischer Partner für das Top-Management, während dies nur bei 38 % der Nachzügler galt. Die erfolgreichen Unternehmen überwinden auch kulturelle und geografische Hindernisse in der Zusammenarbeit. Die Marketingziele unterstützen die übergeordneten Ziele des Unternehmens und die Arbeit der Marketingabteilungen greifen global und lokal ineinander. Unter den erfolgreichen Unternehmen sagte eine überwältigende Mehrheit der Befragten aus, dass das lokale Marketing die globale Strategie versteht und dass das globale Marketing die lokale Marketing-Realität versteht. Um das zu erreichen, ist eine sorgfältige, gut geplante interne, unternehmensweite Strategiekommunikation erforderlich (ebd.).

Erfolgreiche Unternehmen verließen sich nach der Untersuchung nicht nur auf ihre guten Datenanalysefähigkeiten. 52 % der Spitzenreitergruppe gab an, ihr Unternehmen setze alle Arten und Analysen ein, um die Effektivität ihres Marketings zu steigern. In der Gruppe der Nachzügler sagten dies nur 35 % aus (ebd.).

Spitzenunternehmen fanden insbesondere heraus, was Kunden im Kern zum Kauf antreibt. Die zugrunde liegenden Motivationen wie Ehrgeiz, Kindererziehung oder Partnersuche und das Finden neuer individueller, den aktuellen Lebensumständen entsprechender Erkenntnisse über ihre Bedürfnisse und ihre Befriedigung sind entscheidend, um die Kunden auf ihrer Erlebnisreise passgenau anzusprechen (Abschn. 4.7.3).

Gerade vor dem Hintergrund sich entwickelnder Kaufvorschlagsalgorithmen intelligenter Systeme auf Handelsplattformen zeigt sich die Wichtigkeit der Markenentwicklung in der Zukunft, um sie nicht in „gleichmachenden Algorithmen" der Plattform zu verlieren (Abschn. 5.13).

Auch in dieser Umfrage zeigt sich die Bedeutung der Marke mit drei wesentlichen Bedeutungen (Avery et al. 2014): Erfüllung eines funktionalen Zwecks, Erfüllung emotionaler Bedürfnisse, Stiftung eines gesellschaftlichen Nutzens wie z. B. Nachhaltigkeit. Als Beispiel sei die Kampagne der Firma Dulux dargestellt. Nachdem man die Markenpositionierung global einheitlich gestalten wollte und deshalb von einer lokalen, dezentralen in eine zentrale Markenführung überging, überprüfte man im Detail, was Kunden antreibt, ihren Räumen Farbe zu geben. International über alle Länder hinweg zeigte sich eine Gemeinsamkeit: Menschen beeinflussen durch die Farbe ihr persönliches Wohlempfinden. Dulux verkaufte fortan keine Farbeimer mehr, sondern „Dosen voller Optimismus". Daraus entwickelte man die Marketingkampagne „Let's colour", in der Freiwillige mit kostenlos zur Verfügung gestellten Farben traurige, vernachlässigte und heruntergekommene Stadtviertel in vielen Teilen der Welt aufhellten. 80 % der Freiwilligen waren Mitarbeiter der eigenen Firma Akzo-Nobel.

In der Untersuchung zeigte sich, dass bei Unternehmen mit starkem Fokus auf der Markenbedeutung 56 % der Befragten aussagten, ihr Unternehmen erziele ein stärkeres Umsatzwachstum als der Wettbewerb. Dies sagten hingegen nur 46 % der Befragten aus Unternehmen ohne Markenbedeutung aus. Inspiration für Kunden und Mitarbeiter ist einer der stärksten Treiber für ein effektives Marketing. Einen besonders starken Schub entwickelt die Inspiration, wenn sie mit einer tieferen Bedeutung zu einer gemeinsamen Mission für Mitarbeiter und Kunden verknüpft wird. Begeisterung der Mitarbeiter im Unternehmen und an jedem offenen und versteckten Kontaktpunkt mit dem Markt überträgt sich auf die Kunden und verstärkt das positive Erlebnis im Kontakt. Um sicherzustellen, dass nur Mitarbeiter beim Unternehmen verbleiben, die Kultur und Ziele des Unternehmens mit Begeisterung verinnerlicht haben, bietet z. B. Zappos jedem neuen Mitarbeiter 3000 Dollar an, wenn er nach vier Wochen wieder das Unternehmen verlassen möchte.

4.7.1   Profitabilität in allen Dimensionen gewinnen

Eine Untersuchung der Universität Mannheim zeigt auf, wie erfolgreiche Unternehmen mithilfe eines strukturierten, mehrdimensionalen Ansatzes der kundenorientierten Differenzierung eine deutliche Verbesserung der Marge und des Gewinns im Vergleich zu anderen Unternehmen erzielen können (Homburg et al. 2008). Was macht den Unterschied im Vergleich der Unternehmen zwischen den erfolgreichen Top-Unternehmen, den Unternehmen im Mittelfeld und solchen, die mit sehr schwachen Margen kämpfen? Die Analyse basiert auf der Umfrage unter 350 Managern aus Marketing und Vertrieb aus mehr als 100 Unternehmen im deutschsprachigen Raum. Sie wurde ergänzt durch Befragung einer großen Anzahl der Kunden dieser Unternehmen. 70 % der befragten 350 Manager gaben an, mit dem Trend austauschbarer Produkte und Angebote in einem engen Wettbewerb und Preiskampf mit knappen Margen kämpfen zu müssen. (Abschn. 1.4)

Im Ergebnis zeigte sich, dass diejenigen Unternehmen besonders erfolgreich waren, die eine umfassende und strukturierte Differenzierungsstrategie verfolgten und sich nicht auf die Optimierung einzelner Aspekte beschränkten. Dies erscheint zunächst nicht neu, wird aber anhand eines sehr strukturierten Modells transparent, spezifisch und mit klaren Regeln umsetz- und messbar. In der Analyse unterscheidet man zwischen drei grundlegenden Dimensionen (Homburg et al. 2008):

1. Mehrschichtige Produktdifferenzierung
2. Sorgfältige Marktbearbeitung und Kundensegmentierung, Wahl relevanter Zielgruppen, die mit einem guten Marketingmix angesprochen wurden
3. Starke interne Unterstützung von Vertrieb und Marketing durch das Top-Management, Systematik und Koordination in der Umsetzung

Unternehmen, die in allen drei Bereichen herausragend positioniert waren, erzielten im Vergleich zu Unternehmen, die nur in einer oder zwei der drei Dimensionen stark waren, eine deutlich höhere Umsatzrendite (ebd.):

1. **Dimension:** Die erste der drei Dimensionen betrifft die Differenzierungsinstrumente. Es wird mithilfe eines Schalenmodells strukturiert. Analog zum Aufbau einer Zwiebel werden zunächst der Produktkern und in der Folge die weiteren, äußeren Schalen betrachtet. Der Produktkern erfüllt die grundsätzlich notwendigen funktionalen Kundenbedürfnisse. Es folgen fünf weitere Schalen, jede mit einem weiteren Baukasten zur zusätzlichen Produktdifferenzierung. Die erste den Produktkern umgebende Schale betrifft Produkterweiterungen wie ein besonders ansprechendes Design und weitere zusätzliche funktional wertvolle Eigenschaften. Auf der zweiten Schale wird das Produktumfeld gestaltet, mit Aspekten der Verpackung und des Verkaufsumfeldes. Zusätzliche Dienstleistungen im Bereich Kundendienst, Finanzierungen, Garantien werden in der dritten Schale entwickelt. Markenimage und Reputation werden in der vierten Schale der Differenzierung herausgearbeitet, bevor auf der fünften Schale die Kundenbeziehungen und Loyalitätsprogramme gestaltet werden. Die positive Margenentwicklung war mit der profunden Entwicklung jeder zusätzlichen Schale im Vergleich messbar. In der Analyse der Unternehmensergebnisse und im Vergleich der Differenzierungsstrategie zeigten sich durchschnittliche Umsatzrenditen von 0,5 % bei Unternehmen mit kaum differenzierten Produktangeboten und 7 % bei solchen mit umfassenden Differenzierungsmerkmalen. Wesentlich war jedoch, sich nicht nur auf

die Produkteigenschaften zu konzentrieren, sondern auch die weiteren Dimensionen in der Produkt- und Marktstrategie intensiv zu entwickeln. Unternehmen, die sich auf produktnahe Differenzierungsmerkmale beschränkten, erzielten eine durchschnittliche Rendite von 2,5 % , die Hinzunahme weiterer Differenzierungsinstrumente aus weiterer Schalen führte zu einer durchschnittlichen Umsatzrendite von mehr als 5 % . Spitzenunternehmen erreichten unter der Beachtung aller Differenzierungsschalen und der im weiteren erläuterten Dimensionen im Durschnitt einen Gewinn von 7 %. Hierbei war es unwesentlich, ob in der jeweiligen Branche ein hoher Grad der „Commodisierung" vorhanden war. Die klassische Lehre empfiehlt Commodity-Unternehmen die Strategie der Kostenführer. Im Unterschied zu dieser Lehre war jedoch gerade in diesen Branchen die Differenzierung über weitere Schalen im Bereich von zusätzlichen Dienstleistungen und intensiven Kundenbeziehungen besonders wichtig.

2. **Dimension**: Die zweite Dimension betrifft die Marktbearbeitung und die richtige zielgruppenorientierte Segmentierung zur Herausstellung eines besonderen Kundennutzens. Dieses Feld kann sogar die Basis der Entwicklung eines neuen und ergänzenden Geschäftsmodells sein (Abschn. 4.7.2 und Kap. 5). In diesem Bereich zeigten sich große Unterschiede zwischen den führenden 30 Firmen und den 30 letztplatzierten Unternehmen der Untersuchung. Auf der Basis von Erfolgskennzahlen wie Markenbekanntheit, Umsatz und Umsatzrendite sowie Kundenzufriedenheit wurde sichtbar, dass im Bereich der Marktbearbeitung und Kommunikation 80 % der Manager der erfolgreichen Unternehmen dies mit besondere Aufmerksamkeit verfolgten, während dies nur bei ca. 50 % der wenig erfolgreichen Unternehmen der Fall war. Neben der Konzentration auf die richtigen Kundengruppen geht es um die Festlegung der Priorisierung und entsprechenden Budgets in der Kundenbearbeitung, um die Kunden differenziert zu behandeln. Es haben nicht alle Kunden die gleichen Ansprüche, Bedürfnisse und Priorisierungen. Kunden werden in Bereiche ähnlicher Ansprüche eingeteilt, um optimierte Angebote und Preismodelle zu realisieren.

Die Abgrenzung von Kundengruppen als Funktion von Bedürfnissen und Zahlungsbereitschaft zahlt sich auch in „Commodity-Bereichen" aus. Basierend auf der Erforschung unterschiedlicher Kundenpräferenzen können verschiedene Preismodelle zur Anwendung kommen, um Service und Margen zu verbessern. Erfolgreiche Unternehmen beachten, dass Kunden oftmals gar nicht vollständig formulieren können, was ihre Ansprüche sind. Was sind ihre wahren Motivationen? Welche zusätzlichen Aufgaben sollen über der offensichtlichen Aufgabenstellung hinaus erfüllt werden? Es entsteht ein komplexeres Feld mit offenen und versteckten sozialen und emotionalen Bedürfnissen und Aufgaben, die Produkte erfüllen müssen. Worin unterscheiden sich dabei Segmente?

Bei erfolgreichen Unternehmen hatten knapp 60 % entsprechende Segmentierungsmaßnahmen festgesetzt, bei den wenig erfolgreichen Unternehmen waren es nur 30 %. Auch die im Marketing allseits bekannte Nutzen-Argumentation gegenüber Kunden wird nicht von allen Unternehmen beachtet. Erfolgreiche Marketingabteilungen zeigen Kunden immer wieder genau, wie sie durch Produkt und Service den eigenen Gewinn steigern können. Es gibt erhebliche Unterschiede zwischen den erfolgreichen und weniger erfolgreichen Unternehmen der Untersuchung in dieser Disziplin. Im Fall der erfolgreichen Firmen setzten mehr als 80 % eine betont nutzenorientierte Kommunikation ein, bei den weniger erfolgreichen waren es ca. 50 %. Als Ergebnis der sehr detaillierten Marktbearbeitung fanden die erfolgreichen Unternehmen die richtigen Differenzierungsinstrumente und neue Segmentierungen. Es wurden Aufwand und Nutzen optimiert und Strategie und Taktik bei Kunden differenziert angepasst. Die Ergebnisse zeigen, dass hier noch ein großer Raum für die weitere Entwicklung gegeben ist.

Der Preisbildung als wichtiger, direkter Einflussgröße des Gewinns schenken erfolgreiche Unternehmen ein besonderes Augenmerk. Dennoch hatten im Bereich der Preispolitik nur ca. 50 % der erfolgreichen Unternehmen ein Preissystem etabliert, welches systematisch Leistungen und Preise bzw. Konditionen gegenüberstellte. Unter der Gruppe der wenig erfolgreichen Unternehmen war dies jedoch nur bei 3 % der Gruppe der Fall. Die nutzenorientierte Kommunikation bietet auf der Vertriebsseite die wesentliche Unterstützung zur Durchsetzung attraktiver Preise.

3. **Dimension:** Die dritte Dimension betrifft die internen Voraussetzungen im Unternehmen. Dies umfasst die Unterstützung durch das Management (Kap. 7), Firmenkultur (Kap. 9) und interne Koordination und Zusammenarbeit. Unternehmen und Mitarbeiter sind in den erfolgreichen Unternehmen selbst von der Einzigartigkeit ihres Angebotes überzeugt und wehren sich im Markt aktiv gegen die Erscheinung der Austauschbarkeit ihrer Produkte. Dazu gehört eine konsequente Kundenorientierung und Entwicklung des „Customer-Journey" (Abschn. 4.7.5). Es zeigt sich immer wieder, dass führende Unternehmen, in denen die gesamte Belegschaft von der herausragenden Positionierung der eigenen Angebote überzeugt ist, auch in vermeintlichen „Commodity-Branchen" herausragende Finanzergebnisse und Preise erzielen können. Eine feste Verankerung von Innovations- und Kundenorientierung ist bei den erfolgreichen Unternehmen dreimal häufiger gegeben als bei den wenig erfolgreichen Unternehmen. Eine erfolgreiche Firmenkultur wird langfristig entwickelt (Kap. 9). In den erfolgreichen Unternehmen wird die umfassende Differenzierungsstrategie in mehr als 90 % vom Top-Management unterstützt und getragen, während dies bei den weniger erfolgreichen Unternehmen nur in 40 % der Fall ist. In 10 % dieser Unternehmen wurde berichtet, dass das Top-Management kein Interesse an der Verfolgung einer Differenzierungsstrategie habe. Die Entwicklung und Umsetzung der Differenzierungsstrategie erfordern eine enge Zusammenarbeit und einen intensiven Informationsfluss zwischen allen Bereichen. Eine besondere Rolle kommen Vertrieb, Marketing, Produktentwicklung und Top-Management zu (Homburg et al. 2008).

4.7.2 Strategien nachfrageorientiert optimieren

Die Entwicklung nachfrageoptimierter Strategien kann nicht nur das Angebot optimieren, die Nachfrage und die Preismodelle verfeinern, sondern auch zur Entwicklung neuer Geschäftsmodelle und Veränderungen von Branchen führen. Der Erfolg beginnt jedoch nicht damit, über ein neues Geschäftsmodell nachzudenken, sondern damit, einem echten Kunden ein ganz konkretes Bedürfnis zu erfüllen, welches bisher noch unzureichend abgedeckt wurde. Können Sie Felder im Markt entdecken, die noch immer nicht ganz präzise ein konkretes Bedürfnis oder eine präzise Aufgabe erfüllen? Ein Produkt oder eine Dienstleistung erfüllt vielleicht in vielen Kontexten bereits hervorragend genau die gewünschte Aufgabe mit dem entsprechenden Nutzen, jedoch gibt es vielleicht andere Anlässe, Anforderungen und Aufgaben, unter denen die entsprechende Aufgabe mit diesem Produkt oder Dienstleistung noch suboptimal erfüllt wird? Christensen erläutert in seinem Buch „Besser als der Zufall" (Christensen et al. 2017) das Konzept „jobs to be done". Welchen Auftrag gibt der Kunde an ein Produkt? Was soll genau erfüllt werden? Was sind die sozialen, emotionalen Bedürfnisse neben der funktionalen Erfüllung? Die Jobs werden komplexer und öffnen neue Chancen für die Differenzierung und Nachfrageoptimierung. So erkannte eine Baufirma in einem schwierigem Marktumfeld in der Kommerzialisierung von Häusern und Wohnungen, dass es nicht ihr Job war, neue Häuser zu bauen, sondern das Leben von Menschen im Seniorenalter zu bewegen. Dies führte zu einer sehr erfolgreichen Neuausrichtung in der nachfrageoptimierten Produktgestaltung und der Vertriebsstrategie.

Welche Geschäftsmodelle decken neue Nutzen ab, lassen sich aber in Bezug auf Kosten, Zugang, Verfügbarkeit und Nutzen für den Kunden noch präziser entwickeln? Gibt es die Chance, dem Kunden auf besserem Wege und präziser als andere Angebote und Geschäftsmodelle, neue Kompetenzen, Produkte oder Dienstleistungen einfacher, schneller, komfortabler, zeitgerechter, preisgerechter zur Verfügung zu stellen? Im Sinne einer fokussierten Strategie geht es darum, sich auf die Aufgabe der Erfüllung genau dieses präzisen Nutzenversprechens zu konzentrieren. Kann dieser Nutzen durch eine neue Kombination der bestehenden oder neu zu entwickelnder Unternehmensressourcen, -fähigkeiten und -prozesse auf einzigartige Weise besser als bisher erfüllt werden, sodass hieraus ein nachhaltiger Wettbewerbsvorteil entsteht? In der Folge werden die möglichen Modelle entwickelt, mit denen dieses präzise gefasste Nutzenversprechen erfüllt werden kann. Kosten, Nutzen, marktgerechte Preise und mögliche Gewinne werden bewertet. Die neuen erfolgreichen Geschäftsmodelle entwickelten sich genau unter solchen Betrachtungen.

Oftmals lassen sich diese präzise gefassten Bedürfnisse aber schon decken, ohne das aktuelle Geschäftsmodell wesentlich zu verändern oder neue Technologien zu entwickeln (Johnson, Mark et al. 2008). Intensive Tests unter Zugrundelegung verschiedener Annahmen unterstützen die Entwicklung eines angepassten wie auch eines neuen Geschäftsmodells.

4.7.3 Wie optimieren Nachfrageorientierung und Kundennutzen das Geschäftsmodell?

Kann aufgrund einer im Detail bekannten Rangfolge der Nutzenparameter der Kunden ein genau passendes und entsprechend optimiertes Geschäftsmodell entwickelt werden? Welches sind die Kernnutzenelemente einer Kundengruppe, auf die das Angebot perfekt passend ausgerichtet werden kann? Lässt sich der Markterfolg und die Korrelation zu den erfüllten Nutzenparametern messen? Die Wichtigkeit der Nutzenelemente unterscheidet sich je nach Branchen und Kunden. Wenn die Rangfolge dieser Nutzenelemente für eine Branche, Kundengruppe und Produktangebot auf der Basis entsprechender Daten bekannt ist, lässt sich das Angebot hervorragend anpassen. Konzerne wie Apple und Amazon erzielten in der Überprüfung des Modells hervorragende Werte, die dem Markterfolg entsprachen. Wie kann diese Rangfolge der Nutzenelemente entwickelt werden? Gibt es hierzu bereits Daten?

Kundennutzen entsteht durch die Kombination einer Vielzahl von Nutzenelementen im funktionalen, sozialen und emotionalen Bereich. Gesellschaftliche und lebensbeeinflussende Wirkungen sind sehr wichtige, herausragende Nutzenelemente. Der unterschiedliche Einfluss dieser Elemente bei verschiedenen Produkten in unterschiedlichen Produktgruppen wurde in einer Untersuchung unter 10.000 US-Verbrauchern untersucht. Die Autoren (Almquist et al. 2016) entwickelten das Modell einer Pyramide von 30 Kundennutzen-Elementen, die als eine Modifikation und Erweiterung der bekannten Maslow – Bedürfnispyramide interpretiert werden kann. Sie ordneten die 30 Nutzenelementen der Pyramide in aufsteigenden Gruppen von funktionalen, emotionalen, lebensverändernden Nutzen und dem einer gesellschaftlichen Wirkung (Abb. 4.14).

In der Untersuchung bewerteten US-Verbraucher ca. 50 US-Unternehmen betreffs ihrer Wahrnehmung auf einer zehnstufigen Skala. Die Autoren prüften das Modell der 30 Kundennutzenelemente und inwieweit die möglichst weitreichende Erfüllung eines Elementes einen positiven Effekt bzw. eine Korrelation zur Kundenloyalität, der Bereitschaft zur Weiterempfehlung und letztendlich zum Umsatzwachstum des Unternehmens hat.

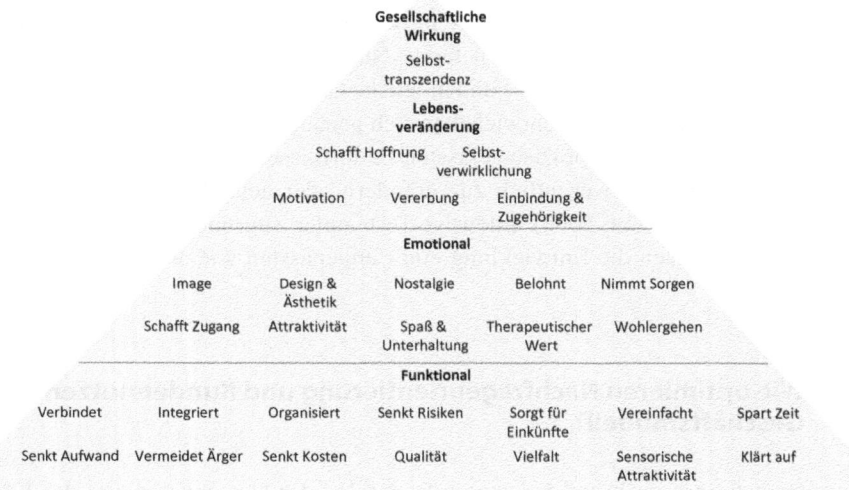

Abb. 4.14 Pyramide der Nutzenelemente (Daten & Kategorien, Bain & Company Almquist et al. 2016). Mit freundlicher Genehmigung von: © Spiegel Verlag

Kundenloyalität und die Bereitschaft zur Weiterempfehlung wurden durch die Kennzahl Net Promoter Score (NPS) ermittelt.

Funktionaler Nutzen spart dem Kunden z. B. Zeit, sorgt für Einkünfte oder senkt Risiken, gibt Vielfalt, vermeidet Ärger oder senkt Kosten. Ein darüberliegender emotionaler Nutzen vermeidet Sorgen oder belohnt, vermittelt ein positives Image und Attraktivität, zeichnet sich durch Design und Ästhetik aus, sorgt für Wohlergehen, Spaß und Unterhaltung oder hat einen therapeutischen Wert. Lebensverändernde Nutzenelemente, die in der nächsthöheren Pyramidenstufe liegen, schaffen Hoffnung, Motivation, geben Raum zur Selbstverwirklichung, vermitteln Zugehörigkeit und Einbindung. Gesellschaftliche Wirkung entsteht durch das Nutzenelement der Selbsttranszendenz. Es ist nicht möglich, in fast allen Nutzenelementen Bestbewertungen zu erzielen. Apple mit einer herausragenden Bewertung erhielt z. B. in der Analyse bei elf und Amazon bei acht der insgesamt 30 Nutzenelemente Top-Werte (Almquist et al. 2016).

Die Umfrage bestätigte zunächst erwartungsgemäß, dass Unternehmen, die bei mehreren Nutzenelementen gut abschneiden, mehr loyale Kunden haben als andere Unternehmen. Im Fall, dass mindestens 50 % der Teilnehmer für vier oder mehr Elemente Top-Werte von mindestens acht (zehn) Punkten gegeben hatten, erzielten sie im Durchschnitt einen dreimal besseren NPS als jene mit nur einer Top-Bewertung. Sie erzielten sogar einen 20-fach besseren NPS als Unternehmen, die keine einzige Top-Bewertung erzielen konnten. Gleichfalls erzielten Unternehmen mit herausragenden Bewertungen bei mehreren Elementen ein stärkeres Umsatzwachstum als Unternehmen, die nur bei einem Nutzenelement sehr gut platziert waren. Erfolgreiche Unternehmen konnten im Laufe der Zeit die Anzahl neuer Nutzenelemente gegenüber dem Wettbewerb erhöhen. Amazon zeigte durch die Erweiterung seiner Angebote über die Zeit durch Streaming-Angebote, Amazon Prime oder Fotospeicherplatz, wie man immer weitere Nutzenelemente zum Angebot hinzufügt.

Wichtig ist das Ergebnis, dass die verschiedenen Nutzenelemente einer Kategorie in verschiedenen Branchen die Kundenloyalität unterschiedlich stark beeinflussen. Wie wäre es für Unternehmen, genau zu wissen, welche Nutzenelemente in welcher Stärke in ihrer Branche den quantitativ nachweisbaren Effekt auf die Bewertungen im Kundennutzen, Zufriedenheit und Weiterempfehlungsrate haben?

In allen untersuchten Branchen hatte die wahrgenommene Qualität einen besonders starken Effekt auf die Kundenbereitschaft der Weiterempfehlung. Erhebliche Qualitätsmängel konnten auch nicht Stärken bei anderen Nutzenelementen ausgleichen. Das weitere Ranking der wichtigsten Nutzenelemente unterscheidet sich je nach Branche und öffnet damit Unternehmen eine differenzierte, kundenoptimierte Produkt- und Angebotsentwicklung (Abb. 4.15).

Die Kenntnis der Reihenfolge und Wichtigkeit der Nutzenelemente ermöglicht es jedem Unternehmen, sein Angebot entsprechend der Nachfrage und des Gewichts der Nutzenelemente zu optimieren. Weitere Nutzenelemente können branchenspezifisch hinzugefügt werden, um das Angebot und das Leistungsversprechen zu erweitern und sich im Wettbewerb abzusetzen. Kundenumfragen zur Bewertung der präsentierten Nutzenele-

Mode-Einzelhandel		Banken (Privatkunden)	
1.	Qualität	1.	Qualität
2.	Vielfalt	2.	Schafft Zugang
3.	Vermeidet Ärger	3.	Vererben
4.	Design & Ästhetik	4.	Vermeidet Ärger
5.	Spart Zeit	5.	Nimmt Sorgen

Discounter		Wertpapierhandel	
1.	Qualität	1.	Qualität
		2.	Sorgt für Einkünfte
2.	Vielfalt		
3.	Senkt Kosten	3.	Vererben
4.	Spart Zeit	4.	Vielfalt
5.	Belohnt	5.	Schafft Zugang

Lebensmittel-Einzelhandel		Autoversicherung	
1.	Qualität	1.	Qualität
2.	Vielfalt	2.	Nimmt Sorgen
3.	Sensorische Attraktivität	3.	Senkt Kosten
4.	Senkt Kosten	4.	Schafft Zugang
5.	Belohnt	5.	Vielfalt

Smartphones		TV-Dienstanbieter	
1.	Qualität	1.	Qualität
2.	Senkt Aufwand	2.	Vielfalt
3.	Vielfalt	3.	Senkt Kosten
4.	Organisiert	4.	Design & Ästhetik
5.	Verbindet	5.	Spaß & Unterhaltung

Abb. 4.15 Ranking der wichtigsten Nutzenelemente in ausgewählten Branchen (Almquist et al. 2016). Mit freundlicher Genehmigung von: © Spiegel Verlag

mente und Wettbewerbsvergleiche eröffnen Unternehmen die Chance zur passgenauen Überarbeitung und Optimierung ihres Angebots. Produktneuentwicklungen werden sich an der Steigerung der Bewertung der wichtigsten Nutzenelemente und dem Hinzufügen weiterer Nutzenelemente orientieren. Sollte sich zeigen, dass ein neues Nutzenelement in einer neuen Kundengruppe besonders wichtig ist, ergeben sich entsprechende Möglichkeiten, neue Segmente im Markt zu erschließen. Die Preisgestaltung kann sich gleichfalls am optimierten Kundennutzen orientieren. Welche Eigenschaften und Kundensegmente erlauben Premiumpreise? Erfolgreiche Unternehmen machen es sich zur Aufgabe, die wichtigen der spezifischen Nutzenelemente kontinuierlich zu verfolgen und weiterzuentwickeln.

Eine derart markt- und kundensegmentorientierte Strategie kann ein nachfrageorientiertes Distributions-, Preis- und Marketingmodell einsetzen. In einem nachfrageoptimierten Angebot bietet das Unternehmen dem Kunden zum richtigen Zeitpunkt am richtigem Ort zu den passenden Lieferbedingungen ein Produkt an, bei dem ein in allen Punkten zusammentreffender, besonderer Wettbewerbsvorteil entsteht. In diesem Moment werden Wettbewerbsvorteile nicht mehr über Kosteneffizienz oder Innovationsprogramme im Unternehmen oder besondere Produktmerkmale gewonnen, sondern durch die nachfrageoptimierte Distribution (Dawar 2013). In diesen Punkten ist ggf. das verfügbare, ähnlich passende Angebot der Produktauswahl stark reduziert, doch gleichzeitig hat das richtige Produkt am richtigen Ort und zur richtigen Zeit für den Kunden einen höheren Wert. Getränke, die sich im Supermarkt zu einem Literpreis von 20 Cents im Wettbewerb verkaufen lassen, können an einem nachfrageorientierten Verkaufspunkt in der sonntäglichen Mittagshitze einen Wert von mehr als 3 Euro für den Kunden erreichen. „Bei der Nachfrageorientierung liegen die Wettbewerbsvorteile außerhalb des Unternehmens in den Verbindungen zu Kunden, Vertriebspartnern und komplementären Anbietern" (Dawar 2013). Entscheidend sind nicht mehr die Kosten und Prozesse im

Unternehmen, die alle Wettbewerber gleichfalls beherrschen, sondern Beziehungen zu Stakeholdern außerhalb des Unternehmens. Die Nachfrageorientierung im Markt entwickelt sich derart, dass Unternehmen heutzutage schon nicht mehr Kunden fragen, was sie wünschen, sondern Marktführer bestimmen, was Kunden angeboten wird und wie sie ihre Kaufkriterien entwickeln sollen. Marktführer definieren neue Leistungsstandards, an denen sich Kunden mit ihren Kaufkriterien ausrichten. Dies steigert gleichzeitig das Vertrauen der Kunden in die Marke, die ihnen diesen besonderen Nutzen zur Verfügung stellt. Steve Jobs war bekannt dafür, keine Marktforschung zu betreiben und Verbraucher nicht dafür verantwortlich zu machen, was sie wollen. Seine Marktforschung orientierte sich häufig an einer Fokusgruppe mit der Personenzahl eins – Steve Jobs „himself".

Die kumulative Stärke von Marken- und Kundennetzwerken entsteht, indem sie Unternehmen weitere wertvolle Kundendaten verschafft. Die nachfrageorientierte Strategie entwickelt ihre Stärke kumulativ mit steigenden Kundenzahlen. Auf der Basis von Kundendaten kann das Unternehmen seine Strategie fortentwickeln und in diesem Bereich weitere Wettbewerbsvorteile gewinnen. Unternehmen gewinnen Einfluss darüber, wie sie ihr Angebot in der Wahrnehmung des Kunden eines gewählten Kundensegments über die Wahl des Vertriebskanals gegenüber dem Wettbewerb und in der Preissetzung positionieren können.

Der Sprengstoffhersteller Orica konnte dank des Gewinns umfangreicher Sprengdaten seiner Kunden Faktoren und Muster entdecken, die das Sprengergebnis bestimmten. Orica entwickelte eine Garantie für die Sprengleistung innerhalb gewisser Toleranzen, die den Kunden die Sorge vor Unfällen bei der Sprengung und dem Transport nahm. Die Garantie gewisser Sprengergebnisse anstelle des Preises wurde für Kunden kaufentscheidend (ebd.).

Der Filterhersteller Brita positioniert seine Produkte nicht in der Haushaltsabteilung im Wettbewerb zu anderen Produkten, sondern im Getränkebereich, wo Brita im Wettbewerb zu anderen Mineralwasserprodukten steht. Hier liefert das Produkt einen Preisvorteil für den Verbraucher im Vergleich zu Mineralwasser, den der Kunde im Preisvergleich der Filterprodukte der Haushaltsabteilung nicht wahrnehmen könnte. Erfolgreiche Unternehmen kennen im jeweils gewählten Markt- und Produktumfeld die wichtigen, speziellen Kaufkriterien des Kunden. Sie wählen dementsprechend Positionierung und Verkaufskanal. In der Fortentwicklung des Wettbewerbs werden neue Standards und Kaufkriterien eingeführt. Anbieter setzen sich durch, indem sie Kunden durch einen Vorsprung in diesen Kauf- und Nutzenkriterien überzeugen. Diese können auf der Produkt- oder Absatzseite liegen, beim Service oder bei der Übernahme von kundenspezifischen Risiken des Kaufs. Hyundai gab Kunden nach der letzten Finanzkrise anstelle übermäßiger Preisnachlässe eine Garantie, die die Sorge, einen Autokredit im Fall des Jobverlustes nicht mehr bedienen zu können, aus der Welt schaffte. Das Unternehmen bot Kunden die Sicherheit, das Auto ohne Auswirkungen auf ihr Kreditrating zurückgeben zu können, wenn sie im ersten Jahr nach dem Kauf ihren Job verloren. Mit dem Start des Programms im Januar 2009 konnte Hyundai im ersten Monat seinen Absatz verdoppeln, während der Absatz der Branche um ca. 37 % zurückging. Hyundai konnte den Wettbewerber Chrysler mit einem viermal so großem Vertriebsnetz überflügeln.

> Nachfrageorientierte Aktivitäten ermöglichen neue Arten von Mehrwert für die Kunden zu entwickeln, um sich so weiterhin differenzieren zu können (…) Kunden zu gewinnen, indem man ihre Kosten und Risiken senkt und Konkurrenten abzuschrecken, indem man sich eine unnachahmliche Wettbewerbsposition aufbaut – das ist der Schlüssel zu nachfrageorientiertem Erfolg. Der nachfrageorientierte Wettbewerb folgt anderen Regeln und diejenigen, die sie als erste beherrschen, können sich einen Vorsprung herausarbeiten. (Dawar 2013)

In der Produktentwicklung könnte eine genauere Design-to-value-Entwicklung im Bereich Consumer-Produkte nach einer Untersuchung je nach Branche ein Einsparpotenzial bei den Produktkosten zwischen 9 % und 17 % eröffnen (Fedewa und Lopez Velarde 2013). Diese Abschätzung basiert auf dem Ergebnis, dass Produkte immer noch Merkmale enthalten, die Kunden nicht entsprechend der Kosten schätzen. Basis der Aussage sind Produkt- und Funktionswertanalysen von mehr als 4800 Produkten. McKinsey bezifferte zum Zeitpunkt der Untersuchung das weltweite Kostenoptimierungspotenzial in den untersuchten Branchen auf über 50 Mrd. US $. Zur Nutzung dieses Potenzials bedarf es einer neuen und genauen Analyse der echten Kundenanforderungen. Die Autoren erkennen für verschiedene Branchen verschiedene Potenziale (ebd.):

- Lebensmittel und Pharmazie: 9–11 %
- Discounter, Consumer Elektronik, Autoteile: 10–15 %
- Kaufhäuser/Departmentstores, Büroprodukte, Heimwerkermarkt 12–17 %.

Wesentlich im Vorgehen dieser Design-to-value-Analysen ist es, von den Verbrauchern entsprechende Informationen zu bekommen: wesentliche Attribute des Produktes, Messung und Bewertung der Wichtigkeit für den Kunden von niedrig bis hoch, die Kundenwahrnehmung relativ zum Wettbewerb der einzelnen Attribute. Die zuvor aufgezeigte Pyramide der Nutzenelemente wird gute Einblicke gewähren. Es liegt an den Unternehmen, die im Handel direkt mit dem Kunden in Verbindung stehen, diese Verbraucherinformationen zu generieren und mit den produzierenden Unternehmen das wirtschaftliche Potenzial zu gewinnen. Erfolgreiche Unternehmen werden Kosten senken und Gewinne steigern, die Wettbewerbsposition stärken, ohne den Kundennutzen zu reduzieren.

4.7.4 Welchen emotionalen Nutzen kauft der Kunde im B2B?

Kaufen Einkäufer im Business-to business(B2B)-Geschäft wirklich streng nach funktionalem Nutzen und besten Preisen?

Marketingaktionen im B2B-Bereich setzen zum Teil auf ganz andere Bereiche als im Konsumgüterbereich und Business-to-consumer(B2C)-Markt. Aufwendige Produkt- und Messepräsentationen, Videos im professionellem Setting mit spannender Dramaturgie zeigen wenige Produktstärken, aber beeindruckende Bilder. Roboterhersteller Kuka setzte vor Jahren neue Akzente mit einem aufwendigem Messestand und einem „Roboterballet". Handwerker sind stolz, mit Werkzeugen von Hilti oder Stahlwille anstelle von chinesischen Produkten zu arbeiten. In einer Untersuchung an der Universität Mannheim wurden Marketing- und Vertriebsleiter aus über 300 Unternehmen unterschiedlicher Branchen im B2B-Bereich befragt, um zu erfahren, welche Rolle die Markenführung im B2B-Bereich spielt (Homburg und Schmitt 2010). Es wurde auch eine genauso große Anzahl Einkäufer in leitender Position dazu befragt. Was sind die Treiber in Entscheidungen und welche Rolle spielt die Markenführung im B2B-Bereich? Die Produkte der verschiedenen Unternehmen wurden in vier Kategorien eingeteilt:

1. Einfache Güter wie Büromaterial und -Zubehör, Massengüter
2. Komplexe Güter wie Roboter und Automatisierungstechnik
3. Einfache Dienstleistungen wie Geschäftsreisen, Transport- und Logistikleistungen
4. Komplexe Dienstleistungen wie Beratungen, Schulungen, IT-Service

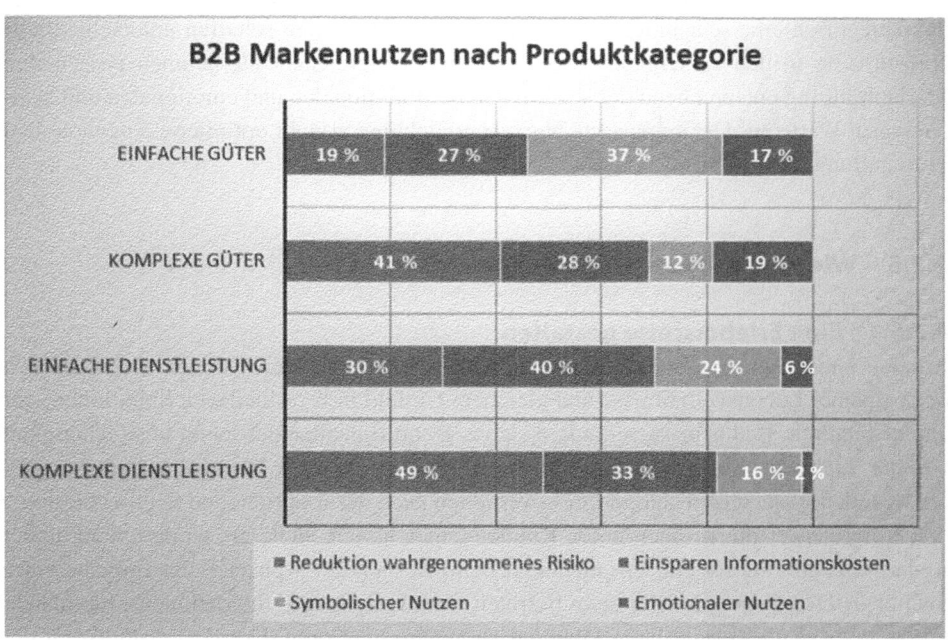

Abb. 4.16 Markennutzen nach Produktkategorie (Homburg und Schmitt 2010). Mit freundlicher Genehmigung von: © Spiegel Verlag

Je nach Kategorie stehen für die befragten Manager in der Untersuchung unterschiedliche Motive und Nutzenkategorien mit verschiedener Gewichtung im Vordergrund:

1. **Reduktion des wahrgenommenen Risikos:** B2B-Einkäufer vermeiden konsequenter das Risiko von Fehlentscheidungen aufgrund erheblicher Auswirkungen auf den Geschäftsbetrieb und auf die persönliche Reputation.
2. **Reduktion der Informationskosten:** Bekannte Marken und Produkte verlangen einen geringeren Aufwand in der Bewertung. Informationen sind schnell und zuverlässig verfügbar.
3. **Symbolischer Nutzen, Prestige und Zugehörigkeit:** Dieser Nutzen entsteht durch die Anwendung einer entsprechenden Marke im Unternehmen oder im Endprodukt.
4. **Emotionaler Nutzen:** Stolz der Mitarbeiter, mit einer renommierten Marke bzw. einem renommierten Produkt zu arbeiten.

Die Bewertung dieser Kategorien unterschiedet sich auch grundsätzlich von den Bewertungen im B2C-Markt (ebd.). Die Markenbekanntheit beeinflusst nach den Ergebnissen die Kaufentscheidung professioneller B2B-Einkäufer stärker als es im Allgemeinem im B2C-Markt der Fall ist. Das Markenimage spielt hingegen im B2C-Markt meist eine größere Rolle als im B2B-Markt. Imagekampagnen und Sponsoring machen Marken nicht nur bekannter, sondern stärken auch im B2B-Bereich das Image und wecken positive Emotionen. Gemäß den Ergebnissen der Untersuchung bedingen die verschiedenen Produktkategorien eine sehr unterschiedliche Markenführung und schaffen unterschiedliche Nutzenwerte in den verschiedenen Kategorien. Erfolgreiche Unternehmen passen ihre Markenführung entsprechend der Wichtigkeit der funktionalen und emotionalen und symbolischen Werte an. Die angepasste Nutzenentwicklung erlaubt optimierte Angebote und Preisstellung (Abb. 4.16).

4.7.5   Wie kaufen Kunden glücklich ein?

4.7.5.1   Eine Erlebnisreise gestalten

Kunden haben heutzutage kein konstantes Kaufverhalten mehr. Kunden verhalten sich trotz gleicher Lebensverhältnisse und gleichem Umfeld in verschiedenen Situationen sehr unterschiedlich. Bedürfnisse verändern sich z. B. im Einzelhandel schon in Abhängigkeit von der Tageszeit. Supermärkte könnten mit teilweise flexibler Warenanordnung reagieren. Kunden widersetzen sich in ihrem Verhalten auch der traditionellen Segmentierung.

Erfolgreiche Unternehmen holen Kunden genau an der Stelle ab, an der ein aktueller Bedarf entsteht. Dieser entsteht nicht erst beim Besuch der Webseite, der Eingabe eines Suchbegriffes bei Google oder beim Betreten eines Ladens des Unternehmens. Er entsteht schon zuvor. Kundenbedarfsweckung hat an Einfluss verloren. Der Bedarfspunkt ist der optimale Punkt, um den Kunden in einer Erlebnisreise einzubinden und zu fesseln, sodass er gar kein Interesse oder Bedarf entwickelt, andere Angebote in Betracht zu ziehen.

Das Kunden- und Kauferlebnis im Wettbewerb herausragend zu gestalten ist ein weiteres Element der nachfrage- und kundenorientierten Strategie. In einer Umfrage von Bain & Company unter 362 Unternehmen äußerten 8 % der Kunden ihre Erfahrungen mit den Unternehmen als „überragend", wohingegen 80 % der befragten Manager der Unternehmen glaubten, Kunden hätten eine „überragende" Erfahrung mit ihrem Unternehmen gemacht (Meyer und Schwager 2007). Die Messung der Kundenzufriedenheit allein bietet jedoch noch keine Informationen darüber, wo und in welchen Punkten und aus welchen Gründen sie entsteht. Dies wird erst möglich durch eine Bewertung in allen Kundenkontaktpunkten („touchpoints"), prozessübergreifend und im Abgleich mit den entsprechenden Kundenerwartungen. Die Erfahrungen des Kunden vom Anfang bis Ende seines Kontakts mit dem Unternehmen über den gesamten Zeitraum wird auch als „Kundenreise" oder „customer journey" bezeichnet.

Unternehmen werden sich bemühen, die Gründe der Anfrage, die Vorgeschichte der ersten Kontaktaufnahme, evtl. Probleme vor oder während des Kontaktes zu verstehen und die gesamte Interaktion bestmöglich zu gestalten. Es geht nicht nur darum, loyale Kunden zu gewinnen, sondern insbesondere zu vermeiden, dass Kunden vom Wettbewerber mit attraktiven Angeboten und Lösungen abgeworben werden. Die Optimierung entlang der Kette der Interaktionen vermeidet Insellösungen und führt zu einem ausgewogenen, integrierten Gesamtkonzept über der gesamten „Journey". Kundenerfahrungen in Form subjektiver Wahrnehmungen, Gefühle, Gedanken und Reaktionen werden an jeder direkten oder indirekten Kontaktstelle mit dem Unternehmen verfolgt. Jeder einzelne Kontaktpunkt muss das grundlegende Wertversprechen des Unternehmens und der Marke repräsentieren und sicherstellen: von der Wahrnehmung der Marke, der ersten Kontaktaufnahme bis zum Service und „end of life" des Produktes. Jeder Mitarbeiter des Unternehmens, der irgendwann Kundenkontakt hat, spielt eine wichtige Rolle, um dem Kunden ein kohärentes Markenversprechen und Kontakterlebnis zu vermitteln. Die Wichtigkeit der verschiedenen Kontaktpunkte zur Gestaltung des Kundenerlebnisses kann sich auch in Abhängigkeit von demografischen Werten der Kunden verändern. Produkte, Branchen und Positionierung stellen unterschiedliche Anforderungen. Gute Unternehmen gestalten den gesamten Prozess als gute Kundenerfahrung mit positiven Überraschungen.

Kunden wird nicht nur in der Auswahl und der Lösung ihrer Fragen oder Probleme geholfen. Der Prozess soll ihnen auch Zeit ersparen. Prozess und Produkt müssen sich im gesamten Erlebnis- und Nutzungsprozess ergänzen.

Die gute Begleitung der Kunden von der ersten Kontaktaufnahme durch alle Kontaktpunkte entwickelt sich so übergangslos, dass alle Schritte im Unternehmenskontakt eine automatische, personalisierte, fließende, angenehme und logische Folge des vorausgegangenen Schritts bis zum Kaufabschluss darstellen. Kunden werden sich in dieser übergangslosen Abfolge nicht mehr durch eine Suche und Orientierung bei anderen Wettbewerbern ablenken lassen.

Auf eine erste E-Mail oder telefonische Anfrage werden sie eine personalisierte Darstellung ihrer Nutzenvorteile erhalten und automatisch zum nächsten Prozessschritt geführt. Besteht der Bedarf einer Finanzierung, so können sie dies genauso unkompliziert

erlangen, wie klare, objektiv erscheinende Bewertungskriterien. In dem Fall, dass Genehmigungsverfahren für die Installation komplexer Anlagen notwendig sind, wird den Kunden im Fall von notwendigen Installationsprozessen nach dem Kauf jede Hilfestellung
gegeben. Die Kunden werden durch alle Schritte eines transparenten Prozesses bis zum
Kauf oder bis zu einer individuellen Terminvereinbarung geführt.

Die Reduzierung der Entscheidungskomplexität durch kompetente, beratende Verkäufer hilft gleichfalls bei der Wahrnehmung eines angenehmen Prozesses und Vermeidung
des Nicht-Kaufs. Hohe Entscheidungskomplexität und eine zu große Auswahl von Kauf-
alternativen können zum Abbruch des Kaufs führen. Kundenverärgerung gibt es immer
dort, wo Bestandskunden höhere Preise zahlen sollen als Neukunden angeboten werden.

Die Gestaltung der Customer Journey wird zum Wettbewerbsfaktor. Entscheidend sind
in einem derartigen Prozess vier Kernelemente: Automatisierung, aktive Personalisierung,
kontextabhängiger Prozess – ohne dass eine Prozesslücke entsteht, und andauernde Innovation (Edelman und Singer 2015). Eine Prozesslücke würde die Abbrecherquote und die
Prüfung von Wettbewerberangeboten erhöhen.

Das Marketing entwickelt idealerweise innovative Ansätze in den Kontaktpunkten, die
das Kundenerlebnis steigern und Kunden überraschen. Dies schafft Raum für Differenzierung und einen „Wow-Effekt". Die Marketingabteilung entwickelt das Zielbild der Kundenerfahrung der verschiedenen Segmente der Zielmärkte und gibt entsprechend unternehmensweite Vorgaben. Die Prozesse in Kontaktpunkten werden entsprechend angepasst.

4.7.5.2 Kunden im richtigen Moment glücklich machen

Die Aufzeichnung der Vielzahl von möglichen Customer-Journeys gewinnt im Zeitalter
der Gleichzeitigkeit erhebliche Komplexität. Kaufimpuls, Kauf und Konsum verschmelzen zu einem ununterbrochenem Prozess. Die sofortige Verfügbarkeit von Angeboten
über digitale Medien lassen Wunsch und mögliche Realisierung in einem sehr kurzen
Zeitraster verschmelzen (Reinartz 2016). Die Entwicklung immer intelligenterer Platt-
formsysteme, die Zeitpunkte des Kundenwunsches identifizieren und sofort entsprechende Produktvorschläge bei einfacher Auswahl anbringen, wird die Gestaltung und
Vielfalt der Customer Journeys verändern. Abomodelle, nach denen dem Kunden automatisch Produkte nach Bedarf geliefert werden, dehnen gleichzeitig den Zeitraum der
Gestaltung der Kundenbeziehung zu einem permanenten, langfristigen Prozess aus. Kunden begrüßen die Reduzierung der Komplexität des Prozesses und werden oftmals sich
weiterentwickelnde Sortimente und neue Informationen wenig berücksichtigen, solange
ihre Bedürfnisse einfach und herausragend im Service befriedigt werden. Kundenbedürfnisse genau rechtzeitig zu erkennen, unmittelbar zu befriedigen und in einem langfristigen Abomodell sicherzustellen (einer der vielfältigen möglichen Customer Journeys)
bietet neue Chancen für den Handel. Neue Risiken entstehen für die Unternehmen, die
daran nicht teilnehmen können.

Als Beispiel einer erfolgreichen Kundenansprache im Service sei das Vorgehen von
Mobilcom-Debitel aufgezeigt (Köder und Koth 2013). Die Vertragsabschlussquote stieg
um 25 %: Mobilcom-Debitel konnte sein schleppendes Neugeschäft mit Handyverträgen

mit einer Optimierung der Ansprache im Kundenprozess ankurbeln. Man entwickelte zunächst ein tieferes Verständnis der spezifischen Kundenpsychogramme. Es wurde eine umfassende Analyse der Kundenstruktur und Kundenbedürfnisse im Zeitpunkt der Ansprache und der Entscheidung durchgeführt und der Prozessschritt der Customer Journey bedürfnisgerecht angepasst.

Nach der Erstellung eines Kundenpsychogramms nach fünf Entscheidungstypen gelang es, potenzielle Neukunden in zwei große und drei kleinere Bedürfnisgruppen zu unterscheiden (Schnäppchenjäger 32 %, Verlustaversive 38 %, Gewohnheitskäufer 15 %, Gleichgültige 8 %, Preisbereite 7 %). Gleichfalls konnte man identifizieren, aus welchen Gründen die Firma ihre hohe Bekanntheit nur schwierig in Vertrauen in die Marke transferieren konnte. Mittels Fokusgruppen erarbeitete man die entscheidenden Kriterien bei Auswahl und Service, mit denen man 70 % der Kunden abdecken konnte. Man analysierte detailliert die Wechselbeziehung zwischen Kunden und den verschiedenen Kontaktpunkten im Unternehmen. In dem neuen Prozess erhielten Verkäufer Werkzeuge, um schnellstmöglich herauszufinden, in welche der beiden großen Gruppen die potenziellen neuen Kunden einzuteilen waren: Schnäppchenjäger, für die der gute Deal entscheidend ist oder Verlustaversive. Den Verlustaversiven war der Preis zwar auch wichtig, aber nur, um sicher zu sein, dass sie nicht zu viel bezahlten und „über den Tisch gezogen wurden". Faire und kompetente Beratung mit der Vermittlung eines Gefühls der Sicherheit einer guten Lösung hatte einen hohen Stellenwert, das Angebot eines neuen Handys war bei Vertragsabschluss weniger wichtig. Aggressive Rabattaktionen weckten eher Misstrauen und Unbehagen. Im Fall der Schnäppchenjäger überließen es die Verkäufer in der Folge diesen „Experten" selbst, ihre Mobilfunkkosten zu optimieren und hielten sich selbst im Gespräch zurück. Hier kam es darauf an, dass der Kunde am Ende das Gefühl hatte, „gewonnen" zu haben.

In der anschließenden Vergleichsmessung der neuen Vertriebsstrategie mit einer Kontrollgruppe zeigte sich, dass Kundenzufriedenheit und Abschlussquote deutlich anstiegen. Die Abschlussquote stieg um ca. 25 % im Vergleich zur Kontrollgruppe (Köder und Koth 2013). Außerdem reduzierten sich die Gesprächsdauer und das Volumen der bewilligten Gutschriften im Rahmen von Vertragsverhandlungen.

4.7.5.3 Wie wird die Reise entwickelt?

In der Planung und Umsetzung von Maßnahmen zur Gestaltung der Customer Journey werden alle Mitarbeiter stark involviert und funktionsübergreifende Teams zusammengestellt. Auf diesem Weg wird Akzeptanz, Zusammenarbeit in den je nach Anlass verschiedenen „Journeys" sowie Motivation und Identifikation geschaffen, die sich im Kundenerlebnis widerspiegeln werden. Prozesse werden verändert, ggf. sind organisatorische Veränderungen bereichsübergreifend notwendig und Kennzahlen und Incentivesysteme werden entsprechend ausgerichtet. Sind anstelle von funktionalen Verantwortungen Prozessverantwortungen und Prozessmanager angebracht? Erfahrungen und Maßnahmen aus dem Changemanagement können in der Veränderung, der Anpassung und dem Gewinn der Akzeptanz genutzt werden. Je nach dem Grad der Veränderung wird es nicht nur zu operativen, sondern auch zu kulturellen Veränderungen kommen.

4.7.5.4 War die Reise schön und für Sie erfolgreich?

Auf der Basis der erhobenen Daten können Kunden nach Kriterien wie Zufriedenheit, Umsatz und Umsatzpotenzial eingeteilt und strategisch bearbeitet werden. Kunden- und Arbeitsprozesse, Systeme und Strukturen werden daran ausgerichtet.

Customer-Relationship-Management-Werkzeuge (CRM) reichen hier meistens nicht aus, wenn sie nur die Handlungen von Kunden nachträglich aufzeichnen und nicht die Reaktionen oder Bewertungen des Kunden in jedem Kontakt aufnehmen können (Meyer und Schwager 2007). Erfolgreiche Unternehmen entwickeln Methoden, um kontinuierlich die Kundenerfahrung in verschiedenen Kontaktpunkten zu messen und die Entwicklung kontinuierlich zu verfolgen. Subjektive Beobachtungen und verbale Kommentare sind hilfreich und bieten Informationen und Ideen für weitere Entwicklungen und Innovationen. Hier können wichtige Erkenntnisse über die Stärken, die Schwächen und die Bewertung von Wettbewerbern gewonnen werden. Umfragen, persönliche Gespräche oder spezifische Studien geben weitere Details über die Kundenbeziehung preis.

Eine positive Kundenerfahrung wird einen höheren Stellenwert bekommen als die Entwicklung der aktuellen Umsatzzahlen, denn die Umsatzentwicklung wird folgen. In einer Analyse unter Unternehmen der Versicherungs- und Pay-TV-Branchen fanden die Autoren (Rawson et al. 2013), dass eine Verbesserung des Kundenratings um einen Punkt auf einer Zehnpunkteskala einen mindestens 2 % höheren Umsatz nach sich zog. Es zeigte sich, dass die Bewertung aller Touchpoints bei Unternehmen zwar gut war, aber erst die wahrgenommene, integrierte Gesamtleistung die Ursache für einen entsprechenden Anstieg war. In den Untersuchungsergebnissen korrelierte die Gesamtleistung über 30 % stärker mit der Kundenzufriedenheit als die Touchpoint-Leistungen. Betreffs der entscheidenden Kennzahlen wie Umsatz, Wiederholungskäufe, geringe Kundenverluste und Weiterempfehlung war die Korrelation zur Bewertung der Gesamtleistung 20–30 % stärker ausgeprägt als bei der Bewertung der Touchpoints.

Welche weiteren Faktoren wird die Gestaltung einer Customer Journey berücksichtigen müssen? Untersuchungen auf der Basis einer Bewertung von Callcenteranalysen mit 1600 Swiss-Kunden zeigen, dass eine langsame und standardisierte Kundenbetreuung viel häufiger zu Abbrüchen führt, als eine individuelle, zügige und schnelle, kundenorientierte Begleitung im Prozess (Belz und Schagen 2013). In Abhängigkeit von der Unternehmens- und Qualitätsstrategie, Produkt und Service und der Wertschöpfung im Kundencenter sind unterschiedliche Ansätze angebracht. Unternehmen, die Qualitätsprodukte verkaufen, werden höhere Kosten im Kundenprozess zur Optimierung der gesamten Customer Journey annehmen, um schnell zu reagieren, individuell zu kommunizieren und Qualitätserwartungen zu erfüllen. Qualifizierte Mitarbeiter mit einer entsprechenden Beratungskompetenz sind notwendig. Umsatzorientierte Kundencenter mit Niedrigpreisprodukten wollen mithilfe einer schnellen Bestellannahme und ggf. einfachen Cross-Selling-Methoden schnelle Umsätze erzielen. Schnelle Reaktionszeit mit einer Standardkommunikation und günstigen, geringer ausgebildeten Mitarbeitern kommen hier zur Anwendung.

4.7.5.5 Alle Erlebnisse waren gut. Aber die Reise war es nicht?

Es kann jedoch trotz sehr guter Kommunikation und Bearbeitung im Kundenkontakt zu einer negativen Erfahrung des gesamten Prozesses kommen. Wie kann das passieren und was ist zu tun?

Trotz der guten Bearbeitung in jedem einzelnen Punkt kann der Gesamtprozess für Kunden negativ belastet sein, weil er insgesamt zu komplex und vielfältig ist. Wurden vom Kunden z. B. viele Entscheidungen über eine große Anzahl von Varianten und Optionen verlangt? Innerhalb des gesamten Kundenerlebnisses über die Produktlaufzeit hinweg und in Abhängigkeit von Produkt und Dienstleistung oder Serviceanforderung wird es viele einzelne Abläufe und unterschiedliche Customer Journeys mit dem Unternehmen geben, je nach Anlass der Kontaktaufnahme, des Produktes oder der Dienstleistung, den Kundenzielen oder Kundenproblemen, die dem Prozess zugrunde liegen, (Rawson et al. 2013).

Erfolgreiche Unternehmen identifizieren zunächst die Abläufe, bei denen eine herausragende Leistung besonders wichtig ist. Auf der Basis von Daten aus allen Touchpoints und Bewertungen von Mitarbeitern oder Aufzeichnungen wird geprüft, wo Veränderungen besonders wichtig sind. Gibt es im Verlauf neue Bedürfnispunkte? Gegebenenfalls wird sogar der gesamte Ablauf von Anfang bis Ende neugestaltet und für Kunden vereinfacht. Wo kam es zuvor zu besonderen Störungen, Abbrüchen? Gibt es Möglichkeiten, auf der Basis von Simulationen und Prototypenprozessen genaue Erfahrungen und Ergebnisse zu neuen Maßnahmen zu erhalten? Eine grafische Darstellung der verschiedenen Abläufe und Verzweigungen verschafft einen Einblick in die Komplexität und die Risiken im Ablauf. Was sind mögliche Störgrößen in der Technik, in der Organisation oder im Kontakt mit Mitarbeitern? Je nach Kunde, Ort, Zeit und anderen Umständen werden sich Prozesse und Customer Journey unterschiedlich optimieren lassen. Aufwand und Entscheidungskomplexität müssen für den Kunden reduziert werden. Wie sieht die gesamte Lieferkette aus Kundensicht aus? Gibt es ein Incentivesystem für Mitarbeiter, welches falsche Anreize setzt, sodass es zu einem späteren Punkt des Ablaufs zu Störungen kommt? Schafft man z. B. zu viel Nachfrage zu Beginn, die später nicht bedient werden kann? Maßnahmen der Kostenreduzierung durch Service in automatisierten Callcentern und reduzierte Serviceleistungen können sehr kontraproduktiv sein.

Die umfangreichen Daten bieten noch ein weiteres Optimierungspotenzial. So werden Produktentwicklungs- und Innovationsabteilung präzise erfasst und es wird offensichtlich, wie Produkte verwendet werden, welcher Service und welche Dienstleistung in Anspruch genommen wird und wie sich diese Leistungen und Merkmale zu den definierten Erwartungen verhalten. Führende Unternehmen werden daraus neue Bedürfnisse und Chancen der Innovation identifizieren, die Kunden selbst bislang nicht bewusst waren.

4.7.5.6 Die Anreicherung der Customer Journey auf allen Kanälen

Der Erfolg feinster Differenzierungen zeigt sich insbesondere in den neuen Werkzeugen im Konsumgütermarketing. Bekannt ist der Versuch, in dem ein Schauspieler als Kandidat zahlreichen Personen vorgestellt wurde. Sie sollten auf der Basis ihres Eindrucks entscheiden, ob sie den Kandidaten für ihr Unternehmen einstellen würden. Es gab nur

den feinen Unterschied, dass den Testpersonen vor dem Zusammentreffen mit dem vermeintlichen Kandidaten während der Aufzugfahrt in den vierten Stock entweder ein Kaltgetränk oder ein Heißgetränk in einem Becher in die Hand gegeben wurde. War es ein
Kaltgetränk, sprachen sich 40 % der Testpersonen für die Einstellung des Bewerbers aus,
war es ein Heißgetränk, sprachen sich 100 % der Testpersonen für die Einstellung des
Bewerbers aus.

In einem anderen Versuch in China (Xun, Huang, Sun-Yat-sen-University) fand man
heraus, dass warme Umgebungstemperaturen Menschen dazu motivieren, sich eher der
Masse anzupassen (Harvard Business Review 2015). In einer wärmeren Umgebung
passten die Versuchspersonen in den Versuchen ihre Aktienkursprognosen eher an die
Voraussagen der anderen Teilnehmer an oder wetteten in einem hypothetischen Pferde-
rennen eher auf den Favoriten oder sprachen sich in einer Kaufentscheidung öfter für
das mehrheitlich gewählte Produkt aus als in einer leicht kühlen, aber noch nicht un-
gemütlichen Raumatmosphäre. Die Restaurantkette Dunkin' Donuts versprühte in
Südkorea in Bussen während einer Audio-Werbeschaltung im Bus ein dezentes Kaffee-
aroma. Daraufhin stieg der Umsatz in Dunkin' Donuts Filialen in der Nähe von Bus-
haltestellen um 29 % (Dunkin' Donuts Flavor Radio 2012). Automobilhersteller legen
höchsten Wert auf das Klangdesign des Türenschließens und des markenspezifischen
Motorengeräuschs, die ggf. noch dezent über eingebaute Lautsprecher der Audioanlage
im Innenraum verstärkt werden, auch wenn diese Anlage ausgeschaltet ist. Das Öffnen
und Verschließen von Verpackungen hochwertiger Artikel wird gleichfalls haptisch und
sensorisch gestaltet, um sich durch die angemessene Positionierung zu differenzieren.
Banken und Luxusgeschäfte suggerieren gerne ihre Premiumpositionierung durch
Haptik und Aroma von Leder und Holz. In einem weiteren Versuch hatten Forscher
Schreibstifte teilweise mit dem besonderen Duft des Teebaumöls getränkt. Versuchsteilnehmer, die Stifte mit diesem Duft erhalten hatten, konnten sich nach zwei Wochen
deutlich stärker an Marke und andere Details erinnern als Teilnehmer, die nichtaroma-
tisierte Stifte der Marke in dem Test erhalten hatten. Letztere verloren 73 % der Informationen aus dem Gedächtnis, während die Gruppe mit den aromatisierten Stiften nur
8 % der Information vergessen hatten. Besonders stark sind derartige Effekte, wenn es
gelingt, zwei sich in der assoziativen Wahrnehmung verstärkende sensorische Eindrü-
cke zu einem positiven Gefühl und Assoziation zu kombinieren (Krishna 2013). Der
Kunde wird sich nur schwer diesen doppelten unterschwelligen Verführungen widersetzen können.

Aus dem früheren Monolog der Werbung entwickelte sich im Weiteren dank Kundenfeedback ein Dialog, der sich nun zu einem vieldimensionalen Erlebnis weiterentwickelt
hat (ebd.).

Wirtschaftsnobelpreisträger Daniel Kahnemann ist zu verdanken, dass wir einen überraschend tiefen Einblick in bewusste und unbewusste Entscheidungsmechanismen der
Wirtschaft durch seine Erforschung des menschlichen Systems des „langsamen Denkens
und schnellen Denkens" gewonnen haben. Er zeigt in seinem Buch beeindruckende Beispiele der Entscheidungsfindung (Kahneman 2012).

4.7.5.7 Profis unter Profis: Was läuft verkehrt in der B2B- Customer-Journey?

Das Beratungsunternehmen Gallup führte eine Metastudie auf der Basis von über 100 Studien unter insgesamt 233.000 weltweit befragten Teilnehmern zum Beschwerdemanagement im B2B-Unternehmensbereich durch (Nink und Hübener 2016). In den über vier Jahre verteilten Studien (2010–2014) sagten nur 29 % der Kunden aus, dass sie sich an ihren Lieferanten gebunden fühlen. Sie planten, umfangreichere und zahlreichere Aufträge an den bestehenden Lieferanten auch in der Zukunft zu vergeben. 71 % der Kunden sind jedoch jederzeit bereit, den Lieferanten zu wechseln. Es fühlten sich nur 19 % der Kunden, die in den vorausgegangenen sechs Monaten ein Problem mit dem Lieferanten hatten, dennoch an diesen gebunden. Im Fall einer komplikationsfreien Geschäftsbeziehung sagten dies jedoch 50 % der Befragten aus. Dementsprechend ist ein gutes Beschwerdemanagement in einem Customer-Journey-Prozess über der Kundenbeziehungslaufzeit ein erheblicher Hebel, Umsatz zu sichern bzw. in der Zukunft zu generieren.

4.7.5.8 Mache dem Kunden einfach die Entscheidung leicht

Marketingkampagnen im Sinne eines One-to-one-Marketings werden im Konsumgüter-Marketing von vielen Kunden abgelehnt, sodass eine optimierte Ansprache über CRM-Tools und personalisierte Botschaften oft wenig erfolgreich sind. Obgleich sich Kunden von der Vielzahl der aggressiven und unausgereiften Versuche der Kontaktaufnahme oftmals abgeschreckt fühlen, geben Marketingführungskräfte weiter an, dass ihre Strategien auf eine häufigere Kontaktaufnahme mit den Kunden ausgerichtet sind, um eine tiefere Kundenbeziehung aufbauen zu können (Spenner und Freeman 2012). Entsprechend der Analyse der US- Beratungsgesellschaft Corporate Executive Board (CEB) vermuten Unternehmen Motive der Kontaktaufnahme von Kunden zu Unternehmen in den Social Media, die nicht den wirklichen Gründen entsprechen. Kunden gaben in einer Liste von zwölf verschiedenen Motiven einer derartigen Kontaktaufnahme die Suche nach Rabatten (61 %), den Kauf der Artikel, Bewertungen (55 %) und Produkt-Ratings (53 %) als häufigste Motive an.

Den Grund, Teil einer Community zu sein, gaben nur 22 % der Kunden als Motiv an. Unternehmen vermuten jedoch eine fast dreimal so hohe Rate von 61 % bei diesem Motiv. Darüber hinaus schätzen Unternehmen die Suche nach Informationen über neue Produkte (71 %) und allgemeine Informationen sowie die Meinungsabgabe über aktuelle Produkte und Dienstleistungen als das häufigste Motiv. Offensichtlich haben trotz aller Daten- und Detektivarbeit auf der Suche nach Kundenverständnis viele Unternehmen dies hier noch nicht erreicht.

Wenn die intensive, direkte Kontaktaufnahme der Unternehmen zum Kunden vonseiten der Kunden selbst nicht in gleichem Maß geschätzt wird, wird ein hilfreiches, unterstützendes Begleiten des Kunden von der Phase vor dem Verkauf bis in die Phase der Produktnutzung zur Gestaltung der gesamten Customer Journey erfolgreicher sein.

Der Start mit der Vermittlung zentraler Botschaften, die langfristig verankert werden und zu einem ggf. späteren Zeitpunkt zum Kauf verführen, ist weiterhin eine interessante Alternative in der Gestaltung der Customer Journey. Die Reduzierung der Komplexität und die Konzentration auf das Wesentliche mit kreativen Ansätzen auf allen Erlebniskanälen ist hilfreich. Das Prinzip der Einfachheit der Auswahl und der Entscheidung kann sogar ein sinnvolles Differenzierungsmerkmal sein.

Aufgrund der enormen Vielfalt der Angebote und Auswahlmöglichkeiten mit entsprechender Komplexität werden Kunden in ihrer Entscheidungsfindung oft überfordert. Die gleichzeitig stattfindende Angleichung aller Angebote gestaltet den Prozess noch unübersichtlicher. Im Ergebnis verschieben Kunden Käufe, ignorieren Angebote oder greifen einfach auf Bewährtes zurück, sodass Marketingkampagnen ins Leere laufen. Im Fall von einfachen Entscheidungsmustern lässt sich der Kunde durch das System des „schnellen Denkens" (Daniel Kahnemann) leichter zu Impulsivkäufen gewinnen. Es gibt Versuche, die klar nachweisen, dass Kunden im Falle einer breiten Angebotspalette deutlich weniger kaufen als im Fall einer reduzierten Angebotsauswahl. Umsatz und Gewinn fallen.

Die Masse der Marketingbotschaften und die Vielzahl an Entscheidungsmöglichkeiten hält Kunden oftmals von Kaufentscheidungen ab. Die zitierte Untersuchung der US-Beratungsgesellschaft Corporate Executive Board (CEB) unter 7000 Konsumenten aus verschiedenen Alters- und sozialen Gruppen in den USA, Großbritannien und Australien sollte klären, auf welche Art sich Kunden am besten überzeugen lassen (Spenner und Freeman 2012). Wie setzen sie ihre Kaufabsicht um, was motiviert sie, ein Produkt wiederholt zu kaufen und es weiterzuempfehlen? Der Einfluss von über 40 Variablen wie Preis, Markenwahrnehmung und auch die Interaktionshäufigkeit wurden analysiert. Die Fragen und Analysen betrafen eine Vielzahl von Produktkategorien, Verkaufskanälen und Preissegmenten. Einmalartikel wie Flugtickets, Abonnements von Handyverträgen, Kleidung, Autos und Luxusgüter gehörten zu den Produktkategorien. Die Fragen analysierten den Kaufprozess, die Recherche der Kunden vor dem Kauf, die Wahrscheinlichkeit einer Weiterempfehlung bis hin zum Gemützustand der Kunden beim Kauf. Gleichfalls wurden 200 Marketingführungskräfte und Markenverantwortliche von 125 Verbrauchermarken aus zwölf Branchen befragt, wie sie Kunden von Kauf und zu Weiterempfehlungen überzeugen.

Das Ergebnis war eindeutig: Der bei weitem wichtigste Faktor war die Einfachheit der Entscheidung. Wie leicht konnten Kunden vertrauenswürdige Informationen erhalten und die Optionen effizient abwägen? Eine zu große Auswahl schreckte ab. Beispielhaft wird der Versuch genannt (Iyengar, Columbia School of Business), bei dem in einem Supermarkt auf einer Verkaufsfläche einmal sechs und dann 24 unterschiedliche Sorten Marmelade zur Probe aufgestellt wurden. Kunden, denen sechs Sorten zur Auswahl angeboten wurden entschieden sich in dem Versuch in 30 % der Fälle für einen Kauf. Kunden mit der größeren Auswahl von 24 Sorten entschieden sich nur zu 3 % für einen Kauf. Zu viel Information macht Kunden Angst, führt zu Unentschlossenheit, Reuegefühlen und geringerer Zufriedenheit mit dem Kaufprozess und dem erworbenen Produkt. Viele weitere Versuche bestätigten diese Ergebnisse (Spenner und Freeman 2012).

Spenner und Freeman beschreiben beispielsweise den Vergleich zwischen der Suchmaschinenstrategie zweier Kamerahersteller A und B. Die Untersuchung zeigt, dass sich Kunden bei der Wahl zwischen A und B deutlich häufiger für die Marke B entscheiden.

Auf der Produktseite der Marke A finden die Kunden ausführliche Informationen zu Leistung, Funktion und Fotos der Produkte. Die Seite ist funktional organisiert und nach Modellen sortierbar. In stationären Geschäften werden wichtige technische Daten auf Produktschildern gezeigt und mithilfe eines PR-Codes kann der Kunde auf der Webseite weitere Informationen erhalten.

Marke B bemüht sich zunächst darum zu verstehen, welche Absicht der Kunde hat und an welchem Punkt des Kaufprozesses er sich befindet. Kunden in einer frühen Phase werden zunächst auf externe Bewertungsseiten geleitet, Kunden mit präziser Kaufabsicht gelangen auf die Firmenwebseite, auf der gleichfalls Kommentare und Bewertungen von Kunden im Mittelpunkt stehen. In stationären Geschäften wird ausdrücklich Wert daraufgelegt, die technischen Merkmale mit nichttechnischen Begriffen zu erklären.

Die Autoren führen einen „Index der Entscheidungseinfachheit" ein, der angibt, wie leicht verständlich angebotene und vertrauenswürdige Informationen gefunden werden, wie leicht es Kunden gemacht wird, die Wahlmöglichkeiten abzuwägen. Der Punktwert des Index ist umso höher, je einfacher das Unternehmen den Weg zur Kaufentscheidung gestaltet. Ergebnis:

> Marken, die in unserer Studie das oberste Viertel erreichten, waren denen im untersten Viertel deutlich voraus: Die Wahrscheinlichkeit, dass sich Kunden für sie entscheiden, war um 86 % höher. Die Wiederkaufwahrscheinlichkeit war um 9 % höher, die Chance auf Weiterempfehlung sogar um 115 %. (Spenner und Freeman 2012)

Erfolgreiche Unternehmen erreichen durch die einfache Navigation des Kunden durch den Entscheidungsprozess und auf der Basis eines aktiv geführten Vertrauensaufbaus positive Kaufentscheidungen. Dazu ist es wichtig herauszufinden, an welcher Stelle des Kaufprozesses sich der Kunde befindet und welche Information in diesem Moment am wichtigsten sind.

Externe Produktbewertungen sind bestens dazu geeignet, das Vertrauen des Kunden zu gewinnen. Positive Bewertungen besonders intensiver Nutzer stärken die Glaubwürdigkeit erheblich. Individuelle Bewertungen und detaillierte Ratschläge zum Produkt sind gleichfalls bedeutend hilfreicher und wertvoller als pauschale Markenempfehlungen. Mit einer geschickten Strategie muss das Unternehmen jedoch sicherstellen, dass der Kunde von den externen Informationsquellen zum Unternehmen zurückkehrt. Im Internet sind entsprechende Clickstreamanalysen hilfreich.

Um dem Kunden in der finalen Kaufentscheidung zu helfen, werden gute Vertriebstools vorab die individuell wichtigsten Kriterien des Kunden herausfinden. Anschließend wird dem Kunden auf dieser Basis ein einfacher Entscheidungsalgorithmus geboten. Er kennzeichnet, welche Produkte seinen Kriterien besonders gerecht werden. Die Algorithmen der Internetplattformen und die Weiterentwicklung der künstlichen Intelligenz liefern mithilfe der Information vergangener Kaufentscheidungen und anderer Benutzerprofildaten eine gute Basis (Abschn. 5.13). Erfolgreiche Unternehmen werden eine Gesamtstrategie zur Vereinfachung über alle zuvor genannten drei Komponenten entwickeln:

1. Einfache Navigation durch Informationsangebot, Auswahl- und Kaufprozess
2. Vertrauensaufbau für den Kunden mithilfe von Bewertungen, Empfehlungen und dem eigenem Auftritt
3. Einfaches Abwägen von Optionen für den Kunden, das ihn von seiner Wahl überzeugt

Die Untersuchung kommt jedoch abschließend zu dem ernüchternden Ergebnis: „Uns ist kein Unternehmen bekannt, das alle 3 Komponenten einer Strategie zur Entscheidungsvereinfachung zugleich berücksichtigen würde" (Spenner und Freeman 2012).

Durch die Entwicklung der richtigen „nudges" (Stupser) in Form von kleinen, subtilen Veränderungen im Ablauf und Entscheidungskontext werden Kunden gleichfalls zu einfachen, wünschenswerten Kundenentscheidungen geführt. Nobelpreisträger Richard H. Thaler zeigte in intensiver Forschung die Funktionsweise auf, die sich jedes Unternehmen zunutze machen kann (Thaler und Sunstein 2009). So fragt McDonalds seine Kunden, ob sie ihre Bestellungen in eine Riesenportion umwandeln möchten. Ein Restaurant fragte auch umgekehrt, ob man seine Beilagenportion verkleinern möchte. In beiden Fällen bejahen Kunden häufig die Veränderung aufgrund des kleinen „nudge".

Der Wunsch nach Bequemlichkeit in der Entscheidung aufseiten der Kunden wird auch dadurch belegt, dass Kunden immer wieder gerne auf bewährte Angebote und Geschäftsmodelle zurückgreifen. Es kann eine gute Strategie sein, Kauf- und Entscheidungsgewohnheiten konsequent zu verstärken und eine dementsprechende Entscheidungsroutine aufzubauen. Dies hilft Kunden, nicht noch weitere Entscheidungen treffen zu müssen. Gute Marketingstrategien bauen auf diese Weise einen weiteren „kumulativen Vorteil", einen langfristigen Wettbewerbsvorteil jenseits aller Innovationen oder Preisvorteile, auf, wie es Lafley undMartin beschreiben (Lafley und Martin 2017). Dieser Vorteil baut sich weiter auf, solange keine wichtigen Änderungen auftreten, die Anlass einer bewussten Neubewertung werden. Es gibt zahlreiche Marken, die mit weitgehend unveränderten Geschäftsmodellen, Strategien und Produkten seit Jahrzehnten trotz aller Marktinnovationen und Veränderungen auf diese Weise an der Spitze ihrer Branche stehen.

Eine Untersuchung der Agentur Schneider & Associates zeigt auf, dass die meisten Konsumgüter und industriell verpackten Güter in der Markteinführung zu Flops werden (Schneider und Hall 2011). Eine wichtige Ursache ist den Analysen zufolge die Beharrlichkeit der Verbraucher, weil diese immer gewohnheitsmäßig die gleichen Grundprodukte kaufen, die 85 % ihres Bedarfs decken. Bei Procter & Gamble erreichten nur 3 % der neuen Konsumgüter einen wirklich erfolgreichen Start mit mindestens 50 Mio. US $ Umsatz im ersten Jahr.

Die meisten Kaufentscheidungen basieren nicht auf einem detaillierten Analyseprozess und vollständig bewussten Entscheidungen. Das Gehirn ist

> … keine Analysemaschine, sondern ein Lückenfüller: Es nimmt unbereinigte, unvollständige Daten der Umwelt auf und fügt auf der Grundlage vergangener Erfahrungen fehlende Stücke hinzu. Das Ergebnis ist Intuition, Gedanken, Meinungen und Vorlieben, die uns schnell und ohne viel nachzudenken in den Sinn kommen, aber stark genug sind, dass wir sie als Handlungsgrundlage nutzen. (…) Die Verarbeitungsflüssigkeit entsteht aus Erfahrung, und sie nimmt unweigerlich zu, je häufiger wir diese Erfahrung machen. (Lafley und Martin 2017)

Das Gehirn liebt einfache Prozesse anstelle komplexer Analysen. Entscheidungen für Marktführer sind einfach wie Wiederholungskäufe auf der Basis schon lange vorausgegangener Entscheidungsprozesse. Jede erneute Entscheidung für ein Produkt oder eine Dienstleistung lässt diesen kumulativen Wettbewerbsvorteil wachsen. Zum Aufbau dieses kumulativen Vorteils muss es gelingen, das Angebot des Unternehmens für den Kunden von einer bewussten Entscheidung zu einer selbstverständlichen, bequemen Gewohnheit werden zu lassen. In diesem Fall geht es nicht mehr darum, den Kunden zu einer bewussten rationalen Entscheidung zu bewegen („langsames Denken", Kahneman), sondern die Vorteile der Entscheidung des „schnellen Denkens" für das Unternehmen zu nutzen.

In der Entwicklung einer entsprechenden Marktstrategie empfehlen die Autoren Lafley und Martin vier Grundregeln (Lafley und Martin 2017):

1. **Früh beliebt werden:** In einer klassisch aggressiven Marktstrategie unter Anwendung entsprechender Werkzeuge und Angebote geht es darum, frühzeitig einen Vorsprung im Markt zu gewinnen und sich an die Spitze zu setzen.
2. **Auf Gewohnheit setzen:** Ein bekannter, auffälliger Markenauftritt, Werteversprechen und Produktfeatures sind entscheidend und sollten über der Zeit nur vorsichtig verändert werden. Es gilt Gewohnheiten des Kunden zu entwickeln.
3. **Im Markenrahmen innovieren:** Der kumulative Vorteil muss entwickelt und erhalten werden. Deshalb sollte man nicht mit lieb gewonnenen Gewohnheiten des Kunden brechen. Wenn Veränderungen im Zuge von Weiterentwicklung und Erhaltung der Führungspositionen im Markt notwendig sind, müssen Unternehmen den Kunden bei der Umstellung von alten auf neue Gewohnheiten helfen. Bei der Umstellung von Netflix vom DVD-Versand auf das Streaming-Angebot lieferte man z. B. zu Beginn den Kunden die DVD per Post auch noch nach Hause. Entscheidend war es dem Kunden zu zeigen, dass trotz einer grundlegenden Veränderung des Serviceangebots das Angebot grundsätzlich noch das gleiche war und die bewährten Gewohnheiten zum größten Teil beibehalten wurden. „Verbessert ist für Kunden viel bequemer und weniger beängstigend als neu" (ebd.).
4. **Einfach kommunizieren:** Das Gehirn liebt einfaches und schnelles Denken und Verstehen. Diesen Prozess muss die Kommunikation unterstützen und Veränderungen ggf. einfach und eingebettet in die kumulative Nutzererfahrung und den kumulativen Wettbewerbsvorteil vermitteln.

4.7.5.9 Kundenerlebnisse gestalten: Soll man wirklich Kundenerwartungen übertreffen?

Eine große Anzahl von Unternehmen proklamiert in seinen Marketingbotschaften die Absicht, Kundenerwartungen übertreffen zu wollen. Wie viele schaffen das? Noch wichtiger wäre die Beantwortung der Frage: Lohnt es sich? Sollte es die oberste Priorität in ihrem Marketingprogramm darstellen?

Das amerikanische Management-Beratungsunternehmen Corporate Executive Board (CEB) untersuchte über einen Zeitraum von drei Jahren Erfahrungen in Unternehmenskontakten mit Callcentern, Onlineangeboten, E-Mails, Telefondienst oder Chats mit der Befragung von mehr als 75.000 Privat- und Geschäftskunden (Dixon et al. 2010). Es waren Dutzende Branchen in dieser Untersuchung aus Unternehmen in Nordamerika, Europa, Südafrika, Australien und Neuseeland repräsentiert. Es wurden die für die Kundentreue relevanten positiven und negativen Aspekte berücksichtigt. Bestand der Kontakt mit internen oder externen Abteilungen, wie erfahren war der Kundenbetreuer im Unternehmen? Kunden wurden in Persönlichkeitstypen eingeteilt. Es wurden zahlreiche Aspekte berücksichtigt: u. a. die Wahrnehmung des Werts des Angebots, die Qualität des Produktes, die vorausgegangene Konfrontation mit der Werbung des Unternehmens, die Kosten eines Anbieterwechsels, die persönliche Stimmung des Kunden vor der Betreuung.

Die Zufriedenheit und den Kundenaufwand beim Kontakt mit dem Unternehmen in einer einzelnen Transaktion ermittelte CEB mithilfe des Customer Effort Score (CES). In einem Vergleich mit den gleichfalls eingeführten Kennzahlen Net Promoter Score (NPS) und Kundenzufriedenheitsindex (CSAT) konnte unter den testspezifischen Umständen der CES am besten die Bereitschaft zu Wiederholungskäufen und höheren Ausgaben des Kunden prognostizieren. Dieser Index zeigt Bereiche auf, bei denen der Aufwand für Kunden in der spezifischen Transaktion unverhältnismäßig hoch ist. Der NPS zeigt im Vergleich ein ganzheitliches Bild des Unternehmens und ist in entsprechend anders gelagerten Fällen eine gute Kennzahl.

Alarmierendes Ergebnis der Untersuchung: 84 % der befragten Kunden gaben an, „dass ihre Erwartungen in jüngster Zeit nicht übertroffen wurden". 89 % der befragten Kundendienstchefs sagten jedoch aus, „ihre Strategie zielt darauf ab, die Erwartungen der Kunden zu übertreffen" (Dixon et al. 2010).

Die Untersuchung zeigt außerdem auf, dass Unternehmen, die die Erwartungen ihrer Kunden übertreffen, keine treueren Kunden erhalten. Hierfür ist es vielmehr entscheidend, die Lösung des spezifischen Kundenproblems zu sichern. Es zeigte sich, dass „zwischen Kundenzufriedenheit und Kundentreue nur ein geringer Zusammenhang besteht. 20 % der zufriedenen Kunden aus unserer Befragung sagten, sie planten, den Anbieter zu wechseln. 28 % der Unzufriedenen sagten, sie wollten dem Unternehmen treu bleiben" (Dixon et al. 2010). Serviceabteilungen konnten wenig dazu beitragen, die Kundentreue zu verbessern, hatten jedoch erheblichen Einfluss darauf, ob Kunden das Unternehmen verließen. Kunden bleiben dem Unternehmen treu wegen Produktqualität und Marke, verlassen das Unternehmen jedoch, wenn sie vom Kundenservice enttäuscht werden. Daten von über 100.000 Kunden weltweit zeigen: „Ein Kontakt zwischen Servicemitarbeiter und Kunden bewirkt mit viermal höherer Wahrscheinlichkeit, dass der Kunde abspringt, statt zu bleiben. Unternehmen sollten sich darauf konzentrieren, den Kunden Kummer zu ersparen, statt sie mit übertrieben nettem Service beglücken zu wollen" (Dixon 2017).

Auf der Basis der Untersuchung empfehlen die Autoren zur Entwicklung der Servicequalität und Steigerung der Kundentreue fünf Maßnahmen im Kundenkontakt und Service. Diese sollen insbesondere die komplette Kundentransaktion inklusive aller vor- und nachgelagerten Problemstellungen mit möglichst geringem Kundenaufwand (ggf. gemessen als CES) einfach, schnell und effektiv lösen. Selbstbedienung muss einfach sein, Folgeanrufe müssen vermieden werden und Servicemitarbeiter sollten dafür ausgebildet sein, Kunden auch mithilfe gelungener Kommunikationssteuerung und Sprache eine positive Kundendiensterfahrung zu vermitteln (ebd.):

1. **Erkennen Sie Probleme rechtzeitig:** Entsprechend den Ergebnissen handelt es sich bei 22 % der Anrufe um Folgeanrufe von Kunden, um Probleme aus einem früheren Anliegen zu lösen, die sich eigentlich nach dem ersten Anruf erledigt haben sollten. Unternehmen müssen aufgrund der Erfahrungen Probleme voraussehen, um Folgeanrufe zu vermeiden.
2. **Bauen Sie auf Einfühlungsvermögen:** 24 % der Folgeanrufe hatten ihre Ursache darin, dass der Kunde nicht die gewünschte Antwort erhielt, er dem Betreuer nicht traute oder sich der Servicemitarbeiter hinter allgemeinen Firmenregeln versteckt hatte. Sozial kompetente Berater müssen den Persönlichkeitstyp des Kunden heraushören und eigene Äußerungen, die negative Reaktionen auslösen können, vermeiden. Positive Formulierungen stärken das Vertrauensverhältnis zwischen Kunden und Mitarbeitern. Die US-Sparte des Leuchtmittelherstellers Osram konnte durch entsprechende sprachliche Veränderungen den CES von 2,8 auf 2,2 verbessern. Mit ähnlichen Maßnahmen konnte der kanadische Betreiber des Vielfliegerprogramms Air Miles die Zahl der Folgeanrufe bei Buchungen von Prämienflügen um 11 % senken.
3. **Lenken Sie Kunden in den richtigen Kanal:** Verschiedene Kunden bevorzugen entsprechend ihrer Kenntnis und Charakteristik verschiedene Servicekanäle. Erfolgreiche Unternehmen entwickeln eine kundenspezifische Strategie, nach der Kunden die für sie geeigneten Kommunikationskanäle selbstständig finden. Wenn Kunden an ihren Anforderungen, Kenntnissen und Bedürfnissen entsprechend ausgerichtete Onlinekanäle einfach finden können, ist die Akzeptanz dieser Tools deutlich größer und die Anzahl der notwendigen Telefonkontakte wird deutlich geringer.
4. **Nutzen Sie Feedback unzufriedener Kunden:** Basierend auf den Informationen unzufriedener Kunden kann die Servicequalität erheblich verbessert werden.
5. **Erleichtern Sie Kundenbetreuern die Arbeit:** Produktivitätskennzahlen des Kundenservices und die Messung der durchschnittlichen Bearbeitungszeit als Leistungskriterien sind häufig schlechte Anreizsysteme zur Entwicklung eines guten Kundendienstes. Ein Verzicht auf diese Kennzahlen kann die Bearbeitungszeit zwar erhöhen, aber die Anzahl der Folgeanrufe deutlich reduzieren. Ein australischer Telekombetreiber konnte die Folgeanrufe um 58 % reduzieren, nachdem er alle Produktivitätskennzahlen in der

Leistung der Kundenbetreuer eliminiert hatte. Kundenbetreuern sollte ein geeigneter Spielraum im Service gegeben werden, um Kunden das Leben zu erleichtern. Ziel ist nicht, Kundenerwartungen zu übertreffen, sondern das Kundenproblem in einer einzigen Interaktion effizient und mit geringsten möglichen Aufwand für den Kunden zu lösen. Gute Kundenbetreuer erkennen aufgrund der umfangreichen Unternehmensdaten Folgeprobleme im Ablauf bereits in der ersten Transaktion. Mitarbeiter werden auf der Basis systematisch gewonnener Daten lernen, wie man die Kundendiensterfahrung verbessert.

Auf den ersten Blick überraschend erscheint vor dem Hintergrund der zuvor aufgezeigten Ergebnisse des Servicekontakts das Ergebnis der Benchmark-Studie „Kundenservice im digitalen Zeitalter" (Züricher Hochschule für Angewandte Wissenschaften ZHAW 2017). In der Schweizer Umfrage unter 3615 Verbrauchern und 100 Unternehmensvertretern im deutschsprachigen Raum begründeten Kunden, die sich als Fan eines Unternehmens bezeichneten, ihre Begeisterung zu 61 % mit einem herausragenden Service. Branchen waren Versicherer, Banken, Telekommunikationsunternehmen, Energiedienstleister und Anbieter im Bereich Gesundheitswesen.

Die Kunden gaben in der Studie auch zu verstehen, dass sie gerade in schwierigen Situationen einen persönlichen Kontakt mit dem Unternehmen erwarteten und nicht durch einen automatisierten Service, Social Media, Messenger-Service oder Chat bedient werden sollten. Ein persönlicher E-Mail-Kontakt wird z. T. gewünscht, wenn eine E-Mail-Adresse angegeben wird. Der Kontakt über anonyme Kontaktformulare wird nicht gern aufgenommen.

Die Attraktivität des Produktes folgt erst nach der Servicequalität (56 %), der Preis spielt mit 23 % eine untergeordnete Rolle. Auf den analysierten Unternehmensseiten wird hingegen angenommen, dass sich die meisten Kunden wegen der Produkte und des Preises zu Fans entwickeln. In der Gesamtbetrachtung heißt dies: Guter Service kann Kunden weiterhin begeistern. Schlechter Service vertreibt die Kunden aber noch viel nachhaltiger. Die Ergebnisse der CEB und der Pidas-Studie deuten umso mehr darauf hin, wie anspruchsvoll und entscheidend guter Service für erfolgreiche Unternehmen ist.

4.7.5.10   Welcher Servicemitarbeiter macht Kunden wirklich zufrieden?

Kundencenterleiter wünschen sich meistens den verständnisvollen, entgegenkommenden Service-Mitarbeiter, der Kunden gut zuhört und gut kommunizieren kann, diszipliniert und terminorientiert arbeitet. Ist dies wirklich auch bei den Kunden der am besten angesehene und beliebteste Ansprechpartner im Service?

In der Befragung von 1440 Kundenberatern stellte das Beratungsunternehmen CEB fest, welcher Typ von Berater besonders geeignet ist, Kundenprobleme reibungslos zur Zufriedenheit zu lösen (Dixon 2017). Nach einer Umfrage unter Führungskräften bevorzugten die Manager zu 42 % den Typ des entgegenkommenden Mitarbeiters, der serviceorientiert gut zuhören und kommunizieren kann und gerne hilft. Unter dem 1440 Servicemitarbeitern identifizierte man in der Untersuchung 32 % aus der Gruppe der „Verständnisvollen". Die Herausforderung im Service ist oftmals ein ungeduldiger Kunde, der eine sofortige Lösung erwartet, weil er schon vorher zahlreiche Versuche unternehmen musste, das entsprechende Problem selbst zu lösen. Die zweitstärkste Gruppe im Service waren mit 20 % die „Fleißigen", die sich an Regeln und Vorschriften halten und hartnäckig und terminorientiert arbeiten. Die drittstärkste Gruppe war mit nur noch 15 % die Gruppe der „Macher", die ihre Meinung offen und ehrlich verkünden, gerne mit Fachkompetenz brillieren und im Gespräch mit dem Kunden die Führung übernehmen. In der Analyse von Leistungskennzahlen im Kundendienst von Unternehmen konzentrierte man sich auf die Fähigkeit der Berater, Servicekontakte reibungslos zu gestalten, eine hohe Kundenzufriedenheit zu erreichen und auf Produktivitätskriterien wie eine gute durchschnittliche Bearbeitungszeit.

Im Vergleich zu den Kriterien der Führungskräfte zeigte sich eine deutliche Abweichung bei den Kunden: Kunden, die von einem „Macher" betreut wurden, mussten am wenigsten Zeit und Mühe in ihre Problemlösung investieren. In den Unternehmen zeigte sich, dass diese Gruppe der Mitarbeiter Kunden einen schnellen, reibungslosen und effizienten Service bieten. Dies entspricht genau den zuvor aufgezeigten Anforderungen aufseiten der Kunden. Sie geben Kunden klare, detaillierte Handlungsempfehlungen an die Hand. Die Unterstützung mit dem Ziel einer einfachen Entscheidungsfindung ist äußerst nützlich. Erfolgreiche Unternehmen sollten dem Ergebnis entsprechend mehr Machertypen einstellen und ihren Kundenberatern Macherfähigkeiten beibringen. CEB stellt gleichfalls heraus, dass Unternehmen die üblichen Stellenbeschreibungen im Rekrutierungsprozess an das Persönlichkeitsprofil und die Erwartungen des Machers anpassen sollten, um Leute dieses Typs effizient anzusprechen und zu gewinnen (ebd.).

4.7.5.11 Sind die Superkunden besser als die Heavy-User?

Auch nach dem Kauf ist eine optimale Bedienung und Beziehungspflege noch wichtig, sei es im Service, in der Anleitung zur Nutzung des Produktes oder durch die indirekte Bestätigung eines guten Kaufs, indem der Kunde z. B. unter Nutzercommunities weitere hochzufriedene Kunden findet, die ihm das Gefühl der „Kaufreue" ersparen.

Eine optimale Betreuung nach dem Kauf leisten erfolgreiche Unternehmen für die Nutzung und Entwicklung des Segmentes der „Superkunden". Im Unterschied zu den bekannten „Heavy-Usern" sind die Superkunden und besonderen Fans dem Produkt besonders stark verbunden und entwickeln eigene Ideen zu neuen Einsatzmöglichkeiten des Produkts. In einer Untersuchung fanden die Autoren unter den 124 wichtigsten Kategorien bei Konsumgütern mit Bestimmung zum kurzfristigen Verbrauch (Consumer Packaged Products, CPG), dass diese Superkunden zwar im Durchschnitt nur 10 % der Kunden einer Kategorie ausmachen, jedoch für 30 bis 70 % des Umsatzes und einen noch wichtigeren Gewinnanteil stehen (Yoon et al. 2014). Entsprechend der Ergebnisse gibt es diese Art von Kunden in den meisten Konsumgüterkategorien und auch in vielen anderen Märkten. Man fand z. B. selbst bei Tackern Superkunden, die sich leichter zum Kauf eines zehnten Tackers überzeugen lassen, als normale Kunden nur zum Ersatz eines defekten oder verlorenen Tackers zu bewegen.

„Superkunden" sorgen für besonders hohes Wachstum und sind wichtige „Influencer" in sozialen Medien und Nutzer-Communities. Diese Kunden sind meistens auch bereit, neue Erkenntnisse zur Produktnutzung und neue Ideen zu liefern, die sich in Marketing und Produktstrategie vorteilhaft verwenden lassen.

Unternehmen identifizieren diese Kunden und betreuen sie in dem gesamten Lifecycle intensiv. Diese Kunden sind durch alle Marketingmaßnahmen leichter zu erreichen, zu begeistern und für ein überdurchschnittliches Wachstum des Umsatzes zu gewinnen.

In der Analyse der Kunden des Lebensmittelkonzerns Kraft zeigte sich bei Nutzern einer bestimmten Käsemarke oder sauren Sahne, dass sie zu einer wichtigen Quelle für das Unternehmen in der Entwicklung neuer Produktideen und -anwendungen wurden. Gerade im Fall von im Umsatz langsam wachsenden Produkten, denen von der Masse wenig Aufmerksamkeit geschenkt wird, kann durch die Zusammenarbeit mit den Superkunden für diese Produkte neues Wachstum generiert werden. Diese Strategie ist erfolgreicher, als sich um Kundensegmente wie Gelegenheitskäufer und „low user" zu bemühen.

4.7.6 Fokus und Geschwindigkeit: Wer ist erfolgreich?

Differenzierung ist die klassische Quelle von Wettbewerbsvorteilen. Gemäß der Analyse der Beratungsgesellschaft Bain & Company proklamieren mehr als 80 % der Unternehmen eine Differenzierungsstrategie (Zook und Allen 2012). Zuvor aufgezeigte Untersuchungen belegen, dass die erfolgreiche Unternehmensführung und Differenzierung entscheidender ist als z. B. die Branchenzugehörigkeit. Warum riskieren dennoch viele Unternehmen, Fokus und Differenzierungsmerkmale zu verlieren durch die Erweiterung der Produktpalette und die Übernahme zusätzlicher, benachbarter Märkte und Produktkategorien? Zuvor ist eine sehr kritische Prüfung angebracht. Welches Strategieverständnis gibt es im Unternehmen? Besteht Einigkeit und Geschlossenheit im Unternehmen darüber, welche die wichtigsten Alleinstellungsmerkmale und die Differenzierung im Wettbewerb sind? Bewerten Mitarbeiter auf allen Ebenen diese genauso wie die Unternehmensleitung? Gibt es Kennzahlen, mit denen die Umsetzung der Strategie und die Aufrechterhaltung der Differenzierung im Markt verfolgt werden kann? Ist die Strategie in einfachen Regeln und Prinzipien formuliert, die in entsprechenden Prozessen umgesetzt werden (Abschn. 4.1)?

In einem Vergleich von 200 Unternehmen der Datenbank bei Bain & Company hatten 83 % der erfolgreichsten Unternehmen dazu klare Prinzipien formuliert, die eingehalten wurden (Zook und Allen 2012). Unter Unternehmen mit den schwächsten Ergebnissen war dies nur bei 26 % der Unternehmen der Fall. Dennoch sind die erfolgreichen Unternehmen in der Lage, sich auch in schnell verändernden Märkten anzupassen. Lernsysteme, die Markt- und Kundenfeedback ordnen und strukturiert in die Marketingabteilung übertragen, erlauben die schnelle Veränderung und Anpassung. Unter den erfolgreichen Unternehmen der Untersuchung hatten laut Aussagen ihrer Manager 48 % der Firmen verlässliche Lernsysteme. In den Unternehmen mit den schlechtesten Ergebnissen war dies nur bei 9 % der Unternehmen der Fall. Kunden- und Marktfeedbacksysteme erlauben schnelle Reaktionen und ermöglichen es den Wettbewerbern, einige Schritte vorauszueilen. Die Untersuchung unter 760 Unternehmen maß anhand von 40 Fragen Entscheidungstempo, Umsetzungsfähigkeit und Qualität. Nach Zusammenfassung der Ergebnisse in einem Index der Entscheidungseffektivität zeigte sich, dass die Gruppe der effektivsten und schnellsten 20 % der Unternehmen im Durchschnitt eine um 6 % höhere Aktienrendite im Markt erzielt als die übrigen Unternehmen.

Unternehmen werden im Fall der Ausweitungen des Markt- und Produktportfolios komplexer. Strategische Prinzipien und Alleinstellungsmerkmale werden für Mitarbeiter und Kunden diffuser. In den Umfragen sagten 80 % der Manager, dass ihr Unternehmen sich deutlich vom Wettbewerb abhebt. Auf der Kundenseite bestätigten dies nur 10 % der Befragten. Beobachtungen von Bain & Company über einen Zeitraum von 15 Jahren zeigen: Langfristig erfolgreiche Unternehmen entwickeln sich auf der Basis ihrer ursprünglichen Differenzierung unter kontinuierlicher Fortentwicklung ihrer Stärken ohne grundlegende Veränderung ihrer Geschäftsmodelle und Strategie.

Eine einfache Weise, die strategisch fokussierte Ausrichtung zu prüfen, könnte eine Überprüfung der letzten 20 großen Wachstumsinitiativen sein. Folgen diese einer einheitlichen Strategie, Stärkung der Alleinstellung und Fokussierung? Welches sind die Alleinstellungsmerkmale, die sich im Vergleich zum Wettbewerb messen lassen? Ergänzen sie sich gegenseitig und stellen entscheidende Kaufkriterien der Schlüsselkunden dar?

Bain & Company prüft die Fokussierung eines Unternehmens auch auf der Basis folgender provokanter Fragestellung (Gottfredson und Mark 2012):

1. Hat Ihr Produktportfolio genug Optionen, um für alle Kunden attraktiv zu sein?
2. Investieren Sie ausreichend, um in allen Ihren Produkten, in allen Regionen mit all Ihren Geschäftsbereichen eine führende Position zu erzielen?
3. Erwarten Sie von jeder Funktion im Unternehmen, Prozesse derart auszulegen, dass die maximale interne Effizienz erreicht wird?
4. Ist Ihre Organisation derart ausgelegt, dass sie alle Unternehmensprozesse und Funktionen unterstützt?
5. Sind Ihre IT-Systeme und IT-Anwendungen in der Lage, alle Ihre bestehenden Geschäftsprozesse zu unterstützen?

Sollte die Antwort zu allen fünf Fragen ein „ja" sein, könnte dies ein Warnzeichen dafür sein, dass der Grad der Komplexität im Unternehmen zu hoch und die Fokussierung der Unternehmensstrategie nicht ausreichend ist. Ein fokussiertes Unternehmen sollte nicht darauf zielen, in jedem Element seines Geschäfts die führende Position zu erzielen, sondern in den Kernbereichen, in denen es jeden anderen Wettbewerber übertreffen kann. Die Komplexität im Unternehmen kann auf diesem Weg deutlich reduziert werden. Komplexitätskosten werden nicht offensichtlich in den Buchhaltungs- und Reportingsystemen. Sie verursachen aber dennoch erhebliche Kosten und fordern ein hohes Maß an wertvollen Managementressourcen.

4.7.7   Fokus statt Komplexität – Treiber für Profitabilität und Gewinn.

Steigende Unternehmenskomplexität und Größe kann neben einer langsamen Reaktivität im Unternehmen erhebliche Komplexitätskosten verursachen, sodass der Satz „Big is beautiful" schon lange nicht mehr uneingeschränkt gilt. Schnelle Reaktionen in Unternehmen und hohe Komplexität in der Organisation und in Entscheidungsprozessen stehen im Allgemeinen im Widerspruch zueinander.

Exemplarisch sei eine Untersuchung in der Energiewirtschaft mit der Analyse von 75 Unternehmen angeführt, die aufzeigte: „Der Wertbeitrag (EVA) in den untersuchten Unternehmen nahm mit steigender Mitarbeiteranzahl ab. Ab einer Schwelle von 4000 Mitarbeitern rutschte er sogar unter null" (Bausch und Raffeiner 2003). Die Autoren beobachteten den gleichen Trend bei Telekommunikationsunternehmen.

Als Beispiel der erfolgreichen Reduzierung der Komplexität in einem Unternehmen kann das Unternehmen Ford angeführt werden, das im Jahr 2006 bei Übernahme der CEO-Position seitens Alan Mulally acht große Marken und 40 Plattformen unter seinem Dach vereinigte. Im Zuge der klaren Fokussierung des Unternehmens zog sich Ford aus zahlreichen Märkten durch Verkauf von sechs der acht Marken zurück. Gleichzeitig reduzierte der Konzern die Anzahl der Modelle um 55 %, verringerte die Anzahl der Plattformen und erhöhte die Verwendung von Gleichteilen um mehr als 50 %. Die Anzahl der Lieferanten konnte um 50 % verringert werden, die Mitarbeiteranzahl reduzierte sich um mehr als 40 %. Dies erlaubte eine Vereinfachung der Struktur und Organisation. Im Jahr 2007 hatte Ford Verluste von ca. 2 Mrd. US $ berichten müssen, im Jahr 2011 nach der Neuorganisation wies man 20 Mrd. US $ Profit aus (Gottfredson und Mark 2012).

Ein weiteres Beispiel für eine positive Unternehmensentwicklung dank erheblicher Reduzierung der Komplexität ist Philips (Mocker und Ross 2017). Die starke Innovationsfähigkeit des Unternehmens im Bereich der Produkte dank intensiver, interner Forschungs- und Entwicklungsaktivität und externer Zukäufe hatte zu einem sehr breiten Produktportfolio geführt. 2003 war Philips in der Zahl der Patentanmeldungen Europas Nummer 1. Die Aktivitäten in mehr als 60 Produktkategorien hatten zu einer komplexen Unternehmensstruktur, zu hohen Kosten, zu einer Vielzahl von IT-Anwendungen und ERP-Systemen und zu einer komplexen Vertriebsorganisation geführt. Dadurch kam es intern und extern aufseiten der Kunden zu erheblichen Problemen. Die Komplexität schadete dem Unternehmen. In den folgenden Jahren trennte sich das Unternehmen von fünf seiner ursprünglich sechs Geschäftsbereiche und konzentrierte sich auf den Bereich „HealthTech". Das Unternehmen konnte seine Gewinnmargen in der Folge erheblich steigern und den Aktienkurs sehr deutlich erhöhen.

Die verschiedenen Felder der Komplexität in den Bereich Strategie, Kunden- und Produktportfolio, Organisation und Unternehmensprozesse inklusive der IT-Systeme sind untereinander vernetzt. Entsprechend ist es schwierig, Komplexität nur in einem Bereich zu reduzieren. Die Vernetzung der Komplexität bietet jedoch die Chance im Fall eines konsequenten Vorgehens, dass die Vereinfachung in einem Bereich Chancen zu weiterer Vereinfachung in den anderen Bereichen öffnet (Gottfredson und Mark 2012).

Das fokussierte Kerngeschäft beinhaltet die profitabelsten Kunden, die entscheidenden Vermögenswerte und Kernkompetenzen und die wichtigsten Produkte und Vertriebskanäle. Diese Fokussierung gestattet eine Begrenzung der Komplexitätsentwick-
lung in allen Bereichen. Unternehmen, die diese Fokusstrategie erfolgreich im
Wettbewerb in ihrem Aufstieg bzw. in ihrem Turnaround einsetzten, waren z. B. Nike im
Wettbewerb zu Reebock und Lego. Reebock hatte im Vergleich zu Nike ein sehr viel
breiteres, weniger fokussiertes Produktportfolio entwickelt. Nike entwickelte seine
Stärke und Positionierung im Markt fokussiert, stetig und sehr erfolgreich weiter, Reebock wurde von Adidas übernommen. Lego hatte sich in einer Vielzahl von Märkten
diversifiziert, die nahe ihrem Spielzeugkerngeschäft lagen: Kleidung, Uhren, Themen-
parks und Lernlabore. Das Unternehmen geriet dabei auch unter den Druck asiatischer
Wettbewerbsprodukte in eine stark existenzbedrohende Krise, mit erheblichen Verlusten
bei Umsatz und Gewinn. Lego konnte in der Restrukturierung durch die Aufgabe zahlreicher Geschäftsbereiche die Unternehmensstruktur stark vereinfachen und die Komplexität deutlich reduzieren. Die Führungsstruktur wurde vereinfacht, Führungsebenen
entfielen, obgleich die Mitarbeiteranzahl stieg (ebd.). Nach ihrer erfolgreichen Restrukturierung und Fokussierung auf ihr Kerngeschäft und die Kernbedürfnisse ihrer Kunden
mithilfe sehr detaillierter Marktuntersuchungen entwickelte sich das Unternehmen zu
einem außergewöhnlich profitablen und wettbewerbsfähigen Spielzeugunternehmen.
Nach einer „Fast-Pleite" und erfolgreichem Turnaround konnten in den Folgejahren Zuwächse im deutlich zweistelligen Bereich erzielt werden. Es stellten sich immer wieder
neue Rekordergebnisse ein.

Die Fokussierung öffnet neue Chancen in der Vereinfachung des Produktportfolios.
Operative Prozesse können schlanker gestaltet werden, die Wertschöpfungskette wird einfacher, Kosten sinken. Kernprozesse werden in Kohärenz zur Fokusstrategie entwickelt
und unterstützen schnelle, einfache operative Abläufe. Entscheidungsprozesse werden in
schlanken Strukturen beschleunigt, der Abbau von Bürokratie kann vorangetrieben werden. Das Unternehmen kann schneller auf Veränderungen im Markt reagieren.

In der Analyse von 8000 internationalen Unternehmen fand man heraus, dass in fast
allen Fällen, in denen das Unternehmen in einer Krise von einem erheblichen Rückgang
und Geschäftseinbruch betroffen war, eine ausufernde Komplexität eine der Ursachen war
(Zook und Allen 2016). Immerhin zwei Drittel der Unternehmen mit einem Umsatz von
über 500 Mio. US $ waren in dem 15-Jahreszeitraum vor 2013 von einer derartigen Krise
betroffen. Bürokratische, interne Prozesse und organisatorische Abläufe, komplexe langsame Entscheidungsprozesse lassen Unternehmen Kontakt zu Markt und Kunden und Re-
aktionsfähigkeit verlieren. In einer Umfrage unter 377 Top-Managern von Unternehmen
mit einem Umsatz von mehr als 5 Mrd. US $ gaben 94 % an, dass das Haupthindernis für
ein kontinuierliches, gewinnbringendes Unternehmenswachstum interne Funktionsstörun-
gen sind und nicht in Markt und Wettbewerb begründet liegen (Zook und Allen 2016). Die
Autoren der Studie kristallisieren auf der Basis ihrer Analyse zahlreicher Unternehmen
mit kontinuierlichem Wachstum Empfehlungen heraus. Die Umsetzung dieser empfohle-
nen Maßnahmen beobachteten sie insbesondere in Unternehmen mit einer starken

Gründermentalität. Außerdem führen sie an, dass im Zeitraum von 2000 bis 2015 die Aktienrendite von Großunternehmen, in denen Gründer aktiv waren, dreimal höher war als in anderen Unternehmen.

1. **Werden Sie zum Rebellen:** Der Anstieg der Komplexität entwickelt sich typischerweise langsam und nicht auf der Basis einzelner schlechter Entscheidungen. Kraft und Ressourcen müssen durch die Beseitigung zu hoher Komplexität und überflüssiger Kosten wiedergewonnen werden. In zehn erfolgreichen Turnarounds wurde die Senkung der Betriebskosten von 8 bis zu 25 % erzielt. Die Reduzierung der Komplexität wird mit der Trennung von Unternehmensbereichen und Vermögenswerten beginnen, die außerhalb des Kerngeschäfts liegen. In der nächsten Stufe folgt eine Vereinfachung der Strategie für die verbleibenden Geschäftsbereiche, eine Reduzierung der Komplexität der Kernprozesse, gefolgt von einer Vereinfachung im Bereich der Produkte, des Designs und der Varianten. Von einer Abarbeitung in umgekehrter Reihenfolge wird abgeraten, da man sich beim Start auf den unteren Ebenen schnell in Details verliert und die Reduzierung der Komplexität und Kosten auf den oberen Ebenen nicht erreicht wird. Es bedarf auch mutiger Entscheidungen im Bereich von Investitionen und der neuen Verteilung von Ressourcen. Wie am Beispiel von Ford, Philips und Lego gezeigt, kann die Schrumpfung eines Unternehmens zu einem deutlichen Wachstum des Ergebnisses bzw. sehr erfolgreichem Turnaround führen.
2. **Konzentrieren Sie sich auf den Kunden:** Wachstumsunternehmen stehen in ständigem Austausch mit ihren Kunden. Die Mitarbeiter denken kundenzentriert und sind kompetent in allen Aktivitäten mit Kunden. Alle Prozesse sind auf Vermeidung von Bürokratie, Schnelligkeit und persönliche Verantwortung aufgebaut. Das Unternehmen ist im Vergleich mit Wettbewerbern schneller und bietet den Kunden im Vergleich einen höheren Wert.
3. **Denken Sie wie ein Eigentümer:** In erfolgreichen Unternehmen werden Mitarbeiter unternehmerisch denken, handeln: mit Kostenbewusstsein, schnell und verantwortlich aus einer Eigentümerperspektive (Kap. 9). Das Computerunternehmen Dell ging 2013 von der Börse, vereinfachte seine Strukturen, reduzierte das Board of Directors auf drei Mitglieder und entwickelte eine Eigentümerperspektive mit der Konzentration auf langfristige Ziele. Die Akzeptanz eines angemessenen unternehmerischen Risikos ersetzte den Fokus auf Risikominimierung und Zufriedenstellung der Analysten. Die Zufriedenheit von Kunden und Mitarbeitern entwickelte sich zu neuen Bestwerten und das Kerngeschäft wuchs wieder schneller als das der Wettbewerber.

Ein bekannter, charismatischer und unablässiger Verfechter und Meister der strengen Fokussierung war bekanntermaßen Steve Jobs. „Zu entscheiden, was man nicht macht, ist genauso wichtig, wie zu entscheiden, was man macht. Das gilt für Unternehmen ebenso wie für die Produkte" (Isaacson 2012). Gleichfalls bekannt ist seine Frage, die er am Ende der Jahrestagung stellte: „Welche 10 Sachen wollen wir als Nächstes machen?" Nach Aufstellung der Liste strich Jobs die unteren sieben Punkten und erklärte: „Wir können nur 3 machen". Er filterte gnadenlos aus, was er als Ablenkung betrachtete und propagierte: „Einfachheit ist die ultimative Raffinesse." Einfachheit erzielte er nicht durch das Ignorieren der Komplexität, sondern durch den meisterhaften Umgang mit der Komplexität. Er stellte eine grundlegende Einfachheit vor eine oberflächliche Einfachheit. Im Rahmen seiner streng fokussierten Strategie setzte er die Entwicklung hervorragender Produkte über die unmittelbare Profit-Orientierung. Seine erfolgreiche produktorientierte Strategie löste die scheinbar profitoptimierte Strategie seines Vorgängers Sculley ab, die das Unternehmen zuvor in die Krise geführt hatte. Dies führte zu dem bekannten gigantischen Wachstum des Unternehmenswertes und der Marke.

4.7.8 Umsetzung von Fokus und Einfachheit – fokussierte Kohärenz

Die Fokussierung auf Kernkompetenzen und Kernprozesse des Unternehmens führt zu einem System der Kohärenz. Dieses besteht im besten Fall aus drei bis sechs einander wechselseitig verstärkenden Fähigkeiten. Es wird zur treibenden Kraft der Wertschöpfung. Das System verknüpft die Kompetenzen und Prozesse, die das Unternehmen besser beherrscht als der Wettbewerb derart, dass die Kundenbedürfnisse auf herausragende Weise erfüllt werden. Die fokussierte Strategie und ein entsprechendes Marktangebot werden sichergestellt. Das Management definiert im Rahmen der Strategieentwicklung und Umsetzung, wie diese Kompetenzen und Fähigkeiten in einem System zusammenwirken. Struktur und Organisation unterstützen die notwendigen betrieblichen Abläufe. Produkte, die sich nicht in das System der Kohärenz einfügen, werden aus dem Portfolio gestrichen.

In einer Analyse wurde die Kohärenz verschiedener Konzerne der Konsumgüterbranche bewertet (Leinwand und Mainardi 2010). Zunächst wurden die Segmente definiert, in denen die Unternehmen tätig sind. Danach identifizierten die Autoren die notwendigen Fähigkeiten in der Wertschöpfung der entsprechenden Segmente. Im dritten Schritt ermittelten sie die Anzahl der in allen Segmenten eingesetzten Fähigkeiten, aus dem sich ein Kohärenzwert ergab. Im Vergleich der Ergebnisse der Unternehmen zeigte sich eine klare Korrelation zwischen dem Grad der Kohärenz der eingesetzten Fähigkeiten und der Gewinnmarge der jeweiligen Unternehmen. Unter den Spitzenunternehmen der Untersuchung sind Coca-Cola, Wrigley und PepsiCo, die bekannt sind für ihre konsequente Ausrichtung auf ein genau definiertes Produktportfolio, ihr Markenversprechen und ihre besondere Kernkompetenz. Unternehmen am unteren Ende haben heterogene Geschäftsportfolios und eine inkohärente Entwicklung aufgrund zahlreicher Übernahmen oder eines großen Markenportfolios außerhalb des eigenen Kernbereichs.

Das System der Kohärenz schafft auf vier Arten besonderen Mehrwert:

1. Stärkung des Wettbewerbsvorteils durch die Konzentration auf die Stärken mit entsprechender kontinuierlicher Weiterentwicklung und Verbesserung, Erfahrungsgewinn und Fortentwicklung der Mitarbeiter in dieser Spezialisierung.

2. Leitung strategischer Investitionen zur Entwicklung des organischen Wachstums und Steuerung von Akquisitionen in Übereinstimmung mit den eigenen Kernkompetenzen und Fähigkeiten. Konzentration aller Ressourcen auf Geschäftsbereiche und Produkte, in denen das Unternehmen seine Führung weiter ausbauen kann.
3. Entwicklung von Skaleneffekten.
4. Übereinstimmung von Strategie und operativen Entscheidungen, denen aufgrund der klaren Ausrichtung schnellere Entscheidungsprozesse zugrunde liegen können.

Die Autoren der Analyse stellten jedoch fest, dass Unternehmen eine natürliche Tendenz zur Inkohärenz haben. Die Unternehmen ließen sich oft dazu verleiten, das Produkt- und Kundenportfolio durch die Ausweitung in nahe liegende Marktsegmente aufzuweiten. Die Entwicklung von Aktivitäten zur Erzielung kurzfristiger Gewinne kann die strategische Ausrichtung verwässern. Eine konsequente Führung ist notwendig, um die Kohärenz in allen Bereichen und Mitarbeiterebenen des Unternehmens sicherzustellen. Die Formulierung von Regeln und Richtlinien, die das System der Kohärenz sichern, erlaubt die Delegation von Entscheidungsverantwortung für die tägliche Umsetzung.

4.7.9 Differenzierung

Unternehmen mit kontinuierlich guten Ergebnissen kombinieren ihre Strategie mithilfe von Differenzierungselementen, die sich gegenseitig verstärken. Die Differenzierungsmerkmale werden nicht nur einzigartig sein, sondern lassen sich im Vergleich zum Wettbewerber messen und sind relevant für die wichtigsten Kunden. Die Differenzierungsstrategie ist bei allen Mitarbeitern nachhaltig kommuniziert.

Es ist entscheidend, dass im Unternehmen ein gemeinsames Verständnis der Stärken und Fähigkeiten unter allen Mitarbeitern genauso vorhanden ist, wie ein klares Verständnis, welcher Art die Kernkunden des Unternehmens sein sollen (Abschn. 3.2). Die Untersuchungen zeigen jedoch, dass in vielen Unternehmen kein gemeinsames Verständnis darüber herrscht, welche die wichtigsten Alleinstellungsmerkmale sind. Selbst in Managementteams herrschen oft unterschiedliche Auffassungen darüber (Zook und Allen 2012). Entsprechend komplex ist die Wahrnehmung aufseiten der Kunden. Während 80 % der Manager in Unternehmen aussagten, dass sich ihre Unternehmen deutlich vom Wettbewerb unterscheiden, konnten dies auf der Kundenseite noch nicht einmal 10 % bestätigen. Eine Diskussion der Chancen zur Differenzierung mit System auf allen Unternehmenskanälen und Ebenen folgt in den nächsten Abschnitten. Vermarktung und Kundenbeziehungen, die der Vollständigkeit halber auch im nachfolgenden Gesamtsystem der Differenzierung genannt werden, wurden schon in Abschn. 4.7.5 detailliert betrachtet.

4.7.9.1 Differenzierung mit System – 15 Ebenen mit vielen Möglichkeiten
Auf der Basis der Daten von 8000 globalen Unternehmen aus einem Zeitraum von 25 Jahren und weiteren Detailanalysen von 200 globalen Unternehmen und Umfragen unter

rund 400 Managern wurden 250 Stärken und Fähigkeiten zusammengestellt, die zur Differenzierung beitragen (Zook und Allen 2012). Diese sind in drei Gruppen mit jeweils fünf Kategorien unterteilt. Die drei Gruppen ermöglichen – mithilfe von 250 Stärken zur Differenzierung eines Unternehmens – zahlreiche Chancen, eine einzigartige Position auf dem Markt zu erzielen:

1. Managementsysteme
    1. Portfoliomanagement und Finanzen
    2. Übernahmen und Partnerschaften
    3. Beachtung von Gesetzen und Richtlinien
    4. Strategie der Geschäftsbereiche, Prioritäten
    5. Personalwesen und Unternehmenskultur
2. Operative Fähigkeiten
    1. Lieferkette und Logistik
    2. Produktion und Prozesse
    3. Produktentwicklung und Innovation
    4. Vermarktung
    5. Kundenbeziehung
3. Exklusive Vermögenswerte
    1. Immaterielle Vermögenswerte
    2. Größeneffekte
    3. Technologien und geistiges Eigentum
    4. Marke
    5. Kundennetzwerk

Die präzise Verfolgung des Geschäftsmodells und der Differenzierung als Basis des Erfolgs ergeben einen klaren Fokus beim Einsatz aller Ressourcen und bei der Entwicklung von Innovationen. Ein geeignetes Kennzahlensystem überwacht die Einhaltung der Geschäftsstrategien und die Wahrung der Differenzierungsmerkmale.

In der Fortentwicklung der Strategie des Unternehmens kann ein reproduzierbares Modell der Alleinstellungsmerkmale auf neue Produkte, Dienstleistungen, Kundensegmente und neue Märkte ausgedehnt oder in verwandte Geschäftsbereiche übertragen werden. Unternehmen, die eine Expansion mithilfe derartiger Strategien systematisch verfolgen, entwickeln Leitlinien, die die entsprechenden Entscheidungen und Expansion inklusive des zugehörigen Prozesses unterstützen. Sie werden zum elementaren Bestandteil der Unternehmenskultur. Die Organisation wird fokussiert entwickelt, um kritische Entscheidungsprozesse zu unterstützen. Bürokratie wird stetig abgebaut bzw. vermieden.

Overhead-Kosten werden reduziert und die Fokussierung der Arbeit der Fachabteilungen gestärkt. Genehmigungs- und Freigabeprozesse werden durch Delegation von Verantwortung vereinfacht und beschleunigt. IT-Prozesse werden an den fokussierten Geschäftszielen ausgerichtet. Unternehmensprozesse werden optimiert, auf die Ebene der Organisation bis hinunter zu Details wie der Gestaltung effektiver Besprechungen. Der

Abbau komplexer, träger Strukturen unterstützt Wachstum und Rentabilität. Das positive Ergebnis der erfolgreichsten Unternehmen in einer Vergleichsgruppe wurde bereits zuvor aufgezeigt: 83 % der Gruppe der erfolgreichen Unternehmen arbeiteten mit Fokus-Prinzipien, deren Verständnis in der gesamten Organisationen sichergestellt war. Dies war nur bei 26 % der Unternehmen mit den schlechtesten Ergebnissen der Fall (Zook und Allen 2012).

Dennoch ist es entscheidend, dass im Zuge schneller Veränderungen Unternehmen schnell lernen, sich neuen Bedingungen durch eine entsprechende Weiterentwicklung anzupassen. Dies muss in den Prozessen und der Kultur des Unternehmens verankert sein. Systematisch, schnell und einfach zu gewinnendes Markt- und Kunden-Feedback mit schneller Entscheidungsfindung und rechtzeitiger Umsetzung bleibt ein wichtiger Erfolgsfaktor.

4.7.9.2 Differenzierung auf allen Innovationskanälen

Neue Ideen der Differenzierung im Bereich der Innovation lassen sich anhand der zehn Innovationstypen in Wettbewerb und Markt jenseits der Ideen zu Produkteigenschaften entwickeln (Keeley et al. 2013). Diese betreffen die Bereiche der Finanzen, der Kern- und Hilfsprozesse, der Vertriebskanäle und der Gestaltung des Einkaufsumfeldes und der Markenstrategie. Es bleiben weiterhin die Differenzierungsfaktoren des Produktangebots, des Produktumfeldes und des Services. Die Entwicklung innovativer Ideen anhand der folgenden zehn Innovationstypen können unmittelbar in das oben genannte Differenzierungsmodell der Entwicklung einer Fokusstrategie und die 15 zuvor genannten Felder einfließen. Die zehn Innovationtypen teilen sich in folgende Bereiche auf, mithilfe derer sich neue Ideen entwickeln lassen (ebd.):

Finanzen:

1. Geschäftsmodell mit der Gewinn-Formel zur Erzielung des Profits
2. Netzwerk, in dem alle Geschäftspartner in der Wertschöpfungskette einen Beitrag zur Einzigartigkeit des Angebotes leisten

Prozesse:

3. Kernprozess, mit dessen Hilfe das Unternehmen Produkte oder Dienstleistungen bereitstellt
4. Hilfsprozesse, die das Unternehmen als externe Leistung zukauft

Angebot:

5. Einzigartige Produkteigenschaften und -funktionen
6. Service und Zusatzangebote an den Kunden
7. Produktumfeld, in dem das neue Produkt innerhalb des Unternehmens positioniert ist

Vertrieb:

8. Vertriebskanäle, durch welche die Aufmerksamkeit der Kunden gewonnen wird und Angebote in den Markt gebracht werden
9. Einkaufserlebnis, mit dem Kunden eine neue Einkaufserfahrung gegeben wird
10. Markenstrategie, Kampagne für das neue Produkt oder Dienstleistung

4.7.9.3 Differenzierung in der Supply-Chain-Strategie

Die Optimierung der Lagerwirtschaft kann insbesondere im Handel erhebliche Beiträge leisten. Hierbei geht es nicht nur um die Optimierung der Lagerbestände, sondern auch um optimierte Handlingprozesse. Die Betrachtung der Gesamtlagerkosten je Kundenbestellung und ein Benchmarking aller Warenlager in einfachen Kenngrößen können oft schon erhebliche Potenziale der Kostensenkung identifizieren.

In Untersuchungen von 150 multinationalen Lieferkettenprojekten zeigten sich erhebliche Potenziale (Gstettner und Stölzle 2014). Ein Unternehmen konnte durch entsprechende Optimierungen den Umsatz neuer Produkte bei der Markteinführung um bis zu 17 % steigern und die Auslaufsteuerung bei Artikeln auf der anderen Seite durch Vermeidung von außergewöhnlichen Preisreduktionen um bis zu ca. 20 % reduzieren. In einem Unternehmen der Konsumgüterelektronik führte eine abteilungsübergreifende Optimierung dazu, dass der Umsatz in Promotionszeiträumen um 2 % wuchs und die Rate ausverkaufter Produkte um 20 % sank.

Eine marktorientierte Strategie wird nicht nur die Kundenseite, sondern die gesamte Lieferkette optimieren. Die Lieferkette, der Einkauf, die Produktion, die Lagerung und die Distribution wird passend zur Unternehmensstrategie, zu den Kunden- und Produktsegmenten optimiert und betreffs der spezifischen Kostentreiber transparent dargestellt. Dies gilt insbesondere dann, wenn Kundensegmente mit sehr unterschiedlichen Anforderungen bedient werden. Durch die Optimierung des gesamten Liefernetzwerkes und durch die feine Abstimmung des Kundenservices unter Beachtung der Kosten können erhebliche Einsparungen erzielt werden. Die Servicequalität und ihre Kosten werden in Abstimmung mit Effekten auf Kundenanforderung, Absatz, Wertversprechen und Wettbewerb überprüft. Gleichfalls werden Kosten von Zwischenhändlern, Lager und Transport betrachtet. Lieferfrequenz, Anzahl von Aufträgen und Volumen werden bewertet. Warnhinweise auf einen dringenden Optimierungsbedarf geben Kennzahlen bei kritischer Höhe der Lagerbestände, kritischem Servicegrad, Überschuss auslaufender Produkte oder anderen starken Abweichungen in den Planungszyklen.

In nichtabgestimmten Systemen besteht zudem die Gefahr, dass Marktaktivitäten ggf. nicht durch entsprechende Warenverfügbarkeit abgesichert und unterstützt werden. Lieferkapazitäten und Produktnachfragen können konventionell auf der Basis historischer Daten und dem Vorausschauen des Vertriebs optimiert werden. Neueste Methoden der intelligenten Maschinenalgorithmen erlauben es, mit der Verknüpfung aller Planungsprozesse Marktplanung, Produktionsplanung, Optimierung der Lagerbestände, Bestell- und Lieferfrequenz aufeinander abzustimmen. Auf diese Weise kann es gelingen, bei erhöhtem

Servicegrad Kosten zu senken. Moderne, intelligente Systeme mit entsprechenden Analysemöglichkeiten unterstützen schlanke, sehr flexible Lieferketten und vermeiden negative Auswirkungen kurzfristiger Schwankungen. Das plötzliche, unvorbereitete Emporschnellen von Produktbestellungen aufgrund von Markteinführungen und Verkaufsaktionen könnte zu Lieferengpässen auf der Marktseite und bei Lieferanten führen. Das durch Sonderfaktoren bedingte Hochfahren der Bestellmengen bei Lieferanten kann bei kurzfristig zurückgehenden Bestellmengen des Marktes wiederum zu einem erheblichen Überbestand im Lager führen. Derartige Effekte können sich aufschaukeln und zu erheblichen Kosten und ggf. notwendigen Abschreibungen oder Preisaktionen führen. In einer optimierten Lieferkette wird es bei hoher Flexibilität einen optimierten Informationsaustausch mit Lieferanten und Kunden und eine optimierte Fertigungsauslegung geben. Moderne, maschinenintelligente, lernfähige IT-Systeme bieten ein großes Potenzial an Optimierung aller Parameter und sind ein Hebel erfolgreicher Differenzierung.

4.7.9.4 Differenzierung in der Doppelstrategie

Wie trotz aller Fokussierung und Differenzierung auch Doppelstrategien eines herausragenden Angebotes bei gleichzeitig niedrigen Kosten umgesetzt werden können, haben zahlreiche asiatische Spitzenunternehmen wie Singapore Airlines, der Hausgerätehersteller Haier, Samsung oder Toyota vorgeführt. Sie lösten den Konflikt der klassischen Strategieentwicklung, der herausragende Angebote bei gleichzeitig sehr günstigen Kosten auszuschließen scheint. Im Fall von Singapore Airlines wurde die Strategie durch eine moderne Flotte, die eine geringe Defektanfälligkeit und weniger Reparaturen notwendig hat, unterstützt (Heracleous und Wirtz 2010). Der kritische Kostenfaktor Kerosin konnte durch den günstigen Verbrauch der modernen Flugzeuge im Vergleich niedrig gehalten werden. Zur Entwicklung eines herausragenden Serviceangebotes investierte die Fluglinie in eine im Branchenvergleich überdurchschnittliche Fortbildung der Mitarbeiter. Alle Aspekte, die den Service für den Kunden zu einem Erlebnis in jedem Kontaktpunkt gestalten und die Kundentreue stärken, mussten der Premium-Positionierung der Fluglinie entsprechen. Das Personal sollte im besten Fall Kundenbedürfnisse vorhersehen und sollte auch auf überraschende Wünsche individuell reagieren können.

Auf der anderen Seite gab es ein striktes Kostenmanagement bei allen Aspekten, die der Kunde im Kontakt mit der Fluglinie, den Mitarbeitern und dem Service nicht spüren konnte. Da Singapore Airlines sich aufgrund seiner Personalpolitik und seines Images zu einem sehr beliebten Arbeitgeber entwickelt hat, konnte das Gehaltsniveau der Mitarbeiter auf einem durchschnittlichen Niveau gehalten werden. Die Produktivität der Mitarbeiter war entsprechend gut. Das Unternehmen konnte junge Talente im Markt gewinnen und schuf ein attraktives Bonussystem in Abhängigkeit von den Unternehmensgewinnen. Der Anteil der Personalkosten an den Gesamtkosten war deutlich geringer als bei anderen vergleichbaren Fluggesellschaften. Die Innovationsorientierung war stark in den Bereichen, die in direktem Kundenkontakt standen. In anderen Bereichen verstamd man sich eher als Follower mit strikter Kostendisziplin und vermied Technologien, die im Ablauf und Service Probleme verursachen konnten oder den Kundenwünschen nicht emtsprachen (ebd.).

Ziele, Strategien und Umsetzung wird ein Unternehmen in der Mitarbeiterkultur durch seine Schulungssysteme und Entlohnungssysteme verankern. Gleichzeitig wird das Unternehmen Technologien in seinen Produkten und Prozessen einsetzen, die die scheinbaren Widersprüche einer Doppelstrategie überwinden. Ausgewählte externe Partner sollten die Doppelstrategie im Kundenbereich wie im Kostenmanagement unterstützen. Investitionsentscheidungen werden in Kohärenz zur Doppelstrategie, zum System der Kernkompetenzen und zu den besonderen Fähigkeiten erfolgen. Die erfolgreiche Umsetzung einer Doppelstrategie sichert Differenzierung, Wettbewerbsvorteile und – dank optimierter Kosten – attraktive Gewinnmargen.

Literatur

Agrawal, Ankur; Ferrer, Christina; West, Andy (2011): When big acquisitions pay off (McKinsey Quarterly). Online verfügbar unter https://www.mckinsey.com/business-functions/strategy-and-corporate-finance/our-insights/when-big-acquisitions-pay-off, zuletzt geprüft am 13.01.2019.

Almquist, Eric; Senior, John; Bloch, Nicolas (2016): The 30 Elements of Consumer Value: A Hierarchy. https://www.facebook.com/HBR. Online verfügbar unter https://hbr.org/2016/09/the-elements-of-value, zuletzt geprüft am 13.01.2019.

Ashton, James E.; Cook, Frank X.; Schmitz, Paul (2003): Uncovering Hidden Value in a Midsize Manufacturing Company. Online verfügbar unter https://hbr.org/2003/06/uncovering-hidden-value-in-a-midsize-manufacturing-company, zuletzt geprüft am 13.01.2019.

Avery, Jill; Fournier, Susan; Wittenbraker, John (2014): Unlock the Mysteries of Your Customer Relationships. https://www.facebook.com/HBR (Harvard Business Review). Online verfügbar unter https://hbr.org/2014/07/unlock-the-mysteries-of-your-customer-relationships, zuletzt geprüft am 13.01.2019.

Bailom, Franz; Matzler, Kurt; Tschemernjak, Dieter (2013): Was Top-Unternehmen anders machen. Mit Strategie, Innovation und Leadership zum nachhaltigen Erfolg. 2., aktualis. u. erw. Aufl. Wien: Linde (Linde international).

Barton, Dominic et al. (2017): Where companies with a long-term view outperform their peers. Report McKinsey Global Institute. Online verfügbar unter https://www.mckinsey.com/featured-insights/long-term-capitalism/where-companies-with-a-long-term-view-outperform-their-peers, zuletzt geprüft am 13.01.2019.

Bausch, Andreas; Raffeiner, Thomas (2003): Mythen unter Strom (Harvard Business Manager). Online verfügbar unter http://www.harvardbusinessmanager.de, zuletzt geprüft am 13.01.2019.

Beitel, Patrick; Rehm, Werner (2010): M&A teams: When small is beautiful (McKinsey Quarterly). Online verfügbar unter https://www.mckinsey.com/business-functions/strategy-and-corporate-finance/our-insights/m-and-38a-teams-when-small-is-beautiful, zuletzt geprüft am 13.01.2019.

Belz, Christian; Schagen, Alexander (2013): Der gute Draht zum Kunden. Christian Belz, Alexander Schagen, Der gute Draht zum Kunden S 9–11. In: *Harvard Business Manager* (1), S. 9–11.

Birshan, Michael; Engel, Marja; Sibony, Olivier (2013): Avoiding the quicksand: Ten techniques for more agile corporate resource allocation (McKinsey Quarterly). Online verfügbar unter https://www.mckinsey.com/business-functions/strategy-and-corporate-finance/our-insights/avoiding-the-quicksand, zuletzt geprüft am 12.01.2019.

Bradley, Chris; Dawson, Angus; Smit, Sven (2013): The strategic yardstick you can't afford to ignore (McKinsey Quarterly). Online verfügbar unter https://www.mckinsey.com/business-functions/strategy-and-corporate-finance/our-insights/the-strategic-yardstick-you-cant-afford-to-ignore, zuletzt geprüft am 11.01.2019.

Bradley, Chris; Hirt, Martin; Smit, Sven (2018): Strategy to beat the odds (McKinsey Quarterly). Online verfügbar unter https://www.mckinsey.com/business-functions/strategy-and-corporate-finance/our-insights/strategy-to-beat-the-odds, zuletzt geprüft am 12.02.2019.

Bughin, Jacques; LaBerge, Laura; Melbye, Anette (2017): The case for digital reinvention (McKinsey Quarterly). Online verfügbar unter https://www.mckinsey.com/business-functions/digital-mckinsey/our-insights/the-case-for-digital-reinvention, zuletzt geprüft am 13.01.2019.

Chartier, John; Liu, Alex; Raberger, Nikolaus; Silva, Rui (2018): Seven rules to crack the code on revenue synergies in M&A (McKinsey Quarterly). Online verfügbar unter https://www.mckinsey.com/business-functions/marketing-and-sales/our-insights/seven-rules-to-crack-the-code-on-revenue-synergies-in-ma, zuletzt geprüft am 13.01.2019.

Christensen, Clayton M.; Alton, Richard; Rising, Curtis; Waldeck, Andrew (2011): The Big Idea: The New M&A Playbook. Richard Alton, Curtis Rising, and Andrew Waldeck. Online verfügbar unter https://hbr.org/2011/03/the-big-idea-the-new-ma-playbook, zuletzt geprüft am 13.01.2019.

Christensen, Clayton M.; Hall, Taddy; Dillon, Karen; Duncan, David S. (2017): Besser als der Zufall. „Jobs to be done" – die Strategie für erfolgreiche Innovation. Kulmbach: Plassen Verlag.

Christensen, Clayton M.; Raynor, Michael E.; Verlinden, Matthew (2001): Skate to Where the Money Will Be. https://www.facebook.com/HBR (Harvard Business Review). Online verfügbar unter https://hbr.org/2001/11/skate-to-where-the-money-will-be, zuletzt geprüft am 13.01.2019.

Christensen, Clayton M.; van Bever, Derek (2014): Das Dilemma der Kapitalisten. In: *Harvard-Business-Manager : das Wissen der Besten* 36 (8), S. 32–43.

Cottin, Andres; Rehm, Wernter; Uhlaner, Robert (2011): Growing through deals: A reality check (McKinsey Quarterly). Online verfügbar unter https://www.mckinsey.com/business-functions/strategy-and-corporate-finance/our-insights/growing-through-deals-a-reality-check, zuletzt geprüft am 13.01.2019.

Dawar, Niraj (2013): When Marketing Is Strategy (Harvard Business Review). Online verfügbar unter https://hbr.org/2013/12/when-marketing-is-strategy, zuletzt geprüft am 13.01.2019.

Dinneen, Brian; Kutcher, Eric; Mahdavian, Mitra; Sprague, Kara (2015): Grow fast or die slow: The double-edged sword of M&A (McKinsey Quarterly). Online verfügbar unter https://www.mckinsey.com/industries/high-tech/our-insights/grow-fast-or-die-slow-the-double-edged-sword-of-m-and-a, zuletzt geprüft am 13.01.2019.

Dixon, Matthew; Freeman, Karen; Toman, Nicholas (2010): Stop Trying to Delight Your Customers (Harvard Business Review). Online verfügbar unter https://hbr.org/2010/07/stop-trying-to-delight-your-customers, zuletzt geprüft am 13.01.2019.

Dixon, Matthew et al. (2017): Kick-Ass Customer Service (Harvard Business Review). Online verfügbar unter https://hbr.org/2017/01/kick-ass-customer-service, zuletzt geprüft am 13.01.2019.

Dobbs, Richard et al. (2015): The new global competition for corporate profits (McKinsey Quarterly). Online verfügbar unter https://www.mckinsey.com/business-functions/strategy-and-corporate-finance/our-insights/the-new-global-competition-for-corporate-profits, zuletzt geprüft am 13.01.2019.

Doherty, Rebecca; Engert, Oliver; West, Andy (2016): How the best acquirers excel at integration (McKinsey Quarterly). Online verfügbar unter https://www.mckinsey.com/business-functions/strategy-and-corporate-finance/our-insights/how-the-best-acquirers-excel-at-integration, zuletzt geprüft am 24.02.2019.

Doherty, Rebecca; Liu, Spring; West, Andy (2015): How M&A practitioners enable their success. Survey (McKinsey Quarterly). Online verfügbar unter https://www.mckinsey.com/business-functions/strategy-and-corporate-finance/our-insights/how-m-and-a-practitioners-enable-their-success, zuletzt geprüft am 13.01.2019.

Dunkin' Donuts Flavor Radio (2012): Video. Online verfügbar unter www.youtube.com/watch?v=V2tP-FAn6u8, zuletzt geprüft am 26.02.2019.

Edelman, David; Singer, Marc (2015): Competing on customer journeys (McKinsey Quarterly). On-line verfügbar unter https://www.mckinsey.com/business-functions/marketing-and-sales/our-in-sights/competing-on-customer-journeys, zuletzt geprüft am 13.01.2019.

Favaro, Ken; Meer, David; Sharma, Samrat (2012): Creating an Organic Growth Machine. Online verfügbar unter https://hbr.org/2012/05/creating-an-organic-growth-machine, zuletzt geprüft am 13.01.2019.

Fedewa, Dave; Lopez Velarde, Guillermo (2013): Bringing the voice of the customer into the fac-tory (McKinsey Quarterly). Online verfügbar unter https://www.mckinsey.com/industries/retail/our-insights/bringing-the-voice-of-the-customer-into-the-factory, zuletzt geprüft am 13.01.2019.

Ferrer, Christina; Uhlaner, Robret; West, Andy (2013): M&A as competitive advantage (McKin-sey Quarterly). Online verfügbar unter https://www.mckinsey.com/business-functions/strate-gy-and-corporate-finance/our-insights/m-and-a-as-competitive-advantage, zuletzt geprüft am 13.01.2019.

Fruk, Mladen; Hall, Stephen; Mittal Devesh (2013): Never let a good crisis go to waste (McKin-sey Quarterly). Online verfügbar unter https://www.mckinsey.com/business-functions/strate-gy-and-corporate-finance/our-insights/never-let-a-good-crisis-go-to-waste, zuletzt geprüft am 13.01.2019.

Goedhart, Marc; Koller, Tim; Wessels, David (2017): The six types of successful acquisitions (McKinsey Quarterly). Online verfügbar unter https://www.mckinsey.com/business-functions/strategy-and-corporate-finance/our-insights/the-six-types-of-successful-acquisitions, zuletzt ge-prüft am 13.01.2019.

Gomez, Peter; Ransch, Sebastian; Rigall, Juan (2007): Die Formel für profitables Wachstum (Har-vard Business Manager). Online verfügbar unter http://www.harvardbusinessmanager.de, zuletzt geprüft am 13.01.2019.

Gottfredson, Mark (2012): The focused company. Unneccary complexity cripples companies (Busi-ness Insights). Online verfügbar unter https://www.bain.com/insights/the-focused-company/, zu-letzt geprüft am 13.01.2019.

Grant, Adam (2013): Geben und Nehmen. Erfolgreich sein zum Vorteil aller. 1. Aufl. München: Knaur eBook.

Gstettner, Stefan; Stölzle, Wolfgang (2014): Den Weg zum Kunden optimieren (Harvard Business Manager). Online verfügbar unter http://www.harvardbusinessmanager.de, zuletzt geprüft am 13.01.2019.

Hall, S.; Lovallo, D.; Musters, R. (2012): How to put your money where your strategy is (McKin-sey Quarterly). Online verfügbar unter https://www.mckinsey.com/business-functions/strate-gy-and-corporate-finance/our-insights/how-to-put-your-money-where-your-strategy-is, zuletzt geprüft am 13.01.2019.

Harvard Business Manager (2017): Wachstum schlägt Rendite. In: *Harvard Business Manager* (10), S. 13.

Harvard Business Review (2015): The Science of Sensory Marketing (Harvard Business Review). Online verfügbar unter https://hbr.org/2015/03/the-science-of-sensory-marketing, zuletzt geprüft am 13.01.2019.

Hawawini, Gabriel; Subramanian, Venkat; Verdin, Paul (2003): Is performance driven by industry-or firm-specific factors? A new look at the evidence. In: *Strategic Management Journal* 24 (1), S. 1–16. DOI: https://doi.org/10.1002/smj.278 .

Heracleous, Loizos; Wirtz, Jochen (2010): The Globe: Singapore Airlines' Balancing Act (Harvard Business Review). Online verfügbar unter https://hbr.org/2010/07/the-globe-singapore-airli-nes-balancing-act, zuletzt geprüft am 24.02.2019.

Hirsh, Evan; Rangan, Kasturi P. (2013): The Grass Isn't Greener. https://www.facebook.com/HBR (Harvard Business Review). Online verfügbar unter https://hbr.org/2013/01/the-grass-isnt-gree-ner, zuletzt geprüft am 13.01.2019.

Homburg, Christian; Schmitt, Jens (2010): Von Robotern und Emotionen. In: *Harvard Business Manager* (9), S. 6–9.

Homburg, Christian; Staritz, Matthias; Bingemer, Stephan (2008): Was Produkte unverwechselbar macht. In: *Harvard Business Manager* (12), S. 34–59.

Isaacson, Walter (2012): The Real Leadership Lessons of Steve Jobs (Harvard Business Review). Online verfügbar unter https://hbr.org/2012/04/the-real-leadership-lessons-of-steve-jobs, zuletzt geprüft am 24.02.2019.

Kahneman, Daniel (2012): Schnelles Denken, langsames Denken. 5. Auflage. München: Penguin Verlag.

Keeley, Larry; Pikkel, Ryan; Quinn, Brian; Walters, Helen (2013): Ten types of innovation. The discipline of building breakthroughs. Hoboken, NJ: John Wiley & Sons Inc. Online verfügbar unter http://lib.myilibrary.com/detail.asp?id=487241.

Khanna, Tarum (2014): Contextual Intelligence. Online verfügbar unter https://hbr.org/2014/09/contextual-intelligence, zuletzt geprüft am 13.01.2019.

Khorana, Ajay; Shivdasani, Anil (2013): The Art of the Megadeal (Harvard Business Review). Online verfügbar unter https://hbr.org/2013/04/the-art-of-the-megadeal, zuletzt geprüft am 13.01.2019.

Köder, Kerstin; Koth, Hardy (2013): Die Kundenversteher. In: *Harvard Business Manager* (6), S. 36–43.

Koller, T.; Williams, Z.; Lovallo, D. (2017): The finer points of linking resource allocation to value creation. McKkinsey survey 2017. Online verfügbar unter https://www.mckinsey.com/business-functions/strategy-and-corporate-finance/our-insights/the-finer-points-of-linking-resource-allocation-to-value-creation, zuletzt geprüft am 12.01.2019.

Krishna, Aradhna (2013): Customer sense. How the 5 senses influence buying behavior. 1. ed. New York, NY: Palgrave Macmillan.

Lafley, A. G.; Martin, Roger L. (2017): Customer Loyalty Is Overrated (Harvard Business Review). Online verfügbar unter https://hbr.org/2017/01/customer-loyalty-is-overrated, zuletzt geprüft am 13.01.2019.

Lafley, Alan G.; Dillon, Karen (2011): „Misserfolge sind ein Geschenk". In: *Harvard-Business-Manager* 33 (6), S. 60–65.

Laurie, Donald L.; Harreld, J. Bruce (2013): Six Ways to Sink a Growth Initiative. https://www.facebook.com/HBR. Online verfügbar unter https://hbr.org/2013/07/six-ways-to-sink-a-growth-initiative, zuletzt geprüft am 13.01.2019.

Leinwand, Paul; Mainardi, Cesare (2010): The Coherence Premium (Harvard Business Review). Online verfügbar unter https://hbr.org/2010/06/the-coherence-premium, zuletzt geprüft am 13.01.2019.

Martin, Roger L. (2016): M&A: The One Thing You Need to Get Right (Harvard Business Review). Online verfügbar unter https://hbr.org/2016/06/ma-the-one-thing-you-need-to-get-right, zuletzt geprüft am 13.01.2019.

McGahan, A. M.; Porter, M. E. (1997): How Much Does Industry Matter, Really? In: *Strategic Management Journal* 18 (1), S. 15–30, zuletzt geprüft am 13.01.2019.

McGrath, Rita Gunter (2012): How the growth outliers do it. In: *Harvard Business Review* 90 (1), S. 110–116.

Meyer, Christopher; Schwager, André (2007): Das Kundenerlebnis verbessern. In: *Harvard Business Manager* (4), S. 58–73.

Mocker, Martin; Ross, Jeanne W. (2017): The Problem with Product Proliferation (Harvard Business Review). Online verfügbar unter https://hbr.org/2017/05/the-problem-with-product-proliferation, zuletzt geprüft am 13.01.2019.

Nink, Marco; Hübener, Mandy (2016): Wie aus Ärger Treue erwächst. In: *Harvard Business Manager* (10), S. 18–19.

Probst, Gilbert; Raisch, Sebastian (2004): Die Logik des Niedergangs (Harvard Business Manager) Online verfügbar unter http://www.harvardbusinessmanager.de/heft/d-30036706.html, zuletzt geprüft am 11.02.2019.

Rawson, Alex; Duncan, Ewan; Jones, Conor (2013): The Truth About Customer Experience (Harvard Business Review). Online verfügbar unter https://hbr.org/2013/09/the-truth-about-customer-experience, zuletzt geprüft am 13.01.2019.

Raynor, Michael E.; Ahmed, Mumtaz (2013): The three rules. How exceptional companies think. New York: Portfolio.

Rehm, Werner; Uhlaner, Robert; West, Andy (2012): Taking a longer-term look at M&A value creation (McKinsey Quarterly). Online verfügbar unter https://www.mckinsey.com/business-functions/strategy-and-corporate-finance/our-insights/taking-a-longer-term-look-at-m-and-a-value-creation, zuletzt geprüft am 13.01.2019.

Reinartz, Werner (2016): Das Ende der Einkaufslisten. In: *Harvard Business Manager* (7), S. 88–89.

Rochus Mummert (2017): Studie „Digital Leadership 2017". Presseinformation. München. Online verfügbar unter https://www.rochusmummert.com/aktuelles/studie-2-digital-leadership-2017/, zuletzt geprüft am 13.02.2019.

Rousse, Ted; Frame, Tony (2009): The 10 steps of successful M&A Integration,. Online verfügbar unter www.bain.com.

Rudnicki, Jeff; Thorpe, Ryan; West, Andy (2017): The artful synergist, or how to get more value from mergers and acquisitions (McKinsey Quarterly). Online verfügbar unter https://www.mckinsey.com/business-functions/strategy-and-corporate-finance/our-insights/the-artful-synergist-or-how-to-get-more-value-from-mergers-and-acquisitions, zuletzt geprüft am 13.01.2019.

Rumelt, Richard P. (1991): How much does industry matter? In: *Strategic Management Journal* 12 (3), S. 167–185. DOI: https://doi.org/10.1002/smj.4250120302.

Salz, Jürgen (2011): Innovation : Die Champions im Mittelstand (Wirtschaftswoche). Online verfügbar unter https://www.wiwo.de/unternehmen/mittelstand/innovation-die-champions-im-mittelstand/5980094.html, zuletzt geprüft am 11.01.2019.

Schneider, Joan; Hall, Julie (2011): Why Most Product Launches Fail (Harvard Business Review). Online verfügbar unter https://hbr.org/2011/04/why-most-product-launches-fail, zuletzt geprüft am 13.01.2019.

Simon, Hermann (2007): Hidden Champions des 21. Jahrhunderts. Die Erfolgsstrategien unbekannter Weltmarktführer. 1. Aufl. Frankfurt am Main: Campus Verlag.

Spenner, Patrick; Freeman, Karen (2012): To Keep Your Customers, Keep It Simple. Online verfügbar unter https://hbr.org/2012/05/to-keep-your-customers-keep-it-simple, zuletzt geprüft am 13.01.2019.

Stadler, Christian; Hautz, Hautz; Mayer, Michael (2015): Few Companies Actually Succeed at Going Global. https://www.facebook.com/HBR. Online verfügbar unter https://hbr.org/2015/03/few-companies-actually-succeed-at-going-global, zuletzt geprüft am 13.01.2019.

Sull, Donald; Eisenhardt, Kathleen M. (2012): Einfache Regeln für eine komplexe Welt - Entscheidungen. In: *Harvard Business Manager* 34 (10), S. 38.

Sull, Donald; Eisenhardt, Kathleen M. (2016): Simple rules. How to thrive in a complex world. Boston, Mass.: Mariner Books.

Sull, Donald N.; Homkes, Rebecca; Sull, Charles (2015): Why strategy execution unravels. And what to do about it. In: *Harvard business review : HBR* 93 (3), S. 58–66.

Sullivan, Tim (2016): Blitzscaling. Interview Reid Hoffman. Online verfügbar unter https://hbr.org/2016/04/blitzscaling, zuletzt geprüft am 13.01.2019.

Thaler, Richard H.; Sunstein, Cass R. (2009): Nudge. Wie man kluge Entscheidungen anstößt. 3. Aufl. Berlin: Econ.

Uhlaner, Robert; West, Andy (2008): Running a winning M&A shop (McKinsey Quarterly). Online verfügbar unter https://www.mckinsey.com/business-functions/strategy-and-corporate-finance/our-insights/running-a-winning-m-and-a-shop, zuletzt geprüft am 26.02.2019.

Uhlaner, Robert; West, Andy (2011): Organizing for M&A. Survey. Online verfügbar unter https://www.mckinsey.com/business-functions/strategy-and-corporate-finance/our-insights/organizing-for-m-and-a-mckinsey-global-survey-results, zuletzt geprüft am 13.01.2019.

Yoon, Eddi; Carlotti, Steve; Moore, Dennis (2014): Make Your Best Customers Even Better (Harvard Business Review). Online verfügbar unter https://hbr.org/2014/03/make-your-best-customers-even-better, zuletzt geprüft am 13.01.2019.

Zook, Chris (2007): Finding Your Next Core Business. https://www.facebook.com/HBR. Online verfügbar unter https://hbr.org/2007/04/finding-your-next-core-business, zuletzt geprüft am 13.01.2019.

Zook, Chris; Allen, James (2012): Das Baukastenprinzip. In: *Harvard Business Manager* (3), S. 65–74.

Zook, Chris; Allen, James (2016): Reigniting Growth (Harvard Business Review). Online verfügbar unter https://hbr.org/2016/03/reigniting-growth, zuletzt geprüft am 13.01.2019.

Entwicklung neuer Geschäftsmodelle

Erfolgreiche Geschäftsmodellinnovationen bieten im Durchschnitt eine höhere Rendite als Produkt- und Prozessinnovationen. Eine Untersuchung der Boston Consulting Group (BCG) zeigt, dass die „Business-Model-Innovation" in einem Dreijahreszeitraum im Mittelwert (Median) die Prozess- und Produktinnovatoren in einer Branche mit einer Gesamtaktienrendite um 6,8 Prozentpunkte und in einem Fünfjahreszeitraum um 6,0 Prozentpunkte übertraf. Business-Model-Innovatoren konnten sich auch in der Betrachtung des Zehnjahreszeitraums vor den Branchenbegleitern positionieren (Lindtgardt et al. 2009).

Ein Geschäftsmodell wird prinzipiell beschrieben durch eine Definition des Zielkunden und durch die Aufgabe und Lösung seines Problems und seiner Bedürfnisses, welches durch ein Produkt oder eine Dienstleistung bedarfsgerecht am richtigen Ort und zur richtigen Zeit erfüllt werden soll. Die Gewinnformel beschreibt, wie dieses Angebot zu angemessenen Kosten und zu einer dazugehörigen Kostenstruktur in einem Ertragsmodell mit einer Gewinnmarge unter Bereitstellung der dafür notwendigen Ressourcen und Prozesse zur Verfügung gestellt wird. Die detaillierte Ausgestaltung setzt sich aus zahlreichen strategischen und operativen Entscheidungen zusammen, die sich über die gesamte Prozesskette verteilen: von der Standortwahl, der Beschaffung, der internen Wertschöpfung und vertikalen Integration bis hin zu Vertrieb, Marketing und Gestaltung des Angebots. Ein erfolgreiches Geschäftsmodell ist ein kohärentes, sich selbst verstärkendes System abgestimmter Ziele, Strategien, Kernkompetenzen, Ressourcen und Kernprozesse, die in ihrem Zusammenspiel für Wettbewerber nur schwer kopierbar sein sollen. Gleichzeitig muss ein Geschäftsmodell widerstandsfähig sein gegen Ersatzprodukte oder -dienstleistungen und alternative Geschäftsmodelle, die einen ähnlichen oder besseren Kundennutzen bieten können. Des Weiteren kann ein Unternehmen sein Geschäftsmodell gegen andere Wettbewerber schützen durch die Sicherung besonderer, einzigartiger oder seltener

H. Goffin, *Erfolgsunternehmen – empirisch belegte Wege an die Spitze*,
https://doi.org/10.1007/978-3-662-59819-1_5

Ressourcen, strategische Partnerschaften, besondere Vertriebswege und Angebotsoptionen, den Aufbau besonderer Netzwerke oder Communities oder durch Vorteile in der Nutzung einzigartiger Datenquellen.

Neue Geschäftsmodelle können nachfrageoptimierte Angebote erbringen (Abschn. 4.7) oder neue Systeme der Wertschöpfung gestalten. Im letzteren Fall geht es insbesondere auch darum, die Logik der eigenen Branche, die eigenen Angebote und Prozesse oder das gesamte bestehende Modell zu hinterfragen und neue Wege der Wertschöpfung zu identifizieren: „Muss es eigentlich sein, dass …?" Zusammenarbeit mit Kunden oder Lieferanten schaffen neue Einblicke in Engpässe oder besondere Chancen, die man aufgrund von besonderen Kompetenzen oder der Bereitstellung oder Nutzung von Ressourcen oder dem Gewinn von Skaleneffekten ggf. zum beiderseitigen Gewinn in das eigene Geschäftsmodell integrieren kann. „Eine Analyse von 250 Geschäftsmodellinnovationen zeigt, dass sich mit echtem Willen zur Innovation und intelligenter Systematik viel erreichen lässt. Rund 90 % aller Branchenrevolutionen sind als Rekombination existierender Ideen, Konzepte und Technologien entstanden" (Gassmann 2013).

5.1   Neue Geschäftsmodelle entwickeln – strukturiert zu ganz neuen Chancen

Erfolgreiche Unternehmen halten stets Ausschau nach neuen Gruppen potenzieller Kunden, deren Bedürfnis zurzeit noch nicht erfüllt werden kann, die aber durch ein innovatives Modell Zugang zum Nutzen erhalten. Ein bekanntes Beispiel ist der indische Automobilhersteller TATA, der mit der Entwicklung des Nanos und einer neuen Konzeption eines Autos und der Elemente der Wertschöpfung unerschlossenen Kundengruppen Zugang zum Produkt und dem Nutzen eines Autos verschaffte. Ein neues Kreditsystem verschaffte Kleinunternehmern in Entwicklungsländern Zugang zu Kleinkrediten, um ein eigenständiges Geschäft zu starten. Dieses Segment wurde von Banken nicht abgedeckt. Der chinesische Konsumgüterkonzern Lifung schaffte eine neue Architektur der Wertschöpfung und konnte damit ein gigantisches Wachstum schaffen (Abschn. 5.12).

Geschäftsmodellinnovationen verändern oft Spielregeln im Markt. Die Fluglinie Virgin Blue attackierte beim Eintritt in den australischen Markt den Platzhirsch Quantas mit niedrigen Preisen und gutem Service. Virgin Blue erreichte sehr schnell erhebliche Marktanteile. Quantas ging daraufhin nicht mit der eigenen oder einer neuen Marke in direkten Wettbewerb zu Virgin, sondern konterte mit einem neuen Geschäftsmodell mit der Linie Jetstar. Jetstar wurde zur ersten Billig-Fluglinie auf der Langstrecke. Besonders erfolgreich war man nicht im Wettbewerb zum eigenen Quantas-Angebot, sondern gegenüber der Firma Virgin, die plötzlich zwischen zwei Angeboten eingeklemmt war (Lindtgardt et al. 2009). Virgin veränderte daraufhin ihr eigenes Wertangebot für ein verändertes Kundensegment noch einmal grundlegend. Neue Geschäftsmodelle können das Wertangebot an Kunden verändern, ein neues operatives Modell entwerfen oder eine neue Architektur eines Geschäftsmodells entwickeln.

Ein gut erprobtes und umfassendes Ausgangswerkzeug zur Überprüfung und Weiterentwicklung des eigenen Geschäftsmodells, zur Prüfung der Angebote und Geschäftsmodelle im Markt und zur Entwicklung neuer oder ergänzender Geschäftsmodelle und Wettbewerbsvorteile stellen die neun Elemente des Business-Canvas-Modells dar (Osterwalder und Pigneur 2013). Über deren Bestandteile und Werkzeuge sowie über die Erfahrungen mit ihnen besteht eine umfangreiche Literatur. Die freie Kombination der Elemente des Canvas-Modells erlaubt einen kreativen Vorgang in der Erforschung und Entwicklung neuer Geschäftsmodelle.

Die neun Elemente sind:

1. Kundensegmente: Wer sind die wichtigsten Kunden, für welche Kundensegmente wird Wert geschaffen?
2. Wertangebote mit Kundennutzen und Angebotsportfolio: Welche Kundenbedürfnisse werden erfüllt?
3. Vertriebs- und Kommunikationskanäle im Markt und mit den Kunden, über die das Wertangebot zur Verfügung gestellt wird: Welche Kanäle entsprechen den Kundenpräferenzen, welche Kosten verursachen sie, wie können sie bestmöglich in das Geschäftsmodell auf Unternehmens- und Kundenseite integriert werden?
4. Kundenbeziehung, Gestaltung, Form und Entwicklung der Kundenbeziehungen zur Entwicklung des Geschäftsmodells: Wie wird das eigene Geschäftsmodell in die Wertschöpfung beim Kunden integriert?
5. Umsatzquellen und Art der Zahlungsströme auf der Basis des Nutzens, für den die verschiedenen Kunden bereit sind, einen angemessenen Preis zu bezahlen: Welche Zahlungsmethoden sind möglich, welche sind die wichtigsten Umsatzquellen?
6. Alle Schlüsselressourcen: Welche Ressourcen verlangt die Wertschöpfung, welche Kernressourcen sind notwendig im Vertrieb, in der Kundenbeziehung und in der Generierung der Umsatzströme?
7. Alle Schlüsselprozesse, die benötigt werden, um die Produkte, Service, Wertschöpfung zur Verfügung zu stellen und den Kundennutzen optimal zu erfüllen.
8. Schlüsselpartner zur Bereitstellung von Produkten, Service und Marktkommunikation
9. Kostenstruktur, die dem gesamten Wertangebot zugrunde liegt: Welches sind die Kernaktivitäten mit den höchsten Kosten und Wertbeitrag?

Ein strukturierter Weg auf der Suche nach neuen Ideen kann z. B. auch über nachfolgende Fragen gefunden werden, mit denen man systematisch neue offene Felder finden kann. Moderne Kreativtechniken in der Arbeit an diesen Fragestellungen werden neue, überraschende Ideen entstehen lassen (Sawhney und Khosla 2014):

1. Gibt es Anomalien, z. B. in Marktanteilen oder Umsätzen in geografischen Märkten oder Sparten und Produkten Ihres Unternehmens oder bei der Nutzung der Produkte durch Ihre Kunden? Vertrauen Sie nicht nur statistischen Durchschnittswerten, sondern entdecken Sie ungewöhnliche Auffälligkeiten. Lego gewann neue, wichtige Erkenntnisse

aus der Beobachtung einzelner Kunden zu Hause beim Spielen und ihrer Spielgewohn-
heiten und Präferenzen. Humanwissenschaften in der Erforschung der Kunden im sozialen, kulturellen und physischen Umfeld ergänzen konventionelle Marktdaten. Welche
Ursachen gibt es zur Erklärung auffälliger Daten und auffälligen Verhaltens? Wie sind
die Produkte tatsächlich in das Leben der Kunden integriert? Verlangen Kunden zusätzliche Informationen, Hintergrundwissen oder kann die Markentreue dank solcher Zusatzangebote verbessert werden? Welche Antworten gibt es, ohne sie auf der Basis vorab
gefasster Hypothesen zu untersuchen? Können bisherige Annahmen infrage gestellt
werden, um das Verhalten zu erklären? Können neuartige Muster entdeckt werden, die
mithilfe der üblichen Marketingdaten oder Big-Data-Analysen gerade nicht erfasst wurden? Welche Kompromisse fordert das eigene Geschäftsmodell von den Kunden?

2. Gibt es besondere wirtschaftliche, technische oder geografische Entwicklungen und
   Trends oder Besonderheiten, die sich auf die Branche, die Märkte oder das Unternehmen günstig auswirken? Lassen sich unterschiedliche Trends oder Kundenanforderungen kombinieren in neuen, innovativen Beziehungen und Produkten oder Dienstleistungen? Welche demografischen Trends können genutzt werden zur innovativen Verbindung
   neuer Angebote? Wie beeinflussen sich verschiedene oder auch widersprüchliche Trends
   gegenseitig und können Sie dies innovativ kombinieren und nutzen?

3. Was sind typische Ärgernisse Ihrer Kunden oder für Ihre Mitarbeiter in den Unternehmensprozessen? Jedes ungelöste Problem hat das Potenzial einer neuen Geschäftsidee.
   Was ärgert oder behindert Ihre Kunden bei der Nutzung oder Nichtnutzung Ihrer Produkte? Warum greifen Kunden ggf. zu Ersatzlösungen, weil sie mit dem Angebot nicht
   zufriedengestellt werden? Welche Anforderungen werden unzureichend abgedeckt?
   Bietet das eigene Geschäftsmodell Vorteile im Wettbewerb?

4. Muss es wirklich sein, dass …? Überprüfen Sie Traditionen, scheinbare Gesetzmäßig-
   keiten, Glaubenssätze, Routinen, Abläufe mit geringem Nutzen. Können Sie Rahmenbedingungen und dementsprechend auch Traditionen verändern? Welche Chancen
   könnten Außenseiter und neue Anbieter aus den Schwächen des aktuellen Geschäftsmodells ziehen?

5. Können Sie Extreme integrieren in der Annahme, dass Sie ggf. z. B. Vorreiter einer
   neuen Tendenz und Trends sind und diese nutzen können oder sich daraus neue Gruppen oder neue Lösungswege bilden können?

6. Seien Sie offen gegenüber allen Stakeholdern mit dem Ziel, Einblick in neue Perspektiven zu bekommen. Gibt es wichtige gesellschaftliche, kulturelle Einflüsse?

7. Nutzen Sie Analogien aus anderen Branchen und Unternehmen zur Entwicklung neuer
   Ansätze. Gibt es Produkte und Erfahrungen, die Sie in Ihre Produkt- und Dienstleis-
   tungswelt übertragen könnten? Welche neuen Geschäftsmodelle entstehen im weiteren
   Umfeld der eigenen Branche?

Erfolgreiche Innovatoren von Geschäftsmodellen bauen eine eigene Kompetenz in der
Entwicklung neuer Modelle auf. Das aktuelle Modell wird beständig betreffs seiner Limi-
tierungen hinterfragt und neue Ideen werden in agilen Pilotprojekten getestet.

Geschäftsmodellideen müssen jedoch vor allem erfolgreich umgesetzt und gegen andere Wettbewerber verteidigt werden. Es sind nicht immer die Innovatoren, die am Ende erfolgreich sind. Der schnelle Ausbau kann kritisch sein (Abschn. 4.4.4, Blitzscaling). Entsprechende Ressourcen müssen schnell zur Verfügung gestellt werden. „Fast-Followers" öffnen sich ansonsten große Chancen. Welche organisatorischen Maßnahmen sind notwendig zur Umsetzung eines neuen Geschäftsmodells? Gibt es dringend notwendige Anpassungen dafür? Entscheidungen darüber, ob das neue Modell in das laufende Geschäft integriert werden soll oder ein neuer Geschäftsbereich oder Start-up gegründet werden, sind notwendig.

5.2   Welche großen Trends haben ein besonders großes Erfolgspotenzial?

Das McKinsey Global Institute identifizierte basierend auf der Auswertung einer großen Anzahl wissenschaftlicher Publikationen und hunderter Expertengespräche zwölf Schlüsseltrends, die in den kommenden Jahren einen besonders großen wirtschaftlichen Einfluss haben werden und die sich gleichfalls als Beschleuniger der disruptiven Veränderung von Branchen abbilden (Manyika 2013).

Die bewerteten Technologien mussten folgenden Kriterien genügen: schnelle Geschwindigkeit in der weiteren Entwicklung, großer Einfluss auf den Alltag der breiten Bevölkerung, hohe wirtschaftliche Bedeutung, hohes Disruptionspotenzial.

Zum Zeitpunkt der Untersuchung im Jahr 2013 wurde ein weltwirtschaftlicher Gesamtimpact von ca. 17–40 Mrd. US $ im Bereich der Industrie und der Konsumenten für das Jahr 2025 prognostiziert. Den größten Impact sollten demnach die Techniken in folgender Reihenfolge haben:

1. Mobiles Internet (3,7–10,8 Mrd. US$)
2. Automatisierung von Wissensarbeit (5,2–6,7 Mrd. US$),
3. Internet der Dinge (2,7–6,2 Mrd. US$)
4. Cloud-Technologie (1,7–6,2. Mrd. US$)
5. Moderne Robotik-Systeme (1,7–4,5 Mrd. US$).

Diese Technologien sollen in der Summe einen Effekt von ca. 15–34 Mrd. $ aus dem Gesamtimpact der zwölf Technologien haben. Der Bereich neuartiger Materialien und des 3-D-Printing wurde in der Summe im Bereich von a. 0,4–1,1 Mrd. US$ abgeschätzt. Die automatisierte Wissensarbeit könnte nach den Ergebnissen der Untersuchung über 100 Mio. Vollzeit-Arbeitsplätze betreffen, die zu 80 % in den entwickelten Volkswirtschaften lägen.

Die übrigen unter diesen Bedingungen identifizierten Technologien mit großem volkswirtschaftlichen Einfluss und disruptivem Potenzial liegen in folgenden Bereichen: Autonomes und teilautonomes Fahren, Gentechnik, Energiespeicherung, verbesserte Technologien im

Bereich der Öl- und Gasförderung und erneuerbare Energien. Diese enormen globalen Trends öffnen neue Geschäftschancen und ein schnelles Wachstum für junge, hervorragend organisierte und innovative Unternehmen.

5.3   Integration oder Zerfall – neue Geschäftsmodelle im smarten Wettbewerb

Die dramatische Steigerung der Rechenleistung und ein exponentielles Anwachsen vernetzter Produkte hat eine neue Epoche des Wettbewerbs eingeläutet. Erfolgreiche Unternehmen überprüfen alle internen Aufgaben und Wertschöpfungsstrukturen und gestalten viele davon neu. Im Zuge einer neuen Funktionalität in der Wertschöpfung werden grundlegende Fragen zu Form und Zukunftsentwicklung der Wettbewerbsmechanismen und des Wettbewerbsumfeldes und des Geschäftsmodells auf der Suche nach neuen Chancen und Risiken gestellt. Intelligente, vernetzte Produkte lassen mit einer Flut kontinuierlich erzeugter externer und interner Systemdaten neue Funktionen und neue Anbieter entstehen. Produkte werden erweitert und neu definiert, einzelne Produkt- und Systemkomponenten entwickeln sich zu breiten Produktsystemen. Eine Wohnung entwickelt sich zu einer intelligenten Wohnung in einem intelligenten Gebäude in einer intelligenten Stadt. Landmaschinenhersteller entwickeln sich zu einem Systemanbieter des Managements eines gesamten landwirtschaftlichen Betriebs. Automobilhersteller übernehmen das Flottenmanagement mit allen Serviceleistungen, Vermittler und Datenanalysten optimieren das Liefermanagement großer Logistikflotten.

Porter und Heppelmann untersuchten eingehend die neuen Chancen und Veränderungen in der Gestaltung der Geschäftsmodelle der Zukunft, auf deren Ergebnisse im Folgenden eingegangen wird. (Porter und Heppelmann 2014). Die ersten zwei Wellen der Entwicklung in der Informationstechnologie der letzten 50 Jahren erlaubten enorme Zuwächse in der Produktivität und daraus folgend im wirtschaftlichen Wachstum.

In der dritten Welle wird die IT mit intelligenten Systemen selbst Bestandteil der Produkte. Die dritte Welle revolutioniert jedoch auch die Wertschöpfungskette selbst von der Konzeption über die Fertigung, das Marketing und die Service-Dienstleistungen mit neuen Möglichkeiten im Bereich der Analyse und der Nutzung kontinuierlich entstehender Betriebs- und Marktdaten (Porter und Heppelmann 2014). Die neuen Chancen liegen in der Vernetzung zwischen Hersteller, Produkt, Nutzer, Umfeld und weiteren Systemen in der Peripherie. Unternehmen unterstützen ihre Kunden im Anlagen- oder Flottenmanagement und geben ihnen online Empfehlungen zur Optimierung des Einsatzes der Maschinen und der Leistung oder des Ertrages wie im Beispiel des Baumaschinenherstellers Caterpillar und des Landmaschinenherstellers John Deere. Caterpillar gibt Empfehlungen zum optimalen Einsatz der Maschinen und optimiert den Einsatz oder ggf. das Engpassmanagement an Einsatzorten und beim Kraftstoffverbrauch. John Deere optimiert nicht nur den Einsatz der Landmaschinen, sondern gibt Empfehlungen für Bauern zur Optimierung des Betriebs, des Saatguteinsatzes und des Ertrags. Fahrerlose, ferngesteuerte Systeme verbessern weiter die wirtschaftlichen Kenngrößen großer Betriebe.

Funktionen werden in Echtzeit über das Internet bereitgestellt und gesteuert. Die technologische Infrastruktur setzt sich zusammen aus physischen, mechanischen und elektrischen Bauteilen, intelligenten Komponenten wie Mikroprozessoren, Datenspeichern, Software, Sensoren, Betriebssystemen, Interfaces und Vernetzungskomponenten. Sie ermöglichen den kontinuierlichen Datenaustausch zwischen Produkten, Systemen und Servern. Die Vernetzung besteht zwischen Herstellern, Produkten, Nutzern, Betriebsumfeld und externen Systemen und Produkten. Die gesamte Infrastruktur verändert und erweitert sich und besteht aus drei Blöcken (Porter und Heppelmann 2014):

1. Modifizierte Hardware und Softwareanwendungen und ein integriertes Betriebssystem mit allen Schnittstellen und der Produktsteuerung
2. Netzwerkkommunikation
3. Cloud mit Software- und Analyseprogrammen, intelligente Produktanwendungen und Produktdatenbanken, Abbildung der Geschäftssysteme und Regeln auf externen- oder Hersteller-Servern, die von einer entsprechenden Sicherheitsstruktur und einem Gateway umgeben sind und die Internetkommunikation regeln.

Das Sicherheitsmanagement aller Daten und Funktionen stellt hohe Anforderungen an die IT zur Vermeidung unbefugter oder gefährlicher Eingriffe. Dies gilt sowohl für das Datenhandling im Markt als auch für das Datenhandling in Unternehmen.

Die neuen Funktionen lassen sich in vier Bereiche gliedern: Überwachung, Steuerung, Optimierung und Automatisierung (ebd.).

Die Überwachung gestattet unter anderem die Analyse der Nutzungsmuster der Kunden und dementsprechend eine Marktsegmentierung und die Entwicklung passgenauer Produkt- und Serviceangebote. Service ist in der Diagnose oder auch im Fall von Software- und Datendienstleistungen per Datenübertragung möglich. Die Erfassung der Kundendaten und deren Nutzung während der Laufzeit erlaubt für die Dauer der Produktlebenszeit immer neue Mehrwertangebote und eine fortlaufende engere Kundenbeziehung. In manchen Anwendungsgebieten wie der Medizin kann die Überwachung auch den eigentlichen Mehrwert ausmachen. Die Produkte lassen sich über Algorithmen oder Fernbedienung auch zur Erfüllung komplexer Aufgaben steuern. Die Daten der Überwachung erlauben gleichfalls eine Produktsteuerung und Leistungs- und Auslastungsoptimierung in Echtzeit.

Die umfangreichen Möglichkeiten in der Steuerung und Optimierung auf der Basis interner und externer Einflüsse und im Service ermöglichen einen exponentiellen Anstieg des Mehrwerts für die Kunden.

Datenkontrolle, Fernsteuerung und Optimierungen lassen sich automatisieren und kombinieren. Dies macht eine automatische, nutzungsgerechte Optimierung im Betrieb und in der Wartung möglich, wenn Verschleiß und Betriebsprobleme vorausschauend erkannt und die Wartung oder Austausch kritischer Komponenten bedarfs- und zeitgerecht eingeplant werden (Porter und Heppelmann 2015). Diese Veränderungen öffnen im Wettbewerb neue wirtschaftliche Möglichkeiten der Marktteilnehmer und modifizieren die Rolle – je nach der strategischer Positionierung, den bestehender und neuen Marktteilnehmern (Porter und Heppelmann 2014):

1. **Verhandlungsmacht der Käufer:** Smarte Produkte eröffnen neue Möglichkeiten der Differenzierung mit Einfluss auf die Wettbewerbskräfte. Produkte können zielgruppengerechter entwickelt und mit neuen spezifischen Leistungsangeboten platziert werden. Die Verhandlungsmacht der Käufer kann sich dadurch verringern.

   In dem Fall, dass die Käufer dank der vernetzten Produkte genauere Informationen über die tatsächliche Produktleistung erlangen, können sie die Produktleistung andererseits genauer vergleichen und in solchen Fällen ihre Verhandlungsmacht stärken.

2. **Wettbewerb:** Der Wettbewerb zwischen den Anbietern kann sich durch neue Differenzierungsmöglichkeiten und Zusatzangebote verändern. Die Entwicklung größerer vernetzter Produktsysteme kann neue Wettbewerber aus ehemals verschiedenen Produktbereichen zusammenführen. In der Entwicklung aufwendig vernetzter Produkte entstehen hohe Fixkosten in der Softwareentwicklung und im Aufbau der Infrastruktur mit dem Risiko des Preiswettbewerbs zur Erzielung größerer Stückzahlen mit vergleichsweise niedrigem variablen Kostenanteil. Dies kann den Wettbewerb zwischen Anbietern im Kampf um günstige Volumeneffekte verstärken. Optionale softwaregesteuerte Zusatzfunktionen ermöglichen jedoch ggf. auch hohe Margen, wie im Fall der Automobilindustrie, wo etwa im Fahrzeugsteuergerät bereits vorhandene Funktionen nur durch eine Softwareaktivierung in neuen Anwendungen generell oder auch zeitlich befristet durch entsprechende „Abo-Modelle" zugeschaltet werden können. Leistungsvariationen von Motoren sind gleichfalls durch reine Softwarefunktionen sehr kostengünstig mit interessanten Gewinnmargen darstellbar. Die Weiterentwicklung oder Optimierung von Leistungsparametern oder die Qualitätsoptimierung während der Laufzeit durch Softwarenachrüstungen im Werkstattaufenthalt sind gleichfalls ein bereits angewendetes Modell.

3. **Neue Marktteilnehmer:** Der Einstieg in diese Segmente komplexer Produktangebote bedeutet für neue Anbieter hohe Hürden, falls diese nicht durch eigene Kompetenzen und Vorteile die Stärken der etablierten Anbieter aushebeln können. Neue Anbieter können neue, intelligente Funktionen im Wettbewerb mit Lieferanten physischer Produkte einsetzen. Im Bereich der Datenerhebung, der Analyse und der Vermittlung von Systemen können auch neue Teilnehmer großen Einfluss gewinnen, wenn sie mit dem Zugang zu diesen Daten Analysefähigkeiten entwickeln und privilegierte Einblicke bei Anbietern, beim Nutzen und bei der Nutzung der Produkte gewinnen (Groth und Ladd 2015). Dies verändert den Wettbewerb auf allen traditionellen Seiten: Kunden, Produzenten, Zulieferer und Vertriebs- und Distributionspartner. Anbieter von Daten können durch die Bereitstellung zusätzlicher externer Daten und intelligenter Datenverknüpfungen die Ergebnisse des Einsatzes der Anlagen weiter optimieren. Agile Vermittler können sich insbesondere in die etablierten Lieferbeziehungen einbringen, wenn sie dank privilegierter Datenzugänge und einem guten Marktüberblick Zugang zu allen Anbietern und Angeboten erlangen und den Einsatz von Einrichtungen bei Kunden optimieren können. Der Einsatz

maschinenintelligenter Algorithmen eröffnet neuen Marktteilnehmern und bestehenden Lieferanten neue Angebote im Wettbewerb, mit denen Nutzer einen hohen zusätzlichen Nutzwert gewinnen können.

Mittels der Daten aus derartigen Geschäftsbeziehungen können die Vermittler und Netzwerkzentren neue Markt- und Kundenbedürfnisse frühzeitig voraussehen. Dies würde die Verhandlungsmacht neuer Player im Markt stärken.

Maschinen- und Datenvermittler können mit Nutzern von Maschinen outputbasierte Verträge mit Datenzugangsrechten abschließen, sodass der Vermittler unter der Bedingung gleichwertiger Ergebnisse auch Ersatzprodukte und Maschinen anderer Hersteller oder optimierte Netzwerke zur Verfügung stellen kann.

4. **Neue Geschäftsmodelle:** Die Share-Economy oder nutzungsbezogene Zahlungsmodelle bieten Alternativen zum Kauf. Es können neue Vertriebsnetze und Vermittlerplattformen als neue Marktteilnehmer entstehen, wenn Kunden nur für den tatsächlichen Gebrauch mit ggf. zusätzlich optimierter Leistung bezahlen. Im Bereich der Entwicklung der Share-Economy entdecken erfolgreiche Unternehmen den übergeordneten Kundennutzen und übergeordnete Problemlösungen und denken aus dieser Perspektive. Das Modell wird Schritt für Schritt experimentell erprobt und auch externes Wissen und externe Marktkompetenz dazu gewonnen. Dies wird durch die Entwicklung eines Geschäftsmodells unter Einbindung von Partnern erreicht, die zusätzliche Kompetenzen und Ressourcen beifügen. Grundsätzlich ist das Geschäftspotenzial der Share-Economy zwischen Unternehmen größer als im Bereich der Verbrauchermärkte. Es entstehen neue Plattformen, die es Industrieunternehmen gestattet, Ressourcen variabel nach Bedarf zu nutzen.

5. **Verhandlungsmacht der Zulieferer:** Aufgrund der starken softwaregesteuerten Auslegung der Produkte sinken Funktionsumfang und Komplexität der physischen Komponenten, sodass sich die Verhandlungsmacht der traditionellen Zulieferer reduzieren könnte. Die Verhandlungsmacht neuer Lieferanten im Bereich Software wird sich aufgrund ihres größeren Anteils am Gesamtprodukt erhöhen. Branchengrenzen werden sich verändern oder auflösen (Porter und Heppelmann 2014).

Die „neue Welt" hat erhebliche Auswirkungen auf die Entwicklungsprozesse und Konzeption smarter Produktsysteme, die Bereitstellung von Produkten und Dienstleistungen, Kundendienst, Marketing und die Entwicklung neuer Fähigkeiten und Ressourcen im Unternehmen. Produzierende Unternehmen werden mit neuen Vermittlern und Datenunternehmen zusammenarbeiten und gleichzeitig den Austausch mit ihren Anwendungskunden pflegen.

Die Zusammenarbeit, die neue Anforderungen und die Arbeitsmethoden erweitern in Unternehmen die Diversity der kulturellen Identität der Mitarbeiter. Neue Herausforderungen in der Gestaltung und Entwicklung einer Unternehmenskultur und die Zusammenarbeit in komplexeren Teams ist die Folge. Maschinenbauunternehmen erweiterten ihre Kompetenzen in der Vergangenheit schon um gewaltige IT- und Softwarefähigkeiten und werden sich in Zukunft mit zusätzlichen neuen Kernfähigkeiten in Datenanalyse und Datenprozessführung weiterentwickeln. Gleichzeitig werden sie ihre bisherigen Kernfähigkeiten aufrechterhalten. Eine zentrale Datenabteilung gewinnt strategische Bedeutung und muss die Ergebnisse der Analyse allen Bereichen bedarfsgerecht aufbereiten und zur Verfügung stellen (Porter und Heppelmann 2015). Ein Unternehmensbereich wird mit spezifischen Fähigkeiten die Verantwortung für die neuen stark vernetzten Produkte insbesondere in der Zeit übernehmen, in der es noch die verschiedenen Welten der konventionellen und der neuen intelligenten, vernetzten Produkte nebeneinander gibt. Die neuen Kompetenzen werden in entsprechenden Bereichen gebündelt und anderen Unternehmensfunktionen und Kunden zur Verfügung gestellt. Bosch gründete aus diesem Grund z. B. mit der Bosch Software Innovations einen eigenen Bereich. Ein derartiger Bereich kann ein eigenständiger Geschäftsbereich mit Ergebnisverantwortung oder ein separater Konzernbereich als Cost-Center sein.

Die Komplexität steigt weiter an und wird ein noch kritischerer Faktor der Unternehmensführung. Sehr gute Fähigkeiten im Bereich des Organisations- und Komplexitätsmanagements sind notwendig, um eine erfolgreiche Integration und Koordination zu ermöglichen. Die zahlreichen Schnittstellen zwischen allen Unternehmensbereichen erfordern eine hohe Führungs- und Sozialkompetenz aller Mitarbeiter. Projektstrukturen und Aufgaben werden komplexer und die erfolgreiche Projektführung und -bearbeitung unter immer höheren technologischen und zeitlichen Anforderungen immer anspruchsvoller. Die Datensicherheit muss über alle Entwicklungs- und Prozessschritte bis zum Servicebereich in der externen Datenkommunikation sichergestellt werden.

Erfolgreiche Unternehmen werden mit den neuen Möglichkeiten die zuvor aufgezeigten fünf Marktkräfte des Modells von Michael E. Porter zu ihren Gunsten entwickeln. Dies bedingt die Entwicklung neuer Geschäftsmodelle, neuer Kompetenzen im Datenmanagement und Datenanalyse und IT-Technologie, um sich in den Wechselwirkungen der 5 Kräfte zu behaupten.

Maschinenhersteller werden agile Innovationsentwicklung in der Zusammenarbeit mit externen Partnern nutzen, um schnell zu reagieren. Im Wettbewerb um die Daten werden Unternehmen ihren Einfluss gegen neue Spieler im Markt mit hoher Datenkompetenz durch den Erhalt eines privilegierten Datenzugangs verteidigen. Sie werden selbst hervorragende Fähigkeiten in der Erhebung und Analyse der Daten entwickeln.

Hochintegrierte Unternehmen können sich so lange Vorteile sichern, solange der Zerfall in eine Modularisierung mit spezifischen Angeboten von Herstellern, Dienstleistern und Vermittlern zu einzelnen Elementen und Teilprozessen des Gesamtangebots keine wirtschaftlichen Vorteile oder höhere Leistungen verschafft. Integrierte Unternehmen werden ihre Wettbewerbsvorteile aktiv verteidigen müssen.

Porter und Heppelmann zufolge bieten sich Unternehmen in dieser neuen Welt zehn strategische Optionen. Unternehmen werden individuell die Vorteile und Nachteile jeder möglichen Option gegeneinander abwägen und eine Auswahl treffen, in der sich die einzelnen Elemente gegenseitig in einer kohärenten, strategischen Positionierung des Unternehmens verstärken (Porter und Heppelmann 2015). Weitere Ergänzungen trugen Olaf Groth und Ted Ladd bei (Groth und Ladd 2015):

1. **Welche intelligenten, vernetzten Produktfunktionen soll das Unternehmen anstreben?** Die Auswahl der notwendigen Funktionen hängt vom adressierten Markt- und Kundensegment und den Anwendungen ab. Es muss ein angemessener und individueller Ausgleich zwischen Kosten und Kundenmehrwert gefunden werden, um eine starke Wettbewerbsposition bei der Positionierung bei Preis und Leistung zu erzielen. Dies ist ein dynamischer Prozess über die gesamte Laufzeit der Dienstleistung oder die Lebensdauer des Produktes hinweg.

2. **Welche Funktionen sollen ins Produkt integriert, welche sollen in die Cloud ausgelagert werden?** Neben den Kosten gilt es zu berücksichtigen: Die notwendige Reaktionszeit bestimmt z. B., ob die Software im Produkt integriert wird oder in einer Cloud abgelegt wird. Der Automatisierungsgrad, die Qualität des Netzwerks, der Einsatz des Produktes, die Benutzerschnittstellen, die Frequenz der notwendigen Wartung und Upgrades sind weitere Größen, die diese Entscheidung beeinflussen.

3. **Soll das Unternehmen ein offenes oder ein geschlossenes System anstreben?** Im Fall des geschlossenen Systems sind die wichtigen Schnittstellen geschützte Eigenentwicklungen mit beschränkten Zugriff. Das Unternehmen behält die Kontrolle über Daten, Technologien und die weitere Entwicklung. Im Fall eines offenen Systems wird die Anwendungsentwicklung und Systeminnovation beschleunigt, wenn Drittanbieter einsteigen. Im günstigsten Fall wird das System zu einem neuen Branchenstandard.

4. **Soll das Unternehmen alle Funktionen und die Infrastruktur selbst entwickeln oder andere beauftragen?** Eigenentwicklungen erfordern hohe Fachkenntnisse und bieten anschließend Know-how-Vorteile. Es gilt zu prüfen, welche Technologieblöcke sich anbieten, um in der Eigenentwicklung Wettbewerbsvorteile zu erzielen.

5. **Welche Daten braucht das Unternehmen, um den Wert seiner Produkte zu maximieren?** Daten müssen im Verhältnis zu den damit verbundenen Kosten ausreichenden Wert bieten und Basis der Entwicklung von Wettbewerbsvorteilen und seiner Positionierung sein. Kosten der Datenerhebung entstehen nicht nur in der Erhebung selbst, sondern können insbesondere auch durch die notwendige Ausstattung der Sensorik entstehen. Insbesondere muss das Unternehmen Wege finden, in gegenseitigem Einverständnis Daten der Nutzung und des Marktes zu erhalten. Das Unternehmen wird jedoch zur Nutzung der verfügbaren Daten ggf. auch neue Kompetenzen in der Sammlung, Analyse und Auswertung dieser Datenmengen aufbauen (Groth und Ladd 2015). In dem Fall, dass zwischen Anwender und Anbieterunternehmen Datenplattformen und Datenvermittler auftreten, könnten diese neue wichtige Wettbewerbskräfte in dem Markt auftreten lassen und den Markt beeinflussen. Es sind Konstellationen denkbar, in denen globale Datenvermittler mit ihrer Tätigkeit in verschiedenen Branchen Branchengrenzen auflösen und ein sehr viel größeres Wettbewerbs- und Unternehmenspanorama mit neuen Produkt- und Servicesegmenten mit neuen Marktkräften entstehen lassen.

6. **Wie verwaltet das Unternehmen die Eigentums- und Zugriffsrechte der Produktdaten?** Wer hat die Nutzungsrechte, welcher Nutzen wird Kunden geboten, ist der Kunde bereit Daten preiszugeben? Wie kann ein ggf. ein privilegierter Zugang zu diesen Daten gesichert werden?

7. **Soll das Unternehmen besser auf Vertriebspartner oder Servicenetzwerke verzichten?** Smarte Produkte fördern eine direkte Kundenbeziehung. Vertriebspartner können weniger wichtig sein und der direkte Kontakt kann die Vertriebskosten senken. Neue Wege des Service können entwickelt werden. Neue Modelle der Share-Economy können auch neue Vertriebspartner und -formen und Vermittlerplattformen entstehen lassen, die nicht mehr unter dem Einfluss der Produzenten sind. Der Wettbewerb kann sich vom Kampf um den Kunden der Applikation auf den Kampf um den Anbieter der Plattform verlagern, der ggf. schneller Anbieter wechseln kann (Groth und Ladd 2015).

8. **Soll das Unternehmen sein Geschäftsmodell ändern?** Neue Wege des Service und der Bereitstellung der smarten Produkte können die Chance bieten, neue Geschäftsmodelle zum beiderseitigen Gewinn zu entwickeln.

9. **Soll das Unternehmen gewonnene Produktdaten an Dritte verkaufen?** Hier sind der Nutzen und die Bereitschaft und Akzeptanz auf der Kundenseite und auch die eigenen Risiken der Datenpreisgabe gegeneinander abzuwägen.

10. **Soll das Unternehmen seinen Tätigkeitsbereich ausweiten?** Die Veränderung der Branche und ggf. die Erweiterung der System- und Branchengrenzen können den Einstieg in Geschäfte mit anderen Systemkomponenten und verwandten Produkten sowohl in der Produktentwicklung und -fertigung als auch in Form einer Handelstätigkeit öffnen. Risiken, vorhandene Fähigkeiten, Chancen von Synergien und Kundenanforderungen sind sorgfältig gegeneinander abzuwägen.

5.4   Neue Geschäftsmodelle und Erfolge: Macht hohes Startkapital erfolgreicher?

Aus einer ausführlichen Untersuchung mit 27 Entrepreneuren an der Darden School of Business, University Virginia, durch S.D. Sarasvathy und aus eigenen Erfahrungen in der Analyse erfolgreicher Unternehmensgründungen geht hervor (Schlesinger et al. 2012): „Der entscheidende Punkt lautet: Erfolgreiche Entrepreneure denken nicht nur anders, sondern übersetzen dieses Denken auch in sofortige Aktion – Analysen werden vermieden oder ignoriert. Die Unternehmer wollen die Zukunft nicht vorhersagen, sondern selbst gestalten." Aufgrund der Untersuchungen und Erfahrungen wird empfohlen, diese Logik auch in größeren Unternehmen anzuwenden. Handeln, Lernen und Aufbauen können sich für den Start neuer Projekte in einem iterativen Prozess bis zur Zielerreichung entwickeln. In dem Fall negativer Ergebnisse werden mithilfe der gewonnenen Informationen neue Lösungswege entwickelt. Die Entwicklung eines neuen Modells mithilfe vieler kleiner Schritte reduziert das Risiko eines Starts neuer Projekte in einem unsicheren Umfeld. Entsprechend der Aussagen der Gründer von 500 besonders schnell wachsenden Unternehmen des US-Wirtschaftsmagazins Inc. sollen nur 12 % vor dem Start eine systematische Marktforschung und nur 40 % einen Businessplan entwickelt haben (Schlesinger et al. 2012). Der damalige CEO von Starbucks,

Howard Schultz, entwickelte das Café-Konzept zu einem Zeitpunkt, als der Kaffee-markt seit fast zwei Jahrzehnten mit sinkenden Umsätzen kämpfte.

Viele erfolgreiche Gründer nutzen in ihren ersten Experimenten vorhandene Mittel, Fä-higkeiten, Wissen und Erfahrung und arbeiten mit Leuten, denen sie vertrauen. Sie verfügen im Allgemeinen nur über ein eng begrenztes Budget. In dem genannten iterativen Prozess des Handelns, Lernens und Anfassens wird kalkuliert, welche maximalen Verluste sich ver-treten lassen. In diesem experimentellen Prozess verschaffen sich Gründer und Entrepre-neure ein angemessenes Maß der Unterstützung, um handeln zu können bzw. die notwen-dige Handlungsfreiheit in der Organisation zu sichern. Es geht vor allem darum, Unterstützer zu gewinnen und nicht darum, Gegner zu überzeugen. Geschäftsentwickler einer neuen Ge-schäftsidee oder eines neuen Geschäftsprojekts werden die Unterstützer mit ihrem eigenen Engagement und einer offenen Kommunikation gewinnen. Sie überzeugen mit Vorhaben, Geschäftszielen, Chancen, Risiken, Erfolgen und auch Misserfolgen. Um die notwendigen Unterstützer im Unternehmen zu gewinnen und Dynamik im Projekt zu entwickeln, sollen schnelle, erste Ergebnisse erzielt und die Risiken im Auge behalten werden. Sowohl erste positive Ergebnisse als auch Überraschungen und Enttäuschungen und neue Hindernisse nutzen erfolgreiche Entrepreneure als Teil des Lernprozesses. Sie erkennen dabei neue Ge-legenheiten und Chancen, trotz ihrer starken Fokussierung auf ihr Projektziel.

> Wenn es darum geht, aus dem Handeln zu lernen, sind Serien-Entrepreneure erfolgreicher als andere. Erstens agieren sie schnell, wenn es positive Ergebnisse gibt (…) Zweitens freuen sie sich sogar über negative Ergebnisse (…) Drittens wissen sie trotz ihrer Fokussierung auf Lerneffekte, wann und wie man mit Prognosen arbeiten sollte (…) Viertens wissen Entre-preneure, wann es Zeit ist, den Verlust zu begrenzen und aufzugeben. Sie erkennen, wenn sich ihre Idee nicht umsetzen lässt. (Schlesinger et al. 2012)

Die Ergebnisse und Erfahrungen zeigen, dass dieses Vorgehen sowohl für Unternehmens-gründer als auch für die Entwicklung neuer Produktideen in großen Konzernen erfolgreich sein kann.

Die Unternehmensberatung Play Bigger, die mit risikokapitalfinanzierten Start-up-Unternehmen arbeitet, überprüfte, inwieweit das beim Börsengang akquirierte Kapital neuer Unternehmen als Indikator für die langfristige Wertschöpfung dienen kann (Harvard Business Review 2016). Die Untersuchung unter 69 US-Start-ups seit dem Jahr 2000 zeigt, dass das beste Zeitfenster für einen Börsengang bei einem Unternehmensalter von sechs bis zehn Jahren liegt. Besonders erfolgreich waren die Unternehmen, die eine vollkommen neue Kategorie oder Nische erfanden wie Facebook und LinkedIn, da es ihnen gelang, von Beginn an eine sehr dominante Marktposition einzunehmen („the winner takes it all"). Jim Goetz, Partner des Risikokapitalunternehmens Sequoia Capital äußerte in einem Interview:

> In unserem Portfolio gibt es eine Korrelation zwischen benötigten Kapital und langfristiger Marktkapitalisierung – allerdings ist sie negativ. Je mehr Geld sie auftreiben, desto weniger Wert erzeugten sie. Google, Cisco, Oracle waren unglaublich effizient (…). Wer viel Geld auftreiben kann, läuft Gefahr, die Disziplin zu verlieren. Wir raten unseren Teams davon ab, zu viel Kapital einzusammeln. (Harvard Business Review 2016)

5.5   Angriff und Verteidigung – disruptive Geschäftsmodelle

Der inflationäre Gebrauch des Begriffs der Disruption im Bereich neuer Geschäftsmodelle und Innovation veranlasste den Vater des Begriffs, Clayton M. Christensen, zu einer Klarstellung (Christensen et al. 2015). Der Prozess der Disruption ist ein Vorgang, in dem ein zumeist kleines Unternehmen es mit geringen Mitteln schafft, etablierte Player im Markt herauszufordern. Diese neuen Anbieter konzentrieren sich zu Beginn auf vernachlässigte Segmente, indem sie ihr Angebot für dieses Kundensegment zuschneiden und zu einem meist besonders günstigen Preis auf den Markt bringen. Während die etablierten Unternehmen langsam und zurückhaltend auf die neuen Marktteilnehmer reagieren und sich auf die Optimierung ihrer eigenen Margen in ihrem Segment konzentrieren, versuchen die neuen Marktteilnehmer, in immer weitere Segmente aufzusteigen, um den Massenmarkt zu erreichen. Die neuen Marktteilnehmer schaffen sich zunächst ihr eigenes Kundensegment in den Randbereichen des Marktes. Dieses Segment besteht oft auch aus bisherigen Nicht-Kunden. Es gibt auch Disruptoren, die sich einen neuen Markt erschufen, wie z. B. im Fall des PCs. Dies sind Merkmale eines als disruptiv geltenden Markteintritts. Meistens schaffen diese neuen Unternehmen zusätzlich zu dem neuen Produkt auch ein neues Geschäftsmodell. Dementsprechend ist z. B. Uber kein disruptives Modell, da sich Uber von Beginn an auf den Massenmarkt der Taxis fokussierte. Uber konzentrierte sich darauf, Netzwerktechnik und Funktionalitäten im Wettbewerb mit den traditionellen Anbietern des Taxigewerbes weiterzuentwickeln (ebd.).

Disruptive Innovationen werden von den meisten Konsumenten oft zunächst als Produkte minderwertiger Qualität bewertet und schaffen den Sprung in den Massenmarkt erst nach einer entsprechenden Fortentwicklung ihrer Produkte. Der Prozess der disruptiven Entwicklung zieht sich also meistens über einen längeren Zeitraum hin und führt gerade dazu, dass etablierte Unternehmen derartige neue Marktteilnehmer übersehen. Disruptive Unternehmen werden andererseits den Wettbewerb mit dem etablierten Unternehmen solange als möglich vermeiden.

Etablierte Unternehmen sollten bei dem Aufkommen einer disruptiven Bedrohung ihr Geschäftsmodell mit erhaltenden Innovationen fortentwickeln und parallel einen neuen, streng getrennten Bereich gründen, der die Chancen der Marktdisruption nutzt (Christensen et al. 2015). Es zeigt sich jedoch, dass es im Fall etablierter Unternehmen oftmals schwierig ist, Ressourcen für derartige neue, disruptive Aktivitäten zu bekommen. Dies und der Fokus der etablierten Unternehmen auf ihren Bestandsmarkt erklärt, warum etablierte Unternehmen nur selten rechtzeitig auf disruptive Bedrohungen reagieren.

Neue Marktteilnehmer, die etablierte Unternehmen direkt mit erhaltenden Innovationen in ihrem Markt angreifen, sind nur höchst selten erfolgreich. Insofern gewannen erfolgreiche neue Marktteilnehmer mittels des disruptiven Ansatzes große Märkte. Christensen konnte zeigen, dass aus diesen Gründen neue Marktteilnehmer den etablierten Marktteilnehmern in einem disruptiven Innovationsumfeld überlegen waren, in einem Wettbewerb erhaltender Innovationen jedoch unterlegen waren (ebd.)

5.5.1 Überleben disruptiver Innovationen

Wie können Unternehmen reagieren, die von Disruptionen bedroht werden? Sie könnten sich beispielsweise durch einen Angriff mittels einer eigenen disruptiven Innovation verteidigen. Doch es gibt weitere Optionen zu betrachten. Können Unternehmen unter disruptiver Bedrohung ggf. bestimmte Segmente zu profitablen Nischen entwickeln? Welche Nachteile hat das disruptive Angebot, sodass die Vorteile des aktuellen Angebots ein attraktives Marktsegment erhalten?

Unternehmen unter disruptiver Bedrohung analysieren mithilfe eines systematischen Vorgehens Markt und Produkte, um die Geschwindigkeit möglicher Veränderungen zu entdecken. Drei Aspekte werden geprüft (Christensen und Wessel 2012):

1. Stärke des Geschäftsmodells des Angreifers
2. Eigene Vorteile und Stärken im Vergleich
3. Was sind die Chancen und Hindernisse des Angreifers, der die Wettbewerbsvorteile des etablierten Unternehmens kopiert?

Alle disruptiven Innovationen basieren auf den Wettbewerbsvorteilen eines technologischen oder geschäftlichen Modells, welches skalierbar ist. Vorteile einer disruptiven Innovation bleiben auch dann erhalten, wenn das neue Modell anspruchsvollere Kunden in höheren Marktsegmenten bedient (Raynor 2011). Disruptive Modelle profitieren davon, dass sie auch in diesen höheren Segmenten deutlich reduzierte Preise beibehalten können. Sie nutzen dazu den sogenannten „erweiterbaren Kern" (Christensen und Wessel 2012), der ein wichtiger Unterschied zwischen einer disruptiven Innovation und einem bloßen Preisvorteil ist. Welche Aufgaben erfüllt der disruptive Innovator mit seinem erweiterbaren Kern besser als der traditionelle Anbieter? Welche Kunden kann der Disruptor durch diesen erweiterbaren Kern abwerben? Welche Aufgaben erfüllt der traditionelle Anbieter noch besser? Entstehen hier längerfristig attraktive Nischen für den traditionellen Anbieter, wenn der Disruptor große Segmente übernimmt?

Der Wettbewerbsvorteil durch den erweiterbaren Kern ist skalierbar und besteht weiter, wenn das Unternehmen auch in höherwertige Marktsegmente eindringt. Das etablierte Unternehmen wird identifizieren, welche Funktionen es für seine Kunden erfüllt, und bei welchen Funktionen der neue Wettbewerber mit dem „erweiterbaren Kern" besser sein könnte, wenn er ggf. andere Hürden im Wettbewerb gleichfalls überwindet. Auf dieser Basis wird das etablierte Unternehmen bestimmen, welche Bereiche verteidigt werden können, und welche Bereiche besonders gefährdet sind.

Der erweiterbare Kern des disruptiven Marktteilnehmers weist häufig Lücken auf, sodass er nur bestimmte Aufgaben des traditionellen Angebotes erfüllen kann. Die weiter bestehenden und vom Disruptor unzureichend erfüllten Aufgaben können in der Folge für das etablierte Unternehmen noch lange erhalten bleiben.

In der Entwicklung und Bewertung von Innovationen wird geprüft, welche genauen Aufgaben das Angebot für die Kunden übernimmt (Christensen et al. 2017). Wie lassen sich diese ggf. einfacher, günstiger und bequemer erledigen. Dies ist die Basis der Entwicklung innovativer Modelle und Produkte und eines entsprechenden Angriffs im Markt. Marktteilnehmer identifizieren Bereiche, die von verschiedenen Angeboten bedient werden, bzw. welche Bereiche noch nicht bedient werden. Innovative Angreifer finden Wege, wie sie mit einem veränderten Produkt etablierten Unternehmen Kunden abwerben.

In der defensiven Prüfung wird das etablierte Unternehmen prüfen, wie qualitativ gut der neue Wettbewerber die Funktion des bestehenden eigenen Produktes erfüllt. Welche Nachteile hat er? Dies zeigt, wie gefährdet das eigene Kerngeschäft ist und auf welchen Wegen es sich verteidigen lässt.

Die Hürden für neue Wettbewerber mit neuen Geschäftsmodellen lassen sich wie folgt zusammenfassen (Christensen und Wessel 2012):

1. Trägheit der Kunden, eine Veränderung des Status quo anzunehmen
2. Technische Umsetzung
3. Sind Veränderungen im geschäftlichen Umfeld erforderlich für den Erfolg der Disruption?
4. Verfügbarkeit neuer Technologien zur Veränderung des Wettbewerbsumfeldes
5. Kostenstruktur des bestehenden Geschäftsmodells

Wenn große Hürden bestehen, werden Kunden mit größerer Wahrscheinlichkeit bei dem aktuellen Anbieter bleiben. Die systematische Bewertung dieser Hürden, die Bewertung der Vor- und Nachteile für neue Angreifer und die Bewertung der eigenen Stärken gibt Einblicke in die Risiken der Bedrohung. Die Überschätzung einer Bedrohung kann genauso teuer werden, wie diese zu missachten. Wenn Unternehmen zur Verteidigung unnötig hohe Preisvorteile einräumen, kann dies das eigene Geschäftsmodell nachhaltig gefährden.

Die Schwierigkeiten bei der Einführung des Online-Lebensmittelhandels zeigen, wie entscheidend spezifische Hürden sein können, sodass etablierte Unternehmen ihren Markt mit unterschiedlichen Stärken verteidigen können. Neue Anbieter haben erhebliche Hürden zu bewältigen, um eintreten zu können. Etablierte Unternehmen werden produktspezifische Innovationen entwickeln, um ihre Vorteile beim Verkauf frischer Waren und zeitlich dringenden Bedarfs aufrechtzuerhalten. Das Segment der planbareren Vorratskäufe ist schwieriger zu verteidigen. Erfolgreich verteidigende Unternehmen werden sich auf Segmente mit Innovationen konzentrieren, die aufgrund der eigenen Vorteile und Hindernisse für die Angreifer von dem etablierten Anbieter verteidigt werden können.

5.5.2 Und was ist zu tun bei „Big-Bang-Disruptionen"?

Was ist jedoch im Fall einer „Big-Bang-Disruption" zu tun? In diesem Fall bleibt etablierten Anbietern kaum Zeit, noch rechtzeitig auf die neue Bedrohung zu reagieren. Der neue Disruptor greift gar nicht erst mit einem günstigen, ggf. unterlegenen Modell Randsegmente des Marktes an, um dann in der weiteren Entwicklung in höhere Segmente aufzusteigen. Er bietet gleichzeitig die bessere, innovativere und günstigere Lösung in seinem neuen Produkt an!

Technologien, die z. B. aus einer anderen Branche plötzlich „überschwappen", bieten Disruptoren derartige Chancen. Die Hersteller von Navigationsgeräten wurden beispielsweise von kostenlosen Navi-Apps auf Smartphones überrascht. In kürzester Zeit können durch diese Big-Bang-Angriffe komplette Produktlinien und Märkte verschwinden. Derartige „Urknalldisruptionen" passieren meistens ungeplant und unabsichtlich, ohne auf einem strategischen Pfad entwickelt worden zu sein (Downes und Nunes 2013). Innovatoren treten nicht auf der Basis von Analyse und gezieltem Angriff auf bestehende Produkte an, sondern entwickeln einen neuen Ansatz, der Nutzer von Geräten anderer Branchen weglockt. Die Entwickler der Digitalfotografie mögen nicht das Ziel gehabt haben, die Filmbranche zu zerstören, taten es aber dennoch.

Durch die schnelle Verbreitung über Social Media kann sich die Nachricht über die neuen Möglichkeiten für Kunden in wenigen Tagen verbreiten. Etablierten Unternehmen bleibt kaum Zeit, die neuen Disruptoren aufzuhalten. Urknalldisruptionen „entstehen oft aus schnellen, günstigen Experimenten auf rasch veraltenden und überall verbreiteten Technologieplattformen" (Downes und Nunes 2013). Die Kombination derartiger Technologien ohne hohen Kapitaleinsatz lässt neue Möglichkeiten real werden. Dies war auch der Fall bei Innovationen wie Twitter und Skype. Innovatoren können mit einer Vielzahl von Ideen günstig experimentieren und überraschen ggf. den Markt mit einer Big-Bang-Disruption, einem Portfolio, das eine bessere Leistung zu einem günstigeren Preis bietet. Sie vermarkten ihr neues Produkt in allen Kundensegmenten mit dem Ziel einer schnellen Expansion (Abschn. 4.4)

Diese „wilden" experimentellen Ansätze machen es etablierten Unternehmen schwierig, Bedrohungen zu identifizieren. Marketingstrategien und Strategieansätze etablierter Unternehmen fallen kurzfristig zusammen, auch Finanzkraft und Unternehmensgröße schützen nicht. Urknalldisruptionen gewinnen plötzlich Vorteile in allen Disziplinen der traditionellen Strategiemodelle: Kosten, Innovation, Kundennähe (Downes und Nunes 2013).

Dennoch gilt auch hier, wie in der zuvor vorgestellten Verteidigungsstrategie, dass Wachsamkeit gegenüber Warnsignalen oberstes Gebot ist. Visionäre Prognostiker mit einem breiten Überblick über Chancen und Risiken neuer Technologien können unterstützen, wenn Unternehmen bereit sind, auch scheinbar außergewöhnliche Geschehen zu beachten. Innovatives Denken wird durch die Zulassung des Infragestellens gut bekannter und erprobter Weisheiten gefördert. Erfolgreiche Manager in dieser Disziplin widerstehen der Versuchung, unbekannte Felder mit bekanntem Wissen zu füllen. Sie werden sich oftmals von bekannten Methoden der Strategie-, Markt und Innovationsentwicklung verabschieden und einen Bereich des Nichtwissens zur Öffnung neuen Denkens zulassen. Dazu gehört auch die Akzeptanz scheinbar irrelevanter Ideen zur Entdeckung neuer Wege.

Im nächsten Schritt der Verteidigung kann versucht werden, dass die neuen Marktteilnehmer mit ihrem Modell kein Geld verdienen, bis man mit eigenen Produkten oder in Form einer Übernahme zurückschlagen kann. Dies geschieht durch Preissenkungen oder langfristige Kundenbindung über entsprechende Verträge. Immaterielle Vermögenswerte wie Fachwissen, Patente und Marke können jetzt plötzlich sehr viel wichtiger und wertvoller sein als andere Aktivposten, die im Zuge einer Urknalldisruption einen rapiden Werteinbruch verzeichnen können. Gegebenenfalls bleibt Unternehmen nur die Transformation und Diversifikation des Geschäfts in andere Bereiche, Produkte und Dienstleistungen. Außerdem wird geprüft werden, ob man mit eigenen Innovationen das ggf. schnelle und kurze Leben eines Urknalldisruptors überstehen kann (Downes und Nunes 2013).

5.5.3   Big-Bang-Verkauf – wenn das Risiko für Kunden groß wird

Der Hersteller von Lagerhaustechnik, Kiva, zeigte jedoch auch, wie aggressiv und massiv Disruptoren kämpfen, die noch nicht in das Feld der Big-Bang-Innovatoren fallen. Kiva überwand die bestehenden Hürden mit einem bis dahin in der Branche kaum vorstellbaren Geschäftsansatz. Der innovative Ansatz der Lagerhaustechnik, die z. B. genau passend für E-Commerce-Unternehmen entwickelt wurde, bestand seinerzeit aus folgender Idee: Anstatt dass Lagerarbeiter täglich kilometerlange Läufe entlang der Regale zur Zusammenstellung von Sendungen unternehmen, sollten Roboter die Regale zu den Beschäftigten liefern.

Da die Firma von den Vorteilen des Einsatzes ihrer mobilen Roboter in der Lagerverwaltung und Logistik für seine Kunden vollkommen überzeugt war, überwandt Kiva mit entsprechenden Rücknahmegarantien und der Übernahme von Finanzrisiken wesentliche Bedenken der Kunden. Darüber hinaus sicherte man zu, dass der Kunde an allen entscheidenden Punkten der Projektumsetzung direkt mit Kiva und nicht über sonst übliche Dienstleister und Installationsfirmen in Kontakt war. So sicherte Kiva mit einer optimierten, abwicklungsorientierten Prozess-Organisation ein überragendes Kundenerlebnis. Kiva hatte zu Beginn noch keinen Industriekunden mit der neuen, erfolgreich eingesetzten Technologie gewinnen können. Das Unternehmen konnte dennoch mit seinem innovativen Ansatz hochwertige Industriegüter eines erheblichen Investitionsvolumens mit neuer Technik auch an konservativ denkende Industriekunden erfolgreich verkaufen. In der Überzeugungsarbeit wendete man neue Ansätze an (Mountz 2012):

1. **Denkmuster aufbrechen**, d. h. Glaubenssätze zu Machbarkeit und Risiko des Kunden aufbrechen.
2. **Argumente liefern**, z. B. durch die Übernahme von Risiken zum Überwinden von Hürden und durch die Konzentration auf den Kundenbenefit.
3. **Bedenken entkräften:** Lasse die Innovation weniger riskant erscheinen als die Aufrechterhaltung des Status quo!
4. **Verantwortung übernehmen**, z. B. für die vollständige Umsetzung, Inbetriebnahme und den Erfolg.

5. **Brüche vermeiden**, z. B. durch die Absicherung des gesamten Prozesses durch das anbietende Unternehmen bis zur erfolgreichen Inbetriebnahme.
6. **Ansprechpartner auswählen**, z. B. durch die Fokussierung auf Unternehmen, die von Lieferanten Innovationen erwarten und bereit sind, mit ihnen entsprechend zusammenzuarbeiten.

Dank dieser neuen Ansätze konnte Kiva auch in einer traditionellen, risikoadversen Branche Gewohnheiten aufbrechen und sich im Wettbewerb mit etablierten Anbietern mit bestehenden, langjährigen Kundenbeziehungen behaupten. Inzwischen hat sich diese Technik in zahlreichen großen Lagerhäusern der Branche bis hin zu Amazon etabliert.

5.6   Geschäftsmodellablösungen und -veränderungen

Wenn Märkte sich verändern, neue Technologien sich durchsetzen und disruptive Geschäftsmodelle am Markt auftreten, müssen Unternehmen die Transformation gestalten und gleichzeitig die aktuellen bestehenden Märkte und Kunden bedienen. Sie verteidigen und optimieren ihre Marktposition, nutzen Vorteile und erwirtschaften Gewinne, um den neuen Start-up-Bereich zur Entwicklung eines neuen Geschäftsmodells zu fördern. Die Weiterentwicklung des Kerngeschäfts erfolgt unter Nutzung der Wettbewerbsvorteile, die dieses Geschäftsmodell auch in einem sich verändernden Marktumfeld nutzen kann. Der neue Bereich erhält daraus die Ressourcen und die notwendige Zeit zum Wachstum.

Der traditionelle Geschäftsbereich wird weiter so geführt, als ob die Zukunft des Unternehmens von diesem Bereich abhängt. Ziel muss es sein, sich unter dem Eindruck neuer Wettbewerbsmodelle dennoch nicht nur auf Maßnahmen im Bereich von Kostensenkungen zu konzentrieren, sondern aus einer breiteren Perspektive das Geschäft zu betrachten. Es wird identifiziert, in welchen Bereichen man gegenüber den bisherigen und den neuen Wettbewerbern Stärken und Vorteile nutzen und entwickeln kann. Die Weiterentwicklung des traditionellen Geschäftsmodells in eine besonders fokussierte Nische kann unter Umständen ein margenträchtiges langfristiges Geschäftsmodell mit geringeren Wettbewerbskräften ergeben. Derartige Nischen entstehen, wenn z. B. aus technologischen Gründen oder für besondere Kundensegmente für die traditionellen Angebote noch ein langfristiger Bedarf besteht (Abschn. 5.8). Die Weiterentwicklung oder Transformation dieses Kerngeschäfts ist ein wichtiger Bestandteil der Entwicklung des zukünftigen Erfolgsmodells (Gilbert et al. 2012).

Das neue Geschäftsmodell wird im Sinne des geschilderten Vorgehens und der Merkmale nachfrageoptimierter Strategien wie ein Start-up-Projekt entwickelt, unabhängig von dem bestehenden Geschäftsbereich und Geschäftsmodell und mit einer eigenen Unternehmenskultur. Intensive Tests unter Zugrundelegung verschiedener Hypothesen unterstützen die Entwicklung des neuen Geschäftsmodells.

Als Wettbewerbsvorteil gegenüber neuen Marktteilnehmern nutzt das Unternehmen Wissen, Erfahrung und wichtige Daten. Diese werden aus dem bisherigen Kerngeschäft genutzt und müssen dem neuen Bereich Wettbewerbsvorteile gegenüber neuen Marktteilnehmern öffnen. Ein wichtiger Faktor ist die Nutzung von Ressourcen des Kerngeschäfts. Bereiche wie Marketing und Forschung & Entwicklung (F&E) werden in einer getrennten, ursachengerechten Buchhaltung beider Bereiche entsprechend berücksichtigt. Die Aufteilung der Ressourcen und Nutzung zentraler Ressourcen zwischen den Bereichen wird ggf. durch oberste Führungskräfte und entsprechend autorisierte, kleine Teams, die sich aus beiden Bereichen zusammensetzen, gestaltet. Die Definition und der Schutz der Grenzen zwischen den einzelnen Bereichen und die Vermittlung in Konfliktfällen, die z. B. auftreten können, wenn ein Kunde in beiden Geschäftsbereichen bedient wird, wird durch obere Führungskräfte erfolgen. Die Gestaltung der parallelen Koexistenz und Entwicklung beider Geschäftsbereiche ist eine anspruchsvolle Führungsaufgabe. Das Organisationsdesign, die organisatorischen Maßnahmen und -prozesse müssen genau ausgelegt und abgestimmt werden, sodass Mitarbeiter dahingehend motiviert und geführt werden, die Interessen beider Bereiche und des Gesamtunternehmens zu unterstützen (Gilbert et al. 2012).

In der externen Marktkommunikation wird die Zukunftsfähigkeit und der Führungsanspruch des Unternehmens mit seinem neuen Geschäftsbereich betont, ohne jedoch Markenimage und Wert des bisherigen Modells und seiner Produkte zu beschädigen: Kunden wird die Werthaltigkeit dieses Angebots weitervermittelt.

5.7   Welche Chancen neuer Geschäftsmodelle gibt es im 3-D-Druck?

Vollkommen neue Geschäftsmodelle entstehen zurzeit durch die Verbreitung des 3-D-Drucks. Kleinunternehmen und auch Verbraucher werden dezentral immer komplexere Produkte selbstständig oder in Fertigungsgemeinschaften herstellen können. Dezentrale Produktionsstandorte bewegen sich wieder näher zu den Kunden, die Bedeutung zentraler Billig-Fertigungsstandorte könnte in vielen Bereichen deutlich zurückgehen. Entwickler und Designer stellen die entsprechenden Modelle bereit. Vorschläge aus ihren Communities können durch Nutzer-Communities bewertet werden. Produktspezialisten und Ingenieurbüros entwickeln die am besten bewerteten Produkten zu einem reiferem Endprodukt. Produzenten mit den notwendigen hochflexiblen Einrichtungen der modernen, additiven Produktion produzieren sie. Das gesamte Netzwerk funktioniert aufgrund seiner Anlage und Struktur flexibel, kooperativ und agil. Gegebenenfalls entwickeln sich lose oder auch formale Kooperationen. Coworking-Szenen werden nicht nur im Bereich der Bürowelt entstehen. Sie entstehen auch als Produktionsorte mit 3-D-Druckern, 3-D-Lasertechnologien und anderen Einrichtungen, die die dezentrale Fertigung dieser Produkte fordern. Innovative Produkte und Designs verändern sich insbesondere in Industrien mit hohem Individualisierungsgrad und Designanforderungen (Groth et al. 2015).

Neue Geschäftsmodelle mit niedrigen Fixkosten entstehen, um Verbraucher weltweit mit individuellen Produkten in kleinen Chargen zufriedenzustellen.

Zunächst waren von der Entwicklung des 3-D-Drucks einfache Produkte betroffen, der Aufstieg in die komplexere Produktwelt hat jedoch schon längst begonnen.

Unternehmen, die in der aktuellen zentralen Fertigungsarchitektur angesiedelt sind, müssen ihr Geschäftsmodell gegenüber diesen neuen Entwicklungen positionieren, entwickeln und den neuen Trend nutzen, um auf der Basis ihres Produkt- und Markt-Know-hows auch in einer möglichen neuen Wertschöpfungskette in Führung zu bleiben. Auch wenn die Stückkosten eines Produktes in der 3-D-Technologie meist höher sind als in der konventionellen Fertigungstechnik, können aufgrund der Flexibilität Kosten auf der anderen Seite auch wieder erheblich gesenkt werden. So können Produkte der neuen Fertigungstechnologie durch die mögliche Individualisierung erhebliche Marktvorteile erlangen.

In den letzten Jahren hat sich die Anzahl der im 3-D-Druck einsetzbaren Materialien erheblich erweitert. Hochtechnologieprodukte mit sehr hohen Leistungsanforderungen werden zunehmend auch in größeren Stückzahlen im 3-D-Druck hergestellt. Richard D'Aveni, einer der Top-10 des Global Ranking of Management Thinkers, hat sich intensiv mit den Chancen des 3-D-Drucks befasst und die zahlreichen Chancen neuer Geschäftsmodelle beschrieben: „ Aus strategischer Sicht bedeutet dies, dass sich der 3-D-Druck zum vollwertigen Instrument im Kampf um Marktanteile entwickelt. Er kann genutzt werden, um die Marktführerschaft zu sichern, einen Marktführer vom Sockel zu stoßen oder um sich breiter aufzustellen" (Aveni 2018).

Führende Unternehmen wenden die 3-D-Drucktechnik im Bereich zahlreicher Werkstoffe an: Metall, Kunststoff, Keramik, Glas und Faserverbundwerkstoffe. Die technische Fortentwicklung ermöglichte in einem Zeitraum von drei Jahren eine 12 bis zu 25-mal so hohe Prozessgeschwindigkeit, sodass 3-D-Druckverfahren immer öfter eine Alternative zu traditionellen Spritzgussverfahren werden. 3-D-Technologie vereinfacht mit ihrer Flexibilität Produktstrukturen (Aveni 2015).

Neue 3-D-Pulverspritzverfahren arbeiten mit Bindemitteln und Klebstoffen. Sie sind in der Lage, komplexe Bauteile im Bereich der Metall- und Kunststoffanwendungen 80- bis 100-mal schneller aufzubauen als laserbasierte Drucker. Dies reduziert Produktionskosten um bis zu 90 %. Die neue Technologie des CLIP-Verfahrens (continous liquid interface production) zieht Kunststoffobjekte kontinuierlich aus einem Kunstharzbad und baut diese nicht mehr schichtweise auf. Diese Technik schafft neue Möglichkeiten in der Fertigung hochkomplexer Teile und eine größere Auswahl bei den einsetzbaren Materialien. Elektronische Bauteile können teilweise direkt auf die Oberfläche der Objekte gedruckt werden und derart die elektronische Integration des Produkts verbessern (Aveni 2018).

Optimierungssoftware in der Fertigung entwickelt auf sehr flexible Art und Weise Produktionspläne per Datenänderung anstelle des Austauschs komplexer Werkzeuge. Die flexiblen Fertigungsanlagen sind insgesamt weniger kapitalintensiv als die hoch spezialisierten, auf effizienteste Massenfertigung ausgelegten Maschinen- und Werkzeugparks. Die 3-D-Fertigungsanlagen integrieren sich auch in das Konzept der Industrie 4.0.

Top-Technologieunternehmen mit anspruchsvollen Produkten verwenden die 3-D-Technologie bereits beim Bau von Flugzeugtriebwerken, in der Luftfahrt, der Medizintechnik und bei vielen anderen komplexen Produkten. GE Aviation produziert Kraftstoffdüsen im

3-D-Druck in einem Stück, die früher aus 20 Einzelteilen zusammengebaut werden mussten (Groth et al. 2015). Großdrucker, auf denen Portalkräne Druckköpfe in die richtige Position bewegen, erlauben die Herstellung komplexer, großer Strukturen. Militär-Flugdrohnen des Herstellers Aurora Flight Sciences werden in einem Stück produziert. Airbus kann durch den Einsatz der 3-D-Drucker 1 Tonne Gewicht je Flugzeug einsparen (Aveni 2015). Airbus-Manager Peter Sander, Leiter Emerging Technologies & Concepts berichtet: „Ich bin nun seit 33 Jahren bei Airbus tätig (…) Aber der 3-D-Druck ist die größte Veränderung, die ich bisher gesehen habe" (ebd.). Auch Hörgerätehersteller stellten innerhalb kurzer Zeit ihre Produktion um. Die Geometrie des Gehörgangs wird optisch vermessen und nach einem digitalen Modell individuell hergestellt.

Produkte, die auf 3-D-Druckmaschinen entstehen, können Sonderprodukte in kleiner Stückzahl sein, die ggf. später auch in günstigere Serienprodukte einfließen. Sie ersetzen bestehende Produkte, da sie komplexere Strukturen und Designoptimierungen darstellen können. Unternehmen suchen gezielt in ihrem Produktportfolio nach Einsatzmöglichkeiten für die neue Fertigungstechnik. Die neue Technik öffnet neue Chancen im Leichtbau und im individuellen Design. Gleichzeitig eröffnet sie auch günstige Methoden, bereits lange ausgelaufene Ersatzteile im Service zu ersetzen. Anstelle der Lagerung eines abgeschätzten „All-time-Bedarfs" von Ersatzteilen einer nach Serienauslauf 15- oder auch 30-jährigen Lieferverpflichtung werden seltene Bauteile auf Bestellung im 3-Druck erstellt.

Diese Technologie harmoniert auch mit den Chancen der agilen Entwicklung und Produktion. Das digitale Produkt lässt sich in der Realisierung am Drucker schnell an Kundenbedürfnisse und neue Erkenntnisse anpassen.

Die Produktionsabläufe, die Standort- und Zulieferstruktur ändert sich und alte und neue Prozesse müssen kombiniert werden. Prototypen werden schnell realisiert und in der Zusammenarbeit mit dem Kunden weiterentwickelt. Wertschöpfungsketten werden optimiert, Lagerbestände und Transportkosten werden durch eine weiter optimierte, nachfragegesteuerte, dezentralere Fertigung reduziert. Darüber hinaus sind neue Werkstoffe mit ganz neuen Eigenschaften in Entwicklung, die sich mit der 3-D-Technik verarbeiten lassen.

Wertschöpfungsnetzwerke entstehen neu, wenn zahlreiche Spezialisten und Nischenanbieter im Markt auftreten. Auf neuen Plattformen werden etablierte und neue Anbieter um den Markt kämpfen. Ideen, Design und Fertigungspläne werden digital verteilt, Druckerkapazitäten und dementsprechende Preise online verhandelt. Neue Geschäftschancen entstehen im Aufbau entsprechender Plattformen. Die Produktion im Unternehmen kann an Bedeutung verlieren, wenn diese neue Form der Datenvernetzung und Fertigung entsteht. An vielen Orten braucht es keine Fabriken mehr, sondern nur noch die richtige Vernetzung.

Richard A. D'Aveni, Professor an der Tuck School of Business, beschäftigt sich intensiv mit den geschäftlichen Chancen und neuen Geschäftsmodellen der 3-D-Technologien. Er erkennt sechs neue Geschäftsmodelle, die sich sowohl im Bereich des B2B- wie des B2C-Geschäfts einsetzen lassen (Aveni 2018). Die ersten drei Geschäftsmodelle spielen ihre Überlegenheit bei der Produktvariation aus, weitere zwei Geschäftsmodelle in der Nutzung der Chancen, besonders komplexe Produkte herzustellen. Das sechste Geschäftsmodell könnte im Wettbewerb gegen die Massenhersteller von Standardprodukten eine in manchen Bereichen präzisere Fertigungsqualität nutzen.

1. **Individualisierte Massenfertigung:** Hohe Produktvariationen und die Herstellung einmaliger Produkte, die besonders genau den Anforderungen des einzelnen Kunden entsprechen. Beispiel: Hörgeräteakustik, Orthopädieprodukte. 3-D-Scanner nehmen schnell das spezifische gewünschte Design auf und ermöglichen die Herstellung eines einmalig genauen Produktes. Wettbewerbskritisch: Aufnahme der individuellen Kundendaten zu geringen Kosten.

2. **Massenvielfalt:** Kunden mit wechselnden Anforderungen ohne Forderung eines individuell gestalteten Produktes. Beispiel: Schmuckhersteller, die ohne aufwändige Lagerhaltung eine Vielzahl an Designs anbieten können. Die Anbieter erhalten über Verbraucherpräferenzen und -daten Informationen, die es ihnen erlaubt, neue nachfrageorientierte Designs und Varianten zu entwickeln. Wettbewerbskritisch: Management der Auswahl ohne Überforderung des Kunden.

3. **Massensegmentierung:** reduzierte Vielfalt mit einer Auswahl von Produktversionen; Markt mit leichter vorhersagbaren Kundenbedürfnis in stark segmentierten Märkten; Fertigung von Spezialbauteilen, die modulartig in anderen Produkten eingesetzt werden, oder Fertigung von Ersatzteilen mit geringem Volumen. Kostenvorteile entstehen dadurch, dass konventionelle Produzenten für jede Produktversion ein eigenes, teures Werkzeug herstellen müssen. Produktion in kleinen Chargen mit einfacher Datenumstellung; vorteilhaft auch in saisonalen Märkten mit kurzlebigen Produkten; flexible Fertigung und Vermeidung von Lagerrisiken. Wettbewerbskritisch: Definition der Größe jedes Segments und Festlegung der Anzahl der belieferten Segmente.

4. **Massen-Modularisierung:** Bau eines im 3-D-Druck erstellten individuellen Basisgehäuses mit der Möglichkeit, verschiedene austauschbare Module zu integrieren. Anwendung im Bereich elektronischer Geräte: Elektronische Elemente können direkt im Gehäuse gedruckt werden. Anpassung individueller Ausrüstungen bei Autos und zahlreichen anderen technischen Produkten mit modularer Struktur. Wettbewerbskritisch: Die richtige Entscheidung zu treffen, wieviele Funktionen soll das Basismodell zur Gestaltung eines attraktiven Angebots im Wettbewerb enthalten, welche Angebote sollen die optionalen Module enthalten, um ggf. attraktive Margen zu gewinnen.

5. **Massen-Komplexität:** Gestaltung aufwendiger und ungewöhnlicher komplexer Formen, die sich mit traditionellen Fertigungstechnologien nicht verwirklichen lassen. Einbettung von elektronischen Elementen zur Reduzierung der Produktionskosten, Erhöhung der Produktzuverlässigkeit. Der Sportschuhhersteller Adidas stellt mittels der CLIP-Drucker hochkomplexe, teils individuell ausgelegte Mittelsohlen für Laufschuhe her, die in ihrer Komplexität nicht mit konventionellen Methoden hergestellt werden können. Werkstoffe können im Produkt auf Mikroebene zur Verbesserung der Materialeigenschaften sehr fein strukturiert werden. Wettbewerbskritisch: kreative Nutzung der neuen Möglichkeiten im Produktdesign unter Ausnutzung der technischen Möglichkeiten des 3-D-Drucks.

6. **Massen-Standardisierung:** Ersatz der Massen-Standardprodukte unter Ausnutzung spezifischer Stärken des 3-D-Drucks. Beispiele: OLED-Displays für mobile Geräte, Herstellung von Textilgewebe im 3-D-Druckverfahren. Wichtige Vorteile können durch weniger kapitalintensive Anlagen, geringere Lager- und Transportkosten entstehen. Wettbewerbskritisch: notwendige, weiter steigende Effizienz der 3-D-Drucker mit ggf. sehr spezifischer Auslegung des 3-D-Druckers.

Es ist auch eine Kombination der zuvor genannten Geschäftsmodelle denkbar, die z. B. die Chancen des Modells der Massenkomplexität mit einer Massensegmentierung kombinieren könnten. Ein Beispiel ist die erwähnte Produktion von Treibstoffeinspritzdüsen für Düsentriebwerke bei GE Aviation, die sowohl eine hohe Variation als auch eine hohe Komplexität auszeichnen.

Des Weiteren bietet die Umstellung auf 3-D-Druckverfahren die Chance, potenzielle Konkurrenten auch in solchen Segmenten auf Abstand zu halten, in denen das Unternehmen durch ein mangelndes Angebot verwundbar ist. Es könnte sich u. U. verteidigen durch die entsprechende Erweiterung der eigenen Produktlinie mittels 3-D-Druck, um Angriffe in diesem Bereich zu verhindern (Aveni 2018).

Marktführer können andererseits von neuen Teilnehmern angegriffen werden, wenn sich die Massenhersteller mit hohen Skaleneffekten und ihrer auf Effizienz ausgelegten, kapitalintensiven Produktion mit der Umstellung auf neue Spielregeln schwertun. Marktaggressoren können mit einem variationsbasierten Geschäftsmodell neue Kunden aufgrund eines individuelleren Angebotes des bestehenden Anbieters gewinnen. Dieses Modell kann ggf. auch in einer friedlichen Koexistenz bestehen, bei der der neue Marktteilnehmer andere Segmente bedient, die der bestehende Marktführer zurzeit nicht bedienen kann oder nicht bedienen möchte.

In dem Modell der Massenkomplexität kann ein Marktangreifer Vorteile in der Lieferkette gewinnen, wenn er die neuen Produktversionen aus weniger Bauteilen und anderen Materialien erstellt. Gleichfalls besteht die Chance, in Kundennähe in kleineren Produktionsstandorten zu produzieren, da Daten weltweit an beliebige Standorte mit flexiblen 3-D-Druckern versendet werden können. Dies bietet besondere Vorteile, wenn der Wettbewerber technisch und geografisch komplexe Wertschöpfungsketten abbilden muss (ebd.).

Die Flexibilität des 3-D-Drucks eröffnet die Chancen einer schnellen Produktentwicklung, eines schnellen Markttests und einer schnellen, marktgerechten Modifikation.

Außerdem kann die neue Fertigungstechnologie aufgrund ihrer Flexibilität die Produktion verschiedener Produkte für vollkommen verschiedene Märkte eröffnen. General Electric hat es in seinem Werk in Poona mit dem Modell der Massensegmentierung geschafft, spartenübergreifend Produkte des Konzerns herzustellen. Bislang waren Werke des Konzern spartenorientiert ausgerichtet. Das Werk in Poona und weitere Werke des Konzerns können mit dieser Vielfalt unterschiedliche Geschäfts-, Wirtschafts- oder Nachfragezyklen durch die Abdeckungen einer Vielzahl von Industrieanwendungen ausgleichen. Diese spartenübergreifend ausgelegte Fertigung wird konzernweit neue Synergien gewinnen. Richard D'Aveni schlägt für dieses multiindustrielle Feld den neuen Begriff des Pan-Industrial- Unternehmens vor.

5.8   Neues Geschäftsmodell – mit der „alten" Technik neue Chancen

Der Massenmarkt bisheriger Produktanwendungen und neuer Angebote wird immer stärker von neueren, modernen Geschäftssystemen beherrscht. Können Unternehmen in speziellen Nischen mit der Aufrechterhaltung und Weiterentwicklung konventioneller Techniken und Geschäftsmodelle dennoch attraktive Margen erzielen? Wie können Unternehmen, denen die Finanzkraft und die technologischen Fähigkeiten fehlen, um sich gegen starke Wettbewerber in sich schnell entwickelnden, disruptiven Märkten zu behaupten, den Gang in eine lukrative Nische oder neue Märkte prüfen?

Eine Nische entsteht, wenn die neue Technologie zwar erheblich bessere Leistungsmerkmale zu einem jedoch auch höheren Preis oder unter Inkaufnahme anderer Nachteile liefert. So entstehen Segmente mit der konventionellen Technologie in einem niedrigeren Preissegment oder Segmente, die unter Vermeidung spezifischer Schwächen des neuen Produkts bedient werden sollen. Entscheidend wird es sein, dass diese Segmente jedoch in der Größe für andere Marktteilnehmer nicht attraktiv genug sind.

Der seit 2011 zum chinesischen Staatskonzern AVIC gehörende Flugzeugmotorenhersteller Continental sicherte sich erfolgreich eine Nische im Bereich von Flugzeug-Kolbenmotoren, auch wenn die Düsentriebwerkstechnik in der Luftfahrt den Markt beherrschten. Uhrenhersteller entdeckten das attraktive Segment hochpreisiger mechanischer Qualitätsuhren durch eine besondere Positionierung im Wettbewerb gegen die elektronischen Produkte. StorageTek Archive Solutions bedient das kleine, spezialisierte Segment von Magnetbändern zur sicheren, langfristigen Datenspeicherung in einer profitablen Nische. Das Unternehmen gehört heute zu Oracle. Zu diesem Geschäftsansatz wurde folgende Strategie vorgeschlagen (Adner und Snow 2010):

1. Auch diese Art der Geschäftsmodellentwicklung benötigt weitreichende Änderungen in der Marktstrategie, Organisation und Ausrichtung der Ressourcen. Zunächst muss die Nische identifiziert werden, in der die bisherige Technik ein besonderes Wertversprechen für ein spezifisches Kundensegment liefert und der neuen Technik ggf. überlegen ist. Dieses Kundensegment wird sich aus einer kleinen Anzahl bestehender Kunden zusammensetzen, die das in der Folge herauszuarbeitende Wertversprechen besonders schätzen. Neue Kunden können gewonnen werden, wenn ein spezifischer Nutzen der traditionellen Technologie mit besonderen Vorteilen bei der Leistung oder bei den Kosten in der Anwendung in diesem Markt eine wichtige Rolle spielt.

2. Der nächste Schritt prüft adressierbare Marktbereiche der Nische im oberen, mittleren oder unteren Preissegment. In der Folge wird geprüft werden, ob durch eine besondere Herausarbeitung dieses Wertversprechens mit einer dementsprechenden neuen, stark fokussierten Positionierung ein attraktives Kundensegment adressiert werden kann, welches durch das neuartige Angebot nicht abgedeckt oder unzureichend bedient wird. Eine herausragende Positionierung der Stärke des traditionellen Produktangebots für dieses Kundensegment ist entscheidend, sodass das besondere Wertversprechen am

Markt wahrgenommen und wertgeschätzt wird. Die Entwicklung dieser Positionierung verschafft gleichzeitig wichtigen Schutz gegen das neue Produkt und Geschäftsmodell.

3. Unter der Bewertung der Stärken und der neuen Positionierung der bisherigen Technik im Vergleich zur neuen Technologie, der Größe der adressierbaren Kundensegmente wird die Größe des Marktes und das potenzielle Wettbewerbsumfeld abgeschätzt werden. Die Nische soll sich durch ein Geschäftsumfeld mit mäßigen Wettbewerbskräften auszeichnen und sich durch eigene Wettbewerbsvorteile entwickeln lassen. Es soll sich ein langfristig attraktives Preis-Leistungs-Verhältnis für die identifizierten Kundensegmente darstellen lassen.

4. Auf dieser Basis wird das Geschäftsmodell in Bezug auf Umsatz, realisierbare Kostenstrukturen, Anpassung der Prozesse und Ressourcen an die neue Marktstrategie und Marktcharakteristiken geprüft.

5. Die gesamte Wertschöpfungskette von der Identifikation eines langfristig soliden Lieferantenmarktes, der Anpassung der Standortarchitektur, der Maschinen-, Anlagen- und Prozessstruktur bis hin zur Anpassung in den funktionalen Unternehmensbereichen wird angepasst oder neu ausgelegt. Forschung und Entwicklung zur technologischen Weiterentwicklung, zu Vertrieb und Marketing, Service und Produktionsanlagen werden dementsprechend ausgelegt. Besonderes Augenmerk wird auf die Rolle externer Partner gelegt und den möglichen Wegfall etablierter Lieferanten aufgrund des zukünftigen kleinen Marktes. Wird es möglich sein, bisher extern zugekaufte Wertschöpfungsschritte auch selbst durch eine eigene Entwicklung und Fertigung oder neue Partner ausführen zu können?

Werden sowohl die konventionellen als auch die neuen Technologien und Geschäftsmodelle von dem gleichen Unternehmen bedient? In diesem Fall ist eine wertschätzende Kommunikation im Bereich aller Stakeholder betreffs der jeweiligen Stärke und Werthaltigkeit der Angebote wichtig. Im Fall der Konzentration auf die konventionelle, jedoch attraktive Nische ist gleichfalls eine positive Kommunikation unter allen Stakeholdern bis hin zu den Anteilseignern wichtig. Es wird der Wert der „Vorwärtsstrategie" im Rückzug auf die konventionelle Produkttechnologie kommuniziert (Adner und Snow 2010).

5.9   Geschäftsmodellentwicklung und Service

Erfolgreiche, produzierende Unternehmen nutzen neue Möglichkeiten im Bereich von Dienstleistungen und Service, die das Gesamtangebot deutlich schwerer kopierbar machen können, die Wettbewerbsfähigkeit steigern und Wechselkosten der Kunden erhöhen. Die enge Zusammenarbeit mit Kunden stärkt eigene Kompetenzen und verschafft Einblicke in Kundenprozesse zur Weiterentwicklung des eigenen Angebots und Geschäftsmodells. Gute Beispiele sind erfolgreiche Unternehmen wie Weltmarktführer Trumpf im Bereich der Lasersysteme und Anlagenerstellung oder die mittelständische Metallweberei Kufferath, die sich schon vor Jahren bei ihren Kunden durch Produkt- und Technologiekurse und zusätzliche Wertschöpfung in der Prozessberatung und der Bereitstellung von Simulationssoftware für ihre Kunden sehr gut positionieren konnten. Anbieter von Dienstleistungen optimieren Prozesse ständig, betreiben ein sehr aktives Kundenmanagement und eine intensive Marktkommunikation. Zusätzlich kann in manchen Fällen ein attraktives Geschäfts- und Preismodell der Serviceleistungen zusätzliche Gewinnmöglichkeiten verschaffen.

Der Trend neuer Geschäftsmodelle geht zum Service, indem sich Geschäfte vom einmaligen Auftrag zur kontinuierlichen Kundenbeziehung und Auftragsabwicklung entwickeln. Diagnosefunktionen erkennen Servicebedarf und optimieren den Einsatz von Maschinen und Ressourcen. Neue Geschäftsmodelle entstehen durch enge Kooperation, Transparenz und Vertrauen mit Technologien im Bereich der Sensorik, Datenübertragung und Analytik. Die Computerwelt, die Intelligenz der Maschinen und das Internet der Dinge verbinden sich über die Nutzung von Big Data zur Selbststeuerung und Selbstdiagnose komplexer und auch unternehmensübergreifender Systeme. Die Wertschöpfungskette vom Lieferanten bis zum Kunden wird revolutioniert und wichtige, wertschaffende Informationen fließen bidirektional automatisch über die gesamte Prozess- und Unternehmenskette. Details in der Charakteristik von Rohstoffparametern, Prozessparametern und Markt- und Lieferanteninformationen optimieren wiederum Prozesse, Kosten und Versorgungssysteme.

> Das Unternehmen der Zukunft benötigt eine deutlich höhere Absorptionsfähigkeit, also die Fähigkeit, neues Wissen von außen aufzunehmen (…). Unternehmen müssen lernen, gleichzeitig ganz unterschiedliche Rollen einzunehmen (…). Mal treten sie als marktführender Koordinator (Hub) auf, mal spielen sie die Rolle als Erfüllungsgehilfe (Plug). Diese Flexibilität wird immer wichtiger. (Leitl 2014)

Im Weiteren führt Edgar Fleisch (ETH Zürich/Univ. St. Gallen) in dem Interview mit Oliver Gassmann (Univ. St. Gallen) aus: „Die existierende IT-Welt und die Internetwelt, die sich nun auf Gegenstände und Maschinen ausdehnt, harmonieren nicht miteinander" (ebd.). In der klassischen IT-Welt funktionieren Computerprogramme sehr exakt, sie steuern Prozesse mit hoher Zuverlässigkeit und Sicherheit. In der Welt des Internets dominiert jedoch das Ungefähre. Beide Technologien existieren parallel. Erfolgreiche Unternehmen treiben die Vernetzung von Produkten und Maschinen voran. Sie entwickeln neue Geschäftsmodelle, intelligente Systeme und die Intelligenz der Dinge. Sie entwickeln hohe Kompetenz im Umgang mit großen Datenmengen zur Selbststeuerung von Systemen (ebd.).

5.10 Welches Plattformgeschäftsmodell für wen?

Der spektakuläre Erfolg einer „Multi-sided-Plattform" (MSP) Vermittlungsplattform wie Ebay ließ viele Versuche entstehen, ähnliche Modelle in verschiedenen Segmenten zu etablieren, mit unterschiedlichem Erfolg. In diesem Modell tritt das Plattformunternehmen als reiner Vermittler auf und verbindet zahlreiche Händler, die Nischenprodukte mit kleinerem Handelsvolumen anbieten. Diese Plattformen bieten eine effiziente Vermittlung und ein großes Produktangebot zahlreicher kleiner Nischen (Hagiu und Wright 2013). In dem Fall von Massenprodukten tritt eine Plattform wie Amazon zur Nutzung des Skaleneffektes hingegen selbst als Händler auf. Sie bietet mit den zusätzlichen Nischenanbietern und -produkten ein allumfassendes Angebot. Wer prüft heutzutage nicht erst mal ein Angebot von Amazon?

Wechselbeziehungen zwischen Produkten führen zusätzlich zu der Chance der Bündelung bei Bestellung und Einkauf. Kunden entdecken den Vorteil einfacher und durchsichtiger Prozesse und eines hervorragenden Services. Zappos änderte vor Jahren sein Plattformmodell von einer mehrseitigen Plattform zu einer Händlerplattform. Die Händlerplattform gestattet eine einheitliche Gestaltung und die Entwicklung eines besonderen „Einkaufserlebnisses".

Im Fall einer mehrseitigen Plattform kann ein Ungleichgewicht in der Verhandlungsposition zwischen Anbieter und Abnehmer entstehen. Eine zentral organisierte Plattform kann hier als Vermittler ggf. für ein besseres Gleichgewicht sorgen, wie dies im Fall der Patentplattform IV (Intellectual Ventures) gelungen ist. Starke Firmen mit hoher Verhandlungsmacht konnten eine starke Position gegenüber kleinen Erfindern und kleinen Gesellschaften erhalten, die ihre Patente anboten. IV konnte als Vermittler in Verhandlungen für kleine Patentanbieter bessere Ergebnisse erzielen (ebd.).

Kritische Startbedingung einer MSP-Vermittlungsplattform ist eine schon zu Beginn ausreichend große Anzahl Käufer und Verkäufer, um für die jeweilige Seite interessant zu sein. Der Netzwerkeffekt zieht weitere Anbieter und potenzielle Käufer an. Das Start-Dilemma lässt sich leichter lösen, wenn sich eine Plattform z. B. zunächst in einer Nische platziert, um aus dieser heraus mit Erfolg auch in die Breite zu wachsen. Eine MSP in einer Nische benötigt auch ein geringeres Startkapital als die Gründung einer Händlerplattform. Disruptive Geschäftsmodelle wie Airbnb und Carsharing-Angebote haben die Stärke dieser Variante vorgeführt. Amazon gründete seinen Erfolg als Händler, der die Nische Buch bediente und in der Folge in die Breite wuchs. Plattformen wie Facebook und LinkedIn starteten mit einer engen Ausrichtung und weiteten in der Folge das Netzwerk in angrenzende Märkte mit einem starken Anstieg der Interaktionen aus.

Ein Händlermodell ist günstiger, wenn Skaleneffekte durch die Zusammenfassung von Käufergruppen und Produktbündelung in Einkauf oder Verkauf Vorteile bieten. Das Händlermodell ist auch vorteilhaft, wenn das besondere „Einkaufs- und Verkaufserlebnis" und eine entsprechende Markenentwicklung gesteigert werden soll. Die mehrseitige Plattform (MSP) bietet als Vermittlerplattform die Vorteile eines schlanken Geschäftsmodells mit deutlich geringeren Investitionen als eine Händlerplattform (ebd.)

5.11   Geschäftsmodellentwicklung: Vom Produkt zur Plattform

Die Entwicklung oder Ergänzung des eigenen Produktangebots in einem Plattformangebot eröffnet Unternehmen zusätzliche Umsatzströme. Sie führt verschiedene Marktteilnehmer zusammen und bietet diesen einen wichtigen Mehrwert. Mit den Chancen und

Geschäftsmodellen setzen sich Hagiu et al. intensiv auseinander (Hagiu und Wright 2013; Hagiu und Altman 2017).

Das Unternehmen wird durch die Entwicklung der Netzwerkeffekte der Plattform neues Markt-Know-how, Marktzugang und Wettbewerbsvorteile aufbauen und die Einstiegshürden für Wettbewerber erhöhen. Interaktionen und Daten der Plattform sind Quellen der Wertschöpfung und der Entwicklung von Wettbewerbsvorteilen. Netzwerkeffekte können großes Umsatzvolumen entwickeln. Zahlreiche Unternehmen entwickelten sich vom reinen Produktanbieter zum Plattformanbieter. Netzwerkeffekte haben durch den Eintritt externer Teilnehmer wie neue Lieferanten und Produktangebote im Gegensatz zu anderen Wirtschafts- und Handelssystemen positive Wettbewerbs- und Marktkräfte. Das bekannte Modell Porters der fünf Kräfte berücksichtigt diesen Effekt nicht. Starke Plattformlieferanten sind keine Bedrohung, sondern eine wertvolle Ressource einer MSP.

Die Vermögenswerte der Plattform sind das Netzwerk und die Daten der Transaktionen der Produzenten, Anbieter und Verbraucher. Große Plattformen generieren durch die wachsende Anzahl von Angeboten und Kunden noch umfangreichere Daten in einem sich selbst verstärkenden Zyklus. Der Betreiber wird den Zugang der Netzwerkteilnehmer, die Qualität und Seriosität der Angebote kontrollieren und verhindern, dass Netzwerkteilnehmer wertvernichtende Aktionen unternehmen. Dies können schlechte Angebote und ein Fehlverhalten von Teilnehmern sein, welches auf der Basis von Verhaltensregeln und Kundenbewertungen bekämpft wird (van Alstyne et al. 2016).

In dem Fall einer dominanten Plattform wie Amazon könnte das Unternehmen jedoch aufgrund seiner großen Datenmenge und Marktmacht verführt sein, die besten und profitabelsten Produkte seiner Netzwerkanbieter in das eigene Portfolio aufzunehmen und in den Angeboten bevorzugt zu platzieren. Untersuchungen zeigen, dass Amazon dies bereits in einer größeren Anzahl von Fällen praktiziert hat. Dementsprechend werden sich externe Anbieter auf Plattformen z. B. durch exklusive Vereinbarungen mit Lieferanten, der Entwicklung eigener Produkte oder einer eigenen Handelsstrategie schützen. Nischenprodukte sind für den Plattform-Giganten weniger attraktiv. In den Fällen, in denen Amazon den Versand und die Lagerhaltung für den Anbieter übernahm, waren diese gleichfalls seltener von einem Wettbewerbsangebot von Amazon betroffen. Die Strategie wird manchen Anbieter von Angeboten auf Amazon zurückhalten. Die Marktmacht erlaubt jedoch dem Unternehmen offensichtlich auch ein grundsätzlich das Plattformansehen schädigendes Verhalten (Zhu und Liu 2018).

Auch wenn schnelles Wachsen und der Netzwerkeffekt in sehr vielen Fällen zu großem Erfolg geführt hat, zeigt sich in Untersuchungen, dass dies in manchen Fällen nicht zutrifft. Der Netzwerkeffekt entsteht zwischen Kunden gegenseitiger Anziehung. Es gibt Märkte mit asymmetrischer Anziehung, in der eine Gruppe von Anbietern einen positiven Effekt auf eine Gruppe anderer Anbieter hat, weil die Kunden der ersten Gruppe auch bei den Anbietern der zweiten Gruppe kaufen, der umgekehrte Effekt aber nicht auftritt. Im Fall des Aufbaus einer neuen Onlineplattform kann es sein, dass eine Gruppe kein Interesse am Austausch oder Angebot einer weiteren Gruppe hat (Halaburda und Oberholzer-Gee 2014).

Der Netzwerkeffekt kann in den Fällen fehlender Anziehung bei weiterem Wachstum abnehmen. Ein Netzwerkwachstum soll Netzwerkeffekte entwickeln und nutzen. Erfolgreiche Unternehmen achten dementsprechend auf die Unterschiede und Anziehungseffekte zwischen Kundengruppen, um die richtigen Entscheidungen zu treffen. Die richtige Nutzung dieser Anziehung kann neuen, kleineren Anbietern im Kampf um einen Markt gegen einen großen Platzhirsch einen Raum öffnen (ebd.)

Das Beispiel der New York Times zeigt, wie das Zeitungsunternehmen genau auf diese Netzwerkeffekte achtete, als sie ihr Erscheinungsgebiet auf die gesamte USA ausdehnte (ebd.). Die New York Times konnte in den neuen Erscheinungsgebieten keinen lokalen Netzwerkeffekt nutzen, wie dies im Zeitungsgeschäft lokaler Zeitungen der Fall ist. Lokale Nachrichten ziehen grundsätzlich auch lokal orientierte Leser und Anzeigenkunden an. Die Zeitung konzentrierte sich auf die Kunden mit starkem Interesse an internationalen Nachrichten, die sie jedoch deutlich besser bedienen konnte als ihre Wettbewerber. Diese Gruppe unterlag nur geringen Anziehungskräften der anderen lokal orientierten Werbepartner und Kunden, sodass die Lokalzeitungen ihren Netzwerkvorteil nicht gegen die New York Times ausspielen konnten. Lokalzeitungen senkten im Wettbewerb ihre Kosten und verzichteten auf eine globale Berichterstattung. Dies bezahlten sie jedoch mit weiteren Leserverlusten an die New York Times, die aufgrund entsprechend gestiegener Leser mehr landesweite Anzeigen akquirieren konnte und sich entsprechend gut gegen die lokalen Wettbewerber behaupten konnte (Halaburda und Oberholzer-Gee 2014).

Neue Plattformanbieter können sich im Wettbewerb mit großen Platzhirschen durch eine Nischenstrategie Netzwerkeffekte sichern. Neue potenzielle Kunden müssen erkennen können, dass sie aufgrund der Nischenorientierung dort eine besser auf ihre Bedürfnisse zugeschnittene Community bzw. bessere Angebote vorfinden.

Große etablierte Anbieter in reifen Märkten werden irgendwann die Grenzen eines weiter starken Wachstums spüren. In diesen Fällen wird die Erschließung angrenzender Märkte und Geschäftsfelder weiteres Wachstum ermöglichen. Erfolgreiche Unternehmen berücksichtigen dabei die gegenseitige Anziehung zwischen den bestehenden Kunden und den Zielkunden des angrenzenden Segments bzw. Marktes und die Übertragbarkeit der eigenen Stärken.

In dem Fall, dass es bei der beabsichtigten Ausdehnung des Marktes zwischen Nutzern verschiedener Gruppen, Segmente oder Regionen keine Anziehung gibt, schlagen Halaburda und Oberholzer-Gee in ihrer Analyse (2014) die Einführung von Ergänzungen vor, die auf diesem Weg Nutzergruppen verbinden und Anziehungseffekte ausüben. Als Beispiel wird Facebook angeführt, die fehlende Netzwerkeffekte bei der internationalen Verbreitung mangels Freundschaften zwischen Usern weit entfernter Ländern durch Ergänzungen in Form von z. B. kostenlosen Onlinespielen überbrückten. In diesen Spielen konnten auch Fremde entfernter Länder in Kontakt kommen und Freundschaften schließen. Es stellte sich auf diesem Weg wieder der Netzwerkeffekt ein. Die Entwicklungskosten konnten durch Umlage auf große Nutzergruppen verteilt werden (Halaburda und Oberholzer-Gee 2014).

Plattformteilnehmer sind aufgrund sehr geringer Wechselkosten äußerst mobil, sodass die Plattformanbieter ihnen einen ständigen Anreiz und faire und attraktive, wertsteigernde Einkaufs- und Vertriebsmöglichkeiten bieten müssen. Sie müssen eine werthaltige Interaktion von Anbietern und Verbrauchern fördern (van Alstyne et al. 2016).

Plattformunternehmen verfolgen spezifische Plattform-Leistungskennzahlen. Grundlegend sind ein ununterbrochenes Funktionieren des Systems und die ausreichende Verfügbarkeit und Vermittlung von Angeboten entsprechend den Nutzererwartungen. Weitere Leistungskennzahlen sind z. B. Anzahl und Art der Interaktionen, die Entwicklung der Netzwerkeffekte, die Menge und die Qualität gewonnener Daten und ihrer Verknüpfungen. Auf dieser Basis optimieren die Algorithmen der Plattform wiederum die Abstimmung von Kundenanfragen und der generierten Angebote, um die Nutzerzufriedenheit auf beiden Seiten, Angebots- und Kundenseite, weiter zu erhöhen.

Eine Untersuchung analysierte 20 Unternehmen auf dem Weg vom Produkt zum Plattformangebot und führt vier wesentliche Ansätze auf, die den Erfolg sichern und den Unterschied machten zu Unternehmen, die scheiterten (Zhu und Furr 2016):

1. **Beginnen Sie mit einem wehrhaften Produkt und einer kritischen Masse an Nutzern:** Zu Beginn steht ein überzeugendes Produktangebot mit einer großen Anzahl Kunden. Das Angebot überzeugt im Wettbewerb und bindet Kunden. Eine große Anzahl regelmäßig wiederkehrender Nutzer lässt das Plattformangebot auch für andere Unternehmen attraktiv werden. Drittanbieter können Angebote einstellen, die unabhängig von der eigenen Angebotspalette sind, oder die sich mit dem Angebot des eigenen Unternehmens kombinieren lassen (Hagiu und Altman 2017). Die große Nutzeranzahl generiert umfangreiche Kundendaten zur weiteren Entwicklung von Angeboten, die Kunden einen stetig wachsenden Nutzen bieten und dementsprechend wiederum den Nutzerstrom kontinuierlich steigen lassen. Ein wettbewerbsfähiges Produktportfolio mit hohen, sich fortentwickelnden Kundennutzen ist die notwendige Basis zum Ausbau eines Plattformangebots und Gewinn des Netzwerkeffektes. Ein überzeugendes Konzept zieht schnell die gewünschten Teilnehmer mit wertvollen Interaktionen an. Auf der Basis dieser Interaktionen gewinnen Plattformen an Wert und können sich dann in angrenzenden Märkten mit weiteren Netzwerkeffekten weiterentwickeln (van Alstyne et al. 2016). Unter der Bewertung des Risikos der Kannibalisierung des eigenen Angebots wird das Plattformunternehmen entscheiden, in welchem Maß es Unternehmen mit gleichen oder ähnlichen Angeboten aufnimmt. Mit dem Ziel der Entwicklung einer dominanten Plattform kann die Aufnahme auch starker Angebote sinnvoll sein, da das Gesamtangebot der Plattform attraktiver wird und die Netzwerkeffekte weiter steigen (Hagiu und Altman 2017).

2. **Setzen Sie auf ein hybrides Geschäftsmodell, das Zusatzwerte schafft und teilt:** Erfolgreiche Firmen zeigen, dass häufig ein hybrides Geschäftsmodell zum Erfolg führt und nicht die Strategie, ein Produkt oder eine Plattform in das Zentrum der Geschäftsstrategie zu stellen. Für Unternehmen wie Amazon ist das Plattformangebot sowohl in der Aufbauphase als auch in der weiteren Geschäftsentwicklung

insbesondere zur Vermarktung der eigenen Produkte attraktiv. Parallel zur Entwicklung des eigenen Produktangebots wird ein Unternehmen eine Strategie entwickeln, um für neue und bestehende Kunden und Drittanbieter den Wert der Plattform in den Mittelpunkt zu stellen, wenn eine Multi-sided-Plattform das Ziel ist. Der zunächst strenge Fokus auf den eigenen Produktverkauf wird entsprechend erweitert. Es werden zusätzliche Werte und neue Umsatzströme generiert, ohne deshalb die Stammkunden der eigenen Produkte aufzugeben. Ein Plattformangebot lockt auch Kunden an, die ggf. bisher noch keine Produktkunden des Plattformunternehmens waren, und eröffnet damit Umsatzströme sowohl im Vermittlungsgeschäft der Plattform wie im eigenen Produktverkauf. Apple ließ zu Beginn in seinem App-Store in Form einer geschlossenen Plattform nur eigene Apps zu und sicherte diesen Bereich vor Drittanbietern durch ein streng geschlossenes Softwaresystem. Nachdem dennoch Drittanbieter Apps entwickelten, erkannte Apple bald die Vorteile der offenen Plattform und eröffnete den App-Store. Dieser generiert große zusätzliche Gewinne dank der anfallenden Gebühren eines zweistelligen Milliardenumsatzes. Computerspiellieferanten, der Anbieter von Finanz- und Buchhaltungssoftware Intuit oder Lego sind weitere Beispiele von Unternehmen, die durch die Einbindung externer Software-Applikationen ihre eigene Marktposition durch die Entwicklung vom Produkt zum Plattformanbieter stärken und zusätzliche Gewinne generieren. Eine japanische Lebensmittelkette eröffnete Kunden und externen Dienstleistern die Durchführung von Transaktionen auf einer solchen MSP, die es Kunden ermöglichte, im Internet bestellte Waren in den Läden anzuschauen und mitzunehmen (Hagiu und Altman 2017).

3. **Sorgen Sie für eine schnelle Annahme der neuen Plattform:**
   Es gibt 3 Wege dies zu erreichen (Zhu und Furr 2016)**:**
a. Die eigenen Produktkunden werden als häufige Nutzer der Plattform gewonnen, indem ihnen ein großer Wert durch die Plattform geboten wird. Zusätzliche Netzwerkteilnehmer auf der Anbieterseite werden gewonnen, wenn ein großer Teil anderer Kundenwünsche durch das Plattformunternehmen selbst nicht beliefert wird, sodass externe Anbieter sich der Plattform gerne anschließen. Sie schließen diese Lücken und die Plattformkunden nutzen dieses Angebot gerne.
b. Die Plattform wird um neue Produkt- und Serviceangebote erweitert, die mit dem eigenen Markenversprechen harmonieren. So bietet Amazon seinen externen Plattformteilnehmern auch seine Kernkompetenzen im Bereich der Logistik und der einfachen Abwicklung im Bestell- und Rückgabeprozess an.
c. Wenn sich Nutzer der Plattform an der Weiterentwicklung beteiligen können, bietet das zusätzliche Werte für alle Teilnehmer. Kunden der Plattform können die Angebote und den Nutzen durch das Einstellen eigener Angebote erweitern. Wenn z. B. Teilnehmer von Computerspielplattformen zusätzliche Erweiterungen von Computerspielen oder App-Entwickler ihre Produkte als Drittanbieter anbieten und verkaufen können, erhöht dies den Wert für alle Seiten.

d. Erkennen und nutzen Sie neue Chancen, um Nachahmer fernzuhalten: Plattformanbieter werden aufmerksam verfolgen, wenn Anbieter parallel eigene Plattformen entwickeln und versuchen, Kunden und Anbieter dorthin mitzunehmen. Um Nachahmer einer Produkt-zu-Plattform-Entwicklung fernzuhalten, wird das Unternehmen in dem Gesamtsystem prüfen, welche Aspekte es allein nutzt und steuert und welche Drittanbieter zur Verfügung gestellt werden. Die Einführung eigener Standards oder die Entwicklung einer exklusiver Partnerschaft mit anderen führenden Serviceanbietern verhindert, dass Nachahmer gleichwertige Systeme anbieten können. Der beste Schutz wird jedoch sein, sich in seinem Segment durch ein rasantes Wachstum und den Blick nach neuen Chancen des eigenen Produkt- und Plattformangebotes eine führende Position aufrechtzuerhalten (Zhu und Furr 2016) (Abschn. 4.4.4)

Neben diesen strategischen Aspekten werden Unternehmen auf dem Weg der Entwicklung vom Produktanbieter zum Plattformunternehmen zahlreiche weitere Herausforderungen annehmen. Ein Plattformunternehmen stellt in der digitalen Kultur auch wichtige kulturelle Herausforderungen. Wenn Mitarbeiter sich bislang stark mit dem Produkt des eigenen Unternehmens identifizierten, bringt die neue Strategie nicht nur Erfordernisse ganz neuer Kernkompetenzen im Bereich der IT und Datenanalytik sondern auch erhebliche kulturelle Veränderungen mit sich. Neue Fach- und Führungsbereiche entstehen, wichtige neue Fachkompetenzen müssen gewonnen werden. Das Kennzahlensystem des Unternehmens verändert sich grundlegend. Ein wichtiger kultureller Wandel wird folgen (Hagiu und Altman 2017).

5.12 Mit der Prozessplattform zum „kleinen" Milliarden-Konzern

Welche weiteren Plattformmodelle gibt es, die große Chancen eines Netzwerkes öffnen? Anstelle interner Unternehmensprozesse lassen sich Prozesse auch in externen Netzwerken von Partnern in einer Plattform abbilden. Dies erlaubt Geschäftsprozesse mit deutlich niedrigerer Investition. Der sehr erfolgreiche und schnell wachsende Konsumgüterkonzern Fung mit dem Handelsunternehmen Li & Fung Ltd. basiert sein gesamtes Geschäft auf diesem Plattformmodell. Das Unternehmens-Know-how wird in den eigenen internen Prozessen aufgebaut und geschützt. Li & Fung Group ist ein System des Managements von Wertschöpfungsketten und übernimmt in seinem Netzwerk auch das Beschaffungsmanagement zahlreicher globaler Handelskonzerne in der Welt.

Die offene Prozessplattform kann ein Netzwerk von Entwicklern, Designern und Produzenten sein. In dieser offenen Struktur stehen die Leistungen eines Teilnehmers prinzipiell allen anderen Teilnehmern zur Verfügung.

Die Zusammenarbeit mit einer Vielzahl externer Lieferanten der Produkte des Unternehmens ist nicht neu. Benetton und andere Firmen gründeten ihr Wachstum und ihren Erfolg schon früher auf die Entwicklung eines herausragenden, flexiblen Netzwerks externer Produzenten unter Vermeidung der erheblichen Investitionen in eigene Produktionsanlagen. Die Prozessplattform beschränkt sich jedoch nicht auf die bilaterale

Zusammenarbeit zwischen zwei Unternehmen, sondern steuert mit seinen Kernkompetenzen in einer offenen Partnerschaft die Ressourcen eines großen Unternehmensnetzwerkes, die es verbindet und koordiniert. Das Prozessplattformunternehmen gewinnt eine hohe Flexibilität und Chancen des schnellen Wachstums ohne hohe Investitionen (Hagel III 2002). Das Unternehmen hat als eigenen Vermögenswert z. B. die notwendigen hervorragenden internationalen Marktkenntnisse, auf deren Basis das Netzwerk aus Designern, Entwicklern, Lieferanten und Unterlieferanten die Produkte in den verschiedenen Märkten vertreibt. Ein schlankes Unternehmen entwickelt seine spezifischen Kernkompetenzen und bezieht alle weiteren Kenntnisse, Fähigkeiten und Produkte aus seinem Netzwerk.

Die Netzwerkteilnehmer erhalten vom Leadunternehmen genaue Spezifikationen, Daten und Marktinformationen zur Planung. Das Unternehmen selbst hat nur eine kleine Struktur, in der es mit agilen Methoden mit dem Prozessnetzwerk zusammenarbeitet. Das Unternehmen kann mit seinem tiefen Einblick in sein Prozessportfolio wichtige Erfahrungen sammeln und die für die jeweilige Aufgabe besten Lieferanten auswählen und neue entwickeln. Die einzelnen Netzwerk-Unternehmen konzentrieren sich im Wettbewerb innerhalb des Netzwerkes auf ihre Kernfähigkeiten, um die Anforderungen an Qualität und Lieferperformance entsprechend dem Zertifizierungsprozess des Plattformunternehmens zu erfüllen. In einem großen Prozessnetzwerk wird der Koordinator jede Kernfähigkeit, die er für seine Produktangebote benötigt, entwickeln und etablieren. Die einzelnen Unternehmen entscheiden selbst, wie sie die Leistung im Netzwerk erbringen, sodass der Prozesskoordinator nicht in die Details der Unternehmensprozesse der Lieferanten oder Dienstleister eingreift. Es entfällt die detaillierte Prozesskontrolle und das Leadunternehmen kann sich auf die kritischen Kennzahlen des zeit-, qualitäts- und ggf. kostengerechten Fortschritts und Outputs des Lieferanten konzentrieren und präzise verfolgen. Im Fall von Störungen wird das Leadunternehmen geeignete Maßnahmen oder den Ersatz im Netzwerk veranlassen. Aufgrund der umfangreichen Informationen der Netzwerkpartner kann der Koordinator ein ständiges Benchmarking unter einer Vielzahl von Unternehmen durchführen. Diese Benchmarking-Daten sind ein wichtiges Vermögensgut, welches der Koordinator allen beteiligten Unternehmen zur eigenen Optimierung zur Verfügung stellt.

Die oftmals kleinen Lieferanten profitieren insbesondere jedoch von dem großen Marktzugang des Prozesskoordinators. Das Unternehmen der Prozessplattform wiederum kann eine Produktvielfalt zu günstigen Kosten seinen Kunden anbieten, wie es vielen traditionell aufgebauten Wettbewerbern nicht möglich sein wird.

Die Fung-Gruppe mit dem Handelsunternehmen Li & Fung Ltd arbeitet in dieser Weise in vielen Bereichen der Konsumgüter mit zahlreichen Marken. Die Gruppe beschäftigt ca. 42.000 Mitarbeiter und spricht davon, dass in ihrer gesamten Supply Chain mehr als 15.000 Unternehmen involviert sind. Das Unternehmen gibt an, dass ca. 1 Mrd. Menschen durch das Unternehmen in der Lieferkette involviert sind, deren Leben man verbessern möchte: „Our vision is simple but bold – we aspire to create the supply chain of the future to help our customers navigate the digital economy and to make life better for one billion people in our supply chain" (Li & Fung 2019).

5.13   Neue Chancen – Plattformen mit künstlicher Intelligenz

Plattformen werden sich mit den neuen Technologien künstlicher Intelligenz rasant weiterentwickeln. Was werden die nächsten Schritte, Chancen und Risiken sein?

Die Integration der künstlichen Intelligenz in Handelsplattformen ermöglicht eine weitere Perfektionierung der Algorithmen zur Abstimmung von Kaufmustern und Entscheidungskriterien der Kunden und der Produktangebote. Künstliche Intelligenz ermöglicht es, Kunden auf der Basis aller erhobenen Daten und beobachteten persönlichen Entscheidungskriterien, zeitgerecht optimale Produktvorschläge machen. Leistungsdaten, Preis, Komfort und zusätzliche Kaufanreize in Form neuer Produktvorschläge oder Angebotsbündel werden bestmöglich und persönlich aufbereitet. Plattformen kennen aufgrund der Bewertungen anderer Kunden Qualitäten der Angebote und reduzieren gleichzeitig Kaufrisiken der Kunden, die bei den Vorschlägen in Betracht gezogen werden.

Marketing und Werbung werden sich verändern, wenn für Produktanbieter und Markenhersteller die Vorschlagsalgorithmen der Plattformen die Kaufentscheidungen der Kunden maßgeblich lenken. Diese Assistenten ändern grundlegend Art und Weise, wie Unternehmen und Kunden interagieren. Das enorme Datenaufkommen und die Echtzeit-Marktintelligenz zwingen Unternehmen schnell, mit neuen Angeboten und Innovationen zu den Konsumpräferenzen der Kunden auf den Markt zu kommen. Der Wettbewerb wird härter und neue Chancen für neue Wettbewerber bieten (Dawar und Bendle 2018).

Produktanbieter investieren, um die Algorithmen der Plattformen zur Produktauswahl und den Produktvorschlägen an Verbraucher zu verstehen. Gleichzeitig werden Unternehmen analysieren, welche Wichtigkeit der Plattformhandel mit seinen Produktvorschlägen für ihre spezifischen Produkte in der Zukunft haben wird. Kunden könnten sich weiterhin Produktvorschläge von der künstlichen Intelligenz anbieten lassen und je nach Mobilität, Bedarf und Produktcharakteristika online oder auch offline im stationären Handel kaufen. „Das Push-Marketing (Plattformen dazu zu bewegen, ein Produkt anzubieten und zu promoten) wird wichtiger werden, während das Pull-Marketing (Konsumenten davon überzeugen, ein bestimmtes Produkt zu suchen) an Bedeutung verlieren wird" (Dawar und Bendle 2018).

Die absehbare Konzentration auf wenige Plattformen gibt den Plattformbetreibern einen enormen Einfluss auf die Preisbildung, die Kundenbeziehung und auf die Werbekampagnen. Markenunternehmen werden anstelle der Kundenbeziehung ihre Position auf den neuen Plattformen optimieren. Marken und Unternehmen werden versuchen, Einfluss auf die Algorithmen der Plattformen in der gleichen Weise zu gewinnen, wie sie aktuell um die besten Regalplätze in Verbrauchermärkten kämpfen. Markenmanager werden noch stärker gefordert sein, ihre Werte und Markenidentität auch in dieser neuen Welt der künstlichen Intelligenz und komplexer, schneller Algorithmen herauszustellen.

Die Verlockung ist groß, den Markt durch digitale Penetration zu erobern und sich Kunden automatisiert anzubieten. Doch das Risiko ist höher, die eigene Identität und damit das Bindungspotenzial der Marke zu verspielen. Gerade weil das Netz Vergleichbarkeit herstellt, wird die Marke zum zentralen Kapital von Unternehmen. (Christian Rätsch, CEO, Saatchi & Saatchi Deutschland 2018)

Verbraucher hingegen erwarten Vorschläge, die nicht den Absichten der Hersteller, sondern ihren persönlichen Kaufkriterien entsprechen. Nur der Vertrauensaufbau zu den Verbrauchern sichert dem Plattformunternehmen wiederum eine größere Kundentreue, einen größeren Marktanteil und größeres Datenkapital.

Andererseits besteht das Risiko einer ungleichen Verhandlungsmacht, wenn wenige große Plattformen den Markt bestimmen. Die Frage der Bereitschaft von Kunden, persönliche Daten preiszugeben, wird von der Qualität der Kaufvorschläge, dem gebotenen Komfort, dem Vertrauensaufbau und auch der Nationalität der Verbraucher abhängen. Das enorme Handelsvolumen und Datenkapital wird einen harten Wettbewerb zwischen den größten Plattformanbietern genauso entfachen, wie die schnellen Algorithmen der künstlichen Intelligenz den Wettbewerb zwischen Produzenten verschärfen werden. Die Nutzung des enormen Datenvolumens und die hohe, weltweite Vernetzung zwischen Herstellern, Händlern, Dienstleistern, Verbrauchern und Plattformen werden neue Geschäftsmodelle entstehen lassen (Dawar und Bendle 2018).

5.14   Gibt es Kriterien und Hebel, die den Erfolg wahrscheinlicher machen?

Umbrüche in Branchen entstehen durch die Verbindung neuer Technologien mit der Identifikation neuer Bedürfnisse oder einer Veränderung der Wertschöpfung. Die Frage „Muss es eigentlich sein, dass …" hinterfragt konventionelle Systeme und brachte große Umbrüche und disruptive Milliardenunternehmen in die Geschäftswelt.

In einer Analyse wurde der Erfolg von 40 verschiedenen neuen Geschäftsmodellen in ihren jeweiligen Branchen bewertet (Kavadias et al. 2016). Auf welchem Weg haben diese neuen Modelle die jeweilige Branche revolutioniert? Lassen sich Kriterien ableiten, die die Wahrscheinlichkeit eines neuen Geschäftsmodells wahrscheinlicher machen? Zu den betrachteten Branchen gehören das Taxigewerbe, die Hotelbranche, die Immobilienbranche, der Einzelhandel, die Modeindustrie, der Verkehr -und der Bildungssektor mit Vertretern wie Uber, Airbnb, Ikea und Amazon, Zara, Ryanair oder Udacity.

In der Analyse wurden sechs Faktoren identifiziert, die in unterschiedlicher Anzahl in den verschiedenen Geschäftsmodellen genutzt wurden. Auch wenn kein Unternehmen alle sechs Faktoren gleichzeitig nutzte, zeigte sich, dass die Nutzung einer größeren Anzahl dieser Merkmale mit einer höheren Wahrscheinlichkeit einer erfolgreichen Transformation der Branche durch das entsprechende Unternehmen korreliert.

Jeder der sechs Faktoren wird durch neue technische Trends wie Sensorik, wichtige neue Schnittstellen und Materialtechnologien, Optimierungstechniken im Bereich der künstlichen Intelligenz und Big Data unterstützt. Die Cloudtechnologie, Plattformtechnologien und das Internet der Dinge ermöglichen die großflächige, dezentrale Datenanalyse und -verarbeitung. Eine dezentrale Produktion und der 3-D-Druck unterstützen die Bereitstellung individueller Produkte in kleinen Mengen.

Auf der anderen Seite werden mithilfe dieser Technologien und den sechs Faktoren neue und vielfältigere Kundenbedürfnisse und -präferenzen abgedeckt und der Effekt steigender Kosten bei Ressourcen, Arbeit und Transport gesenkt. Politische, ökologische und wirtschaftliche Faktoren lassen zusätzlich den regulatorischen Druck auf Verbraucher und Unternehmen steigen, was die Förderung geschlossener Kreisläufe und geteilter Vermögenswerte fördert (ebd.).

1. **Personalisierte Produkte:** Bessere Abstimmung des Angebots auf die individuellen Kundenbedürfnisse zu wettbewerbsfähigen Preisen, häufig unter Einsatz innovativer Technologien.
2. **Ein geschlossener Kreislauf:** In diesem werden Produkte produziert, benutzt und entsorgt und recycelt werden.
3. **Geteilte Vermögenswerte:** Die Teilung teurer Vermögenswerte über einen geeigneten Marktplatz bietet Anbietern und Kunden Vorteile und senkt die Zugangsbarrieren für den Anbieter, da er diese Werte nicht selbst besitzt, sondern nur vermittelt.
4. **Nutzenbasierte Preise:** Der Kunde zahlt nur für die Nutzung des Produkts oder den Service und muss es nicht kaufen. Das Unternehmen profitiert durch den schnellen Anstieg der Zahl der Kunden.
5. **Ein kooperatives Ökosystem:** Eine neue Technologie verbessert die Kooperation der Partner in der Beschaffungskette, z. B. mit Mitteln wie künstliche Intelligenz, Big Data und Robotik. Sie senkt Kosten oder verteilt die Risiken des Geschäfts angemessen.
6. **Beweglichkeit:** Schnelle Entscheidungswege, eine agile Organisation und neue Technologien wie der 3-D-Druck erlaubten die schnelle Anpassung an neue Kundenbedürfnisse bei geringeren Kosten.

Das Ergebnis der Untersuchung zeigt deutlich, „dass Geschäftsmodelle mit transformativem Potenzial in der Regel drei oder mehr der sechs oben erwähnten Merkmale aufweisen" (Kavadias et al. 2016).

In der Bewertung eines neuen Geschäftsmodells sollten Unternehmen in mindestens drei oder mehr der aufgeführten Merkmale besser abschneiden als ihre Wettbewerber und eine neue Technologie und wichtige Marktbedürfnisse miteinander verbinden (Tab. 5.1).

Geschäftsmodelle, die es Konsumenten gestatten, in der Share Economy Güter und Dienstleistungen zu teilen, sind ein häufiger Ansatz von Branchenveränderungen. Eine Analyse zeigt, dass diese Modelle der kollaborativen Wirtschaft bei fünf bis dahin in der Branche meist ungelösten Problemen ansetzen. Die fünf Kategorien bieten neue Ideen zur Bewertung und Überarbeitung aktueller Geschäftsmodelle (Botsman 2014):

1. **Redundanz:** Zwischenhändler in der Lieferkette werden vermieden, wie dies z. B. im Lebensmittelhandel durch den Direktvertrieb von Bauernhöfen und Produzenten erfolgt. Auch die neue Form der Privatkreditvermittlung greift hier an.
2. **Mangelndes Vertrauen:** Es entstehen neue Modelle im Versicherungs- und Bankgeschäft unter Ausschluss von Maklern und Filialbanken.
3. **Beschränkter Zugang:** Bildungsanbieter bieten Fortbildung und Seminare über das Internet an.

Tab. 5.1 Auswahl der Bewertung aus insgesamt 40 neuen Geschäftsmodellen (Kavadias et al. 2016) Mit freundlicher Genehmigung von: © Spiegel Verlag

Unternehmen	Branche	Personalisierung	Geschossener Kreislauf	Geteilte Vermögenswerte	Nutzenbasierte Preise	Kooperatives Ökosystem	Beweglichkeit	Merkmale
Airbnb	Immobilien	x		x		x	x	4
Amazon	Einzelhandel	x			x	x	x	4
Dell	Elektronik	x			x	x	x	4
Google Adwords	Werbung	x			x	x	x	4
Ikea	Einzelhandel	x	x			x	x	4
Lego	Spielzeug	x			x	x	x	4
Natura	Kosmetik		x			x		2
Nike iD	Schuhe	x					x	2
Ryanair	Verkehr				x	x	x	3
Uber	Taxi	x		x	x	x	x	5
Udacity	Bildung	x				x		2
Zara	Mode	x				x	x	3

4. **Verschwendung:** Airbnb und Carsharing-Modelle nutzen ungenutzte Vermögenswerte, Anwohner vermieten eigene, freie Parkplätze über Plattformen, Marriott vermietet freie Konferenzräume in Hotels über eine Online-Plattform.
5. **Komplexität:** Das Unternehmen Transferwise vereinfacht Fremdwährungsüberweisungen, indem es Auslandsüberweisungen und -auszahlungen optimiert und dabei die Wechselkursspreads in der Umrechnung vermeidet.

Literatur

Adner, Ron; Snow, Daniel (2010): Bold Retreat: A New Strategy for Old Technologies (Harvard Business Review). Online verfügbar unter https://hbr.org/2010/03/bold-retreat-a-new-strategy-for-old-technologies, zuletzt geprüft am 13.01.2019.

Aveni, Richard A. (2015): The 3-D Printing Revolution (Harvard Business Review). Online verfügbar unter https://hbr.org/2015/05/the-3-d-printing-revolution, zuletzt geprüft am 13.01.2019.

Aveni, Richard A. (2018): Which 3-D Printing Business Model Is Right for Your Company? The 3-D Printing Playbook (Harvard Business Review). Online verfügbar unter https://hbr.org/2018/07/the-3-d-printing-playbook, zuletzt geprüft am 13.01.2019.

Botsman, Rachel (2014): Sharing's Not Just for Start-Ups. https://www.facebook.com/HBR (Harvard Business Review). Online verfügbar unter https://hbr.org/2014/09/sharings-not-just-for-start-ups, zuletzt geprüft am 18.01.2019.

Christensen, Clayton M.; Hall, Taddy; Dillon, Karen; Duncan, David S. (2017): Besser als der Zufall. „Jobs to be done" – die Strategie für erfolgreiche Innovation. Kulmbach: Plassen Verlag.

Christensen, Clayton M.; Raynor, Michael E.; McDonald, Rory (2015): What Is Disruptive Innovation? https://www.facebook.com/HBR (Harvard Business Review). Online verfügbar unter https://hbr.org/2015/12/what-is-disruptive-innovation, zuletzt geprüft am 13.01.2019.

Christensen, Clayton M.; Wessel, Maxwell (2012): Surviving Disruption (Harvard Business Review). Online verfügbar unter https://hbr.org/2012/12/surviving-disruption, zuletzt geprüft am 13.01.2019.

Dawar, Niraj; Bendle, Neil T. (2018): Marketing in the age of Alexa. AI assistants will transform how companies and customers connect. In: *Harvard business review : HBR* 96 (3), S. 80–86.

Downes, Larry; Nunes, Paul (2013): Big-Bang Disruption. https://www.facebook.com/HBR (Harvard Business Review). Online verfügbar unter https://hbr.org/2013/03/big-bang-disruption, zuletzt geprüft am 13.01.2019.

Gassmann, Oliver (2013): Keine halben Sachen. In: *Harvard Business Manager* (2), S. 32–33.

Gilbert, Clark; Eyring, Matthew; Foster, Richard (2012): Two Routes to Resilience. https://www.facebook.com/HBR. Online verfügbar unter https://hbr.org/2012/12/two-routes-to-resilience, zuletzt geprüft am 13.01.2019.

Groth, Olaf J.; Ladd, Ted (2015): Das Ende von Five Forces (Harvard-Business-Manager). Online verfügbar unter http://www.harvardbusinessmanager.de, zuletzt geprüft am 13.01.2019.

Groth, Olaf.; Esposito, Mark; Tse, Terence (2015): Wie 3-D-Druck die Produktion revolutioniert (Harvard Business Manager). Online verfügbar unter http://www.harvardbusinessmanager.de, zuletzt geprüft am 13.01.2019.

Hagel III, John (2002): Leveraged Growth: Expanding Sales Without Sacrificing Profits (Harvard Business Review). Online verfügbar unter https://hbr.org/2002/10/leveraged-growth-expanding-sales-without-sacrificing-profits.

Hagiu, Andrei; Altman, Elizabeth J. (2017): Finding the Platform in Your Product: Four Strategies That Can Reveal Hidden Value. In: *Harvard Business Review* 95 (4), S. 94–100.

Hagiu, Andrei; Wright, Julian (2013): Do You Really Want to Be an eBay? In: *Harvard Business Review* 91 (3), S. 102–108. Online verfügbar unter https://www.hbs.edu/faculty/Pages/item.aspx?num=44341.

Halaburda, Hanna; Oberholzer-Gee, Felix (2014): The Limits of Scale: Companies That Get Big Fast Are Often Left Behind. Here's Why. In: *Harvard Business Review* 92 (4), S. 95–99.

Harvard Business Review (2016): How Unicorns Grow. Online verfügbar unter https://hbr.org/2016/01/how-unicorns-grow, zuletzt geprüft am 13.01.2019.

Kavadias, Stylianos; Ladas, Kostas; Loch, Christoph H. (2016): The transformative business model. In: *Harvard business review : HBR* 94 (10), S. 90–98.

Leitl, Michael (2014): Einfach mehr ausprobieren. Interview mit Elgar Fleisch und Oliver Gassmann (Harvard Business Manager).

Li & Fung (2019). Online verfügbar unter https://www.lifung.com/careers/, zuletzt aktualisiert am 18.01.2019, zuletzt geprüft am 18.01.2019.

Lindtgardt, Zhenya; Reeves, Martin; Stalk Jr., George; Deimler, Michael (2009): Business Model Innovation: When the Game Gets Tough, Change the Game. Hg. v. The Boston Consulting Group. Online verfügbar unter https://www.bcg.com/documents/file36456.pdf, zuletzt geprüft am 26.02.2019.

Manyika, James et al. (2013): Disruptive technologies: Advances that will transform life, business, and the global economy (McKinsey Global Institute). Online verfügbar unter https://www.mckinsey.com/business-functions/digital-mckinsey/our-insights/disruptive-technologies, zuletzt geprüft am 13.01.2019.

Mountz, Mick (2012): Kiva the Disrupter (Harvard Business Review). Online verfügbar unter https://hbr.org/2012/12/kiva-the-disrupter, zuletzt geprüft am 13.01.2019.

Osterwalder, Alexander; Pigneur, Yves (2013): Business model generation. A handbook for visionaries, game changers, and challengers. New York: Wiley&Sons.

Porter, Michael; Heppelmann, James (2014): How Smart, Connected Products Are Transforming Competition. Online verfügbar unter https://hbr.org/2014/11/how-smart-connected-products-are-transforming-competition, zuletzt geprüft am 13.01.2019.

Porter, Michael E.; Heppelmann, James E. (2015): How Smart, Connected Products Are Transforming Companies (Harvard Business Review). Online verfügbar unter https://hbr.org/2015/10/how-smart-connected-products-are-transforming-companies.pdf.

Rätsch, Christian (2018): Die Gefahr für Marken liegt in der Beliebigkeit. Online verfügbar unter https://www.xing.com/news/klartext/die-gefahr-fur-marken-liegt-in-der-beliebigkeit-2674, zuletzt geprüft am 18.01.2019.

Raynor, Michael E. (2011): The innovator's manifesto. Deliberate disruption for transformational growth. 1st ed. New York: Crown Business. Online verfügbar unter http://www.loc.gov/catdir/enhancements/fy1201/2010052634-b.html.

Sawhney, M.; Khosla, S. (2014): Where to Look for Insight (Harvard Business Review). Online verfügbar unter https://hbr.org/2014/11/where-to-look-for-insight, zuletzt geprüft am 13.01.2019.

Schlesinger, Leonard A.; Kiefer, Charles F.; Brown, Paul B. (2012): New Project? Don't Analyze–Act - Article - Harvard Business School. In: *Harvard Business Review* (90), S. 154–158. Online verfügbar unter https://www.hbs.edu/faculty/Pages/item.aspx?num=45611, zuletzt geprüft am 13.01.2019.

van Alstyne, Marshall W.; Parker, Geoffrey G.; Choudary, Sangeet Paul (2016): Pipelines, Platforms, and the New Rules of Strategy (Harvard Business Review). Online verfügbar unter https://hbr.org/2016/04/pipelines-platforms-and-the-new-rules-of-strategy, zuletzt geprüft am 13.01.2019.

Zhu, Feng; Furr, Nathan (2016): Products to Platforms: Making the Leap. In: *Harvard Business Review* 94 (4), S. 72–78. Online verfügbar unter https://www.hbs.edu/faculty/Pages/item.aspx?num=50933.

Zhu, Feng; Liu, Qihong (2018): Competing with Complementors: An Empirical Look at Amazon.com. In: *Strategic Management Journal* 39 (10), S. 2618–2642.

Nachhaltigkeit und Werte für den Erfolg

6

Zahlreiche Untersuchungen der letzten Jahre haben gezeigt, dass die Verbindung von wirtschaftlichem Erfolg und dem Verfolgen von nachhaltigen gesellschaftlich wertvollen Zielen, von Werten für Mitarbeiter und andere Stakeholder als auch von Werten für die Bevölkerung und die gesamte Volkswirtschaft nicht im Widerspruch stehen (Kanter 2011). „Corporate-social-responsibility" (CSR) umfasst Unternehmensbeiträge zur ökologischen und sozialen Nachhaltigkeit in den Bereichen Markt, Gemeinwesen, Umwelt, Arbeitsplatz. Umweltschutz des Unternehmens in allen internen Prozessen und in der gesamten Versorgungskette, ökologische Produktverantwortung, faire Handels- und Geschäftspraktiken und eine angemessene Unterstützung der gesellschaftlichen Entwicklung und soziales Engagement leisten dazu wichtige Beiträge. CSR-Aktivitäten können in operativen Verbesserungen und schonender Nutzung der Ressourcen, in der Entwicklung neuer Geschäftsmodelle oder in entsprechenden Maßnahmen in gesellschaftlichen und gemeinnützigen Geld- oder Sachspenden und bürgerliche Initiativen umgesetzt werden.

Die Schaffung von finanziellem und gesellschaftlichem Gewinn wird im Prinzip des „shared value" zusammengeführt (Kramer und Pfitzer 2016). Das Konzept wurde im Jahr 2011 von Michael E. Porter und Mark R. Kramer eingeführt. Es entsteht in der Konzeption neuer Märkte, Produkte und Anwendungen. Aufgrund der komplexen wirtschaftlichen, ökologischen und kulturellen Abhängigkeiten kommen Unternehmen in mehr Parteienkoalitionen und in der Zusammenarbeit mit staatlichen Stellen und Nichtregierungsorganisationen zusammen. Diese Bewegung des „collective impact" entstand 2011 als Ergebnis eines Beitrages in der *Stanford Social Innovation Review* (Johan Kania, Mark Kramer) und unterstützt Unternehmen, die verschiedene Akteure in ihrem gesamten Ökosystem zur Förderung des Wandels zusammenzubringen.

Gemäß den Anforderungen der CSR haben Unternehmen weitreichende Aufgaben. Sie sind eine tragende Säule der Gesellschafft und Ökologie der Welt. Sie bestimmen über den verantwortlichen Einsatz enormer Ressourcen und haben Einfluss und Macht, weltweit

© Springer-Verlag GmbH Deutschland, ein Teil von Springer Nature 2020
H. Goffin, *Erfolgsunternehmen – empirisch belegte Wege an die Spitze*,
https://doi.org/10.1007/978-3-662-59819-1_6

Lebensqualität aller zu beeinflussen. Umweltschutz, Arbeitssicherheit und die Berücksichtigung der ethisch-moralischen Anforderungen der Gesellschaft mit dem Mensch im Mittelpunkt als Unternehmenszweck sind Grundvoraussetzungen. Unternehmen schaffen gleichzeitig durch ihren Erfolg die Grundlagen dafür (Kanter 2011).

Wirtschaftlicher Erfolg ist in dieser Matrix komplexer Abhängigkeiten eine wesentliche, notwendige Grundlage. Dementsprechend sollen wirtschaftliche Investitionen gleichzeitig die aufgezeigten gesellschaftlichen Werte unterstützen und sichern. Der notwendige Gewinn muss die Existenzfürsorge und -vorsorge für zukünftige Jahre berücksichtigen. Darüber hinausgehende Gewinne sollen auch vor dem Hintergrund des gesellschaftlichen Nutzens gerechtfertigt werden. Die buchhalterische Gestaltung des Gewinnausweises soll gleichzeitig gesellschaftlich und wertekonform und nicht politisch motiviert erfolgen. Zahlreiche Unternehmen führen inzwischen die durch Kohlendioxidemissionen entstehenden Kosten in ihren Geschäftsberichten auf.

Eine bemerkenswerte Zahl langfristig erfolgreicher Unternehmer wie Bosch und Siemens nahmen bereits zu Beginn des zwanzigsten Jahrhunderts eine wichtige gesellschaftliche Rolle an und schufen entsprechende Systeme und Werte. Nach dem Misserfolg der „Shareholder-Value-Strategie" mit sinnarmen Unternehmen gab es in vielen Unternehmen eine erfolgreiche Rückbesinnung. Diese Unternehmen profitieren dank ihrer Sinnstiftung von einer starken Bindung und Identifikation der Mitarbeiter, der Kunden und der gesamten Gesellschaft. Ihre Unternehmenswerte unterstützen die erfolgreiche Zusammenarbeit in Teams, der Führungskräfte und extern mit den gesellschaftlichen Elementen.

Viele Untersuchungen zeigen, dass die CSR-Aktivitäten der Unternehmen, je nach ihren Geschäftsstrategien und Unternehmenswerten, unterschiedliche Aspekte betonen (Rangan et al. 2015). Unternehmen werden zur Sicherung des Erfolgs ihrer Aktivitäten ihre Programme strategisch abstimmen und betreffs des Nutzens optimieren und anpassen. Die Aktivitäten sollten mit dem Unternehmenszweck harmonieren und wertvolle geschäftliche Ziele gegebenenfalls fördern. Die Entwicklung wichtiger Innovationen bei Geschäftsmodellen, Produkten und Prozessen können CSR-Aktivitäten unterstützen und gleichzeitig einen wichtigen Beitrag zur Entwicklung der Wettbewerbsfähigkeit und des Unternehmenserfolgs leisten. Die Ermittlung relevanter Themen, die Koordinierung der Programme und Entwicklung von CSR-Leistungskennzahlen unterstützt die effiziente Erreichung der Ziele und die Unternehmenskommunikation. Maßnahmen mit einer direkten Korrelation zu finanziellen Erfolgen werden insbesondere in Bereichen wie Energie-, Wasser-, Rohstoffverbrauch, Abfallmanagement und bei Maßnahmen der Mitarbeitermotivation darstellbar sein. Verschiedene Unternehmen betreiben Fabriken, die auf bis zu 100 % nachhaltige Energieerzeugung setzen (Apple). Sportartikelhersteller (Nike) entwickeln neue Standorte, wo auf den Einsatz von Wasser und chemische Prozessen in der Textilfärbung verzichtet werden kann. Veränderungen im Bereich der Produkt- und Prozessentwicklung werden gegebenenfalls neue Mitarbeiterkompetenzen verlangen, die entwickelt oder extern auf dem Markt gewonnen werden. Andere Unternehmen verlangen von sich selbst und ihren Zulieferer, dass in ihren Prozessen nur recycelbare Abfälle anfallen.

Nachhaltigkeitsstrategien kommen im Bereich des Einkaufs, der Produktion, der Standortpolitik, des Vertrieb und der Logistik sowie in der abschließenden Verwendung der Produkte bis zum Ende des Produktlebenszyklusses zum Einsatz. Die Bedeutung der verschiedenen Aspekte der CSR werden je nach Unternehmen, Unternehmensgröße und Branchen erheblich voneinander abweichen. Gute Unternehmen betrachten allgemeine Chancen der Entwicklung in der Führung, Aufklärung und den Anreizsystemen der Mitarbeiter. Genaue Analysen im Unternehmen zeigen den umweltbewussten Umgang mit Rohstoffen auch in einem über die gesetzlichen Bestimmungen deutlich hinaus gehenden Umfang auf. Der „ökologische Fußabdruck" im Umgang mit Wasser, Rohstoffen und allen Emissionen wird aufgezeigt und bewertet und gleiches von Zulieferern eingefordert. Die Gründung von Produktions- und Lagerstandorten wird auch unter dem ökologischen Aspekt von Umwelt, Ressourcen, Rohstoffverbrauch, Emissionen und der Entsorgung betrachtet. Produktions- und Transportpläne bewerten die Möglichkeiten ökologischer Transporte wie See- und Schienenwege als Ersatz für Luftfracht und Lastkraftwagen. Gute Unternehmen verfügen über umfangreiche Notfallpläne für den Fall externer und interner ökologischer Störungen (Lowitt 2014).

Zur erfolgreichen Umsetzung einer CSR-Strategie werden die Anreizsysteme im Unternehmen entsprechend ausgelegt. Das brasilianische Kosmetikunternehmen Natura oder der britische Netzbetreiber National Grid sind Beispiele für Unternehmen, in denen CSR und Umweltziele zu einem wichtigen Anteil von der Erreichung entsprechender Unternehmensziele abhängen (Lowitt 2014).

Nachhaltigkeit und Langfristigkeit im Unternehmen werden unterstützt durch die Faktoren:

1. Diversity
2. Energieeffizienz, Emissionen, ökologischer und effizienter Materialeinsatz
3. Mitarbeiterzufriedenheit
4. Innovation, Technologie, Produktqualität, Markenwert, Reputation
5. Kundenzufriedenheit.

In einer Umfrage unter Vorständen, Geschäftsführern und Personalmanagern in Deutschland gaben 79 % an, dass eine nachhaltige Unternehmensführung die Reputation des Unternehmens stärkt und den finanziellen Erfolg beeinflusst (Grove et al. 2013). Eine Studie an der University of Illinois, Chicago, zeigt, dass Diversity im Unternehmen einen positiven Einfluss auf Umsatz, Marktanteil und Gewinn im Vergleich zu den Wettbewerbern hat. In der genannten Umfrage gaben jedoch knapp 80 % an, dass dieser Faktor keine oder nur eine sehr geringe Rolle in der variablen Vergütung spielt. Betreffs Emissionen und Energieeffizienz und ökologischen Materialmanagements zeigt eine Studie an der University of Oregon/Golden Gate University (Michael Russo, Paul Fouts, in Grove et al. 2013) eine positive Korrelation zwischen ökologischen Leistungsindikatoren und den Finanzresultaten von Unternehmen. Diese Aspekte wurden entsprechend der Umfrage jedoch nur bei 5 % der Unternehmen als wesentlicher Faktor der Bemessung des variablen Gehalts von Vorständen bzw. Geschäftsführern betrachtet.

Betreffs des Faktors Mitarbeiterzufriedenheit und Zufriedenheit mit dem Arbeitsplatz, Mitarbeiterbeziehungen, Bezahlung und Unternehmenskultur zeigt eine Studie
(Jasna Auer, Bostjan Antoncic in ebd.) im Jahr 2011 einen direkten Zusammenhang
zwischen der Mitarbeiterzufriedenheit und der Leistung bzw. dem Wachstum des Unternehmens. Eine Studie an der Universität Amsterdam (Hilke Bos-Brouwers 2010 in
Grove et al. 2013.) weist nach, dass radikale Innovationen den nachhaltigen Bestand
eines Unternehmens fördern. Kundenzufriedenheit wurde in einer Vielzahl von Studien
als ein wichtiger Faktor unternehmerischer Nachhaltigkeit nachgewiesen (Dutch Asso-
ciation of Investors for Sustainable Development, 2011 in Grove et al. 2013). Entsprechend der Resultate der Umfrage gaben 19 % der Vorstände und 31 % der übrigen Teilnehmer an, dass Kundenzufriedenheit kein Teil der Bemessung der variablen Vergütung
ist. In der Gestaltung eines nachhaltigen Vergütungsmodells werden spezifische Merkmale der Branche, des Unternehmens und einer entsprechend ausgerichteten Unternehmensstrategie abgebildet (ebd.).

Untersuchungen und Erfahrungen in der Zusammenarbeit mit einer sehr großen Anzahl
von Unternehmen in 20 Ländern aus vier Regionen zeigen den Erfolg nachhaltig geführter
Unternehmen. Derartige erfolgreiche Unternehmen zeichnen sich entsprechend der Analyse von Rosabeth Moss Kanter (Harvard) durch sechs besondere institutionelle Merkmale und Strategieelemente aus (Kanter 2011):

1. **Verfolgung eines übergeordneten, höheren Sinns:** Das Unternehmen zeichnet sich
   auch im konstanten Wandel durch eine übergeordnete Identität, Ziele und Wertvorstellungen aus. Vision und Mission schaffen verbindende Werte, in deren Rahmen Mitarbeiter innovative Produkte, Dienstleistungen und Prozesse mit einem entsprechenden
   gesellschaftlichen Wert schaffen. Unternehmen beantworten nicht nur die Frage des
   „Was", sondern auch des „Warum" in der Gestaltung des Unternehmenszwecks und
   der Rechtfertigung ihrer Legitimität. Nachhaltig orientierte Unternehmen berücksichtigen die drei Disziplinen gesunden Wachstums in einer ausgeglichenen, angemessenen Bewertung (Sprenger 2005): Ökonomische Wohlfahrt, Legitimität, kollektive
   Identität.

   Sie haben zentrale, unumstößliche Werte definiert, an denen sich das gesellschaftliche Handeln orientiert. Unternehmerpersönlichkeiten wie Bosch, Siemens, Rathe-
   nau sind historische Beispiele erfolgreicher, nachhaltiger und sozialer Unternehmensführer. Börsennotierte Unternehmen wie Novartis, Procter & Gamble, PepsiCo
   und IBM orientieren ihr Handeln an sozialen und anderen gesellschaftlichen Werten.
   Sie unterstützen gemeinnützige Aktionen und stellen wichtige gesellschaftliche
   Werte in den Mittelpunkt. Die indische Mahindra Group mit Aktivitäten in verschiedenen Sektoren hat das übergeordnete Ziel, Menschen in Schwellenländern den Aufstieg zu ermöglichen.

   Die zunehmende Individualisierung in der Gesellschaft führt zu einer reduzierten
   Bindung an den Arbeitgeber. Die Schaffung kulturell verbindender Werte wirkt dem

entgegen und schafft ein Gefühl der Zugehörigkeit auch in globalen, dezentral organisierten Unternehmen. Diese Unternehmen zeichnen sich durch die ständige Unterstützung und Fortentwicklung einer kollektiven Unternehmenskultur aus. Eine starke Unternehmenskultur ist ein immaterieller Vermögenswert, der sich im Benchmarking der
Erfolgsparameter von Wettbewerbern nicht in Prozesskennzahlen bemessen und nicht
kopieren lässt. Unternehmenskultur kann die Quelle eines starken Wettbewerbsvorteils
sein (Kap. 9). „Unternehmen können hier etwas von freiwilligen Organisationen lernen. Die haben einen gemeinsam verstandenen und gelebten Zweck. Jeder ist einer
Problemlösung verpflichtet, die er für moralisch hochstehend hält. Das stärkt Leidenschaft und Emotionalität" (Sprenger 2005).

2. **Langfristiges Denken zur Entwicklung der wirtschaftlichen und gesellschaftlichen Perspektive:** Nachhaltig orientierte Unternehmen behalten langfristigen Erfolg
im Fokus und opfern diesem gegebenenfalls auch die Erreichung kurzfristiger Ziele,
wenn sie nicht den Wertvorstellungen des Unternehmens entsprechen. Hierzu gehört
selbstverständlich auch die wertekonforme Investition in die menschliche Seite: Forderung, Förderung und Unterstützung der Mitarbeiter und Führungskräfte.

Zahlreiche Beispiele der jüngeren Wirtschaftsgeschichte zeigen, dass kurzfristige Ge-
winnoptimierungen mit der Entlassung von Menschen und damit intellektuellem und
immateriellem Kapital und Know-how mittelfristig weniger erfolgreich waren. Ergebnisse zeigen, dass Unternehmen mit verantwortungsvoller Mitarbeiter- und Krisenpolitik
langfristig sogar erfolgreicher sind (Kap. 2). Kulturelle Schäden, Demotivation, Leis-
tungsverweigerung, Verluste hochtalentierter Mitarbeiter und eine geringere Unterneh-
mensattraktivität am Arbeitsmarkt und unter Verbrauchern sind hohe, immaterielle, wei-
che Kostenfaktoren. Banken und zahlreiche Industrieunternehmen haben in den letzten
15 Jahren einen harten Lernprozess erlebt, der noch immer nicht erfolgreich abgeschlossen zu sein scheint.

3. **Den Unternehmenswerten liegt ein emotionales Engagement zugrunde:** Die Unternehmensführung engagiert sich auch emotional für Ziele und Werte des Unternehmens.
Im Dialog mit der gesamten Unternehmensorganisation stellen Top-Führungskräfte sicher, dass alle Führungsebenen sich in der Aufgabe der Wertevermittlung emotional
engagieren. Procter & Gamble (P&G) veränderte 2010 die gewinnorientierte Geschäftsstrategie dahingehend, dass es Ziel des Unternehmens wurde, das Leben von Menschen
auf der gesamten Welt zu verbessern. P&G engagierte sich in Westafrika durch den
Aufbau mobiler Pampers-Klinken in Form von Kleinbussen mit einem Arzt und zwei
Krankenschwestern, um die Säuglingssterblichkeit zu senken. Mütter erhielten Ratschläge zu Ernährung, Impfung und medizinischen Betreuung ihrer Babys. Man entwickelte einen SMS-Dienst, mithilfe dessen Mütter Fragen an Gesundheitsexperten stellen
konnten. Der westafrikanische Markt gehörte in der Folge zu den am schnellsten wachsenden Märkten des Unternehmens. Im Mississippi-Hochwasser 2011 schickte P&G
mobile Waschsalons in das Katastrophengebiet, um Menschen zu unterstützen. Der
Name Tide verzeichnete einen erheblichen Imagegewinn, der für das Unternehmen

nicht im Vordergrund stand. Mitarbeiter identifizieren sich stärker mit dem Unternehmen dank des emotional erfüllenden, gesellschaftlichen Nutzens.

4. **Unternehmen engagieren sich als Partner des Staates für gesellschaftliche Interessen auf lokaler, nationaler oder auch internationaler Ebene**: Das Engagement von Unternehmen im Fall von kurzfristigen Katastrophen oder gesellschaftlichen Interessen in Form von gemeinnützigen Arbeiten ist ein wichtiger gesellschaftlicher Beitrag vieler erfolgreicher Unternehmen. Vorkommnisse der letzten Jahre in der Automobilindustrie zeigen, wie mangelndes gesellschaftliches und ökologisches Engagement Marke und Attraktivität des Unternehmens für Mitarbeiter und Kunden beeinflussen können. Erfolgreiche privat-öffentliche Partnerschaften dürfen sich jedoch nicht auf dem bekannten Lobbyismus zur Erreichung wirtschaftlicher Ziele gründen. Sie müssen allen Stakeholder und der Gesellschaft aufzeigen, wie ein Unternehmen sich für übergeordnete gesellschaftliche und staatliche Ziele engagiert. Unternehmen, die ihre eigenen Mitarbeiter in Kohärenz zur Unternehmensstrategie und Werten aufrufen, sich für gemeinnützige Arbeit innerhalb der Arbeitszeit zu engagieren, sind gute Beispiele einer erfolgreichen Partnerschaft. Novartis führte den Tag der gemeinnützigen Arbeit am Geburtstag des Zusammenschlusses von Sandoz und Ciba-Geigy ein. IBM lancierte am 100-jährigen Firmenjubiläum weltweit zahlreiche gemeinnützige Projekte in Schulen, Nichtregierungsorganisationen und zur Unterstützung von Minderheiten.

5. **Der übergeordnete gesellschaftliche Sinn gibt Raum und Chancen zu Innovationen:** Der gesellschaftliche Nutzen schafft Raum für neue Produkt- und Geschäftsmodellinnovationen. Der Zementhersteller Cemex ist bekannt als sehr innovatives Unternehmen, welches auch aufgrund gesellschaftlicher Bedeutung neue Produkte und Geschäftsmodelle im Bereich des Betons und der Bauindustrie schuf. Dank des gesellschaftlichen Engagements und der Wertvorstellungen des Unternehmens vertrauen Kunden und Unternehmen dem Commodity-Hersteller. Er schuf eine starke lokale Marke (Construrama), die kleine Märkte im Wettbewerb mit großen Handelsketten unterstützt. Händler, die den sozialen und ethischen Standards nicht genügen, lehnt das Unternehmen ab. Ein soziales Engagement eröffnet Einblick und Chancen für neue Bedürfnisse und Produktinnovationen.

6. **Vertrauen in Menschen und Beziehungen:** Unternehmen, die sich Werten verpflichten, vertrauen stärker auf Menschen und weniger auf formale Regeln. Angestellte entwickeln sich zu selbstverantwortlichen, engagierten Mitarbeitern, die Unternehmenswerte und Ziele mit Engagement und kreativen Ideen unterstützen.
Unternehmen mit starken gesellschaftlichen Werten entwickeln starke informelle Beziehungen durch kulturelle Verbindungen der Werte und emotionales Engagement. Informelle Netzwerke unterstützen die formelle Struktur des gesamten Unternehmenszwecks. Sie schaffen informellen Informationsaustausch der Innovation, fördern die Zusammenarbeit und öffnen neue Chancen im Unternehmen.

6.1   Ergebnisse der Nachhaltigkeit im Unternehmenserfolg

6.1.1   Bietet Nachhaltigkeit Wettbewerbsvorteile und bessere Finanzresultate?

Sind die Auswirkungen durch die Einführung von CSR messbar in den Finanzresultaten und haben sie Auswirkungen auf die Stärken im Wettbewerb? Es gibt umfangreiche Ergebnisse zu diesem Zukunftsaspekt.

Eine große Metastudie analysierte schon 2010 den Forschungsstand zu den Wettbewerbsvorteilen und dem wirtschaftlichen Einfluss durch CSR-Maßnahmen (Loew und Clausen 2010). Die Autoren kommen aufgrund der Ergebnisse von ca. 180 Studien zu dem Schluss, dass CSR-Maßnahmen grundsätzlich keine Belastung der Finanzresultate verursachen und in einigen Branchen ein positiver Zusammenhang zwischen CSR und der Finanzleistung einzelner Unternehmen beobachtet werden kann. Insgesamt wird herausgestellt, dass aufgrund zahlreicher anderer starker Einflussfaktoren des Marktes und des Wettbewerbs keine klare Korrelation der Finanzdaten zu den CSR-Aktivitäten besteht. Es sollte jedoch aus aktueller Sicht berücksichtigt werden, dass die Studien dieser Metaanalyse aus den Jahren bis 2009 stammen. Die Wichtigkeit und die Anforderungen dieser Thematik übt seitdem in der Gesellschaft einen zunehmend stärkeren Einfluss auf den wirtschaftlichen Erfolg von Unternehmen aus.

Wettbewerbsvorteile entstehen nach der Auswertung von zum Teil sehr umfangreichen internationalen Studien insbesondere durch eine Steigerung der Mitarbeitermotivation, des Gewinns und des Haltens guter Mitarbeiter und Talente. Weitere Ursachen sind der Aufbau und der Schutz der Unternehmensreputation bzw. der Markenreputation und die Kosteneffizienz beim Einsatz von Energie und Materialien. Wettbewerbsvorteile entstehen durch die Festigung der Kundenbeziehungen, deren Grundlage teilweise der Nachweis von entsprechenden Zertifikaten ist. Wettbewerbsvorteile werden auch durch die Förderung der CSR mit daraus resultierenden innovativen Produkten und Prozessen beobachtet (ebd.).

Die Risikoreduzierung durch zertifizierte Prozesse wird für mittlere und große Unternehmen ein zusätzlicher wichtiger Gewinn der CSR-Aktivitäten sein. Eklats im Bereich Ökologie oder im Bereich der Arbeitsbedingungen können enorme Schäden auf der immateriellen und materiellen Seite verursachen. Besondere Risiken bestehen im Hinblick auf Zulieferer und der Produktion in ausgelagerten Prozessen. Verschiedene Textilunternehmen und auch Apple gerieten unter erhebliche Kritik, weil Lieferanten ökologische Grundanforderungen und grundlegende, menschenverachtende Arbeitsbedingungen in Billiglohnländern nicht berücksichtigten. Virale Nachrichten in sozialen Medien verursachen in kurzer Zeit erhebliche Reputationsverluste (Benoit und Hartmann 2015).

Lars Soerensen, CEO des Pharmaunternehmens Novo Nordisk, äußert zu der unternehmerischen Notwendigkeit der CSR und der Philosophie der „triple bottom line" des Unternehmens (ökonomisch, sozial, ökologisch): „Unsere Philosophie lautet: Corporate-Social-Responsibility bedeutet nichts anderes, als den Unternehmenswert über einen langen Zeitraum zu maximieren, weil aus sozialen Problemen langfristig finanzielle Probleme werden" (Harvard Business Manager 2015).

Das Sustainability Accounting Standards Board (SASB) erarbeitete einen Rahmen, der Unternehmen helfen soll, die wichtigsten CSR-Aktivitäten für ihr Unternehmen in ihrer Branche zu identifizieren. Man erstellte Übersichtstabellen für 88 Branchen, zehn Sektoren mit 43 CSR-Themen. Der Einfluss der verschiedenen Themen auf den finanziellen Erfolg wird individuell für jeden Industriesektor in der SASB-Materiality Map aufgezeigt. Jede Aktivität aus den Bereichen Umwelt, Sozialkapital, Humankapital, Führung, Unternehmensstandards, Geschäftsmodell und Innovation wurden seitens des SASB mit einer Kennziffer im Bereich von 0 bis 5 bewertet. Die verschiedenen Themen wurden für jeden Sektor betreffs ihrer erwarteten Auswirkungen auf den Finanzerfolg eines Unternehmens angegeben. Die Bewertung der Maßnahmen und der Effekte auf Aspekte wie Absatz, Kosten, Mitarbeitermotivation und Unternehmensreputation ist in vielen Fällen nicht einfach. Einige Maßnahmen werden klare wirtschaftliche Vorteile bieten, andere Maßnahmen werden aufgrund von Investitionen und Kosten nachteilig sein, und wiederum andere werden sich in ihren Effekten kaum bewerten lassen. Die Kennzahlen geben jedoch eine klare Orientierung in Abhängigkeit von der Branche und den Maßnahmen. Der Vergleich zu Wettbewerbern kann Bereiche von eigenen Defiziten oder Chancen betreffs eines Wettbewerbsvorteils aufzeigen. So wird beispielsweise im Bereich der Pharmaindustrie der Gesundheit und Sicherheit der Kunden im Feld Geschäftsmodell und Innovation erwartungsgemäß der höchste Wert 5 zugeordnet, im Bereich Umwelt dem Klimawandelrisiko der Wert 3,75, dem Energiemanagement 2,25 und dem Wasserverbrauch und Wassermanagement der Wert 1,0. Im Feld des sozialen Kapitals erhalten Marketing und ethische Werbung den Wert 2,5. Kommunikation und Einbindung von Stakeholdern erhalten den Wert 1.

Aufgrund ihrer Langfristigkeit und entsprechenden Abzinsungsfaktoren führen reine Investitionsrechnungen häufig nicht zu den nach traditionellen Investitionskriterien notwendigen Resultaten. Nachhaltig orientierte Unternehmen werden prüfen, ob sie ihr Bewertungsmodell entsprechend einer strategischen CSR-Ausrichtung modifizieren. Sie werden definieren, wie nichtmaterielle und nichtfinanzielle, jedoch positive Effekte in Bereichen wie Mitarbeitermotivation, Unternehmensreputation und gesellschaftlicher Beitrag bewertet werden können.

Das brasilianische Kosmetikunternehmen Natura war z. B. mit einer klaren ökologischen und sozialen Zielorientierung und einer entsprechenden Umsetzung im Bereich neuer Produkte, Prozesse, Mitarbeiterführung und interner Anreizprogramme sehr erfolgreich. Eine konsequent ökologisch und sozial ausgerichtete Strategie resultierte in klaren Marketing- und Marktvorteilen. Sie führte zu zahlreichen neuen Produkten, sodass Natura als besonders innovatives Unternehmen in entsprechenden Ratings geführt und wahrgenommen wurde. Das Unternehmen erreichte mit einer klar ökologisch und sozial ausgerichteten Strategie eine dramatische Steigerung des Umsatzes, des Gewinns und der Eigenkapitalrendite. Es gibt zahlreiche weitere Beispiele von Unternehmen, die aufgrund ihrer strategischen CSR-Aktivitäten im Bereich Innovation, Mitarbeitermotivation, Markenreputation und Markterfolg besonders erfolgreich sind. Die marktgerechte Kommunikation der Verbesserung des Unternehmens im Bereich ökologischer und sozialer Maßnahmen ist ein wichtiger Grundstein zur erfolgreichen Umsetzung einer konsequenten CSR-Strategie (Eccles und Serafeim 2013).

Eine umfangreiche Untersuchung der Universität St. Gallen und Genf (Center for Organizational Excellence) untersuchte mit der quantitativen Befragung von 88 Geschäftsführern mittelständischer deutscher Unternehmen, inwiefern messbare Wettbewerbsvorteile durch eine verantwortungsvolle Strategiearbeit und entsprechende Optimierung und Innovationsaktivitäten erreicht werden (Zimmermann 2016). Die Bewertung von verschiedenen Best-Practices und qualitativen Fallstudien sollte weitere Hinweise zur richtigen Umsetzung einer CSR-Strategie geben.

Die deutlichste Steigerung der Wettbewerbsfähigkeiten erreichten die Unternehmen, die die strategische Ausrichtung an gesellschaftlichen Werten mit einer entsprechend verantwortungsvollen Optimierung der Unternehmensprozesse verknüpften. Unternehmen, bei denen gesellschaftliche Themen in ihrer Strategie jedoch bei Geschäftsprozessen und Geschäftsmodellen nichts veränderten, konnten in der Gruppe von Unternehmen zusammengefasst werden, die sich in Bezug auf die Veränderung der Wettbewerbsfähigkeit im Mittelfeld platzierten. Sie blieben jedoch deutlich hinter der ersten Gruppe zurück.

Für Unternehmen, „die gesellschaftliche Verantwortung eindimensional, entweder mittels Optimierung der laufenden Prozesse oder durch Erneuerung der Geschäftsfelder, umgesetzt haben, hatte das höhere Maß an Verantwortung einen neutralen oder mitunter sogar leicht negativen Einfluss auf die eigene Wettbewerbsstärke" (Zimmermann 2016), im Vergleich zu Unternehmen, die gesellschaftliche, soziale und ökologische Themen ignorierten. Diese letzte Gruppe der Unternehmen wird jedoch mittelfristig kaum noch eine Bedeutung haben, da die entsprechenden Erwartungen aufseiten aller Stakeholder diese Unternehmen in eine schwache Marktposition drängen werden.

Die Tatsache, dass Unternehmen auch von einer nachhaltigkeitsorientierten Strategiearbeit profitieren, ohne dies durch entsprechende Optimierungs- oder Innovationsaktivitäten zu unterstützen, ist überraschend. Offensichtlich sendet eine verantwortungsvolle Strategiearbeit klare Zeichen an die verschiedenen Stakeholder auch dann, wenn keine konkreten Schritte der Umsetzung unternommen werden. Es zeigt sich jedoch auch, dass diese positive Wahrnehmung und Wirkung, ohne konkrete Abbildung einer Nachhaltigkeitsstrategie in den Unternehmensprozessen und Geschäftsmodellen, nur kurzfristigen Bestand hat. Ein besonderes Risiko stellt diese Strategie dar, wenn die Öffentlichkeit aufgrund besonderer Vorkommnisse wahrnimmt, dass das strategisch geäußerte Engagement nicht zu einer entsprechend nachhaltigen Verankerung geführt hat.

Die konsequente Optimierung und die Ausrichtung der Unternehmensprozesse in der gesamten Wertschöpfung und Lieferantenkette an Kriterien der Nachhaltigkeit kann zu wichtigen Kostenerhöhungen führen. Zum Ausgleich und zur Erhöhung der Wettbewerbsfähigkeit identifizieren erfolgreiche Unternehmen weitere Faktoren im Bereich von Prozess- und Produktverbesserungen oder der Entwicklung neuer Geschäftsideen und Marketingansätze. Entsprechend der Ergebnisse der Studien verbindet der erfolgversprechende Weg „die Optimierung von Unternehmensprozessen und die Erneuerung von Geschäftsmodellen so, dass diese sich gegenseitig verstärken" (Zimmermann 2016). Als Beispiel wird der Konsumgüterhersteller Henkel angeführt, der seine Strategie unter der Überschrift „mit weniger Ressourcen mehr erreichen" im Markt kommuniziert und seine Produkte bis zum Jahr 2030 dreimal so ressourceneffizient herstellen möchte wie 2016. Der „Henkel Sustainability#Master®" bewertet die Entwicklung entlang des gesamten Produktlebenszyklus. Neue Produkte müssen betreffs Funktionalität, Sicherheit und Beitrag im Bereich Gesundheit und Sicherheit einen höheren Wert liefern. Der ökologische Fußabdruck im Bereich Energie, Klima, Material und Abfall und Wasserwirtschaft muss gleichzeitig reduziert werden (Henkel AG). Leistung, Effizienz und Nachhaltigkeit müssen sich eng verzahnen und weiterentwickeln.

Zusammenfassend stellen Zimmermann et al. der Universität St. Gallen und Genf fest, dass es erfolgversprechender ist, bei Nachhaltigkeitsstrategien lieber groß als klein zu denken. Derartige Ziele können nicht mehr allein durch die Optimierung bestehender Prozesse und Ressourcennutzung erzielt werden, sondern fordern das gesamte Unternehmen und alle Mitarbeiter heraus. Wachstum und Ressourcenverbrauch werden unabhängig voneinander fortentwickelt. Erfolgreiche Unternehmen werden eine konsequente, transparente Verfolgung, Messung und Dokumentation der Umsetzung der Nachhaltigkeitsstrategie und Weiterentwicklung des Produktnutzens und des ökologischen und sozialen Fußabdrucks sichern. Eine enge Zusammenarbeit mit Kunden ist ein besonders wichtiger Hebel in der Verbesserung von Produktleistung und Nachhaltigkeit. Dies betrifft sowohl die marktgerechte Kommunikation und Produktentwicklung als auch die Entwicklung des Bewusstseins des Kunden, seinen von ihm in der Produktnutzung selbst verursachten ökologischen Fußabdruck zu reduzieren.

6.2   Steigt die Mitarbeitermotivation dank sozial-ökologischem Engagement?

Der Aspekt der Motivation und der Gewinnung von hoch qualifizierten Mitarbeitern ist für alle Unternehmen ein wichtiges Ziel. Kleinere Unternehmen haben in engen Talentmärkten eine schwierigere Position, hervorragende Mitarbeiter aufgrund einer besonderen Unternehmensreputation zu gewinnen. Ein hohes Mitarbeiterengagement wird gleichzeitig als wichtiger Wettbewerbsvorteil genannt, das im Rahmen von Maßnahmen zu CSR grundsätzlich steigt.

In der in Abschn. 6.4 detailliert dargestellten weltweiten, 30.000 Personen umfassenden Untersuchung der Marketingagentur Nielsen zu dem Einfluss sozialökologischer Unternehmensausrichtungen auf Verbraucherverhalten äußerten 67 % der Befragten, dass sie es vorziehen, für ein Unternehmen mit einer nachhaltigen Unternehmensstrategie zu arbeiten (Nielsen 2014).

In einer umfangreichen Untersuchung unter 314 Unternehmen mit der Befragung von insgesamt über 37.000 Mitarbeitern kamen die Autoren zu dem eindeutigen Ergebnis, dass sich hohes Mitarbeiterengagement durch gute Arbeitsbedingungen positiv auf den Unternehmenserfolg auswirkt (Kap. 9, Hauser et al. 2008).

Besonders interessant und als eindeutiger Beleg der Aussage zeigt sich, dass die besonders erfolgreichen Unternehmen gleichfalls am häufigsten ein starkes Engagement der Mitarbeiter als den wichtigsten Wettbewerbsfaktor bezeichneten (23 %). Die am wenigsten erfolgreichen Unternehmen gaben vor allem den Preis als entscheidenden Wettbewerbsfaktor an (21 %) und maßen dem Engagement der Mitarbeiter nur eine geringe Bedeutung bei (3 %) (Kap. 9).

6.3   Nachhaltigkeit intern: Wie kann unethisches Verhalten vermieden werden?

Der Anteil der CEOs, die aus ethischen Gründen ihre Position verlassen mussten (Betrug, Bestechung, Insiderhandel, Umweltkatastrophen, aufgeblähte Lebensläufe, sexuelle Belästigung) stieg von 3,9 % im Fünfjahreszeitraum 2007–2011 auf 5,3 % im Zeitraum 2012–2016 (Karlsson et al. 2017). Einen im Vergleich überproportionalen Anstieg gab es in den Unternehmen in Nordamerika und Westeuropa. Allerdings trat dieses Problem in den USA und Kanada mit einer Rate von 3,3 % am seltensten auf, gefolgt von 5,9 % in Westeuropa und 8,8 % in den BRICS-Staaten. Der globale Anstieg in dem Fünfjahreszeitraumvergleich könnte nicht unbedingt auf eine geringere ethische Orientierung der CEOs zurückgeführt werden, sondern auf die Tatsache, dass höhere Regulierungsanforderungen und eine größere öffentliche Aufmerksamkeit in derartigen Fällen zu der höheren Quote führt. Dies könnte auch ein Grund dafür sein, dass der CEO-Ersatz in den global größten 625 Firmen mit 7,8 % deutlich überdurchschnittlich war und bei der Gruppe der folgenden kleineren Unternehmen aus einer Gruppe der 2500 Unternehmen bei nur ca. 3 % lag. Die niedrige Quote in den USA könnte darauf zurückgeführt werden, dass gerade dort in den letzten Jahren die entsprechenden Regulierungen deutlich verschärft wurden. Auffallend ist, dass es unter den CEOs mit hohen Machtbefugnissen (CEO und Chairman of the Board) einen signifikant höheren Anteil gab, der das Unternehmen aus ethischen Gründen verlassen musste (ebd.).

Zwei Drittel der nordamerikanischen Unternehmen haben unternehmensweit klare Verhaltensregeln diesbezüglich festgesetzt. Dies ist nur in 44 % der Unternehmen im globalen Vergleich innerhalb der Gruppe der 2500 größten Unternehmen gegeben (ebd.).

Das „Dreieck des Betrugs" des Soziologen Donald Cressey (1950) zeigt Maßnahmen und Wege der Vermeidung von unethischem Verhalten bzw. deren Umsetzung in Unternehmen.

Eine integere Kultur wird beeinflusst durch interne, organisatorische und externe Einflüsse, Geschäftsprozesse und Kontrollsysteme und individuelle Entscheidungen, Verhalten und persönliche Moralvorstellungen. Ethisches Verhalten wird entsprechend der Beobachtungen und Ergebnisse durch drei Aktionsfelder maßgeblich gefördert (Karlsson et al. 2017).

1. Unternehmen vermeiden den Aufbau von Leistungsdruck und Einflüssen auf Mitarbeiter, die unethisches Verhalten begünstigen.
2. Geschäftsprozesse und Kontrollsysteme, die das Risiko eines derartigen Verhaltens minimieren.
3. Vermeidung von Situationen, aus denen Mitarbeiter eine Rechtfertigung des Übertretens der Regeln ableiten könnten.

Maßnahmen betreffen im Bereich der Organisation die Führung, die Vergütungsstruktur und die Anreizsysteme sowie einen übermäßigen Erwartungsdruck in Bezug auf Geschäftsergebnisse. Es zeigt sich, dass nicht Vergütungssysteme mit Aktienoptionen und umfangreichen Bonuspaketen die wichtigste Ursache unethischen Verhaltens sind, sondern der soziale Druck in Unternehmen zum Erreichen außergewöhnlich anspruchsvoller Ziele. Dementsprechend fördert eine hierarchisch-autoritäre Organisation des Befehls- und Gehorsams unethisches Verhalten. Eine Politik der offenen Tür trägt zum informellem Austausch im Fall von Problemen bei. Strukturelle Veränderungen können die Kontrollsysteme stärken. Compliance-Regeln und diskrete und allseits bekannte Systeme, in denen Mitarbeiter unethische Auffälligkeiten anzeigen können, haben einen erheblichen Einfluss. Externer und interner, hoher politischer Druck können das Risiko eines Missverhaltens fördern. Gibt es Regionen, in denen das Unternehmen tätig ist, in denen unethisches Verhalten leichter akzeptiert wird? Welche Rolle haben Geschäftspartner, Lieferanten, Kunden? Die kritische Prüfung der genannten Kriterien und Parameter wird die Entwicklung unethischen Verhaltens deutlich weniger wahrscheinlich machen.

6.4   Nachhaltigkeit, Werte und eine bessere Welt: Wie honorieren dies Verbraucher?

6.4.1   Mehr kaufen und mehr bezahlen. Was ist CSR den Kunden wert?

Wie bewerten Verbraucher weltweit nachhaltige Unternehmensstrategien? Welche Tendenzen unter Verbrauchern gibt es? Die Marketingfirma Nielsen führte eine weltweite Studie unter 30.000 Konsumenten in 60 Ländern dazu durch (Nielsen 2014). Wie berücksichtigen Verbraucher nachhaltige Unternehmensstrategien bei ihrem Einkauf? Welche Marktsegmente richten sich am stärksten an dem ökologischen und sozialen Engagement aus? Welche Aspekte berücksichtigen Kunden am stärksten?

Über die Hälfte der weltweiten Befragten sagte aus, dass sie bereit sind, für Produkte und Dienstleistungen von ökologisch und sozial engagierten Unternehmen einen Aufpreis zu bezahlen. Im Vergleich zu einer Studie drei Jahre zuvor stieg der Prozentsatz von 45 % der Befragten auf 55 %. Diese und weitere Vergleichszahlen zwischen den beiden Untersuchungen belegen, dass die Betrachtung gesellschaftlicher Aspekte bei den Verbraucherentscheidungen maßgeblich zunimmt. Die stärkste sozial-ökologische Motivation lag bei den Befragten aus den Raum Asien-Pazifik (64 %), Latein-Amerika (63 %), dem mittleren Osten und Afrika (63 %) vor. Unter den Befragten aus Nordamerika (42 %) und Europa (40 %) war der Anteil der Käufer, die einen Preisaufschlag im Fall sozial-ökologisch besonders engagierter Unternehmen bezahlen, geringer. Dieser war jedoch auch in nur drei Jahren um 7 bzw. 8 Prozentpunkte angestiegen. Ein ähnlicher Prozentsatz achtete in den jeweiligen Regionen auf die Angaben der Produktverpackung. Eine regional ähnliche Tendenz mit etwas geringeren Prozentangaben lag vor, wenn Konsumenten bei Kaufentscheidungen auf den Rat von Familie und Freunden hörten (Abb. 6.1).

42 % der Befragten weltweit sagten aus, dass sie in den letzten sechs Monaten zumindest beim Kauf eines Produktes das entsprechende Unternehmensengagement betrachtet haben. Eine weitere Analyse zeigt, dass im Jahresvergleich Produkte von 20 ausgewählten Marken von Unternehmen mit sozial-ökologischem Engagement einen um 2 % erhöhten Verkaufsumsatz erzielen konnten. Produkte, die im Rahmen einer sozialökologischen Aktion aktiv promotet wurden, erzielten einen Umsatzanstieg von 5 %. Eine Vergleichsgruppe

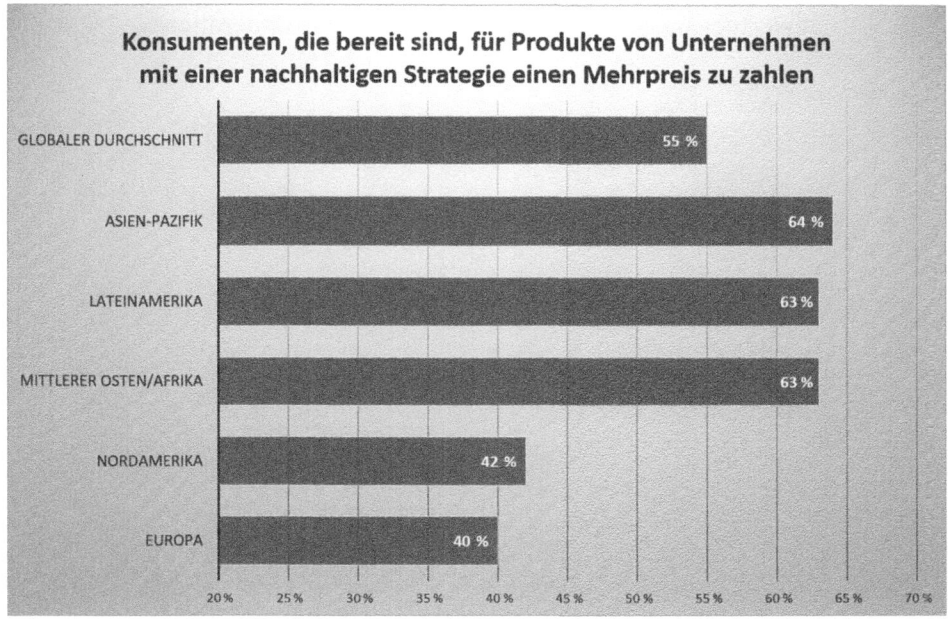

Abb. 6.1 Prozentsatz der Konsumenten, die bereit sind, für Produkte nachhaltig ausgerichteter Unternehmen einen Aufpreis zu bezahlen (Daten Nielsen 2014)

von 14 anderen Marken ohne ausdrückliches sozial-ökologisches Engagement erfuhr einen Umsatzanstieg von nur 1 %. Deutliche Unterschiede zeigen sich zwischen den verschiedenen Generationen in der Bereitschaft, auf ein sozial-ökologisches Verhalten der Unternehmen in der Kaufentscheidung zu achten. Während Senioren und Babyboomer nur zu 3 % bzw. 12 % bereit waren, einen Preiszuschlag für sozial-ökologische Unternehmensprodukte zu zahlen, waren die Generation X bereits zu 25 % zu diesen Extraausgaben bereit. In der Generation der Millennials sagten 51 % der Befragten aus, einen Preiszuschlag für derartige Produkte zu bezahlen. Vergleichbar waren die Zahlen auch, wenn geprüft wurde, welcher Anteil der Käufersegmente vor dem Kauf die Verpackungshinweise betreffs eines sozialökologischen Engagements analysiert. Diese Tendenz unter den Generationen galt auch in der potenziellen Bevorzugung nachhaltig ausgerichteter Arbeitgeber (Abb. 6.2).

6.4.2 Welches gesellschaftliche Engagement steht in der Gunst des Kunden oben?

Unter den verschiedenen sozialökologischen Aspekten, die bei Verbrauchern auf besondere Beachtung stoßen, stehen an der Spitze der Zugang zu sauberem Wasser, der Zugang zu Kanalisation, Abwasser- und Abfallentsorgung, der Kampf gegen Armut, Hunger und nicht ansteckende Krankheiten (Tab. 6.1, Nielsen 2014). Weitere Aspekte, die an der

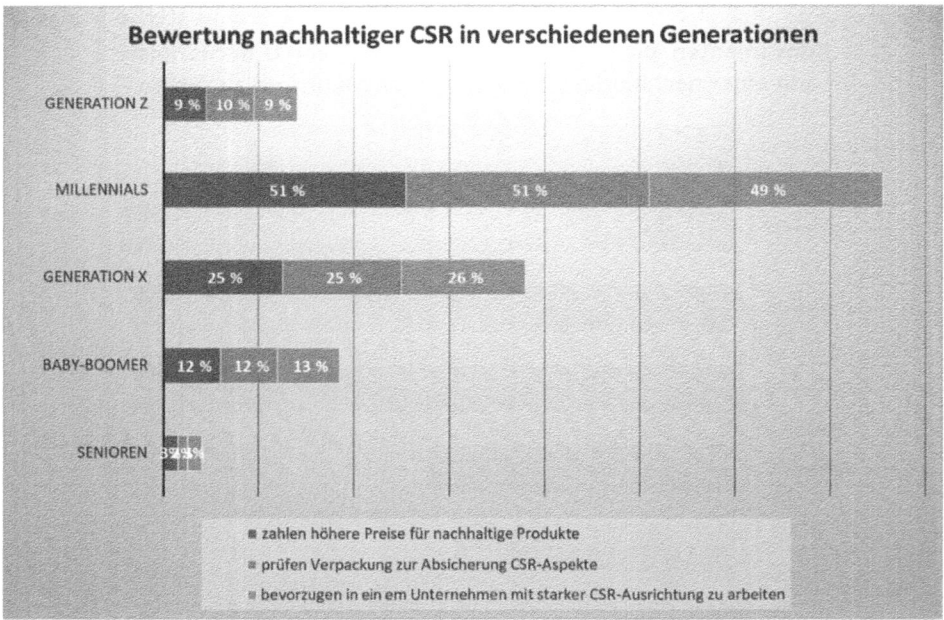

Abb. 6.2 Bewertung nachhaltig ausgerichteter Unternehmen in verschiedenen Generationen (Daten Nielsen 2014)

Tab. 6.1 Anteil der Konsumenten weltweit, die einen Preiszuschlag zahlen würden für Produkte von Unternehmen, die sich in ihrer CSR-Strategie engagieren (Daten Nielsen 2014)

Anteil der Konsumenten weltweit, die einen Preiszuschlag zahlen würden für Produkte von Unternehmen, die sich in ihrer CSR-Strategie engagieren für:	
Zugang zu sauberem Wasser	67 %
Besserer Zugang zu Kanalisation, Abwasser- und Abfallentsorgung	63 %
Verbesserung der Umweltbilanz	63 %
Kampf gegen Armut und Hunger	62 %
Kampf gegen nichtansteckende Krankheiten	58 %
Senkung der Kindersterblichkeit	58 %
Verbesserung der mütterlichen Gesundheit	56 %
Kampf gegen Aids, Malaria u. a.	56 %
Hilfen nach schweren Naturkatastrophen	56 %
Sicherung der globalen schulischen Grundbildung	55 %
Tierschutz	54 %
Fokus auf nachhaltige Konsumprodukte	54 %
Breiterer Zugang zu Impfungen	52 %
Verbesserter Zugang zu wissenschaftlicher, technologischer und mathematischer Ausbildung	51 %
Unterstützung der Emanzipation und Frauenrechte	49 %
Förderung der ethnischen und kulturellen Inklusion	49 %
Verbesserung des Zugangs zu Technologien	47 %
Unterstützung von kleinen Unternehmen und Unternehmertum	46 %
Verbesserung des Zugangs zu kulturellen Institutionen	43 %
Entwicklungsprojekte zugunsten von Gemeinden im Bereich ihrer Büros und produzierenden Einheiten	42 %

Spitze stehen und für die ein großer Anteil der Befragten bereit ist, zur Linderung der Probleme Preiszuschläge bei Produkten zu bezahlen, betrifft Kindersterblichkeit, mütterliche Gesundheit, der Kampf gegen Aids, Malaria und andere Krankheiten, große Naturkatastrophen und die Verbesserung der schulischen Erziehung. In einer entsprechenden sozial-ökologisch ausgerichteten Unternehmensstrategie können Unternehmen Gutes leisten – mit einem Gewinn der eigenen Reputation und einer Aufwertung der Wahrnehmung der eigenen Produkte.

Die US-PR-Agentur Cone, die sich nach eigener Aussage u. a. insbesondere mit sozialen- und Umweltthemen auseinandersetzt, zeigt auf, dass auch amerikanische Verbraucher nicht mehr nur danach fragen, wofür ein Unternehmen steht, sondern auch fragen, wofür es sich einsetzt. US-Bürger erwarten nicht nur eine geschäftliche Entwicklung, sondern auch Engagement und Beiträge zu sozialen Problemen, die zu den Unternehmenswerten passen (Cone Communications 2017). Sie erwarten ein Engagement der Unternehmen für eine umfassendere gesellschaftliche Veränderung, die den Sorgen und Wünschen der

Kunden Rechnung trägt. CSR-Aktivitäten sind nach den Resultaten der Untersuchung ein Differenzierungsmerkmal, welches im Vergleich der fast 25-jährigen Benchmark-Daten einen kontinuierlichen Anstieg in der Wichtigkeit für Konsumenten zeigt. Konsumenten bevorzugen Produkte mit einem sozialen Engagement im Hintergrund.

Das Merkmal eines guten Arbeitgebers ist entsprechend der Analyse eine der wichtigsten Attribute eines verantwortungsvollen Unternehmens. Bürger bewerten gute, wertschätzende interne Prozesse eines Unternehmens als einen Wettbewerbsvorteil im Markt. Angesichts schwieriger Arbeitsmarktbedingungen erwarten die Teilnehmer der Umfrage von Unternehmen auch soziale Verantwortung in der Schaffung von neuen Arbeitsplätzen (94 %) (ebd.).

US-Verbraucher erwarten jedoch auch, dass sich Unternehmen öffentlich zu sozialen Themen außerhalb ihrer unmittelbaren Geschäftstätigkeit äußern: Diversity-Gerechtigkeit (86 %), Zugang zu höherer Bildung (81 %), Immigration (78 %), Klimaveränderung (76 %) Kontrolle des Waffenbesitzes (65 %) (ebd.).

Auch in dieser Umfrage wurde klar, dass Bürger skeptisch betreffs des sozialen Engagements von Unternehmen sind. Sie erwarten entsprechend langfristig orientierte, glaubwürdige Maßnahmen. Interessant ist, dass die Bürger von Unternehmen keine Perfektion erwarten, solange sie offen und glaubwürdig betreffs ihres CSR-Engagements sind. Entsprechend der Einschätzung der US-Verbraucher wird jedoch der höchste Beitrag zur Lösung sozialer und Umweltprobleme von Privatpersonen geleistet (43 %), während dies nur ein deutlich geringerer Anteil bei Unternehmen sieht (13 %).

87 % der Befragten sagten aus, dass sie Produkte auf der Basis eines Werteengagements des Unternehmens kauften. 76 % würden Produkte boykottieren, wenn ein Unternehmen entgegen ihren persönlichen Werten handelt.

Die Unterstützung eines sozialen oder ökologischen Problems unterstützt bei 92 % der Befragten die Entwicklung eines positiven Images des Unternehmens, 87 % bzw. 88 % entwickeln ein höheres Vertrauen und eine stärkere Loyalität zum Unternehmen.

Themen, die entsprechend der US-Konsumenten Unternehmen adressieren sollten, sind die wirtschaftliche Entwicklung (34 %), Armut und Hunger (19 %), Umwelt (15 %) und Menschenrechte (14 %). Erziehung und Bildung sowie Gesundheit und Krankheiten schneiden mit jeweils 9 % schwächer ab (ebd.).

In einer Untersuchung der PR-Agentur Weber Shandwick und der Marktforschungsagentur KRC Research (Weber Shandwick 2016) sagten 31 % der über 1000 befragten Amerikaner aus, dass sie CEOs positiv bewerten, wenn diese sich öffentlich zu kontroversen Themen äußern. 22 % sagten, dass sie eine schlechtere Meinung über die CEOs in diesem Falle hätten (34 % „kein Unterschied", 13 %, „weiß nicht, indifferent"). Das Verhältnis der positiven und negativen Bewertungen dreht sich allerdings um, wenn das Thema nicht in Zusammenhang mit dem Kerngeschäft des Unternehmens steht. Hier bewerteten nur noch 20 % eine Äußerung positiv, 32 % sagten aus, dass sie in diesem Fall eine CEO-Äußerung negativ bewerten. Äußerungen dieser Art beeinflussen jedoch auch die Kaufabsichten der Konsumenten: 45 % geben an, dass sie es vermeiden, von Unternehmen zu kaufen, „deren Chefs eine andere Meinung als sie selbst haben." Insbesondere die Generation der Millennials lassen sich von der Meinung des CEOs positiv beeinflussen, 46 % dieser Gruppe sagte aus, dass sie eher Produkte eines Unternehmens kaufen würde, deren CEO eine ihnen entsprechende Meinung vertritt. Dies sagten nur 35 % der Babyboomer aus. Der Anteil der Millennials, die trotz einer ihrer Auffassung entgegengesetzten Äußerung des CEOs Produkte des Unternehmens kaufen würden, war jedoch mit 19 % auch hier deutlich höher vertrteten als bei der Baby-Boomer Generation (7 %).

Kritisch ist sicher, dass die befragten US-Bürger unsicher waren, welche Motivation hinter den Äußerungen der obersten Führungskraft steht. 36 % der Befragten vermuteten als Motiv eine daraus resultierende, höhere Medienaufmerksamkeit, je 21 % gehen davon aus, dass der CEO seine eigene Reputation stärken wollte oder dass das Unternehmen den Produktabsatz dadurch steigern sollte. Lediglich 14 % vermuten als Absicht, dass CEO und Unternehmen aufzeigen wollen, welches Verhalten und Bewertung sie als gesellschaftlich richtig empfinden. Die Umfrageteilnehmer waren dementsprechend eher skeptisch, eine wertorientierte Motivation hinter den Äußerungen eines CEO zu kontroversen gesellschaftlichen Themen zu sehen.

Dementsprechend sollten Unternehmen vor öffentlichen Äußerungen zu kontroversen gesellschaftlichen Themen prüfen, wie sich die wichtigsten Käufergruppen zu dem entsprechenden Thema vermeintlich stellen werden und ob Aussagen überhaupt gemacht werden sollten. Wie zuvor aufgezeigt, werden erfolgreiche Unternehmen jedoch an einer langfristigen, nicht vordergründig wirtschaftlich motivierten Wertorientierung arbeiten.

In der Bewertung durch eigene Mitarbeiter des Unternehmens sagen 26 % aus, dass derartige Äußerungen ihre Loyalität zum Unternehmen stärken, jedoch 19 %, dass ihre Unternehmensloyalität dadurch sinkt (33 %, „kein Unterschied", 22 % „weiß nicht"; ebd.)

6.4.3   Wenn etwas in der Lieferkette schief geht: Wer trägt die Verantwortung?

In einem Forschungsprojekt mit 1157 Teilnehmern aus Deutschland untersuchten Hartmann und Benoit (EBS Business School, Oestrich-Winkel; Roechampion University Business School, London), in welchen Fällen Markenunternehmen für das Verhalten ihrer Zulieferer durch die Verbraucher verantwortlich gemacht werden (Benoit und Hartmann 2015). Mit welchen Konsequenzen müssen Unternehmen ggf. rechnen?

Die Untersuchung zeigt, dass Verbraucher in sehr vielen Fällen die komplette Verantwortung für Fehler in der Versorgungskette bei dem Unternehmen des Endproduktes sehen. Verbraucher erwarten von Unternehmen am Ende der Produktionskette, dass sie nachhaltige Prozesse und die Beachtung von Umwelt- und Arbeitsbedingungen in der gesamten Wertschöpfungskette absichern. Verbraucher machen keinen Unterschied zwischen Lieferanten mit strategischer Bedeutung und kleinen Sublieferanten. Im Fall von Skandalen ist es nach den Ergebnissen für Verbraucher auch unerheblich, ob sich das Markenunternehmen in der Vergangenheit schon umfassend für Umweltschutz und

Nachhaltigkeit eingesetzt hat oder nicht. Dementsprechend ist es von sehr hoher strategischer Wichtigkeit, kontinuierlich und ausnahmslos die Wertschöpfungskette betreffs der Nachhaltigkeitskriterien und Zertifizierungen zu prüfen und abzusichern. In Einkaufsabteilungen liegt hier die wichtige Verantwortung. Mildernde Umstände lassen Verbraucher in einigen wenigen Fällen gelten, wenn es in der Lieferantenkette zu Skandalen kommt. Verbraucher unterscheiden, ob höhere Gewalt oder das Fehlverhalten von Lieferanten den Schaden verursacht hat. Das Ausmaß der Schäden spielt eine erhebliche Rolle in der Bewertung seitens der Konsumenten. Die Erfahrung vergangener Skandale im Bereich der Umwelt und der Beachtung menschlicher Arbeitsbedingungen zeigt, dass im Katastrophenfall eine professionelle Kommunikation und aktive Maßnahmen zur Schadensbegrenzung ohne Betrachtung der Kostenauswirkungen entscheidend sind.

6.4.4   Wie werden Kunden begeisterte Botschafter des Unternehmens und seiner Werte?

Eine Strategie und entsprechende Maßnahmen zum Gewinn der emotionalen Begeisterung der Kunden und ihre Entwicklung zu „Produkt-Evangelisten" schafft eine begeisterte Community, die die Stärken der Marke und des Produktes mit Enthusiasmus in die Welt tragen. Angesichts der zunehmenden globalen Probleme bei Umwelt, Ressourcen, Armut und Gesundheit in Kontinenten wie Afrika, Südamerika und Teilen Asiens können Unternehmen nicht nur zur Lösung dieser Probleme beitragen, sondern sich die Unterstützung in der Lösung der Probleme durch ihre Kunden zusätzlich sichern. Begeisterung schaffen die Unternehmen durch eine Vision, die sie mit klaren Botschaften und starken Maßnahmen unterstützen. Diese wirkt wiederum als Katalysator für entsprechende Kundenaktionen und Kundenengagement. Weitere Studien (Huba 2003) belegen, dass Kunden sich mehrheitlich insbesondere für ein Unternehmen engagieren, die ein spezifisches gemeinnütziges Anliegen über eine längere Zeit kontinuierlich, konsequent und langfristig verfolgen. Ein solches Engagement begeistert Kunden stärker als ein Engagement für viele, jedoch kurzfristig orientierte Unterstützungsaktionen. Durch langfristige Engagements gewinnen Unternehmen das Herz ihrer Kunden. Sie fokussieren Botschaften auf das Ziel, die Welt besser zu machen. Kunden schenken dem Unternehmen und seiner Mission zunehmend Glauben. Die positive Entwicklung der Welt soll über dem Ziel des Profits stehen. Wenn Kunden an das Unternehmen und die Botschaft glauben, gewinnen sie auch andere durch die positive Berichterstattung und Empfehlung als Kunden. Kundenfeedback und soziale Netzwerke stärken die virale Botschaft. Begeisterte Kunden werden in Communities zusammengeführt, damit sie die Werte und Aktionen des Unternehmens teilen können und auf diese Weise Identifikation mit Unternehmen, Marke und Produkten schaffen. Dank des sozial-ökologischen Investments werden Kunden zu inoffiziellen Botschaftern der Marke. Unternehmen können mithilfe der Kunden-Communities und des daraus gewonnenen Kundenfeedbacks ihre Botschaft weiter schärfen und die Marktwahrnehmung prüfen. Auf diesem Weg kann eine langfristige Kundenpartnerschaft entstehen, zum

Nutzen der Welt, der Kunden und des Unternehmens. Es gilt aber unbedingt zu vermeiden, dass Verbraucher den Eindruck gewinnen könnten, das sozial-ökologische Engagement sei vornehmlich im Marketing des Unternehmens begründet.

Literatur

Benoit, Sabine; Hartmann, Julia (2015): Sippenhaft in der Lieferkette (Harvard Business Manager, 2). Online verfügbar unter http://www.harvardbusinessmanager.de/heft/d-131295464.html, zuletzt geprüft am 18.01.2019.

Cone Communications (2017): CSR Study. Online verfügbar unter http://www.conecomm.com/research-blog/2017-csr-study, zuletzt geprüft am 28.02.2019.

Eccles, Robert G.; Serafeim, George (2013): The performance frontier. Innovating for a sustainable strategy. In: *Harvard business review : HBR* 91 (5), S. 50–60.

Grove, Nico et al (2013): Weitsicht belohnen (Harvard Business Manager, 11). Online verfügbar unter http://www.harvardbusinessmanager.de, zuletzt geprüft am 18.01.2019.

Harvard Business Manager (2015): Zur Arbeit gehen und Leben retten. Interview mit Lars Soerensen, CEO Novo Nordisk. In: *Harvard Business Manager* (11), S. 22–26.

Hauser, F.; Schubert, A.; Aicher, M. (2008): BMAS - Unternehmenskultur, Arbeitsqualität und Mitarbeiterengagement in den Unternehmen in Deutschland. Abschlussbericht Forschungsprojekt Nr. 18/05. bmas. Online verfügbar unter https://www.bmas.de/DE/Service/Medien/Publikationen/Forschungsberichte/Forschungsberichte-Arbeitsschutz/forschungsbericht-f371.html, zuletzt geprüft am 18.01.2019.

Henkel AG: Henkel Sustainability Master|CSCP gGmbH. Online verfügbar unter https://www.scp-centre.org/our-work/henkelsustainability-master/, zuletzt geprüft am 27.02.2019.

Huba, Jackie (2003): A Just Cause: Creating Emotional Connections With Customers, Building Customer Loyalty. Online verfügbar unter https://www.inc.com/articles/2003/05/25537.html, zuletzt geprüft am 18.01.2019.

Kanter, Rosabeth Moss (2011): How great companies think differently. In: *Harvard business review : HBR* 89 (11), S. 66–78.

Karlsson, Per-Ola; Aguirre, DeAnne; Rivera, Kristin (2017): Are CEOs Less Ethical Than in the Past? Why more chief executives are losing their jobs after scandals and corporate misconduct. Online verfügbar unter https://www.strategy-business.com/feature/Are-CEOs-Less-Ethical-Than-in-the-Past?gko=50774, zuletzt aktualisiert am 15.05.2017, zuletzt geprüft am 18.01.2019.

Kramer, Mark R.; Pfitzer, Marc W. (2016): The ecosystem of shared value. In: *Harvard Business Review* 94 (10), S. 80–89.

Loew, Thomas, Clausen, Jens (2010): Wettbewerbsvorteile durch CSR. Institute 4 Sustainability. Berlin. Online verfügbar unter www.4sustainability.de, zuletzt geprüft am 21.01.2019.

Lowitt, Eric (2014): How to survive climate change and still run a thriving business. Checklists for smart leaders. In: *Harvard business review : HBR* 92 (4), S. 86–92.

Materiality Map – Sustainability Accounting Standards Board. Online verfügbar unter https://www.sasb.org/standardsoverview/materiality-map/, zuletzt geprüft am 18.01.2019.

Nielsen (2014): Doing well by Doing Good. Nielsen Global survey 30.000 consumers and corporate social responsibility. Online verfügbar unter https://www.nielsen.com, zuletzt geprüft am 21.01.2019.

Rangan, Kasturi; Chase, Lisa; Karim, Sohel (2015): The truth about CSR. In: *Harvard business review : HBR* 93 (1/2), S. 40–49.

Sprenger, Reinhard (2005): Die drei Disziplinen gesunden Wachstums (Harvard Business Manager, 3).
    Online verfügbar unter http://www.harvardbusinessmanager.de/heft/d-39401353.html, zuletzt
    geprüft am 18.01.2019.
Weber Shandwick (2016): The Dawn of CEO Activism. Online verfügbar unter https://www.we-
    bershandwick.com/news/the-dawn-of-ceo-activism/, zuletzt geprüft am 18.01.2019.

Der erfolgreiche CEO – Eigenschaften und Führungsstil

Hervorragende Führungskräfte zeichnen sich durch eine starke analytische und intuitive Auffassung und Führung aus, die Unternehmensstrategie, Ziele und den langfristigen Erfolg in den Mittelpunkt stellen. Die Schaffung einer Unternehmenskultur, in der Führungskräfte und Mitarbeiter mit Begeisterung, Leidenschaft, großer kreativer Disziplin und unternehmerischem Denken an der Fortentwicklung des Unternehmens arbeiten, ist eine zentrale Aufgabe der obersten Führungskräfte. Statistisch valide Ergebnisse in Abschn. 1.4 zeigen den Erfolg dieser Führungsgrundsätze auf.

Carlos Ghosn, Ex-CEO von Nissan-Renault, beschrieb einige der umfangreichen Anforderungen an erfolgreiche CEOs, ihre Persönlichkeit, Entscheidungsfreude und -fähigkeit, die Wichtigkeit eines breiten Netzwerkes und physische und psychische Belastbarkeit: „Im Umgang mit der Öffentlichkeit und den Medien benötigen sie hohe Fähigkeiten und Darstellungskraft. Entsprechend sicher müssen sie auftreten und ihren ganz unterschiedlichen Zuhörern mit unterschiedlichen Interessen und unterschiedlichen kulturellen Background mit Sensibilität und einer globalen Empathie begegnen" (zit. in Barton et al. 2012).

Ghosn stellt des Weiteren heraus:

> In dem sozialen und wirtschaftlichen Umfeld der Öffentlichkeit lassen Unternehmen sich nicht mehr mit einem Blick auf Finanzzahlen führen. Was denken Kunden, was erwarten Kunden, was denken Mitarbeiter, wie nimmt die Öffentlichkeit Aktionen des Unternehmens wahr? In dem komplexen Geflecht widersprüchlicher Anforderungen aller Stakeholder muss der CEO dennoch schnelle und klare Entscheidungen treffen. Aus seinem weiten Netzwerk holt er sehr viele Expertisen und Meinungen zuvor ein. Der Blick für das Ganze und der Blick für das Detail müssen sich abwechseln und ergänzen. In der Psychologie wird das Phänomen der ‚Decision fatigue' diskutiert. Diese kann dazu führen, dass der Druck, viele Entscheidungen unter hoher Unsicherheit auf einmal zu treffen, die Fähigkeit zu weisen Entscheidungen insgesamt stark einschränkt. (ebd.)

Öffentlichkeit, Kunden und Mitarbeiter muss ein CEO ggf. entsprechend von der Richtigkeit seiner Sichtweisen und Entscheidungen überzeugen. Er muss das Heft der Führung in der Hand behalten und darf sich nicht durch die Umstände führen lassen.

Carlos Ghosn beschreibt die Kommunikation schwieriger Entscheidungen eines CEOs an Stakeholder so:

> Komplexe Analysen und Entscheidungen müssen in der Kommunikation intern und insbesondere in der Öffentlichkeit stark vereinfacht werden. Alles ist komplex, aber einmal entschieden, muss man es so sehr vereinfachen, als wäre es fast eine Karikatur. Sie müssen alles reduzieren auf 0 oder 1, schwarz oder weiß, go or no-go. Man kann nicht zu viele Nuancen haben. In einer Krise muss man alle diese Dinge tun – zuhören, entscheiden und dann vereinfachen – sehr schnell. Das macht das Führen in einer Krise so interessant. (ebd.)

Trotz der primären Aufgabe des CEOs, sich insbesondere um die langfristige Unternehmensentwicklung zu kümmern, kommt aufgrund der schnellen Veränderungen ihm immer öfter die Aufgabe des Krisenmanagements zu. Es können kurzfristig chaotische Zustände über ein Unternehmen hereinbrechen, die dennoch die Identifikation mit dem Unternehmen, die Konzentration auf die Schlüsselprobleme und wohl überlegte Reaktionen verlangen (ebd.).

Jim Collins (Abschn. 1.1) bezeichnet die herausragenden Führungskräfte als Level-5-Führungspersönlichkeiten mit hoher persönlicher Bescheidenheit. Sie haben eine professionelle Willenskraft zum Erfolg des Unternehmens. Die Schaffung eines bleibenden Wertes steht für sie im Mittelpunkt. Sie setzen den Erfolg des Unternehmens über den persönlichen Vorteil und das eigene Image (Hinterhuber 2011; Collins 2011). Besonders charismatische, autokratische Personen konnten entsprechend verschiedener Untersuchungsergebnisse keine langfristig erfolgreiche und effiziente Organisation erhalten. Die Spaltung der Mitarbeiter in Anhänger und Gegner und ein destruktiver Gehorsam widerspricht der Entwicklung einer motivierenden, unternehmerischen Kultur. Collins identifizierte in 70 % der wenig erfolgreichen Unternehmen Führungskräfte, die sich hingegen als eine eher „ich-zentrierte" Persönlichkeit auswiesen. Diese Führungspersönlichkeiten hatten ggf. auch kurzfristig hervorragende Unternehmenserfolge, sie fielen jedoch bald deutlich zurück. Erfolgreiche Level-5-Führungskräfte akzeptieren keine Söldner und Ja-Sager im Team, sondern fordern eine kreative, konstruktive Diskussions- und Streitkultur. Sie blicken auch unangenehmen Tatsachen entgegen, wertschätzen jede Art von Information und geben allen Mitarbeitern Gehör. In der disziplinierten Entscheidungsfindung werden grundsätzlich alle positiven und kritischen Fakten berücksichtigt. Sie wirken stark in der Integration und der Vereinfachung auf das grundlegende Geschäfsprinzip, welches sie anschließend mit harter Konsequenz und Disziplin in der Umsetzung führen. Sie fördern im Unternehmen die Kultur der Begeisterung, der Leidenschaft, des unternehmerischen Denkens und der schöpferischen Disziplin. Sie räumen Mitarbeitern angemessene Freiheiten und Eigenverantwortung ein. Sie erreichen Ergebnisse durch die Schaffung einer entsprechend erfolgreichen Kultur und nicht unter disziplinarischen Druck. Führung gestalten sie durch das Stellen der richtigen Fragen. Sie beginnen nicht mit vermeintlichen Antworten und Vorgaben.

Erfolgreiche Führungskräfte lösen mit ihrer Wirkung Vertrauen der Mitarbeiter in die eigenen Fähigkeiten aus, unterstützen unternehmerisches Denken, führen mit Werten Unternehmen nachhaltig und langfristig. Sie erkennen mit ihrer Chancenintelligenz Möglichkeiten, die andere nicht sehen (Hinterhuber 2011).

Mitarbeitermotivation gewinnen solche Führungskräfte aus deren Begeisterung in der Arbeit für das Unternehmen und den Zielen anstelle der Motivation durch das Gehalt. Sie zeigen Mitarbeitern, dass sie mehr erreichen können, als sie sich selbst vorstellen. Mitarbeiter, die durch Werte, Ziele und ein gutes Unternehmensumfeld und gute Unternehmenskultur eine starke intrinsische Motivation in ihrer Arbeit entwickeln, stellen ein hohes kreatives Potenzial dar. Unter dem vollen Einsatz ihrer Fähigkeiten können sie einen Flow-Zustand hoher Produktivität und Zufriedenheit erreichen, wenn ihnen angemessene Herausforderungen und ausreichender Freiraum in ihrer Aufgabe geboten werden (ebd.).

Management-Bestsellerautor Geoffrey James führte zahlreiche Interviews mit Top-CEOs von Firmen wie Microsoft, Hewlett-Packard und vielen anderen. Er fasste sein Wissen daraus in den acht gemeinsamen Grundüberzeugungen erfolgreicher CEOs zusammen (Geoffrey 2012):

1. **Business ist ein Ökosystem und kein Schlachtfeld:** Gute Führungskräfte betrachten ein Geschäft als eine Symbiose, in der Firmen mit hoher Diversität mit größerer Wahrscheinlichkeit überleben und sich durchsetzen. Es entstehen Teams, die sich schneller und einfacher neuen Märkte und neuen Formen von Partnerschaften anpassen.
2. **Ein Unternehmen ist eine Gemeinschaft und keine Maschine:** Gute Führungskräfte sehen das Unternehmen als eine Verbindung individueller Hoffnungen und Träume, die sich zu einem höheren Zweck verbinden. Sie inspirieren Mitarbeiter zum Engagement: für den eigenen Erfolg, für den ihrer Kollegen und den des Unternehmens.
3. **Management ist ein Service und kein Kontrollsystem:** Gute Unternehmensführer geben eine Richtung vor und verpflichten sich selbst, ihren Mitarbeitern die notwendigen Ressourcen zur Verfügung zu stellen, um die Aufgabe zu erfüllen. Sie delegieren Entscheidungsbefugnisse in die Hierarchie nach unten, sodass die Teams ihre eigenen Regeln entwickeln können und sie nur in Notfällen intervenieren müssen.
4. **Mitarbeiter sind Kollegen und keine Kinder:** Jeder Mitarbeiter wird mit Respekt so behandelt, als sei er die wichtigste Person in der Firma. Exzellenz wird überall im Unternehmen erwartet, dementsprechend übernehmen Mitarbeiter die Verantwortung in ihrem eigenen Bereich.
5. **Motivation kommt aus einer Vision, nicht aus Angst:** Mitarbeiter werden inspiriert, eine bessere Zukunft zu sehen und wie sie Teil davon sein werden. Mitarbeiter arbeiten engagiert, weil sie an die Ziele des Unternehmens glauben und sie von ihrer Aufgabe wirklich begeistert sind.
6. **Change bedeutet Wachstum, nicht Leiden:** Veränderung wird als unvermeidbarer Teil des Lebens betrachtet. Sie erkennen, dass Erfolg unmöglich ist, wenn das Unternehmen und die Mitarbeiter nicht neue Ideen und neue Wege im Geschäft entdecken und umsetzen.

7. **Technologie gibt Unterstützung, jedoch nicht Automatismus:** Gute Führungskräfte setzen Technologie ein, um Mitarbeiter in ihrer Kreativität zu unterstützen und bessere Beziehungen im Unternehmen aufzubauen.

8. **Arbeit ist Spaß und nicht Schuften:** Gute Führungskräfte begreifen Arbeit als etwas, das allen Spaß machen soll und erkennen deshalb, dass es ihre Aufgabe ist, so weit als möglich dafür zu sorgen, dass Mitarbeiter Freude empfinden.

7.1 Welchen Einfluss hat das Top-Führungsteam auf die Finanzresultate?

In einer breit angelegten Studie (Yehuda Baruch in Hinterhuber 2011) wurde mittels Bilanzdaten börsennotierter US-Unternehmen aufgezeigt, dass die Managementfähigkeiten der obersten Führungsriege die wichtigste Triebfeder für den nachhaltigen Erfolgs eines Unternehmens ist. Dies zeigte sich insbesondere in Fällen schwieriger wirtschaftlicher Rahmenbedingungen. Eine exzellente Unternehmensführung ist hier besonders erfolgsentscheidend.

McKinsey zeigte in einer Untersuchung unter ca. 3000 börsennotierten Unternehmen (Bradley et al. 2013), dass die Unternehmensführung besonders bei den Spitzenunternehmen (Top 20 %) und den Verlierer-Unternehmen (Bottom 20 %) im Vergleich zum Einfluss des Brancheneffektes und zu den Durchschnittsunternehmen einen klar überdurchschnittlichen Einfluss hat. In den Ergebnissen der Analyse in Abschn. 1.3 konnten die Autoren aus den statistischen Daten herleiten, dass der CEO zu 15 % den Unternehmenserfolg eines Unternehmens bestimmt (Joyce et al. 2003).

Herausragende Unternehmensführung zeigt sich in der Krise. Hier kommt es nicht mehr darauf an, die Strategie des Unternehmens zu entwickeln oder auch infrage zu stellen, sondern darum, wie die Strategie kurzfristig angepasst werden kann. Volatilität und Globalisierung steigern das Risiko von externen Krisen. Neue Ideen können schlagartig Branchen verändern.

7.2 Intuition, Analytik, Emotion, Glück oder einfach alles?

Erfolgreiche Leader bestimmen maßgeblich mit einer starken Innovationsorientierung die erfolgreiche Unternehmensentwicklung (Abschn. 1.4). In der Untersuchung von ca. 900 strategischen Geschäftseinheiten zeigte sich ein stark signifikanter Zusammenhang zwischen der Innovationsorientierung und dem Unternehmenserfolg, wenn sich dies in einer starken, unternehmerischen Kultur und Marktorientierung niederschlug und das Unternehmen sich auf seine Kernkompetenzen konzentrierte.

In der Förderung dieser Unternehmenskultur ist es ein wichtiges Merkmal erfolgreicher Unternehmensführer, mit der richtigen Mitarbeiterauswahl die geeigneten Persönlichkeiten für ein starkes Team zu identifizieren und zu gewinnen. Sie gewinnen Persönlichkeiten, die die Geschäftsaktivitäten mit Enthusiasmus und Leidenschaft betreiben und sich in dem Rahmen von angemessener Freiheit und Eigenverantwortung selbst führen können. Dies unterstützt den Abbau bürokratischer Kontrollstrukturen. Auf diese Weise kann sich das obere Management auf die Führung des Geschäfts konzentrieren, anstelle auf das Management der Mitarbeiter. Sie nehmen Abstand von der Managerfehlleistung des Mikromanagements auch in Krisensituationen (Hinterhuber 2011).

In einer Untersuchung unter 653 Führungskräften zeigten die Autoren (Bailom et al. 2013) auf, wie stark diese sich entsprechend ihrer Persönlichkeit von Intuition und Analytik lenken ließen und wie sich dies auf den Erfolg der Unternehmen auswirkte. Sie teilten die Führungspersönlichkeiten in vier Kategorien ein: 1. Führungskräfte mit primär intuitiven Entscheidungen, 2. Führungspersönlichkeiten mit analytischen Entscheidungen, 3. Führungskräfte, die Intuition und Analytik in der Entscheidungsfindung vereinen und 4. Führungskräfte, die in keiner der Dimensionen Intuition bzw. Analytik eine starke Ausprägung aufwiesen. Etwa die Hälfte der Führungskräfte räumte ein, dass sie ihre Entscheidungen vorwiegend auf Intuition gründen. Unternehmer ließen sich signifikant öfter von ihrer Intuition leiten als andere Führungskräfte. Die Gruppe der passiven Führungskräfte ließ sich von den äußeren Umständen treiben und hatte in den beiden Dimensionen der Analytik und Intuition keine starke Ausprägung.

Im Ergebnis waren intuitiv geleitete Führungskräfte etwas innovativer als der Durchschnitt. Strenge Analytiker lagen bei allen Kriterien im überdurchschnittlichen Bereich. Führungskräfte, denen es gelingt, sich von ihrer Intuition leiten zu lassen und ihre Entscheidungen anschließend auf der Basis von klaren Analysen abzusichern, waren am erfolgreichsten. Wer sich von Intuition leiten lässt, benötigt einen großen Erfahrungsschatz, um aus zahlreichen vertrauten Mustern intuitiv die richtigen Schlüsse zu ziehen (Abb. 7.1).

Erfolgreiche Unternehmensführer besitzen die notwendige Chancenintelligenz, günstige Zufälle und schwache Marktsignale zu erkennen, zu nutzen und auch intuitiv richtige Entscheidungen zu treffen. Diese sind im Allgemeinen auf enormes Erfahrungswissen gegründet. Die Untersuchung zeigte auch, dass Unternehmer deutlich öfter als andere Führungskräfte aussagten, dass sie sich in ihren Entscheidungen auch von Intuition, Bauchgefühl, Lebenserfahrung und Gefühlen leiten lassen (ebd.).

Auch wenn Unternehmensführung bzw. Management traditionell als ein streng rationaler Prozess verstanden wird, zeigte sich in einer Untersuchung unter Messung der Gehirnaktivitäten von Teilnehmern eines Executive-MBA-Programms mit einem Kernspintomografen, wie wichtig die Gehirnregionen, die für Emotion und Intuition verantwortlich sind, bei Entscheidungsprozessen sind (Gilkey et al. 2010). Die Teilnehmer hatten fiktive strategische und taktische Managementprobleme zu lösen. Dabei wurde beobachtet, wie verschiedene Gehirnregionen miteinander interagierten. Bei den besten Strategen zeigten sich in den eher rational ausgerichteten Gehirnfunktionen (präfrontaler Kortex) geringere neuronale Aktivitäten als in denen, die mit unbewussten Emotionen zu tun haben (emotionale Intelligenz, Einfühlungsvermögen, Bauchentscheidungen).

Im Fall von taktischen Aufgaben war die Lösung mit der Weiterleitung von Emotionen verknüpft (Inselrinde) und mit Gehirnregionen, die das Fällen neuer Entscheidungen unter Berücksichtigung von Ergebnissen aus der Vergangenheit ermöglichen (vorderer cingulärer Cortex; ebd.)

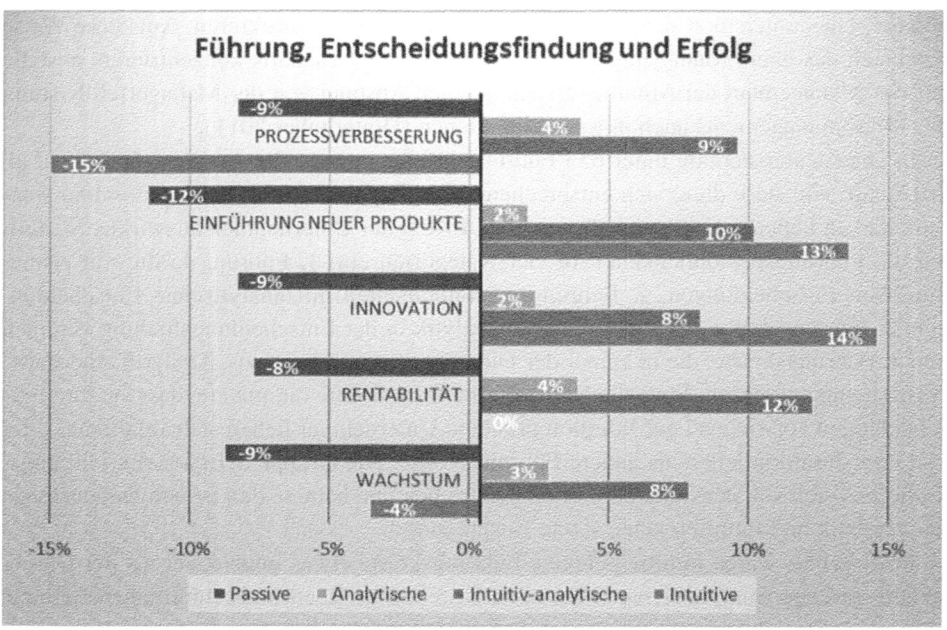

Abb. 7.1 Managercharaktere und Ergebnisse (Daten Bailom et al. 2013)

In einer Untersuchung zur Bewertung der Bedeutsamkeit emotionaler Faktoren in wichtigen Entscheidungen führte man Interviews mit 118 Börsenmaklern und 10 Top-Managern von vier Investment-Banken in London (Goleman 2013). In der Unterscheidung der erfolgreichsten Börsianer und der erfolgloseren Börsenmakler zeigte sich, dass die erfolgreichen sich weder zu 100 % auf ihren analytischen Verstand verließen, noch, dass sie einfach nur ihrem Bauchgefühl folgten. Sie nutzten ihr breites emotionales Spektrum zur kritischen Beurteilung ihrer Intuition. Im Verlustfall nahmen sie auch ihr Besorgnisgefühl ernst. Erfolglose Börsenmakler tendierten dazu, Ängste zu ignorieren und sich in großem Maß auf ihr Bauchgefühl zu verlassen. Sie trafen häufiger falsche Entscheidungen.

In dem Spannungsfeld rationaler und intuitiver Entscheidungen tritt jedoch auch die Frage auf, welche Daten und Erkenntnisse auf der Seite der Analytik genutzt werden. Trotz der Fokussierung auf rationale Entscheidungen ist es im Management noch vielfach so, dass die besten wissenschaftlichen Erkenntnisse und verfügbaren Daten nicht die Basis für Managemententscheidungen darstellen. Kein Geringerer als Jeffrey Pfeffer (Professor für das Verhalten von Organisationen an der Stanford Graduate School of Business) stellte fest, dass Manager sich zu häufig mit zu viel Bauchgefühl gegen die Datenlage entscheiden und damit leichtfertig teure Fehler provozieren (Pfeffer 2011). Das evidenzbasierte Management kann mit der intelligenten Verknüpfung von Daten und Algorithmen der künstlichen Intelligenz neue Einsichten für wichtige Entscheidungen liefern. Die schnelle

Entwicklung der künstlichen Intelligenz wird fortschrittlichen Unternehmen im Fall der Nutzung wichtige Wettbewerbsvorteile öffnen. Pfeffer stellt fest und empfiehlt:

> Bevor das Management eine Profession werden kann, müssen die Ausführenden sich selbst als Teil einer größeren Zielsetzung begreifen. Allerdings waren nicht nur höhere Ziele nötig, um etwa aus der Medizin mehr als Quacksalberei zu machen, (…) In einer Welt mit komplexen Problemen sollen wir uns sicher sein können, dass Manager Wissen nutzen, das über ihr eigenes hinausgeht. (Pfeffer 2011)

Das Austarieren beider Positionen, Analytik und Bauchentscheidung, wird mit breiter Erfahrung und in diversen Teams einfacher sein (Kap. 11).

Daniel Goleman kommt dagegen zu dem Schluss, dass die Selbstwahrnehmung anhand der wichtigen emotionalen Intelligenz entscheidend ist. In der Fokussierung auf sich selbst und die Selbstwahrnehmung sollten Entscheider auf alle Facetten der inneren Stimme hören, um bessere Entscheidungen zu treffen (Goleman 2013). Das Bauchgefühl entsteht aus Botschaften verschiedener Gehirnregionen. Die Zuverlässigkeit der Intuition verbessert sich, je mehr die verschiedenen Signale erkannt und bewertet werden können. Jonathan Gosling/Henry Mintzberg führten dazu und zu weiteren Aspekten der Führung die „5 Welten des Managers" ein (Gosling und Mintzberg 2003):

1. Eine entsprechende Konzentration durch eine positive Selbstfokussierung bzw. ein reflektierendes Mindset und die Vermeidung von Ablenkung sind dazu wichtig. Die aktive Sammlung und Nutzung eines Erfahrungsschatzes werden dadurch unterstützt. Dies wird unterschieden von einer „Aneinanderreihung von Happenings", die mental unverarbeitet bleiben. Die Konzentration vermeidet Ablenkung und ein Ziel aus den Augen zu verlieren und unterstützt dabei, ein mögliches Übermaß an Emotion zu zügeln. In kritischen Situationen kann Ruhe bewahrt werden.
2. Das Übermaß der gleichzeitig auf Führungskräfte einfließenden großen Informationsmenge zehrt „die Aufmerksamkeit ihrer Empfänger auf (…) Daher erzeugt eine Fülle von Informationen einen Mangel an Aufmerksamkeit" (Herbert Simon, 1971 in Goleman 2013). Mintzberg und Gosling unterstreichen zu dem zuvor genannten reflektierendem Mindset die Anwendung des analytischen Mindsets, das sich jenseits oberflächlicher und konventioneller Analysen bewegt. Hier geht es um das Hinter-sich-Lassen der bloßen Zahlenbetrachtung, um in eine reflektierende Analyse einzutreten. Es werden Informationen gewonnen, die in konventionellen Analysen nicht berücksichtigt werden. Dies dient der Erkundung der Hintergründe von Daten und Annahmen, die auch zur Vermeidung von Voreingenommenheit im eigenen Denken wichtig sind. Diese Betrachtung lässt Daten in einem neuen Licht erscheinen und öffnet neue Perspektiven.
3. Das weltgewandte Mindset eröffnet neue Perspektiven in der Betrachtung abwechslungsreicher Welten und ihrer Vielfalt aus der Distanz. Die Erforschung neuer Welten, verschiedener Orte und anderer Gedanken schafft die Möglichkeit, auch das „Gewohnte neu kennenzulernen". Erfolgreiche Führungskräfte verlassen ihre Büros und

verbringen die Zeit mit Kunden, in der Produktion und auch dort, wo die Lebensbedingungen sich verschlechtern. Führungskräfte betrachten die Handlung von Unternehmen auch auf lokaler Ebene mit den sich daraus ergebenden Konsequenzen und der entsprechenden Verantwortung. Dies bedeutet „das Managen am Rande – zwischen den Unternehmen und der Welt, die diese umgeben: Kulturen, Branchen, Unternehmen" (ebd.).

4. Das vierte Mindset des erfolgreichen Managers ist nach Mintzberg und Gosling das kooperative Mindset eines empathisch gewinnenden Stils des Zuhörens und Leaderships im Hintergrund: „Führungspersonen führen selbst fast keine der Aufgaben aus, für die ihre Unternehmen stehen. Sie delegieren sie nicht einmal. Sie tragen vielmehr dazu bei, Strukturen, Bedingungen und Einstellungen zu schaffen, damit die Aufgaben erledigt werden können. Das erfordert einen kooperativen Mindset" (ebd.).

5. Das handlungsorientierte Mindset des Managers entwickelt ein Gespür dafür, was sein Team unter den gegebenen Umständen leisten kann und unterstützt es dabei, Richtung und Ziel zu finden. Er mobilisiert die notwendige Energie, um positive Veränderungen dort zu erreichen, wo sie notwendig sind. Dies erfolgt jedoch in Übereinstimmung mit dem kooperativen Mindset. Dementsprechend sind die Übergänge zwischen allen diesen fünf Mindsets fließend.

Gosling und Mintzberg erinnern, dass viele Führungskräfte gewisse Mindsets anderen gegenüber bevorzugen. Dementsprechend ist die Kooperation und gegenseitige Ergänzung in Diversität zielführend. Ein Ziel des Modells des Managementvordenkers ist es, das auf Kooperation basierende gewinnende Management als erfolgreichen Stil gegenüber dem heroischen, auf dem eigenen Ichbasierenden Management herauszustellen. Netzwerke, Projektgruppen und selbst verwaltete Teams bewältigen große Herausforderungen: „Denken Sie an selbst verwaltende Teams oder daran, wer das World Wide Web ‚managt'" (ebd.).

Bailom et al. (2013), Collins (2011) und Hinterhuber (2011) setzten sich in ihren Untersuchungen auch mit der Frage des Glücks und der möglicherweise glücklichen Umstände auseinander, die den Unterschied im Erfolg einer Managementaufgabe ausmachen könnten (Kap. 1). Collins zeigte auf der Basis einer Datenanalyse, dass erfolgreiche Führungskräfte nicht öfter durch glückliche Umstände unterstützt oder von unglücklichen Umständen verschont blieben als Unternehmensführer weniger erfolgreicher Firmen. Sie sind jedoch ggf. besser in der entscheidenden „Chancenintelligenz", um günstige Umstände zu erkennen und zum Vorteil des Unternehmens zu nutzen. Strategische Führungskompetenz erkennt die wichtigen Zusammenhänge intuitiv. „Glück und Unglück im unternehmerischen Sinne sind niemals Zufall, sondern die logische und gesetzesmäßig eintretende Folge richtigen oder falschen Verhaltens. Richtiges Verhalten ist das Ergebnis konstruktiven, positiven und eigenverantwortlichen Denkens, Fühlens und Tuns, falsches das Ergebnis destruktiven, negativen und unselbstständigen Denkens, Fühlens und Tuns" (Hinterhuber 2011).

Zahlreiche Studien belegen die Wichtigkeit einer starken persönlichen Willenskraft für den Erfolg. Erfolgreiche Menschen haben jedoch meistens den stärkeren Erfolgswillen von Jugend an. Bekannt ist der Marshmallow-Test, bei dem Kinder in den 70er-Jahren in einem isolierten Raum entscheiden mussten, ob sie einen Marshmallow sofort essen oder ob sich eine Viertelstunde mit dem ersten Marshmallow unter der Nase gedulden sollten, um dafür später zwei Marshmallows zu bekommen. Ein Drittel der Kinder hielt die vollen fünfzehn Minuten durch. Nachdem man ca. 30 Jahre später fast alle Kinder ausfindig machen konnte, zeigte sich, dass Kinder mit der stärksten kognitiven Kontrolle, die der Versuchung am längsten widerstanden hatten, finanziell erfolgreicher, gesünder und gesetzestreuer waren als Kinder, die der Versuchung überhaupt nicht widerstehen konnten. Das Ergebnis des Tests war sogar ein besserer Indikator für den finanziellen Erfolg als der Intelligenzquotient der Kinder, die Zugehörigkeit zu einer sozialen Klasse oder die familiäre Situation.

7.3   Werte, Vorbild und Integrität als Renditetreiber

Unternehmensführer mit hoher Bewertung betreffs der vier Werte Integrität, Verantwortung, Fähigkeit zur Vergebung und Mitgefühl in ihren Unternehmen erzielten im Durchschnitt eine fast fünfmal so hohe Gesamtkapitalrendite wie CEOs mit schlechter Charakterbewertung. Dies ist das Ergebnis einer Analyse der Managementberatung KRW International, Minnesota, USA (Kiel 2013).

Die Charakterbewertung erfolgte nach der Überprüfung des von dem Anthropologen Donald Brown erstellten Katalogs über rund 500 allgemeingültige menschliche Verhaltensweisen und Eigenschaften (Brown 1991). Aus diesem Katalog wurden die vier genannten universellen moralische Prinzipien identifiziert. In anonymen Fragebögen gaben Mitarbeiter von 84 amerikanischen Unternehmen und gemeinnützigen Organisationen an, wie konsistent das oberste Führungsteam und der CEO die vier moralischen Prinzipien vertraten (Integrität, Verantwortung, Vergebung, Mitgefühl). Weitere Informationen gewannen die Autoren aus Interviews mit einer Vielzahl von Führungskräften. Die Ergebnisse wurden mit Daten der Finanzberichte der jeweiligen Organisation verglichen. Zehn CEOs in der Spitzenposition der Bewertungen erhielten aus der Untersuchung hohe Werte bei allen vier moralischen Prinzipien Integrität, Verantwortung, Vergebung und Mitgefühl. Mitarbeiter attestierten ihnen auf der Basis ihres Verhaltens einen entsprechend starken Charakter in der Einhaltung der Werte. Am anderen Ende befanden sich zehn CEOs, die die Autoren als „selbstfokussiert" bezeichneten. Mitarbeiter beobachteten bei ihnen, dass sie Werte und Wahrheit nur besonders beachteten, wenn es ihnen selbst nützte. Sie hielten öfter nicht ihre Versprechen ein, nahmen es mit der Wahrheit nicht sehr genau, waren stark in der Schuldzuweisung gegenüber anderen Personen und zeigten wenig Empathie. Sie richteten ihr persönliches Verhalten primär an der eigenen finanziellen Sicherheit aus, unabhängig davon, welche Kosten dies bei anderen verursachte (Kiel 2013).

Im Ergebnis der Untersuchung zeigte eine eindeutige Korrelation, dass die CEOs mit besonders guten Werten betreffs der moralischen Prinzipien deutlich bessere finanzielle Kennzahlen im Vergleich zu den CEOs mit besonders schwacher Bewertung erzielten

(ROA 9,35 % vs. 1,93 %). Es erscheint wichtig herauszustellen, dass die Gruppe der moralisch hochbewerteten CEOs auch bessere Bewertungen in den Kategorien Vision und Strategie, Fokus, Verantwortlichkeit und Charakter des gesamten Führungsteams erzielte. Die Autoren der Untersuchung regen an, Führungskräfte mit weniger stark ausgeprägten moralischen Werten mithilfe eines geeigneten, objektiven Feedbacks und Mentoren zu unterstützen (ebd.).

In einer weiteren Studie (Bianchi und Mohliver 2016) wurden die Lebensläufe von über 2000 US-amerikanischen CEOs untersucht, die ihre Abschlüsse überwiegend in den Jahren 1960–1990 gemacht hatten. Die Autoren untersuchten, inwieweit sie in der Zeit von 1996–2005 Aktienoptionen unrechtmäßig zulasten des Unternehmens und der Anteilseigner zurückdatiert haben könnten. Auch wenn die Vorfälle nicht restlos aufgeklärt oder geahndet wurden, konnten die Forscher herausfinden, welche Berichte an die Aufsichtsbehörde mit hoher Wahrscheinlichkeit gefälscht wurden. Es zeigte sich, dass CEOs mit Abschlüssen aus wirtschaftlich starken Zeiten zu ca. 30 % häufiger zu unkorrekten Angaben neigten als Unternehmenschefs, die in wirtschaftlich schwachen Zeiten auf den Arbeitsmarkt gekommen waren. Die Forscher erklären dies mit der Beobachtung, dass in wirtschaftlich starken Zeiten unethisches Verhalten zunimmt. Führungskräfte, die in solchen Zeiten mit ihrer Karriere begannen, entwickelten in der Folge eine schwächere moralische Haltung.

Der ehemalige CEO von Amgen, Kevin Sharer, stellt als wichtigste Eigenschaft von Führungskräften heraus, dass nicht ihre fachliche Qualifikation, sondern ihr Verhalten entscheidend ist und welches Verhalten sie selbst bei anderen dadurch erzeugen (Sharer 2013). Der wesentliche Beitrag des CEOs ist seiner Auffassung nach vorzugeben, welches Verhalten bei den oberen Führungskräften erzielt werden soll. Zur richtigen Auswahl der geeigneten Führungskräfte sollten für jede gewünschte Verhaltensweise Merkmale beschrieben werden, die die Basis für Personalauswahl und Schulung sein sollten. Führungskräfte müssen auch nach seiner Erfahrung mit Offenheit Selbsterkenntnis gewinnen, aktiv Feedback einholen und Kritik akzeptieren. Er unterstreicht, dass eine Führungskraft als gutes Vorbild agieren muss, gute Ergebnisse liefern und Teams entwickeln und aufbauen muss. Es geht um die Führung engagierter und gemischter Teams. Mitarbeiter werden durch eine realistische Zukunftsvision motiviert.

Die wichtige Aufgabe des CEOs, gewünschtes Verhalten und Einstellung der Mitarbeiter durch beispielhaftes Vorleben zu fördern, wird auch in mehreren Analysen von McKinsey herausgestellt (Aiken und Keller 2007). Er muss sich die Ziele, Maßnahmen, Probleme und ihre Lösung zum persönlichen Anliegen machen, um das Engagement aller anderen zu gewinnen und eine motivierende Geschichte dazu zu entwickeln. In der Unternehmenskommunikation und Demonstration muss das gewünschte Verhalten immer wiederholt werden, um mentale Energie und Begeisterung unter allen Mitarbeitern zu schaffen und aufrechtzuerhalten. Unablässiges Verfolgen der Umsetzung folgt. Enthusiasmus, kollektive Motivation und intensives Engagement sind die Grundlagen des Erfolgs und aller wichtigen Veränderungen. Erfolge werden gefeiert und vom oberen Management demonstrativ anerkannt.

7.4   Besondere Einstellungen erfolgreicher CEOs

Im Rahmen eines fünfjährigen Forschungsprojektes wurde die Entwicklung von sieben CEOs detailliert untersucht, deren persönliche Leistung sich über dieser Zeit entsprechend des 360-Grad-Feedbacks in der Führung und Führungsqualität, im Engagement der Mitarbeiter als auch in Bereichen der Kundenzufriedenheit und den Finanzergebnissen deutlich verbesserte (Fuda und Badham 2011). Die Untersuchung zeigt verschiedene Schlüsselthemen, die erfolgreiche Manager verfolgen. Die Autoren umschreiben sie mit Metaphern wie „Feuer", „Schneeball", „Maske" und „Film". Die Ergebnisse der Analyse wendeten die Forscher und Berater daraufhin in ihrer Arbeit mit mehr als 10.000 Managern in vier Kontinenten an. Entsprechend ihrem Feedback konnten sie erkennen, dass die damit einhergehenden Verhaltensweisen „zuverlässige Katalysatoren für persönliche Veränderungen und Veränderungen im Unternehmen sind" (ebd.).

„Feuer": in vielen Fällen von Veränderungen erscheint Angst ein wichtiger, notwendiger und wünschenswerter Motivator. Die Ergebnisse der Untersuchung zeigen jedoch, dass Angst zwar ein erster Antrieb für Veränderung sein kann, „doch Ambitionen sind ein sehr viel wichtigerer Motivator. Nachhaltige Veränderungen lassen sich nur mit dem Feuer eines brennenden Ehrgeizes erreichen" (ebd.). Unternehmensführer werden erfolgreicher, wenn sie sich dementsprechend nicht als Feuer- und Katastrophenlöscher mit dem Motivator Angst verstehen, sondern sich durch besondere Ziele antreiben lassen. Anstelle der Motivation „weg von" ist der Motivator „hin zu" langfristig zur Erreichung der persönlichen und der Unternehmensziele und der Realisierung von Vision und Werten mit Begeisterung erfolgreicher.

Bescheidenheit und Demut erfolgreicher CEOs wurde auch schon in anderen Untersuchungen als wichtiger Erfolgsparameter herausragender Unternehmensführer identifiziert (Abschn. 1.2) Es zeigte sich in der Untersuchung (Fuda und Badham 2011), dass oberste Führungskräfte sehr erfolgreich sind, wenn sie ihren eher dominant ausgeprägten Führungsstil verändern und sich bewusst auch dem kritischen Blick der Mitarbeiter preisgeben und sie um Unterstützung bitten. Es zeigte sich, dass Mitarbeiter daraufhin mit wachsender Eigeninitiative selbstständiger arbeiten und innovationsfreudiger wurden. Die Delegation von Verantwortung und Entscheidungsbefugnis lässt Teams öfter die Initiative ergreifen, neue Ideen entwickeln und verstärkt die Zusammenarbeit. Entscheidend ist, dass sich CEOs ihren Mitarbeitern öffnen, sich auch zur Rechenschaft ziehen lassen und ein System wechselseitiger Verantwortung einführen. Der Start dieses Prozesses an der Führungsspitze wird andere Führungsebenen inspirieren, dementsprechend mit ihren Mitarbeitern zusammenzuarbeiten und sich durch das Unternehmen hindurchziehen. Die Autoren verwenden die Metapher „Schneeball", um den integrierten, wechselseitigen Prozess zu beschreiben, der sich zwischen verschiedenen Abteilungen und Führungsebenen aufbaut (ebd.).

„Maske": In dem Bestreben des Aufbaus von Selbstschutz und der Präsentation einer oftmals erwarteten makellosen Fassade bauen Führungskräfte eine Maske auf. Mitarbeiter finden derartige Führungskräfte oft wenig authentisch. Sie wirken unnahbar. Dies steht der notwendigen Vertrauensentwicklung im Unternehmen entgegen und fördert ein eher förmliches Arbeitsverhältnis. Im Fall eines Unternehmensführers der Untersuchung konnte der entsprechende Wechsel im Verhalten des Unternehmenschefs zu einem eher persönlichen und auch emotional erlebbaren Stil den Umgang und die Kultur im Unternehmen deutlich verändern, was die Fluktuation im Unternehmen um 15 % senkte. Die Bewertung des Engagements der Mitarbeiter stieg um den gleichen Wert.

Erfolgreiche CEOs überprüfen ihr persönliches Verhalten und ihre Wirkung auf ihre Mitarbeiter, indem sie darauf achten, regelmäßig einen Schritt zurückzutreten (Abschn. 7.12). Sie betrachten ihr Verhalten aus einer Außenperspektive und lassen es wie in einem Film vor ihrem geistigen Auge wiederholt abspielen. Es geht darum, kritisch die eigene Wirkung und Wahrnehmung im Team zu prüfen. Dies soll sie befähigen, ihre eigene Wunschrolle entsprechend der Unternehmenswerte und der persönlichen Werte und Ziele abzustimmen. Ein Coach oder Kollege besonderen Vertrauens kann hier wirkungsvoll unterstützen. Durch den Akt der strengen Selbstreflexion konnten teilnehmende Führungskräfte der Untersuchung ihre Effizienz erheblich steigern (ebd.). In dem Ergebnis unterstreichen die Autoren jedoch auch die Wichtigkeit, dass ein CEO dazu bereit ist, sich in konkreten Situationen durch verschiedene Parteien innerhalb und außerhalb des Unternehmens coachen zu lassen. Erfolgreiche CEOs treten nicht nur als Coach auf, sondern lassen auch ihr eigenes Coaching nicht nur hinter verschlossenen Türen zu, sondern auch in spontanen Situationen.

HCL Technologies ist eines der größten IT-Unternehmen der Welt. Als Vineet Nayar 2005 die Position des Präsidenten und im Jahr 2007 die Aufgaben des CEOs übernahm, wuchs das Unternehmen zwar stark, jedoch schwächer als die Wettbewerber in einer Branche mit starken Veränderungen. Er erkannte die Wichtigkeit von Veränderungen und hielt seinen Managern einen Spiegel vor, der sie aus der Zufriedenheit über die scheinbar positive Unternehmensentwicklung herausriss. Er änderte grundlegend die Führungsarbeit im Unternehmen und stellte die Hierarchie auf den Kopf (Nayar 2010). Der CEO, die Leiter der Funktionsbereiche sollten Angestellten gegenüber verantwortlich sein. Es ging darum, Gräben auch mit unkonventionellen Methoden zwischen Führungskräften und Mitarbeitern zu überwinden. Er förderte die Transparenz im Unternehmen, indem er z. B. allen Mitarbeitern alle Finanzdaten zur Verfügung stellte, was bis dahin nicht der Fall war. Er brachte seine Persönlichkeit und seine Emotionalität für Mitarbeiter erlebbar ein. Er präsentierte sich als Unternehmensführer, der nicht zu allem Antworten gab, sondern von Mitarbeitern Informationen aus Diskussionen gewinnen wollte. Den Geschäftsplanungsprozess mit seinen Führungskräften änderte er revolutionär. Im Ergebnis formulierten die Manager ihre Pläne genauer, sodass sie leichter umsetzbar waren. Was hatte Nayar geändert? Anstelle üblicher Managementmeetings wurden die Führungskräfte gebeten, ihre Pläne in kurzen Filmen aufzunehmen und sie in ein Online-Portal zu stellen. Andere Manager konnten entsprechend Stellung beziehen und Änderungen vorschlagen (ebd.).

Zum Zeitpunkt der großen Wirtschaftskrise 2008 beschäftigte sich das Unternehmen nicht mit Entlassung und Restrukturierung, sondern gewann neue Ideen von den Angestellten, die das Unternehmen in der Krisenzeit unterstützen konnten. Eine Vielzahl von Vorschlägen beschäftigte sich insbesondere mit den Möglichkeiten der Umsatzsteigerung. Die Einbindung der Angestellten gab ihnen das Gefühl, wirklich mitzuwirken und baute Vertrauen auf in die eigene und die Zukunft des Unternehmens. HCL konnte auch im Krisenjahr 2008 20 % zusätzlichen Umsatz gewinnen, während Wettbewerber mit sinkenden Umsätzen zu kämpfen hatten.

Den schon existierenden 360-Grad-Leistungsbeurteilungsprozess erweiterte Nayar mit dem Gewinn zusätzlicher Transparenz, indem jeder in die Gesamtmanagerbewertung, zu der er einen Beitrag geleistet hatte, Einblick bekam, um in diesem Prozess ein stärkeres Engagement zu fördern. Aus „customer first" wurde das Motto der Veränderung, „employees first, customers second" (ebd.). Insbesondere ging es ihm darum, Leidenschaft bei Mitarbeitern zu wecken. Er führte den „employee pPassion indicative count" ein und gründete die „employee first councils", die sich Leidenschaften widmeten wie soziale Verantwortung, Philanthropie, aber auch Musik und Kunst. Ziel war es, Mitarbeitern mehr Sinn in ihrer Arbeit und ihrem beruflichen Leben zu geben und eine Verbindung zwischen privatem und beruflichem Leben herzustellen. „Diese Initiativen bewirkten auch einen Wandel bei den Managern in den Funktionsbereichen: Aus kleinen Funktionären' wurden Mitarbeiter, die einen Beitrag zu unserer Unternehmens- und Geschäftskultur leisteten" (Nayar 2010).

Nayar sagte über die erfolgreiche Weiterentwicklung und das starke Wachstum von HCL Technologies, nicht er, sondern die seinerzeit 55.000 Mitarbeiter hätten das Unternehmen erfolgreich verändert: ein Beispiel für einen hervorragenden und sehr erfolgreichen CEO, der sich entsprechend seiner Führungsphilosophie durch den zuvor schon benannten Erfolgsfaktor der Bescheidenheit und Demut auszeichnet. HCL Technologies erzielte 2005 einen Umsatz von 764 Mio. US$, in 2010 2,7 Mrd. US$ und im Jahr 2015 knapp 6 Mrd. US$. mit 106.000 Mitarbeitern.

Carlos Ghosn, ehemaliger CEO von Renault-Nissan sagte zu den wichtigsten Aufgaben als CEO:

> Das Wichtigste ist die Auswahl der richtigen Leute. Dies umfasst auch die Vorbereitung der jüngeren Generation, die irgendwann die Schlüsselpositionen übernehmen wird (…) Der andere wesentliche Punkt ist die Strategie. Welche Produkte haben Priorität? Welche Technologie werden wir einsetzen? Worin werden wir investieren? Was werden wir tun – und was nicht? (…) Die wirklich entscheidende Frage wird immer sein, ob das Unternehmen wächst. Ist es rentabel, und steigt die Aktionärsrendite? Wenn nicht, bleibt keiner in so einem Job (…) In Japan entspricht der Präsident dem CEO, er schützt die Integrität und die Nachhaltigkeit des Unternehmens. Der Präsident ist das Gesicht der Organisation, aber nicht zwangsläufig die kompetenteste und aktivste Person. Er muss Zuversicht verbreiten und ist derjenige, der mit dem Erhalt des Unternehmens und seiner Werte betraut wurde. (…) In den USA muss man Leistung bringen – sonst war's das. Der Fokus liegt mehr auf den kurzfristigen finanziellen Ergebnissen. (…) Es ist ein Geschäft: Sie liefern, Sie werden bezahlt. Wer nach Anerkennung sucht, sollte sich einen Hund kaufen. (Ignatius 2016)

Auf die Frage, was man als CEO tun muss, um langfristig Erfolg zu haben, antwortete Elmar Degenhardt, CEO von Continental:

Eine Organisation auf langfristige Wettbewerbsfähigkeit ausrichten und damit zukunftsfähig machen. Damit meine ich mindestens die nächsten 20 Jahre. Dies ist nur möglich, wenn die Führungskräfte und Mitarbeiter kontinuierlich ihre Kultur der Zusammenarbeit und Wertschöpfung bewusst pflegen und weiterentwickeln, sowie die Unternehmenswerte vorleben, (…) Werte schaffen Wert für alle Stakeholder. Das Vorstandsteam hat hierbei eine besondere Vorbildfunktion. (…) Das Arbeiten in Netzwerken, der Ausbau einer Feedbackkultur sowie eine ständige konstruktive Unzufriedenheit mit verbesserungsfähigen Lösungen, Abläufen und Systemen sind hierbei wichtig für langfristigen Erfolg. (Höhmann 2017)

Zur Bedeutung der Mitarbeiter sagte er weiter:

Der Erfolg unseres Unternehmens ruht auf den Schultern unserer Mitarbeiter. Ich pflege daher einen kooperativen Führungsstil. Er beruht auf Respekt und Einfühlsamkeit. Er äußert sich vor allem im Zuhören. (…) Wir pflegen daher eine Netzwerkkultur, in der wir nicht mehr kontrollieren, wer mit wem redet. Vielmehr fließen relevante Informationen schneller quer durch die Organisation zu den Entscheidern. (…) Deshalb ist Vertrauen einer unserer Kernwerte, neben Gewinnermentalität, Freiheit und Verbundenheit. Hierarchien brauchen wir dann immer noch dort, wo wir neue Technologien in hoher Stückzahl und Qualität industrialisieren und vermarkten. (Höhmann 2017)

Degenhardt stellt weiterhin heraus, dass es wichtig ist, immer wieder mit Mitarbeitern auf allen Hierarchieebenen zu sprechen. „Keine andere Führungseigenschaft wird derart unterschätzt wie die Kommunikation. (…) Es gibt keine Überdosis an Kommunikation" (ebd.).

Zu der Frage des Gleichgewichts zwischen strategischen und operativem Fokus stellt Degenhardt heraus:

Viele Führungskräfte bringen sich viel zu stark in das laufende operative Geschäft. Dies birgt das Risiko, eine andere, noch wichtigere Aufgaben zu vernachlässigen, die Sorge für die strategische Ausrichtung und Zukunftsfähigkeit des Unternehmens. Ihre operative Komfortzone müssen Führungskräfte bewusst und ständig verlassen. Denn die neuen Herausforderungen lassen sich mit vertrauten Methoden oft nicht rechtzeitig wahrnehmen und erfolgreich bewältigen. Den vertrauten Horizont überschreiten, bewusst kalkulierbare Risiken eingehen und selbst genau jenen Wandel verkörpern, der die Wertschöpfung in unseren Industrien weiterbringt, so verstehen wir Führung. (ebd.)

Jack Welsh prägte und entwickelte in seiner Amtszeit nicht nur sehr erfolgreich den Konzern General Electric mit einem umfangreichen Konzernumbau, sondern war auch ausgesprochen erfolgreich im Gewinn hervorragender Mitarbeiter und Führungskräfte. Grundanforderungen an Kandidaten waren Integrität, eine hohe Intelligenz und intellektuelle Neugier und persönliche Reife für den Umgang mit Stress, Rückschlägen und Erfolg und der respektvolle, selbstbewusste Umgang mit anderen. In seinem „4E+1P Konzept" (Energie, Elektrisieren, Entschlusskraft, Ergebnisorientierung und Erfolgswille, Passion, Leidenschaft) erwartete er in seiner legendären Personalauswahl (Welch und Welch 2005):

1. Positive Energie, die sich in Engagement und Freude an Aktivität und Veränderung und in einem umgänglichen, extrovertierten Charakter ausdrückt.
2. Andere elektrisieren, was bedeutet, andere zu inspirieren und ihr starkes Engagement zu wecken und mit Spaß auch das scheinbar Unmögliche anzugehen. Dies beinhaltete ein tiefes Verständnis des Geschäfts und ein Team mit Begeisterung einzuschwören als guter Kommunikator. Auf diese Weise gewinnt eine Führungskraft mit einer ernsthaften Arbeitseinstellung und der Verteilung von Lob und Anerkennung Mitarbeiter und sticht aus der Menge hervor.
3. Entschlusskraft mit dem Mut zu klaren Entscheidungen und effektiven Entscheidungsprozessen auch unter unsicheren Bedingungen, in denen er sich nicht von verschiedenen Optionen erdrücken lässt.
4. Ergebnisorientierung und Erfolgswille schaffen im Zusammenhang mit positiver Energie und Entschlusskraft anwendungsorientiertes Vorgehen und die Realisierung anspruchsvoller Ziele und Ergebnisse.
5. Passion zeigt Leidenschaft und Begeisterungsfähigkeit für die Aufgaben und Zielerreichung im Unternehmen und auch außerhalb des Jobs.

Für höhere Führungsfunktionen erweiterte er sein Anforderungsprofil um vier weitere Merkmale:

6. Authentizität und Glaubwürdigkeit, in der sich der Manager in seiner eigenen Haut wohlfühlt und mit Selbstvertrauen und aus innerer Überzeugung handelt. Die Glaubwürdigkeit erzeugt den notwendigen Respekt und die Akzeptanz. Der Manager ist in der Lage, Menschen zu führen, weil er seine Botschaft nicht nur sehr glaubhaft transportieren kann, sondern sie im Gegenüber auch einen positiven Widerhall und Schwingung erzeugt.
7. Um die Ecke schauen zu können bedeutet, Entwicklungen und auch das Unerwartete vorausahnen zu können. Der Manager erkennt frühzeitig Gefahren im Markt und kann sich auch das Unvorstellbare vorstellen.
8. Fähigkeit, sich auch mit Mitarbeitern und Experten umgeben zu können, die schlauer sind und mehr wissen als man selbst und gemeinsam nach den besten Lösungsmöglichkeiten zu suchen. Der Umgang mit kontroversen Meinungen schafft neue Einsichten und stellt bestehende Annahmen infrage. Eine gute Führungskraft muss den Mut haben, sich mit Mitarbeitern umgeben zu können, die auch mal den Chef „dumm aussehen lassen" können.
9. Robustes Stehvermögen bedeutet, aus Fehlern zu lernen, sich von Tiefschlägen zu erholen und immer wieder aufzustehen und anzugreifen. Aus diesem Grund empfiehlt er Führungspositionen mit Leuten zu besetzen, die auch schon starke Rückschläge erlitten haben, jedoch darin Stehvermögen und die Fähigkeit der Resilienz und des Wiederaufstehens demonstriert haben.

Wichtige Erfahrungen und Ideen gibt sein Nachfolger Jeffrey Immelt aus der Sicht eines erfolgreichen CEOs zum Thema Change und Veränderung in Kap. 12.

7.5   Empathie zahlt sich aus

Unternehmen wie Thyssen Krupp und andere haben in Incentive-Systemen Faktoren der Social-Skills, des Verhaltens und der Führungsfähigkeit eingeführt. Führungsfähigkeit wird auch anhand eines Kriteriums wie der Fähigkeit zur Zusammenarbeit bewertet, die Personalvorstand Oliver Burkhardt unter der Überschrift zusammenfasst: „Wandel zu verordnen funktioniert nicht" (Braun et al. 2016).

Daniel Goleman, Autor des Bestsellers *EQ – Emotionale Intelligenz* (1995), beschreibt die Anforderungen an den menschlich fokussierten Manager (Goleman 2006, 2013). Emphatische Führungskräfte bauen soziale Beziehungen auf und fokussieren sich gut auf andere. Sie verstehen die Sichtweise der anderen, empfinden Gefühle nach und erkennen, was ihr Gegenüber braucht. Sie denken über die Gefühle anderer nach und versuchen nicht nur, sie vermeintlich selbst zu empfinden. In offener Geisteshaltung und starker Aufmerksamkeit und Konzentration geht es darum, Anzeichen für die Emotionen des Gegenübers zu erkennen. Empathie erhöht die Fähigkeit, sich anderen verständlich mitzuteilen, Mitarbeiter zu beraten, zu coachen und sie für eine Aufgabe zu gewinnen. Manager, die sich in einem Unternehmen eine einflussreiche Position sichern wollen, werden feine Antennen entwickeln, um das Geflecht persönlicher Verbindungen und das Gewicht einzelner Personen und ihren Einfluss im Unternehmen aufzuspüren. In einer vom Autor zitierten Untersuchung zeigte sich jedoch, dass gerade in der Hierarchie hochstehende Personen typischerweise nicht die Chancen einer emphatischen Beziehung nutzen. Man erkannte, dass sich die Stellung in der Hierarchie eines Unternehmens an der Aufmerksamkeit ablesen lässt, die einzelnen Mitarbeitern eingeräumt wird: „Je länger Person A braucht, um auf ein Anliegen von Person B zu reagieren, desto mehr Macht hat A im Vergleich zu B. Wenn Sie diese Reaktionszeiten innerhalb einer ganzen Organisation aufzeichnen, erhalten Sie ein erstaunlich genaues Bild der sozialen Hierarchie"(ebd.). Forscher der Columbia University entwickelten dementsprechend einen Algorithmus, der die soziale Hierarchie automatisch erfasst („automated social hierarchy detection"). Von entscheidender Wichtigkeit ist jedoch, dass der Grad an Aufmerksamkeit, den man selbst anderen gibt, davon abhängt, wo man sich selbst in der sozialen Hierarchie einordnet. Obere Führungskräfte unterliegen einem hohen Risiko, sich mit dieser Einstellung selbst von wichtiger Information abzuschneiden. Die bewusste Steigerung der Aufmerksamkeit auf Aussagen und Empfindungen von Mitarbeitern ist insbesondere für obere Führungskräfte entscheidend, um diesem Mechanismus zu entgehen (ebd.).

Zum Aufbau von Empathie ist Warmherzigkeit und Vertrauenswürdigkeit entscheidend. Menschen, die zwar als kompetent, jedoch gefühlskalt eingeschätzt werden, lösen einerseits Respekt, andererseits Abneigung aus, die im Neid endet (Cuddy et al. 2013). Wenn Kompetenz jedoch mit Warmherzigkeit verbunden wird, kann sogar ein gewisses Maß an Bewunderung bei dem Gegenüber erreicht werden. Mangelnde Kompetenz gepaart mit Warmherzigkeit führt nach den Ergebnissen jedoch zu Mitleid. Die Autoren kommen zu dem Schluss, dass insbesondere die beiden Charakterzüge Stärke und Warmherzigkeit sehr einflussreich sind (ebd.). Erkenntnisse aus der Psychologie zeigen, dass diese beiden Merkmale zu mehr als 90 % einen positiven oder negativen Eindruck über Menschen aus dem eigenen Umfeld begründen. Zur Entwicklung einer guten emphatischen Beziehung müssen die beiden

Faktoren Kompetenz und Warmherzigkeit vorhanden sein. Das im traditionellen Führungsmodell häufig anzutreffende Vorgehen, zu Anfang den Eindruck von Stärke, Kompetenz und Qualifikation aufzubauen kann bei dem Gegenüber Angst und weitere dysfunktionale Verhaltensweisen aufbauen, wenn dies nicht unmittelbar auch mit einem warmherzigen Beziehungsaufbau verbunden wird. Wenn der Aspekt der Warmherzigkeit fehlt oder schwach ausgeprägt ist, leidet die Führungsqualität, sodass Mitarbeiter Vision, Mission, Werte, Ziele und Kultur des Unternehmens nicht verinnerlichen. Kooperation und Hilfsbereitschaft unter Mitarbeitern werden sich wenig entwickeln und jeder wird eigenen Interessen folgen.

Warmherzigkeit baut hingegen schnell eine gute Beziehung auf und ermöglicht Einflussnahme. Warmherzigkeit wird deutlich schneller wahrgenommen und hat einen deutlich größeren Einfluss auf die persönliche Wahrnehmung der Qualität der Beziehung als die Kompetenz. Verhaltensökonomische Untersuchungen zeigen, dass mit Vertrauenswürdigkeit deutlich höhere wirtschaftliche Gewinne erzielt werden können. In einem Versuch, in dem Testpersonen nach der Betrachtung verschiedene Gesichter in diese Menschen Kapital investieren konnten, investierten die Teilnehmer mehr Geld in Personen, die sie für vertrauenswürdiger erachteten (Mascha van t'Wout, Brown University, Alan Sanfey, University of Arizona in Cuddy et al. 2013). Das Vertrauen aufgrund warmherziger Beziehungen fördert Offenheit, Informationsaustausch und Kooperation. Den größten Einfluss erlangt man mit der Kombination aus Stärke und Warmherzigkeit.

Dies ließ sich auch mit neurologischen, chemischen Prozessen in Versuchen erklären. Entsprechend einer Studie von Mahal und Josephs (in Cuddy et al. 2013), wiesen die erfolgreichsten Führungskräfte einen relativ hohen Testosteronspiegel (Durchsetzungsvermögen, Kampf- und Risikobereitschaft u. a.) auf bei gleichzeitig niedrigem Cortisolspiegel (Reaktion auf Stress; Stressabbau durch Gefühl der Kontrolle). Der daraus resultierender emotional entspannter Eindruck auch unter großen Anforderungen und Herausforderungen vermittelt Menschen den Eindruck einer verlässlichen, ruhigen und dennoch mutigen Führungskraft. Weiteren Forschungsergebnissen zufolge konnten Personen mithilfe mentaler Vorbereitung und dem vorbereitenden Einnehmen dominanter, starker Posen ihren Testosteronspiegel steigern und den Cortisolspiegel senken. Dies führt zu der Empfehlung, dass sich Führungskräfte vor besonders kritischen Situationen mit diesen Methoden in den passenden mentalen und hormonellen Zustand bringen können. Gleichzeitig lässt sich Wärme durch eine geringfügig tiefere und leisere Stimme vermitteln und durch einen Tonfall, der offen, ehrlich und ggf. auch vertraulich klingt. Dazu gehört auch, Punkte gemeinsamer Zustimmung herauszustellen und Sorgen und Ängste aufzunehmen. Lächeln dient dem Aufbau von Empathie immer dann, wenn es als ehrlicher Ausdruck gemeint und erkannt wird. Entscheidend bleibt es, Kompetenz und Warmherzigkeit in Einklang zu bringen.

Zurückhaltende, verantwortungsvolle Führungskräfte sind erfolgreicher. In einer Forschungsstudie unterzog Francis Flynn, Professor an der Stanford Graduate School of Business, 150 Mitarbeiter der Finanzabteilung eines „Fortune 500-Unternehmens" und 200 MBA-Studenten Tests zu ihrer Neigung zu Schuldgefühlen (, „test of self-conscious affect", TOSCA) und verglich diese Daten mit Beurteilungen zur Leistung (Flynn 2011). Es zeigte sich ein klarer Zusammenhang zwischen dieser Art der Zurückhaltung und Bescheidenheit und der Leistungsbeurteilung. Zusätzlich fand man heraus, dass stärkere Schuldgefühle die

Mitarbeiter auch enger an ein Unternehmen binden, sie härter arbeiten und die Organisation anderen gegenüber hervorheben. In der Studie mit den MBA-Studenten zeigte sich gleichfalls eindeutig, dass diejenigen, die sich schuldiger fühlten, als bessere Führungskräfte betrachtet wurden. Dies wird von dem Autor auf ein ausgeprägtes Verantwortungsgefühl zurückgeführt. Gleichzeitig fand man auch heraus, dass Führungskräfte mit Schuldgefühlen eine stärkere Tendenz zu Altruismus aufweisen und eine höhere Bereitschaft haben, Kollegen zu helfen. Im Arbeitsumfeld fand man keine negativen Folgen aufgrund von Schuldgefühlen (ebd.).

Trotz aller guten Resultate, die im Unternehmenskontext mit empathischen Führungskräften erzielt wurden, sollen auch Ergebnisse berücksichtigt werden, die die Grenzen und Risiken eines stark empathischen Verhaltens verursachen können (Waytz 2016). Empathie und das Hineinversetzen in andere Menschen können die mentalen Ressourcen belasten. Im Umfeld von Arbeitnehmern, die Aufgaben hatten, die ausgesprochen hohes empathisches Engagement forderten, kam es zu Effekten der Mitgefühlserschöpfung („compassion fatigue").

Tätigkeiten, in denen Empathie eine zentrale Rolle spielt, können emotional sehr anstrengend sein. Hohe psychologische Anforderungen im Job können infolgedessen zu einem Burn-out führen. In einer wissenschaftlichen Studie unter 844 Arbeitern verschiedener Branchen zeigt sich, welche Auswirkungen emotionale Belastung auf das Privatleben hat (ebd.). Dieses Ergebnis gilt grundsätzlich auch in dem Fall hoher empathischer Anforderungen im Job. Besonders emphatische Verbindungen mit direkten Mitarbeitern können die Fähigkeit schmälern, weniger nahestehende Personen empathisch zu behandeln. Gleichfalls zeigen Untersuchungen, dass besonders emphatische Verbindungen zwischen Teammitgliedern und Kollegen dazu führen können, sich dafür weniger stark in die Situation Außenstehender hineinzuversetzen. Weitere Untersuchungen zeigen, dass emphatische Beziehungen am Arbeitsplatz das Risiko erhöhen, über Fehlverhalten von Kollegen hinwegzusehen. So zeigte sich, dass in Gruppen mit dem Gefühl einer starken Gruppenzugehörigkeit und auch entsprechend gegenseitiger Abhängigkeit es eher zu Fällen von Korruption kommen kann. Generell folgert der Autor der Analyse: „Wenn eine Gruppe sich empathisch miteinander (oder mit einer Sache) verbunden fühlt, scheint das deren Gerechtigkeitsempfinden für die Allgemeinheit negativ zu beeinflussen" (Waytz 2016). Vorgesetzte müssen dafür sorgen, dass es zu keinen emotionalen Vorzugsbehandlungen kommt. Dennoch wird eine obere Führungskraft in vielen Gelegenheiten mächtig und Macht demonstrierend entscheiden und auftreten müssen. Dies ist ein wichtiger Hebel zum Machtgewinn und Machterhalt.

Dementsprechend gilt für oberste Führungskräfte gemäß der machiavellistischen Ratschläge, das Bild der empathischen Führungskraft dort glaubhaft und authentisch zu entwickeln, wo es der Effektivität und dem Erfolg dient. Gleichzeitig kommt es jedoch auch darauf an, situationsgerecht Macht, Autorität, Glaubhaftigkeit und Entscheidungsfestigkeit zu demonstrieren. Die situationsgerechte Abstimmung dieser beiden Aspekte, Empathie und Macht, in einem glaubwürdig authentischen Bild, ist ein Baustein der Macht und des Erfolgs wirklich charismatischer Führungskräfte (Münkler 2017).

Die Ergebnisse unterstreichen, dass es hilfreich ist, als Führungskraft ein warmherziges, empathisches Engagement mit Führungsaufgaben zu kombinieren, in denen klare

Kompetenzen, Souveränität und Entscheidungsfreude erforderlich sind und demonstriert werden. Die Demonstration beider Aspekte im Einklang führt zu überlegenen Führungsqualitäten, zu Akzeptanz und Anerkennung durch die Mitarbeiter.

7.6   Erfolg nur mit den richtigen Mitarbeitern

Erfolgreiche Führungskräfte stellen sicher, dass in ihrem Umfeld herausragende Mitarbeiter tätig sind und fördern diese aktiv in ihrer Entwicklung. Sie fördern und fordern Mitarbeiter mit dem Ziel einer starken, kontinuierlichen Weiterentwicklung und der Befähigung, hervorragende Resultate zu erreichen.

Sydney Finkelstein, Professor für Management an der Tuck School of Business in New Hampshire und Verfasser des Buches *Superbosses: How Exceptional Leaders Master the Flow of Talent*, hat wichtige Eigenschaften und Arbeitsweisen herausragender Unternehmensführer zusammengefasst (Finkelstein 2016).

Unternehmensführer konzentrieren sich auf die Identifikation talentierter und engagierter Mitarbeiter und bevorzugen kreative, intelligente und flexible Querdenker. Diese Mitarbeiter tragen mit anderen Blickwinkeln zu neuen Ideen und Einsichten ihrer Vorgesetzten bei. Herausragende Talente suchen und identifizieren sie ggf. auch außerhalb ihrer Branche oder mit unkonventionellen Lebensläufen. Aufgaben neuer, besonders talentierter Mitarbeiter werden ggf. an die Stärken des Mitarbeiters angepasst. Auch in der Analyse des Geheimnisses der Superbosse kommt der Autor zu dem gleichen Ergebnis wie Collins in seinem Bestseller: *Zuerst wer, dann was* (Kap. 1).

Erfolgreiche Führungskräfte akzeptieren eine Fluktuation und sehen darin die Chance, neue Talente zu finden und frische Ideen im Unternehmen zu gewinnen. Sie geben diesen Mitarbeitern das Selbstvertrauen, um besondere Resultate erzielen zu können und verbinden dies mit entsprechend hohen Erwartungen. Sie selbst fungieren dabei als Vorbild und Mentor und vermitteln umfangreiche praktische Erfahrungen und geben intensives Feedback zur Entwicklung eines schnellen Lernprozesses. Als herausragende Führungskraft schaffen sie ein motivierendes Umfeld und bieten außergewöhnliche Karrieremöglichkeiten. Die Förderung dieser Talente verstärkt mittelfristig gleichzeitig das Netzwerk dieser Top-Führungskräfte, wenn sich ihre Schützlinge innerhalb oder außerhalb des Unternehmens in wichtige Führungspositionen weiterentwickeln (Finkelstein 2016).

Kernaufgabe des CEOs und des obersten Führungsteams und des Boards ist es im Rahmen der Talentförderung, rechtzeitig potenzielle Nachfolger des aktuellen CEOs zu identifizieren und zu fördern. Der ehemalige Vorstandschef von Procter & Gamble Alan G. Lafley schreibt:

> Ich war auch verantwortlich dafür, so viele potenzielle CEOs zu fördern, wie wir konnten. Führungskräfte, die bereit und in der Lage waren, P&G zu führen. Und zwar zu jeder Zeit und unter allen Umständen, denen wir in der Wirtschaft, in der Konsumgüterindustrie und in unserem Unternehmen selbst begegnen könnten. (Lafley und Tichy 2011)

Untersuchungen zeigen, dass Teams mit einer großen Vielfalt mehr Erfolg haben, wenn sie gut geführt werden (Kap. 11). Erfolgreiche Unternehmensführer gewinnen Talente mit verschiedenen kulturellen und fachlichen Hintergründen. Sie legen Wert auf die Gewinnung unterschiedlicher Stärken im Team. Die wechselnde Zusammenstellung von Teams schafft neue Perspektiven. Auch die Kombination von erfahrenen und neuen Mitarbeitern hat sich als erfolgreiche Maßnahme in der Nutzung der Vielfalt erwiesen. Firmen wie Danone und Benckiser betrachten schon seit Langem diese Vielfalt und ihre weitere Förderung als Wettbewerbsvorteil und begründen sie im Unternehmen als eine Ursache erfolgreichen Wachstums und der Steigerung der Profitabilität. Eine steigende Anzahl von Konflikten wird positiv bewertet und gemanagt. Sie hilft, die besten Ideen zu gewinnen und erfolgreich weiterzuentwickeln (Ibarra und Hansen 2011).

7.7   Der CEO als kooperativer Partner, Führer und Entscheider im Netzwerk

Entsprechend diesen Erkenntnissen hat die Teamarbeit in den Führungsgremien vieler Unternehmen einen hohen Stellenwert erreicht. Der erfolgreiche kooperative Führungsstil hat sich mit einer angemessenen Balance zwischen einer streng konsensorientierten Kultur und einer Befehls- und Kontrollkultur entwickelt. Mitarbeiter werden auch außerhalb formeller Kontrollen gewonnen, auf ein gemeinsames Ziel hinzuarbeiten.

In einer Studie der Bertelsmann-Stiftung sagten 80 % der Befragten im Jahr 2014, ihre Chefs hätten gute Führungsqualitäten (Ehrenfried 2017). Dies war ein deutlicher Anstieg im Vergleich zur Erhebung im Jahr 2009.

Hohe Bewertungen erhielten Qualitäten wie Präsenz, die besagt, dass Führungskräfte sich auf die Führungsaufgabe einlassen, offen und ansprechbar sind und gut zuhören, mit Offenheit alle Meinungen anhören und verschiedene Sichtweisen würdigen. Integrität und hinter dem zu stehen, was sie sagen, Konfliktfähigkeit, Konfliktbereitschaft und auch in schwierigen Situationen standfest zu sein, sind weitere wertvolle Fähigkeiten einer Führungskraft, um Mitarbeiter des Unternehmens zu gewinnen. Konfliktfähigkeit im Sinne der Befragung bedeutet, in Mitarbeitergesprächen bei unterschiedlichen Auffassungen konstruktive Lösungen zu erreichen. Weitere wichtige und wertgeschätzte Merkmale von Führungskräften sind Menschenkenntnis, Einfühlungsvermögen, Fehlertoleranz, Loyalität und Teamkompetenz, um Interaktion und gruppendynamische Prozesse aktiv zu gestalten und effizient in und mit Teams zu kooperieren (ebd.).

Im Rahmen einer weiteren weltweiten Untersuchung (Hansen, Ibarra, Peyer, 2010 in Ibarra und Hansen 2011) über die erfolgreichsten CEOs zeigte sich, welche Kompetenzen für eine kooperative Führungskraft notwendig sind. Die vier entscheidenden Fähigkeiten betreffen vier Bereiche: gute Fähigkeiten als Vermittler, Talente sehr unterschiedlicher Ausprägung gewinnen, Teamgeist beispielhaft von der Unternehmensspitze her vorleben und rechtzeitig mit Entschlusskraft eingreifen, um langwierige Unternehmensdebatten durch Entscheidungen zu stoppen.

McKinsey untersuchte dies mithilfe einer Messung des Betriebs- und Führungsklimas anhand des Organizational-Health-Index (OHI) der in Abschn. 9.3 detailliert erläutert wird. Diesem Index liegen neun Managementdivisionen mit 37 Managementfähigkeiten zugrunde. In einem Vergleich dieses OHI-Index in einer großen Zahl von Unternehmen zeigte sich, dass es eine eindeutige Korrelation eines guten OHI und Betriebsklimas zur Unternehmensperformance gibt (Kap. 9). Mithilfe einer Auswahl der Parameter des OHI kann der wirtschaftliche Erfolg stark beeinflusst werden. Betriebsklima und OHI hängen wiederum von spezifischen Führungseigenschaften ab, die auf der Basis von entsprechenden Daten klar zugeordnet werden können.

Unternehmen mit einer hohen Bewertung des Betriebs- und Führungsklimas verfügen auch über hohe Führungskompetenz und -effektivität. Die Analyse unter 189.000 Mitarbeitern in 81 großen Unternehmen aus Europa, Asien, Nord- und Lateinamerika aus sieben Sektoren mit einer Unternehmensgröße von 7500–300.000 Mitarbeitern zeigt in eindeutigen Ergebnissen die vier wichtigsten Führungseigenschaften aus einem Set von insgesamt zwanzig Führungsstärken, die besonders zu einem gesunden Betriebsklima (OHI) beitragen. Diese vier Eigenschaften erklärten empirisch 89 % der Führungseffektivität (Feser et al. 2015):

1. **Unterstützung geben:** Führungskräfte erkennen, wie Mitarbeiter denken und fühlen. Sie zeigen ein ehrliches Interesse an den Mitarbeitern ihrer Umgebung, bauen vertrauensvolle Beziehungen auf und unterstützen sie und ihre Kollegen bei herausfordernden Aufgaben. Sie fördern Effizienz in der Organisation, vermeiden interne Konflikte und lösen sie ggf.
2. **Effektive Problemlösung:** Die Sammlung, Analyse und Bewertung von Informationen geht dem Entscheidungsprozess voraus. Erfolgreiche Führungskräfte nehmen viel Informationen, um gute Entscheidungen zu treffen, sei es im Fall wichtiger Entscheidungen, sei es im Fall kleiner, alltäglicher Probleme und Konflikte.
3. **Starke Ergebnisorientierung:** Führungskräfte mit dieser Eigenschaft legen Wert auf Effizienz und Produktivität. Sie priorisieren die Aufgaben mit dem höchsten Wertbeitrag.
4. **Identifikation und Einbeziehung unterschiedlicher Sichtweisen:** Führungskräfte motivieren Mitarbeiter und Kollegen dazu, ihre eigenen Sichtweisen und Ideen zur Entwicklung der Unternehmensleistung beizutragen. Sie können zwischen wichtigen und weniger wichtigen Themen differenzieren und beziehen andere Stakeholder angemessen ein. Sie basieren ihre Entscheidungen auf gewissenhafte Analysen und vermeiden voreilige Schlüsse.

Als Vermittler ist es entscheidend, Personen, Ideen und Ressourcen auch dann miteinander zu verbinden, wenn sie normalerweise nicht zusammengehören. Dies stärkt eine erfolgreiche Zusammenarbeit im Unternehmen. Erfolgreiche, kooperative Unternehmensführer kommunizieren über verschiedene Informationskanäle und soziale Medien und treffen sich an den verschiedenen Standorten mit zahlreichen Personen auch zu informellen

Anlässen. Sie entwickeln ein Netzwerk mit Mitarbeitern vor Ort und informieren sich auch informell über wichtige Fragen und Probleme. Die praktische Unternehmensstruktur entspricht eher einem dezentralen unternehmensübergreifenden Netzwerk. Wichtige Informationen aus verschiedenen Standorten, Führungsebenen und ggf. externen Quellen werden zusammengezogen. Diese Art der Kooperation entwickelt ihre Stärke in Gruppen und in unternehmensübergreifendender Arbeit in einem Umfeld, in dem die Gewinnung weitverzweigter Information wichtig ist. Sie unterstützt die Entwicklung von Kreativität und Innovation.

Erfolgreiche CEOs pflegen in der Rolle des Vermittlers ein weites externes Netzwerk von Kontakten innerhalb und außerhalb ihrer Branche. Hier werden erfolgreich schwache Signale aufgefangen, in dem sie sich in Gesprächen zurücknehmen und auf Fragen achten, die von anderen gestellt derartige Signale anzeigen. In Abschn. 7.2 wurde dies im Rahmen der „5 Welten des Managers" von Mintzberg als Eigenschaften erfolgreicher CEOs gleichfalls aufgezeigt.

CEOs werden sich bewusst auch in interne und externe Umfelder begeben, indem sie sich außerhalb der eigenen Komfortzone bewegen, in denen sie sich weniger kompetent fühlen, jedoch mit der Chance, neue Dinge zu entdecken. Der ehemalige CEO von General Electric, Jeffrey Immelt, beschreibt es so:

> „Gute CEO sind neugierig. Sie sammeln ständig Informationen über potenziell wichtige Trends und Entwicklungen – aber sie reagieren nicht sofort darauf (…) Sie nehmen sich die Zeit für etwas, was ich die Periode des Aufsaugens nenne. Erst danach ziehen sie ihre Schlussfolgerungen und entscheiden, was die unterschiedlichen Entwicklungen für ihr Unternehmen bedeuten und wie es darauf reagieren soll." (Immelt 2017)

Im Netzwerk findet man auch die Information, die man nicht sucht, aber dringend benötigt, das unbekannte Unbekannte, von dem man nicht weiß, dass man es nicht weiß. Elon Musk wird zitiert mit der Aussage: „Häufig ist die Frage schwieriger als die Antwort. Wenn es ihnen gelingt, die Frage richtig zu formulieren, ist die Antwort einfach" (Gregersen 2017). Die Stellung visionärer Fragen kann neue Antworten generieren. Führungskräfte können im Unternehmen neue Einsichten gewinnen, wenn sie Mitarbeiter dazu auffordern, anstelle von Berichten, die beschreiben was funktioniert, dazu auffordern und insbesondere ermutigen, regelmäßig Berichte zu liefern, die auch beschreiben, was nicht funktioniert. Fehlerhafte Annahmen sollten nicht von Kunden oder Wettbewerbern gelernt werden. Schnelle Erkenntnisse gestalten die eigene Lernkurve steil. Mitarbeiter mit verrückten Ideen werden aufgefordert, mehr darüber zu erzählen, anstelle bei ihnen auf die Bremse zu treten. Das Stellen forschender, intelligenter Fragen in unbekannten oder schwierigen Situationen ist ein wichtiger Hebel, neues Unbekanntes zu erfahren.

Top-Führungskräfte setzen als kooperative Teammitglieder ein gutes Beispiel und kooperieren sichtbar als Team. Sie setzen sich selbst und ihren Mitarbeitern nicht nur Leistungsziele, sondern auch Lernziele. Lernziele steigern die Chance, dass Manager auch Möglichkeiten nutzen, von anderen Teammitgliedern zu lernen und sich nicht nur auf eigene Leistungsziele und die Erledigung der entsprechenden Aufgaben konzentrieren.

Wie schon zuvor gezeigt, ist Entschluss- und Durchsetzungskraft auch in einer kooperativen Führungskultur wichtig. Verantwortlichkeiten und Entscheidungsbefugnisse werden eindeutig definiert, sodass endlose Diskussionen rechtzeitig mit einem klaren Beschluss beendet werden können.

Das Verhalten des Vorstandschefs hat starken Einfluss auf die Mitglieder des übrigen Führungsteams. In einer Untersuchung unter 498 Vorstandsmitgliedern der 101 Vorstände der Geschäftseinheiten eines großen chinesischen Telekommunikationskonzerns kam man zu entsprechenden Ergebnissen (van Dick 2015): Rolf van Dick befragte mit Kollegen der Universität Shanghai und der Universität Zürich die Vorstandsmitglieder zu der Einschätzung der transformationalen Führung ihres jeweiligen Vorstandschefs. In einem standardisierten Fragebogen gaben die Vorstandsmitglieder ihre Einschätzung anhand der vier Elemente: Identifikation und Formulierung einer Vision, Inspiration durch herausfordernde Ziele, intellektuelle Förderung der Kreativität sowie Problemlösungsfähigkeit, Coaching und Mentoring. Drei Monate später wurden alle Vorstandsmitglieder zusätzlich um die Einschätzung gebeten, wie weit ihr Vorgesetzter sich immer ethisch-moralisch korrekt verhält. Die Mitglieder des übergeordneten Konzernvorstands wurden gebeten, Effektivität und Leistungsfähigkeit der Vorstandsteams der einzelnen Gesellschaften zu bewerten. Es zeigte sich, dass Vorstandsteams deutlich effektiver arbeiteten, wenn deren CEO allen Mitgliedern ein ähnliches Maß an Aufmerksamkeit widmete. In dem Fall, dass der CEO große Unterschiede in dem Maß an individueller Aufmerksamkeit zwischen den Mitgliedern des Vorstands machte, war die Bewertung der Effektivität des Teams durch den Konzernvorstand schwächer. In den Fällen, in denen der CEO seitens seines Vorstandsteams moralisch-ethisch inkonsistent eingeschätzt wurde, bewerteten die Vorstandsmitglieder es kritischer, wenn er nicht allen die gleiche Aufmerksamkeit gab, als in dem Fall einer moralisch-ethisch konsistenteren Bewertung. Entsprechend der üblichen Aufgabenbelastung eines CEOs wird eine gleichmäßige Aufmerksamkeit kaum möglich sein. Das Ergebnis zeigt, dass es auch zur Sicherung eines effektiven Vorstandsteams und einer guten Arbeitsatmosphäre wichtig ist, dass sich der CEO jederzeit ethisch und moralisch korrekt verhält.

Bei Google identifizierte man innerhalb des Projektes Oxygen anhand statistischer Methoden und Algorithmen die wichtigen Managementdisziplinen (Garvin 2013). Umfangreiche Managementbewertungen im Doppelblindverfahren, qualitative Daten aus „Googlegeist-Befragungen", Leistungsbeurteilungen und Vorschlägen zu Googles „great manager award" gingen in die Datensammlung ein. Statistische Daten und Berechnungsmethoden zeigten, dass auch relativ geringfügige inkrementale Zunahmen in der Bewertung von Führungskräften in der Managementqualität ziemlich bedeutsam waren. Es zeigten sich dabei Unterschiede z. B. betreffs Unternehmensbindung und Kündigungen, Bewertungen der Mitarbeiterzufriedenheit und im Bereich Innovation und berufliche Weiterentwicklung. Wenn auch die Ergebnisse sich vornehmlich auf Manager kleinerer und mittlerer Teams bezog, erscheint das Ergebnis auch sehr aussagekräftig zu erfolgreicher Führung im Bereich der obersten Senior-Führungskräfte, bei dem weitere Aspekte, die in diesem Kapitel aufgezeigt wurden, hinzukommen.

Es wurden acht Verhaltensmuster identifiziert, die sehr gut bewertete Vorgesetzte gemeinsam haben:

Ein guter Manager

1. ist ein guter Coach.
2. lässt im Team Spielräume und betreibt kein Mikro-Management.
3. zeigt Interesse an seinen Mitarbeitern und kümmert sich um deren Erfolg und persönliches Wohlbefinden.
4. ist produktiv und ergebnisorientiert.
5. ein guter Kommunikator, hört zu und gibt Informationen weiter.
6. hilft bei der beruflichen Weiterentwicklung.
7. hat eine klare Vision und Strategie für das Team.
8. verfügt über wichtige technische Fähigkeiten, mit denen er das Team beraten kann.

Trotz dieser datenbasierten, signifikanten Resultate bleibt ein kontextabhängiger Führungsstil weiterhin wichtig. Die Ergebnisse zeigen jedoch Kernmerkmale erfolgreicher Führung, die in den meisten Unternehmen und geschäftlichen Situationen den Erfolg unterstützen.

7.8 Parameter und Fähigkeiten zum Erfolg

Im Rahmen einer zehnjährigen Untersuchung in dem „CEO Genome Project" der US Unternehmensberatung G. H. Smart & Company Inc. analysierte ein Team von vierzehn Wissenschaftlern aus Psychologie und Wirtschaft, Finanzmarkt- und Datenexperten eine große Datenbasis mit 17.000 Managerbewertungen. Das Projekt wurde von Steve N. Kaplan und Morten Sorensen an der University Chicago bzw. an der Copenhagen Business School geleitet (Botelho et al. 2017). Die Datenbank enthält Daten zu beruflicher Entwicklung, Leistungsbewertungen, Verhaltensweisen, Entscheidungen und Geschäftsergebnissen und umfasst 17.000 Beurteilungen von Managern mit Vorstandsverantwortung, darunter 2000 CEOs. Die Daten stammen aus strukturierten Interviews und sind teilweise um Informationen vonseiten weiterer Geschäftspartner ergänzt (Botelho und Powell 2018).

Eine Stichprobe von 930 CEO-Kandidaten aus Unternehmen jeder Größe und 19 der 20 der nach North American Industry Classification System (NAICS) klassifizierten Industriesektoren wurde genauer untersucht. Was sind die Merkmale der CEOs und anderer Führungskräfte auf Vorstandsebene? Welche Unterschiede gibt es, die Qualitäten und Erfolge und Misserfolge erklären? Gibt es Merkmale, mit denen sich eine zukünftige Ernennung zum CEO vorhersagen lässt?

Finanzergebnisse der Unternehmen und zusätzliche Informationen von Investoren und Board-Mitgliedern erlaubten eine noch weiter detaillierte Bewertung von 212 Führungskräften. Die Analyse von Gesprächsprotokollen betreffs einer Vielzahl von Merkmalen sollte den Unterschied zwischen Kandidaten, die als CEO eingestellt wurden und anderen, die nicht ein solches Angebot erhielten, klären. Des Weiteren wurde unterschieden zwischen CEOs, die mit hervorragenden Leistungen die Erwartungen des Boards erfüllten und anderen mit unerwartet schwachen Leistungen. In 70 zusätzlichen Interviews mit CEOs und Board-Mitgliedern überprüften die Autoren ihre Hypothesen, um einen Einblick zu gewinnen, welche Anforderungen ein erfolgreicher CEO erfüllt und auf welche Weise Boards CEOs auswählen.

Auch in dieser Untersuchung zeigte sich, dass zwar der charismatische, extrovertierte Manager mit größerer Wahrscheinlichkeit auf eine CEO-Position berufen wird, dass jedoch introvertierte Persönlichkeiten mit größerer Wahrscheinlichkeit die Erwartungen übertreffen. Ein hohes Selbstvertrauen des Kandidaten erhöhte zwar die Chancen, zum CEO berufen zu werden, korrelierte jedoch nicht mit einer höheren Leistung. Die Autoren fassen zusammen, dass die Merkmale, die Kandidaten bei den Entscheidern interessant erscheinen lässt, wenig mit den Eigenschaften zu tun haben, die einen erfolgreichen CEO ausmachen. Dieses Ergebnis kann auch in Zusammenhang mit der zitierten Studie an der Stanford Graduate School of Business betrachtet werden (Flynn 2011), die zu dem Ergebnis kam, dass weniger selbstbewusste und sogar eher schuldgeplagte Führungskräfte bessere Beurteilungen der Leistung und der Führungsfähigkeit erhielten. 45 % der CEO Kandidaten aus dem CEO-Genome-Projekt hatten in ihrer Laufbahn schon erhebliche Rückschläge in Form eines Jobverlusts oder für das Unternehmen teure Fehlentscheidungen erfahren. Dennoch erhielten 78 % dieser Gruppe die oberste Führungsposition in einem Unternehmen. Es konnte auch keine Korrelation zwischen der Qualität der Ausbildung in Form von Abschlüssen besonders angesehener US-Universitäten und der erfolgreichen Bewältigung einer CEO-Aufgabe beobachtet werden.

Die Führungskräfte wurden in 30 Kompetenz- und Leistungskriterien bewertet und mit einer A-, B- und C-Bewertung klassifiziert. Es zeigte sich ein auffallendes Muster des Erfolgs: Erfolgreiche CEOs schnitten bei einigen oder allen von vier Verhaltensweisen mit sehr guten Bewertungen ab. Es war jedoch nur sehr selten der Fall, dass erfolgreiche Führungskräfte bei allen vier Merkmalen sehr gut abschnitten (Botelho et al. 2017). Entscheidend war es, dass die erfolgreichen Führungskräfte diese Verhaltensweisen mit einer starken Unnachgiebigkeit praktizierten, was den meisten Führungskräften nicht unter allen Bedingungen gelang. Die notwendige Ausprägung und Anpassung der vier Verhaltensweisen wird auch von der Branche und ihrem Umfeld, dem Unternehmen, bestimmt. Es gibt weitere, wichtige Grundbedingungen an Unternehmensführer wie Loyalität, Ethik und Werteorientierung, die jedoch nicht ausreichen, um die Merkmale herausragender CEOs im Vergleich zu schwächeren Führungskräften zu beschreiben (Botelho et al. 2017):

1. **Schnell und entschlossen entscheiden:** Erfolgreiche Führungskräfte entscheiden schnell und mit besonders großer Überzeugung. Sie treffen nicht immer gute Entscheidungen. Jedoch war die Wahrscheinlichkeit, dass die Manager, die sich als entschlossen beschrieben, zwölfmal größer, zu der Gruppe der herausragenden CEOs zu gehören. Selbst intelligente Manager, die gute Entscheidungen in intellektuell komplexen Fragestellungen trafen, wurden oftmals als unentschlossen eingestuft. Langsame Entscheidungen führten zu Frustration unter Mitarbeitern oder ließen sie selbst übervorsichtig

und zögerlich vorgehen. Gute Unternehmenslenker bevorzugen es, das Risiko einer falschen Entscheidung einzugehen, statt keine Entscheidung zu treffen. Im Vorfeld stellen sie jedoch sicher, unterschiedliche Auffassungen aus einem ehrlichen Umfeld kompetenter Mitarbeiter einzuholen. Erfolgreiche CEOs wissen auch einzuschätzen, ob notwendige Entscheidungen nicht besser auf einer anderen Unternehmensebene getroffen werden können und halten sich aus diesen Entscheidungen heraus (Abschn 10.1.3). Sie schätzen auch zutreffend ab, inwieweit Entscheidungen im Notfall aufgeschoben werden können, ohne damit Erfolg, Arbeitsablauf und Arbeitsmotivation zu beschädigen. Sie gehen schwierigen Entscheidungen nicht aus dem Weg, indem sie sich auf Konsenslösungen einlassen, deren Entwicklung häufig zu lange dauert und einfach nur auf dem kleinsten gemeinsamen Nenner fußt. Entsprechend den Ergebnissen der Analysen verlor von den CEOs, „die wegen der Art ihrer Entscheidungsfindung entlassen wurden, (…) lediglich jeder dritte seinen Job wegen zu schlechter Entscheidungen. Dagegen mussten zwei Drittel gehen, weil sie zu unentschlossen waren" (ebd.). Wichtig ist jedoch auch, im Fall schlechter Entscheidungen dies schnellstmöglich zu erkennen, einzuräumen und zu korrigieren. Walt Bettinger, CEO des Onlinebrokers Charles Schwab wird damit zitiert, dass er immer davon ausgeht, in vielen Dingen falsch zu liegen. „Der Unterschied zwischen erfolgreichen und erfolglosen Managern liegt nicht in der Qualität ihrer Entscheidungsfindung. Jeder trifft vermutlich in 60 Prozent der Fälle gute und in 40 Prozent schlechte Entscheidungen. Der Unterschied besteht darin, dass erfolgreiche Manager schlechte Entscheidungen schneller als solche erkennen" (Gregersen 2017). Stewart Brand, Visionär und Gründer der Onlinecommunity *The Well* wird zitiert: „Jeden Tag frage ich mich: Bei wie vielen Dingen liege ich völlig daneben?" (ebd.). SAP-Gründer Hasso Plattner soll ihm bei diesem Gedanken beigepflichtet haben: „Das ist genau der Gedanke, mit dem auch ich jeden Morgen aufwache!" (ebd.).

Die jüngere Wirtschaftsgeschichte zeigt auch, wie Unternehmensführer mit dem Willen hin zu einer noch größeren Bedeutung und der Entwicklung einer scheinbar großen Vision, Unternehmen über ihre Fähigkeiten hinaus in tiefe Krisen führten. Sie erkannten nicht rechtzeitig die katastrophale Qualität ihrer Entscheidung oder änderten diese zumindest nicht schnellstmöglich.

2. **Andere auf Ergebnisse einschwören:** Nach der konsequenten Konzentration auf gute Geschäftsergebnisse entwickeln erfolgreiche CEOs ein sehr gutes Verständnis für die wichtigsten Interessen ihrer Stakeholder. Sie verknüpfen die Ergebnisorientierung geschickt mit den Interessen der Stakeholder. CEOs, die vor ihren verantwortlichen Entscheidungen in einer gut geplanten, konsequenten Kommunikationsstrategie die Unterstützung der Stakeholder gewinnen konnten, waren um 75 % erfolgreicher als andere. Sie sind sich der Wichtigkeit einer genauen Wortwahl und der Interpretation ihrer Gesten bewusst und demonstrieren auch unter Druck Gelassenheit. Sie konnten bei anderen Stakeholder das Vertrauen gewinnen, dass sie das Team, wenn nötig, auch auf unbequemen Wegen und mit unpopulären Maßnahmen zum Erfolg führen. Zwei Drittel der CEOs mit starker Überzeugungskraft erhielten gute Bewertungen als Konfliktmanager und zeichneten sich durch eine hohe Konfliktbereitschaft aus.

3. **Bereit sein, sich anzupassen:** Besonders erfolgreiche CEOs zeichnen sich durch eine hohe Fähigkeit zur Anpassung aus und können sehr gut auf kontinuierliche Veränderungen umgehen. Die Analyse zeigt, „dass CEOs, die sich gut auf Veränderungen einstellen können, um den Faktor 6,7 größere Erfolgsaussichten haben" (Botelho et al. 2017). Sie nutzen vielfältige Informationsquellen und weite Netzwerke, mithilfe derer sie frühzeitig ein Gespür für Veränderungen gewinnen und die entsprechenden Strategien daraus entwickeln. Sie widmen bis zu 50 % ihrer Arbeitszeit den langfristigen Perspektiven des Unternehmens. Weniger erfolgreiche Führungskräfte investierten nur 30 % ihrer Arbeitszeit in die langfristigen Aspekte. Beachtenswert erscheint auch, dass CEOs, die in der Strategieentwicklung in den ersten drei Amtsjahren stärkere Veränderungen in der Ressourcenplanungen über die Jahre beschlossen, mit deutlich höherer Wahrscheinlichkeit auch noch nach sechs Jahren das Amt des CEOs bei dem Unternehmen innehatten (Hall et al. 2012). Diese aktive Gestaltung der Ressourcenanpassung belegt eine intensivere Auseinandersetzung mit der Strategie und der zukünftigen Entwicklung des Unternehmens.

   Die erfolgreichsten CEOs zeichneten sich auch dadurch aus, dass sie Rückschläge und Fehler als Möglichkeit begriffen, daraus zu lernen. Sie sehen Rückschläge als Chance zum Wechsel. Sie klären eindeutig und sachlich die möglichen Ursachen für eine mangelnde Zielerreichung und passen ihr Vorgehen entsprechend an, um in der Zukunft erfolgreicher zu sein. CEOs, die Rückschläge als Fehlschläge auffassten, hatten eine um 50 % niedrigere Erfolgsquote. „Fast 90 % der aussichtsreichen CEO-Kandidaten, die wir analysiert haben, erhielten gute Werte für ihren Umgang mit Rückschlägen" (Botelho et al. 2017).

4. **Zuverlässig Ergebnisse abliefern:** Erfolgreiche CEOs zeichnen sich als vertrauensvolle, vorhersagbare Unternehmensführer mit einer ruhigen Hand aus. Sie liefern zuverlässig gute Ergebnisse ab. CEO-Kandidaten, die Ergebniserwartungen zuverlässig erfüllten, erreichten die CEO-Position mit doppelt so hoher Wahrscheinlichkeit wie andere und waren in dieser Verantwortung mit 15-facher Wahrscheinlichkeit erfolgreich.

   Die zuverlässige Lieferung guter Ergebnisse erscheint als die aussagekräftigste der benannten vier wesentlichen CEO-Merkmale. 94 % der überzeugenden CEO-Kandidaten wurde eine hohe Zuverlässigkeit im Erreichen ihrer Ergebniszusagen attestiert. Ein wesentlicher Erfolgsfaktor hierzu war das Vorgehen dieser Manager, sich zunächst mit den Erwartungen der Führungskräfte, Mitarbeiter und Kunden auseinanderzusetzen, um ein realistisches Bild des Unternehmens zu gewinnen. Sie investierten viel Zeit in das Verständnis der Unternehmenspläne, Projekte und Budgets, bevor sie in den Umsetzungsmodus sprangen. Mit den daraus gewonnenen soliden Kenntnissen konnten sie realistische Ergebniszusagen treffen. Drei Viertel der erfolgreichen CEOs zeichneten sich durch hohe Organisations- und Planungsfähigkeiten mithilfe der Einführung strukturierter Managementsysteme aus. Erfolgreiche Manager rekrutierten schnell und entschlossen in ihrem Umfeld die richtigen, leistungsstarken Mitarbeiter, die hohen Anforderungen genügen. „Leider traf dies nicht auf alle CEOs zu: Der mit Abstand häufigste Fehler unter Unternehmenschefs, die erstmals dieses Amt bekleideten, war, sich nicht schnell genug die richtigen Leute ins Boot zu holen. Ein überraschend hoher Anteil von 60 % patzte hier" (Botelho et al. 2017).

Aus Recherchen an der Wharton School of Business bei der Betreuung von 20.000 Top-Managern leiten die Autoren der nachfolgend aufgezeigten Studie sechs Fähigkeiten ab, die die Arbeit von Top-Führungskräften zur Gestaltung des Erfolgs nachhaltig unterstützen (Shoemakers et al. 2013): 1. Antizipieren, 2. Hinterfragen, 3. Interpretieren, 4. Entscheiden 5. Kooperieren, 6. Lernen. Die Ergebnisse zeigen jedoch auch, dass Defizite in einer dieser sechs wichtigen Kompetenzen nicht ohne Weiteres durch Stärke in einer anderen Kompetenz ausgeglichen werden können, sondern dass hohe Kompetenz in allen sechs Fähigkeiten systematisch entwickelt und gefördert werden muss.

1. **Antizipieren:** Die Fähigkeit zu antizipieren ist die erste dieser wichtigen Kompetenzen. Unternehmen, die wichtige Trends nicht erkannten und infolgedessen in Krisen gerieten, sind bekannt. Gleichfalls sind namhafte Unternehmen bekannt, die dank Antizipation gigantisches Wachstum und Erfolge erzielten. Auch aus der genannten Praxis der Erfahrung der Arbeit mit 20.000 Top-Managern und der Recherchen an der Topmanagement-Schmiede Wharton School und der Managementberatung Decision Strategies International unterstreichen die Autoren die Wichtigkeit der Netzwerkarbeit, Unbekanntes und unbekanntes Unbekanntes zu entdecken. Szenario-Planungen geben detaillierteren Einblick in verschiedene Zukunftskonstellationen und Risiken. Sie öffnen den Blick für das Unerwartete. Der Blick auf neue Initiativen im Markt von Konkurrenten, Kunden und verlorenen Kunden schärft den Blick weiter.
2. **Hinterfragen:** Die zweite wichtige Kompetenz betrifft das Hinterfragen und die Analyse. Es gilt, eingeführte Prämissen im Markt und im eigenen Unternehmen mit der Herausforderung des Status quo in Zweifel zu ziehen. Die konkrete Aufforderung an Mitarbeiter und „Schwarzseher", den aktuellen Status infrage zu stellen, ist hilfreich. Insbesondere werden nicht nur vorhersehbare neue Lösungen betrachtet, sondern unter Infragestellung von Grundprämissen auch innovative, vollkommen neue Wege bedacht. Der Austausch mit anderen Partnern trägt dazu bei zu prüfen, ob Grundprämissen weiterhin dauerhaft zutreffen oder sich verändern werden. Empathisches Zuhören und Hinterfragen in internen und externen Netzwerken ist wichtig. Probleme werden auf diese Art von unterschiedlicher Seite betrachtet und in den zuvor genannten Szenarioanalysen geprüft. Auf die Ursachen von Problemen stößt man mit der bekannten Toyota-Methode des „5-mal Why".
3. **Interpretieren:** Die nächste Fähigkeit betrifft das Verstehen und Interpretieren auch komplexer und widersprüchlicher Informationen. Anstelle einer vorschnellen Ableitung von Schlüssen werden Muster erkannt und mehrdeutige Situationen mit dem Ziel durchschaut, neue Erkenntnisse zu gewinnen. Wenn in der Analyse mehrdeutige Daten auffallen, werden diese durch mindestens drei mögliche Erklärungen mithilfe externen

Inputs aus dem breiten Netzwerk von Experten geprüft. Dinge werden auch aus einer gewissen Distanz zu eigenen Problemen anders interpretiert und eigene Hypothesen auf den Prüfstand gestellt. Die Strategie des abwechselnden Hineinzoomens zur Betrachtung aller Details und des Herauszoomens zur Betrachtung des gesamten Bildes ist wichtig.

4. **Entscheiden:** Die vierte wichtige Kompetenz betrifft die Fähigkeit zu entscheiden. Es bedarf eines schnellen, jedoch dennoch gründlichen, disziplinierten Prozesses, der verschiedene Optionen betrachtet. Im Rahmen dieser Funktionen werden Wege gesucht, die scheinbare „Geht-nicht-Optionen" in den Bereich der Möglichkeiten bewegen. Binäre Entscheidungsvorlagen werden um weitere Möglichkeiten ergänzt. Die Zerlegung großer Entscheidungen in kleine Komponenten und die Betrachtung nichtbeabsichtigter Konsequenzen machen Entscheidungen transparenter und wohlüberlegter. Experimente und Pilotprojekte können wichtige Entscheidungen vorbereiten und in ihrer Qualität absichern.

5. **Kooperieren:** Die Wichtigkeit der Kooperation und Entwicklung einer kooperativen Führungskultur wird bereits an anderen Stellen aufgezeigt. Es schafft u. a. Vertrauen, Kommunikation, Transparenz, Motivation von Mitarbeitern, Informationsaustausch. Kooperation bindet Kritiker und Vertreter anderer Interessen ein und gewinnt sie zur Mitarbeit.

6. **Lernen:** Lernen sollte eine Kernkompetenz auf allen Unternehmensebenen sein. Neugier auf das Neue ist genauso entscheidend wie die Bereitschaft, Misserfolge zu analysieren und aus Fehlern zu lernen. Neue Projekte, die scheitern, tragen genauso zum Lernprozess bei wie Initiativen und Maßnahmen, die ggf. nicht die erwarteten Ergebnisse bringen. Eine Unternehmenskultur, die Experimente unterstützt und Fehler als Chance des Dazulernens betrachtet, ist hierfür entscheidend.

Eine Untersuchung der Spitzenmanager der 30 DAX-Unternehmen (Mai und Büttgen 2015) kam zu dem Schluss, dass diese über ein homogenes Persönlichkeitsprofil verfügen. Sie unterschieden sich signifikant von durchschnittlichen Personen ihrer Altersgruppe mit einer hohen Ausprägung von Gewissenhaftigkeit, Ehrgeiz und Widerstandsfähigkeit. Ihnen wird jedoch eine geringere Anpassungsfähigkeit attestiert. Ihr kompetitives und herausforderndes Verhalten bringt sie dazu, ca. 40 % ihrer Arbeitszeit damit zu verbringen, „ihre aktuelle Position abzusichern und nach oben auszubauen" (ebd.). Es wird ihnen eine schwache Teamfähigkeit attestiert. Der Studienverantwortliche Christian Mai fasst zusammen: „Die DAX-Kapitäne sind emotional sehr stark belastbar und ausgeglichen. Mit ihrer gering ausgeprägten Team-Komponente und ihrer emotionalen Stabilität weichen die Top-Manager sehr stark von der Durchschnittsbevölkerung im gleichen Alter und mit demselben Geschlecht ab" (ebd.). Offenheit und Kreativität könnten sich nach den Ergebnissen auch weiterentwickeln: „Offenheit für Erfahrungen zählt allerdings nicht zu den Stärken der Wirtschaftsbosse, was auf ein eher schwaches Ausmaß an Kreativität schließen lässt" (ebd.). Die Ergebnisse basieren auf 280 Fremdeinschätzungen mittels anonymisierter Steckbriefe der Vorstandsvorsitzenden. Gleichfalls flossen Eigeneinschätzungen und Bewertungen von Arbeitskollegen in die Bewertung ein.

Eine Forschergruppe der Universität Hohenheim unter Marion Büttgen fand in ihrer Studie *Think Manager – Consider Female* heraus (Büttgen und Mai 2016), dass sich männliche und weibliche Führungskräfte in ihren Stärken und Schwächen in Führungspositionen kaum grundsätzlich voneinander unterscheiden. Man geht in der Studie davon aus, dass Eigenschaften wie Narzissmus, Machiavellismus oder Psychopathie in einer schwachen Ausprägung Leistung bis zu einem gewissen Grad steigern können.

In der Online-Befragung von 332 Führungskräften deutscher Unternehmen zog man Rückschlüsse auf klassische Persönlichkeitsmerkmale mittels Kriterien der „Big Five" und der „Dunklen Triade". Das Ergebnis ist eindeutig:

> Es zeigt sich überraschend, dass die untersuchten Frauen für alle Dimensionen der dunklen Triade gleich hohe Ausprägungen wie ihre männlichen Kollegen aufweisen. Außerdem zeigt sich, dass die untersuchten Frauen signifikant weniger verträglich und damit noch kompetitiver und rivalisierender als männliche Führungskräfte sind. Dabei entsprechen besonders hohe Ausprägungen für Narzissmus und Machiavellismus sowie geringe Ausprägungen für Verträglichkeit dem aus der Biologie stammenden Bild des Alpha-Tieres. (Büttgen und Mai 2015)

Eine repräsentative Studie von Büttgen unter 500 Führungskräften, davon 200 Frauen, kommt zu dem Ergebnis: „Anders als allgemein vermutet, sind weibliche Führungskräfte, was die Kommunikation und einen weicheren Führungsstil betrifft, keine Bereicherung für die Unternehmen" (ebd.). Büttgen kommt zu dem Ergebnis, Frauen in Führungspositionen seien sogar noch weniger verträglich als Männer: „Die Studie hat gezeigt, dass Frauen in einer höheren Position dazu neigen, ihren Willen um jeden Preis durchzusetzen, auch wenn sie dafür mit ihren Kollegen einen Streit anzetteln müssen" (ebd.).

Auffallend ist, dass diese Persönlichkeitsmerkmale unter Frauen in Führungspositionen gleichfalls wesentlich stärker ausgeprägt sind als bei Frauen der Durchschnittsbevölkerung. Frauen in Führungsetagen erwiesen sich als genauso emotional stabil und gewissenhaft wie ihre männlichen Kollegen, waren jedoch etwas extrovertierter, offener und kreativer. Frauen zeigten sich in der Gruppe der Führungskräfte jedoch weniger verträglich als die Teilnehmer der männlichen Gruppe. Während es sich zeigt, dass Führungskräfte sich von der Durchschnittsbevölkerung in ihren Charaktermerkmalen stark abheben, konnten im Fall von Führungskräften Unterschiede zwischen den Geschlechtern kaum beobachtet werden. Dementsprechend können Frauen genauso gut oder genauso schlecht Führungsaufgaben übernehmen, man sollte sich jedoch von dem Gedanken verabschieden, dass es geschlechtsspezifische Unterschiede gibt (ebd.)

7.9 Was sind die Top-Manager-Kompetenzen für profitables Wachstum?

McKinsey und die Personalberatung Egon Zehnder arbeiteten in einer umfangreichen Studie zum Erfolg von Top-Führungskräften zusammen (Herrmann et al. 2011). Auf der Basis ihrer jeweiligen Datenbank zu erfolgreichen Wachstumsunternehmen und Daten von über 100.000 Leistungsbeurteilungen von Senior-Führungskräften identifizierten sie die Managerkompetenzen, die mit einem starken Unternehmenswachstum korrelieren. Der Abgleich beider Datenbanken identifizierte eine Überlappung von 5560 Senior-Führungskräften, die in 47 großen Aktienunternehmen tätig waren. 70 % der Unternehmen hatte ihre Firmenzentrale in Europa, der Rest in den USA und Australien. Der Median der Mitarbeiterzahl über alle Unternehmen betrug 55.000 Personen. Die Unternehmen deckten einen weiten Bereich verschiedener Branchen ab. Welche Verbindung zwischen Führungsqualitäten und der Bedeutung verschiedener Kompetenzfelder und Umsatzwachstum konnte gezogen werden? Welche Kompetenzen sind wichtiger als andere?

Die drei Kompetenzfelder Business, Führung und Strategie wurden in acht Führungskompetenzen eingeteilt. Die Bewertung der Kompetenz erfolgte auf einer Skala von 1 bis 7. Nur 1 % der 5560 Führungskräfte erreichte einen durchschnittlichen Kompetenzindex von 6 oder höher. Exzellenz in einzelnen Kompetenzen trat öfter auf. Ungefähr weitere 10 % der Manager hatten einen überdurchschnittlichen mittleren Kompetenzindex von 5.

Im Unternehmens- und Führungskräftevergleich zeigt sich, dass Manager von Unternehmen, die im obersten Viertel betreffs Wachstum lagen, in allen acht Kriterien eine höhere Kompetenzbewertung erhielten als diejenigen der Unternehmen im untersten Viertel. (Abb. 7.2, ebd.)

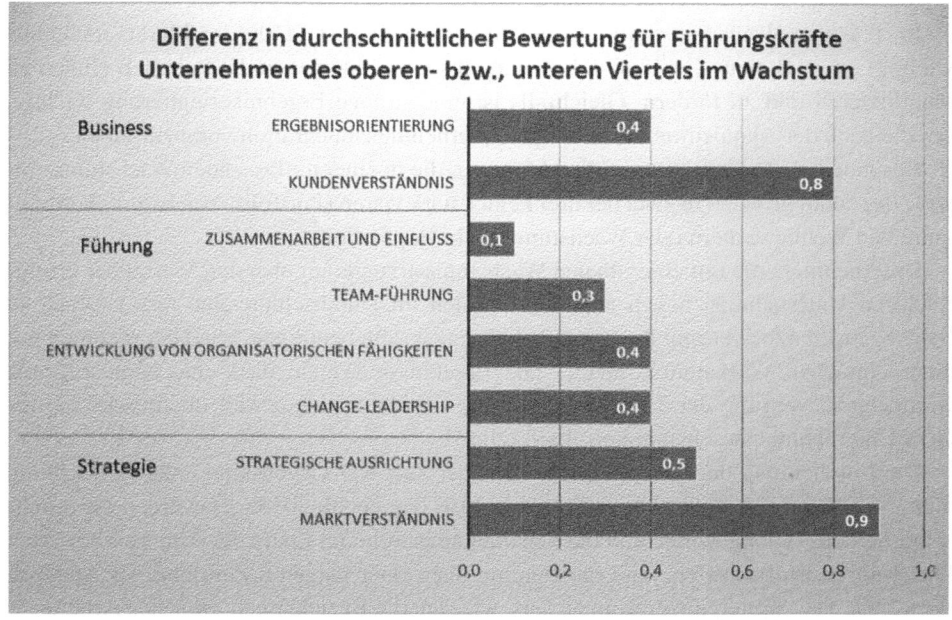

Abb. 7.2 Differenz der Kompetenzbewertung der Führungskräfte der wachstumsstarken und -schwachen Unternehmen (Daten Herrmann et al. 2011). Mit freundlicher Genehmigung von: © McKinsey & Company

Unternehmen mit einer hohen Bewertung (6–7) des gesamten Führungsteams erzielten ein starkes Umsatzwachstum. Die Korrelation zwischen dem Unternehmenswachstum und den Topbewertungen betrug bis zu 0,74. Bei Bewertungen bis zu 5 lag die Korrelation im Bereich von 0,5. Im Fall von niedrigeren Bewertungen (3–4) war keine nennenswerte Korrelation zwischen der Bewertung des Führungsteams und dem Unternehmenswachstum feststellbar. Nur eine äußerst niedrige Anzahl von Führungskräften wird bei allen Kompetenzen herausragend abschneiden und für ein Unternehmen zu gewinnen sein. Welche Kompetenzfelder trugen am stärksten zum Wachstum bei? Welche Felder sollten die Führungskräfte besonders entwickeln? Welche sollten bei der Auswahl je nach Zielen ggf. stärker berücksichtigt werden?

Hervorragende kundenorientierte Bewertungen (6–7) hatten den stärksten Einfluss auf überdurchschnittliches organisches und durch Akquisitionen getriebenes Wachstum. Wenn in den ersten beiden Führungsebenen mindestens 19 % der Manager eine exzellente Bewertung in diesem Bereich erzielten, lagen die entsprechenden Unternehmen in der oberen Hälfte der Unternehmen mit einem starken Umsatzwachstum. Wenn mindestens 40 % der Senior-Führungskräfte in diesem Bereich herausragend waren, lagen die Unternehmen im oberen Viertel des Umsatzwachstums im Vergleich.

Die Analysedaten erlauben es auch, die notwendigen Fähigkeiten in Funktion einer gewählten Wachstumsstrategie zu unterscheiden. In dem Fall, dass ein starkes Wachstum im Bereich existierender Geschäftssegmente Ziel ist, sind Manager mit Stärken im Bereich organisatorischer Entwicklung, Change und Teamführung besonders stark.

Im Fall von Wachstum durch Akquisitionsstrategien ist Stärke im Marktverständnis wichtig, um z. B. neue Geschäftsfelder und entsprechende passende Zielunternehmen zu identifizieren und zu fördern. Gleichfalls ist eine strenge Ergebnisorientierung wichtig, um die nach der Akquisition die wichtige Unternehmensintegration voranzutreiben.

Besondere Anforderungen erfüllen Manager, die in einer umfassenden Wachstumsstrategie des „dual growth" in zwei der drei Felder stark waren (Portfolio-Wachstum, Verdrängung von Wettbewerbern oder Wachstum durch Akquisition).

Unternehmen, die mit einer dualen Wachstumsstrategie im obersten Viertel der erfolgreichsten Unternehmen liegen möchten, werden im Durchschnitt eine fast 1,5-fach so hohe Kompetenzbewertung ihrer Senior-Führungskräfte benötigen, wie Unternehmen mit einer einfachen Wachstumsstrategie. Die Ergebnisse zeigen, dass eine herausragende Kompetenzbewertung der Top-Führungskräfte dann mit einem weit überdurchschnittlichen Unternehmenswachstum korreliert. (ebd.)

Die Entwicklung der CEO-Leistung über der Zeit war Gegenstand einer Betrachtung von 356 US-Firmen in den Jahren 2000 bis 2010 (Luo et al. 2013). Es wurden die durchschnittlichen Aktiengewinne und die Schwankungsbreite im Laufe der Amtszeit bewertet. Die Autoren beobachteten, dass die Rendite über einer längeren Zeitraum der Amtszeit stark sank. Des Weiteren wurde analysiert, wie sich die Beziehungen zwischen Arbeitnehmern und Arbeitgeber entwickelte. Die Kundenbeziehung wurde auf der Basis von Produktqualität und -sicherheit gemessen (Abb. 7.3).

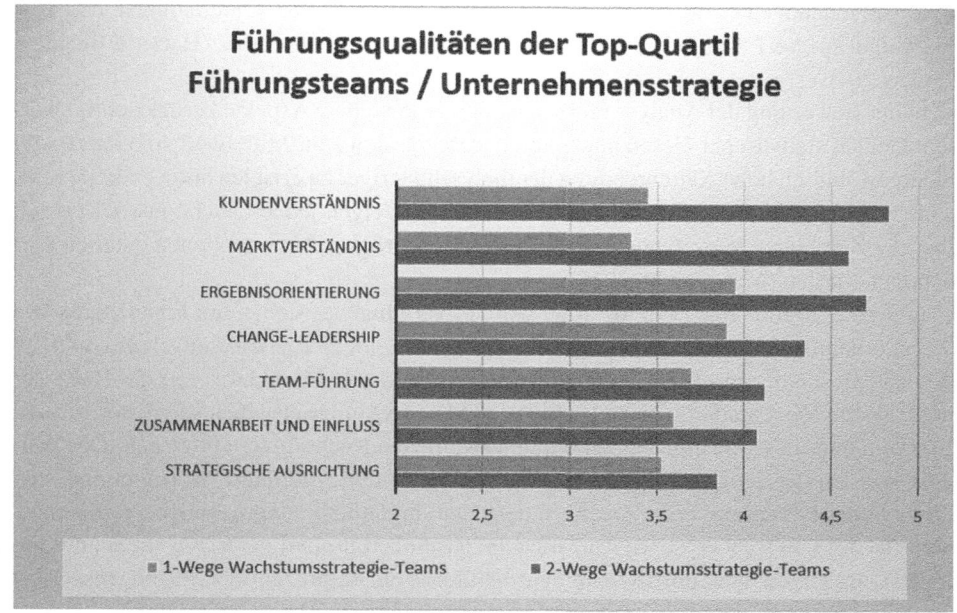

Abb. 7.3 Leistungsbewertung der Senior-Führungskräfte in Unternehmen im Top-Quartil des Wachstums mit einer einfachen oder einer dualen Wachstumsstrategie. (Daten Herrmann et al 2011). Mit freundlicher Genehmigung von: © McKinsey & Company

Die Analyse fand heraus, dass die längere Amtsdauer eines CEOs unterschiedliche Konsequenzen für zwei Gruppen hat und deshalb die Leistung des Unternehmens beeinflusst: Kunden und Mitarbeiter. Den Abfall der Leistung machen die Autoren unter anderem daran fest, dass die CEO-Amtszeit sich in verschiedene Phasen gliedert. Während der CEO sich zu Beginn intensiv Informationen von außerhalb und innerhalb des Unternehmens einholt und entsprechend Kunden- und Mitarbeiterbeziehungen stärkt, verlässt er sich in der späteren Phase seiner Amtszeit zunehmend auf interne Informationsquellen, was eine geringere Marktorientierung zur Folge hat. Ein gewachsenes internes Netzwerk schafft intern ggf. hervorragende Leistungen, verliert jedoch Kunden zu stark aus den Augen. Dies lässt den CEO nur schwach auf Marktbedürfnisse reagieren. Außerdem gehen die Autoren der Untersuchung davon aus, dass ein CEO in einer späteren Phase den Status quo stabilisieren möchte und er auch deshalb weniger auf neue Marktbedürfnisse reagiert. Dementsprechend empfehlen die Autoren, die Vergütungs- und Kontrollsysteme in späteren Phasen ausreichend auf Kunden- und Marktkennzahlen abzustimmen, damit die Unternehmensführer weiterhin aktiv im Markt und bei den Kunden unterwegs sind. Aufgrund der Daten und Analysen kommen die Autoren zu dem Schluss, dass die optimale Amtszeit eines CEO 4,8 Jahre beträgt (ebd.).

Entsprechend einer weiteren Analyse halten CEOs in den Unternehmen des US-Aktienindexes S&P500 diese Position im Durchschnitt ca. zehn Jahre (Harvard Business Review 2016).

In der Bewertung der Analyse müssen jedoch zwei weitere Aspekte berücksichtigt werden: Gemäß statistischer Gesetzmäßigkeit der Regression zum Mittelwert sind langfristig außergewöhnlich hohe Aktienrenditen deutlich schwieriger zu erzielen als eventuelle Spitzenresultate in einer nur kurzen Amtszeit. Analysen zeigen jedoch auch, dass CEOs mit über der Zeit hohen Vergütungspaketen in Form erworbener Aktienoptionen deutlich vorsichtiger wurden (Martin et al. 2012).

In dem Zeitraum von 1996 bis 2009 wurden Vergütungssysteme und Finanzdaten von US-amerikanischen Aktienunternehmen und die persönliche Risikobereitschaft von 9143 CEOs in Geschäftsentscheidungen betrachtet. Anhand eines Indikators auf der Basis der langfristigen Verschuldung, der Forschung und Entwicklungsausgaben sowie des Investitionsvolumens des jeweiligen Unternehmens wurde ein Risikofaktor entwickelt. Des Weiteren wurden der aktuelle Wert und die zukünftige Entwicklung der Aktienoptionen der CEOs in die Bewertung einbezogen. In dem Fall, in dem ein einprozentiger Vermögenszuwachs des CEOs zu erwarten war, stieg die Risikobereitschaft der CEOs im Schnitt um 33 %. Dieser Wert sank um 18 % in dem Fall, dass ein einprozentiger Vermögensverlust zu befürchten war (ebd.).

CEOs mit einem hohen Vermögenswert in Aktienoptionen des Unternehmens werden offensichtlich besonders vorsichtig, sodass Geschäftsentscheidungen hiervon stark beeinflusst werden könnten. Die Verhaltensforschung zeigte in vielen Fällen, dass die Risikobereitschaft bei einem potenziellen Gewinn-Verlust-Verhältnis mit einem Wert größer als 2:1 erheblich zunimmt, während unter dieser Schwelle Menschen risikoadvers agieren (ebd.)

7.10　Wie gewinnen Führungskräfte Charisma?

Was ist Charisma? Welche Merkmale machen eine charismatische Führungspersönlichkeit aus? Kann man Charisma erlernen und weiterentwickeln? Grundlegend ist die Fähigkeit; andere mit einer starken Ausdrucksfähigkeit, Präsenz, Sensibilität, Rede und Empathie im Kontakt zu begeistern. Charismatiker können gleichzeitig überraschen, irritieren und begeistern.

Sie engagieren sich häufig mit besonderen Ideen, haben ein starkes Durchhaltevermögen und eine beeindruckende Kommunikation, gepaart mit dem Streben nach und der Wertschätzung von besonderen Leistungen. Ihre starke Vision vermitteln sie mit einer großen Überzeugungskraft, beeindruckenden Worten und Klarheit. Dies erreichen sie in ihrer verbalen und nonverbalen Kommunikation dank eines starken, überzeugenden, selbstbewussten und auch emotionalen Auftretens. Sie erscheinen kongruent, indem ihr innerer Gefühlsstatus mit ihrem äußerlich ausgedrückten Verhalten und ihren Worten bei gleichzeitiger starker emphatischer Präsenz übereinstimmen.

Ihre besondere Stärke tritt in außergewöhnlichen Momenten hervor, in denen sie in Krisen oder mit dem Ziel einer besonderen Weiterentwicklung im Team, im Unternehmen oder in der Gesellschaft die Menschen für neue oder besonders herausfordernde Lösungswege begeistern. Charismatische Führungseigenschaften wurden jedoch auch häufig als machtvolles Instrument von Demagogen und satanischen Führern missbraucht. Der verantwortungsvolle Umgang damit sollte eine Selbstverständlichkeit sein.

Charismatische Führungspersönlichkeiten beeindrucken mit ihrer starken Ausstrahlung und Mission, die sie emotional und berührend transportieren, sodass sie andere Menschen begeistern und beeinflussen, die sie wiederum auf ihrem Weg und in ihren Zielen unterstützen. Sie wirken inspirierend und zeigen dort eine starke Präsenz, wo sie auftreten und zu anderen Menschen Kontakt aufnehmen. Sie gewinnen sie damit für ihren Weg und ihre Ziele, sichern sich ihre Loyalität und Begeisterung. Es wird hier von der Gruppe Menschen mit einem starken, natürlichen Charisma gesprochen, nicht von solchen, die es nur mit einem entsprechenden Berater schaffen, eine starke Präsenz zu inszenieren.

Charismatische Persönlichkeiten achten jedoch auch darauf, ihre Gegenwart und Präsenz in ihrem Umfeld derart zu steuern, dass das sie in Situationen auftreten, in denen sie als charismatisch wahrgenommen werden können. Alltäglicher Kontakt wird das Bild der charismatischen Persönlichkeit immer einschränken. Insofern achten auch charismatische Persönlichkeiten auf ein angemessenes Maß der Inszenierung. Diese Persönlichkeiten entwickeln bewusst ihr eigenes Image mit einer dezenten, aber bewussten Inszenierung. Dazu gehört die Entwicklung einer starken Geschichte, die aufzeigt, was sie zu ihren Zielen und Visionen antreibt, die Steuerung des äußeren Eindrucks und des Umgangs und auch der Einsatz bewusst gewählter, adäquater Statussymbole.

Grundlegende, jedoch bei Weitem nicht ausreichende Merkmale des Charismatikers sind Durchsetzungsvermögen, Selbstbewusstsein, Improvisationsfähigkeit und ein weites, vernetztes Denken. Er interessiert sich lebhaft für alle Personen, mit denen er gerade in Kontakt ist und lässt sie dadurch seine Präsenz und die Wertschätzung des Gegenübers spüren. Er strahlt eine starke Empathie aus, ist ein hervorragender Kommunikator und findet im Austausch die richtigen Worte und die richtige Form des Umgangs.

Die starke empathische Fähigkeit ermöglicht charismatischen Persönlichkeit, ihr Gegenüber intuitiv zu verstehen, um so auf seine Bedürfnisse zielgenau und warmherzig eingehen zu können. Diese emphatischen Führungskräfte haben eine stark entwickelte Fähigkeit des aktiven Zuhörens. Durch ihre starke Präsenz konzentrieren sie sich auf ihre Gesprächspartner und lassen sich ruhig und respektvoll auf ihre Gedanken ein. Egozentrik als Gegenpol dazu steht gerade autokratischen, fälschlicherweise als charismatisch bezeichneten Führern in der Entwicklung eines nachhaltigen Charismas entgegen.

Dank ihrer Fähigkeit, sich in Menschen und ihre Situation hineinzuversetzen, vermögen Charismatiker die Gefühle anderer Menschen zu steuern, indem sie im richtigen Moment den richtigen Ton finden. Sie beeindrucken mit ihrem emotionalen Engagement, Einfühlungsvermögen, Taktgefühl, ihrer Großzügigkeit, Liebenswürdigkeit, ihrem starken Respekt und ihren positiven Gefühle allen Menschen gegenüber. Sie verzichten auf persönliche Eitelkeiten. Diese positive Haltung gegenüber dem Publikum stärkt im reziproken Austausch auch die Wertschätzung der charismatischen Persönlichkeit. Charismatiker geben ihrem Umfeld viel, sodass andere auch bereit sind, ihnen viel zurückzugeben. Nachdem sie Visionen und Ziele entwickelt haben und andere dafür begeistern konnten, vermögen Charismatiker es auch, möglichst viel davon konkret zu realisieren. Dies schafft das Vertrauen bei anderen Menschen, das nötig ist, damit sie den Visionen, Zielen und Träumen des Charismatikers folgen.

Charisma wird über die Sprache, Stimme, Körpersprache, Körperspannung und die Rhetorik entwickelt. Ergänzt werden diese Faktoren durch die Entwicklung, Inszenierung und Wahrnehmung des eigenen Bildes im Umfeld. Der Charismatiker verfolgt dies alles mit Selbstbewusstsein und der Steuerung der eigenen empathischen Wirkung. Im persönlichen Gespräch setzt er bewusst oder unbewusst Werkzeuge ein, die unter Nutzung von Phänomenen wie die der Spiegelneuronen und anderer Werkzeuge seinem Gegenüber das Gefühl der harmonischen Kohärenz vermitteln. Sie setzen dazu ihre Körpersprache und die Steuerung ihrer Körperspannung von der Stellung der Füße, der Körperhaltung bis hin zur Haltung der Schultern und der Gesichtsmimik, der Bauchatmung sowie der Bewegung angemessen ein. Sprechtempo, Stimmlage und Modulation sind weitere Faktoren, die die charismatische Wahrnehmung stark beeinflussen. Ein entsprechendes Körper- und Stimmtraining kann die persönliche Ausstrahlung weiterentwickeln.

In der Rhetorik schaffen es Charismatiker Nähe, Begeisterung, starke Gefühle und Identifikation mit prägnant einfach formulierten Botschaften auszulösen. Sie setzen neben rhetorischen Mitteln die Entwicklung starker Bilder und guter Geschichten bewusst und gekonnt ein. Ihre Geschichten schaffen Verbindungen und sorgen für eine Identifikation des Publikums mit dem Inhalt. Hervorragende Redner verstehen es, auch einem großen Publikum das Gefühl eines persönlichen Kontakts zwischen ihnen und den Zuhörern zu geben. Sie erscheinen persönlich fassbar, begeistert und fasziniert und können dies auf das Publikum übertragen.

Alexander Pentland (MIT Human Dynamics Lab) vermag es, mit dem von ihm entwickelten Soziometer die Macht von Charisma zu messen (Harvard Business Manager 2010). Das „Soziometer" misst präzise Kommunikationsparameter und die soziale Interaktion zwischen Gesprächspartnern und in Teams: „Je erfolgreicher Menschen sind, desto energiegeladener sind sie. Sie sprechen mehr, sie hören aber auch mehr zu. Sie wenden mehr Zeit für Zwiegespräche auf als andere. Sie nehmen Hinweise von anderen auf, heben einzelne Personen aus der Masse heraus und bringen sie dazu, mehr aus sich herauszugehen. Was sie so charismatisch macht, ist nicht nur, was sie ausstrahlen, sondern was sie in anderen auslösen. Je mehr dieser energiegeladenen, positiven Menschen sie in einem Team vereinen, desto höher wird dessen Leistung sein" (ebd). Die Analyse von verschiedenen Gehaltsverhandlungen mit dem Soziometer, jedoch ohne Kenntnis des Inhalts der Verhandlung, erlaubte es überraschend präzise, das unterschiedliche Ergebnis der einzelnen Verhandlungen vorauszusagen.

Zur Entwicklung und Unterstützung gibt es bereits einige einfache Techniken, die eine starke, empirisch nachgewiesene Wirkung entfalten. In Untersuchungen an der Universität Lausanne konnten mithilfe von Vergleichsmessungen „charismatische leadership tactics" ermittelt werden, die die wahrgenommene Führungskompetenz signifikant beeinflussen

(Antonakis et al. 2012). Eine Gruppe europäischer Manager aus der mittleren Führungsebene mit einem Durchschnittsalter von 35 Jahren wurde in diesen Fähigkeiten geschult. Anschließend wurden sie bezüglich ihrer Führungskompetenz von Beobachtern bewertet. Ihre wahrzunehmende Führungskompetenz schnellte nach der Schulung dank der Anwendung dieser Methoden zur Erhöhung des Charismas stark nach oben. Weitere Versuche mit einer Gruppe von Führungskräften eines großen Schweizer Unternehmens bestätigte dieses Ergebnis. Zwölf einfach anzuwendende Taktiken betreffen Sprache, Mimik und Gestik und können sowohl bei Reden und Vorträgen als auch bei alltäglichen Gesprächen genutzt werden. Sie unterstützen den Aufbau einer emotionalen Verbindung zum Gegenüber, die sie gleichzeitig stärker, kompetenter und respektvoller wirken lässt.

Zu diesen Techniken gehören einfache rhetorische Mittel wie die Entwicklung von Geschichten, Metaphern, Anekdoten, die Nutzung von Kontrasten und Gleichnissen zur Verdeutlichung der Inhalte. Rhetorische Fragen und die Entwicklung von griffigen „Dreierlisten" sind weitere Mittel. Mithilfe von moralischen Überzeugungen und empathischer Widerspiegelung der Gefühle der Gesprächspartner und dem eigenen leidenschaftlichen Engagement für ehrgeizige Zielen gewinnen Redner ihr Gegenüber. Sprache, Sprechweise, Gestik und Mimik sind die Werkzeuge, die in den Versuchen die wahrgenommene Führungskompetenz unterstützen.

Die wichtigsten zwölf Werkzeuge der Untersuchung setzen sich aus neun verbalen und drei nonverbalen Mitteln zusammen (ebd.):

1. Metaphern, Gleichnisse, Analogien unterstützen das Verständnis wichtiger Kernbotschaften.
2. Geschichten und Anekdoten lassen Botschaft überzeugender klingen.
3. Kontraste verbinden logisches Denken, leidenschaftliches Engagement und schaffen dramatische Effekte.
4. Rhetorische Fragen schaffen Aufmerksamkeit.
5. Dreierlisten fassen Wahl, Botschaften und Aufgaben in griffigen Schlagwörtern zusammen. Drei Punkte lassen sich gut merken und erwecken gleichzeitig den Eindruck von Vollständigkeit.
6. Der Ausdruck moralischer Überzeugungen steigert die Glaubwürdigkeit und gibt Einblick in den eigenen Charakter, die eigenen Werte und Gefühle.
7. Widerspiegelung des Gruppenempfindens in der Rede und der Körpersprache
8. Setzen ehrgeiziger Ziele
9. Vermittlung und Entwicklung des Vertrauens diese Ziele zu erreichen, indem man dem Gegenüber Mut und Selbstvertrauen dazu vermittelt.

Hinzu kommen drei nicht verbale Taktiken:

10. Lebendige Sprache
11. Mimik
12. Gestik

Weitere Mittel können die Entwicklung des Gefühls der Dringlichkeit bei dem Gegenüber sein, das Erinnern historischer Begebenheiten, die Wiederholung wichtiger Dinge und der Humor. Die zwölf zuvor genannten Techniken waren aber in den Experimenten die nachweislich erfolgreichsten Mittel. Diese Techniken funktionieren so gut, weil sie den Aufbau einer emotionalen Verbindung zu den Zuhörern unterstützen.

7.11   Wer wird der neue CEO?

Wann und wie planen Firmen die Nachfolge eines CEOs? Amtszeiten können lange andauern oder schnell zu Ende gehen. Wie werden die richtigen Nachfolger intern oder extern identifiziert? Analysen zeigen, dass große Unternehmen oft die Nachfolgeplanung des CEOs zu stark vernachlässigen. Eine Umfrage von Heidrick & Struggles und des Rock Centers for Corporate Governance in Stanford zeigt, dass nur 54 % der US-Boards rechtzeitig einen geeigneten Nachfolger für die CEO-Position aufbauen (Harrell 2016). 39 % der Befragten sagten aus, keinen internen Kandidaten zu haben, der die Nachfolge kurzfristig antreten könnte. Eine Untersuchung unter den 2500 größten börsennotierten Firmen in der Welt zeigt, dass Unternehmen im Durchschnitt im Fall einer besonders eiligen Benennung eines Ersatzes für einen ausscheidenden CEO 1,8 Mrd. US$ im Aktienwert verlieren (ebd.). Eine weitere Studie offenbart, dass Unternehmen im Wettbewerb deutlich zurückfallen, wenn sie aufgrund einer längeren Suche nach einem neuen CEO in eine Führungskrise geraten. Eine Untersuchung von Booz & Company (heute Strategy&) zeigt, dass Unternehmen mit einer besonders schwachen Aktienrendite (Klasse der unteren 10 %) auch eine um ca. 45 Prozentpunkte schlechtere Aktienentwicklung im Vergleich zu ihrem Wettbewerb in einem Zeitraum von zwei Jahren aufwiesen. Dennoch lag die Wahrscheinlichkeit, dass sie den CEO ersetzen, nur bei 5,7 % (ebd.).

Ram Charan ist Berater in derartigen Führungsfragen und war intensiv als Board-Mitglied und in Auswahlgremien in USA, China, Japan, Indien, Brasilien und Europa an der Auswahl von CEOs beteiligt. Er beobachtete ebenfalls, dass viel zu häufig ungeeignete Nachfolger benannt werden (Charan 2016). Es gibt Schätzungen, dass bis zu 40 % der neuen Unternehmensführer in den ersten 18 Monaten nicht die erwartete Leistung erbringt (Harrell 2016). Die Wichtigkeit von internen Entwicklungsprogrammen für Führungskräfte zur CEO-Nachfolgeplanung ist offensichtlich. Es gibt auch zahlreiche Unternehmen, die mit diesen Programmen hervorragende CEO-Besetzungen erreicht haben. Sie haben dabei die Chance, langfristig die Entwicklung und Leistung ihrer Kandidaten zu prüfen. Untersuchungen an der Indiana University und Santa Clara University (USA) zeigen, dass die operative Leistung dieser intern ernannten CEOs in den ersten drei Amtsjahren überdurchschnittlich hoch war. In der 2017/18 durchgeführten Studie der Personalberatung Egon Zehnder unter weltweit 402 CEOs sagten gleichfalls 44 % aus, dass sie nicht Teil einer Nachfolgeplanung waren (Kestel 2018).

Der Mangel an solchen Förderprogrammen wird auch darauf zurückgeführt, dass Board-Mitglieder nur sehr selten in die Bewertung der oberen Führungskräfte involviert werden (Harrell 2016). Es wird Aufgabe eines aktuellen CEOs sein, einen entsprechenden Nachfolgeprozess rechtzeitig zu starten. Dies könnte jedoch seinen eigenen Interessen ggf. widersprechen, sodass der Eingriff des Boards hier hilfreich sein kann.

Claudio Fernendez-Aráoz beschreibt auf der Basis seiner Erfahrung bei Egon Zehnder-Executive Search sechs wichtige Grundsätze, um die Nachfolgeplanung abzusichern (Fernández-Aráoz 2014):

1. Früher Start, schon beim Start des Neuen
2. Entwicklung strenger Leistungs- und entsprechender Messkriterien
3. Identifikation und Entwicklung interner Kandidaten und Vergleich zu externen Kandidaten
4. Einbeziehung einer entsprechend spezialisierten Executive-Personalberatung
5. „Notfallübungen" des Boards für eine CEO-Benennung
6. Entwicklung eines umfangreichen Einarbeitungsprogramms

Die Frage eines internen oder externen Kandidaten wird kontrovers diskutiert. Die zuvor zitierte Untersuchung von Booz & Company (2010) zeigt, dass intern rekrutierte CEOs häufig eine im Vergleich zum Markt überdurchschnittliche Aktionärsrendite erzielt haben. Eine weitere Analyse (Greg Nagel, Middle Tennessee State University und James Ang, Florida State University) zeigt auf der Basis von Mehrfach-Regressionsanalysen, dass, „eine externe Suche nach einem geeigneten Nachfolger für die Unternehmensspitze in nur 6 % der Fälle gerechtfertigt war" (Harrell 2016).

Forschungsergebnisse versuchen auch, Erfolgsparameter in der Auswahl aufzuzeigen. Demnach sollen CEOs mit der Erfahrung einer Tätigkeit im Board einer größeren börsennotierten Gesellschaft bessere Resultate erreichen als CEOs ohne diese Erfahrung. Charismatische CEOs erzielten z. B. in Krisen bessere Ergebnisse als weniger auffällige Unternehmensführer. Rakesh Khurana (Harvard Business School) kritisiert jedoch die Tendenz von Boards, sich zu oft für einen charismatischen, externen Kandidaten zu entscheiden (Khurana 2011).

Bei Beteiligungsunternehmen wird beobachtet, dass die Führungskräfteauswahl dort weniger aufgrund vergangener Erfolge und Branchenerfahrung basiert, sondern auf Fähigkeiten wie Teamentwicklung und Belastbarkeit (Harrell 2016; Harvard Business Review 2016).

In einer Analyse der Personalberatung DRH International und Green Peak Partners wird aufgezeigt, welche Auswahlkriterien 32 Risikokapitalunternehmen anwenden, um einen passgenauen CEO zu identifizieren (Harvard Business Review 2016). Aufgrund der häufigen Aufgabe der CEO-Postenbesetzung bei Risikokapitalunternehmen und der hohen Wichtigkeit aufgrund des entsprechenden Risikos gehen die Autoren davon aus, dass hier besonders wertvolle Erfahrungswerte angewendet werden. Die Analyse kommt zu dem Schluss, dass Erfahrung oftmals überbewertet wird und die Auswahl bereits vorab stark einschränkt. Man betrachtet das Risiko einer gewissen Branchenblindheit bzw. Engstirnigkeit und das Risiko, dass Kandidaten dazu neigen, in einer neuen Position das

Erfolgsrezept der vorherigen Position einfach zu übernehmen. Gleichfalls wird nach Auffassung der Autoren herausragende Leistung aus der Vergangenheit oftmals unkritisch betrachtet und nicht in Betracht gezogen, dass dies insbesondere in relativ kurzzeitigen Aufgaben auch die Folge besonders günstiger Umstände gewesen sein könnte. Es könnte auch sein, dass einfach die aktuellen dringenden Problemlösungen nicht in einem Zusammenhang mit Maßnahmen stehen, die die vergangenen Leistungen begründen. Anstelle langjähriger Erfahrung in der gleichen Branche schauen Beteiligungsgesellschaften immer öfter nach Kandidaten mit außergewöhnlichen Lebensläufen, die erkennen lassen, dass der neue CEO schnell Probleme und notwendige Maßnahmen im Unternehmen erkennt und entwickelt. Gemäß der Analyse war die Fähigkeit, ein echtes Hochleistungsteam zusammenzustellen das wichtigste Attribut. Eine stark egozentrische Orientierung des Kandidaten führt auch eher zum Ausschluss. Beteiligungsgesellschaften erwarten eine hohe Umsetzungsgeschwindigkeit von Maßnahmen zur Entwicklung von Wachstum und Profitabilität.

Ein übergangslos erfolgreicher Lebenslauf macht skeptisch, ob der Kandidat mit zu erwartenden Rückschlägen in der aktuellen Aufgabe umgehen kann. Resilienz ist gefragt. Gleichfalls wird eine offene und ehrliche Kommunikation betreffs guter als auch schlechter Nachrichten erwartet. Die Kenntnis negativer Meldungen ist für Risikokapitalunternehmen außerordentlich wichtig. Aufgrund der eher kurzfristigen Orientierung der meisten Beteiligungsgesellschaften setzen diese auf schnelle, aggressive und hartnäckige Umsetzungsorientierung und hohe Leistungsfähigkeit. Die Erwartung betreffs des Persönlichkeitsfaktors Empathie stehen demgegenüber zurück. Der Faktor Empathie wird jedoch an anderer Stelle als wichtiger Faktor des langfristigen Erfolgs und der Entwicklung eines Hochleistungsnetzwerkes erkannt, den Beteiligungsgesellschaften aufgrund ihrer eher kurzfristigen Orientierung einer schnellen Erfolgserwartung zurückstellen.

Die Wagniskapitalfirma Welsh, Carson Anderson & Stove besetzt jährlich ca. 12 bis 20 Vorstandspositionen, davon ein Drittel CEO-Positionen. Der Geschäftsführer Tony de Nicola äußert gleichfalls in einem Interview, dass er Kandidaten für Vorstandspositionen weniger nach Lebenslauf und Branchenerfahrung aussucht, sondern mehr auf Merkmale der Persönlichkeit, der Führungseigenschaften, der Fähigkeit, Mitarbeiter zu motivieren, Talente zu identifizieren und eine Kultur der Qualität zu entwickeln, achtet (Harvard Business Review 2016).

In einer Untersuchung an der Harvard Law School wurde analysiert, inwieweit die Besetzung der Position des CEOs mit einem Juristen ein Unternehmen vor häufigen und teuren Rechtsstreitigkeiten schützen kann (Hutton 2017). Unter den analysierten 3500 CEOs befanden sich 9 % Juristen. Es wurden 70.000 Klagen gegen 2400 Unternehmen der betrachteten CEOs bewertet. Unternehmen mit juristisch ausgebildeten CEOs waren deutlich weniger in Rechtsstreitigkeiten involviert als andere. In weiterer Detailforschung wurden zusätzliche Faktoren wie Branche, Unternehmensgröße und Rentabilität betrachtet. Es wurden auch Alter, Amtszeit und weitere Ausbildungsabschlüsse bewertet. Es bestätigte sich, dass es unter juristisch ausgebildeten CEOs der Juraabschluss besonders großen Einfluss auf die Anzahl der Klagen hatte und diese CEOs die juristischen Auseinandersetzungen besser leiten konnten: Die Unternehmen verloren seltener vor Gericht. Die Analyse an der Harvard Law School zeigt auch, dass der Firmenwert unter einem CEO mit juristischem Hintergrund nur in Unternehmen mit starkem Wachstum, vielen juristischen Auseinandersetzungen oder in der Pharmabranche stieg. In allen anderen Konstellationen sank der Wert des Unternehmens unter einem solchen CEO. Die Autoren erwähnen als eine mögliche Ursache, dass Juristen eine eher konservative Bilanz- und Investitionspolitik bevorzugen. Positive Effekte in der Unternehmensbewertung gab es auch in Zeiten, in denen im Markt aufgrund besonderer Vorfälle intensiv über Compliance-Standards und enge rechtliche Regelungen an den Märkten diskutiert wurde. Die CEO-Postenbesetzung mit einem ausgebildeten Juristen kann in dem Fall stark wachsender Unternehmen mit dem Risiko häufiger Rechtsstreitigkeiten von Vorteil sein.

Was sind die Elemente und Schlüsselkriterien einer erfolgreichen CEO-Auswahl? Ram Charan schlägt auf der Basis seiner Erfahrung und einer Analyse der Merkmale herausragender CEO-Auswahl eine besondere Herangehensweise vor (Charan 2016). Er unterstreicht insbesondere Aspekte, die oft nicht hinreichend beachtet werden. Zu Beginn geht es um die sehr genaue Klärung der Eigenschaften, die der zukünftige CEO für den Erfolg mitbringen muss. Unternehmen sollten nach seiner Erfahrung jedoch offener sein betreffs unterschiedlicher Art der Ausbildung und früherer Karrierestationen und andererseits genauer auf die optimale Abstimmung der Eigenschaften achten:

Die richtige Kombination: In der Festlegung der notwendigen Qualifikationen und Stärken des zukünftigen CEOs geht es nach Charan weniger darum, eine lange Liste mit allgemeinen Eigenschaften und Anforderungen aufzustellen, sondern eine Kombination von zwei oder drei eng miteinander zusammenhängenden Fähigkeiten zu definieren, die für den Erfolg unbedingt notwendig sind. Die Erfüllung dieser Kombination sollte das finale Kriterium zugunsten oder gegen einen Kandidaten sein. Dies kann eine Kombination aus besonderen Technologie- und Marktkenntnissen sein, gepaart mit besonderen Stärken im Umgang mit Kunden, besonderen digitalen Kompetenzen oder Fähigkeiten in der Organisationsentwicklung und im Changemanagement. Die richtige Kompetenzkombination kann sich zu einem wichtigen Wettbewerbsvorteil entwickeln. Boards sollten stets eine aktuelle Liste möglicher CEO-Kandidaten führen. Die Beobachtung möglicher Kandidaten sieht Charan als eine Kernaufgabe des aktuellen CEOs durch die Entwicklung eines Pools geeigneter Nachfolger.

Für Alternativen offenbleiben: In der Entscheidung sollte eine objektiv fundierte Auswahl getroffen werden. Kandidaten mit der optimalen Kompetenzkombination können eventuell auch in aktuell noch zwei bis drei Stufen niedrigeren Hierarchien gefunden werden. Langjährige Erfahrung hat aufgrund der schnellen Markt- und Technologieveränderungen geringere Bedeutung als früher und kann notwendigen Veränderungen sogar entgegenstehen. In der erfolgreichen Prüfung von Alternativen werden Vorurteile und versteckte Annahmen vermieden, die den Kandidatenkreis einengen.

Den passenden Kandidaten auswählen: Ziel ist es nicht, die beste Führungskraft, sondern vor allem die am besten passende Führungskraft auszuwählen. Das wichtige Einholen von Referenzen wird durch Board-Mitglieder persönlich erfolgen, da die Erfahrung

zeigt, dass Board-Mitglieder gewöhnlich offener untereinander reden als mit einem Perso-
nalberater. Im persönlichen Gespräch kann durch feines Gespür herausgefunden werden,
was die Referenzgeber wirklich denken. In der Beschreibung der besonderen Stärken der
Kandidaten seitens der Referenzgeber lässt sich z. B. herausfinden, ob diese auch zu den
wichtigen Merkmalskombinationen des Wunschkandidaten passen.

Schwächen akzeptieren: Es gibt keinen CEO ohne Schwächen. Kompromisse in der
Auswahl sind unvermeidlich. Kann ein Coaching oder ein in dem entsprechenden Gebiet
besonders starkes Vorstandsmitglied dem neuen CEO an die Seite gestellt werden, das die
spezifischen Schwächen ausgleicht? Peter Drucker sagte, dass „sich erfolgreiche Führungskräfte in ihren Persönlichkeiten, Stärken, Schwächen, Werten und Überzeugungen erheblich
unterscheiden. Das einzige, was sie alle eint, ist, dass sie das Richtige tun" (Harrell 2016).

Die hohe Wertschätzung einer außerordentlichen Qualität des Top-Managements zeigt
sich in der Börsenbewertung und der Einschätzung durch die Finanzanalysten. Eine Analyse an der Harvard Business School zeigt weltweit, wie Finanz- und Börsenanalysten die
Qualität des Managements und andere Faktoren bewerten (Groysberg 2012). Es ergaben
sich erhebliche regionale Unterschiede in der Gewichtung verschiedener Faktoren. Die
Analyse der je nach Region besonders geschätzten Managementaufgaben zeigt für Europa: Top-Priorität haben eine klare, gut kommunizierte Strategie und die Qualität des
Topmanagements. In der zweiten Kategorie mit hoher Wichtigkeit folgen die Fähigkeit der
Strategieumsetzung, die Beachtung der Governance-Regeln, Innovationskraft und die
Existenz einer Niedrigpreisstrategie. In der dritten Kategorie moderater Wichtigkeit liegt
in Europa die Branchenwettbewerbsfähigkeit, wie auch in USA und Asien. Weniger
beachtet werden in Europa überlegene Produkte oder Dienstleistungsstrategie, Bilanz-
stärke und Unternehmenskultur.

In den USA ist betreffs der Analystenbewertung für das Management entscheidend:
Qualität des Managements, die Existenz einer Niedrigpreisstrategie und die Beachtung
der Governance-Regeln. Dort folgen, anders als in Europa, in der zweiten Kategorie mit
hoher Wichtigkeit ein überlegenes Produkt bzw. Dienstleistungsportfolio und eine gute
Unternehmenskultur (die beiden letzten Merkmale sind in allen anderen Regionen von
geringer Wichtigkeit). Die Fähigkeit der Strategieumsetzung, die Branchenwettbewerbsfähigkeit und die Innovationskraft sind dort nur von moderater Bedeutung. Eine klare, gut
kommunizierte Strategie ist in den USA im Gegensatz zu Europa von geringer Bedeutung.

In Asien steht die Qualität des Top-Managements besonders weit oben. Mit moderater
Wichtigkeit wird die Branchenwettbewerbsfähigkeit in Betracht gezogen. Alle anderen
Faktoren haben dort gemäß der Analyse nur eine eher geringe Bedeutung. In Lateiname-
rika steht die Innovationskraft im Wettbewerb der Analystengunst weit über allen anderen
Kriterien.

Mit entsprechender Kommunikationsstrategie könnten Unternehmen ihre Position am
Aktienmarkt beeinflussen. Die Analyse kommt zu dem Ergebnis: „Eine neue Kaufempfeh-
lung für ein Großunternehmen, denen Analysten ein hochkarätiges Top-Management be-
scheinigte, steigerte die Marktkapitalisierung in Asien im Schnitt um 2,4 Mrd. $. In den
USA waren es 1,4 Mrd. $, in Europa 1,1 Mrd. $, in Lateinamerika 40 Mio. $" (ebd.).

7.12   Und wie startet der Neue?

Der Start einer neuen Senior-Führungskraft ist ein einschneidender Meilenstein in der Unternehmensentwicklung. Die Wechselrate von CEOs unter den 2500 größten Firmen der Welt stieg im Zeitraum von 2010 bis 2015 von 11,6 % auf 16,6 % an, im Jahr 2016 betrug sie 14,9 %. Unter den neuen CEOs im Jahr 2016 wurden 18 % von extern rekrutiert, die niedrigste Rate im Fünfjahresvergleich. (23 %, 2015). Der Anteil neuer CEOs mit bedeutsamer internationaler Erfahrung lag im Jahr 2016 bei moderaten 24 % (28 %, 2015). In West-Europa erscheint eine größere internationale Erfahrung wesentlich bedeutsamer, 47 % der neuen CEOs verfügten über diesen Background. Weltweit wurden in 2016 3,6 % der CEO-Positionen mit Frauen besetzt, wobei der Anteil in USA und Kanada mit 5,7 % am höchsten war, gefolgt von China mit einer Quote von 5,3 % (Karlsson et al. 2017).

Die Analyse zeigt auch, dass Unternehmen in den letzten Jahren die Nachfolgeplanung ernsthafter betreiben. In der Periode 2007 bis 2011 waren 31,1 % der CEO-Wechsel unter den 2500 größten Unternehmen unfreiwillige Abgänge, in der Periode 2012–2016 waren es noch 20,3 %. Eindeutig am größten ist die unfreiwillige Wechselrate in Westeuropa mit 26,1 % in der Zeit 2012–2016 (2007–2011, 32,1 %). Der Einfluss der Finanzkrise 2009 in dem ersten Zeitraum kann jedoch in dem Vergleich der beiden Perioden nicht bewertet werden.

Infolge eines CEO-Wechsels finden typischerweise zusätzlich weitere wichtige Veränderungen im Senior-Management statt.

7.12.1   Welche Voraussetzungen findet der Neue vor?

Dennoch scheinen eine gewissenhafte Vorbereitung und Einführung in vielen Unternehmen schwach ausgeprägt zu sein: 83 % der weltweit befragten Führungskräfte sagten aus, dass sie unvorbereitet in eine neue Aufgabe starteten (Chandran et al. 2015). Dies wurde auch in der 2017/18 durchgeführten Studie der Personalberatung Egon Zehnder unter weltweit 402 CEOs wieder bestätigt (Kestel 2018). Nach der Studie beschreiben auch die neuen Amtsinhaber die Übernahme dieser Verantwortung als einen einschneidenden Schritt in ihrer beruflichen Entwicklung, indem sie sich selbst verändern mussten, um Veränderungen im Unternehmen zu erzielen. 20 % der neuen CEOs räumten ein, „dass die Erwartungen an den Posten es ihnen erschwere, das Beste aus sich herauszuholen" (ebd.). Ein CEO der Umfrage empfiehlt auf der Basis eigener Erfahrung: „Es geht darum, einen Schritt zurückzutreten und zu reflektieren, wohl wissend, dass ich nicht alle Antworten kenne oder gar brauche" (Kestel 2018). Entsprechend der Ergebnisse erhält nur ca. ein Viertel der Befragten Feedback und Rückmeldung von allen Mitgliedern des Boards, 38 % vom Aufsichtsratsvorsitzenden. Seitens des Senior-Leadership-Teams erhalten 51 % ein Feedback. Der Aufsichtsrat könnte den CEO stärker unterstützen mit nützlichem Feedback.

In einer Untersuchung unter weltweit 588 Führungskräften (Egon Zehnder, London Business School), die kurz vorher eine neue Position eingenommen hatten, zeigte sich gleichfalls, dass insbesondere das Verständnis von Normen und Praxis im neuen Unternehmen zu Beginn der Aufgabe eine besondere Herausforderung ist. Ein Drittel der Teilnehmer der Umfrage gehörten zur Vorstandsebene eines Unternehmens. 20 % der Befragten benötigten über neun Monate, um die neue Rolle vollständig ausfüllen zu können, 60 % sagten aus, sechs Monate benötigt zu haben (Byford et al. 2017).

69 % der Befragten führten Misserfolge auf einen fehlenden Einblick in die Funktionsweise des Unternehmens zurück, 65 % sagten aus, dass das Scheitern durch einen mangelnden Fit in die Unternehmenskultur begründet war. Weitere 57 % hatten Schwierigkeiten, Allianzen mit Kollegen zu bilden und 48 % sagten aus, das Geschäftsmodell des neuen Arbeitgebers nicht richtig verstanden zu haben. Strategische Meinungsverschiedenheiten wurden in 28 % der Fälle als Grund für das Scheitern in der Übernahme einer neuen Führungsaufgabe betrachtet.

Eine unter 198 Personalmanagern durchgeführte weltweite Umfrage zeigt, dass nur ca. 50 % der Befragten die Auffassung teilten, dass das Unternehmen Führungskräfte beim Kennenlernen des neuen Teams effektiv unterstützt. Nur 29 % sagten aus, dass das Unternehmen seinen neuen Managern bei der Anpassung und Eingewöhnung in die Unternehmenskultur geholfen hat (Daten Egon Zehnder/Genesis Advisers in Byford et al. 2017).

In dem Fall einer erfolgreichen Übergabe der Aufgabe an die Senior-Führungskraft erzielten ca. 90 % dieser Teams ihr dreijähriges Leistungsziel. Diejenigen aus der Gruppe mit einer erfolgreichen Übergabe erzielten im Schnitt einen um 5 % höheren Umsatz und Gewinn als der Durchschnitt. Im Fall einer fehlgeschlagenen Übergabe war die Leistung der direkten Mitarbeiter um 15 % niedriger als im Fall einer sehr erfolgreichen Nachfolge. Das Engagement der Mitarbeiter fiel mit 20 % größerer Wahrscheinlichkeit ab oder sie verließen das Unternehmen. Die Datenbasis der Erhebung umfasst 30.000 obere Führungskräfte größerer Unternehmen (CEB Pressemitteilung 26.11.2012; Keller und Meany 2018).

Entsprechend der Daten der Executive-Beratungsgesellschaft CEB gibt es fünf typische Übergabesituation, die 97 % aller Fälle abdecken (Bharucha und Dial 2013):

1. Gleitende Übergabe (3 %): Die neue Führungskraft übernimmt eine Position unter normalen Geschäftsbedingungen mit einem zuvor entworfenen, strukturierten und detaillierten Übergabeplan.
2. Ersatz eines zuvor sehr erfolgreichen Vorgängers (18 %)
3. Ersatz eines zuvor nicht erfolgreichen Vorgängers (27 %)
4. Schneller Start, die Leistung des Vorgängers war weder besonders erfolgreich oder erfolglos, das Unternehmen muss jedoch schnell in eine andere Richtung bewegt werden (19 %)
5. Neue Position, d. h. die Führungskraft übernimmt eine neu geschaffene Aufgabe (31 %)

Dementsprechend werden neue Manager nur in 3 % eine von Beginn an vollständig geklärte Rolle übernehmen können, bei dennoch hohen Erwartungen an ihre Resultate (The Corporate Executive Board Company 2012). Typischerweise gibt es einen unsystematischen Einführungsprozess, der darauf baut, dass neue Führungskräfte im Wesentlichen ihre Einführung selbst managen (Chandran et al. 2015). Verschiedene Studien zeigen, dass bei 27 % bis 46 % der Senior-Führungskräfte Übergaben als Fehlschlag oder Enttäuschung bewertet werden (Keller und Meany 2018). Die häufigste Maßnahme der Sicherung eines guten Übergabeprozesses seitens der Unternehmen ist die Bereitstellung eines Mentors oder Unterstützungsnetzwerkes. Nur 47 % der externen Zugänge und 29 % der internen Neubesetzungen finden dies hilfreich. Standardisierte Einführungsprogramme sind eine weitere weitverbreitete Vorgehensweise, die jedoch nur von 19 % bzw. 11 % der Führungskräfte in neuen Positionen als effektiv betrachtet wird. Spezifisch zugeschnittene Coaching-Programme und Einführungspläne zeigen eine doppelt so hohe Erfolgswahrscheinlichkeit, finden jedoch nur in 32 % der Unternehmen Anwendung (Keller und Meaney 2018; Wheeler 2008).

Betreffs des zeitlichen Ablaufs sagten 92 % der externen und 72 % der intern neu verpflichteten Führungskräfte, dass sie weit mehr als 90 Tage benötigten, um die Aufgabe mit voller Produktivität zu übernehmen (Chandran et al. 2015). Es zeigte sich jedoch auch, dass wichtige Stakeholder von einem neuen CEO die Entwicklung einer strategischen Vision innerhalb der ersten acht Monate und nicht innerhalb der ersten 100 Tage erwarten. Dementsprechend haben CEOs in der durchschnittlichen Erwartungshaltung der Stakeholder 14 Monate Zeit, ein neues Team von Senior-Führungskräften zu installieren und 19 Monate Zeit, um nachhaltig den Aktienpreis positiv zu entwickeln. Zur Umsetzung eines Turnarounds eines Unternehmens standen den CEOs entsprechend der Untersuchung 21 Monate zur Verfügung. Die Entwicklung eines überarbeiteten Geschäftsmodells konnte im Schnitt 22 Monate in Anspruch nehmen (Gaines-Ross 2003).

Zusammenfassend lässt sich aufgrunder statistischen Aussagen der Untersuchungen sagen, dass in der Übergabe einer Aufgabe an eine neue Senior-Führungskraft erhebliches Verbesserungspotenzial bei den meisten Unternehmen weltweit liegt. Die zielorientierte, auf die neue Aufgabe zugeschnittene Gestaltung, die persönliche Ausrichtung und Intensität eines Übergabeprogramms bieten erhebliche Chancen. Die ansonsten daraus resultierende Verzögerung der Übernahme einer Führungsposition kann Wettbewerbern einen erheblichen zeitlichen Vorteil verschaffen.

7.12.2 Wie wird die Übernahme ein Erfolg für alle?

Erfolgreiche Unternehmen sorgen dafür, dass das Umfeld des neuen Managers die Übergabe aktiv unterstützt und nicht in einer passiven Beobachterrolle verbleibt. Diesem Umfeld werden dazu auch wiederum Unterstützung und Ressourcen in der Periode zur Verfügung gestellt. Das Unternehmen sorgt für einen strukturierten Übergabeprozess mithilfe innovativer Werkzeuge und Ressourcen, um den CEO in den nachfolgend beschriebenen fünf Kerngebieten zu unterstützen. Die Ergebnisse aus umfangreichen Erfahrungen belegen jedoch auch, dass neue Führungskräfte auch jenseits der 100-Tagefrist erhebliche Unterstützung zur vollständigen Übernahme aller Aufgaben benötigen.

Die Autoren von McKinsey (Keller und Meaney 2018) und Egon Zehnder/London Business School (Byford et al. 2017) und der Beratungsfirma CEB (Wheeler 2008) geben neuen Top-Führungskräften und den Entwicklern eines strukturierten, detaillierten Übergabeplans gleichfalls die Empfehlung, insbesondere die fünf Bereiche zu analysieren und anschließend geeignete Veränderungsmaßnahmen in diesem Bereich zu ergreifen. Erfolgreiche Führungskräfte werden nicht nur klar zum Ausdruck bringen, welche Maßnahmen im Unternehmen eingeführt werden, sondern auch, was nicht aufgenommen wird und was in Zukunft nicht mehr gemacht werden soll. Dies kann viele Dinge betreffen, wie Projekte, Initiativen, Regelmeetings oder bestimmte Prozesse, Berichte und Prozeduren. Die Ergebnisse der Empfehlungen von CEB, Egon Zehnder und McKinsey werden in folgenden fünf Punkten zusammengefasst.

1. **Geschäft bzw. Funktion:** Verständnis des aktuellen Geschäfts, der Unternehmensleitung und der Kompetenzen: Anpassung des Teams und der Organisation an die zukünftigen Ziele und Prioritäten.
2. **Kultur:** Verständnis der aktuellen Unternehmenskultur und von Maßnahmen, die erforderlich sind, die zukünftige Leistung zu verbessern.
3. **Team:** Verfügen Sie über das richtige Team mit den richtigen Fähigkeiten, Einstellungen und Struktur? Führen Sie Maßnahmen zur Entwicklung eines High-Performance-Teams durch.
4. **Persönliches:** Was benötigen Sie zur Entwicklung von Effizienz? Welche Grenzen setzen Sie, was ist Ihr „Erbe"? Setzen Sie sich nur in dem Bereich Ihrer Möglichkeiten mit Blick auf effektives Zeitmanagement ein.
5. **Was sind die Aufgaben, Ziele, Erwartungen anderer wichtiger Stakeholder?** Etablieren Sie eine produktive Zusammenarbeit mit dem Ziel, überzeugenden Einfluss und Übernahme Ihrer Sichtweisen zu gewinnen.

Des Weiteren ist es wichtig, die Sichtweisen des vorherigen Stelleninhabers zu verstehen und ggf. Aspekte wie Industrieumfeld, Wettbewerbsumfeld und Best-practice-Methoden auch mithilfe externer Experten zu verstehen.

Die Unternehmensstrategie muss in Form von Arbeitsmeetings und Workshops geprüft werden, Prioritäten müssen entschieden und ggf. neue notwendige Kompetenzen identifiziert werden. Die interne Organisation wird geprüft, ob sie den neuen Zielen entsprechen kann. Die Umsetzung wichtiger strategischer Maßnahmen wird entsprechend der Prioritäten des Initiativteams umgesetzt.

Die paarweise Zusammenarbeit von Senior-Führungskräften mit derartigen Initiativteams stärkt den Zusammenhalt und intensiviert im Fall von neuen Mitgliedern das gegenseitige Kennenlernen. Im Fall einer komplexen Struktur von Projekten und Initiativen wird ein Projektbüro in der Koordination wertvolle Dienste leisten. Zum Start werden auch Möglichkeiten des „Quick-Wins" geprüft werden. Insbesondere in den ersten sechs Monaten werden regelmäßige Treffen mit Kunden, Geschäftspartnern und wichtigen internen Stakeholdern, Führungskräften des Projektbüros und den wichtigen Projekt- und Initiativteams stattfinden.

Erfolgreiche Unternehmen legen Wert auf einen strukturierten und beschleunigten Integrationsprozess. Mithilfe individueller Schulungen unterstützen sie die neuen Top-Führungskräfte, um sich schnell in das neue Umfeld integrieren zu können. Entsprechend der Recherchen der Studie von Egon Zehnder/London Business School haben nur ungefähr 2 % aller globalen Unternehmen bei der Integration neuer leitender Angestellter einen systematischen und vollständigen Plan für eine schnelle Integration (Byford et al. 2017).

Zwei Drittel aller globalen Unternehmen stellen nur eine Basisorientierung mit Daten zur Verfügung, die die neue Führungskraft selbstständig analysieren und interpretieren muss. Die zusätzliche Organisation von Treffen mit wichtigen Interessenvertretern zur Bereitstellung tiefergehender Informationen des Geschäfts, des Teams und betreffs der Unternehmenskultur und strategischen Prioritäten leisten weitere 25 % aller globalen Unternehmen (Keller und Meaney 2018).

Führungskräfte beurteilen politische Probleme sowie Probleme im Bereich der Unternehmenskultur und der Angestellten als die wichtigste Herausforderung. 67 % der Führungskräfte sagten aus, eine frühzeitigere Veränderung der Unternehmenskultur wäre wichtig gewesen. Gleichzeitig bewerteten 79 % der extern und 69 % der intern gewonnenen Führungskräfte dies als besonders schwierige Aufgabe (ebd.).

Literatur

Aiken, Carolyn B.; Keller, Scott P. (2007): The CEO's role in leading transformation (McKinsey Quarterly). Online verfügbar unter https://www.mckinsey.com/business-functions/organization/our-insights/the-ceos-role-in-leading-transformation, zuletzt geprüft am 18.01.2019.

Antonakis, John; Fenley, Marika; Liechti, Sue (2012): Learning Charisma (Harvard Business Review). Online verfügbar unter https://hbr.org/2012/06/learning-charisma-2, zuletzt geprüft am 18.01.2019.

Bailom, Franz; Matzler, Kurt; Tschemernjak, Dieter (2013): Was Top-Unternehmen anders machen. Mit Strategie, Innovation und Leadership zum nachhaltigen Erfolg. 2., aktualis. u. erw. Aufl. Wien: Linde (Linde international).

Barton, Dominic; Grant, Andrew; Horn, Michelle (2012): Leading in the 21st century (McKinsey Quarterly). Online verfügbar unter https://www.mckinsey.com/featured-insights/leadership/leading-in-the-21st-century, zuletzt geprüft am 18.01.2019.

Bharucha, K.; Dial, N. (2013): The most poor leadership transitions. In: McKinsey 5-2018, Keller, Scot; Meaney, Mary: Successfully transitioning to new leadership roles, mckinsey.com (CEB Blog, Corporate finance, October 29, 2013). Online verfügbar unter http://cebglobal.com.

Bianchi, Emily C.; Mohliver, Aharon (2016): Do Good Times Breed Cheats? Prosperous Times Have Immediate and Lasting Implications for CEO Misconduct. INFORMS. Online verfügbar unter https://pubsonline.informs.org/doi/10.1287/orsc.2016.1101 , zuletzt aktualisiert am 29.12.2016, zuletzt geprüft am 18.01.2019.

Botelho, Elena Lytkina; Powell, Kim R. (2018): The CEO next door. The 4 behaviors that transform ordinary people into world-class leaders. Unter Mitarbeit von Tahl Raz. First edition. New York: Currency.

Botelho, Elena Lytkina et al. (2017): 4 Things That Set Successful CEOs Apart (Harvard Business Review). Online verfügbar unter https://hbr.org/2017/05/what-sets-successful-ceos-apart, zuletzt geprüft am 18.01.2019.

Bradley, Chris; Dawson, Angus; Smit, Sven (2013): The strategic yardstick you can't afford to ignore (McKinsey Quarterly). Online verfügbar unter https://www.mckinsey.com/business-functions/strategy-and-corporate-finance/our-insights/the-strategic-yardstick-you-cant-afford-to-ignore, zuletzt geprüft am 11.01.2019.

Braun, Gesine; Domke, Britta; Höhmann, Ingmar; Kestel, Christina; Leitl, Michael (2016): Nur Mut. In: *Harvard Business Manager* (Sonderheft Change Management), S. 8–40. Online verfügbar unter http://www.harvardbusinessmanager.de/sonderheft/d-140072210.html, zuletzt geprüft am 23.02.2019.

Brown, Donald E. (1991): Human universals. Boston, Mass.: McGraw-Hill.

Büttgen, Marion; Mai, Christian (2015): Starke dunkle Triade. Erfüllen weibliche Führungskräfte die Anforderungen von Spitzenpositionen. Online verfügbar unter https://uf-forschung.uni-hohenheim.de/, zuletzt aktualisiert am März 2015, zuletzt geprüft am 21.01.2019.

Büttgen, Marion; Mai, Christian (2016): Erfolgs- und Performancewirkung der Persönlichkeit von Spitzen-Managern. Personality and psychological capital of top managers as key drivers of company performance and overall success. Online verfügbar unter https://www.uni-hohenheim.de/organisation/projekt/erfolgs-und-performancewirkung-der-persoenlichkeit-von-spitzen-managern-personality-and-psychological-capital-of-top-managers-as-key-drivers-of-company-performance-and-overall-success, zuletzt aktualisiert am 06.12.2017, zuletzt geprüft am 18.01.2019.

Byford, Mark; Watkins, Michael D.; Triantogiannis, Lena (2017): New Leaders Need More Than Onboarding (Harvard Business Review). Online verfügbar unter https://hbr.org/2017/05/onboarding-isnt-enough, zuletzt geprüft am 18.01.2019.

Chandran, Rajiv; La Boutetiere, Hortense de; Dewar, Carolyn (2015): Ascending to the C-suite (McKinsey Survey). Online verfügbar unter https://www.mckinsey.com/featured-insights/leadership/ascending-to-the-c-suite, zuletzt geprüft am 18.01.2019.

Charan, Ram (2016): The Secrets of Great CEO Selection. https://www.facebook.com/HBR (Harvard Business Review). Online verfügbar unter https://hbr.org/2016/12/the-secrets-of-great-ceo-selection, zuletzt geprüft am 18.01.2019.

Collins, James C. (2011): Der Weg zu den Besten. Die sieben Management-Prinzipien für dauerhaften Unternehmenserfolg. [Neuausg.].

Cuddy, Amy J. C.; Kohut, Matthew; Neffinger, John (2013): Connect, Then Lead (Harvard Business Review). Online verfügbar unter https://hbr.org/2013/07/connect-then-lead, zuletzt geprüft am 18.01.2019.

Ehrenfried, Felix (2017): Der perfekte Boss: Die Kunst guter Führung (Wirtschaftswoche). Online verfügbar unter https://www.wiwo.de/erfolg/management-der-zukunft/der-perfekte-boss-die-kunst-guter-fuehrung/15001856.html, zuletzt geprüft am 18.01.2019.

Fernández-Aráoz, Claudio (2014): It's not the how or the what but the who. Succeed by surrounding yourself with the best. Boston, Mass.: Harvard Business Review Press.

Feser, Claudio; Mayol, Fernanda; Srinivasan, Ramesh (2015): Decoding leadership: What really matters. Claudio Feser is a director in McKinsey's Zürich office, Fernanda Mayol is an associate principal in the Rio de Janeiro office, and Ramesh Srinivasan (McKinsey Quarterly). Online verfügbar unter https://www.mckinsey.com/featured-insights/leadership/decoding-leadership-what-really-matters, zuletzt geprüft am 08.03.2019.

Finkelstein, Sydney (2016): Secrets of the Superbosses (Harvard Business Review). Online verfügbar unter https://hbr.org/2016/01/secrets-of-the-superbosses, zuletzt geprüft am 18.01.2019.

Flynn, Francis J. (2011): Defend Your Research: Guilt-Ridden People Make Great Leaders. Motivating People (Harvard Business Review). Online verfügbar unter https://hbr.org/2011/01/defend-your-research-guilt-ridden-people-make-great-leaders, zuletzt geprüft am 18.01.2019.

Frevert. (Harvard Business Manager). Online verfügbar unter http://www.harvardbusinessmanager. de/heft/d-142518596.html, zuletzt geprüft am 13.02.2019

Fuda, Peter; Badham, Richard (2011): Fire, Snowball, Mask, Movie: How Leaders Spark and Sustain Change (Harvard Business Review). Online verfügbar unter https://hbr.org/2011/11/fire-snowball-mask-movie-how-leaders-spark-and-sustain-change, zuletzt geprüft am 18.01.2019.

Gaines-Ross, Leslie (2003): CEO capital. A guide to building CEO reputation and company success. New York, Chichester: Wiley. Online verfügbar unter http://www.loc.gov/catdir/bios/wiley045/2003544926.html.

Garvin, David A. (2013): How Google Sold Its Engineers on Management (Harvard Business Review). Online verfügbar unter https://hbr.org/2013/12/how-google-sold-its-engineers-on-management, zuletzt geprüft am 18.01.2019.

Geoffrey, James (2012): 8 Core Beliefs of Extraordinary Bosses. Online verfügbar unter www.inc. com/geoffrey-james/8-core-beliefs-of-extraordinary-bosses.html, zuletzt geprüft am 28.02.2019.

Gilkey, Roderick; Caceda, Ricardo; Kilts, Clinton (2010): When Emotional Reasoning Trumps IQ. https://www.facebook.com/HBR (Harvard Business Review). Online verfügbar unter https://hbr. org/2010/09/when-emotional-reasoning-trumps-iq, zuletzt geprüft am 18.01.2019.

Goleman, Daniel, Emotional intelligence, Bantam Books, New York, 2006, ISBN 055380491X

Goleman, Daniel (2013): The Focused Leader (Harvard Business Review). Online verfügbar unter https://hbr.org/2013/12/the-focused-leader, zuletzt geprüft am 18.01.2019.

Gosling, Jonathan; Mintzberg, Henry (2003): The Five Minds of a Manager (Harvard Business Review). Online verfügbar unter https://hbr.org/2003/11/the-five-minds-of-a-manager, zuletzt geprüft am 18.01.2019.

Gregersen, Hal (2017): Bursting Out of the CEO Bubble (Harvard Business Review). Online verfügbar unter https://hbr.org/2017/03/bursting-the-ceo-bubble, zuletzt geprüft am 18.01.2019.

Hall, S.; Lovallo, D.; Musters, R. (2012): How to put your money where your strategy is (McKinsey Quarterly). Online verfügbar unter https://www.mckinsey.com/business-functions/strategy-and-corporate-finance/our-insights/how-to-put-your-money-where-your-strategy-is, zuletzt geprüft am 13.01.2019.

Harrell, Eben (2016): Succession Planning: What the Research Says (Harvard Business Review). Online verfügbar unter https://hbr.org/2016/12/succession-planning-what-the-research-says, zuletzt geprüft am 18.01.2019.

Harvard Business Manager (2010): „Wir können die Macht von Charisma messen". Verteidigen Sie Ihre Forschung, Interveiw mit Prof. Sandy Pentland (Harvard Business Manager). Online verfügbar unter http://www.harvardbusinessmanager.de, zuletzt geprüft am 18.01.2019.

Harvard Business Review (2016): How Private Equity Firms Hire CEOs (Harvard Business Review). Online verfügbar unter https://hbr.org/2016/06/how-private-equity-firms-hire-ceos, zuletzt geprüft am 18.01.2019.

Herrmann, Katharina; Komm, Asmus; Smit, Sven (2011): Do you have the right leaders for your growth strategies? (McKinsey Quarterly). Online verfügbar unter https://www.mckinsey.com/featured-insights/leadership/do-you-have-the-right-leaders-for-your-growth-strategies, zuletzt geprüft am 18.01.2019.

Hinterhuber, Hans H. (2011): Die 5 Gebote für exzellente Führung. Wie Ihr Unternehmen in guten und in schlechten Zeiten zu den Gewinnern zählt. Frankfurt am Main.: F.A.Z.-Inst. für Management- Markt- und Medieninformationen (Frankfurter Allgemeine Buch).

Höhmann, Ingmar (2017): Deutschlands Nummer 1, Interview mit Elmar Degenhardt, CEO Continental (Harvard Business Manager). Online verfügbar unter http://www.harvardbusinessmanager.de/blogs/kleine-tests-grosse-wirkung-a-1177233.html, zuletzt geprüft am 18.01.2019.

Hutton, Irena (2017): Lawyer CEOs. Harvard Law School Forum. Online verfügbar unter https://corpgov.law.harvard.edu/2017/07/11/lawyer-ceos/, zuletzt geprüft am 18.01.2019.

Ibarra, Herminia; Hansen, Morten T. (2011): Are You a Collaborative Leader? (Harvard Business Review). Online verfügbar unter https://hbr.org/2011/07/are-you-a-collaborative-leader, zuletzt geprüft am 18.01.2019.

Ignatius, Adi (2016): Why Carlos Ghosn Isn't Worried About Tesla. https://www.facebook.com/HBR (Harvard Business Review). Online verfügbar unter https://hbr.org/2016/10/making-the-car-a-mobile-connected-workspace, zuletzt geprüft am 18.01.2019.

Immelt, Jeffrey R. (2017): Inside GE's Transformation. How I remade GE (Harvard Business Review). Online verfügbar unter https://hbr.org/2017/09/inside-ges-transformation, zuletzt geprüft am 12.02.2019.

Joyce, William; Nohria, Nitin; Roberson, Bruce (2003): What really works. The 4+2 formula for sustained business success. 1. ed. New York NY: HarperBusiness.

Karlsson, Per-Ola; Aguirre, DeAnne; Rivera, Kristin (2017): Are CEOs Less Ethical Than in the Past? Why more chief executives are losing their jobs after scandals and corporate misconduct. Online verfügbar unter https://www.strategy-business.com/feature/Are-CEOs-Less-Ethical-Than-in-the-Past?gko=50774, zuletzt aktualisiert am 15.05.2017, zuletzt geprüft am 18.01.2019.

Keller, Scott; Meaney, Mary (2018): Successfully transitioning to new leadership roles (McKinsey Quarterly). Online verfügbar unter https://www.mckinsey.com/business-functions/organization/our-insights/successfully-transitioning-to-new-leadership-roles, zuletzt geprüft am 12.02.2019.

Kestel, Christina (2018): Die menschliche Seite des CEO (Harvard Business Manager). Online verfügbar unter http://www.harvardbusinessmanager.de, zuletzt geprüft am 18.01.2019.

Khurana, Rakesh (2011): Searching for a Corporate Savior. The Irrational Quest for Charismatic CEOs. Princeton: Princeton University Press. Online verfügbar unter http://www.jstor.org/stable/10.2307/j.ctt28554w.

Kiel, Fred (2013): Psychopaths in the C-suite: Fred Kiel at TEDxBGI - YouTube. Online verfügbar unter https://www.youtube.com/watch?v=vqBPZR63vfA, zuletzt geprüft am 18.01.2019.

Lafley, A.G; Tichy, Noel (2011): The Art and Science of Finding the Right CEO (Harvard Business Review). Online verfügbar unter https://hbr.org/2011/10/the-art-and-science-of-finding-the-right-ceo, zuletzt geprüft am 18.01.2019.

Luo, Xueming; Kanura, Vamsi K.; Andrews, Michelle (2013): Long CEO Tenure Can Hurt Performance. Online verfügbar unter https://hbr.org/2013/03/long-ceo-tenure-can-hurt-performance, zuletzt geprüft am 18.01.2019.

Mai, Christian; Büttgen, Marion (2015): Studie zu Manager-Persönlichkeiten. Pressemitteilung 22.7.2015. German Graduate School of Management and Law. Heilbronn. Online verfügbar unter https://idw-online.de/de/news635199, zuletzt geprüft am 18.01.2019.

Martin, Geoffrey; Gomez-Mejia, Luis; Wiseman, Robert M. (2012): The Life Cycle of CEO Compensation (Harvard Business Review). Online verfügbar unter https://hbr.org/2012/10/the-life-cycle-of-ceo-compensation, zuletzt geprüft am 18.01.2019.

Münkler, Herfried (2017): „Wer zu viele Bedenken hat, kommt nicht an die Spitze". Interview Herfried Münkler. Online verfügbar unter http://www.harvardbusinessmanager.de/heft/d-149414536.html, zuletzt geprüft am 18.01.2019.

Nayar, Vineet (2010): How I Did It: A Maverick CEO Explains How He Persuaded His Team to Leap into the Future (Harvard Business Review). Online verfügbar unter https://hbr.org/2010/06/how-i-did-it-a-maverick-ceo-explains-how-he-persuaded-his-team-to-leap-into-the-future, zuletzt geprüft am 18.01.2019.

Pfeffer, Jeffrey (2011): Column: Management a Profession? Where's the Proof? (Harvard Business Review). Online verfügbar unter https://hbr.org/2011/09/management-a-profession-wheres-the-proof, zuletzt geprüft am 18.01.2019.

Sharer, Kevin (Oktober 2013): How Should Your Leaders Behave? (Harvard Business Review). Online verfügbar unter https://hbr.org/2013/10/how-should-your-leaders-behave, zuletzt geprüft am 18.01.2019.

Shoemakers, Paul J. H.; Krupp, Steve; Howland, Samantha (2013): Strategic Leadership: The Essential Skills. https://www.facebook.com/HBR (Harvard Business Review). Online verfügbar unter https://hbr.org/2013/01/strategic-leadership-the-esssential-skills, zuletzt geprüft am 18.01.2019.

The Corporate Executive Board Company (2012): High-Impact Leadership Transitions. A Transformative Approach - PDF. Online verfügbar unter https://docplayer.net/4194979-High-impact-leadership-transitions-a-transformative-approach.html, zuletzt geprüft am 18.01.2019.

van Dick, Rolf (2015): Bloß keinen vernachlässigen (Harvard Business Manager). Online verfügbar unter http://www.harvardbusinessmanager.de, zuletzt geprüft am 18.01.2019.

Waytz, Adam (2016): The Limits of Empathy (Harvard Business Review). Online verfügbar unter https://hbr.org/2016/01/the-limits-of-empathy, zuletzt geprüft am 18.01.2019.

Welch, Suzy; Welch, Jack (2005): Winning. Das ist Management. 1. Aufl. Frankfurt am Main: Campus Verlag GmbH (Business Backlist). Online verfügbar unter http://www.content-select.com/index.php?id=bib_view&ean=9783593401522.

Wheeler, Patricia (2008): Executive Transitions Market Study summary report 2008. Hg. v. Alexcel Group & The Institute of Executive Development. Online verfügbar unter https://de.slideshare.net/harv6pack/executivetransitionsmarketstudyreportpw, zuletzt geprüft am 12.02.2019.

Managementmethoden und wirtschaftlicher Erfolg

8

8.1 Management im weltweiten Wettbewerb der Produktion

Was kann gutes und schlechtes Management tatsächlich bewirken? Was sind erfolgreiche quantitative und qualitative Methoden zur Steigerung des Outputs und der Effizienz in der Produktion? Welche Unterschiede gibt es in der Welt der Managementmethoden und ihrer Umsetzung? Gibt es besonders erfolgreiche Methoden? Was erklärt Erfolg?

Verschiedene renommierte Institute (Centre for Economic Performance, London School of Economics, Stanford University und Harvard Business School) haben mit der Unterstützung verschiedener Zentralbanken, Finanzministerien, der Weltbank und anderen wichtigen Institutionen seit einigen Jahren weltweite Studien zu Wirksamkeit und Einfluss von Managementmethoden auf die Firmenleistung durchgeführt. Anhand von 13.000 Interviews mit Managern aus 34 Ländern in allen Kontinenten analysierten sie den Einfluss von Managementmethoden im Bereich Produktionsmanagement, Organisation und Personal . Des Weiteren wurde der Einfluss externer Faktoren auf die Managementqualität gemessen, wie z. B. Intensität des Wettbewerbs, Ausbildungsstand der Mitarbeiter, Firmengröße, nationale oder multinationale Struktur (Bloom 2014).

Die Ergebnisse der Analyse zeigen den weltweiten Stand der Managementqualität und den statistisch nachweisbaren Einfluss auf die Steuerung und die Ergebnisse von Fertigungsstandorten. Im Weiteren wird in Abschn. 8.5 auf der Basis nationaler US-Unternehmen der Einfluss der Managementqualität und die Wechselwirkung mit externen Faktoren innerhalb einer national hoch entwickelten Managementkultur in den USA aufgrund von ca. 32.000 US-Firmen im statistischen Vergleich ausgewertet. Was bewirkt gutes Management und wie wird gutes Management zur Verfügung gestellt?

Die Daten der internationalen Analyse wurden sehr detailliert erhoben und überprüft. Die 45–60 Minuten dauernden Interviews führte eine Person, eine zweite Person unternahm anschließend die Bewertung ohne Kenntnis der Finanzergebnisse des Unternehmers.

© Springer-Verlag GmbH Deutschland, ein Teil von Springer Nature 2020
H. Goffin, *Erfolgsunternehmen – empirisch belegte Wege an die Spitze*,
https://doi.org/10.1007/978-3-662-59819-1_8

Die Daten wurden mithilfe eines strukturierten Katalogs von 18 Fragen gewonnen, die um weitere Fragen ergänzt wurden, um einen guten Einblick in die jeweilige Unternehmenspraxis zu gewinnen. Bereiche der Produktion wurden betreffs Lean-Management, der Leistungsverfolgung, der Zielsetzung und der Zielverfolgung und des entsprechenden Monitorings analysiert. Die Einstufung erfolgte auf der Basis verschiedener Vergleichsfälle: Unternehmen mit Best-practice-Methoden, ein Vergleichsunternehmen mit mittlerer Managementleistung und mittleren Managementmethoden und ein Vergleichsunternehmen mit einer schwachen Umsetzung von strukturierten Managementmethoden. Die Bewertung erfolgte auf einer Skala, wobei eine 1 für das schwächste und eine 5 das herausragendste Management vergeben wurde.

Im Best-practice-Fall hatte das Unternehmen beispielsweise in der Fertigung schlanke Prozesse vollständig in allen Bereichen eingeführt und seit mehreren Jahren angewendet. Lean-Management war hier Teil der Unternehmenskultur. Eine konstante Analyse der Produktionsprozesse gehörte zu den täglichen Aufgaben der Mitarbeiter. Verschiedene Bereiche wurden in regelmäßigen Meetings häufig analysiert. Alle Probleme wurden in einer speziellen Datenbank registriert und der Fortgang und die Entwicklung wurden kontinuierlich durch das Management verfolgt.

Im Vergleichsfall mittlerer Ausprägung und Bewertung von Managementmethoden waren schlanke Prozesse nur in einigen Bereichen eingeführt oder befanden sich in einer Startphase. In diesem Fall lag der Fokus in erster Linie auf der Kostenreduzierung mit dem Ziel der Anhebung der Effizienz der Produktionsprozesse. Auch hier wurden von Mitarbeitern identifizierte Probleme mit möglichen Lösungen in regelmäßigen Treffen mit Managern und Mitarbeitern besprochen.

In dem Fall einer schwachen Bewertung betreffs Lean-Operations gab es keine Einführung von schlanken, modernen Prozessen im Unternehmen. Das Vergleichsunternehmen hatte in diesen Fällen noch keine formellen oder auch informellen Systeme im Bereich der Prozessdokumentation und der Entwicklung kontinuierlicher Verbesserungsmethoden installiert.

Analog wurden Benchmarking-Fälle in den Bereichen Leistungsmanagement und Zielverfolgung als Bewertungsmaßstab beschrieben. Fragen zum Talentmanagement klärten, auf welchen Wegen Talente gewonnen und gefördert wurden und wie schwache Leistungen von Mitarbeitern adressiert wurden.

Im Bereich der Organisation wurden Fragen an die Werksmanager gestellt, um Aspekte der Entscheidungsbefugnisse im Bereich Personal, Investitionen sowie Vertrieb und Marketing zu erfahren. Des Weiteren wurde die Gestaltung der Hierarchie und die Art der Mitarbeiterführung mittels eines strukturierteren Fragenkatalogs analysiert.

Zentrale Punkte zur Bewertung der Managementmethoden betrafen (Bloom 2014):

1. Zielsetzung und Verfolgung langfristiger Ziele, die durch anspruchsvolle, jedoch erreichbare kurzfristige Leistungskennzahlen unterstützt werden.
2. Leistungsanreize und Belohnungssysteme für Mitarbeiter und disziplinarische Maßnahmen im Fall schlechter Leistungen.
3. Kontrolle der Leistungsdaten auf der Basis von Leistungskennzahlen und Systemen zur kontinuierlichen Verbesserung.

Diese grundlegenden Punkte wurden anhand des Systems zur Befragung von 18 Managementmethoden geprüft.

8.2   Der Wert guten Managements – in „harter Währung"

Die Ergebnisse der statistischen Auswertung geben klare Fakten. Es zeigt sich eine starke Korrelation zwischen der Qualität des Managements und den Leistungskennzahlen des Unternehmens. Produktivität, Kapitalrendite, Umsatzwachstum und Wachstum der Marktanteile und der Wert der Marktkapitalisierung steigen mit besserem Management deutlich an. Aus der Analyse der Daten von 6000 Unternehmen aus dem gesamten Spektrum zeigt sich eine hervorragende Managementpraxis als wichtiger Treiber des wirtschaftlichen Erfolgs (Bloom 2014).

Wird der Wert der Managementbewertung um einen Punkt angehoben, steigt im Durchschnitt die Rendite auf dem eingesetzten Kapital um 2,8 Prozentpunkte von 8,7 % auf 11,5 %. Die Produktivität steigt gleichzeitig um 6 %, das Umsatzwachstum von durchschnittlich 5,6 % auf 7,9 % und das Wachstum des Marktanteils um beeindruckende 71 %. Die Marktkapitalisierung steigt um beeindruckende 26 % (ebd.). Die Autoren schließen aus den Ergebnissen, dass in Zeiten geringeren Produktivitätswachstums als „neuer Normalität" (Robert J. Gordon, Northwestern University, bekannt für seine Arbeit über Produktivität und Wachstum), „könnte der konsequente Ausbau von Managementkompetenzen tatsächlich der beste Weg aus der Performanceflaute sein" (Sadun et al. 2017).

Porter (Jahr) stellte in seinen Arbeiten den Wert des strategischen Managements heraus. Die Autoren der vorgestellten weltweiten Analyse des Erfolgs verschiedener Managementmethoden stellen dazu die entscheidende Wichtigkeit des operativen Managements heraus:

> Allerdings belegen unsere Untersuchungen, dass grundlegende Managementkompetenzen erheblich wichtiger- und weit schwieriger zu imitieren sind, als Porter schrieb. Ein Blick auf unsere Daten zeigt, dass grundlegende Managementkompetenzen in vielen Unternehmen keine Selbstverständlichkeit sind. Es gibt enorme Unterschiede darin, wie gut Unternehmen grundlegende Aufgaben lösen. (…) Unternehmen mit starken Managementprozessen schneiden in so wichtigen Disziplinen wie Produktivität, Profitabilität, Wachstum und Langlebigkeit deutlich besser ab. (…) Deshalb sind wir überzeugt, dass gutes und kompetentes Management nicht so einfach zu kopieren ist wie vielfach angenommen.

In der Gesamtbewertung zeigt sich, dass die operative Exzellenz bei vielen Firmen in allen Ländern noch nicht erreicht wird. Es besteht ein erhebliches Potenzial zur Steigerung der Wettbewerbsfähigkeit und Profitabilität. Firmen mit hoher Bewertung der Qualität der Managementprozesse schneiden sowohl in Bereichen wie Profitabilität und Wachstum als auch in der langfristigen Überlebensfähigkeit deutlich besser ab als andere. Es zeigt sich ein klarer Zusammenhang zwischen der Qualität des operativen Managements und dem Unternehmenserfolg. Es muss jedoch herausgestellt werden, dass in dieser Untersuchung

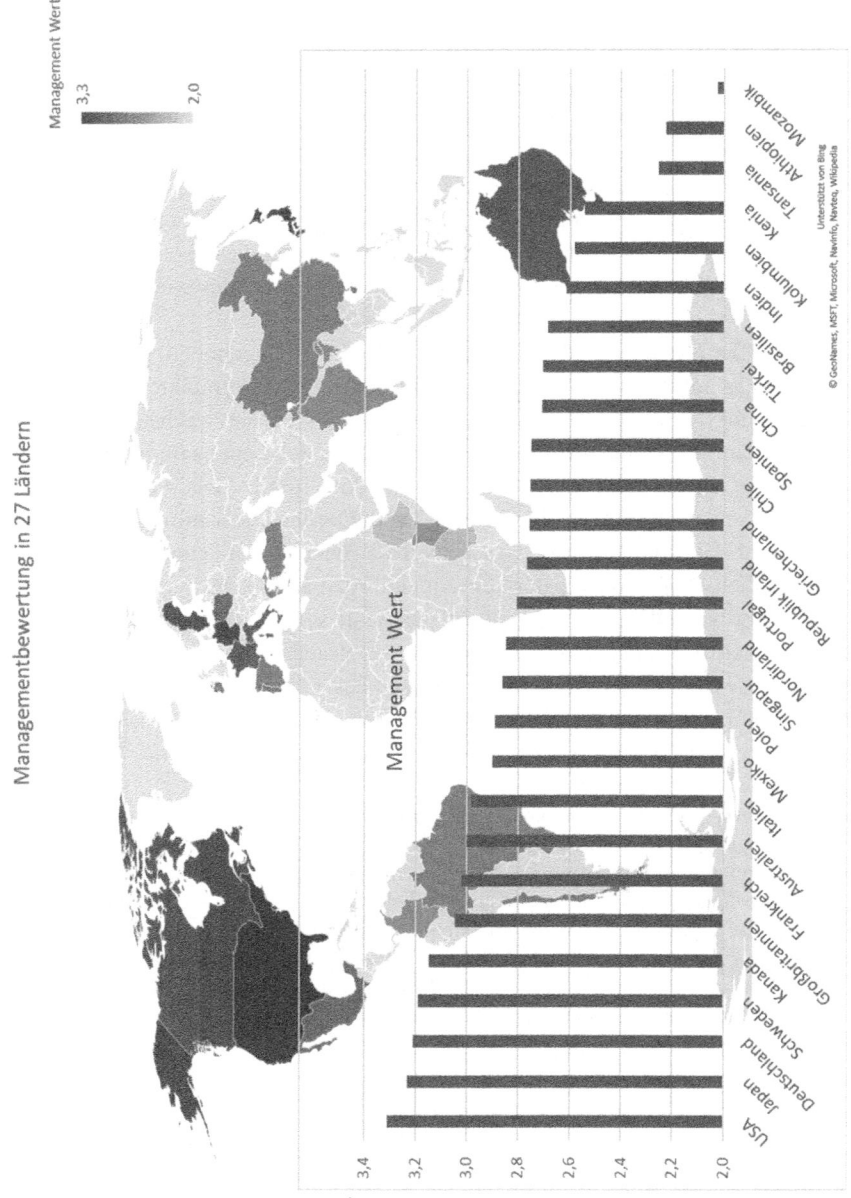

Abb. 8.1 Durchschnittliche Managementbewertung von Firmen in 27 Ländern (Daten: Bloom 2014)

Fragen des strategischen Managements nicht betrachtet werden konnten, die jedoch Raum für weitere Vorteile in Wettbewerbsfähigkeit und Profitabilität bieten. Die konsequente Etablierung hervorragender Systeme, die Verfolgung und Steuerung aller Parameter und Prozesse in einem Unternehmen sind Must- haves und können einen langfristigen Wettbewerbsvorteil darstellen. Die Chancen im Wettbewerb bestehen, weil kompetentes und herausragendes Management nicht einfach zu kopieren sind. Es sind erhebliche Investitionen in Prozessentwicklung, Prozessführung und Mitarbeiter dazu notwendig.

In der Managementbewertung offenbaren sich erhebliche Unterschiede in allen Disziplinen in den unterschiedlichen Ländern. Firmen in den USA, Japan, Deutschland, Schweden und Kanada erzielten die höchsten Bewertungen betreffs Qualität des Managements in den verschiedenen Disziplinen (Abb. 8.1). Allgemein korreliert die Höhe der Managementbewertung auch mit dem Pro-Kopf-Bruttosozialprodukt der Nationen. Es gibt große Unterschiede innerhalb der Branchen von Unternehmen und im Branchenvergleich. Lateinamerikanische und afrikanische Länder erreichen im Allgemeinen deutlich geringere Bewertungen (Bloom 2014).

8.3   Was macht den Unterschied?

Wettbewerbsumfeld: Die Intensität des Wettbewerbs beeinflusst in erheblichem Maß die Qualität des Managements. Auf der Basis von Fragen zum Wettbewerbsumfeld in jedem Interview wird dies deutlich aufgezeigt. In einem Umfeld starken Wettbewerbs entwickelt sich eine stärkere Managementleistung.

Multinationale oder lokale Märkte: Des Weiteren zeigen auch globale Firmen eine höhere Managementqualität als lokal orientierte Unternehmen. Insgesamt gibt es bei multinationalen Firmen nur einen im Vergleich auffallend kleinen Anteil von Unternehmen mit mäßiger Managementqualität im Vergleich zu lokal orientierten Firmen. Erwartungsgemäß hat auch der Anteil der Mitarbeiter mit einem Universitätsabschluss einen wichtigen Einfluss auf die Managementqualität (Abb. 8.2).

Unterschiede in der Management-Dimension: Die unterschiedlichen Bereiche des Managements, der Produktion, der Leistungsverfolgung und der Zielsetzung sowie des Personalmanagements und der Talentförderung sind unterschiedlich stark ausgeprägt. Allgemein wird die höchste Managementqualität im Bereich des Performance-Managements beobachtet. Die verschiedenen Werte und Unterschiede können der Abb. 8.3 entnommen werden.

Einfluss der Eigentumsverhältnisse und Kontrollstruktur: Die Eigentümerstruktur hat gleichfalls im Allgemeinen erhebliche Auswirkungen auf die Qualität des Managements. Unternehmen mit einer breit gestreuten Eigentümer- bzw. Aktienstruktur und Firmen im Bereich Private-Equity erreichten einen Wert von ca. 3,1. Familiengeführte Unternehmen mit externer Bestellung des CEOs lagen bei 3,0. Unternehmen im Familienbesitz mit einem CEO aus dem familiären Bereich lagen nur noch bei 2,7, Regierungsunternehmen und gründergeführte Unternehmen bei 2,6.

Multinationale- vs. Heimat-Fokus Unternehmen		
Europa	Mittl. Managementwert	3,0
	Multinationale	3,1
	Heimat-Fokus	2,8
Nord-Amerika	Mittl. Managementwert	3,2
	Multinationale	3,3
	Heimat-Fokus	3,1
Asien	Mittl. Managementwert	2,7
	Multinationale	2,9
	Heimat-Fokus	2,6
Latein-Amerika	Mittl. Managementwert	2,7
	Multinationale	3,1
	Heimat-Fokus	2,6

Abb. 8.2 Managementbewertungen in multinational und national ausgerichteten Unternehmen (Daten: Bloom 2014)

Management Wert nach Bewertungsdimension				
Management Score	Operations	Monitoring	Targets	People
USA	3,3	3,3	3,6	3,2	3,2
Deutschland	3,2	3,2	3,5	3,2	3,0
Großbritanien	3,0	3,0	3,4	3,0	2,8
Frankreich	3,0	3,0	3,4	3,0	2,7
China	2,7	2,5	2,9	2,6	2,7
Brasil	2,7	2,4	3,1	2,6	2,5
Indien	2,61	2,11	2,84	2,59	2,6

Abb. 8.3 Managementbewertung in verschiedenen Bereichen und Ländern. (Daten: Bloom 2014)

Angesichts der Tatsache, dass es in vielen Ländern eine große Anzahl familiengeführter Unternehmen gib, erscheint dies eine wichtige Beobachtung, die aufzeigt, dass es erhebliche Möglichkeiten gibt, die Managementqualität positiv zu entwickeln. In der Analyse wird jedoch auch erkannt, dass notwendige Veränderungen den Interessen des Managements des familiengeführten Unternehmens oft zuwiderlaufen. Allerdings haben manchmal auch große Unternehmen erhebliche Schwierigkeiten in der Einführung neuer Managementsysteme, wenn es kulturelle Widerstände dazu gibt. In diesen Fällen ist persönliches Engagement und Präsenz in erheblichem Maß seitens des oberen Managements notwendig.

Es wird gleichfalls herausgestellt, „dass die Management-Community die positiven Auswirkungen grundlegender Managementtechniken dramatisch unterschätzt hat, ebenso wie die Investitionen, die dafür notwendig sind – und zwar mit der schlichten Begründung, gute Führung und die dazugehörenden Prozesse seien leicht zu kopieren" (Sadun et al. 2017).

Eigenbild und Fremdbild des Managements mit Überraschungen: Und wie bewerten Manager ihr eigenes Managementsystem? Sie wurden auch zur Selbsteinschätzung des Grads des vorhanden strukturierten Managements in ihrem Unternehmen befragt. Im Fall aller Nationen, außer in Singapur ($-0,34$), zeigte sich eine Überschätzung der Manager in puncto Leistungsfähigkeit ihres eigenen Managementsystems (Sadun et al. 2017). Auffallend ist jedoch, dass dies in den Ländern mit durchschnittlich guter Bewertung deutlich geringer war als in Ländern mit allgemein schwacher Managementkompetenz. Die Fehleinschätzung war besonders hoch in den afrikanischen und lateinamerikanischen Ländern. Unter den europäischen Ländern überschätzten sich Unternehmen in der Türkei, in Griechenland, Spanien, Portugal und in Irland am stärksten. In Japan ($0,13$), Schweden ($0,18$), Frankreich ($0,19$), den USA ($0,25$), Deutschland ($0,35$) und Großbritannien ($0,47$) lag man mit Werten einer Differenz des Eigenbilds zum Fremdbild um $0,13$ bis $0,47$ von dem tatsächlichen, durchschnittlichen Ergebnis in der Selbsteinschätzung zu günstig (ebd.). Über 30 % aller befragten Manager schätzten die Qualität ihres Unternehmensmanagements im Vergleich zu anderen Unternehmen jeweils mit dem Wert 8 bzw. 9 (10) als überlegen ein. 12 % gaben im Vergleich zum Wettbewerb sogar den maximalen Wert 10 in der Einschätzung der Vergleichsbewertung an. Ca. 90 % gaben damit Werte von 7 und drei Viertel von 8 oder höher im Vergleich an. Es sei auch hier die bereits an anderer Stelle aufgezeigte statistisch nachweisbare, häufige Überschätzung der eigenen Managementleistung im Vergleich zum Wettbewerb unterstrichen, die erhebliche Risiken im Wettbewerb verursachen kann.

8.4 Gutes Management und Profitabilität: Was leistet eine Unternehmensberatung?

Kann eine strukturierte, zielorientierte Unternehmensberatung tatsächlich in Unternehmen mit Schwierigkeiten in der Anwendung von Managementmethoden helfen?

Im Rahmen einer Studie in Indien erhielten Unternehmen der Baumwollindustrie im Raum Mumbai mit 100 bis 1000 Mitarbeitern kostenlose Beratung einer großen internationalen Beratungsgesellschaft (Accenture). Die Entwicklung der Profitabilität der Unternehmen über einen Zeitraum von 45 Wochen wurde mit einer Gruppe von ähnlichen Unternehmen ohne diese Beratungsleistung verglichen (Bloom 2014). Was ist das Ergebnis und der messbare Beitrag einer internationalen Managementberatung?

Es zeigte sich, dass die Unternehmen der Beratungsgruppe nach ungefähr zehn Wochen einen Anstieg der Profitabilität verzeichneten. Der Anstieg stabilisierte sich nach ca. 28 Wochen oberhalb eines Zuwachses von 15 %. Nach Abschluss des Projektes nach 45

Wochen erzielte die Gruppe der Versuchsunternehmen eine Verbesserung von über 20 % in der Profitabilität. Die Beratungsleistung hatte einen Wert von ca. 200.000 US$. Die Unternehmen verbesserten im Schnitt ihre Profitabilität um 325.000 US$ nach einem Jahr, was eine Amortisation der Kosten in weniger als einem Jahr aufzeigt. Die Autoren weisen darauf hin, dass es bereits Untersuchungen gibt, die die Auswirkungen einer Managementberatung kaum nachweisen konnten. Diese Versuche betrafen jedoch im Allgemeinen sehr kleine Unternehmen und es handelte sich um lokale, kleinere Beratungsunternehmen. Insofern erscheint ein Vergleich der hier vorgestellten Studie in Indien mit anderen Studien, die derartige Erfolge nicht nachweisen konnten, nicht relevant.

Zur Klärung der Frage der langfristigen Nachhaltigkeit der von den Beratern im Jahr 2008 installierten Managementpraktiken wurden alle Unternehmen bzw. Produktionsstandorte und auch die Unternehmen der Kontrollgruppe neun Jahre nach dem Start des Projektes besucht (Bloom 2018). Auch wenn ungefähr 40 % der vorgeschlagenen Managementmethoden wieder eingestellt worden waren, konnte dennoch in den Unternehmen, die mit Beratern gearbeitet hatten, eine weitere, langfristig positive Entwicklung der Arbeitsproduktivität festgestellt werden. Die Unternehmen aus der Gruppe, die die Managementpraktiken aufgrund der Beratung eingeführt hatten, konnten eine um 35 % gestiegene Arbeitsproduktivität seit 2008 und von 19 % seit 2011 ausweisen. Andere Standorte der beratenen Unternehmen, die seinerzeit nicht selbst Teil des mehrmonatigen Beratungsprojektes waren, hatten auch zusätzliche Managementmethoden eingeführt, sodass auch diese Standorte von dem Beratungsprojekt in dem Unternehmen profitierten (ebd.).

Als Gründe für die Einstellung von offensichtlich erfolgreichen Maßnahmen wurden insbesondere Zeitmangel im Management und der Wechsel des Werksleiters genannt, der in über der Hälfte der Fälle ursächlich für die Einstellung von einigen Methoden war. Managementmethoden, die am häufigsten eingestellt wurden, waren solche, die eine tägliche Verfolgung seitens der Führungskräfte bedingten, wie z. B. tägliche Meetings zur Analyse von Ausfällen und Fehlern oder die tägliche Visualisierung von Effizienzkennzahlen. Methoden, die eng mit der schnellen Verbesserung der Qualität und des Lagerbestandes zu tun hatten, wurden am häufigsten aufrechterhalten. Zusätzlich hatten Firmen des Projektes weitere strukturierte Managementwerkzeuge z. B. im Bereich des Marketings eingeführt. Auffallend war auch, dass Firmen des Beratungsprojektes auch in Folgejahren zu spezifischen Problemen häufiger lokale Beratungsunternehmen beauftragten (ebd.) Diese Beobachtung spricht für eine positive Erfahrung und gute Resultate aus dem Beratungsprojekt im Jahr 2008.

8.5   Management im nationalen Wettbewerb

In einer nationalen Analyse wurden die Managementsysteme und ihre Resultate auf der Basis von über 32.000 US-Produktionsstandorten von mehr als 10.000 US-Unternehmen geprüft (Bloom 2017). Die Untersuchung klärt verschiedene Einflussfaktoren im Management und die wirtschaftlichen Auswirkungen. Insbesondere zeigt sie auch den Stand modernen Managements in einem Land mit hoch entwickelten Managementsystemen und einer herausragenden Managementausbildung.

Die Untersuchung fand unter der Bezeichnung „management and organizational practices survey" (MOPS) statt. Diese Umfrage wurde seitens US-Census-Büros der US-National-Science-Foundation unterstützt und war obligatorischer Teil der Datenerhebung des „annual survey of manufacturers" (ASM). Das Umfragetool wurde auf der Basis eines von der Weltbank genutzten Umfragewerkzeugs entwickelt und auf elektronischem Weg an die Teilnehmer der ASM-Datenerhebung an die Standorte versandt. Mithilfe der strukturierten Datenerhebung an mehreren Standorten einer Firma und durch den Erhalt mehrerer Antworten aus einem Standort konnten auch Schlüsse gezogen werden zur Bewertung von Aussagen unterschiedlicher Personen zum gleichen Managementsystem. Es wurden gleichzeitig auch Informationen zu Unterschieden von Managementsystemen innerhalb eines Unternehmens gewonnen.

Analysen und Abschätzungen anderer Managementumfragen zeigen auf, dass derartige Messfehler aufgrund persönlicher Einschätzungen die Ergebnisse in sehr erheblichem Maße beeinflussen können. Auf der Basis einer ausreichend großen Anzahl von entsprechenden Daten der Umfrage können diese Fehler und Verzerrungen bewertet und im Endresultat berücksichtigt werden (ebd.).

Die 16 Fragen berücksichtigten das Management in drei Bereichen: 1. Leistungs- und Zielverfolgung in der Produktion, 2. Anreizsysteme für Manager und Mitarbeiter und 3. Praxis von Beförderung, Aufgabenzuweisung oder Entlassungen. Weitere Fragen betreffen die organisatorische Architektur im Unternehmen und an den Standorten. Die Resultate der 16 Fragen wurden ohne weitere Gewichtung zu einem Managementwert zusammengefasst. Dieser Wert war 0 im Fall eines Unternehmens, das bei allen Einzelfragen die niedrigste Bewertung hatte und erreichte den Wert 1, wenn am Standort bei allen 16 Fragen der höchste Wert zugeordnet wurde.

Zusätzlich zu diesen erhobenen Management-Daten wurden weitere Daten aus Census- und Non-Census-Datensets eingeführt. Diese betrafen Leistungsdaten wie Produktivität, Profitabilität, Innovation und Wachstum. Aufgrund der einzelnen Standorte wurden Daten zu Umsatz und Wertschöpfung genutzt, um Wachstum und Arbeitsproduktivität bewerten zu können. Es wurden auch Finanzdaten im Bereich Investitionen und Kapital des „census of manufacturers (CM) genutzt, um einen Gesamtfaktor der Produktivität messen zu können. Die Innovationstärke wurde mithilfe einer zuvor erhobenen Umfrage zu Forschung und Entwicklungsausgaben und Patentanmeldungen bewertet. Die mittlere Größe (Median) eines Fertigungsstandorts waren 80 Mitarbeiter, die durchschnittliche Größe war 167 Mitarbeiter. Das durchschnittliche Alter der Standorte war 22 Jahre. 69 % der Werke gehörten zu Unternehmen mit mehreren Produktionsstandorten, 42 % der Produktionsstandorte exportierten auch ihre Produkte (ebd.).

8.5.1   Der Wert des Managements – auch national in „harter Währung"

Wie weit verbreitet ist gute Managementpraxis in einem Land mit hoch entwickelter Managementkultur? Was können Firmen mithilfe einer weiteren Perfektionierung ihrer Managementsysteme erreichen?

Auch diese US-weite Untersuchung zeigt einen deutlichen Einfluss der Entwicklung herausragender Managementsysteme auf Produktivität, Umsatzwachstum und langfristigen Erfolg eines Unternehmens. Die unterschiedliche Qualität der Managementpraxis zwischen den diesbezüglich besten 10 % der Unternehmen und den unteren 10 % der Unternehmen kann 18 % der Differenz in der Gesamtproduktivität von zwei Standorten ausmachen (Bloom 2017).

Die Qualität der technischen Entwicklung begründet ca. 17 % der Unterschiede der Produktivität, Mitarbeiterausbildung ca. 11 % und der Einfluss der IT-Ausgaben ca. 8 %. Auch wenn es weitere wichtige Einflussfaktoren gibt, zeigt sich, dass die Qualität der Managementpraxis ein Schlüsselfaktor und herausragender Treiber der gesamten Profitabilität eines Standortes ist. Die genannten Faktoren hängen voneinander ab und erklären zu ca. zwei Dritteln die Gesamtdifferenz der tatsächlichen Produktivitätsunterschiede zwischen den besten und schlechtesten Produktionsstandorten.

Es zeigen sich auch innerhalb eines generell mit hoch entwickelten Managementsystemen operierenden Landes und einer herausragenden Managementausbildung dennoch erhebliche Unterschiede in der Managementqualität in den Unternehmen. 18 % der Unternehmen wendeten mindestens 75 % der strukturierten Managementwerkzeuge erfolgreich an (Score 0,75), 27 % wendeten weniger als die Hälfte (Score < 0,5) der aufgeführten Managementwerkzeuge an. Der mittlere Wert der Managementqualität betrug 0,64 (Skala 0–1) mit einer Standardabweichung von 0,152 (ebd.).

Die Auswertung zeigt, dass ein um 10 % höherer Wert der Managementqualität eine Steigerung der Arbeitsproduktivität um 13,6 % verursacht. In der statistischen Auswertung folgt, dass die Verbesserung um den Wert einer Standardabweichung sogar eine um 21,3 % höhere Arbeitsproduktivität verursacht. Wenn man die Einflussgrößen Kapitalaufwand, Unternehmensgröße, Mitarbeiterausbildung, Branche und mögliche statistische Störgrößen berücksichtigt und ihren separaten Einfluss auf die Managementqualität betrachtet, reduziert sich der statistische Einfluss dieses Wertes der Entwicklung der Managementwerkzeuge im konstanten Umfeld, bleibt jedoch statistisch weiterhin der dominante Faktor unter den analysierten Größen.

Standorte mit einem stärker ausgeprägten, strukturierten Management hatten über der Zeit ein signifikant stärkeres Wachstum, höhere Profitmarge und Innovationsleistung. Die Managementqualität beeinflusst erheblich die Überlebenswahrscheinlichkeit von Unternehmen. Die Verbesserung um den Wert einer Standardabweichung ließ das Risiko für den Fortbestand des Unternehmens um 29 % fallen (ebd.).

Weitere Analysen zeigen, dass selbst innerhalb des gleichen Unternehmens mit unterschiedlicher Ausprägung der Managementpraxis zwischen Standorten gleichfalls große

Unterschiede in der Produktivität einhergehen. Diese Unterschiede innerhalb eines Unternehmens können bis zu 20 % der Produktivitätsdifferenz zwischen den Standorten ausmachen und einen höheren Einfluss haben als Faktoren wie technische Entwicklung oder IT.

In der konsequenten Weiterentwicklung der Qualität und konsequenten Anwendung von modernen Managementsystemen liegt dementsprechend weiterhin ein wichtiger Hebel zur Entwicklung von Produktivität, Wachstum und Wettbewerbsfähigkeit.

Unternehmen in dem Bereich der obersten 10 % der Managementbewertung erreichen eine um ca. 75 % höhere Produktivitä, als Unternehmen in den unteren 10 % der Bewertung. Insgesamt liegt ein auffallend linearer Zusammenhang zwischen einer stärkeren Managementqualität und dem Zuwachs an Produktivität vor (ebd.).

Zusammenfassend ist eindeutig, dass es auch innerhalb einer Volkswirtschaft mit hoch entwickelten Managementsystemen dennoch erhebliche Unterschiede in der Praxis und Qualität zwischen verschiedenen Firmen und auch unterschiedlichen Standorten innerhalb des gleichen Unternehmens gibt.

8.6 Gute Managementpraxis: Was treibt den Erfolg?

Die wesentlichen Treiber guter Managementpraxis wurden auch durch den Einfluss möglicher externer Faktoren untersucht. Hierzu wurden betrachtet (Bloom 2017):

1. Wettbewerbsumfeld mithilfe von Industriekenngrößen (Lerner-Index) und sich verändernden Wechselkursen; Lerner-Index größer bei geringerem Preiswettbewerb, niedrig bei hohem Preiswettbewerb
2. Geschäftsumfeld betreffs Gesetzgebungen und Regulierungen im Arbeitsrecht und Umwelt
3. externe Einflüsse des Unternehmensumfelds durch positive Lerneffekte von anderen umliegenden großen Produktionsstandorten
4. Ausbildung der Mitarbeiter durch Prüfung des Unternehmensumfeldes, der Bildungseinrichtungen, Colleges.

Die Wahl dieser vier Faktoren wird aus Kenntnissen anderer Studien abgeleitet. Nach Abschätzung der Autoren können diese Faktoren insgesamt ca. ein Drittel des Unterschiedes der Managementwerte zwischen den oberen und unteren 10 % auf der Gesamtskala ausmachen.

In Übereinstimmung zu der zuvor genannten internationalen Untersuchung zeigt sich, dass starker Wettbewerb signifikant korreliert mit einer stärkeren, strukturierten Managementpraxis. Insbesondere unter Firmen mit geringerer Wettbewerbsintensität gegenüber Firmen mit hoher Wettbewerbsintensität (Lerner-Index = 0,259 vs. 0,053, Gesamtwert aller: 0,134) ist eine deutlich niedrigere, statistisch sehr signifikante Managementqualität zu beobachten. Dies sollte Unternehmen in einem derartigen Umfeld erhebliche Chancen bieten, ihre Profitabilität und Wachstumsentwicklung zu steigern. Eine näherungsweise Bewertung des Wettbewerbsfaktors zeigt, dass dieser ungefähr 5 bis 10 % des Managementwerts verändern kann (ebd.).

Unter Hinzuziehung des externen Faktors der Aufwertung der nationalen Währung mit dem Effekt eines stärkeren lokalen Wettbewerbs wird gezeigt, dass die Entwicklung der Managementqualität gleichfalls auch durch höhere externe Wettbewerbsfaktoren signifikant positiv beeinflusst wird. Wettbewerb fördert und stärkt gute Managementsysteme bzw. gute Managementsysteme erhalten Firmen wettbewerbsfähig.

Der Ausbildungsstand von Mitarbeitern kann bis zu 15 % der Managementqualität beeinflussen. Der „Spillover-Effekt" durch Ansiedlung benachbarter großer Industriestandorte, die ggf. in der gleichen Branche aktiv sind, kann die Managementbewertung gleichfalls um ca. 5–10 % positiv beeinflussen. Das Umfeld und die Strenge der Gesetzgebung betreffs Arbeitsrecht und Umwelt können im Fall einfacherer Regulierungen die Managementbewertung gleichfalls um ca. 5–10 % positiv beeinflussen. Der Einfluss wird maßgeblich durch einen einfacheren Umgang betreffs Leistungsanalysen und daraus folgender Einstellung bzw. Entlassungen von Mitarbeitern bestimmt.

Die zuvor erwähnte Auswertung zeigt, dass ein um 10 % verbesserter Managementwert mit einer Steigerung der Arbeitsproduktivität um 13,6 % korreliert.

Die Qualität der Managementbewertung steigt deutlich mit der Unternehmensgröße, wobei ab einer Mitarbeiteranzahl von 5000 diesbezüglich kein Einfluss mehr feststellbar war (ebd.).

In der Analyse des Einflusses der Managementqualitäten der verschiedenen Branchen zeigt sich, dass die Etablierung starker Managementsysteme auf die Produktivität in Hochtechnologiebranchen mit hoher Wichtigkeit im Bereich Innovationen einen größeren Einfluss hat als in anderen Branchen. Hieraus wird gefolgert, dass eine gute Managementführung in Entwicklungsfirmen und Laboren genauso wichtig ist wie in Produktionswerken.

8.6.1 Management sichert Erfolg in Schulen und Kliniken – gute Schüler, weniger Tote

Im Rahmen der Untersuchungen wurden auch Schulen und eine sehr große Anzahl Krankenhäuser in westlichen Industrieländern bewertet (USA, Deutschland, Großbritannien, Italien, Frankreich, Schweden, Nord-Irland und Indien).

Es zeigte sich, dass Schüler aus Schulen mit guten Managementbewertungen bessere Prüfungsleistungen erzielten (Bloom et al. 2012). In anderen Studien an Schulen in Houston (Texas) zeigte sich, dass allein das wöchentliche Sammeln und Analysieren der Leistungsdaten von schwachen Schülern zur effizienteren Unterstützung der Schüler beitrug und sich Mathematiknoten, Anwesenheits- und Abschlussquoten deutlich verbesserten im Vergleich zu Schülern einer entsprechenden Kontrollgruppe ohne die Einführung derartiger

Maßnahmen. Die Anzahl der Schulabgänger ohne Abschluss konnte sogar um über 70 % gesenkt werden.

Die Verbesserung der Bewertung um einen Punkt von fünf führte zu einer Verbesserung der Schüler in den Prüfungen um 10 %. Eine Verbesserung der Managementbewertung in Krankenhäusern um einen Punkt zog eine um 0,5 % geringere 30-Tage-Sterberate bei Herzinfarktpatienten aus der Notaufnahme nach sich (ebd.). Es wird das Beispiel eines Medizinzentrums in Seattle angeführt, in dem Verfahren zur Leistungsüberwachung und wöchentliche Teammeetings eingeführt wurden, die vom Toyota-Produktionssystem inspiriert waren. Im Ergebnis verbesserte sich die Versorgung der Patienten dramatisch, sodass sich beispielsweise die Frist von der ersten Kontaktaufnahme des Patienten bis zur Diagnose im Brustzentrum des Virginia Mason Medical Centers von drei Wochen auf drei Tage verkürzte, die Arbeitsmoral deutlich stieg und das Krankenhaus nach langen Verlustjahren wieder die Gewinnzone erreichte (ebd.).

8.7 Kennzahlen und Werttreiber: Was macht ein System erfolgreich?

Vor der konsequenten Anwendung herausragender Managementsysteme werden Unternehmen zunächst die für sie tatsächlich relevanten Leistungskennzahlen und Erfolgstreiber identifizieren. Kennzahlen werden zur Unterstützung und Messung der Umsetzung der Strategie gebildet.

Unternehmenskennzahlen und ihre Werttreiber werden häufig nach Standardvorgehensweisen, Standardkennzahlen und persönlichen Einschätzungen des oberen Managements festgelegt. Erfolgreicher ist die Identifikation der richtigen Kennzahlen, Werttreiber und Managementsysteme auf der Basis eines empirisch gewonnenen Ursache-Wirkungszusammenhangs, der die Erreichung der Unternehmensziele statistisch aussagekräftig unterstützt.

8.7.1 Welche Risiken und Schwierigkeiten gibt es bei der Kennzahlenfestlegung?

Die intuitive Festlegung von Kennzahlen und möglichen Erfolgstreibern kann zu systematischen Fehlern und Verzerrungen führen. Hierzu sind insbesondere verantwortlich:

1. Verfügbarkeitsheuristik: es werden scheinbar naheliegende Zusammenhänge aufgenommen. Bestimmte Daten oder der Einfluss zuletzt maßgeblicher Kunden oder anderer Parameter können z. B. dadurch überbewertet werden.
2. Die Tendenz, sich am Status quo zu orientieren: Dies kann externe Marktveränderungen unterbewerten oder zu spät berücksichtigen. Des Weiteren werden oftmals Daten,

Ursachen und Zusammenhänge betrachtet, die die eigenen Annahmen bestätigen und widersprechende Faktoren werden außer Acht gelassen.

Die Gefahr derartiger kognitiver Verzerrungen konnte insbesondere bei erfahrenen Führungskräften gezeigt werden. Dies belegen die Ergebnisse einer Studie an der European Business School, in Östrich Winkel mithilfe zahlreicher Delphi-Studien und der Befragung von ca. 1000 Führungskräften, Wissenschaftlern und Experten mit ca. 15.000 Entscheidungen unter wesentlicher Unsicherheit (Ecken und Pibernik 2016).

Ergebnis: Erfahrung im Fachgebiet führt häufig zur Selbstüberschätzung. Nach Beantwortung und Einschätzungen eines Online-Fragenkatalogs in einer Gruppe von Fachexperten des gleichen Gebiets wurde den Teilnehmern nach Mitteilung der durchschnittlichen Bewertungen anderer Experten die Möglichkeit gegeben, ihre Einschätzung zu korrigieren, um ggf. eine Fehleinschätzung anzupassen. Mehr als 70 % der Teilnehmer blieben bei ihrer Einschätzung, auch wenn die Mehrheit der übrigen Experten im Durchschnitt zu anderen Ergebnissen gekommen war. Im Fall von Anpassungen übergingen die Experten jedoch auch zuweilen das Feedback der Expertengruppe. In dem Beispielfall, dass der Befürworter einer Zukunftstechnologie die Rückmeldung der Fachgruppe bekam, dass der Durchschnitt diese positiver eingeschätzt hatte als er selbst, bewertete der Teilnehmer diese daraufhin im Vergleich noch einmal optimistischer als der Durchschnitt, passte sein Urteil also mutig nach seiner persönlichen Wertschätzung der Technologie an, aber nicht entsprechend der neuen Mehrheitsmeinung der übrigen Experten. In einer Vergleichsgruppe von Studenten ließen nur 30–50 % den Rat von anderen außer Acht (ebd.). Die Forscher schließen daraus, dass gerade Experten einem besonderen Risiko unterliegen, auf ihr eigenes Urteil zu sehr zu vertrauen.

Wirtschaftsnobelpreisträger Daniel Kahnemann schreibt zu Experteneinschätzungen: „Die Illusion, man habe die Vergangenheit verstanden, nährt die weitere Illusion, man könne die Zukunft vorhersagen und kontrollieren" (Kahneman 2012). An anderer Stelle weist er auf die Analyse von Terrance Odean des Lehrstuhls Finanzwirtschaft an der Berkeley University California hin. Odean analysierte 163.000 Transaktionsdaten von Aktienkauf- und Verkaufsgeschäften. Diese Investoren werden sich vorab genau über die Marktchancen der Aktien, die sie verkaufen und im Wechsel dazukaufen, informiert haben. Die Ergebnisse nach einem Jahr waren erschreckend eindeutig: „Im Schnitt entwickelten sich die Aktien, die die Händler verkauften, besser als jene, die sie kauften, und zwar erheblich besser: um 3,2 Prozentpunkte pro Jahr" (Kahneman 2012). Einfache Ergebnisse zu Abschätzungen mit dem Risiko starker Verzerrungen zeigen sich in vielen Managementumfragen. Ein weiteres Beispiel wird im nachfolgenden Kapitel zu Managementwerkzeugen aufgezeigt.

8.7.2 Welche Daten und Methoden gestatten gute Prognosen?

Daniel Kahnemann beschreibt in seinem Buch *Schnelles Denken, langsames Denken* weitere Erfahrungen und Ergebnisse des Psychologen Philip Tetlock mit den Ergebnissen von sogenannten Expertenprognosen. Berater und Kommentatoren für ökonomische und politische Trends gaben in insgesamt 80.000 Vorhersagen zu je drei alternativen Ereignissen und der entsprechenden Eintrittswahrscheinlichkeit dramatisch falsche Einschätzungen ab:

> Menschen, die ihre Zeit damit verbringen – und ihren Lebensunterhalt damit verdienen –, sich gründlich mit einem bestimmten Sachgebiet zu beschäftigen, erstellen schlechtere Ergebnisse als Dartpfeile werfende Affen, die ihre ‚Entscheidungen' gleichmäßig über alle Optionen verteilt hätten. Selbst auf dem Gebiet, das sie am besten kannten, waren Experten nicht deutlich besser als Nichtexperten. Diejenigen, die mehr wissen, liefern geringfügig bessere Vorhersagen als diejenigen, die weniger wissen. Aber diejenigen, mit dem meisten Wissen sind oftmals weniger zuverlässig. Das ist darauf zurückzuführen, dass jemand, der mehr Wissen erwirbt, eine verstärkte Illusion von seinen Fähigkeiten entwickelt und diese in einer unrealistischen Weise überschätzt. (Kahneman 2012)

Traditionelle Prognoseinstrumente versagen oftmals in der Anwendung auf komplexe oder nicht lineare Zusammenhänge. Neue Prognosemethoden müssen in komplexen Systemen überraschende Verknüpfungen scheinbar zunächst auch unbedeutender Ereignisse bewerten. Komplexe Systeme entstehen durch die Vielfältigkeit der Abhängigkeiten zahlreicher Variablen. In diesen Systemen können nicht lineare Zusammenhänge genauso eine bedeutende Rolle spielen, wie seltene, von der Normalität stark abweichende Ereignisse. Die häufig angewandte Bildung von Mittelwerten und Statistiken kann wichtige Einblicke kaschieren, wenn Mittelwerte wenig aussagekräftig und nicht repräsentativ sind (Sargut und McGrath 2011).

Seltene Extremfälle mit großen Auswirkungen werden mit den üblichen Prognoseinstrumenten gleichfalls unzureichend betrachtet (schwarzer Schwan). Komplexe Zusammenhänge erschweren zuverlässige Prognosen in der Unternehmensführung. Daten und Zusammenhänge der Vergangenheit sind oft nicht mehr ausreichend gültig für die Betrachtung von Zukunftsentwicklungen. In der datengestützten Prognose komplexer betriebswirtschaftlicher Zukunftsvorhersagen werden Daten vergangener Ereignisse mit aktuellen Daten und Daten über künftige Entwicklungen und potenzielle Aktionen und Reaktionen des Systems verbunden. Welche Daten sind in komplexen Systemen jedoch wirklich relevant? Welcher Anteil vergangenheitsbezogener Daten ist in der Zukunftsprognose noch relevant? Wie sind die Zusammenhänge? Ein wichtiger Teil der in diesen Systemen zu verarbeitenden Informationen sollte zukunftsweisend sein. Ein Prognosemodell sollte die Komplexität der Zusammenhänge nicht ausblenden. Erfolgreiche Anwender werden Daten der Vergangenheit nur nach sehr kritischer Prüfung und Validierung in die Entwicklung von Prognosen in komplexen Systemen aufnehmen.

Der Ersatz reiner Prognosetools, die aus der Vergangenheit heraus versuchen, Märkte zu extrapolieren, findet zum Beispiel schon statt, wenn eine größere Zahl von Kunden in zukünftige Entwicklungen einbezogen werden (ebd.). Zukünftige Entwicklungen werden nicht extrapoliert, sondern in innovativen Unternehmen auch auf der Basis einer Entwicklung von kreativ-visionären und nicht linearen Entwicklungsgeschichten gewonnen. Ein vergleichbares Vorgehen kommt zur Anwendung, wenn außerordentlich kritische „schwarze-Schwan-Szenarien" im Team entwickelt werden. Hier werden nicht lineare Zusammenhänge und überraschende Kombinationen besonderer Ereignisse in ihren negativen Auswirkungen dargestellt. Das Risiko übermäßigen Optimismus oder Pessimismus ist in der freien Entwicklung derartiger Geschichten jedoch auch begründet. Lassen sich Elemente mit stark negativen Auswirkungen auf das System ausgrenzen oder redundante Elemente unter vertretbarem Aufwand einsetzen, die das System auch bei Ausfall eines Elementes tragen? Wie kann das System auf hypothetische Negativ-Ereignisse getestet werden?

Die Zusammenführung analytischer Daten und freier Assoziationen wird wiederum ein neues Bild geben und kann zu einem Kompromiss führen, der jedoch in komplexen Systemen mit den oben genannten Eigenschaften oft sehr schwierig ist. Sollten dann einzelne, jedoch wichtige Sonderfälle weiter nicht berücksichtigt werden?

Agile Entwicklungsmethoden mit kleinen iterativen Schritten oder Pilotprojekte zur Entwicklung oder Bewertung neuer Szenarien nutzt die Technik der „Realoption" (ebd.). Kleine Investitionen zu Beginn reduzieren das Risiko, ohne die Chancen eines möglicherweise großen Entwicklungssprungs zu verhindern. Diversität und kognitive Vielfalt in Teams mit sich ergänzenden Sichtweisen zur Bewertung verschiedener Optionen aus verschiedenen Perspektiven eröffnen gleichfalls die Chancen und Risiken wichtiger, ggf. nicht linearer Zusammenhänge und überraschender Bewertungen.

8.7.3 Welche einfachen Wege können das Risiko falscher Kennzahlen reduzieren?

Wie kann nun ein Kennzahlensystem jenseits der Risiken der zuvor aufgezeigten Fehleinschätzungen und der üblichen Finanz-Ratios entwickelt werden, das dem Management nicht nur bilanzielle Einblicke gibt, sondern im Sinne eines Ursache-Wirkungszusammenhangs direkte Erfolgstreiber auf der Organisations- und Arbeitsebene zum Erfolg messen kann?

Die Qualität von eigenen Einschätzungen und Prognosen lassen sich entsprechend der Ergebnisse des Forschungsprojektes „Good-Judgement-Project" oder nach den Methoden des Entscheidungsexperten Kahneman schon mit einfachen Methoden erheblich verbessern (Shoemakers und Tetlock 2016). Teamarbeit, kontinuierliche Erfolgsmessung, schnelles Feedback, eine selbstkritische Überprüfung und einfache Plausibilisierung der eigenen Einschätzungen verbessern die Qualität deutlich. Ein analytisches Vorgehen und das Herunterbrechen in Teilfragen sind dazu hilfreich. Zu Beginn steht dabei die Kalkulation einer einfachen Basisrate. Beispielsweise wenn fünf Wettbewerber ein Produkt bei einem Kunden anbieten, beträgt die Basisrate der Wahrscheinlichkeit, den Auftrag zu erhalten, 20 %. Die Erfahrung zeigt, dass die Vertriebsleiter aller Anbieter überschätzen in der Summe die maximal mögliche Wahrscheinlichkeit aufgrund persönlicher Motive sehr oft um weit mehr als 100%. Eine einfache, nur näherungsweise Berücksichtigung der Bayesschen Regel zu verknüpften Wahrscheinlichkeiten verbessert die einfachen Abschätzungen weiter erheblich. Einfache Methoden aus den Entscheidungswissenschaften unterstützen bei der Einschätzung und Bewertung der Abhängigkeiten und Zusammenhänge von Kennzahlen, ihren Treibern und den darunter liegenden Einflüssen. Ein weiterer Aspekt, den es u. a. zu beachten gibt, ist die Vermeidung der Berücksichtigung von Zufallsergebnissen oder Ankereffekten durch Vorgaben eines Rahmens, der auch die Güte der Abschätzungen in Gruppen beeinträchtigen kann.

Im Rahmen des „Good-Judgement-Projektes" (Tetlock und Mellers, Wharton School of Business in Shoemakers und Tetlock 2016) konnte das Good-Judgement-Projekt-Team mit derartigen Vorgehensweisen und ohne besonderes Fachwissen in ihrer Prognosegenauigkeit zu politischen Ereignissen und Konsequenzen sogar die Analysten der US-Nachrichtendienste übertreffen.

Zur Entwicklung aussagekräftiger, verlässlicher Kennzahlen im Unternehmen ist gleichfalls ein systematisches und empirisch-analytisches Vorgehen sinnvoller. Kennzahlen sollen zuverlässig einen Ursache-Wirkungszusammenhang abbilden. Es sollte geprüft werden, welches Ziel zu setzen ist und welche Faktoren dazu beitragen, dieses Ziel zu erreichen. Dementsprechend müssen diese Zusammenhänge drei Eigenschaften aufweisen (Maubossin 2012):

1. Persistenz: Eine Veränderung hat zu verschiedenen Zeitpunkten ungefähr die gleichen Konsequenzen.
2. Prognosefähigkeit: Es gibt einen klaren Zusammenhang zwischen einer Maßnahme, auf die sich eine Kennzahl bezieht und dem angestrebten Resultat.
3. Statistische Gültigkeit: Sie lässt sich aus den ersten beiden Parametern u. a. ableiten.

8.7.4   Welche Kennzahlen sagen Erfolg tatsächlich voraus?

Die Aussagekraft eines Kennzahlensystems soll statistisch überprüft werden. Empirische Untersuchungen zeigen beispielsweise, dass zwischen der Kennzahl Gewinn pro Aktie und dem Wertzuwachs eines Unternehmens im Allgemeinen nur ein schwacher Zusammenhang beobachtet werden kann. Dennoch wird diese Kenngröße vielfach als maßgebliche Kennzahl angewendet. Es zeigt sich gleichfalls in Untersuchungen, dass das Umsatzwachstum statistisch gesehen nur einen sehr moderaten Einfluss auf die Entwicklung des Aktienwerts hat. Dennoch zeigte eine Befragung von 400 Finanzmanagern, dass ca. zwei Drittel den Gewinn je Aktie als besonders wichtige Kennzahl zur Unternehmensbewertung betrachteten (Ittner und Larcker 2003).

Nach der Definition der Ziele wird eine Theorie des Ursache-Wirkungszusammenhangs für die wichtigen Werttreiber des Unternehmens entwickelt. Im Bereich der Mitarbeiteraktivitäten gilt es herauszufinden, mit welchen Maßnahmen und Aktivitäten Mitarbeiter zum Erreichen des Unternehmensziels beitragen können. Welche Kennzahlen können nach Prüfung der erwähnten Kriterien und Entwicklung eines überprüfbaren Ursache-Wirkungsmodells festgelegt werden?

Die nach den o. g. Kriterien überprüften Kennzahlen sollen Einflüsse auf die strategischen Ziele sicherstellen.

Insbesondere kritisch wird die Erfüllung der Kriterien zur Sicherung des Ursache-Wirkungszusammenhangs bei der Festlegung von nicht finanziellen Kennzahlen zur Leistungsmessung. Welche Faktoren treiben Kundentreue, Mitarbeiterzufriedenheit, Weiterempfehlungsrate, Produktqualität oder Anzahl der angemeldeten Patente? Spezifische Aktivitäten mit werttreibenden Auswirkungen im Unternehmen können in Kennzahlen erfasst werden, wenn die statistische Überprüfung einen wichtigen Ursache-Wirkungszusammenhang zum Erfolg aufzeigt (ebd.).

Nicht finanzielle Faktoren sind jedoch häufig schwierig zu messen, sodass auf eine Bewertung verzichtet wird. Bei allen Schwierigkeiten der Erhebung derartiger Zahlen können erfolgsorientierte Unternehmen andererseits nicht auf eine entsprechende Bewertung der für den Erfolg wichtigen Daten verzichten. Gruppenbewertungen mit internen und externen Stakeholdern könnten z. B. subjektive Faktoren ausblenden und eine breitere Datenbasis sichern (Ittner und Larcker 2003).

Die Auswahl der besonders maßgeblichen Faktoren aus einer Vielzahl von Unternehmensdaten kann durch Regressionsverfahren und Korrelationsanalysen unterstützt werden. Nach der Identifikation der finanziellen und nicht finanziellen Kennzahlen werden die Methoden der Messungen im Unternehmen konsistent angewendet. Der Prozess der Datenerhebung und der Auswertung kann stetig verfeinert werden. So können in einem nächsten Schritt gegebenenfalls Treiber unterhalb der Ebene der zuvor identifizierten Leistungstreiber beobachtet werden. Die Gültigkeit der dem Kennzahlensystem zugrunde liegenden Zusammenhänge werden aufgrund von Veränderungen über die Zeit regelmäßig überprüft.

Zahlreiche Kennzahlensysteme von Unternehmen berichten Zahlen, die statistisch einen geringen Einfluss auf das Unternehmensergebnis und die Verfolgung der Strategie haben. Die Prüfung der Relevanz von Kennzahlen unterstützt die Führungskräfte vor allem darin, sich nur auf wirklich relevante Kennzahlen konzentrieren zu können (ebd.).

In einer Untersuchung unter mehr als 60 Unternehmen aus der Fertigung und dem Dienstleistungsbereich, die durch Umfragen bei 297 oberen und mittleren Führungskräften unterstützt wurde, zeigte sich, dass die meisten Unternehmen der Identifikation strategisch gewählter, aussagekräftiger nicht-finanziellen-Kennzahlen nur wenig Beachtung schenken (ebd.). Der Prüfung von Ursache-Wirkungszusammenhängen derartiger Kennzahlen auf das Unternehmensergebnis wird nur geringe Aufmerksamkeit geschenkt. 70 % der untersuchten Unternehmen wendeten Maßstäbe ohne statistische Gültigkeit und Zuverlässigkeit an. Eine Untersuchung zeigte, dass Unternehmen bei der Nutzung nicht finanzieller Kennzahlen tatsächlich erhebliche, messbare Auswirkungen in der Kapital- und Anlagenrendite erzielten im Vergleich zu anderen Unternehmen, die Kennzahlen ohne die Überprüfung der Ursache-Wirkungskausalität eingeführt hatten (ebd.).

Die Untersuchung eines Telekommunikationsunternehmens kam zu dem Ergebnis, dass eine Kundenzufriedenheit von 100 % für das Unternehmen keine zusätzlichen Einnahmen dieser Kunden generierte im Vergleich zu einer 80-prozentigen Kundenzufriedenheit. Dementsprechend konnte das Unternehmen seine Servicekosten anpassen, ohne im Umsatz mit diesen Kunden Verluste zu erleiden. Ein Informationsdienstleister versuchte mithilfe eines besseren Serviceangebots durch die Kooperationen mit Multimedia-Händlern, die Kundenbindung zu stärken und Neukunden zu gewinnen. Eine Kennzahl bewertete den Unternehmensfortschritt diesbezüglich. In einer genauen Untersuchung konnte jedoch anschließend kein Beleg gefunden werden, dass die Vertragsbindung bestehender Kunden oder der Abschluss neuer Verträge durch diese Maßnahme unterstützt wurde (ebd.).

Ittner und Larcker untersuchten auch den Fall einer Restaurantkette, die eine hohe Mitarbeiterbindung mit hoher Motivation als Treiber für die Kundenzufriedenheit und Profitabilität einzelner Standorte vermutete. Aus der Vermutung wollte man ein Incentiveprogramm zur Entwicklung der Mitarbeiterbindung entwickeln. Erst eine genaue Analyse zeigte jedoch, dass die Rentabilität nicht von der Fluktuation aller Mitarbeiter abhing, sondern nur von der Fluktuation der höheren Angestellten und Aufsichtskräfte in den Restaurants. Diese Erkenntnis aufgrund genauer Datenuntersuchung und Plausibilisierung ersparte dem Unternehmen hohe Kosten eines Incentiveprogramms für alle Mitarbeiter zur Reduzierung der Fluktuation, sodass es sich auf die tatsächlich wichtigen Treiber konzentrieren konnte.

Die Identifikation der richtigen Kennzahlen und der relevanten Treiber im finanziellen und nicht finanziellen Bereich sind für die Entwicklung und Stärkung der Managementsysteme und die daraus resultierende Entwicklung der Wettbewerbsfähigkeit und Profitabilität sehr wichtig. Gleichzeitig erhöht es die Effizienz in der Führung des Unternehmens für das Top-Management.

8.8   Managementwerkzeuge: Was nutzen andere mit Erfolg?

Die Beratungsgesellschaft Bain & Company erhebt in weltweiten Umfragen regelmäßig die Anwendungsrate und Zufriedenheit mit Managementwerkzeugen und die neuesten Managementtrends. Es wurden weltweit 1268 internationale Führungskräfte befragt, darunter 104 aus Deutschland. Entsprechend der im Jahr 2017 erhobenen Daten sind global und auch in Europa Kundenmanagement, strategische Planung und Benchmarking die meist beachteten Werkzeuge (Rigby und Bilodeau 2018). Die deutschen Manager setzen das Benchmarking mit klarem Vorsprung vor die strategische Planung und das Changemanagement an die Spitze. Ein weiterer Bewertungsunterschied zwischen den deutschen Managern und ihren europäischen und weltweiten Kollegen ist, dass der Bereich Merger & Acquisitions entsprechend der Umfrage eine deutlich höhere Bedeutung in Deutschland hat. Allerdings sind die Manager in der Anwendung relativ unzufrieden. Bei der Bewertung der Disziplin Benchmarking muss beachtet werden, dass wirklich aussagekräftige Vergleiche einen qualitativ und quantitativ hohen Datenaufwand bezüglich der Vergleichsunternehmen bedingen und diesem vermutlich oftmals nicht vollständig entsprochen werden kann. Die Big-Data-Analyse findet besonders hohe Beachtung in Asien. Dies führte zu einer hohen Bewertung in der globalen Auswertung der modernen Analysetools (Abb. 8.4, 8.5, 8.6).

Aspekte wie die digitale Transformation, Advanced-Analytics und Internet der Dinge haben deutlich an Bedeutung gewonnen. Im Vergleich zu der im Jahr 2015 erhobenen Umfrage legte der Bereich strategische Planung und Changemanagement deutlich zu (ebd.). Besonders interessant für Führungskräfte zur Bewertung der erfolgreichen Anwendung im eigenen Unternehmen werden die in der Abbildung aufgetragene Zufriedenheit der Manager mit dem jeweiligen Tool sein. Es zeigt sich, dass bei Werkzeugen die seltener angewendet werden, oftmals eine deutlich höhere Zufriedenheit der Wirksamkeit berichtet wird. Auffallend ist, dass in Deutschland kundenorientierte Aspekte wie Kundenzufriedenheitsanalyse, Kundensegmentierung und Customer-Journey-Analyse im Vergleich zu den internationalen Wertungen deutlich weniger beachtet werden.

In der Umfrage stellten ca. 60 % der Befragten heraus, dass eine überbordende Bürokratie und eine stetig wachsende Komplexität im Unternehmen Kosten deutlich steigen lässt und das Wachstum behindert (Abschn. 4.7). Über 50 % der Teilnehmer glaubten, dass Bürokratie und eine stark hierarchisch aufgebaute Organisation Wettbewerbsnachteile verursachen. Ca. 50 % sagten aus, dass ihre Unternehmensstruktur und Kultur einem profitablem Wachstum entgegenstehen. Knapp 80 % der Manager weltweit sagten aus, dass Führungskräfte und Unternehmen eine auf Vertrauen basierte Kultur und Arbeitsweise anstelle einer Kultur der Anweisung und Kontrolle aufweisen müssen. Nur 5 % aller Befragten stimmten damit nicht überein. Insbesondere wurde von 75 % der Befragten auch herausgestellt, dass die kulturellen Aspekte mindestens so wichtig sind für den Geschäftserfolg wie eine gute Strategie (Rigby und Bilodeau 2018). Die Betonung der Wichtigkeit der Entwicklung einer starken Unternehmenskultur bei einem gleichzeitigen Rückgang der Formulierung einer gemeinsamen Vision und Mission könnte darauf hinweisen, dass das Management zur erfolgreichen Gestaltung der Unternehmenskultur deutlich weitergehende, notwendige Maßnahmen als sinnvoll betrachtet. Die Formulierung einer „Vision and Mission" reicht nicht aus (Kap. 9). Vision-and-Mission-Statements werden in den Entwicklungsländern stärker als in den Industrieländern beurteilt, weshalb dieser Aspekt in den globalen Ergebnissen eine größere Wertigkeit als in den Industrieländern hat.

Aspekte der digitalen Technologien, des Internets der Dinge und des agilen Managements gewinnen in der Bewertung deutlich an Bedeutung. Betreffs der Digitalisierung sagen zwei Drittel der Befragten aus Technologie- und Telekommunikationsunternehmen aus, dass sie sich in vorderster Front im Wettbewerb der Fähigkeiten in den modernen Analysetools sehen. Dies sagten auch ca. 40 % der Unternehmen im Bereich Gesundheit, Energie, Versorger und Service aus. Die Autoren stellen zudem die in anderen Zusammenhängen schon oftmals beobachtete Überschätzung der eigenen Fähigkeiten im Vergleich zum Wettbewerb dar. So stimmen zum Beispiel nur 20 % der Befragten nicht mit der Aussage überein, dass ihr eigenes Unternehmen sich schneller und besser verändert als das ihrer Wettbewerber. 56 % stimmen der Aussage zu, dass sich ihr Unternehmen schneller und besser verändert als das ihrer Wettbewerber. Dies ist eine Konstellation, die schon aus rein statistischen Gründen nicht möglich ist. Hinweise dazu, wie man vorgehen kann, um zu genaueren persönlichen Abschätzungen und Prognosen zu kommen, werden im vorausgegangenen Kapitelabschnitt gegeben (Abb. 8.4, 8.5, 8.6).

Entsprechend der Umfrage der Beratungsgesellschaft Bain & Company erwarteten deutsche Manager für die Zukunft die Disziplinen Benchmarking, strategische Planung, Kundenmanagement, Lieferkettenmanagement und Changemanagement als die Top-5-Disziplinen. Darauf folgten Employee-Engagement-Systems und die digitale Transformation in der Bewertung der deutschen Manager. Im europäischen und globalen Vergleich wurde beim Benchmarking eine etwas weniger dominante, aber dennoch wichtige Rolle erwartet, den Aspekten des Kundenmanagements und der Kundenzufriedenheitsanalyse hingegen eine eindeutig höhere Wichtigkeit zugeordnet. Global wurde auch die Disziplin Advanced-Analytics deutlich wichtiger eingeschätzt als in Europa und Deutschland.

Im langfristigen Vergleich der Ergebnisse der seit 1993 erhobenen Umfrage zeigt sich auch, dass insgesamt weniger Werkzeuge angewendet werden und die gewählten Tools gegebenenfalls mehr Aufmerksamkeit erhalten (ebd.). Der früher führende Aspekt der Mission-und-Vision-Statements hat auffallend an Bedeutung verloren. Auch die Themen Kundenzufriedenheit, Szenarioanalysen und Total-Quality-Management erhalten heutzutage weniger explizite Beachtung. Ergebnis der letzten Analyse war jedoch, dass Management-Werkzeuge gut funktionieren, wenn Manager eine überschaubare Anzahl von Werkzeugen auswählen. Wenige ausgewählte Werkzeuge sollten entsprechend der Ergebnisse konsequent und durchgängig angewendet werden. Diese erlauben eine intensivere Nutzung und Anwendung und führen zu einer höheren Zufriedenheit mit den entsprechenden Methoden. Betreffs wichtiger Management-Trends und -Aussagen erhielten die Autoren in der Umfrage folgende Ergebnisse (Abb. 8.6).

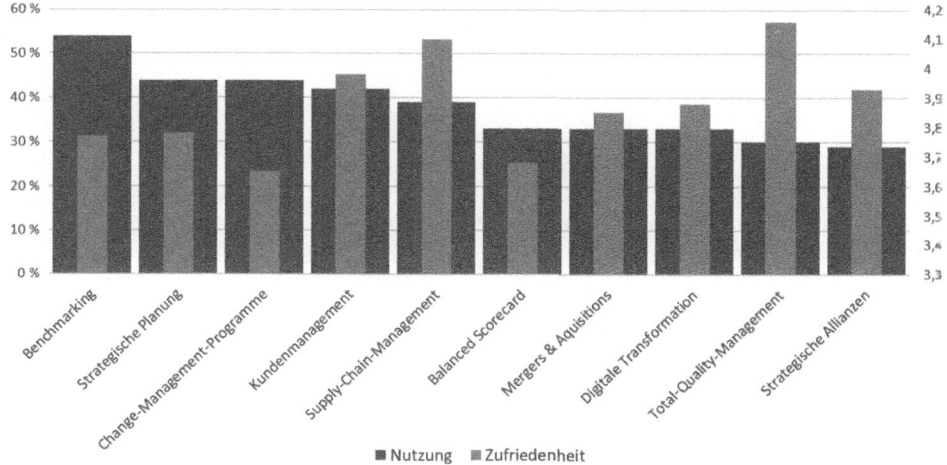

Abb. 8.4 Anwendung und Zufriedenheit mit wichtigen Managementwerkzeugen (Daten Rigby und Bilodeau 2018)

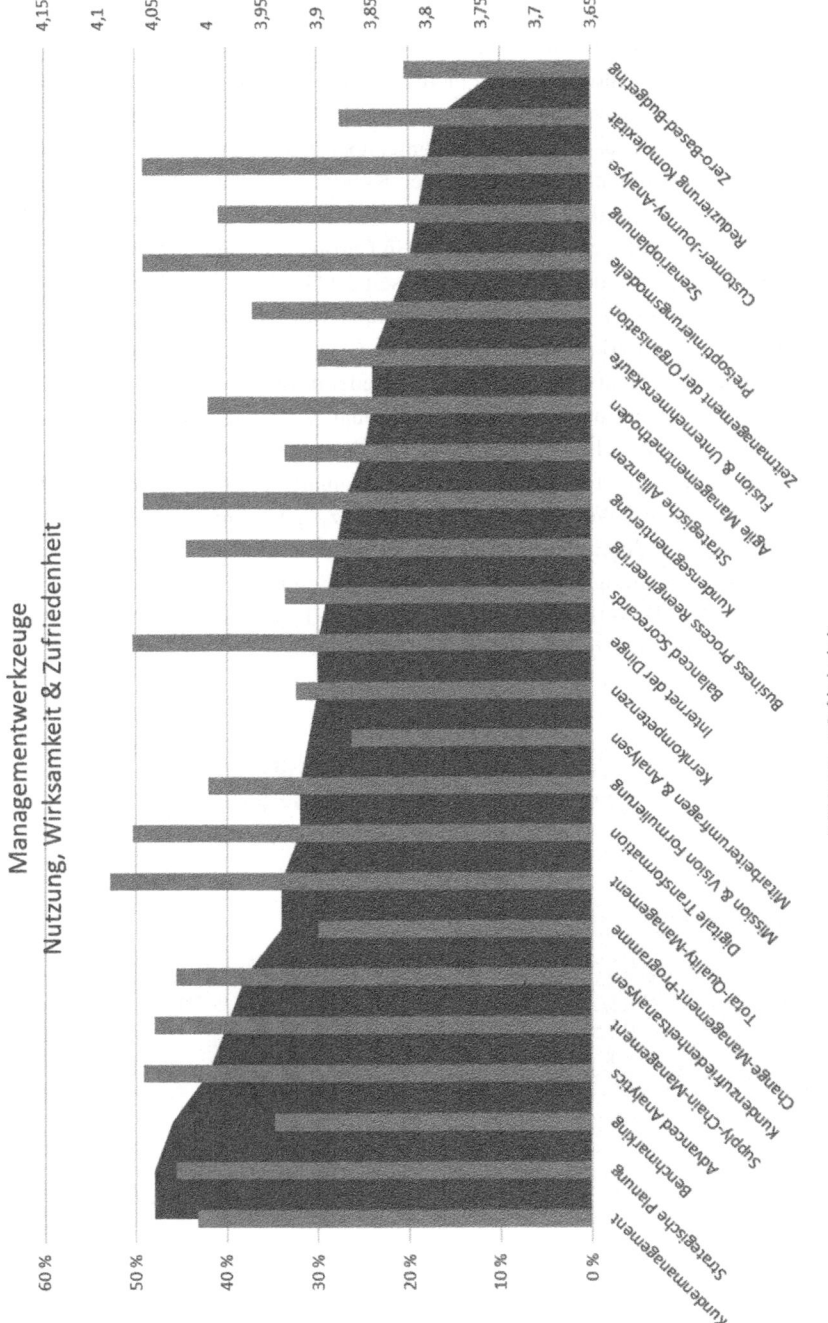

Abb. 8.5 Globale Anwendung und Zufriedenheit von wichtigen Managementwerkzeugen (Daten Rigby und Bilodeau 2018)

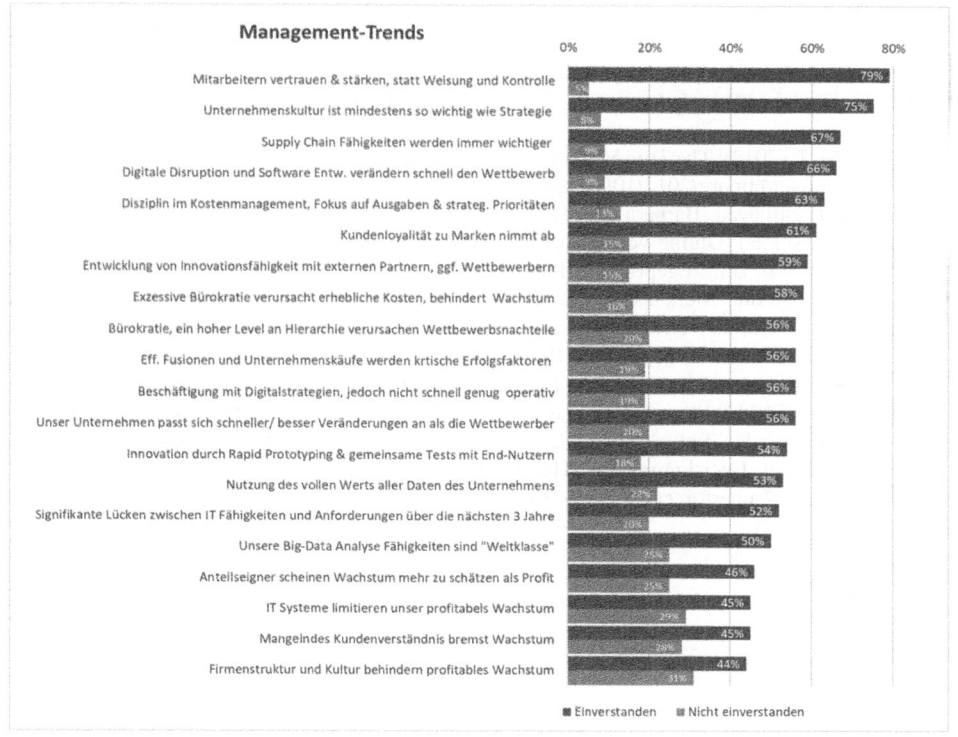

Abb 8.6 Bewertung bzw. Zustimmung zu aktuellen Management-Trends unter Führungskräften (Daten Rigby und Bilodeau 2018)

Literatur

Bloom, Nicholas; Sadun, Raffaella; Van Reenen (2012): Does Management Really Work? In: *Harvard Business Review* 90 (11).

Bloom, Nicholas et al (2014): The New Empirical Economics of Management. N. Bloom et al, THE NEW EMPIRICAL ECONOMICS OF MANAGEMENT, NBER. Hg. v. NATIONAL BUREAU OF ECONOMIC RESEARCH, Massachusetts (NBER Working paper series). Online verfügbar unter https://www.nber.org/papers/w20102, zuletzt aktualisiert am 08.01.2019, zuletzt geprüft am 18.01.2019.

Bloom, Nicholas et al. (2017): Nicholas Bloom et al. What Drives Differences in Management? CEP Discussion Paper No 1470, March 2017. CEP Discussion Paper No 1470. London School of Economics, Centre for Economic Performance (ISSN 2042-2695). Online verfügbar unter cep. lse.ac.uk/pubs/download/dp1470.pdf.

Bloom, Nicholas et al. (2018): Do management interventions last? Evidence from India,. Online verfügbar unter https://are.berkeley.edu/~aprajit/dml_0.pdf.

Ecken, Philipp; Pibernik, Richard (2016): Hit or Miss: What Leads Experts to Take Advice for Long-Term Judgments? In: *Management Science* 62 (7), S. 2002–2021. DOI: https://doi.org/10.1287/mnsc.2015.2219.

Ittner, Christopher D.; Larcker, David F. (2003): Coming Up Short on Nonfinancial Performance Measurement (Harvard Business Review). Online verfügbar unter https://hbr.org/2003/11/coming-up-short-on-nonfinancial-performance-measurement, zuletzt geprüft am 18.01.2019.

Kahneman, Daniel (2012): Schnelles Denken, langsames Denken. 5. Auflage. München: Penguin Verlag.

Maubossin, M. J. (2012): The True Measures of Success (Harvard Business Review). Online verfügbar unter https://hbr.org/2012/10/the-true-measures-of-success, zuletzt geprüft am 18.01.2019.

Rigby, Darrell; Bilodeau, Barbara (2018): Management Tools & Trends. Bain & Company (Management Insights). Online verfügbar unter https://www.bain.com/insights/management-tools-and-trends-2017/, zuletzt geprüft am 18.01.2019.

Sadun, Raffael; Bloom, Nicholas; van Reenen, John (2017): Why Do We Undervalue Competent Management? Online verfügbar unter https://hbr.org/2017/09/why-do-we-undervalue-competent-management, zuletzt geprüft am 18.01.2019.

Sargut, Gökçe; McGrath, Rita G. (2011): Learning to Live with Complexity. Online verfügbar unter https://hbr.org/2011/09/learning-to-live-with-complexity, zuletzt geprüft am 12.02.2019.

Shoemakers, Paul J. H.; Tetlock, Philip E. (2016): Superforecasting: How to Upgrade Your Company's Judgment. Decision making (Harvard Business Review). Online verfügbar unter https://hbr.org/2016/05/superforecasting-how-to-upgrade-your-companys-judgment, zuletzt geprüft am 18.01.2019.

Erst Kultur und dann Erfolg?

Wie beeinflusst die Unternehmenskultur den wirtschaftlichen Erfolg? Ist eine ganz spezifische Unternehmenskultur jenseits aller übrigen Management-Tools, die schon aufgezeigt wurden, einer der ganz entscheidenden Treiber zum Erfolg? Wie findet ein Unternehmen seine spezifische Kultur, die den Erfolg auch tatsächlich unterstützt oder erst ermöglicht? Spannende Ergebnisse aus einer großen Datenbasis geben Antworten und weisen die Wege zum Erfolg.

In den vorhergegangenen Kapiteln und dem folgenden wird aufgezeigt, dass Kultur ein wichtiger Einflussfaktor und Stellhebel des Managements für das Ergebnis und die Mitarbeiter des Unternehmens ist. Werte, Überzeugungen, Regeln und Grundvoraussetzungen bilden die Kultur zu einem Teil ab, ganz entscheidende Aspekte sind aber auch unausgesprochene Verhaltensregeln, Denkansätze und Regeln der sozialen Ordnung dazu. Führungskräfte und Führung beeinflussen die Kultur entscheidend durch bewusste und unbewusste Ausstrahlung, Verhalten und Taten. Kultur ist ein allgegenwärtiges unternehmensweites Gruppenphänomen gemeinsamer Werte, Normen, Erwartungshaltungen und eines gemeinschaftlichen Verhaltenskodex. Die Interpretation des Verhaltens zwischen Mitarbeitern des Unternehmens basiert auf der etablierten Kultur. Unternehmenskulturen entwickeln „ein sich selbst verstärkendes soziales Muster, das zunehmend resistenter gegen Wandel und äußere Einflüsse wird" (Groysberg et al. 2018). Die in weiten Teilen unausgesprochene Kultur drängt Menschen dazu, „sie instinktiv zu bemerken und auf sie zu reagieren" (ebd.). Was kann getan werden, wenn diese Kultur dem durchschlagendem Unternehmenserfolg im Weg steht?

Führungskräfte können die Kultur durch ihr Verhalten entscheidend beeinflussen (Bailom et al. 2013):

- Entwicklung des eigenen Rollenbildes
- Wahl der gelebten Führungs- und Unternehmenswerte
- Ziele und Kenngrößen, Änderungen der Leistungsanforderungen

© Springer-Verlag GmbH Deutschland, ein Teil von Springer Nature 2020
H. Goffin, *Erfolgsunternehmen – empirisch belegte Wege an die Spitze*,
https://doi.org/10.1007/978-3-662-59819-1_9

- Wahl der Aufgaben
- Prioritäten der eigenen Aufgaben und der Ressourcenzuteilung
- Wahl ihres eigenen zeitlichen Einsatzes, den Mitarbeiter im Unternehmen wahrnehmen können

Organisationsform, Anreiz und Belohnungssysteme bestimmen den Fokus in der Arbeitsweise sowie die Ausrichtung auf Werte und Ziele des Unternehmens. Arbeitsplatz- und Bürogestaltung beeinflussen durch Symbolsetzung die Kultur und wahrgenommenen Werte. Sie beeinflussen gleichfalls die interne Kommunikation und Arbeitsweise. Die Rekrutierung neuer Mitarbeiter beeinflusst die zukünftige Kultur direkt und auch indirekt über die entsprechende Wahrnehmung der Prioritäten unter den aktuellen Mitarbeitern. Führungskräfte und Mitarbeiter werden für eine langfristige und erfolgreiche Zusammenarbeit in den kulturellen Rahmen passen müssen. Ergebnisse zeigen, dass in bis zu zwei Dritteln der Fälle von Fehlbesetzungen ein mangelnder persönlicher Fit zur Unternehmenskultur dafür verantwortlich ist (Groysberg et al. 2018).

Die Ergebnisse zeigen noch mehr: Der Einfluss der Kultur auf die Geschäftsergebnisse hängt stark von dem Umfeld ab, in dem das Unternehmen tätig ist. Eine Unternehmenskultur, die in einem Umfeld gute Ergebnisse gebracht hat, wird nicht unbedingt in einem anderen Unternehmen den gleichen Erfolg erzielen. „Wenn eine starke Kultur gut mit der Strategie und Unternehmensführung abgestimmt ist, verbessert das die Geschäftsergebnisse. (…) Eine starke Kultur kann ein echtes Hindernis darstellen, wenn sie nicht zur Strategie passt" (ebd.).

Das mitarbeiterorientierte Kulturmodell „Great Place to Work" entstand auf der Basis umfangreicher empirischer und analytischer Untersuchungen, Interviews, Gruppendiskussionen mit Mitarbeitern aus zahlreichen Unternehmen verschiedener Branchen. Dieses Modell ist Grundlage der jährlichen Benchmark-Studien zur Ermittlung der besten Arbeitgeber in mehr als 30 Ländern.

Auf Vertrauensebene bewertet es die Glaubwürdigkeit im Unternehmen und des Managements durch Entwicklung einer offenen Kommunikationskultur, einer Organisation mit angemessenen personellen und materiellen Ressourcen und einer konsistenten und integren Umsetzung der Unternehmensziele.

Ein respektvoller Umgang mit Mitarbeitern drückt sich im Modell durch die Unterstützung in der beruflichen Entwicklung, der Anerkennung von Leistung, der Einbindung von Mitarbeitern in wichtige Entscheidungen und die Berücksichtigung der persönlichen Lebenssituation aus. Die Teamorientierung im Unternehmen wird durch Teamgeist im Sinne des „Familiensinns" und eine einladende soziale Atmosphäre und Respektierung des persönlichen Stils bewertet. Der Stolz der Mitarbeiter auf ihre Arbeit und das Unternehmen wird mithilfe des Stolzes auf ihren individuellen Beitrag, die Ergebnisse im Team, auf Produkt oder Dienstleistung des Unternehmens und dessen gesellschaftlichen Beitrag gemessen.

Die Liste der beliebtesten Arbeitgeber mit einem überdurchschnittlich hohen Mitarbeiterengagement zeigt in der Mehrzahl alljährlich auch wirtschaftlich besonders erfolgreiche Unternehmen.

Es gibt eine Vielzahl von Modellen, die die Unternehmenskultur erfassen und eine ebenso große Vielzahl von Methoden und Prozessen, die sie entwickeln und verändern. Das folgende Kapitel wird sich deshalb auf Ergebnisse aus besonders großen und entsprechend repräsentativen Untersuchungen und ihren Ergebnissen beziehen:

- Unternehmenskultur, Arbeitsqualität und Mitarbeiterengagement in den Unternehmen in Deutschland, durchgeführt im Auftrag des Bundesministeriums für Arbeit und Soziales auf der Basis einer Analyse von 314 Unternehmen, 37.000 Mitarbeiter- und Managementbefragungen aus den zwölf stärksten Branchen in Deutschland (Hauser et al. 2008)
- Ergebnisse unter der Veröffentlichung „Frage der Kultur", Boris Groysberg et al (Harvard Business School und Executive Personalberatung Spencer Stuart) mit ca. 230 Unternehmen global und der Befragung von ca. 25.000 Mitarbeitern und 1300 Top-Managern (Groysberg et al. 2018)
- Verschiedene globale Analysen, Untersuchungen und Ergebnisse von McKinsey

Die Untersuchung im Auftrag des deutschen Bundesministeriums für Arbeit und Soziales zeigt zunächst den Status quo der Unternehmenskultur, des Mitarbeiterengagements und der Arbeitszufriedenheit auf. Im Weiteren werden insbesondere aufgrund der repräsentativen Umfrage von mehr als 37.000 teilnehmenden Mitarbeitern und Befragungen einer großen Anzahl von Vertretern der 314 Unternehmen interessante, statistisch signifikante Zusammenhänge auf dem Weg zum Erfolg aufgezeigt. Sie sind geeignet, Unternehmenskultur, Mitarbeiterengagement und Unternehmenserfolg auf der Basis identifizierter Stellhebel positiv zum allseitigen Gewinn zu steuern. Welche messbaren und steuerbaren Wege gibt es, um auf allen drei Ebenen Vorteile zu erzielen?

Gut ein Drittel (37 %) der Mitarbeiter bezeichneten sich als sehr oder völlig zufrieden (31 %/6 %). Der Wert der völlig zufriedenen Mitarbeiter stieg unter den Mitarbeitern mit Führungsverantwortung (13 %) deutlich an. 63 % drückten eine klare Identifikation mit dem Unternehmen aus. Sie waren stolz, für das Unternehmen zu arbeiten. 40 % der Befragten drückten ihr Engagement auf der Basis der gleichzeitigen positiven Bewertung aller drei Aspekte des Engagements aus: Unternehmensbindung, Stolz und Einsatzbereitschaft. Die Bestätigung aller drei Faktoren wurde als deutlicher Ausdruck eines hohen aktiven Engagements bewertet. Dieser Faktor war erfreulicherweise deutlich höher als die oftmals zitierten Ergebnisse des Gallup-Instituts. Es gab in dieser Bewertung eine dramatische Varianz zwischen Unternehmen. Das Unternehmen mit dem höchsten Engagement erreichte einen Wert von 87 % unter den befragten Mitarbeitern, das schwächste Unternehmen einen Wert von 5 % (Hauser et al. 2008).

Unter den als „beste Arbeitgeber Deutschlands" bewerteten Unternehmen liegt dieser Wert im Bereich von 75 %. Dies ist ein starker Beitrag zum wirtschaftlichen Unternehmenserfolg, wie die nachfolgende statistische Analyse belegt. 66 % stimmten überwiegend vollumfänglich zu, dass sie „alles in allem" einen sehr guten Arbeitsplatz haben.

Was sind die am stärksten ausgeprägten kulturellen Aspekte? Kundenorientierung (77 %) und Leistungsorientierung (70 %) standen an der Spitze, gefolgt von der Identifikation mit dem Unternehmen (65 %). Die Erfüllung der Kundenwünsche war für 84 % der Mitarbeiter in den Unternehmen eine wichtige Handlungsmaxime. 60 % der Befragten erkannten eine klare und homogene Unternehmenskultur, in der klare Grundsätze die Arbeit bestimmen. Aspekte der Arbeitsqualität mit Parametern wie Führungskompetenz, Teamorientierung, Fairness und Kommunikationsstruktur bewerteten nur ca. 50 % positiv. Kritisch bewertet wurde die Mitarbeiterbeteiligung an Gewinnen des Unternehmens. Nur ein Viertel der Befragten fühlte sich hier angemessen berücksichtigt.

31 % der Mitarbeiter wurden als zufriedene, engagierte Mitarbeiter erkannt, die ihre Arbeit auch durch Eigeninitiative positiv erleben (aktiv-engagiert). 37 % waren passiv-zufrieden, d. h. sie waren mit ihrer Aufgabe relativ zufrieden und fühlten sich an das Unternehmen gebunden. Akut-unzufriedene Mitarbeiter waren sehr unzufrieden. Dies äußerte sich in einem geringen Engagement und einer geringen Unternehmensbindung (18 %). 14 % waren grundsätzlich desinteressiert, mit niedriger Arbeitszufriedenheit und niedrigem Engagement (ebd.).

9.1   Wie beeinflussen Kultur und Engagement den Unternehmenserfolg?

Wie ist nun der Zusammenhang zwischen Unternehmenskultur, Mitarbeiterengagement und Unternehmenserfolg?

Der Unternehmenserfolg wird in der Untersuchung von Hauser et al. mit den Kennzahlen EBIT/Umsatz und der Gesamteinschätzung des Gewinns der letzten drei Jahre im Branchenvergleich bewertet. Es besteht eine signifikante Korrelation zwischen den einzelnen Aspekten der Unternehmenskultur, dem Mitarbeiterengagement und dem Unternehmenserfolg (Hauser et al. 2008). Das Mitarbeiterengagement korrelierte zu 32 % mit dem Unternehmenserfolg; einzelne Aspekte der Unternehmenskultur korrelierten bis zu 31 % mit dem Unternehmenserfolg, Wie können diese Stellhebel zum allseitigen Gewinn genutzt werden? Dies wird in Abschn. 9.5 aufgezeigt.

Erfolgreiche Unternehmen fokussieren das Mitarbeiterengagement, weniger erfolgreiche Unternehmen fokussieren ihren Preis.
Besonders interessant erscheint auch folgendes Ergebnis: Die befragten Unternehmensmanager hielten in der Bedeutung für die Wettbewerbsfähigkeit zu 95 % das Mitarbeiterengagement für sehr (35 %) oder außerordentlich wichtig (60 %). Nur die Qualität des Angebotes bewerteten die Unternehmensführer im Durchschnitt noch höher. Wenn man die Unternehmensvertreter nach dem wichtigsten aller Wettbewerbsfaktoren fragt und die Antworten nach den besonders erfolgreichen und den weniger erfolgreichen Unternehmen unterscheidet, zeigt sich: Die besonders erfolgreichen Unternehmen nennen das Engagement der Mitarbeiter als den wichtigsten Faktor im Wettbewerb, die Manager der weniger

erfolgreichen Unternehmen stellen dagegen den Preis als wichtigsten Wettbewerbsfaktor an die Spitze. Auskömmliche Preise, Mitarbeiterengagement und Unternehmenserfolg erscheinen in einer wichtigen positiven Korrelation (ebd.).

Die Ergebnisse zeigen, dass es in der Ausprägung der Unternehmenskultur und der Mitarbeiterorientierung erhebliche Unterschiede zwischen den Unternehmen gibt. Manager haben dementsprechend mit der positiven Kulturentwicklung die Chance der Entwicklung eines echten Wettbewerbsvorteils. Ein zusätzlich interessanter Aspekt scheint die Tatsache, dass der oftmals als kritischer Faktor betrachtete Krankenstand in Unternehmen von den verschiedenen Aspekten der Unternehmenskultur eher gering beeinflusst wird. Interessanterweise korrelierten Angebote der Gesundheitsförderung mit einem hohen Krankenstand und konnten diesen scheinbar nicht abbauen.

Die nachhaltige Umsetzung des Unternehmensleitbildes korreliert positiv mit dem Unternehmenserfolg.

Das höchste Engagement zeigten Mitarbeiter in den Branchen Gesundheit und Sozialwesen sowie der Finanzdienstleistungen; das geringste Engagement zeigten Mitarbeiter in der Metallindustrie und im öffentlichen Dienst. Die höchste Kundenorientierung lag in der Automobilindustrie vor. Insgesamt waren Kundenorientierung und Ergebnisorientierung in allen Branchen die stärksten Kulturwerte (ebd.).

9.2   Acht Kulturstile: Welcher passt zu welchem Unternehmen?

Wie finden Manager die richtige Zielkultur zum Erfolg ihres Unternehmens? Die Untersuchung der Harvard Business School und der Executive-Beratung Stuart Spencer basiert auf der Analyse der Kultur von über 230 Unternehmen mit Werten und Führungsstilen und der Befragung von mehr als 1300 Top-Managern aus einer Vielzahl von Branchen. (u. a. Konsumgüter, Industrieunternehmen, Energie -und Versorgungswirtschaft, Gesundheitsbranche, Finanzbranche, Unternehmensberatung und Wirtschaftsprüfung, IT- und Telekommunikationsbereich, Non-Profit-Organisationen). Online wurden 25.000 Angestellte befragt. Interviews gab es mit einer großen Anzahl von Managern. Die Unternehmen kamen aus allen Wirtschaftsregionen (Groysberg et al. 2018).

Die Ergebnisse zeigen, dass die Unternehmenskultur Engagement und Motivation der Mitarbeiter besonders beeinflusst. Der zweitwichtigste Einflussfaktor ist die Kundenorientierung.

Aus der Kombination menschlicher Interaktion und Reaktion auf Änderung ergeben sich acht Stile:

Die Interaktion im Unternehmen kann Unabhängigkeit oder Abhängigkeit fördern. Unabhängigkeit in der Interaktion zwischen Unternehmen und Mitarbeitern entspricht Merkmalen wie Eigenständigkeit, individuellen Engagement und Wettbewerb. Abhängigkeit in der Interaktion entsprecht Merkmalen wie Integration, Steuerung von Teamleistung und Beziehungsmanagement. Sie fördert Zusammenarbeit und Kooperation.

Die Reaktion auf Veränderung wird charakterisiert durch die Ausrichtung auf Stabilität oder Flexibilität. Stabilität wird gefördert durch Regeln und Kontrollstrukturen, hierarchisch aufgebauter Führung durch einen Fokus auf Effizienz. Flexibilität entspricht Unternehmen, die Anpassungsfähigkeit und Offenheit dem Wandel, längerfristige Orientierung und Innovation betonen.

Folgende acht Stile leiten sich aus der Kombination menschlicher Interaktionstile und Reaktion auf Veränderungen ab. Die Prozentzahlen geben den Anteil der Unternehmen an, die diesen Stil an ihre erste oder zweite Stelle setzen (ebd.):

1. Fürsorglichkeit: Beziehungen und Vertrauen, partnerschaftliches Arbeitsumfeld, Mitarbeiter helfen und unterstützen loyal. Förderung von Aufrichtigkeit, Teamwork, gute Beziehung. Nachteil: Starke Konsensbetonung, nicht alle Möglichkeiten werden betrachtet, lange Entscheidungen (63 %).
2. Sinn: Idealismus und Altruismus. Tolerant, mitfühlend. Fokus auf Nachhaltigkeit und globale Gemeinschaft, Führung mit gemeinsamen Idealen und für höhere Ziele. Nachteil: Alltagsgeschäft und kurzfristige Ergebnisse leiden unter der Betonung der langfristigen Ziele und Ideale (9 %).
3. Lernen: Erkunden, Kreativität, Neugier, Innovation, Entwicklung und Erprobung neuer Ideen. Förderung von Wissen und Abenteuer in einem agilen Umfeld. Nachteil: Der Fokus und die Nutzung bestehender Vorteile des Unternehmens leiden unter vielen neuen Ideen und Experimenten (7 %).
4. Freude: Spaß und Begeisterung, gegenseitige Anregung. Förderung von Spontanität. Nachteil: möglicher Mangel an Disziplin, Compliance, Aufsicht (2 %).
5. Ergebnisse: Leistung und Gewinn, Resultate, Hochleistung. Nutzung von Fähigkeiten und Ausbau von Potenzialen. Förderung der Zielerreichung. Nachteil: Risiko von hohem Stress, Angst, Probleme in Kommunikation und Zusammenarbeit (89 %).
6. Autorität: Stärke, Dominanz, Kontrolle, Entscheidungsfreude, Unerschrockenheit. Starker Wettbewerb zum Erreichen persönlicher Vorteile. Führung vermittelt Zuversicht. Nachteil: Konflikte, mögliche Gefährdung der psychischen Gesundheit von Mitarbeiten, politisches Handeln (4 %).
7. Sicherheit: Planung, Risikobewusstsein. Wunsch nach Vorhersagbarkeit von Veränderungen. Förderung der Entwicklung und Einhaltung von realistisch eingeschätzten Plänen. Nachteil: Risiko hoher Bürokratie, Inflexibilität, Entmenschlichung durch starke Standardisierung und Formalitäten (8 %).
8. Auftrag: Respekt, Struktur, gemeinsame Normen und Regeln. Anpassung und Kooperation. Führung legt Wert auf Einhaltung von Prozessen und Traditionen. Nachteil: Betonung von Regeln reduziert Kreativität und Beweglichkeit sowie Individualität der Mitarbeiter (15 %).

Die acht Stile werden in einer Matrix mit zwei Achsen aufgezeigt. 1. menschliche Interaktion, Abhängigkeit oder Unabhängigkeit. 2. Stabilität oder Flexibilität und Reaktion auf Veränderungen (Abb. 9.1). Wesentlich ist es, wie die Mitarbeiter des Unternehmens den Kulturstil einschätzen. Nahe beieinander liegende Stile koexistieren häufig in Unterneh-

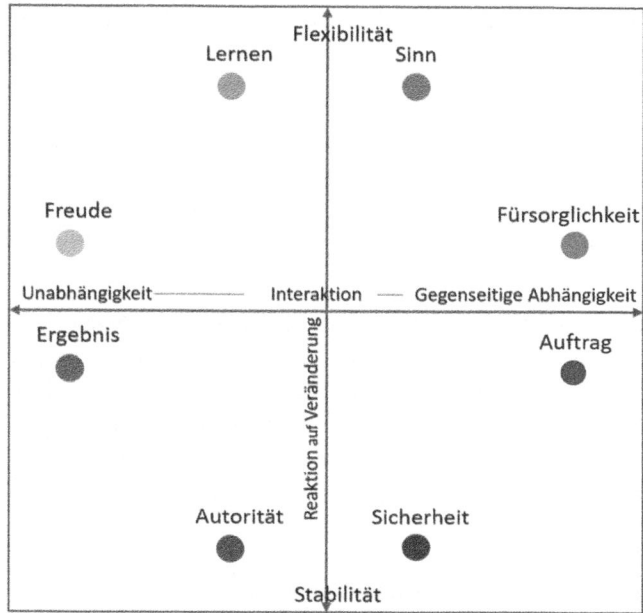

Abb. 9.1 Acht Kulturstile, Modell nach Spencer Stuart (Groysberg et al. 2018). Mit freundlicher Genehmigung von: © Spiegel Verlag

men. Einander gegenüberliegende Stile werden in einem Unternehmen selten harmonisch koexistieren. Die prinzipiell weit auseinanderliegenden Stile der Ergebnisorientierung und der Fürsorglichkeit, die in vielen Unternehmen entsprechend der Ergebnisse gleichzeitig gefördert werden, können zu einer Desorientierung der Mitarbeiter führen. Stile im gleichen Quadranten der Matrix ergänzen und verstärken sich gegenseitig. Die Ausbildung einer Wunschkultur kann zu Entscheidungskonflikten führen.

In der Analyse stellen die Autoren heraus, „dass Mitarbeiterengagement am stärksten von größerer Flexibilität beeinflusst wird, in Form von Freude, Lernen, Sinn und Fürsorglichkeit" (ebd.). Zudem fanden sie heraus, „dass zwischen Kundenorientierung und diesen 4 Stilen und dem Kulturstil Ergebnisorientierung eine positive Beziehung besteht. Diese Zusammenhänge sind über das Gros der Unternehmen hinweg ebenso erstaunlich konsistent" (ebd.). Engagement und Kundenorientierung sind umso stärker, „je höher die Identifikation der Mitarbeiter mit den Charakteristika der jeweiligen Kultur ist" (ebd.). Diese Ergebnisse bestätigen grundsätzlich auch die Ergebnisse der zuvor vorgestellten Untersuchung in Deutschland (Hauser et al. 2008).

Die Ergebnisse zeigen auch auf, dass die global dominanten Kulturstile in Unternehmen die Ergebnisorientierung (89 %) und die Fürsorglichkeit (63 %) sind (ebd.). Weit weniger ausgeprägt ist die Kultur des Arbeitens nach Auftrag, die jedoch im globalen Vergleich aller Unternehmen dennoch an dritter Stelle rangiert. Nationales Umfeld und Branchen haben wichtigen Einfluss auf das Verhalten der Mitarbeiter. Länder mit hoher Wertschätzung der Gruppenhomogenität und gleichmäßiger, kollektiver Ressourcenverteilung zeigen z. B. eine stärkere Ausprägung im Bereich Sicherheit und Auftrag (z. B. Frankreich, Brasilien).

> In Ländern, in denen offen mit Mehrdeutigkeit und Unsicherheiten umgegangen wird, betont die Unternehmenskultur eher Lernen, Sinn, Freude. Hierzu zählen beispielsweise die USA und Australien. Derlei externe Einflüsse sind also wichtig, wenn es darum geht, über Landesgrenzen hinweg zu operieren und eine passende Kultur für eine Organisation zu entwickeln. (ebd.)

Unternehmen mit unterschiedlicher strategischer Ausrichtung (Strategie der Differenzierung oder Gruppe der Strategie Kostenführer) zeigen im Vergleich der Kulturen Unterschiede. Die wichtigsten Unterschiede drückten sich zwischen den beiden Ausrichtungen in der unterschiedlichen Bedeutung des Stils „Freude" und „Auftrag" aus. In Unternehmen mit der Differenzierungsstrategie standen diese beiden Positionen an fünfter (Freude) bzw. siebter Stelle (Auftrag), in Unternehmen mit Kostenstrategie an letzter, achter (Freude) bzw. dritter Stelle (Auftrag).

Wie können Strategie und Kulturstil einander angepasst werden?
Wenn ein Unternehmen die Kultur zur Unterstützung der Strategie fortentwickeln oder verändern möchte, sollte zunächst festgestellt werden, wie Mitarbeiter die aktuelle Kultur einstufen. Eine Umfrage unter Führungskräften und Mitarbeitern anhand von strukturierten Fragebögen zeigt die objektiv empfundene Einstufung der Kultur auf . Die Struktur der Fragebögen kann sich an dem aufgezeigten Modell orientieren. Gibt es in verschiedenen Unternehmensbereichen auffällige Unterschiede im Ergebnis? Was sind die Stärken, welchen Einfluss haben diese auf die Organisation? Welche Aspekte werden geschätzt, welche Änderungsvorschläge gibt es? Ergebnisse mit sehr breiter Streuung würden zeigen, dass Mitarbeiter das Unternehmen und die Führung auf sehr unterschiedliche Weise wahrnehmen.

Eine genauere Fokussierung auf eine Zielkultur in Übereinstimmung mit der Unternehmensstrategie wird zu positiven Ergebnissen führen. Im Fall einer hohen Übereinstimmung unter Mitarbeitern wird andererseits der Versuch einer Änderung sehr viel schwieriger sein. Wenn die aktuelle Kultur oder die Zielkultur in Kohärenz zur Unternehmensstrategie und dem Profil der Führungskräfte und Mitarbeiter steht, gibt es eine gute Basis zur Erzielung guter Ergebnisse.

In der Analyse im Unternehmen wird bewusst nach „Schauseite", „formale Seite", „informale Seite" unterschieden (Ibold et al. 2018). Die Schauseite formuliert die externe und interne Selbstdarstellung von Unternehmen und Bereichen. Vision-and-Mission-Aussagen gehören dazu. Mitarbeiter erkennen Differenzen zum Arbeitsalltag, werden diese aber insbesondere in der Außendarstellung akzeptieren und loyal vertreten. Die formale Seite bildet die Strukturen, Prozesse, formalen Regeln, Vorgaben und Ziele ab. Die Ausrichtung an diesen Vorgaben wird von Mitarbeitern erwartet, Abweichungen verursachen Diskussionsbedarf. Die informale Seite umfasst Erwartungen zu Verhaltensweisen und die praktischen

Arbeitswege des Alltages. Diese können gar nicht vollständig festgelegt werden, sind aber notwendig, um die tägliche Arbeit abzuwickeln. Die informale Seite ist die bewährte Handlungspraxis. Hier liegen fundamentale Annahmen und unbewusste Überzeugungen zu Prioritäten und Ursachen des Erfolgs.

Wenn eine kulturelle Veränderung die Strategie unterstützt und zu den Zielen des Unternehmens passt, wird eine entsprechende Zielkultur formuliert. Die kulturelle Veränderung wird nicht als Kulturveränderung propagiert, „sondern als eine Lösung, die praktische Probleme aus der Welt schafft und Mehrwert bietet" (Groysberg et al. 2018). Mangelndes Wachstum, zurückgehende Ergebnisse, unzufriedene Kunden sind für Mitarbeiter gut nachvollziehbare Motive und zeigen die Dringlichkeit von Veränderungen. Erfolgreiche Methoden des Changemanagements unterstützen den Wandel (Kap. 12). Führungsgrundsätze, Kommunikationsstil, Form und Veränderung der Organisation und Regeln, Prozessveränderungen, Incentivesysteme, Leistungsmanagement, Zielkenngrößen und Bewertungssysteme mit finanziellen und nichtfinanziellen Kenngrößen sind Maßnahmen, die zu dieser Entwicklung eingesetzt werden. Die formale Seite der Kultur wird verändert, die informale Seite der Kultur wird in einer Form reagieren, die nicht sicher vorhersehbar ist. Die Förderung einer intensiven, geführten Diskussion zwischen Mitarbeitern und Führungskräften im Unternehmen ist wichtig. Welche Diskussionsplattformen können eingeführt werden? Wie wird das mittlere Management als wichtiger Kommunikator zu allen Mitarbeitern eingebunden? Als Katalysator und Brücke einer kulturellen Veränderung können neue Führungskräfte wirken, die neue kulturelle Aspekte auf der Basis ihrer Erfahrung und Charakter einbringen, ohne im Widerspruch zu allen kulturellen Grundwerten des bestehenden Unternehmens zu stehen.

Mit welchen Methoden wird die Wunschkultur gefördert?
Nach der Identifikation der verschiedenen Kulturstile stehen zur Gestaltung und Umsetzung verschiedene Managementdimensionen und -methoden zur Verfügung.

Aufgrund zahlreicher großer empirischer Untersuchungen teilte McKinsey die kulturellen Merkmale in neun Dimensionen ein, denen insgesamt 37 Managementfelder entsprechend in Tab. 9.1 zugeordnet sind (Gagnon et al. 2017).

9 Managementdimensionen/37 Managementmethoden

Ein gutes Unternehmensklima, das hier auch als organisatorische Gesundheit bezeichnet wird („organizational health"), drückt sich in der Fähigkeit aus, langfristig bessere Unternehmensergebnisse zu erzielen. Die drei grundlegenden Fähigkeiten, Entwicklung einer erfolgreichen Strategie, Umsetzung und Anpassung über der Zeit, auf die alle in diesem Buch eingegangen wird, stellen dies sicher.

McKinsey fand heraus, dass eine überraschend hohe positive Korrelation zwischen dem Maß der organisatorischen Gesundheit, dem Betriebsklima („organizational health index", OHI), den Finanzergebnissen und der Wettbewerbsfähigkeit besteht. Auf der Basis einer Untersuchung mit mehr als 270 Unternehmen weltweit fand man in einer Analyse über acht Jahre überraschende Resultate (Smet et al. 2014): Aktienunternehmen mit einem gesunden Betriebsklima erzielten in dieser Zeit eine dreimal so hohe Aktienrendite wie die

Tab. 9.1 Übersicht der neun Managementdimensionen und 37 Managementmethoden (Gagnon et al. 2017)

Direction	Gemeinsame Vision	Fähigkeiten	Gewinnung von Talenten	
	Strategische Klarheit		Talententwicklung	
	Mitarbeiterbeteiligung		Prozessbasierte Fähigkeiten	
			Externe Expertise	
Innovation & Lernen	Top-down-Innovation	Verantwortlichkeit	Klarheit Aufgaben/Rollen	
	Bottom-up-Innovation		Leistungsvereinbarungen	
	Wissen teilen		Konsequentes Management	
			Persönliche Verantwortung	
Leadership	Autoritäre Führung	Arbeitsklima & -umfeld	Offenheit & Vertrauen	
	Beratende Führung		Interner Wettbewerb	
	Unterstützende Führung		Operative Disziplin	
	Herausfordernde Führung		Kreatives Unternehmertum	
Koordination & Kontrolle	Mitarbeiter-Leistungs-Review	Motivation	Aussagekräftige Werte	
	Operatives Management		Inspirierende Führung	
	Finanzmanagement		Karriereentwicklung	
	Professionelle Standards		Finanzielle Boni	
	Risikomanagement		Prämien & Anerkennung	
Externe Orientierung	Nutzung externer Ideen			
	Kundenfokus			
	Wettbewerberverständnis			
	Geschäftspartnerschaften			
	Staatliche/regionale Beziehungen			

Unternehmen mit einem wenig gesunden Betriebsklima. Die erfolgreichen Unternehmen lagen im oberen Viertel des OHI, während die wenig erfolgreichen Unternehmen im unteren Viertel im Ranking des OHI lagen. Die Unternehmen im oberen Viertel des Indexes hatten eine 60 % höhere Rendite als die Unternehmen im Mittelfeld. Auch dieses Ergebnis zeigt, dass die Entwicklung eines organisatorisch gesunden Unternehmens ein außergewöhnlich starker Hebel ist, Unternehmen erfolgreich zu machen.

Die Autoren berichten von einer entsprechenden Untersuchung in 16 Raffinerien eines Energieunternehmens, in der die Unterschiede in der Profitabilität der 16 Standorte statistisch zu 54 % durch Merkmale des OHI erklärt werden konnte (ebd.).

In der Versicherungsindustrie konnte eine Korrelation zwischen Leistungsparametern und dem OHI aufgezeigt werden. Mehr als ein Drittel der Differenzen aus den Resultaten von elf Standorten eines Unternehmens konnte allein durch den OHI statistisch belegt werden. Ein beeindruckender Wert, wenn man insbesondere in Betracht zieht, dass die übrigen zwei Drittel durch so wichtige Basisfaktoren wie Wettbewerb, makroökonomische und lokale Markteinflüsse gebildet werden (ebd.). Dieser Wert liegt in ähnlicher Größenordnung wie die Ergebnisse der zuvor dargestellten Untersuchung in 314 Unternehmen in Deutschland.

Die Autoren (Gagnon et al. 2017) berichten gleichfalls über ein europäisches Unterhaltungsunternehmen, das den OHI aus dem dritten Viertel in das Top-10 -%-Feld des Benchmarkings bewegen konnte. In dieser Zeit gewann das Unternehmen 7 % zusätzlichen Marktanteil, 15 % neue Kunden und das Ergebnis (EBITDA) verbesserte sich um 85 %. Bei der Übernahme des Unternehmens durch einen größeren Wettbewerber sagte der CEO des Käuferunternehmens aus, dass das wahrgenommene gesunde, organisatorische Betriebsklima des Unternehmens in seiner Sicht mindestens 10 % des gesamten Unternehmenswerts ausmache. Maßnahmen der Kulturentwicklung sind auch nach diesen Ergebnissen wirtschaftlich außerordentlich attraktiv.

In der Zusammenarbeit mit Hunderten von Unternehmen, Geschäftseinheiten und Werken in der Welt wurde der OHI der organisatorischen Gesundheit entwickelt und verfolgt. In den Umfragen unter rund 2 Mio. Mitarbeitern zu ihrer Wahrnehmung des organisatorischen Betriebsklimas in Hunderten Unternehmen und den angewandten Managementmethoden wurde der Einfluss und die Korrelation der Methoden auf den OHI beobachtet (Smet et al. 2014).

Wichtig für das Verständnis des Konzeptes ist, dass es bei dem OHI nicht nur um Kulturentwicklung und Mitarbeiterengagement geht. Es geht um die organisatorische Entwicklung zur Umsetzung einer gemeinsamen Vision, Mission und Strategie und um eine stete Erneuerung des Unternehmens auf kreativen und innovativen Pfaden.

McKinsey misst die langfristige Orientierung eines Unternehmens anhand des „corporate horizon index" (CHI). Dieser bewertet anhand von Faktoren wie Investmentmethoden, Gewinncharakteristika, Fokus auf Wertorientierung (anstelle der Kriterien der Investmentbörsen) die langfristige Orientierung eines Unternehmens. Auf der Basis eines Vergleichs von 51 Unternehmen, zu denen sowohl der CHI- als auch der OHI-Wert verfügbar waren, wurde die Korrelation zwischen Langfristigkeit und gesundem organisatorischen Betriebsklima geprüft. Das Ergebnis folgt aus Abb. 9.2. Die langfristig orientier-

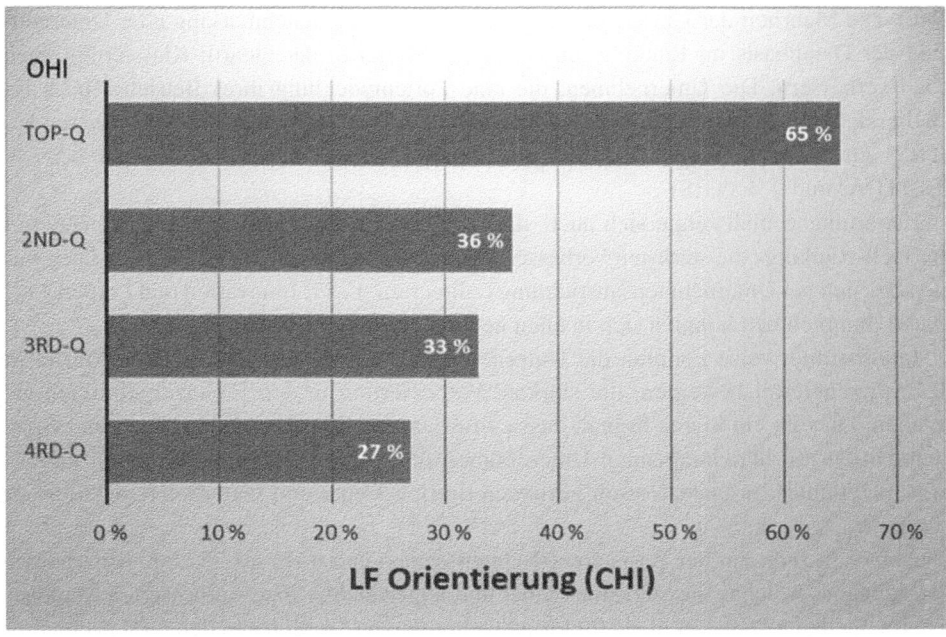

Abb. 9.2 Langfristige Orientierung (CHI) und Betriebsklima (OHI) (Duan et al. 2017). Mit freundlicher Genehmigung von: © McKinsey & Company

ten Unternehmen übertrafen die anderen Unternehmen in allen neun Managementdimensionen des OHI (Duan et al. 2017).

Von besonderem Interesse wird jetzt die Beantwortung der Frage sein: Welche Managementmethoden stärken gleichzeitig die erfolgreiche langfristige Ausrichtung, die Unternehmensergebnisse und ein gesundes Organisationsklima? Welcher Weg führt zu Erfolg? Um dies transparent darzustellen, wird zunächst auf die Details des OHI und den Einfluss jeder einzelnen Managementdivision auf die positive Entwicklung des Betriebsklimas im Wert des Indexes eingegangen.

Die Ergebnisse und Erfahrungen mit weit mehr als 1500 Unternehmen in vielen Branchen und Regionen zeigen in der Entwicklung einer positiven Entwicklung des OHI, dass erste nachhaltige Erfolge spätestens nach einem Jahr erzielt werden (Gagnon et al. 2017). Dies traf sowohl für Unternehmen in einer wirtschaftlich kritischen Lage zu als auch für Unternehmen, die sich aus einer guten wirtschaftlichen Lage weiterentwickeln wollten. Entscheidender Faktor zum Erfolg ist hierbei ein konsequenter, disziplinierter Ansatz. Seitens der Senior-Manager muss diese Entwicklung zu einem persönlichen Anliegen werden und genauso wie andere Unternehmensparameter streng und regelmäßig verfolgt werden. Ein Führungsteam sollte die Einführung der Maßnahmen leiten.

Die Arbeit mit Unternehmen zur Entwicklung des OHI einer guten, gesunden Unternehmenskultur zeigt, dass 80 % der Unternehmen, die entsprechende Maßnahmen aufnahmen, Verbesserungen im OHI um 6 Punkte erzielten (Median Wert, Details Abb. 9.3a, ebd.). Die Mehrheit der Unternehmen konnte sich in dem Benchmarking aller Unternehmen der Datenbasis im Ranking um ein volles Viertel in der Quartil-Klassierung nach oben verbessern. Die Unternehmen, die eine Fortentwicklung ihres Betriebsklimas im OHI erzielten, verbesserten ihren Gewinn (EBITDA) um 18 % und ihre Aktionärsrendite (TRS) um 10 %. Die Vergleichszahlen des S&P500-Indexes dieser Periode lagen bei 7 % (EBITDA) und 9 % (TRS).

Erwartungsgemäß zeigte sich auch, dass die Unternehmen aus dem untersten Viertel des OHI-Rankings die stärksten Verbesserungen im Index erzielten (+9 Punkte). Dies war am stärksten bei Unternehmensausrichtung („direction") +17, Innovation und Lernen +14. Diese Unternehmen konnten sich in allen neun Dimensionen verbessern (ebd.).

Interessanterweise konnten die Unternehmen, die sich aus dem zweiten Viertel in das Spitzenviertel bewegten, die stärkste Verbesserung in den Finanzergebnissen erreichen. Dies ist ein klares Signal, dass es für Unternehmen zur Erlangung einer Spitzenposition mit herausragenden Unternehmensresultaten entscheidend ist, ein gleichfalls exzellentes, organisatorisch gesundes Betriebsklima und Unternehmenskultur zu erzielen.

Abb. 9.3a zeigt auf der Basis von 64 Unternehmen und mehr als 252.000 Mitarbeiterbefragungen, welches die stärksten Hebel und angewandten bzw. verbesserten Managementmethoden waren, um in einem Projektzeitraum von 14 Monaten den OHI nachhaltig zu verbessern (verschiedene Start- und Endpunkte in den Unternehmen).

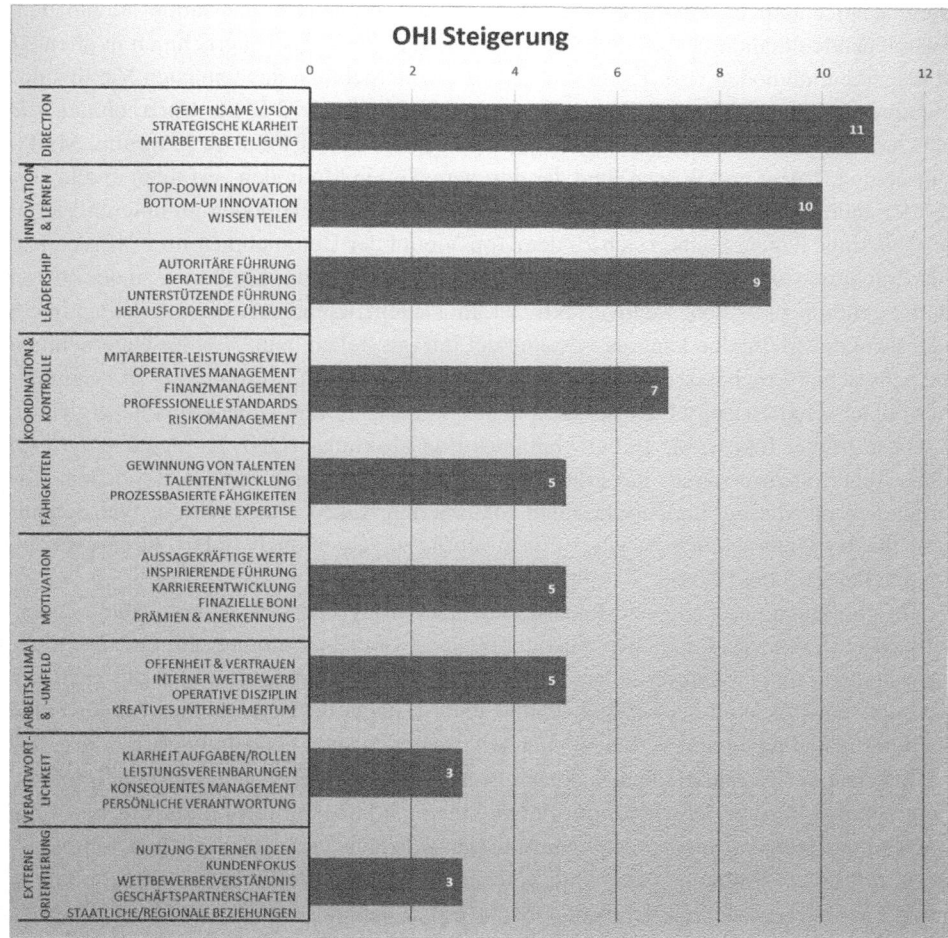

Abb. 9.3a Maßnahmen und Effektivität zur Entwicklung des Betriebsklimas in neuen Managementdimensionen und 37 Methoden: OHI-Steigerung nach 14-monatigem Verbesserungsprogramm, 64 Unternehmen/252.339 individuelle Bewertungen (Gagnon et al. 2017). Mit freundlicher Genehmigung von: © McKinsey & Company

9.3   Umsetzung: Einer Top – und der Rest befriedigend?

Wo und wie sollten Unternehmen starten, wenn sie ihr Organisationsklima positiv entwickeln wollen? Die Analyse zeigt, dass Unternehmen regelmäßig ihre Marktbegleiter überflügeln, wenn sie nur 1 von 4 besonderen organisatorischen „Rezepten" bzw. Maßnahmengruppen besonders fokussiert verfolgen (Smet et al. 2014). Die Auswahl einiger weniger Faktoren zur herausragenden Entwicklung und die Sicherstellung einer ausreichenden

Qualität aller anderen Faktoren reicht aus, um eine gesunde Organisation aufzubauen. Ausreichende Qualität der anderen Faktoren bedeutet, dass das Unternehmen in allen 37 Managementmethoden besser sein muss als die Unternehmen des untersten Viertels des Rankings im OHI. In der detaillierten Betrachtung zeigt sich: 73 % der Unternehmen, die stark oder sehr stark einen der nachfolgend aufgezeigten vier Fokusse (Führung, Markt, Umsetzung, Talent und Wissen) und der dort verankerten Methoden verfolgen und in keiner der anderen insgesamt zuvor erwähnten 37 Managementmethoden im unteren Viertel des Rankings liegen, können sich zu dem Top-Viertel der Unternehmen im OHI rechnen. Die Ergebnisse zeigen auch, dass das Ziel, in dem Ranking aller Methoden zu der oberen Hälfte gehören zu wollen, wenig effektiv ist. Im Gegenteil, eine schwache Leistung in ein oder zwei der Methoden kann das Gesamtziel infrage stellen. Nur 7 % der Unternehmen mit schwachen Ergebnissen in einem Bereich und ohne Top-Positionierung in einem der vier Felder schaffen es im OHI dennoch in das obere Viertel im Unternehmensvergleich.

Diese stärker fokussierte Entwicklung des Betriebsklimas (OHI) ist gleichzeitig auch realistischer umzusetzen als das große Ziel der Perfektionierung in allen Bereichen. Unternehmen mit diesem realistischen und fokussierten Ansatz steigerten die Wahrscheinlichkeit, das Unternehmen zu guter organisatorischer Gesundheit (OHI) zu entwickeln, um den Faktor 5 bis 10 (ebd.).

Zur effektiven und zielgenau fokussierten Einführung und Umsetzung wählen Unternehmen eine von vier möglichen Ausrichtungen in Übereinstimmung mit der Unternehmensstrategie und Organisation aus. Der wichtigste Schritt ist die Auswahl des richtigen Konzepts entsprechend der Leistungskultur und Strategie im Unternehmen. In der Folge werden Einstellungen und Verhalten aller Mitarbeiter entsprechend entwickelt (Tab. 9.2).

Das erste der vier möglichen Konzepte ist das Leadership-Konzept. Leistung in diesen Unternehmen wird erzielt durch die Entwicklung starker Führungskräfte. Ein typisches Anwendungsfeld sind dezentrale Organisationen oder neue Geschäftseinheiten. Führungskräfte mit hohen Freiheitsgraden sind gefordert und verantwortlich, gute Ergebnisse zu liefern. Karriereentwicklungen werden Mitarbeitern geboten, um ihre Führungsfähigkeiten auszubauen.

Das zweite Konzept ist das Konzept des Marktfokus. Unternehmen gewinnen eine starke Position mithilfe von Innovation und hervorragenden marktorientierten Produkten. Diese Unternehmen haben ein tiefes Verständnis von Markt, Kunden und Wettbewerbern und nutzen ggf. auch externe Geschäftspartner zur Gestaltung des profitablen Erfolgs im Markt.

Tab. 9.2 Übersicht verschiedener strategischer Ausrichtungen des Führungsfokus und der entsprechenden Werkzeuge (Gagnon et al. 2017; Smet et al. 2014). Mit freundlicher Genehmigung von: © McKinsey & Company

Führung	Markt	Umsetzung	Talent & Wissen
Kundenfokus	Kundenfokus	Wissensteilung	Anerkennung
Wettbewerber	Wettbewerber	Mitarbeitereinbindung	Talente gewinnen
Geschäftspartnerschaften	Geschäftspartnerschaften	Kreativ & unternehmerisch	Finanzielle Anreize
Finanzmanagement	Finanzmanagement	Bottom-up-Innovation	Karriereentwicklung
Staatliche/regionale Beziehungen	Staatliche/regionale Beziehungen	Talententwicklung	Persönliche Verantwortung

Das dritte Konzept ist das umsetzungsorientierte, in dem Organisationen unter starker Einbindung der Mitarbeiter kreativ Unternehmenswissen teilen und „Bottom-up-Innovationen" entwickeln. Diese Unternehmen entwickeln mit Prozessen der kontinuierlichen Verbesserung Produkt und Qualität und fokussieren auf hocheffiziente, standardisierte Prozesse. Die Wissensteilung ist ein Mittel, um die besten Ideen im gesamten Unternehmen im Zuge der kontinuierlichen Verbesserung zu nutzen. Diese Unternehmen sind stärker produktionsorientiert als marktorientiert. Die Entwicklung des Bottom-up-Ansatzes in diesem Konzept steht hier der oftmals in umsetzungsorientierten Unternehmen angewendeten Führungsstrategie von Anordnung und Kontrolle entgegen (Top-down).

Im vierten Konzept eines auf Talent und Wissen fokussierten Unternehmens herrscht eine starke Orientierung vor, die besten Talente zu finden, sie zu fördern und ihnen in der Entwicklung Chancen durch die Übertragung persönlicher Verantwortung zu geben. Dieses Konzept haben viele erfolgreiche Dienstleistungsfirmen. Der Gewinn hochtalentierter Mitarbeiter und deren Entwicklung mithilfe von finanziellen und nicht finanziellen Motivationsanreizen ist wichtig. Unternehmen erzielen in der Gruppe des vierten Konzepts ihren Erfolg vor allem dank hochtalentierter, individueller Mitarbeiter. In der Gruppe der „Leadership-Unternehmen" wird Erfolg dank starker Führungskräfte erreicht. Die aufgezeigten vier Konzepte gelten als Guideline für Unternehmen in diesem Prozess (Gagnon et al. 2017; Smet et al. 2014).

Auch wenn alle vier Konzepte verlockend und gut sind, zeigen die Ergebnisse, dass Unternehmen, die nur eines von vier Konzepten wählen, mit einer 5-mal so hohen Wahrscheinlichkeit in das oberste Viertel im Ranking des OHI gelangen, während Unternehmen, die mit einer schwächeren Umsetzung in allen vier Bereichen den Fokus verlieren. Dementsprechend sind Unternehmen erfolgreicher, wenn sie sich auf fünf bis zehn der insgesamt 37 oben genannten Managementmethoden konzentrieren. Entsprechend ihrer strategischen und organisatorischen Ausrichtung und eigenen Stärken wählen erfolgreiche Unternehmen nach eingehender Prüfung einen der vier Fokusse. Sie wählen dann die entsprechenden Managementmethoden, die vorrangig zu entwickeln sind und legen ein entsprechendes Förderprogramm auf. Leistungskennzahlen des Unternehmens werden ggf. angepasst (Gagnon et al. 2017).

Es werden unbedingt erprobte Methoden des Changemanagements in der Umsetzung benötigt, denn starke Veränderungen sind nicht einfach zu erlangen (Kap. 12). Die Veränderung muss zum Start die Mitarbeiter mit einer überzeugenden Geschichte auf allen Ebenen begeistern und von der strategischen Wichtigkeit überzeugen. Die Veränderung wird in Workshops unter Einbindung aller Mitarbeiter gestaltet, die vom CEO und den Top-Führungskräften entsprechend begleitet oder promotet werden. Die interne Kommunikation hält Strategie und Ziele der Veränderung überzeugend im Einklang. Die Organisation wird ggf. entsprechend der gewählten Richtung angepasst und neue Rollen im Unternehmen werden definiert (Kap. 10). Der Fortschritt eines solchen Projekts wird anhand geeigneter Parameter kontinuierlich gemessen.

Tief verankerte Einstellungen, Überzeugungen, Ängste und Verhaltensweisen der Mitarbeiter müssen fortentwickelt werden. Unternehmen müssen die Mitarbeiter gewinnen, die mit ihrem Verhalten und ihren Einstellungen im Tagesgeschäft die Strategie des Unternehmens führen und unterstützen. Dies wird nicht nur durch die Verfolgung von Kennzahlen unterstützt, sondern durch Einbindung der Mitarbeiter in die Entwicklung der strategischen Ziele. Führungskräfte leben von Beginn an durch ihr Verhalten die Zielkultur beispielhaft vor. Eine positive Feedbackkultur fördert die Veränderung auf die neuen Ziele. Mittels einer intensiven Kommunikation werden Mitarbeiter kontinuierlich informiert und eingebunden, um ihr Engagement und ihre Überzeugung zu gewinnen.

Das hohe Engagement der Unternehmensleitung im erfolgreichem Kulturwandel zeigte sich beispielsweise bei der Firma Hilti. Dort gab man 2007 allein über 13 Mio. SFR für Kulturtrainings aus, die für Mitarbeiter verpflichtend waren. Die Konsequenz in der Umsetzung spiegelte sich auch darin wider, dass bei über der Hälfte der in der Folge entlassenen Hilti-Manager eine mangelnde Einhaltung der kulturellen Werte als Grund für die Kündigung angegeben wurde.

Dennoch zeigt sich gerade in den weniger erfolgreichen Unternehmen, dass die Unternehmenskultur als Wettbewerbsfaktor und Treiber guter Ergebnisse zu wenig beachtet wird. In einer Umfrage des Harvard Business Managers, der Unternehmensberatung Kienbaum und des Instituts für Entwicklung zukunftsfähiger Organisationen (Bundeswehrhochschule München) zeigte sich, dass „vor allem die Top-Manager sowie Unternehmen mit wachsendem Umsatz und überdurchschnittlicher Performance, Unternehmenskultur als entscheidenden Wettbewerbsfaktor sehen" (Leitl et al. 2011a).

Interessanterweise zeigte sich in Untersuchungen, dass Unternehmen, die sich in einem Wandlungsprozess befinden, am besten in der Entwicklung des OHI abschneiden, wenn sie gleichzeitig im ersten Jahr des Veränderungsprozesses die Fortentwicklung des Betriebsklimas aufnehmen (Duan et al. 2017, Tab. 9.3). Transformationsprozesse starten mit strategischer Klarheit und einer gemeinsamen Vision, die in Ziele und Meilensteine heruntergebrochen werden. Aspekte der organisatorischen Entwicklung lassen sich im Veränderungsprozess in der Strategie und Planung sowie Kommunikation miteinschließen. Mitarbeitereinbindung, Anpassung und Neudefinition von Rollen im Unternehmen, Aufnahme und Entwicklung neuer Ideen sowie operative Disziplin und mitarbeiterorientierte Führung zur Gestaltung eines positiven Umfeldes sind Teile eines Transformationsprojektes und der Entwicklung der organisatorischen Kultur und Klimas. Der Gewinn der Ideen der Mitarbeiter, die Umsetzung, Einbindung und Anerkennung sind wichtiger Bestandteil der Veränderung. Ideen werden von Mitarbeitern innerhalb des Unternehmens, in der Arbeit mit Kunden und anderen Stakeholdern und im Marktumfeld generiert. Operative Disziplin, Entwicklung und Verfolgung von entsprechenden Standards sind Teil einer Leistungs- und Effizienzkultur in der täglichen Arbeit. Teamarbeit und gegenseitige Unterstützung von Kollegen und Vorgesetzten sind wichtige Bestandteile.

Je mehr dieser Methoden schon in einem Transformationsprojekt angewendet wurden, umso wahrscheinlicher war es, dass das Unternehmen sich nachfolgend im obersten Viertel der gesündesten Unternehmen im OHI-Ranking befand (Abb. 9.3b).

Tab. 9.3 Managementmethoden, die zu Beginn insbesondere die Verbesserung des OHI während einer Transformationsphase treiben (Duan et al. 2017). Mit freundlicher Genehmigung von: © McKinsey & Company

Thema	Relevante OHI-Praxis
Richtung und Zielsetzung	Klare Strategiekommunikation an alle Geschäftseinheiten, Teams und Mitarbeiter
	Gemeinsame Vision zur Einbindung aller Mitarbeiter auf allen Stufen
Verständnis, Klarheit und Inhalt	Mitarbeitereinbindung mittels eines konsistenten und klaren Wertekatalogs
	Klare Zuweisung von Verantwortung und Aufgaben
Herausragende Ideen und Innovationen	Gewinnen externer Ideen zur Entwicklung der Innovation
	Bottom-up-Innovation mittels Gewinn von Mitarbeiterinitiativen zu neuen Ideen
Unterstützung der Umsetzung	Operative Disziplin durch klare Verhaltens- und Leistungsstandards und -anforderungen
	Unterstützende Führung, die durch ein positives Umfeld charakterisiert wird, und Maßnahmen zur Mitarbeiterzufriedenheit

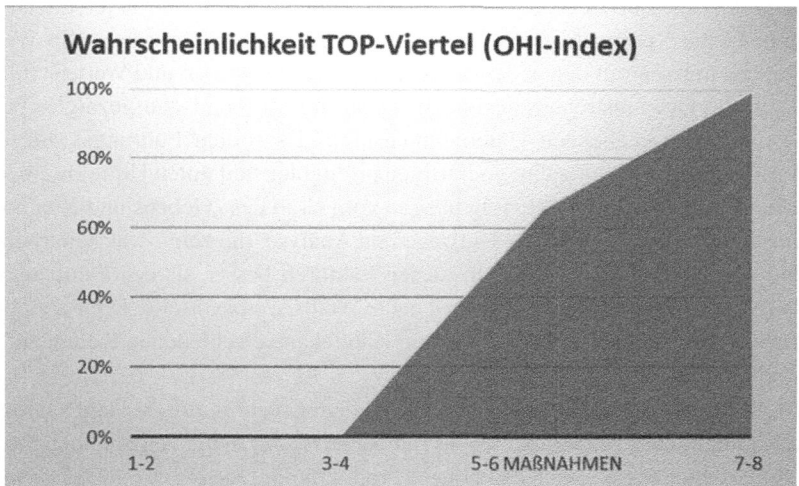

Abb. 9.3b Wahrscheinlichkeit zum Top-Viertel des OHI zu gehören, wenn Unternehmen im Transformationsprojekt ab Beginn eine höhere Anzahl o. g. Managementpraktiken (Tab. 9.3) einführen (Duan et al. 2017). Mit freundlicher Genehmigung von: © McKinsey & Company

9.4   Engagierte und zufriedene Mitarbeiter und Führungskräfte – kann die jeder finden?

In einer Analyse an der London Business School und an der IE Business School, in Madrid untersuchten die Autoren (Goffee und Jones (2013) auf der Basis einer Umfrage unter hunderten von Führungskräften weltweit, wie ein Unternehmen aussehen müsste, was es seinen Mitarbeitern bieten müsste, damit diese sich mit Engagement und Begeisterung engagieren.

Das Ergebnis: Unternehmen auf dem erfolgreichen Weg zum Unternehmen der Träume engagierter Mitarbeiter sollten sechs Schlüsselfaktoren verfolgen:

1. Authentizität: Mitarbeiter dürfen sie selbst sein, individuelle Unterschiede werden wertgeschätzt und gefördert.
2. Offene, ehrliche vollumfängliche Information findet statt
3. Stärken der Mitarbeiter werden gefördert.
4. Die tägliche Arbeit macht Sinn und lohnt sich.
5. Es gibt keine unnötigen Vorschriften.
6. Das Unternehmen steht für sinnvolle Ziele und Werte.

In dem Spannungsfeld dieser Wünsche und dem entsprechenden Raum für Individualität werden die treibenden Kräfte einer derartig motivierenden Unternehmenskultur mit den Notwendigkeiten einer effektiven und effizienten Gestaltung der Arbeitsprozesse ausgewogen gestaltet werden müssen. Glaubhafte Regeln sind frei von dem Eindruck willkürlicher Bestimmungen und Festlegungen. Sie erscheinen legitim und unterstützen in diesem Rahmen eine Systematisierung zur Gestaltung effektiver Prozesse. Die Werte des Unternehmens müssen mit denen der Mitarbeiter übereinstimmen und Werte erfüllen, die auch jenseits des Gewinnstrebens liegen. Die zuvor in Kap. 7 und 9 aufgezeigten positiven Einflüsse eines entsprechenden Unternehmensumfeldes sollten Führungskräfte ermutigen, einen Weg zur Gestaltung eines derartigen profitablen und guten Umfelds einzuschlagen. Leistung, Engagement und Erfolg hängen vom Grad des „Gebens und Nehmens" ab.

McKinsey machte eine ähnliche Umfrage und Analyse, die zeigt, was Mitarbeiter motiviert und an Unternehmen bindet. In diesen Faktoren besser als der Wettbewerber zu sein, schafft auch nach diesen Ergebnissen echte Wettbewerbsvorteile. Die Parameter und entsprechende Maßnahmen werden in diesem Kapitel an verschiedenen Stellen aufgezeigt (Axelrod et al. 2001).

Den Wert guter Mitarbeiter zeigt McKinsey in dem Ergebnis auf, dass nach ihren Daten High-Performer in der Produktion eine 40 % höhere Produktivität zeigen, hoch motivierte Vertriebsmitarbeiter sogar eine 67 % höhere Produktivität bieten. Im Fall hochkomplexer Aufgaben konnte McKinsey im Weiteren nachweisen, dass High-Performer eine um 800 % höhere Produktivität aufweisen als durchschnittliche Mitarbeiter. Im Fall komplexer Aufgaben lag dieser Wert noch bei 125 % und bei einfachen Aufgaben bei einer um durchschnittlich 50 % höheren Produktivität der High-Performer (Keller und Meaney 2017).

Entfaltung fördern, Entscheidungsspielräume öffnen, Informationen teilen, einen wertschätzenden Umgang pflegen, offenes und ehrliches, konstruktives und öffentliches Feedback geben: Das trägt erheblich zu Kultur, Engagement, Mitarbeiterbindung und Zufriedenheit bei.

In mehreren insgesamt 7-jährigen Untersuchungen in zahlreichen Branchen unter über 1200 Angestellten und Arbeitern kamen die Autoren (Spreitzer und Porath 2012) an der

Ross School of Business der University Michigan und der McDonough School of Business der Georgetown University zu dem Schluss, dass Mitarbeiter mit großen Entfaltungsmöglichkeiten laut Aussage der Vorgesetzten „eine um 16 % bessere Gesamtleistung erbrachten (…). Sie setzen sich um 32 % intensiver für das Unternehmen ein und waren 46 % zufriedener im Job. Sie fehlten weniger häufig an ihrem Arbeitsplatz" (ebd.), mit der Folge geringerer Kosten für Gesundheitsvorsorge und weniger Fehlzeiten. Gute Entwicklungs- und Lernmöglichkeiten waren weitere wichtige Faktoren. So waren Führungskräfte mit zusätzlich großen Chancen für Lernmöglichkeiten um 21 % effektiver. Insbesondere im Bereich Gesundheit zeigten sich sehr positive Effekte bei Personen, die viel Engagement aufbrachten, und gleichzeitig gute Lernmöglichkeiten im Vergleich zu jenen mit geringen Möglichkeiten hatten.

Trotz dieser beeindruckenden Zahlen, die große Chancen im Wettbewerb eröffnen könnten, sagten 82 % der Fortune-500-Unternehmen aus, dass es ihnen nicht gelingt, hochtalentierte Leute für ihr Unternehmen zu gewinnen; nur 7 % glaubten, solche Kräfte im eigenen Unternehmen auch längerfristig halten zu können. Derartige Mitarbeiter erwarteten in erster Linie ein inspirierendes, unterstützendes Klima, das ihnen Handlungsspielräume zugesteht und attraktive Entwicklungsmöglichkeiten bietet (89 %). Sie wünschten sich Unternehmen mit gutem Ruf und Wertorientierung und Geschäftsresultaten. Ihre Position im Unternehmen sollte neben einer interessanten, sinnvollen Aufgabe Chancen des Fortschritts und persönlichen Wachstums bieten (je 81 %). Erst danach folgten in der Umfrage Kriterien wie Gehalt und Anerkennung. Dies sind die Kriterien, um die besten Arbeitskräfte im Markt zu gewinnen und zu halten (Keller und Meaney 2017).

Andererseits sagten nur 3 % der Fortune-500-Führungskräfte, dass sie sich ausreichend schnell von „Low-Performers" trennen würden. Nur 3 % der befragten Fortune-500-Führungskräfte glaubten, dass sie ihre Mitarbeiter ausreichend schnell und effektiv fördern und entwickeln. Insgesamt glaubten nur 23 % der Befragten, dass ihre aktuelle Strategie zum Gewinnen und Halten der besten Talente erfolgversprechend ist (ebd.).

Hier scheint es ein dramatisches Entwicklungspotenzial in der HR-Strategie vieler Unternehmen zu geben, um ihre Wettbewerbsposition zu verbessern. Unternehmen können mit Maßnahmen auf der Basis dieser Ergebnisse klare Wege zu starken Vorteilen im Markt gewinnen (Abb. 9.4).

9.5 Motivation – Treiber von innen und außen – wer gewinnt?

Intrinsisch motivierte Mitarbeiter fühlen sich dem Unternehmen mit allen seinen Werten als Ganzes verpflichtet. Eine Studie von Citigroup und LinkedIn zeigte, „dass fast die Hälfte der befragten Angestellten sogar eine 20-prozentige Gehaltserhöhung zugunsten größerer Gestaltungsfreiheit im Job ausschlagen würden" (Zak 2017).

Herausragende Unternehmen zeichnen sich durch eine starke Kultur aus, die insbesondere die intrinsische Motivation und Identifikation der Mitarbeiter mit dem Unternehmen

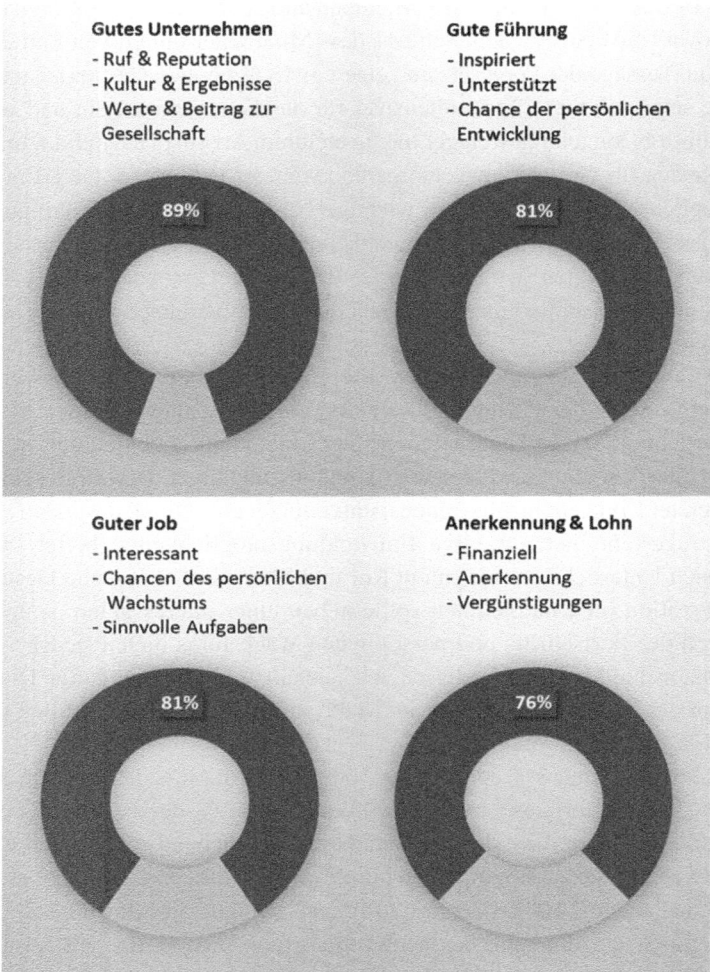

Abb. 9.4 Anteil der Mitarbeiter mit hoher Zufriedenheit, wenn das Unternehmen Stärken und Chancen bietet. (Keller und Meaney 2017). Mit freundlicher Genehmigung von: © McKinsey & Company

fördert. Mitarbeiter, denen Aufgaben entsprechend ihren persönlichen Stärken zugeordnet werden, entwickeln ein stärkeres Gefühl für die Werthaltigkeit ihres individuellen Beitrags. Es gibt zahlreiche Untersuchungen, die zeigen, dass eine zu stark extrinsisch ausgerichtete Motivation und der Einsatz entsprechender Werkzeuge die wichtige intrinsische Motivation reduzieren kann. Extrinsisch motivierte Mitarbeiter fokussieren anstelle ihrer eigentlichen Arbeit auf den Bonus oder andere Belohnungen, die eigentliche Aufgabe selbst gerät dabei ins Hintertreffen. Extrinsische Motivatoren können so zu Killern der intrinsischen Motivation werden (Sprenger 2010).

Zahlreiche Untersuchungen zeigen den Zusammenhang zwischen einer starken intrinsischen Motivation, Kreativität und Kundenorientierung und einer starken Identifizierung mit dem Unternehmen und der Aufgabe und der Leistung (van Dick 2014).

Eine Studie mit 1224 Mitarbeitern in 64 kleinen und mittelständischen Unternehmen (Bailom et al. 2013) zeigt auf, dass hoch motivierte Mitarbeiter doppelt so innovativ sind wie unmotivierte Mitarbeiter. Sie zeigt jedoch weiter auf, dass Mitarbeitern die emotionale Identifikation mit dem Unternehmen oft fehlt. Sinnhaftigkeit der Unternehmensziele, der persönlichen Arbeit und Wahrnehmung des eigenen, positiven Beitrags werden auch dort als Hebel zur Gewinnung eines emotionalen Engagements erkannt. Mitarbeiter haben jedoch genauso eine hohe Eigenverantwortung für ihr Glück und ihre persönliche Lebenseinstellung. Darauf wird im nächsten Kapitel eingegangen. Persönliches Glücksempfinden im gesamten Lebensbereich trägt zur emotionalen Zufriedenheit und zu höherem Engagement bei. Unternehmen können ein motivierendes Umfeld schaffen, motivieren muss sich der Mitarbeiter jedoch selbst.

In zwei Untersuchungen wollten die Autoren klären, welche Risiken und Gefahren ggf. aufgrund eines sehr starken emotionalen Engagements und einer starken Identifikation mit dem Unternehmen und der Aufgabe für den Gesundheitszustand bestehen (van Dick 2014). Mit entsprechend formulierten Fragen wurden die Identifikation der Probanden und ihre Arbeitssucht mit dem „work addiction risk test" bewertet. Der Gesundheitszustand wurde mithilfe der weltweit eingesetzten Standardskala des „general health questionnaire" bewertet. In den zwei in Italien durchgeführten Studien zeigte sich, dass die Arbeitssucht mit zunehmender Identifikation stieg und insbesondere oberhalb des Wertes 4 in der Identifikation (Skala 1–5) deutlich anstieg, mit negativen Folgen für die Gesundheit. Die Identifikation der Arbeitnehmer mit dem Unternehmen kann Stress zunächst reduzieren und die Leistung und die Zufriedenheit der Zusammenarbeit mit den Kollegen steigern. Oberhalb eines Wertes, der ca. 80 % der Maximalidentifikation entspricht, wird jedoch ein kritischer Zustand erreicht, der besonders schnell zu einem Ausbrennen des Mitarbeiters führen kann. Dementsprechend wird empfohlen, nicht nur auf zu niedrige Werte der Identifikation, sondern auch auf außerordentlich hohe Werte der Identifikation von Mitarbeitern mit dem Unternehmen und Aufgaben zu achten (ebd.).

McKinsey führte eine Umfrage unter 1047 Vorständen, Managern und Angestellten weltweit durch, in der sie zur Wichtigkeit und Häufigkeit der Anwendung ausgewählter finanzieller und nichtfinanzieller Anreizsysteme befragt wurden (Dewhurst et al. 2009). Aus der Umfrage ergibt sich, dass finanzielle Anreize öfter eingesetzt werden als nichtfinanzielle. Andererseits ordnete eine größere Anzahl der Teilnehmer die nichtfinanziellen Incentives im Vergleich zu den finanziellen Incentives öfter in die Gruppe extrem effektiv oder sehr effektiv ein. In der Grafik zeigen die gelben Indikatoren eine eher zu hohe Anwendung der Maßnahmen der finanziellen Leistungsanreize auf. Gehaltserhöhung und Bonuszahlungen scheinen eher überbewertet in dem aktuellen Umfeld. Das größte Potenzial scheint in einer stärkeren Anerkennung vonseiten der Firmenleitung zu liegen (Grüne Indikatoren, Abb. 9.5). Die Ergebnisse der Untersuchung von Bailom et al. (2013) zu Gründen für mangelndes Mitarbeiterengagement detaillieren dies noch weiter

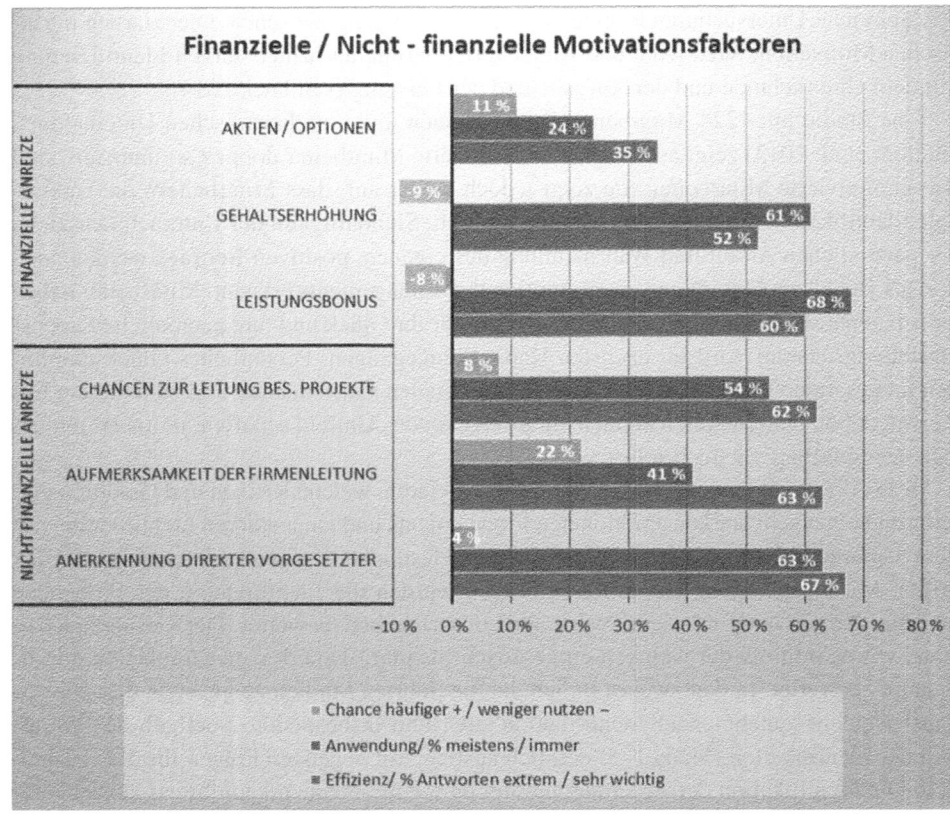

Abb. 9.5 Finanzielle und nichtfinanzielle Motivatoren, ihr Einfluss und Anwendung (Dewhurst et al. 2009). Mit freundlicher Genehmigung von: © McKinsey & Company

und geben ähnliche Hinweise zu dem Aspekt der Förderung, Anerkennung und Führung auf den Faktor Motivation.

Ergebnisse von Laborstudien, die zeigen, dass eine Lohnerhöhung Menschen animiert, mehr zu arbeiten, konnten in Feldversuchen nicht eindeutig belegt werden. Am Lehrstuhl für Verhaltensökonomie an der Universität Bonn wurde deshalb ein Experiment durchgeführt.

In 3 Versuchsgruppen und einer Kontrollgruppe von Studenten wurde untersucht, wie sich eine überraschende Honorarerhöhung für eine dreistündige quantitativ einfach messbare Arbeit, eine Übergabe der Honorarerhöhung in einer besonders schönen, aufwendigen Präsentationsform (1. Gruppe) oder ein Geschenk (Thermoskanne, 2. Gruppe) oder die Wahl der Probanden zwischen einem Geschenk und der Honorarerhöhung (3. Gruppe) auf das Arbeitsergebnis auswirkte (Harvard Business Manager 2012). Es zeigte sich, dass die einfache, überraschende Erhöhung des Honorars keinen statistisch signifikanten Effekt in der Arbeitsleistung verursachte. Mitarbeiter, die jedoch das Geschenk erhielten, leisteten

25 % mehr, diejenigen mit der Honorarerhöhung in einer besonders schönen, aufwendiger Präsentationsform leisteten 30 % mehr. Interessanterweise wählten zwar 80 % der Teilnehmer, die zwischen Geschenk und geldwerten Vorteil wählen konnten, das zusätzliche Honorar, leisteten jedoch in diesem Fall fast genauso viel wie die Gruppe, die ohne Wahlmöglichkeit das Geschenk erhielt. Aus diesen Ergebnissen kann abgeleitet werden, dass kleinere, überraschende, nichtfinanzielle Aufmerksamkeiten der Wertschätzung einen wichtigen positiven Aspekt haben und entsprechend der hier zuvor aufgezeigten Studie eine wichtige Rolle für die Erhöhung von Motivation und Engagement der Mitarbeiter spielen.

In einem weiteren Experiment an der Kansas State University (Departement for Kinesiologie) beobachtete man in Motivationsversuchen gleichfalls, dass monetäre Anreize die Motivation von Menschen weniger fördern können (Irwin 2013). In der Untersuchung wurde zunächst der Effekt von motivierenden Ansprachen gemessen. In der Gruppe der Versuchsteilnehmer mit vorher definierten Fitnessübungen schaute ein virtuell an die Wand projizierter Coach einem Teil der Probanden zu. In der anderen Gruppe motivierte der virtuelle Coach die Sportler zusätzlich verbal. Probanden ohne diesen motivierenden Zuspruch erhöhten unter Beobachtung ihre eigene Leistung um 33 %, während die Gruppe der Testpersonen unter der zusätzlichen motivierenden Ansprache nicht mehr Leistung zeigten. Der Autor der Untersuchung führt dies darauf zurück, dass sich die Versuchsteilnehmer im Vergleich mit anderen messen und steigern. In dem Fall der Gruppe unter verbaler Unterstützung hatten „die Versuchsteilnehmer die motivierende Ansprache nicht als freundliche Zugewandtheit verstanden, sondern dass sie den Eindruck hatten, die virtuellen Projektionen äußerten sich nur deshalb so, weil sie sich selbst motivieren wollten" (ebd.). Ein Coach oder eine Führungskraft sollte also nicht den Eindruck vermitteln, selbst einen Motivationsschub zu benötigen und sollte den anderen mindestens ebenbürtig sein. Manager sollten ihre eigenen Unsicherheiten vor dem Team verbergen, da Menschen sich mehr anstrengen, wenn sie das Gefühl haben, dass ihr Gegenüber überlegen ist. Motivationsgespräche werden demnach unter Berücksichtigung der individuellen Bedürfnisse der angesprochenen Person Erfolg zeigen. In Fortführung des Tests wurde einer Gruppe der Teilnehmer gesagt, dass ihre Ergebnisse zu einem wichtigen Maß in eine Teambewertung einfließen. Dies steigerte die Leistung der Teilnehmer, insbesondere derer, die glaubten, zu den schwächeren Teilnehmern zu gehören. Das Gefühl, in seiner Leistung nicht ersetzbar zu sein, erhöhte Motivation und Ergebnisse.

Die Aussetzung eines finanziellen Anreizes steigerte jedoch nicht die Motivation. Der Gewinn einer Mitgliedschaft in einem Fitnessstudio ließ die Leistung der Teilnehmer deutlich zurückgehen. Der finanzielle Anreiz reduzierte die intrinsische Motivation. Die Autoren räumen ein, dass es zur Übertragung im betrieblichen Umfeld noch weiterer Forschungen bedarf, sie gehen aber davon aus, dass wichtige Ergebnisse übertragbar sind. Diese Ergebnisse zeigen in dem Versuchsumfeld auf: Allgemeine motivierende Ansprachen steigern nicht die Motivation, die entscheidende intrinsische Motivation kann nicht durch extrinsische Faktoren ausgeglichen werden, eventuell reduziert sie sogar Fokus und Anstrengung. Personen, die das Gefühl haben, einen wichtigen Beitrag zu leisten, sind motivierter und leistungsfähiger (ebd.).

9.6   Engagement gewinnen: Wie kann man es messen, halten und unterstützen?

Über das Mitarbeiterengagement wird viel gesprochen. Doch wie wird es gemessen? Die Messung in objektiver Weise ist schwierig zu erreichen. Oftmals unterliegen durchgeführte Umfragen subjektiven Aussagen, kognitiven und anderen Verzerrungen und richten sich ggf. an den Erwartungen anderer Stakeholder aus. Auch werden in solchen Umfragen im Allgemeinen die Vorkommnisse und Erinnerungen aus der letzten Zeit stark überbewertet gegenüber weiter zurückliegenden Vorkommnissen. Neue Werkzeuge des Forschungsgebietes „people analytics" öffnen den Zugang zu besseren und objektiveren Daten. Dies bietet Unternehmen die Chance, das Mitarbeiterengagement objektiver einschätzen zu können. Unternehmen wird empfohlen, die im Folgenden genannten Aspekte zu analysieren. Diese basieren auf Beobachtungen und Analysen (Fuller 2017), aufgrund derer auch ein stärkeres Mitarbeiterengagement identifiziert werden konnte:

1. Überstunden sind ein guter Gradmesser für hohes Engagement.
2. Anzahl der Netzwerkkontakte und die Entwicklung eines breiten Firmennetzwerkes außerhalb des Kernteams derMitarbeiter
3. Teilnahme an spontanen Besprechungen und Initiativen außerhalb von strukturierten Konferenzen; die Beschränkung auf formale Konferenzen könnte ein Hinweis auf ein beschränktes Engagement sein.
4. Kundenkontakte auch außerhalb der üblichen Arbeitsaufgabe.

Diese vier Aspekte lassen in besonderem Maß auf das Engagement der Mitarbeiter schließen. Entsprechend der Erfahrungen und Analyse sind jedoch auch die weiteren Aspekte hilfreich und können zugunsten eines stärkeren Engagements von Mitarbeitern gesteuert werden (ebd.):

5. Zeit und Kontakthäufigkeit mit Vorgesetzten im Einzelgespräch. Es zeigt sich, dass das Engagement eines Mitarbeiters häufig steigt, wenn er mehr Zeit mit dem Vorgesetzten verbringt.
6. Verhältnis des Mitarbeiters zu besonders stark engagierten Kollegen. Menschen, die mit Leidenschaft bei ihrer Aufgabe sind, können andere mitreißen. Gleichzeitig gilt es, Interesselosigkeit bei Mitarbeitern als gleichfalls ansteckendes Risiko zu identifizieren und einzuschränken.
7. Verhältnis stark engagierter zu gering engagierten Mitarbeitern im weiteren Arbeitsumfeld.
8. Enge und vertraute Beziehungen unter Mitarbeitern steigern im Allgemeinen das Engagement.

9. Eine hohe Anzahl von Konferenzen mit vielen Teilnehmern senkt tendenziell Engagement, da Mitarbeiter von einer aktiven Rolle eher in die Rolle des passiven Zuhörers gelangen.
10. Eine stark fragmentierte Arbeitszeit mit zahlreichen Meetings ohne Zwischenzeit zur Erledigung der Kernaufgaben kann das Engagement senken.

Gründe für mangelndes Engagement und mangelnde Vertrauenskultur wurden auch in der Gruppe von ca. 1300 Unternehmen untersucht (Abschn. 1.4). In verschiedenen Analysen wird aufgezeigt, wie wichtig Eingebundenheit, soziale Verbindungen, emotionale Komponenten und Wertschätzung sind. In einer Umfrage sagten 46 % der befragten Führungskräfte selbst aus, dass mangelndes Engagement der Mitarbeiter unmittelbar an den Führungskräften selbst liegt (Bailom et al. 2013). Weitere wichtige Faktoren betreffen die fehlende Identifikation mit dem Unternehmen, die fehlende Wertschätzung von Person und Arbeit sowie unklare Ziele und Aufgaben. 29 % führten eine Kultur des Misstrauens in den Unternehmen als weiteren Grund an. Die Faktoren sind durch die Führungskräfte des Unternehmens zu beeinflussen. Es liegt ein hohes Potenzial in der Entwicklung des Führungsstils, der Führungskompetenz und der Kommunikation (Abb. 9.6).

Die Untersuchung im Auftrag des Bundesministeriums für Arbeit und Soziales (Hauser et al. 2008) zeigt eine Korrelation von 32 % zwischen Mitarbeiterengagement und Unter-

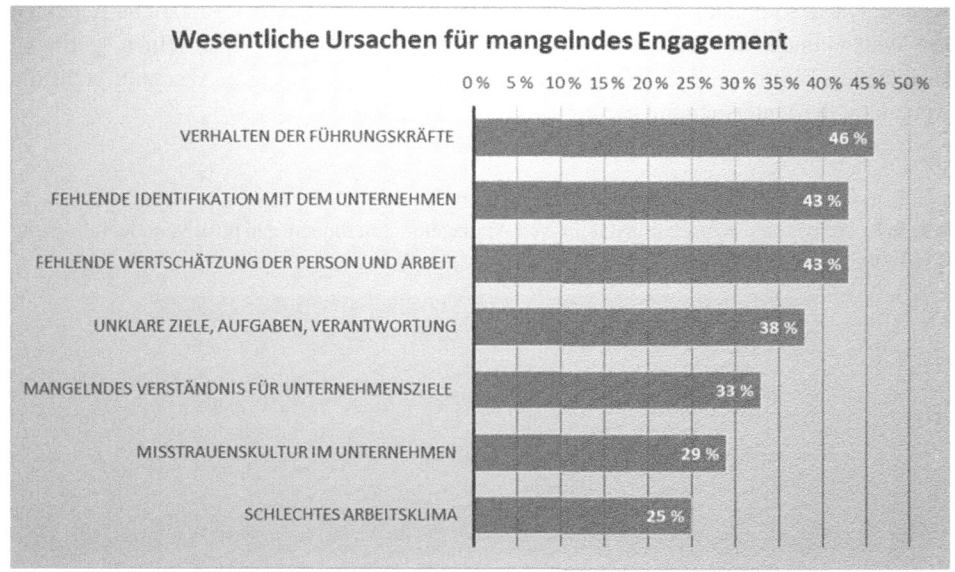

Abb. 9.6 Ursachen mangelnden Engagements von Mitarbeitern (Daten Bailom et al. 2013). Mit freundlicher Genehmigung von: © Linde Verlag

nehmenserfolg auf. Die erlebte Unternehmenskultur und die darin enthaltenen Aspekte der Mitarbeiterorientierung haben wiederum einen außerordentlich hohen Einfluss auf das Mitarbeiterengagement. Die persönliche Identifikation mit dem Unternehmen hat die stärkste Korrelation zum tatsächlich angegebenen Mitarbeiterengagement. Die erlebte Unternehmenskultur hat einen außerordentlich hohen Einfluss auf das Engagement (Korrelation: 0,87). Einzelne Aspekte der Unternehmenskultur haben wiederum eine Korrelation von bis zu 31 % mit dem Unternehmenserfolg (ebd.).

Die wichtigsten Treiber mit einer hohen Korrelation zu dem erfolgskritischen, entscheidenden Mitarbeiterengagement im Wettbewerb sind Faktoren der Mitarbeiterorientierung, die die Führung stark beeinflussen können (Tab. 9.4): Teamorientierung (Wir-Gefühl) korreliert mit einem hohen Faktor von 0,7 mit dem Engagement, gefolgt von Fairness und Förderung mit Anerkennung und Wertschätzung, Fürsorge mit Interesse an der Person und kompetente, vertrauensvolle Führung. Die Veränderungsfähigkeit und Innovation mit der Chance der Weiterentwicklung der Mitarbeiter des Unternehmens korreliert noch mit einem Faktor 0,60 zum Engagement. Die Kundenorientierung des Unternehmens korreliert zu 44 % mit dem Mitarbeiterengagement. Die stärkste Korrelation zum Engagement hat der Faktor der Identifikation des Mitarbeiters mit Unternehmen und Aufgabe (0,77, ebd.).

Auf der Basis von weiteren Regressionsanalysen zur Identifizierung der Aspekte mit dem größten Einzeleinfluss kommen die Autoren zu dem Ergebnis, dass insgesamt 65 % des Mitarbeiterengagements durch spezifische unternehmenskulturelle Aspekte bestimmt werden. Diese Kalkulation berücksichtigt, dass nach einer kritischen Anzahl an Aspekten und Maßnahmen das Hinzufügen weiterer Maßnahmen nur noch einen geringen zusätzlichen Einfluss auf das Engagement haben wird. Der nächste Abschnitt stellt die Ergebnisse der Untersuchung vor.

Tab. 9.4 Treiber und Korrelationsfaktor von Managementmethoden zur positiven Beeinflussung des Mitarbeiterengagements (Hauser et al. 2008)

Korrelation der Faktoren zum Mitarbeiterengagement	
Identifikation	77 %
Teamorientierung (Wir-Gefühl)	70 %
Fairness (vollwertiges Mitglied)	65 %
Förderung (Wertschätzung)	63 %
Fürsorge (Interesse an Person)	62 %
Führung: Kompetenz (kompetente Leitung)	60 %
Führung: Integrität (Vertrauen)	60 %
Veränderungsfähigkeit & Innovation (Fähigkeiten entwickeln)	60 %
Führung: Kommunikation (offene Antworten)	54 %
Partizipation (Vorschläge, Ideen der Mitarbeiter)	51 %
Leistungsorientierung (Qualität als Leitsatz)	48 %
Kundenorientierung (Erfüllung von Kundenbedürfnissen)	44 %

Folgende Einzelaspekte sind nach dem Ausschluss dieser Variablen von besonderer Bedeutung für das Engagement (Hauser et al. 2008):

- Es macht Spaß, hier zu arbeiten.
- Ich werde hier unabhängig von meiner Position als vollwertiges Mitglied behandelt.
- Man kann sich darauf verlassen, dass die Mitarbeiter zusammenarbeiten.
- Wir legen Wert darauf, unsere Fähigkeiten ständig zu erweitern.
- Die Sicherung und Steigerung der Qualität sind hier ein wichtiger Bestandteil der täglichen Arbeit.

Die Unternehmensvertreter in der Umfrage bewerteten das Mitarbeiterengagement deutlich öfter als „außerordentlich wichtig" als z. B. die fachliche Qualifikation. Für Unternehmer ist es ist eine gute Möglichkeit, durch Mitarbeiterorientierung das Engagement und damit das Ergebnis zu steigern und in der Folge aufgrund guter Reputation auch noch gut qualifizierte Mitarbeiter zu gewinnen. Die Innovationsrate der Unternehmen wurde z. B. von den Unternehmensvertretern deutlich weniger als außerordentlich wichtiger Wettbewerbsfaktor genannt (21 %) als Engagement und auch Qualifikation der Mitarbeiter.

Der wichtige Faktor der Mitarbeiterorientierung zur Förderung des Engagements wird durch eine große Führungsspanne negativ beeinflusst. In schwächerer positiver Korrelation zu Mitarbeiterorientierung und infolgedessen zu Engagement stehen die nachhaltige Umsetzung des Unternehmensleitbildes und das Angebot von Unternehmensbeteiligungen. Der Frauenanteil in Führungspositionen ist in stärker mitarbeiterorientierten Unternehmen in einer jedoch nur schwach ausgeprägten Korrelation höher.

In mitarbeiterorientierten Unternehmenskulturen konnte ein überdurchschnittlich hoher Anteil aus besonders aktiv engagierten Mitarbeitern (45 %) und ein besonders niedriger Anteil der akut-unzufriedenen (10 %) festgestellt werden. In gering mitarbeiterorientierten Unternehmen betrug der Anteil der aktiv engagierten Mitarbeiter weniger als die Hälfte, 21 %. Der Anteil der akut unzufriedenen verdreifachte sich hingegen (29 %). In Unternehmen, in denen es häufiger zu Kündigungen kommt, ist erwartungsgemäß durchschnittlich eine geringere Identifikation mit dem Unternehmen vorhanden (ebd.).

Eine Studie unter 27.000 US-Angestellten kam zu dem eindeutigen Schluss, dass Mitarbeiter, die den Eindruck der Inkompetenz ihres Vorgesetzten haben, sich am Arbeitsplatz unwohl fühlen. Das Ergebnis zeigte, dass dies wichtiger war als die Bezahlung, Tätigkeiten in einer besonders interessanten Branche oder externe Faktoren wie die Länge des Arbeitsweges. Eine weitere Umfrage unter 6000 US-Angestellten und 1600 britischen Mitarbeitern ergab, dass sie bei der Arbeit zufriedener waren, „wenn sie davon überzeugt waren, dass ihr Boss ihre Arbeit problemlos selbst machen könnte" (Goodall 2015).

In dem heutigen komplexen, dynamisch schnell sich verändernden agilen Umfeld wird auch eine kompetente Führungskraft in aktuellen Fragen nicht immer einen hohen Wissenstand haben können. Führungskompetenz drückt sich dann auch hier in der Kompetenz des aktiven Zuhörens aus, aus einer Position des Nichtwissens, aus der durch kluges Fragen und Einbinden anderer Quellen neue Lösungen herbeigeführt werden. Führungskompetenz kann sich hier ausdrücken durch das Zurücktreten von der unmittelbaren Fragestellung, hin zu einer neuen Umschreibung des Problems, um größere Gesamtzusammenhänge zu entdecken. Gleichzeitig gibt dies die Chance, neue Richtungen zu entwickeln, ohne detaillierte Definition präziser Maßnahmen. Dies unterstützt eine kreative, agile Kultur, in der Mitarbeiter eigenständig Lösungen entwickeln (Bourton et al. 2018).

Neben der kognitiven Kultur gemeinsamer Werte, Normen und Leitbilder wird auch von der emotionalen Kultur und ihrem Beitrag für den Unternehmenserfolg gesprochen. Die emotionale Kultur drückt sich in nonverbalen Zeichen und emotionalen Äußerungen aus: Gesichtsausdruck, kleine Gesten und Körpersprache beeinflussen die emotionale Kultur. In verschiedenen Studien wurde Art und Einfluss der emotionalen Kultur auf Unternehmensergebnisse bewertet. Don Gibson (Dolan School of Business, Fairfield University) erkannte in einer Untersuchung, „dass es den Angestellten verschiedener Unternehmen wesentlich leichter fiel, sich im Betrieb verärgert zu zeigen, als Freude zu offenbaren" (Barsade und O'Neill 2016). Sie zeigten entsprechend ihren Angaben dreimal so häufig Ärger wie Freude. In einer Umfrage bei Cisco Finance ergab die Auswertung, dass Freude zu den wichtigsten Faktoren der Zufriedenheit und Bindung von Mitarbeitern an das Unternehmen zählt. Sympathie und Zuneigung unter Mitarbeitern ist ein weiterer wichtiger Bestandteil der emotionalen Kultur. In einer Umfrage unter mehr als 3200 Mitarbeitern in siebzehn Unternehmen aus sieben Branchen ergab sich eindeutig, dass Mitarbeiter dort eine größere Zufriedenheit, höhere Verantwortung und stärkere Unternehmensbindung empfanden, wo unter Mitarbeitern ein höherer Grad der Zuneigung empfunden wurde (ebd.). Die Schaffung einer positiven und nützlichen emotionalen Kultur kann erreicht werden, wenn Menschen entsprechende Gefühle äußern können. Vorgesetzten aller Ebenen kommt hier eine wichtige Aufgabe zu. Vorgesetzte, die im Zweifel eher mit einem glaubhaften, strahlenden Lächeln statt strenger Miene auftreten, leisten schon einen positiven Beitrag. Angemessene positive emotionale Gesten unterstützen die Entwicklung einer emotionalen Vertrauenskultur. Dennoch sei hier deutlich gesagt, dass das Maß positiver Emotionen und die Entwicklung einer emotionalen Kultur nur so weit erfolgen kann, dass es zu keinen Leistungsschwierigkeiten oder anderen Problemen aufgrund einer zu großen Vertrautheit kommt. In der unerwünschten Ausprägung einer Kultur der Freude und Zuneigung könnte es z. B. zu einem nachlässigen Umgang bei der Einhaltung der Werte und der Verfolgung wichtiger Regeln kommen. Entsprechende Managementsysteme, Regeln und auch der Einsatz sozialer Kontrolle innerhalb der Gemeinschaft sind daher wichtig.

Ute Frevert, Direktorin des Max-Planck-Instituts für Bildungsforschung in Berlin mit dem Spezialgebiet der sozialen Gefühle, spricht sich gleichfalls für einen vorsichtigen Umgang mit dem Aspekt „Emotionalisierung und Spaß am Arbeitsplatz" aus.

> Und wenn Emotionalisierung heißt, dass Vorgesetzte plötzlich Süßholz raspeln, emotionale Nähe vorspielen oder von den Mitarbeitern erwarten, begeistert an die Arbeit zu gehen, werde ich nervös.(…) Wenn Emotionalisierung aber heißt, dass man die Mitarbeiter nicht nur als Arbeitstiere im Blick hat und ihren emotionalen Bedürfnissen – beispielsweise nach individueller Wahrnehmung und Anerkennung – Aufmerksamkeit schenkt, dann ist das ein wichtiger Schritt in die richtige Richtung. Aber bitte den Tag nicht mit der Frage anfangen: ‚Wie fühlen wir uns denn heute?' (Braun 2016)

Im Weiteren spricht sie sich für ein ausgewogenes Emotionsmanagement aus und dass Mitarbeiter Führungskräfte auch als emotionale Wesen wahrnehmen können. Sie spricht sich gegen die Proklamation von erwünschten Gefühlen aus, die man nicht einfach anordnen kann. Sie streicht heraus, dass man nicht einfach mit der „Befolgung eines 5-Punkte-Plans" für eine „emotional gesunde Organisation" sorgen kann.

In einer Studie unter 168 Mitarbeitern einer Versicherungsgesellschaft wurde die Komplexität und soziale Dynamik betreffs Vor- und Nachteilen von freundschaftlichen Beziehungen zwischen Kollegen genauer untersucht (Methot et al. 2016). Im Allgemeinen stieg die Leistung der Mitarbeiter dort deutlich an, wo sich aus kollegialen Beziehungen Freundschaften entwickelten. Freunde werden eher um Unterstützung gebeten als Kollegen, und der informelle Informationsfluss zwischen Abteilungen funktioniert besser. Jedoch wurde auch beobachtet, dass befreundete Kollegen längere Pausen machen und weniger Zeit für konzentriertere Arbeit aufbringen. Ein zusätzliches Risiko der emotionalen Erschöpfung und der Gefahr des Neids im Fall von Beförderungen wurde beobachtet. Insgesamt wird jedoch der Schluss gezogen, dass die Vorteile die Nachteile überwiegen. Führungskräfte müssen jedoch vermeiden, dass sich Mitarbeiter im Einsatz für ihre Freunde am Arbeitsplatz nicht emotional überlasten.

9.7 Leistung, Engagement, Führung: Was wünschen sich Mitarbeiter?

Im Rahmen des im Jahr 2017 erneut aufgestellten Agiltätsbarometers von Haufe befragten die Autoren 1006 Führungskräfte und 1812 Mitarbeiter in Unternehmen mit mehr als 100 Beschäftigten im deutschsprachigen Raum zu ihrer Zufriedenheit mit der Führungskultur im Unternehmen. Des Weiteren beantworteten die Teilnehmer die wichtigsten persönlichen Antreiber für die Motivation und die Erbringung hoher Leistungen (Abb. 9.7, Anderson und Rotzinger 2017).

Sowohl von den Führungskräften als auch von den Mitarbeitern wird ausgesagt, dass es häufig zu Widerstand aufseiten der Mitarbeiter zu Vorgaben des Vorgesetzten gibt. 16 % der Mitarbeiter sagen aus, dass sie nicht mit den Entscheidungen des Vorgesetzten übereinstimmen. 45 % der befragten Führungskräfte sagen aus, dass mindestens 25 % der Mitarbeiter sich Vorgaben widersetzen. 31 % der Mitarbeiter möchten langwierige Abstimmungsprozesse vermeiden und 25 % sagten aus, dass sie selbst besser Kundenbedürfnisse einschätzen könnten. Vorgesetzte nennen als mögliche Gründe für den Widerstand, dass Mitarbeiter nicht mit den Entscheidungen übereinstimmen (40 %), dass Mitarbeiter kein Gehör finden (32 %), dass die Mitarbeiter Kundenwünsche besser zu kennen glauben (27 %) und Abstimmungsprozesse vermeiden wollen (25 %).

Auf einer Skala von 1 bis 5 wurden Mitarbeiter und Führungskräfte nach einer Einschätzung ihres persönlichen Engagements und ihrer Wechselneigung befragt. Mitarbeiter in Unternehmen mit hoher Agilitätseinschätzung bewerteten ihr Engagement mit 3,76 höher als in Unternehmen mit geringer Agilitätseinschätzung (3,52). Die Wechselneigung von Mitarbeitern war in agiler eingeschätzten Unternehmen geringer (2,2) als bei weniger agil eingeschätzten Unternehmen (2,48) (ebd.).

Abb. 9.7 Zufriedenheit der Mitarbeitern mit der Führungskultur in Unternehmen und wichtige Motivatoren für starken Leistungseinsatz (Anderson und Rotzinger 2017)

9.8   Mitarbeiter und Glück – ihre persönliche Verantwortung

Mitarbeiter haben jedoch eine genauso hohe Eigenverantwortung für ihr Glück und ihre persönliche Lebenseinstellung. Motivation, Glücksempfinden im gesamten Lebensbereich, privat und am Arbeitsplatz, trägt zur emotionalen Zufriedenheit und entsprechendem Engagement bei. Psychologe und Unternehmensberater Robert Betz fordert auch von den Mitarbeitern am Arbeitsplatz diese Verantwortung:

Auch sie müssen ihren Teil zur Zufriedenheit mit ihrer Tätigkeit beitragen. Sie müssen sich genauso wie ihre Vorgesetzten die Frage stellen: erfüllt diese Arbeit mein Herz? Brenne ich dafür, mache ich es mit Freude, Lust und Leichtigkeit? Dieser Verantwortung kann sich keiner entziehen. (Kestel 2013)

In einem Versuch mit Steuerberatern der Wirtschaftsprüfungsgesellschaft KPMG in New York und New Jersey wurden die Mitarbeiter gebeten, aus fünf verschiedenen Handlungen eine auszuwählen, die sie während einer Zeit von drei Wochen täglich ausführen und mit einer positiven Veränderung zusammenhängen sollten (Shawn 2012):

- Die drei wichtigsten Dinge aufschreiben, für die sie dankbar sind.
- Eine positive Nachricht an jemanden aus ihrem sozialen Umfeld schreiben.
- Zehn Minuten am Schreibtisch meditieren.
- Zehn Minuten Gymnastik machen.
- Sich zwei Minuten Zeit nehmen, um in einem kurzen Bericht ihre wichtigsten Erfahrungen der letzten 24 Stunden aufschreiben.

Vor und nach dieser Zeit wurde die Lebenszufriedenheit der Teilnehmer und die einer Kontrollgruppe ermittelt. Auf der 35-Punkteskala stieg der Wert zum Abschluss von 22,96 Punkten auf 27,23 Punkte. Entsprechend dem Autor der Untersuchung ist diese Kennzahl ein zuverlässiger Indikator für Zufriedenheit und Produktivität im Beruf. Selbst vier Monate nach der Übung wiesen die Teilnehmer der Testgruppe der Steuerspezialisten von KPMG in New York und New Jersey immer noch deutlich bessere Werte auf als die Kollegen der Kontrollgruppe (ebd.).

Soziale Unterstützung und soziale Verbindung unterstützen die Mitarbeiterzufriedenheit. Tests an der Harvard University zeigen, dass soziale Unterstützung besonders in Situationen hoher Belastung einen besonders großen Einfluss auf das Glücksempfinden hat. In einem großen US-Unternehmen (Ochsner Health System) der Gesundheitsbranche, welches medizinische Zentren und Krankenhäuser betreibt, wurde ein systematischer Weg eingeführt, um die sozialen Beziehungen zu verbessern. 11.000 Mitarbeiter wurden gebeten, den Sozialkontakt im Unternehmen zu stärken. „Wenn Mitarbeiter sich einer anderen Person im Krankenhaus auf 10 Fuß (ca. 3 m) nähern", müssen sie Blickkontakt aufnehmen und lächeln. Beträgt die Distanz 5 Fuß (ca. 1,5 m), müssen sie grüßen. Seit der Einführung von „10/5" verzeichnet Ochsner steigende Patientenzahlen, die Weiterempfehlungsrate hat um 5 % zugelegt und der Klinikbetreiber ist im Ranking der medizinischen Versorgungsbetriebe deutlich nach oben geklettert" (ebd.).

In einer weiteren Studie (George und Bettenhausen in Shawn 2012) fand man heraus, dass besonders lebenszufriedene Mitarbeiter von Kunden deutlich häufiger gut bewertet werden. Gallup zeigte in der Untersuchung einer Einzelhandelskette, „dass Einzelhandelsfilialen, deren Mitarbeiter sich durch hohe Lebenszufriedenheit auszeichnen", im Vergleich zu anderen Geschäften 21 US$ mehr Gewinn pro Quadratmeter Verkaufsfläche erzielten. Dadurch ergab sich für die Einzelhandelskette ein zusätzlicher Gewinn in Höhe von 32 Mio. (Shawn 2012). Die Gewinnung von lebenszufriedenen Mitarbeitern ist jenseits der fachlichen Qualifikationen ein echter Gewinn. Mitarbeiter auf der Suche nach Erfolg und Arbeit bei den attraktivsten Unternehmen können sich mit einer aktiven, glücklichen Lebens- und Arbeitsplatzgestaltung gleichfalls in eine bessere Arbeits- und Karriereposition bringen.

In dem weiten Feld der Glücksforschung berichteten in dem Forschungsprojekt „Track Your Happiness" 15.000 Teilnehmer aus 83 Ländern stetig in willkürlichen Zeitabständen über ihr iPhone, was sie gerade taten und wie ihre persönliche Stimmung und Gefühlszustand war (Killingsworth 2012). Die Eingabe erfolgte über eine einfache App. Zusätzlich wurden Faktoren wie Umgebung, soziale Interaktion, Dauer und Qualität des Schlafs oder Produktivität abgefragt. Die allgemein wichtigste Erkenntnis ist, dass Menschen fast die Hälfte der Zeit gedanklich von ihrer aktuellen Tätigkeit abschweifen. Die Menschen, die konzentriert bei ihrer Tätigkeit und dem aktuellen Thema engagiert waren, berichten jedoch über die bessere, glücklichere persönliche Stimmung. Der Autor der Untersuchung der Harvard University leitet entsprechend seinen Daten außerdem ab,

> dass am Arbeitsplatz möglicherweise mehr von den vielen kleinen Ergebnissen abhängt, die wir im Laufe des Tages haben (unseren routinemäßigen Kontakten mit Kollegen, den Projekten, an denen wir mitwirken, unseren täglichen Leistungen), und nicht so sehr von den Rahmenbedingungen, von denen man allgemein annimmt, dass sie das Glück fördern, beispielsweise ein hohes Gehalt oder ein prestigeträchtiger Titel. (ebd.)

Engagement in der aktuellen Aufgabe und Tätigkeit trägt entsprechend der Ergebnisse erheblich zum persönlichen Glücksempfinden bei. Das bewusste Engagement am Arbeitsplatz ist somit zum allseitigen Vorteil, zum persönlichen Glücksempfinden des Mitarbeiters genauso wie zum Vorteil des Unternehmens.

Die Tatsache, dass Arbeitgeber nicht allein dafür zuständig sind, den Beschäftigten gute Gefühle zu verschaffen, beschreibt auch Führungsexperte Reinhard K. Sprenger:

> Glück ist nicht beabsichtigte Begleiterscheinung individuellen Tuns und kaum geeignet, es planvoll herbeizuführen.(…) Glück und Zufriedenheit lassen sich nicht von außen steuern; sie sind Eigenaktivität des Einzelnen unter bestimmten Umständen, unter denen andere dieses Glück eben nicht empfinden. Man kämpft also aussichtslos, wenn man die Menschen glücklich machen will. Man kann allenfalls die Möglichkeiten persönlichen Glückserlebnisses verbessern. (Sprenger 2017)

In der gegenseitigen Verantwortung müssen jedoch auch Organisationen sich so entwickeln, dass sie Zufriedenheit und Glück der Mitarbeiter unterstützen, ohne deshalb die Entwicklung des Glücks der Mitarbeiter als administrativen Prozess und administrative Manipulation zu installieren. „Man kann Menschen das Paradies vor die Füße legen – wenn die Bereitschaft nicht da ist, es zu sehen, wird das Jammern kein Ende nehmen." Sprenger fordert die Selbstverantwortung eines jeden Einzelnen anstelle das Mitarbeiterglück zur „Dauererwartung an die da oben" zu bestimmen (ebd.).

9.9   Ziele und Umsetzung – was ist erreicht und wer nimmt es wahr?

Dennoch besteht offensichtlich eine erhebliche Lücke auch zwischen den seitens der Führungskräfte erkannten Zielen und positiven Auswirkungen und der Umsetzung entsprechender Wege (Harvard Business Manager 2017). Die Personalberatung Rochus Mummert

befragte Manager in Deutschland zur Führungskultur (Rochus Mummert 2017). Nur 11 %
der befragten Manager beschrieben die aktuelle Kultur ihres Unternehmens als uneingeschränkt wertschätzend, während 30 % sie als bevormundend bezeichneten. Der Wille zur
Veränderung scheint jedoch gegeben, denn 55 % sagten im Fünfjahresausblick aus, dass
sie in der Zukunft eine uneingeschränkt wertschätzende Kultur anstreben. Eine bevormun-
dende Kultur strebte niemand für die Zukunft an. Die Aufnahme der Umsetzung kann entsprechend der aufgezeigten Ergebnisse die Profitabilität und Wettbewerbsfähigkeit stärken.

9.9.1 Unterschiede in der Wahrnehmung: ein Problem der Hierarchie?

Erhebliche Unterschiede zwischen Wunsch und Wirklichkeit in der Unternehmensführung
und Gestaltung hatte auch schon eine Studie des Harvards Business Managers mit der
Unternehmensberatung Kienbaum und der Universität der Bundeswehr in München vor
einigen Jahren gezeigt (Leitl et al. 2011b). 166 Führungskräfte aus dem oberen und mittleren Management und Personalbereichen wurden quer durch alle Branchen befragt. Im
mittleren Management sagten nur 7 % aus, dass es in ihrem Unternehmen einen uneingeschränkt wertschätzenden und anerkennenden Umgang gibt, 36 % sahen dies mit Einschränkungen gegeben. Dennoch glaubten 45 % der Geschäftsführer und Vorstände, dass
es einen wertschätzenden und anerkennenden Umgang der Belegschaft mit gewissen Einschränkungen gibt und 16 % waren davon vollständig überzeugt. 59 % der obersten Führungskräfte glaubten gemäß der Studie, dass ihr Unternehmen aus Fehlern lernt. Dies
wurde jedoch nur von 39 % der Mitarbeiter des Mittelmanagements bestätigt.

Die unterschiedliche Beurteilung wichtiger Aspekte der Unternehmenskultur und der
entsprechenden Umsetzung zeigte sich auch in der Human-Resources-Studie 2015/2016
der Hays AG zum Thema Unternehmenskultur (Hays AG 2015). 41 % der 532 Befragten
aus der Geschäftsleitung, den Führungskräften der Fachbereiche und den Mitarbeiter ohne
Führungsverantwortung sowie im Personalbereich sahen das Thema Unternehmenskultur
als das wichtigste Personalthema an (Teilnehmer: Unternehmensleitung 18 %, Führungskräfte Fachbereiche 38 %, Mitarbeiter ohne Führungsaufgabe 25 %, Personalwesen 19 %).
Die Befragten kamen zu 35 % aus der Industrie, zu 52 % aus dem Dienstleistungssektor
und zu 13 % aus dem öffentlichen Sektor. Wichtigste Themen in der Unternehmenskultur
waren insgesamt die Kommunikation (34 %), die Führung sowie die Flexibilität bzw. die
Veränderungsbereitschaft (je 25 %). Die Ergebnisse bestätigen die seit Jahren genannten
Dauerthemen, die weiterhin schwierig zu lösen sind.

Erhebliche Unterschiede zeigen sich jedoch auch hier in der Wahrnehmung wichtiger
Aspekte wie Kommunikation und Führung. Aufseiten der Top-Manager sahen bei den
zwei Themen Kommunikation bzw. Führung 63 % bzw. 50 % ihr Unternehmen sehr gut
oder gut positioniert. Im Bereich der Führungskräfte aus den Fachabteilungen sahen dies
jedoch nur 37 % bzw. 32 % gleichermaßen. Während der öffentliche Sektor einen besonders hohen Wert auf den Bereich Kommunikation legt, sagten dies im Bereich der Industrie nur 27 % und im Dienstleistungsbereich 36 % aus (ebd.).

Im Bereich der Industrie und im Dienstleistungsbereich waren Flexibilität und Veränderungsbereitschaft (31 %/24 %) die wichtigsten Aspekte.

Bei dem Vergleich der Einstufung der Wichtigkeit und der entsprechenden Umsetzung
waren insbesondere der offene Umgang mit kritischen Themen (81 %) unzureichend vor-
angeschritten. 81 % sahen dies zwar als besonders wichtiges Thema im Bereich Unternehmenskultur, jedoch nur 23 % sahen in dieser Aufgabe tatsächlich eine gute oder sehr
gute Umsetzung erreicht.

Auch hier zeigt sich die unterschiedliche Wahrnehmung auf den Hierarchieebenen:
Manager der Unternehmensleitung sahen zu 45 % eine gute bzw. sehr gute Umsetzung
erreicht, Führungskräfte aus den Fachabteilungen erkannten dies zu 20 % und Mitarbeiter
zu 17 %. Eine wertschätzende Kommunikation zwischen Führungskräften und Mitarbeitern betrachteten insgesamt 72 % als das zweitwichtigste Thema, es sahen jedoch nur
39 % gut oder sehr gut umgesetzt. Ein ähnliches Verhältnis zeigt sich bei dem Grad der
Etablierung einer Feedbackkultur. Dies sahen 69 % als besonders wichtig (an dritter Position in der Wichtigkeit) an, jedoch betrachteten dies nur 29 % als gut oder sehr gut umgesetzt (ebd.).

Angesichts der aufgezeigten großen Unterschiede in der Wahrnehmung der Managementpraxis in den Unternehmen auf den unterschiedlichen Ebenen, sollten Top-
Management und Führungskräfte sich der Gültigkeit ihrer Wahrnehmung durch entsprechende Umfragen, wie z. B. das 360-Grad-Feedback, versichern.

Beachtenswert ist die Erkenntnis, dass 65 % der Befragten in Großunternehmen (>5000
Mitarbeiter) es als Aufgabe der Führungskräfte und Unternehmenskultur betrachteten,
Mitarbeiter zu motivieren. Mitarbeiter in mittleren Unternehmen (1000–4999 MA) sahen
dies als wichtigen Faktor nur zu 51 % und in kleineren Unternehmen zu 52 % (< 1000).
Entsprechend den vorausgehenden Feststellungen muss hier auch die Eigenverantwortung
der Mitarbeiter herausgestellt werden. Auf Unternehmensseite geht es zuallererst darum,
dafür zu sorgen, dass die notwendige eigene intrinsische Motivation der Mitarbeiter nicht
durch „Demotivierungsaspekte" gestört wird.

9.9.2   Führung zu Kultur: die wichtigen oder die dringlichen Aufgaben?

Der Personaldienstleister Hays AG untersuchte in seiner Studie zum Thema Führung den
Stand, die Ziele und die Wünsche (Hays AG 2014). Hier wurde wiederum besonders die
Wichtigkeit des Aspekts der Gestaltung einer guten Unternehmenskultur als Führungsaufgabe im Spannungsfeld vielfältiger Anforderungen herausgestellt. Unter den 665 Befragten waren 20 % aus Unternehmensleitungen, 30 % waren Führungskräfte aus Fachbereichen, 21 % Mitarbeiter ohne Führungsverantwortung und die restlichen 29 % kamen aus
dem Personalwesen. Es wurden sowohl Großunternehmen (26 %), große Mittelständler
(22 %, 1000–4999 Mitarbeiter) als auch kleinere Mittelständler (52 %) und der öffentliche
Sektor (19 %) befragt.

Führungskompetenz auszubauen wurde in Deutschland von 49 % der Befragten als besonders wichtig betrachtet, im gesamten deutschsprachigenRaum waren es 42 %. An zweiter Stelle lag das Thema Mitarbeiterbindung mit 40 %, gefolgt in der Wichtigkeit von der Weiterentwicklung der Unternehmenskultur (37 %) (ebd.).

Es wird gleichfalls herausgehoben, dass die Anforderungen an Führungskräfte immer anspruchsvoller werden und insbesondere starke soziale und emotionale Kompetenzen notwendig sind. Die Aufgabe, im Spannungsfeld von zahlreichen Stakeholdern als Visionär, Vorbild, Praktiker, Gestalter, Konfliktmanager, Diagnostiker, Entscheider u. a. zu fungieren, stellt hohe Anforderungen. Dementsprechend wurde die Sozialkompetenz von Führungskräften als das mit Abstand wichtigste Feld (78 %) mit zugleich dem höchsten Handlungsbedarf (72 %) gesehen. An zweiter und dritter Stelle lagen die Methoden- und Fachkompetenz mit nur 14 %/7 %. Problematisch sehen 79 % der Befragten die Tatsache, dass zu wenig Zeit für Führungsaufgaben zur Verfügung steht.

Demgegenüber stand nur 9 % der Befragten zu wenig Zeit für das operative Tagesgeschäft zur Verfügung. Dies kann den Schluss zulassen, dass in den meisten Unternehmen Führungskräfte mit zu vielen operativen Tagesaufgaben belastet sind, um wichtige Führungsaufgaben wahrzunehmen. In diesem Zusammenhang sei auch auf die Aussage in Abschn. 7.4 von Continental Chef Degenhardt verwiesen, der Führungskräften eine stärkere Konzentration auf die strategische Zukunftsseite des Geschäfts empfahl. Die bessere Nutzung der knappen Ressource guter Führung wird im folgenden Kapitel aufgezeigt (Tab. 9.5).

Tab. 9.5 Führungsaufgaben und Anforderungen, Auswahl wichtiger Resultate aus dem HR-Report 2014, Schwerpunkt Führung (Daten Hays AG)

Führungsaufgaben, -anforderungen & -umsetzung	
Führungsaufgaben	
Führungskompetenz ausbauen	42%
Mitarbeiterbindung stärken	40%
Unternehmenskultur weiter entwickeln	37%
Anforderungen	
Wichtigkeit Sozialkompetenz	78%
Wichtigkeit Methodenkompetenz	14%
Wichtigkeit Fachkompetenz	7%
Umsetzung	
zu wenig Zeit für Führungsaufgaben	79%
zu wenig Zeit für das operative Tagesgeschäft	9%

9.10   Von der Blue-Ocean-Strategy zum Blue-Ocean-Leadership

Die Autoren der bekannten Strategie der blauen Ozeane, *Blue Ocean Strategy* (W. Chan Kim und René Mauborgne, Insead Business School, Platz 4 der Top-50-Thinkers-List 2017) entwickelten das Konzept Blue-Ocean-Leadership (Kim und Mauborgne 2014). Auf der Basis hunderter Interviews mit Mitarbeitern verschiedener Unternehmen wollten sie herausfinden, in welchen kritischen Bereichen Führungsqualitäten von Managern sich positiv entwickeln lassen, ohne dabei ein größeres Maß an Zeit zu beanspruchen. Ziel soll sein, mehr motivierte Mitarbeiter durch eine Weiterentwicklung und genauere Ausrichtung der Führung zu gewinnen. In diesem Modell wird Führung und Führungsqualität als ein Service betrachtet, der von Kunden, in diesen Fällen den Mitarbeitern, „gekauft" werden soll. Der wesentliche Unterschied zu konventionellen Führungsmodellen besteht in der Fokussierung auf Führungstätigkeiten anstelle einer Konzentration auf Verhaltensmuster, Werte, und Führungsqualität. Tätigkeiten sind einfacher zu verändern als Charaktereigenschaften und Wertvorstellungen von Menschen. Informationen der Mitarbeiter geben den Einblick, wie Vorgesetzte sie am Erreichen der Ziele unterstützt haben, welche Tätigkeiten der Vorgesetzten hier besonders hilfreich waren und was sie am Erreichen von Zielen gehindert hat. Mitarbeiter werden motiviert, „das bestmögliche Führungsprofil für ihre Vorgesetzten zu erstellen. Und sie werden dafür sorgen, dass die neuen Lösungen in der Praxis funktionieren. Ihre bereitwillige Kooperation maximiert die Akzeptanz der neuen Anforderungen für Führungskräfte und minimiert deren Implementierungskosten"(ebd.). Es geht darum, mit welchen Tätigkeiten Führungskräften ihre Mitarbeiter gewinnen und ihre Arbeitsergebnisse verbessern können.

In der vom Top-Management geleiteten Umsetzung wird auf allen Führungsebenen (Topebene, /mittlere und untere Ebene) im ersten Schritt Klarheit über den Status quo erzielt. Der aktuelle Istzustand wird in einer grafischen x-y-Darstellung aufgezeigt. Wie viel Zeit und Energie (y) verbringen Manager auf den einzelnen Ebenen aus der Sicht der jeweiligen Vorgesetzten und Mitarbeiter mit den einzeln aufgegliederten Führungstätigkeiten (x)?

Ein für eine bestimmte Ebene zuständiges Team befragt eine repräsentative Anzahl von „Kunden", d. h. Mitarbeiter und die jeweiligen Vorgesetzten zur Aufnahme der wahrgenommenen Führungstätigkeiten und ihrem Umfang. Die Inhalte der einzelnen Tätigkeiten sollten genauer analysiert und hinterfragt werden. Es entsteht ein klares Bild, welche Führungsaufgaben auf den verschiedenen Ebenen in welchem Umfang geleistet werden. Es wird in der Darstellung des Status quo kein Bild einzelner Führungskräfte aufgezeigt. Entsprechend der Erfahrung der Autoren zeigt sich, dass häufig 20–40 % der Aktivitäten der Führungskräfte einen zweifelhaften Wert für die Kollegen oberhalb und unterhalb der jeweiligen Ebene haben und andererseits auf ca. 20–40 % der Aktivitäten aus der Sicht der Vorgesetzten und Mitarbeiter zu wenig Zeit verwendet wird (ebd.).

Im zweiten Schritt des Verfahrens wird in weiteren Interviews ermittelt, durch welche Führungstätigkeiten sich die Leistung im Unternehmen steigern lässt und welche Tätigkeiten in Zukunft reduziert oder auch entfallen können. Gleichfalls geht es um die Gewinnung neuer Ideen und die Identifikation von Defiziten und Aufgaben, die in der jeweiligen Führungsebene stärker verfolgt werden sollten. Aufgaben werden in einer Übersicht eingeteilt in Eliminieren, Reduzieren, Intensivieren und das Etablieren neuer Tätigkeiten, in die Manager zukünftig Zeit und Energie investieren sollten. Die Ergebnisse dieses zweiten Schritts sind verschiedene Führungs- bzw. Aufgabenprofile der Zukunft in grafischer Darstellung analog und im Vergleich der Grafik des Ist-Profils aus Schritt 1. Nachdem das Top-Management Prozess und Ergebnis des Status quo der verschiedenen Managementebenen und Gründe einer notwendigen Veränderung vorgestellt hat, werden die einzelnen Teams, die die Verantwortung der Bearbeitung einer Hierarchieebene in dem Prozess hatten, die jeweiligen Ergebnisse vorstellen. Es wird aufgrund der Ergebnisse –zwei bis vier verschiedene zukünftige Führungsgrafiken für jede Ebene geben. Die Autoren schlagen außerdem vor, für jede Managementebene ein zu dem Profil passendes Zukunftsmotto als Guideline zu definieren.

Zunächst werden die erhobenen Zukunftsbilder der unteren Ebene vorgestellt. Im nächsten Schritt werden die jeweiligen Führungsbilder der nächsten Ebene vorgestellt. Die Teilnehmer bewerten die einzelnen Führungsmodelle jeder Ebene und stimmen darüber z. B. in Form von anonym vergebenen Punkten ab, welches sie besonders überzeugend finden. Diskussionen zu dem Ergebnis folgen im Team, um zusätzliches Verständnis für das Ergebnis zu gewinnen. Auf diese Weise entsteht in einem sehr begrenztem Zeitaufwand ein umfängliches Bild über ein zukünftiges, weithin akzeptiertes Führungsmodell. Anschließend wird ein Entscheidungsgremium des Top-Managements vor dem Hintergrund der zuvor stattgefundenen Diskussionen und der Bewertungen das zukünftige Führungsprofil jeder Managementebene beschließen. Das Top-Management wird seine Entscheidung ausführlich vor allen Teilnehmern oder auch allen Mitarbeitern begründen. Im Weiteren werden die Ergebnisse allen entsprechenden Führungskräften vorgestellt und besprochen und in der Folge dann von jeder Führungskraft an die eigenen Mitarbeiter weitergegeben und erläutert. Eine regelmäßige Bewertung vonseiten der Mitarbeiter zum Grad der Umsetzung und Verdeutlichung mittels Beispielen begleitet den Umsetzungsprozess. Die Autoren unterstreichen, dass ein derartiger Prozess sehr sorgfältig geplant werden muss, um Skepsis und Widerstand, der allgemein viele Transformationsprojekte schwierig gestaltet, zu überwinden. Dementsprechend sind die wichtigen, etablierten Regeln erfolgreicher Change-Projekte zu beachten (Kim und Mauborgne 2014, Abb. 9.8).

Nach der Umsetzung dieses Vorgehens in einem Großunternehmen mit über 10.000 Mitarbeitern in direktem Kundenkontakt stellten die Autoren fest, dass der sehr kritische Faktor der Fluktuation im ersten Jahr schon von ca. 40 % auf 11 % sank. Die Gesamteinsparungen des Unternehmens sollen sich im ersten Jahr auch durch die zusätzliche Reduzierung von Fehlzeiten auf insgesamt mindestens 50 Mio. US$ Dollar belaufen haben.

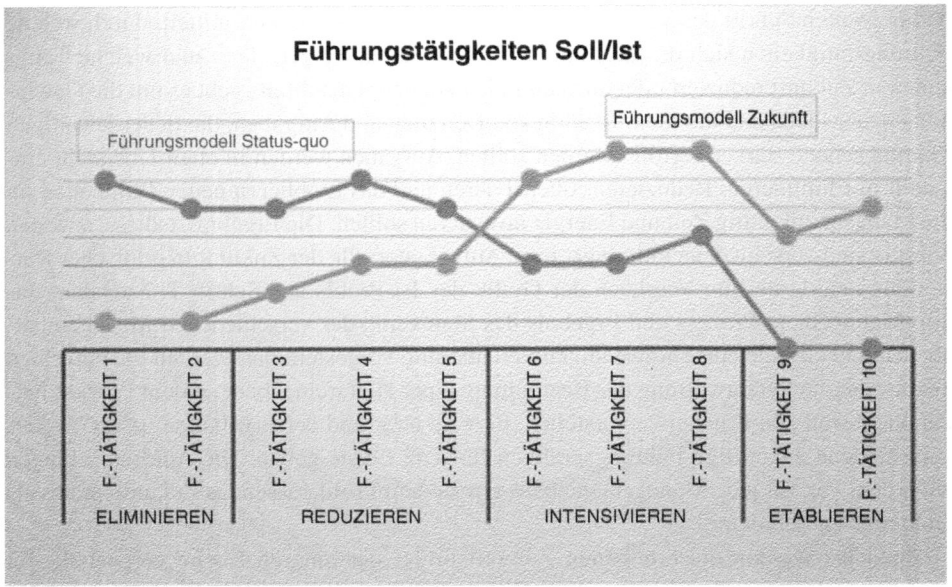

Abb. 9.8 Vergleich Führungsmodell vor-/nach einer Analyse mithilfe der Blue-Ocean-Leadership-Methode (Kim und Mauborgne 2014). Mit freundlicher Genehmigung von: © Spiegel Verlag

Gleichzeitig stieg der Wert der Kundenzufriedenheit deutlich an. Die Führungskräfte aller Unternehmensebenen fühlten sich nach eigenem Bekunden weniger gestresst und hatten das Gefühl, mit mehr Schwung und Energie bei einem erweiterten und klareren Handlungsspielraum einen wichtigen Beitrag zum Unternehmenserfolg und zu ihrer persönlichen Entwicklung leisten zu können (ebd.).

9.11 Erfolg dank unternehmerischer Kultur: Wie kann sie gefördert werden?

Die Rolle der Entwicklung und Förderung einer unternehmerischen Kultur wurde bereits in verschiedenen Untersuchungen und Kapiteln herausgestellt. Sie korreliert mit der Steigerung des Unternehmenserfolgs und mit der Förderung der Innovation bei Produkten, Dienstleistungen und Prozessen. Weitere bereits in diesem Buch aufgeführte Studien belegen den Gewinn von Unternehmen durch die Förderung einer innovationsorientierten, unternehmerischen Kultur. Ihre Rolle wurde u. a. in den Kap. 1, 2, 3 in der Entwicklung herausragender Unternehmen, dem Strategieentwicklungsprozess und der Umsetzung zu Profitabilität und Wachstum herausgestellt. Wie kann diese unternehmerische Kultur gezielt gefördert werden?

Joseph Alois Schumpeter (1883–1950) und Peter Drucker (1909–2005) sahen Entrepreneurship als ein auf Innovation und Veränderung ausgerichtetes Unternehmertum. Weitere Managementautoren (Kuratko, Ireland, Covin, Hornsby, 2005 in Groenewald 2010)

erkennen Corporate-Entrepreneurship als wichtige Funktion der Entwicklung von Wettbewerbsvorteilen. Untersuchungen (Antoncic und Zorn 2004 u. a. in ebd.) stellen die Wichtigkeit organisatorischer Aspekte sowie der Förderung und Anerkennung durch das Management heraus. Maßnahmen, die Mitarbeiterideen fordern und fördern, eine organisatorische Offenheit jenseits eines Bereichsdenkens, entsprechendes Training der Mitarbeiter und die Verfügbarkeit notwendiger Ressourcen werden als wichtige Bedingungen identifiziert, um eine unternehmerische Kultur zu fördern. Die Untersuchung (Marcus und Zimmerer 2003 in Schmelter 2009) zeigt anhand von Untersuchungen in Fortune-500-Unternehmen, dass Trainingsmaßnahmen zur Stärkung des Corporate-Entrepreneurships positive Auswirkungen hatten. Eine Metastudie von siebzehn Untersuchungen zeigt, dass in verschiedenen Ländern und Unternehmensgrößen eine positive Korrelation zwischen dem Resultat der Messung eines Corporate-Entrepreneurship-Index und der Unternehmensleistung besteht (Schmelter 2009). Untersuchungen betrafen u. a. Unternehmen in den USA, Kanada, Niederlande, Schweden, Großbritannien, Slowenien und der Golfregion. Verschiedene Studien umfassten 211 junge Technologiefirmen, 258 kanadischer Produktionsunternehmen, 161 US-Produktionsunternehmen und 119 Fortune-500-Unternehmen. Eine weitere Metauntersuchung (Rauch et al, 2004 in Schmelter 2009), zeigt die Ergebnisse von 37 Studien, die gleichfalls eine (moderat) positive Beziehung eines Corporate-Entrepreneurship-Index zum Unternehmenserfolg dokumentieren.

Zur Erhebung eines Entrepreneurship-Indexes werden anhand von strukturierten Fragebögen unter Managern und Mitarbeitern Aspekte und Charakteristika der Organisation und Führung gemessen. Dazu gehören Systeme der Anerkennung, Aspekte der Arbeitsumgebung und Arbeitsautonomie, der Unternehmenskultur, Managementprozesse und Arbeitsressourcen. Die Innovationstätigkeit wird mit Daten wie der Einführung neuer Produkte und Prozesse ermittelt. Eine unternehmerische Kultur drückt sich aus in Aspekten wie Innovation, Risikobereitschaft und proaktivem Verhalten (Duane Ireland et al. 2006). Entsprechend der immer stärker werdenden Beachtung und Wichtigkeit der Nachhaltigkeit werden in einem „Sustainable Corporate Entrepreneurship-Audit" auch soziale Aspekte betreffs Umwelt und Gesellschaft einbezogen.

Die Entrepreneurship-Kultur weist als dominante Eigenschaft die Förderung und Unterstützung von unternehmerischem Denken und Dynamik unter Akzeptanz eines angemessenen Risikos auf. Führungskräfte übernehmen die Rolle des Unternehmers und risikobereiten Innovators. Wesentliche Elemente des Zusammenhalts im Unternehmen sind das Bekenntnis zu Innovation, Flexibilität und Unternehmertum. In der Entrepreneurship-Kultur pflegen Mitarbeiter einen intensiven und aktiven Wissensaustausch, um in Teams neue Lösungen und Chancen für ihr Unternehmen zu suchen. (Bailom et al. 2013)

In einer Untersuchung unter 973 deutschen Unternehmen wurde der Grad des Corporate-Entrepreneurship in diesen Firmen untersucht (Engelen und Esser 2014). Dies erfolgte anhand von verschiedenen Fragen, beispielsweise zur Risikobereitschaft des Managements, der Anzahl der neuen Produkte und des Wettbewerbsverhaltens der Firma und anderer Faktoren, die im Corporate-Entrepreneurship-Index gleichfalls abgebildet werden. Die Top-20-% der Unternehmen in dieser Disziplin erzielten branchenübergreifend

eine um 13 % höhere Umsatzrendite als die unteren 20 % der Unternehmen. In einer Umfrage unter ca. 200 Top-Managern deutscher Unternehmen wurden wichtige Hindernisse
der Förderung des Unternehmertums in Unternehmen in der folgenden Reihenfolge bezeichnet: „mangelnde finanzielle Ausstattung, fehlende externe Partner, eine ungünstige
Gesetzgebung und eine unpassende Firmenkultur" (ebd.). In einer weiteren Umfrage unter
352 deutschen Mittelständlern wurde der Grad der unternehmerischen Ausrichtung und
die Firmenkultur auf der Basis von 43 Fragen und einer Bewertung in einer 7-Punkte-Skala
bewertet (ebd.). Die Fragen betrafen Aspekte wie Organisation und Führung, Wettbe-
werbsorientierung, Risikobereitschaft und Unternehmensklima. Es zeigte sich, dass Unternehmen mit einer Platzierung unter den Top-20-% in der Bewertung einer besonders
flexiblen Kultur einen um 88 % höheren Wert auf der Corporate-Entrepreneurship-Skala
erreichen, als jene der letzten 20 % mit der geringsten Flexibilität in der Kultur. Flexible
Unternehmen zeichnen sich aus durch flachere Hierarchien, weniger vorgegebene Regeln
und eine geringere Orientierung an Ergebnissen. Sie förderten Mitarbeiter in der Verfolgung eigener Ideen und stellten ihnen dafür auch Ressourcen und Arbeitszeit zur Verfügung. In vielen Fällen wurden entsprechende Initiativen über das Vergütungssystem,
Preisauszeichnungen und Aufstiegsmöglichkeiten honoriert. Ein weiterer Treiber der Entwicklung einer unternehmerischen Kultur wurde durch die Umfrage unter 250 Führungskräften von kleinen und mittelständischen Unternehmen aus verschiedenen Branchen
identifiziert: Externe Partner und Netzwerkkontakte. Die Top-20-%-Unternehmen in Bezug auf eine besonders umfangreiche Zusammenarbeit mit Kunden und Lieferanten erreichten auf der Corporate-Entrepreneurship-Skala einen mehr als doppelt so hohen Wert
wie Unternehmen, die nur geringe Netzwerkkontakte mit Kunden und Lieferanten oder
Instituten und Universitäten entwickelten. Die Zusammenarbeit mit externen Netzwerk-
partnern schafft Chancen innovativer gemeinsamer Produktentwicklungen und gibt neue
Ideen und Einblicke in den Markt und technologische Chancen. Netzwerkveranstaltungen
mit anderen Unternehmen, die auch aus unterschiedlichen Branchen kommen können, und
Hochschulen fördern im Austausch unternehmerische Ideen der Mitarbeiter.

Die Autoren (Engelen und Esser 2014) erwähnen beispielhaft einen IT-Dienstleister,
der zusätzlich zu einigen strategischen Partnerschaften zum Zeitpunkt der Untersuchung
50 einzelne Technologiekooperationen unterhielt. 80 % des Dienstleistungsumsatzes entstanden aus derartigen Projekten.

Begeisterte Tüftler und Ideengeber unter den Endkunden sollen „allein in Großbritannien 2,3-mal so viele Innovationen auf den Markt bringen" wie alle britischen Unternehmen zusammen (Hippel 2011). Die Identifikation von unternehmerisch veranlagten Persönlichkeiten im Unternehmen unterstützt die Nutzung dieser eigenen wertvollen
Mitarbeiter-Ressourcen. In einer empirisch, repräsentativen Umfrage unter 223 Mitarbeitern von über 200 Unternehmen verschiedener Branchen wurde das unternehmerische
Potenzial der befragten Mitarbeiter und Führungskräfte und ihre unternehmerische Aktivität untersucht (Engelen et al. 2014). Fragen zu ihrer Einstellung zu der Übernahme von
Risiken bei der Arbeit, der Entwicklung kreativer Ideen und Verfolgung und Umsetzung
auch gegen interne Widerstände und andere Fragen bestimmten das Maß einer proaktiven

Einstellung zu Risiko und Innovation. Die Antworten der Mitarbeiter zu Fragen über ihre Beteiligung an Verbesserungen bei Produkten, Dienstleistungen und Arbeitsweisen oder zu ihrer Eigeninitiative bei der Neuakquisition von Kunden charakterisierten den Grad des unternehmerischen Verhaltens. Die Autoren identifizierten vier verschiedene Mitarbeitertypen: 56 % werden als Stabilisatoren bezeichnet mit niedrigem unternehmerischen Potenzial und Aktivität. Sie leisten ihre Arbeit entlang klarer Regeln und Routinen. 5 % der Mitarbeiter bildeten die kleine, jedoch ggf. schwierige Gruppe blinder Aktivisten. Sie handeln zwar unternehmerisch, doch „oft treffen sie voreilig Entscheidungen und ihre Ideen laufen ins Leere" ebd.). Sie haben dementsprechend wenig unternehmerisches Potenzial, obgleich sie unternehmerisch handeln. Unternehmerische Anreize können hier sogar kontraproduktiv sein. 16 % der Teilnehmer zeigen große unternehmerische Fähigkeiten und ein entsprechendes Verhalten. Diese Gruppe hilft den Unternehmen, neue Geschäftsmöglichkeiten zu entwickeln und wahrzunehmen. Die Autoren bezeichnen sie als die aktiven „Intrapreneure" im Unternehmen. Ein besonders wichtiges Potenzial könnten entsprechend der Untersuchung die Gruppe der 25 % „passiven Intrapreneure", sein, die zwar unternehmerisch veranlagt sind, sich jedoch nicht am Arbeitsplatz so verhalten. Diese für die Vorgesetzten schwierig zu erkennenden Mitarbeiter bieten ein erhebliches Potenzial, das es zu identifizieren und zu fördern gilt.

Die Untersuchungen zeigen auch, dass Erfahrungen aus unterschiedlichen Branchen das unternehmerische Verhalten stärkten, da die Mitarbeiter dabei unterschiedliche Denkweisen kennengelernt haben. Managementerfahrungen auf einer höheren hierarchischen Stufe unterstützten die Entwicklung des unternehmerischen Verhaltens gleichfalls (ebd.). Unternehmen können neues Potenzial durch neue Mitarbeiter anderer Branchen gewinnen.

Das nachfolgend beschriebene Vorgehen kann gerade die Kreativität der aktiven und passiven Intrapreneure herausfordern, Erfahrungen von Mitarbeitern, die aus anderen Branchen gekommen sind, zu nutzen und zu neuen Ideen und Projekten zu führen. In Tests und Beobachtungen mit 3000 Führungskräften über eine Sechsjahresperiode identifizierten Clayton Christensen et al. fünf wichtige Fähigkeiten, die die Entwicklung von Innovationen fördern: Assoziationen entwickeln, Dinge infrage stellen, gut beobachten, experimentieren und netzwerken (Christensen et al. 2009). Die Entwicklung von Innovationen wird durch Assoziieren und die Verbindung zwischen scheinbar nicht in Zusammenhang stehenden Problemen, Fragen und Ideen, innovative Geistesblitze gefördert. Ein detaillierter Vergleich zweier Unternehmen, die scheinbar bei Produkten und Märkten nicht vergleichbar sind, regte Teams zu erheblichen kreativen Fortschritten an, als sie dazu angeregt wurden, sich vorzustellen, durch eine „andere Welt" zu blicken. Beispiel: Wie würde Apple die Produkte Ihres Unternehmens entwickeln, präsentieren, verkaufen? Wie würden sich Ihre Prozesse im Toyota-Produktionsprozess verändern? Wie würde Southwest Airlines Ihre Kosten reduzieren? Wie würde Ihr Geschäftsmodell bei Uber, Amazon oder Ikea aussehen? Eine neue Gedankenwelt eröffnet sich für Intrapreneure auch, wenn Sie ihnen die Frage stellen, wie die Produkte aussehen würden, wenn man nur noch ein spezifisches der aktuellen Kundensegmente bedienen würde (Capozzi et al. 2011).

Vielfältige und abwechslungsreiche Erfahrungen der Mitarbeiter schaffen entsprechend kreatives unternehmerisches Potenzial. Eine Chance für Unternehmen, neue Ideen von neuen Mitarbeitern aus anderen Gebieten zu gewinnen, eine Chance für Unternehmen, insbesondere den o. g. aktiven und passiven Intrapreneuren im Unternehmen Möglichkeiten zu öffnen, ihr unternehmerisches Potenzial zu entdecken und in das Unternehmen einzubringen.

Abwechslungsreiche Aufgaben und die Übernahme von Verantwortung fördern das unternehmerische Handeln, insbesondere mit einer entsprechenden Unterstützung durch den Vorgesetzten, der auch im Fall von Misserfolgen hinter seinen Mitarbeitern steht. Interessanterweise war in diesen Ergebnissen eine große Autonomie in der Arbeitsgestaltung kontraproduktiv zu einem unternehmerischen Verhalten. Das Ergebnis legt nahe, dass Mitarbeitern eigene Projekte innerhalb der Arbeitszeit nur in Verbindung mit einer langfristigen Zielsetzung eingeräumt werden sollten (Engelen et al. 2014). Die Ergebnisse und Analysen zeigen, dass einfache Systeme in Form von intranetgestützten Vorschlags- oder Innovations-Apps und Anleitungen zur Entwicklung neuer Ideen Anreize geben, sich stärker in das Unternehmen einzubringen.

Erfahrungen bei Airbus mit dem Start einer intranetgestützten Ideenplattform (Idea) zeigten in den ersten Monaten keine nennenswerte Resonanz unter den Mitarbeitern (Leitl 2016). Die weiteren Ergebnisse der Initiative bei Airbus offenbarten, dass der erste Schritt zur Teilnahme bei einer derartigen Initiative immer vom Mitarbeiter selbst ausgehen muss, mit dem Willen mitzumachen. Das Unternehmen hat als Initiator und Treiber seinerseits jenseits der Bereitstellung von entsprechenden Tools nur sehr begrenzte, direkte Einflussmöglichkeiten. Das System wurde erfolgreich, nachdem man es derart weiterentwickelt hatte, dass der Ideengeber motiviert und unterstützt wurde, sein eigenes Projekt selbstständig voranzutreiben. Im weiteren Prozess wurde er darin unterstützt, notwendige Informationen und Ressourcen zu identifizieren und wichtige Lücken in der Entwicklung des Vorschlags zu schließen. Es wurden Experten für wichtiges Know-how und interne Sponsoren und Entwicklungsgelder vermittelt und der Ideengeber bei der Erreichung der nächsten Schritte unterstützt. Weitere Fördermaßnahmen können gute Projekte in Form agiler Arbeitsmethoden wie „Sprints", „Hackathons" und „Bootcamps" unterstützen. Die Führung des Ideenprozesses wurde durch den Aufruf zur Konzentration auf wichtige Themen verbessert. Zur Entdeckung des kreativen Potenzials der Mitarbeiter erkannte Airbus, dass internes Marketing und Kommunikation entscheidend für eine hohe Teilnahmequote und den Erfolg sind. Dennoch schätzt man bei Airbus, dass nur ca. ein halbes Prozent der Ideen am Ende den Sprung in den vorgesehenen Markt schafft (ebd.).

In einer Untersuchung und Umfrage zur Ideenfindung am Arbeitsplatz (Robert Gerlach, iQudo, 2015, in Domke 2016) zeigte sich, dass 48 % der kreativen Mitarbeiter Kollegen als häufigste Inspirationsquelle ihrer Kreativität angaben. Der vermeintlich so wichtige Zeitfaktor, aufgrund dem Unternehmen Mitarbeiter zeitliche Sonderbudgets zur Entwicklung eigener Ideen zustehen, schaffte es als „Zeit zum Nachdenken" nur auf Platz vier mit einer Nennung von 21 % hinter den Treibern „kreative Atmosphäre" (29 %) und „Kreativität als Voraussetzung" (28 %). Dies zeigt, dass für die kreative, unternehmerische

Ideenentwicklung von Mitarbeitern andere Faktoren als ein zur Verfügung stehendes Zeit-budget wichtig sind. Auch auf der Basis von Interviews mit Experten der Werbebranche innerhalb der Studie kommt der Autor „nicht zu dem Ergebnis, dass zu wenig Zeit zum Nachdenken die Kreativität lähme" (ebd.). Dies deckt sich mit der zuvor in diesem Kapitel erwähnten Untersuchung und widerspricht früheren Thesen, die Zeitdruck als einen der Kernfaktoren für mangelnde Kreativität am Arbeitsplatz identifiziert hatten.

Die Kreativität im Unternehmen kann gefördert werden, indem Mitarbeiter in hetero-genen kleinen Teams zusammengesetzt werden, um neue Geschäftsideen und andere In-novationen zu entwickeln. Christensen schlägt vor, insbesondere Mitarbeiter mit einer ausgeprägten Neugierde in Teams, Gruppen oder Einheiten des Unternehmens zusam-menzuführen. Neugierige Menschen sind demnach nicht nur erfolgreicher, sondern im Allgemeinen auch gut darin, neue Zusammenhänge und Trends zu erkennen und das Be-währte infrage zu stellen.

In einer weiteren interessanten Studie fand man zusätzlich heraus, dass die Arbeitsleis-tung eines Mitarbeiters unter Umständen stark von der Leistung des direkten Nachbarn abhängt (Minor et al. 2016). Die Studie zeigt, dass es für die Entwicklung der Arbeitsleis-tung besonders günstig ist, wenn ein schneller, aber eher nachlässig arbeitender Mitarbei-ter neben einem Kollegen sitzt, der großen Wert auf die Qualität seiner Arbeit legt, deshalb jedoch viel Zeit benötigt. In diesem Fall profitieren beide von der Stärke des anderen. Das Arbeitstempo stieg bei den Mitarbeitern zusammen um 13 %, die Anzahl der erledigten Aufgaben sogar um 17 %. Insgesamt zeigt die Feldstudie nur positive Ergebnisse; es gab keine Leistungsabfälle von Mitarbeitern. Besonders schnell arbeitende Kollegen neben-einander beeinflussten sich allerdings nicht gegenseitig im Arbeitsergebnis. Der positive Effekt eines neuen Sitzplans war einerseits sehr schnell spürbar, nahm andererseits aber auch nach wenigen Monaten deutlich ab. Die Autoren der Studien folgern dennoch, dass durch einen ausgeklügelten Sitzplan die Arbeitsleistung und Effektivität in Unternehmen in einem wichtigen Maß gesteigert werden kann. Ihre Kalkulation veranschlagt den poten-ziellen Gewinn einer strategisch geplanten Sitzordnung für ein Unternehmen mit 2000 Mitarbeitern bei bis zu 1 Mio. US$ pro Jahr.

Das Softwareunternehmen Adobe fördert mithilfe des „Kickbox-Innovationsprozesses" die kreative und unternehmerische Ideengewinnung seiner Mitarbeiter durch einen struk-turierten Prozess bis hin zum Entwurf eines Geschäftsmodells (Randall 2014). Der Pro-zess wurde Mitarbeitern in Workshops vorgestellt. Die Werkzeuge wurden aus erfolgrei-chen Innovationstechniken der Start-up-Kultur entwickelt und an die Anforderungen eines Großunternehmens angepasst. Mitarbeiter erhielten mit der Übergabe einer „roten Schachtel" einen strukturierten Prozess zur Ideengewinnung, Fortentwicklung und Über-prüfung mit Kunden, Kollegen und Vorgesetzten in der eigenen Organisation sowie eine Kreditkarte mit einem Limit von 1000 Dollar. Bedingung des Starts war noch keine kon-krete Idee. Mitarbeiter erhielten ein Zeitbudget zur Entwicklung über mehrere Wochen oder Monate. Den Stufen der Ideengewinnung folgten in dem Kickbox-Prozess die Ana-lyse der Stärken und Schwächen, die Gewinnung von Kundendaten und die Überprüfung der zugrunde liegenden Hypothesen. In der sechsten Stufe ging es darum, in einem Vortrag eine Führungskraft als Sponsor im Unternehmen zu gewinnen, der die Fortentwicklung der Idee weiter unterstützt. Der Mitarbeiter erhielt in dem Fall, dass er überzeugen konnte, eine blaue Schachtel, die durch die nächsten Schritte bis zur Vorbereitung des Markteintritts führte.

Prominente Beispiele erfolgreicher Unternehmen könnten darauf hinweisen, dass Auslandserfahrung unternehmerische Fähigkeiten verstärkt (Vandor und Franke 2017). Die Gründer von Red Bull, Tesla, Google oder Huffington Post hatten alle umfangreiche Auslandserfahrungen. Die Wahrscheinlichkeit, in den USA Unternehmer zu werden, ist unter Immigranten fast doppelt so hoch, wie unter den US-stämmigen Bürgern. Ein Viertel der zwischen 2006 und 2012 in den USA gegründeten Technologieunternehmen hat mindestens einen Einwanderer als Gründungsmitglied. Auch in der Untersuchung des Entrepreneurship-Monitors im Jahr 2012 zeigte sich, dass in den 69 untersuchten Ländern vor allem im Bereich der wachstumsorientierten Unternehmen die Anzahl der beteiligten Migranten überdurchschnittlich hoch ist. Dieser Effekt dürfte zum Teil jedoch auch dadurch getrieben sein, dass in einigen Märkten Migranten auf dem Arbeitsmarkt eventuell benachteiligt sind oder die Tatsache, dass unternehmerisch orientierte Persönlichkeiten sich schneller entschließen auszuwandern, um ihre Ziele zu verwirklichen. Jedoch werden auch die breitere Inspiration und Erfahrung dazu beitragen, neue Chancen zu entdecken. So hatte die Idee von Red Bull ihren Ursprung in der Kenntnis eines beliebten, aufputschenden thailändischen Getränks (Krating Daeng), welches Red-Bull-Gründer Dietrich Mateschitz an den europäischen Markt und Geschmack mit der Entwicklung von Red Bull anpasste (ebd.).

Eine konsequent international ausgerichtete Unternehmenskultur unterstützte den Konsumgüterhersteller Reckitt Benckiser in seinem starken Wachstum. Der ehemalige CEO Bart Brecht führte bereits 2010 die starke internationale Ausrichtung des Managements als einen Faktor der Stärke des Unternehmens an (Brecht 2010). Die Kultur der internationalen Mobilität schaffte einen innovativen Konzern, der über 35 % seiner Nettoeinnahmen aus Produkten gewann, die in den drei vorausgegangenen Jahren auf den Markt gebracht worden waren. In der unternehmerischen Kultur können engagierte Mitarbeiter z. B. unter Umständen mit Produktvorschlägen dennoch experimentieren, obwohl diese zuvor in einem Management-Meeting abgelehnt wurden. Selbst im Krisenjahr 2009 stieg der wechselkursbereinigte Umsatz um 8 %. Das Unternehmen hatte innerhalb von zehn Jahren trotz Krisenjahren den Umsatz um ca. 150 % gesteigert. Dennoch betrug der Anstieg der Mitarbeiter zur Erzielung dieses Erfolgs nur 25 %.

Der Konsumgüterhersteller L'Oreal wendet gleichfalls eine Personal- und Management-Strategie der kulturellen Vielfalt an (Hong und Doz 2013). Die internationale Talentsuche betrachtet insbesondere neue Mitarbeiter, die intensive Erfahrungen in mindestens zwei Kulturen gewonnen haben. Man erkennt unter diesen Voraussetzungen eine generell höhere Fähigkeit, sich in unterschiedlichen Denkmustern und Kommunikationsformen zurechtzufinden und in Teams und in der Organisation leichter Meinungsdifferenzen und Kommunikationsunterschiede ausgleichen zu können. Multikulturell erfahrenen Mitarbeitern fällt es oftmals leichter, Außenseiter in Teams zu integrieren, in schwierigen Situationen zwischen Entscheidern zu vermitteln und Gegensätze zu überbrücken. Das Unternehmen stellt auch fest, dass sich multikulturelle Mitarbeiter aufgrund ihrer flexiblen Sichtweise oftmals leichter der Blick für neue Chancen bei Produktinnovationen öffnet.

Auch der Aufstieg von Samsung in die Spitze der internationalen, erfolgreichen Technologieunternehmen ist von einem kulturellen Wandel begleitet. Die Ergänzung der ehemals streng japanisch-koreanischen Managementprinzipien und Kultur durch wichtige westliche Merkmale wurde durch eine starke internationale Orientierung und den Fokus des Gewinns von ausländischen Managern erreicht. Lee Kun-Hee gelang es, ein „hybrides Managementsystem" traditioneller japanischer Werte und westlichen Zuschnitts einzuführen und mit dieser Art der kulturellen Vielfalt, den Konzern in die Weltspitze zu führen (Khanna et al. 2011).

In einem Versuch unter 220 MBA-Studenten der Northwestern Kellog School of Management zeigten sich Teilnehmer, die im Ausland gelebt hatten, deutlich kreativer in der Lösung einer komplexen Kreativaufgabe als solche ohne Auslandserfahrung (Maddux et al. 2010). Je länger die Teilnehmer sich im Ausland aufgehalten hatten, desto erfolgreicher waren sie in der Lösung. Die Autoren können aus ihren Daten schließen, dass Mitarbeiter mit internationaler Erfahrung oder solche, die sich mit mehr als einer Nationalität identifizieren, auch einfallsreicher in der Generierung neuer Geschäftsideen und der Entwicklung neuer Produkte sind. Eine Untersuchung bei der Insead Business School in Fontainebleau unter 133 Studenten mit 40 Nationalitäten zeigte, dass die Kreativität umso stärker ausgeprägt war, je besser die Studenten sich den Gepflogenheiten ihrer Gastländer anpassten. Geringer war die Kreativität im Test ausgeprägt, wenn die Studenten keinerlei Anstrengungen dieser Art unternommen hatten. Weitere Untersuchungen zeigen, „dass bikulturelle Manager mehr neue Produkte entwickeln als Führungskräfte, die nur durch eine Kultur geprägt waren" (ebd.). An der Pariser Eliteuniversität Sorbonne wurde der Kreativitätstest „remote associate test" (RAT), durchgeführt. Studenten, die gerade einen Aufsatz über ihre Zeit im Ausland geschrieben hatten, gaben mehr korrekte Antworten beim RAT als die Studenten, die von anderen Erfahrungen berichteten (ebd.).

Die Kernelemente der Förderung einer unternehmerischen Kultur
Zusammenfassend kann aufgrund der zuvor aufgezeigten Ergebnisse festgestellt werden, dass eine positive Korrelation zwischen dem Resultat eines Corporate-Entrepreneurships und der Unternehmensleistung besteht. Eine entsprechende unternehmerische und innovative Kultur wird gefördert durch eine Vielzahl von Maßnahmen, darauf ausgelegte Systeme und ein unternehmerisches Umfeld:

1. Systeme der Anerkennung unternehmerischen Denkens, des Verhaltens und der Entwicklung von innovativen Ideen und deren Umsetzung
2. Arbeitsumgebung und Arbeitsautonomie, Managementprozesse und Arbeitsressourcen, eine flexible Kultur
3. Flachere Hierarchien, weniger vorgegebene Regeln und eine geringere Orientierung an Ergebnissen

4. Proaktive Risikobereitschaft des Managements, Förderung einer Risikobereitschaft und eines proaktiven Verhaltens der Mitarbeiter und Führungskräfte
5. Förderung und Unterstützung von unternehmerischem Denken und Dynamik unter Akzeptanz eines angemessenen Risikos
6. Bekenntnis der Firmenleitung zu Innovation, Flexibilität und Unternehmertum.
7. Förderung der Übernahme von Verantwortung, die das unternehmerische Handeln unterstützt, Unterstützung durch den Vorgesetzten, auch im Fall von Misserfolgen
8. Fördern von Mitarbeitern in der Verfolgung eigener Ideen, Einräumung von Ressourcen und Arbeitszeit, finanzielle Ausstattung zur Förderung von Ideen
9. Förderung des intensiven und aktiven Wissensaustauschs
10. Förderung einer Kultur, Dinge infrage zu stellen und mit neuen Beobachtungen zu experimentieren
11. Förderung des unternehmerischen Denkens und der Kreativität durch internes Marketing und Kommunikation
12. Komposition von Arbeitsgruppen und Bürogestaltung, die die Kreativität und Inspiration am Arbeitsplatz fördert
13. Bereitstellung von Ideen und Innovationstools und einfacher Systeme in Form von intranetgestützten Vorschlags- oder Innovations-Apps
14. Entwicklung und Förderung von Netzwerken und Kontakten mit externen Partnern, formal und informal
15. Vergütungssysteme, Preisauszeichnungen und Aufstiegsmöglichkeiten, die unternehmerisches Handeln und Innovation honorieren
16. Identifikation und Förderung der aktiven und passiven Intrapreneure
17. Potenzial durch neue Mitarbeiter anderer Branchen gewinnen und Nutzung der vielfältigen und abwechslungsreichen Erfahrungen der Mitarbeiter
18. Mitarbeiter gewinnen mit Erfahrungen aus unterschiedlichen Branchen und Kulturen sowie mit langjähriger Auslandserfahrung, da dies das unternehmerische Verhalten und die Entwicklung kreativer Ideen fördert
19. Förderung der Kultur einer internationalen Mobilität
20. Es scheint nicht unbedingt entscheidend, eine große Autonomie in der Arbeitsgestaltung und pauschal freie Zeitbudgets zur Verfügung zu stellen.

9.12   Vertrauenskultur: Wie entwickelt man sie und wie viel ist richtig?

Vertrauen wird heute als Säule einer starken Unternehmenskultur propagiert. Gleichzeitig gibt es aufgrund komplexer Vorschriften die Notwendigkeit zahlreicher Kontrollsysteme und Vertragswerke. Dies ist ein Indiz für die Zerbrechlichkeit von Vertrauen. Vertrauen ist andererseits notwendig, weil komplexe Geschäftsbeziehungen häufig nur schwierig allumfassend in Verträgen oder durch andere Steuerungsmechanismen im Unternehmen und im Markt geregelt werden können. Mitarbeiter sollen einerseits Regeln flexibel handhaben, andererseits aber genau wissen, wo ihre Befugnisse oder ihr Entscheidungsspielraum enden. Flache Hierarchien sollen Managementsysteme vereinfachen, Kosten senken, Entscheidungsprozesse beschleunigen und Entscheidungsspielräume öffnen, die gleichzeitig durch immer komplexere Prozessvorschriften, Richtlinien oder Zertifizierungsvorschriften eingeschränkt werden. Dies ist ein Spannungsfeld widersprüchlicher Anforderungen.

Gleichzeitig ist die Bereitschaft von Mitarbeitern zur Nutzung des entgegengebrachten Vertrauens einerseits und die Erwartung hinsichtlich formaler Prozesse andererseits stark von der individuellen Persönlichkeit abhängig. Dieses Netzwerk des Vertrauens und der Kontrolle ist fragil. Schnell schlägt das Gefühl des Vertrauens in Kollegen und Vorgesetzte um, wenn tatsächlich oder vermeintlich nicht abgestimmte Vorgehensweisen das Vertrauensverhältnis beschädigen. Das Vertrauenskonzept wird noch fragiler, wenn emotionale Faktoren zusätzlich zum Tragen kommen. Das Systemvertrauen in Unternehmen mit Prozessen mit vorhersehbaren Ergebnissen ist ein weiteres paralleles, formelles Vertrauenskonstrukt. Dieses beeinflusst das individuelle Vertrauenssystem in einer positiven Korrelation.

„Statt der Empfehlung, Führungs- und Managementinstrumente abzuschaffen, sollte der Hinweis erfolgen: Prüft, ob eure Strukturen und Instrumente Vertrauen fördern oder nicht. Den Rest erledigen die Menschen dann schon selbst – und zwar ohne eure Steuerung" (Taubert 2017). Ein vertrauensvolles System unterstützt die Entwicklung einer Vertrauenskultur und kann deshalb nicht entfallen.

Untersuchungen zeigen, dass Unternehmen auch jenseits von Managementsystemen, Prozessen und Strukturen einen wichtigen zusätzlichen Beitrag zur Entwicklung einer Vertrauenskultur leisten können. Ergebnisse zeigen, dass Unternehmen dadurch auch ihre eigenen Ergebnisse positiv beeinflussen.

Vertrauen ist ein kultureller Klebstoff, der ein Unternehmen zusammenhält, Fälle von Arglosigkeit in dieser Vertrauenskultur haben schnell sehr große Skandale verursacht. Ein gesundes Maß von kluger, genauer und scharfsinniger Paranoia gepaart mit konstruktivem Misstrauen unter Nutzung eines großen Maßes emotionaler Intelligenz ist im Unternehmen notwendig. Genaue, emotionale und intellektuell intelligente Beobachtungen ohne vorschnelle Schlussfolgerungen ermöglichen es, die Kontrolle zu behalten.

Neben der scharfsinnigen Betrachtung der internen Prozesse hat das Management die Aufgabe, Unternehmen vor externen Angriffen zu schützen. Diese können auch aus dem internen Bereich kommen. Ein gesundes Maß an Paranoia ist hier angebracht, insbesondere unter dem Aspekt, dass sich heutzutage „clevere Feinde" als Freunde ausgeben können und den Gegner in einem trügerischen Gefühl der Sicherheit wiegen.

In der Strategieentwicklung beobachtet bereits Collins die kluge Paranoia als ein Erfolgsmerkmal herausragender Unternehmen (Abschn. 1.2). Es gilt, das eigene Unternehmen vor Angriffen aus der eigenen Organisation, dem Markt, den Wettbewerbern und technologischen oder anderen Risiken zu schützen. Bill Gates wird damit zitiert, dass er immer damit rechnet, dass etwas schiefgeht. Die Kultur einer gesunden kollektiven Paranoia im Marktwettbewerb kann Unternehmen sogar zu herausragenden Leistungen antreiben. Steve Jobs war ein Beispiel, der mit der Kultivierung einer Paranoia vor den Wettbewerbern die Mitarbeiter bei Apple zu Höchstleistungen anspornte.

9.13   Wie fördert Vertrauen Leistung und Engagement – und wie fördert man Vertrauen?

Eine Metaanalyse von Gallup zeigt, dass eine enge Bindung an das Unternehmen, an die Aufgabe und an die Kollegen in einem hohen Engagement der Mitarbeiter in einer höheren Produktivität, in besseren Produkten und mehr Unternehmensgewinnen resultiert. Langjährige Forschungen am Center for Neuroeconomics Studies in Claremont, Kalifornien, zeigen, dass der Aufbau einer starken Vertrauenskultur genau hier einen wichtigen Beitrag leistet. Sie zeigen auch, welche Stellschrauben dazu bewegt werden müssen: Steigerung der Einsatzfreude, Arbeitszufriedenheit und Entwicklung einer Kultur der Zusammenarbeit mit Kollegen (Zak 2017). Diese Punkte tragen erheblich zur Entwicklung positiver Unternehmensresultate bei. Auf sie wird im Weiteren eingegangen.

Gemäß einer Umfrage der Wirtschaftsprüfungsgesellschaft PwC (2016) betrachten 55 % der befragten CEOs mangelndes Vertrauen in Unternehmen als eine Ursache der Gefährdung von Unternehmenswachstum. Daten von entsprechenden Untersuchungen zeigen außerdem, dass Mitarbeiter in Unternehmen mit einer starken Vertrauenskultur weniger unter chronischen Stress und allgemeiner Unzufriedenheit leiden. Eine zehnjährige Untersuchung der Entwicklung und Zusammenhänge zwischen Unternehmenskultur, Vertrauensentwicklung und Unternehmenserfolg analysierte hierzu Gehirnaktivitäten von Menschen am Arbeitsplatz. Zuvor wurde eine neurologische Hypothese aufgestellt und überprüft, um das aktuell in einer Situation von Personen empfundene Vertrauen objektiv messen zu können. Mithilfe von Messungen des Hormons Oxytocin konnten die Autoren nachweisen, dass ein Anstieg des Niveaus dieses Hormons tatsächlich allgemein ein Ausdruck eines höheren Vertrauensempfindens darstellt. „Oxytocin schien also nur eine einzige Wirkung zu haben – die Angst zu mindern, einem Fremden zu vertrauen" (Zak 2017). Die Messungen wurden durch Versuche mit Vergleichsgruppen und Placebo-Präparaten wissenschaftlich abgesichert. Gleichfalls konnte durch psychologische Tests ausgeschlossen werden, dass die Probanden der Gruppe, die Oxytocin einnehmen sollte, andere kognitive Veränderungen aufwiesen.

In langjährigen Forschungen wurde untersucht, wie die Bildung des Hormons Oxytocin gefördert werden kann und welche Faktoren diese Hormonproduktion hemmen. Stress blockiert z. B. die Produktion. Oxytocin erhöht die Empathie, was wichtig für eine erfolgreiche Zusammenarbeit ist.

Nach der Sicherung der Aussagekraft dieser Ergebnisse und Zusammenhänge entwickelten die Forscher ein Verfahren zur quantitativen Messung des Vertrauens in Organisationen. Nach Untersuchungen einer großen Anzahl von Unternehmen konnten daraus Managementstrategien zur messbaren Förderung von Vertrauen abgeleitet werden.

Aus den Ergebnissen und Daten der Experimente leitete der Autor der Studie insgesamt acht Managementstrategien zur Förderung des Vertrauens ab. Nach dem Abschluss der Studien über Maßnahmen zur Steigerung des Vertrauens maßen der Autor und sein Team in verschiedenen Untersuchungen die Auswirkungen von Vertrauen auf die Leistung von Unternehmen. Es wurden Daten in zwölf Unternehmen erhoben, die Maßnahmen zur Vertrauensentwicklung unternommen hatten, nachdem sie zuvor oftmals in eine schwierigere Unternehmens- oder Marktsituation geraten waren. Des Weiteren wurde eine Feldstudie in zwei Unternehmen durchgeführt, die mittels sehr detaillierter Daten bis hin zur Messung der Gehirnaktivitäten zeigen, dass Vertrauen sich positiv auf die Leistung auswirkt (ebd.).

Auf der Basis der Ergebnisse können diese Verhaltensweisen gezielt zur messbaren Erhöhung des Vertrauens und der Leistungsfähigkeit eingesetzt werden:

1. **Anerkennung:** unmittelbare, persönliche, unerwartete und öffentliche Anerkennung für herausragende Leistungen
2. **Herausforderungen:** Erreichbare Herausforderungen mit schwierigen, aber lösbaren Aufgaben schaffen moderaten Stress, der unter anderem Oxytocin und andere Hormone zur Steigerung der Konzentrationsfähigkeit und Stärkung der zwischenmenschlichen Beziehung erhöht.
3. **Handlungs- und Entscheidungsspielräumen:** Der Eindruck, ein hohes Maß von Vertrauen der Vorgesetzten zu erhalten und Aufgaben selbst gestalten zu können, stärkt in erheblichem Maß die Motivation und Innovationsaktivitäten. Wie die zuvor aufgezeigte Untersuchung bei der Citigroup und LinkedIn zeigen (Abschn. 9.4), ist eine starke extrinsische Motivation nicht im gleichen Maß zielführend wie Vertrauen und ein gewisses Maß der Gestaltungsfreiheit am Arbeitsplatz.
4. **Gestaltungsmöglichkeiten:** Gestaltungsmöglichkeiten und Gelegenheit für Mitarbeiter, sich an den Projekten und Aktivitäten zu beteiligen, die ihnen besonders interessant erscheinen
5. **Transparenz und umfassende Information:** Ziele, Strategie und Taktik des Unternehmens werden allen Mitarbeitern transparent gemacht. Der mit einer Ungewissheit einhergehende chronische Stress führt zu einer Reduzierung des Oxytocin-Ausstoßes mit den zuvor aufgezeigten negativen Effekten. Ein enger Kontakt mit Vorgesetzten fördert Kommunikation und Vertrauen. Eine Umfrage unter 2,5 Mio. Managern in 195 Ländern zeigte, „dass Motivation und Engagement der Beschäftigten wuchsen, wenn es in irgendeiner Form einen täglichen Kontakt mit Vorgesetzten gab" (ebd.). In zuvor aufgezeigten Untersuchungen wurde gleichfalls der häufige Kontakt mit Vorgesetzten zur Förderung von Motivation und Engagement aufgezeigt (Abschn. 9.5).
6. **Aufbau von Beziehungen:** Engagement und Erfolg erhöhen sich, wenn am Arbeitsplatz soziale Beziehungen gepflegt werden. Teambuilding und gemeinsame Events unter Kollegen und Vorgesetzten sind hier hilfreich. Eine Studie bei Google zeigt, dass sich Arbeitsergebnisse in Qualität und Quantität deutlich verbessern, wenn sich Vorgesetzte für das persönliche Wohlbefinden und den Erfolg ihrer Mitarbeiter interessieren.
7. **Unterstützung des persönlichen und fachlichen Wachstums:** Studien zeigen, dass eine Entwicklung der rein fachlich orientierten Fähigkeiten nicht ausreicht, um eine positive Leistungsentwicklung zu erzielen.
8. **Einräumung eigener Schwächen und Wissenslücken:** In den Forschungen zeigte sich, dass dadurch die Oxytocin-Ausschüttung angeregt wird, und dementsprechend Vertrauen, Glaubwürdigkeit und Kooperationsbereitschaft steigen.

Der Erfolg der Vertrauensentwicklung wurde mithilfe eines unabhängigen Meinungs-
forschungsinstituts in einer repräsentativen Stichprobe unter 1095 US-Arbeitnehmern
untersucht, um aufzuzeigen, in welchem Maß die a aufgezeigten Verhaltensweisen im
Unternehmen angewendet werden (ebd.). Die Kalkulation eines Vertrauensgrades für jede
Organisation zeigte, dass der US-Durchschnitt betreffs einer Vertrauenskultur in Unternehmen bei ca. 70 % lag. 47 % der befragten Arbeitnehmer waren in Unternehmen mit
unterdurchschnittlichen Vertrauensgrad beschäftigt. Insgesamt lag bei den Aspekten Anerkennung und Transparenz die schwächste Bewertung vor, ein Faktor, der dementsprechend im Durchschnitt ein besonderes Potenzial der Vertrauensentwicklung bietet.

Die Auswirkungen eines höheren wahrgenommenen Vertrauens waren sehr hoch
(Tab. 9.6). Teilnehmer, „deren Unternehmen im oberen Viertel der Vertrauensskala angesiedelt waren, verspürten bei der Arbeit mehr Energie (+106 %) und waren engagierter als
Befragte aus Firmen, die zum untersten Viertel zählten (+76 %)" (Zak 2017). Außerdem
fühlten sie sich in Übereinstimmung mit anderen objektiven Messungen der Leistungsfähigkeit um 50 % leistungsfähiger. Sie waren ihrem Arbeitgeber gegenüber loyaler, was sich
in deutlich geringeren Veränderungswünschen und einer höheren Empfehlungsrate des
Unternehmens an Verwandte und Freunde ausdrückte. Die Arbeitnehmer in Unternehmen
mit einer hohen Vertrauenskultur empfanden mehr Freude bei der Arbeit (+60 %), stimmten stärker mit den Unternehmenszielen überein (+70 %) und fühlten sich den Kollegen
gegenüber enger verbunden (+66 %). Mitarbeiter von Unternehmen mit einer hohen Vertrauenskultur empfanden mehr Empathie für die Kollegen, erlitten seltener einen Burn-out
(−40 %) und fühlten sich sehr viel erfolgreicher (+41 %). Interessanterweise zahlten die
Vertrauensunternehmen des obersten Viertels ihren Mitarbeitern auch 17 % mehr Gehalt
als Unternehmen im untersten Viertel (ebd.).

Erfolgreiche Firmen schaffen es durch eine Mischung aus emotionaler Führung und
rationalem Management, Vertrauen unter allen Mitarbeitern zu entwickeln und sie für das
eigene Unternehmen, die Produkte und Werte zu begeistern. Die Abstimmung zwischen
emotionalen und rationalen Führungswerkzeugen ist zentrale Aufgabe der Führung, die

Tab. 9.6 Vergleich Steigerung
der Vertrauenskultur in Unternehmen (Zak 2017)

Vergleich Steigerung der Vertrauenskultur in Unternehmen: Top-Viertel/Untere Viertel	
mehr Energie	106 %
Weiterempfehlung als Arbeitgeber	88 %
höheres Engagement	76 %
Übereinstimmung mit Unternehmenszielen	70 %
mehr Freude an der Arbeit	60 %
höhere Produktivität	50 %
loyale Verbindung	50 %
statt: Fühlen sich erfolgreich	41 %
Steigerung der Empathie für Kollegen	11 %
Anzahl der Krankheitstage	-13 %
Burn-out	-40 %

keinem der beiden Bereiche ein zu starkes Gewicht geben darf. Gute Vorgesetzte räumen eigene Schwächen und Wissenslücken ein und fragen Mitarbeiter aktiv um entsprechende Unterstützung. Dennoch ist es wichtig, dass die Führung als sehr kompetente Person wahrgenommen wird (Hauser et al. 2008). Fachwissen und Methodenkompetenz sind eine Basis informeller Macht und Bildung des Vertrauens, mit deren Hilfe strukturelle Hierarchien als Basis der Macht teilweise ersetzt werden können. Dominantes Führungsverhalten kann durch Kompetenz gepaart mit Warmherzigkeit erfolgreich ersetzt werden und die Vertrauenskultur deutlich stärken. (Abschn. 7.5) Diese hohe Kompetenz des Vorgesetzten ist in der modernen Führung und Entwicklung einer guten Unternehmenskultur bereits eine wichtige Grundvoraussetzung.

Psychologe und Unternehmensberater Robert Betz sagt dazu:

> Eine Führungskraft sollte jeden Mitarbeiter anschauen und spüren, dass es eine energetische Verbindung zwischen ihnen gibt … Aber der ängstliche kleine Junge oder das kleine Mädchen in mir sagt: „Du musst Distanz und Haltung wahren.(…) Wer glaubt, seine Gefühle nicht offenbaren zu dürfen, führt nur seine Überlebensstrategien seit Kindertagen fort. Immer schön aufpassen, kontrollieren und ja keine Schwäche zeigen (Kestel 2013).

Er teilt die Auffassung von Managementguru Gary Hamel, der im Managerdiskurs Werte wie Liebe, Hingabe und Ehre vermisst.

Literatur

Anderson, Kai; Rotzinger, Joachim (2017): Haufe Agilitätsbarometer, So agil sind Unternehmen im DACH. Eine Studie von Haufe & promerit. Verlag Haufe-Lexware GmbH & Co.KG. Freiburg. Online verfügbar unter www.haufe.de, zuletzt geprüft am 23.08.2018.

Axelrod, E. L.; Handfield Jones, H.; Welsh, T. A. (2001): War for talent (McKinsey Quarterly). Online verfügbar unter mckinsey.com.

Bailom, Franz; Matzler, Kurt; Tschemernjak, Dieter (2013): Was Top-Unternehmen anders machen. Mit Strategie, Innovation und Leadership zum nachhaltigen Erfolg. 2., aktualis. u. erw. Aufl. Wien: Linde (Linde international).

Barsade, Sigal; O'Neill, Olivia A. (2016): Manage Your Emotional Culture. Online verfügbar unter https://hbr.org/2016/01/manage-your-emotional-culture, zuletzt geprüft am 13.02.2019.

Bourton, Sam; Lavoie, Johanne; Vogel, Tiffany (2018): Leading with inner agility (McKinsey Quarterly). Online verfügbar unter https://www.mckinsey.com/business-functions/organization/our-insights/leading-with-inner-agility, zuletzt geprüft am 13.02.2019.

Braun, Gesine (2016): „Wenn Vorgesetzte Süssholz raspeln, werde ich nervös". Gespräch mit der Berliner Sozialhistorikerin Ute Frevert. (Harvard Business Manager). Online verfügbar unter http://www.harvardbusinessmanager.de/heft/d-142518596.html, zuletzt geprüft am 13.02.2019.

Brecht, Bart (2010): How I Did It: Building a Company Without Borders. Online verfügbar unter https://hbr.org/2010/04/how-i-did-it-building-a-company-without-borders, zuletzt geprüft am 13.02.2019.

Capozzi, Marla M.; Dye, Renée; Howe, Amy (2011): Sparking creativity in teams: An executive's guide (McKinsey Quarterly). Online verfügbar unter https://www.mckinsey.com/business-functions/strategy-and-corporate-finance/our-insights/sparking-creativity-in-teams-an-executives-guide, zuletzt geprüft am 13.02.2019.

Christensen, C.; Dyer, J.; Gregersen, H. (2009): The Innovator's DNA. HBR 12, Dezember 2009, C. Christensen, J. Dyer, H. Gregersen, The innovators DNA, pp 60–67 87, S. 60–67. Online verfügbar unter https://hbr.org/2009/12/the-innovators-dna, zuletzt geprüft am 13.02.2019.

Dewhurst, Martin; Guthridge, Matthew; Mohr, Elizabeth (2009): Motivating people: Getting beyond money. Martin Dewhurst, Matthew Guthridge, and Elizabeth Mohr (McKinsey Quarterly). Online verfügbar unter https://www.mckinsey.com/business-functions/organization/our-insights/motivating-people-getting-beyond-money, zuletzt geprüft am 13.02.2019.

Domke, Britta (2016): Inspirier mich, Kollege! (Harvard Business Manager). Online verfügbar unter http://www.harvardbusinessmanager.de/heft/d-140309295.html, zuletzt geprüft am 13.02.2019.

Duan, Lili; Krishnan, Rajesh; Weddle, Brooke (2017): The yin and yang of organizational health (McKinsey Quarterly). Online verfügbar unter https://www.mckinsey.com/business-functions/organization/our-insights/the-yin-and-yang-of-organizational-health, zuletzt geprüft am 12.02.2019.

Duane Ireland, R.; Kuratko, Donald F.; Morris, Michael H. (2006): A health audit for corporate entrepreneurship: innovation at all levels: part I. In: *Journal of Business Strategy* 27 (1), S. 10–17. DOI: https://doi.org/10.1108/02756660610640137.

Engelen, Andreas; Esser, Florian (2014): So fördern Sie Entrepreneure (Harvard Business Manager). Online verfügbar unter http://www.harvardbusinessmanager.de/heft/d-124426729.html, zuletzt geprüft am 13.02.2019.

Engelen, Andreas; Weinekötter, Lea; Schmidt, Susanne (2014): Verborgene Unternehmer (Harvard Business Manager). Online verfügbar unter http://www.harvardbusinessmanager.de/heft/d-129787263.html, zuletzt geprüft am 13.02.2019.

Fuller, Ryan (2017): Wie misst man … Engagement? (Harvard Business Manager). Online verfügbar unter http://www.harvardbusinessmanager.de/heft/d-152089200.html, zuletzt geprüft am 13.02.2019.

Gagnon, Chris; John, Elizabeth; Theunissen, Rob (2017): Organizational health: A fast track to performance improvement (McKinsey Quarterly). Online verfügbar unter https://www.mckinsey.com/business-functions/organization/our-insights/organizational-health-a-fast-track-to-performance-improvement, zuletzt geprüft am 12.02.2019.

Goffee, Rob; Jones, Gareth (2013): Creating the Best Workplace on Earth. Online verfügbar unter https://hbr.org/2013/05/creating-the-best-workplace-on-earth, zuletzt geprüft am 12.02.2019.

Goodall, Amanda (2015): Eine Frage des Respekts (Harvard Business Manager). Online verfügbar unter http://www.harvardbusinessmanager.de/heft/d-134876709.html, zuletzt geprüft am 13.02.2019.

Groenewald, Darelle (2010): Assessment of corporate entrepreneurship and the levels of innovation in the South African short-term insurance industry. Dissertation: University of Pretoria.

Groysberg, Boris; Lee, Jeremiah; Price, Jesse; Cheng, Yo-Jud (2018): The Leader's Guide to Corporate Culture (Harvard Business Review). Online verfügbar unter https://hbr.org/product/the-leaders-guide-to-corporate-culture/R1801B-PDF-ENG, zuletzt geprüft am 12.02.2019.

Harvard Business Manager (2012): Ans Schenken denken. Interview mit Sebastian Kube, Professor für Verhaltensökonomie, Universität Bonn (Harvard Business Manager). Online verfügbar unter http://www.harvardbusinessmanager.de/heft/d-84505149.html, zuletzt geprüft am 13.02.2019.

Harvard Business Manager (2017): Unternehmenskultur: Mangelnde Wertschätzung (Harvard Business Manager). Online verfügbar unter http://www.harvardbusinessmanager.de/heft/d-153044377.html, zuletzt geprüft am 13.02.2019.

Hauser, F.; Schubert, A.; Aicher, M. (2008): BMAS - Unternehmenskultur, Arbeitsqualität und Mitarbeiterengagement in den Unternehmen in Deutschland. Abschlussbericht Forschungsprojekt Nr. 18/05. bmas. Online verfügbar unter https://www.bmas.de/DE/Service/Medien/Publikationen/Forschungsberichte/Forschungsberichte-Arbeitsschutz/forschungsbericht-f371.html, zuletzt geprüft am 18.01.2019.

Hays AG (2014): HR Report 2014/2015. Schwerpunkt Führung. Online verfügbar unter www.hays. de/personaldienstleistung-aktuell/studie/hr-report-2014-2015-schwerpunkt-fuehrung, zuletzt geprüft am 13.02.2019.

Hays AG (2015): HR-REPORT 2015/2016. Schwerpunkt Unternehmenskultur. Online verfügbar unter www.hays.de/documents/10192/118775/hays-studie-hr-report-2015-2016.pdf, zuletzt geprüft am 15.08.2018.

Hong, Hae-Jung; Doz, Yves (2013): L'Oréal Masters Multiculturalism. Online verfügbar unter https://hbr.org/2013/06/loreal-masters-multiculturalism, zuletzt geprüft am 13.02.2019.

Ibold, Frank; Kühl, Stefan; Matthiesen, Kai (2018): Den Wandel richtig managen. In: *Harvard Business Manager* (3), S. 38–45.

Irwin, Brandon (2013): If You Want to Motivate Someone, Shut Up Already. Online verfügbar unter https://hbr.org/2013/07/if-you-want-to-motivate-someone-shut-up-already, zuletzt geprüft am 13.02.2019.

Keller, Scott; Meaney, Mary (2017): Attracting and retaining the right talent (McKinsey Quarterly). Online verfügbar unter https://www.mckinsey.com/business-functions/organization/our-insights/attracting-and-retaining-the-right-talent, zuletzt geprüft am 12.02.2019.

Kestel, Christina (2013): Führungskräfte mit Herz. Gespräch mit dem Psychologen Robert Betz über die Bedeutung von Emotionen im Alltag von Managern (Harvard Business Manager). Online verfügbar unter http://www.harvardbusinessmanager.de/heft/d-94354808.html, zuletzt geprüft am 13.02.2019.

Khanna, Tarum; Song, Jaeyong; Lee, Kyungmook (2011): The Globe: The Paradox of Samsung's Rise. Online verfügbar unter https://hbr.org/2011/07/the-globe-the-paradox-of-samsungs-rise, zuletzt geprüft am 13.02.2019.

Killingsworth, Matthew (2012): Dem Glück auf der Spur. In: *Harvard Business Manager* (4), S. 42–43.

Kim, W. Chan; Mauborgne, Renée (2014): From Blue Ocean Strategy to Blue Ocean Leadership. Online verfügbar unter https://hbr.org/2014/07/from-blue-ocean-strategy-to-blue-ocean-leadership, zuletzt geprüft am 13.02.2019.

Leitl, M.; Meifert, M.; Sackmann, S. (2011a): Zwischen Wunsch und Wirklichkeit. In: *Harvard Business Manager* (4), S. 8–11.

Leitl, M.; Meifert, M.; Sackmann, S. (2011b): Zwischen Wunsch und Wirklichkeit (Harvard Business Manager). Online verfügbar unter http://www.harvardbusinessmanager.de/heft/d-77501183. html, zuletzt geprüft am 13.02.2019.

Leitl, Michael (2016): Den Geist aus der Flasche lassen (Harvard Business Manager). Online verfügbar unter http://www.harvardbusinessmanager.de/heft/d-143473820.html, zuletzt geprüft am 13.02.2019.

Maddux, William; Galinsky, Adam; Tadmor, Carmit T. (2010): Be a Better Manager: Live Abroad. Online verfügbar unter https://hbr.org/2010/09/be-a-better-manager-live-abroad, zuletzt geprüft am 13.02.2019.

Methot, Jessica R.; Lepine, Jeffery A.; Podsakoff, Nathan P.; Christian, Jessica Siegel (2016): Are Workplace Friendships a Mixed Blessing? Exploring Tradeoffs of Multiplex Relationships and their Associations with Job Performance. In: *Personnel Psychology* 69 (2), S. 311–355. DOI: https://doi.org/10.1111/peps.12109.

Minor, Dylan; Housman, Michael; Greenbaum, Yitzi (2016): Planning strategic seating to maximize employee performance. New data uncovers, how seating distance affects various performance measures. Cornerstone. Santa Monica, California. Online verfügbar unter https://www.cornerstoneondemand.com/sites/default/files/.../us-wp-spatial-analysis.pdf, zuletzt geprüft am 08.03.2019.

Randall, Mark (2014): Innovationen aus der Box (Harvard Business Manager). Online verfügbar unter http://www.harvardbusinessmanager.de/heft/d-129787282.html, zuletzt geprüft am 13.02.2019.

Rochus Mummert (2017): Studie „Digital Leadership 2017". Presseinformation. München. Online verfügbar unter https://www.rochusmummert.com/aktuelles/studie-2-digital-leadership-2017/, zuletzt geprüft am 13.02.2019.

Schmelter, Ralf (2009): Der Einfluss von Management auf Corporate Entrepreneurship. Zugl.: Aachen, Techn. Hochschule, RWTH, Diss., 2008. 1. Aufl. Wiesbaden: Gabler Verlag/GWV Fachverlage GmbH Wiesbaden (Gabler Edition Wissenschaft Entrepreneurship). Online verfügbar unter https://doi.org/10.1007/978-3-8349-9452-3.

Shawn, Achor (2012): Positive Intelligence. Online verfügbar unter https://hbr.org/2012/01/positive-intelligence, zuletzt geprüft am 13.02.2019.

Spreitzer, Gretchen; Porath, Christine (2012): Creating Sustainable Performance. Online verfügbar unter https://hbr.org/2012/01/creating-sustainable-performance, zuletzt geprüft am 08.03.2019.

Sprenger, Reinhard (2017): Scheinheilige Glücksbringer. In: *Harvard Business Manager* (2), S. 94–95.

Sprenger, Reinhard K. (2010): Mythos Motivation. Wege aus einer Sackgasse. 19. Aufl. Frankfurt am Main: Campus Verlag GmbH (Business 2010). Online verfügbar unter http://www.esmt.eblib.com/patron/FullRecord.aspx?p=825536.

Taubert, Rolf (2017): Eine Frage des Vertrauens. Rolf Taubert, Eine Frage des Vertrauens, S 94–95. In: *Harvard Business Manager*, S. 94–95.

van Dick, Rolf (2014): Gefährliche Begeisterung. In: *Harvard Business Manager* (2), S. 14–15.

Vandor, Peter; Franke, Nikolaus (2017): Erweiterter Horizont (Harvard Business Manager). Online verfügbar unter http://www.harvardbusinessmanager.de/heft/d-148973356.html, zuletzt geprüft am 13.02.2019.

Zak, Paul J. (2017): The Neuroscience of Trust. Online verfügbar unter https://hbr.org/2017/01/the-neuroscience-of-trust, zuletzt geprüft am 13.02.2019.

Organisation zum Erfolg

Die richtige Organisationsstruktur und die dazugehörigen formalen und informalen Prozesse leisten einen wichtigen Beitrag zu Wachstum und Erfolg des Unternehmens. Zahlreiche externe und interne Faktoren, Markt, Branchen und Unternehmensparameter bestimmen die Auslegung der Organisation und erfordern stete Anpassungen. Aspekte der Gestaltung der Unternehmenskultur wurden bereits betrachtet. Diese spielt auch in der Auslegung einer Organisation stets eine wesentliche Rolle und gibt eine wesentliche Rückkopplung zur Funktion der Organisation.

10.1 Ziele der Organisation

Eine erfolgreiche Organisation stellt Prozesse, Entwicklungen und Entscheidungen sicher, definiert Verantwortungs- und Rollenzuweisungen, sie unterstützt die Stärken des Unternehmens, fördert formelle und informelle Kommunikation, baut Schwächen ab und vermeidet Fehler in Abläufen, Prozessen und Kommunikation. Sie überwacht das Erreichen der Ziele und stellt die Einhaltung von Compliance-Regeln sicher. Des Weiteren soll sie Flexibilität und kreative Prozesse fördern. Die Anforderungsliste ist lang, umfangreich und voller Zielkonflikte! Die vielfältigen Ansprüche bedingen im Zuge der Veränderungen von internen und externen Faktoren und Optimierungen häufige organisatorische Anpassungen.

10.1.1 Stabilität und Dynamik ohne Zielkonflikte?

Gegen Ende des zwanzigsten Jahrhunderts waren Unternehmen sehr erfolgreich in der Optimierung und Effizienzsteigerung der zur Verfügung stehenden Ressourcen mithilfe detaillierter Planung, Budgetierung und Kontrolle. Die Steuerung erfolgt im All-

© Springer-Verlag GmbH Deutschland, ein Teil von Springer Nature 2020
H. Goffin, *Erfolgsunternehmen – empirisch belegte Wege an die Spitze*,
https://doi.org/10.1007/978-3-662-59819-1_10

gemeinen in traditionellen Organisationen mit einem konventionell hierarchischen oder kooperativen Führungsmodell. Der Wettbewerb wächst immer rasanter, wichtige schnelle technologische Veränderungen überrollen die Märkte in kurzer Zeit mit oftmals auch darin begründeten neuen Geschäftsmodellen. Eine stetig steigende Komplexität erhöht die geschäftlichen Risiken und die Geschwindigkeit notwendiger Anpassungen.

Die Zeitschrift Fortune veröffentlichte eine Untersuchung, nach der es unter den „meist bewunderten" Unternehmen („most admired companies") wenige Übereinstimmungen und Gemeinsamkeiten bei ihren organisatorischen Designs gab. Entscheidend war, dass diese Unternehmen allgemein über ein flexibles operatives Modell verfügten (Kimes 2009).

Neue Organisationsformen mit flacheren Hierarchien und transparenten Entscheidungsabläufen bis hin zu sich selbst organisierenden Unternehmen entstanden. Wissen wurde nicht mehr zum Privileg der Führungskräfte, sondern das Wissensmanagement in Unternehmen entwickelte sich zu einem wichtigen Erfolgsbaustein. Neue Methoden in der Produktentwicklung erlaubten schnelle Experimente und eine flexible Entwicklung. Eine vertrauens- und wertschätzende Feedbackkultur wurde ein wichtiger Baustein, um Mitarbeiter zu gewinnen, zu halten, zu motivieren. Unternehmensziele entwickelten sich von der Mission der Maximierung des Gewinns der Anteilseigner zu übergeordneten Werten und Unternehmenszweck, um Mitarbeiter zu gewinnen und zu begeistern und eine klare Perspektive aufzuzeigen. Neue, sich selbst organisierende, demokratisch und kooperativ bzw. partizipativ geführte Unternehmen wie der brasilianische Maschinenbauer Semco, die Softwareentwicklungsfirma Valve oder W.L. Gore sind noch einzelne, aber außerordentlich erfolgreiche Großunternehmen, die für einen neuen Führungsstil und eine neue Unternehmenskultur stehen. Agile Entwicklungsmethoden wie Design Thinking und Scrum bewegen sich von der Softwarebranche heraus in andere Industrieanwendungen. Die gewaltigen Veränderungen stellen sowohl an Unternehmensführer, Manager als auch an alle Mitarbeiter hohe Anforderungen an die entsprechende Anpassung.

Erfolgreiche, große Unternehmen mit überproportionalem Gewinnanstieg zeichnen sich dadurch aus, dass sie sich zur Schaffung von Innovation schnell und dynamisch mit Experimentierfreude bewegen – jedoch unter Verfolgung einer konsistenten Strategie, Struktur und einer starken Unternehmenskultur. Ausdauer fordert Stabilität und Balance (McGrath 2012). Auch Ergebnisse von McKinsey zeigen, dass schnelle, stabile Unternehmen mit dreimal höherer Wahrscheinlichkeit herausragende Leistungen schaffen als andere schnelle Unternehmen mit schwacher operativer Disziplin. Es wird in einer erfolgreichen Organisation definiert werden, in welchen Bereichen neue Chancen auf dynamischen Wegen genutzt werden sollen und welche Bereiche im Kern einer Organisation sich durch Stabilität auszeichnen und diese erhalten müssen. Die Schaffung agiler Bereiche um einen stabilen Kern wird erfolgreicher sein als größere Reorganisationen (Keller und Meaney 2018).

10.1.2 Steigende Komplexität managen

Ziele und Komplexität der Unternehmen sind in den letzten 60 Jahren in ihren Anforderungen dramatisch gestiegen. Es gibt Studien, die aussagen, dass die Anzahl der Vorgaben für Unternehmen heute ungefähr sechsmal so hoch ist wie 1955. Damals sollen Unternehmen ungefähr vier bis sieben kritische Leistungskenngrößen verfolgt haben, während heute oftmals zwischen 25 und 40 Kenngrößen als Zielvorgaben definiert werden (Morieux 2011). Innerhalb dieser Vielfalt gibt es zwangsläufig Widersprüche und notwendige Kompromisse, um sowohl Qualität und Gewinnmargen als auch Marktanteile und Kundenforderungen niedriger Preise im engeren Wettbewerb zu erfüllen. Ein hohes Maß an individuellem Design ist nicht immer mit den Anforderungen der Massenfertigung zu vereinen. Schnellere Produktzyklen, der Wettkampf innovativer Lösungen und neue Geschäftsmodelle kommen hinzu. Entsprechend eines Komplexitätsindexes, „Index of Complicatedness", der Boston Consulting Group, soll die Kompliziertheit von komplexen Schnittstellen, Koordinierungsgremien, Genehmigungsverfahren und Organisationsbereichen in 15 Jahren zwischen 50 % und 350 % zugenommen haben. Der Managementaufwand in den komplexen Strukturen mit entsprechend steigenden Anforderungen an die Mitarbeiter steigt stetig an (Abschn. 4.7.7). Der Autor der Boston Consulting Group schlägt zur Entwicklung kreativer Lösungen bei komplexen Herausforderungen sechs Prinzipien oder intelligente Regeln vor. Die ersten drei Regeln geben Mitarbeitern das Werkzeug für eigenständige Problemlösungen, um mithilfe der notwendigen Informationen und Befugnisse gute Entscheidungen zu treffen. Die weiteren drei Regeln sollen Mitarbeiter motivieren, zusammenzuarbeiten und ihre Fähigkeiten gut einzusetzen. Anerkennung und Motivation sollen aktive Kooperation zur kreativen Entwicklung von Problemlösungen fördern und aufwendige Koordinierungsmechanismen vermeiden (ebd.):

1. **Verstehen, was die Kollegen tun:** Transparenz der Ziele und Aufgaben und Herausforderungen der Abteilungen und Kollegen im Umfeld müssen bekannt sein. Wenn Manager und Mitarbeiter die Probleme und Grenzen und den Gesamtkontext in anderen Bereichen verstehen, können sie gemeinsam kreative Lösungen entwickeln, die über das reine Abteilungsleiterbereichsdenken hinausgehen, und für das Unternehmen und Kunden die besten Lösungen entwickeln.
2. **Integratoren stärken:** Konflikte und Abstimmungsschwierigkeiten zwischen Abteilungen und Bereichen können oftmals durch andere Manager, die mit den verschiedenen Bereichen bereits zusammenarbeiten, gelöst werden. Diese Integratoren werden mit entsprechender Verantwortung sowie Entscheidungskompetenz und entsprechendem Ermessensraum gestärkt. Insbesondere in großen Unternehmen können diese Funktionen effektiv Konflikte und Problemstellungen lösen, wenn sie mit adäquaten Kompetenzen ausgestattet werden.

3. **Verantwortung erweitern:** Oftmals wird auf der Arbeitsebene ein erhebliches Maß an Kooperation mit anderen Bereichen gefordert, obgleich diese Mitarbeiter den geringsten Einfluss und die geringste Entscheidungskompetenz im Unternehmen haben. Mitarbeiter, denen mehr Verantwortung zugestanden wird, ergreifen oftmals auch dementsprechend stärker die Initiative zu einer Lösung.

4. **Gegenseitige Abhängigkeit erhöhen:** Eine Erweiterung der Verantwortung der Integratoren über ihre eigentlichen Aktivitäten und ihre Kontrolle hinaus schafft umfassendere und vielschichtige Ziele. Dies schafft Anreize, Konflikte durch kreative Ansätze zu lösen, da entsprechend dem größeren Verantwortungsbereich das Interesse an einer Lösung steigt.

5. **Die Konsequenzen spüren lassen:** Vielfach werden Manager und Mitarbeiter die Konsequenzen früherer Entscheidungen in länger laufenden Projekten nicht mehr unmittelbar erfahren. Wenn Führungskräfte und Mitarbeiter nicht nur für das Endresultat, sondern auch für die unmittelbar nachgelagerten Arbeitsschritte verantwortlich gemacht werden, kann sich die entsprechende Erfolgsorientierung dadurch verändern. Die Anpassung der Frequenz von Leistungs- und Ergebnisprüfungen verändert den entsprechenden Planungs- und Aktivitätshorizont.

6. **Unkooperative Mitarbeiter bestrafen:** In dem Fall, dass bei Aktivitäten die Spanne zwischen Ursache und Wirkung sehr groß ist, müssen andere Mittel eingeführt werden, die Abteilungen und Mitarbeiter bei mangelnder Kooperation treffen. Gleichfalls können Parameter definiert werden, die es ermöglichen, erfolgreiche Zusammenarbeit entsprechend sichtbar zu machen und anzuerkennen. Sollte bei Problemen zwischen zwei Abteilungen ggf. die Hilfe einer dritten Abteilung notwendig sein, muss auch diese von den daraus resultierenden positiven Ergebnissen der anderen beiden Abteilungen profitieren. Systeme müssen Anreize auch für Mitarbeiter und Abteilungen schaffen, die ggf. nicht direkt von Problemen betroffen sind, jedoch zu deren Lösung einen wichtigen Beitrag liefern könnten.

In komplexen Organisationen muss ein Verhalten gefördert werden, welches in der Zusammenarbeit der Mitarbeiter und Manager kreative Lösungen fördert. Dies soll aufwendige Koordinierungsstellen und Verfahren entfallen lassen.

10.1.3 Organisation zu besseren Entscheidungen

Die Unternehmensberatung Bain & Company untersuchte 57 organisatorische Umstrukturierungen über sechs Jahre und stellte abschließend fest, dass nicht einmal ein Drittel nennenswerte Ergebnissteigerungen gebracht haben (Blenko et al. 2010). Einige vernichteten Wert, während die meisten keinen Ergebnisbeitrag liefern konnten. Zahlreiche Beispiele großer Organisationen in großen Unternehmen mit sich immer wieder anschließenden, weiteren Restrukturierungen der Organisation sind bekannt. Diese ermöglichten teilweise kurzfristige Erfolge, jedoch mittelfristig erwuchsen neue Probleme, und langfristig waren viele nicht tragfähig (Beispiel ABB in den 90er-Jahren mit einer stark dezentralen Organisation von 5000 Profitcentern). Unternehmensergebnisse werden nicht nur von Art, Umfang und Ausrichtung der Ressourcen bestimmt, sondern hängen entscheidend auch von der Qualität der operativen Entscheidungen ab. Eine organisatorische Restrukturierung wird das Ergebnis nur dann verbessern können, wenn gleichzeitig bessere und schnellere Entscheidungen dadurch herbeigeführt werden. Die Organisationsstruktur soll die Entscheidungsfindung unterstützen, optimieren, vereinfachen und beschleunigen, die den operativen Erfolg der Unternehmensstrategie bestimmt. Analysen und Erfahrungen der Untersuchung bei Bain & Company bestätigen einen engen Zusammenhang zwischen dem Unternehmenserfolg und der Qualität bzw. Effektivität der entsprechenden Entscheidungen. Die Entscheidungseffektivität wird von vier Faktoren bestimmt (ebd.):

1. **Qualität:** Die Qualität der Entscheidungen kann insbesondere durch die Überprüfung vorausgegangener wegweisender Entscheidungen festgestellt werden. Wie treffsicher waren wichtige Entscheidungen der Vergangenheit?
2. **Geschwindigkeit:** Die Entscheidungsgeschwindigkeit wird im Benchmarking zu den wichtigsten Wettbewerbern gemessen werden. Markt- und Kundeninformationen sind zur Bewertung hilfreich.
3. **Nutzen:** Wie sind der Umsetzungsgrad und die Geschwindigkeit der Umsetzung? Ein hoher Nutzen der Entscheidungen liegt vor, wenn diese in der Organisation auch wie geplant umgesetzt werden.
4. **Aufwand:** Wie hoch ist der Aufwand, um wichtige Entscheidungen zu treffen? In einer Umfrage unter 760 Unternehmen, in der Mehrzahl Unternehmen mit mehr als 1 Mrd. US\$ Jahresumsatz, stellte sich heraus, dass Effektivität der Entscheidungen und der finanzielle Erfolg der Unternehmen mit mindestens 95-prozentiger Wahrscheinlichkeit mit der Effektivität der Entscheidungen korrelierte. Unternehmen mit den effektivsten Entscheidungen und einer entsprechenden Umsetzung erreichten im Schnitt eine um fast 6 % höhere Aktienrendite als andere. Die top 20 % der Unternehmen erreichten im Durchschnitt in der Bewertung der Effektivität 71 von 100 Punkten. Der Durchschnitt der übrigen Unternehmen lag bei ca. 30 Punkten.

Es zeigt sich andererseits, dass es zwischen Unternehmenserfolg und Struktur der Unternehmen keinen wichtigen statistischen Zusammenhang gibt.

Die hohe Dynamik der Märkte, schnelle Veränderung der Geschäftsmodelle und intensiver Wettbewerb verlangen bewegliche Organisationen, die schnell, flexibel und effektiv auf Veränderungen reagieren. Unternehmen entwickeln neben einer stabilen Struktur und Organisation immer stärker auch formelle und informelle Netzwerke im Unternehmen. Netzwerkstrukturen und dezentrale „Ad-hoc"-Entscheidungen unterstützen die Wettbewerbsfähigkeit in einem dynamischen und turbulenten Umfeld. Entscheidungsfindungen werden zunehmend weniger durch Kontrollsysteme und immer mehr durch Netzwerkeinfluss bestimmt werden. Dies führt zu Arbeitszellen, die sich zu einem wichtigen Grad selbst steuern. Probleme werden möglichst frühzeitig erkannt und behandelt. Ohne Anpassung und Einführung dieser neuen Charakteristiken werden Unternehmen im Wettbewerb zurückfallen. Dennoch bleiben zentrale Entscheidungszentren und hierarchische Strukturen weiter Elemente erfolgreicher Unternehmen. Welche Entscheidungen werden an welcher Stelle wo am effizientesten getroffen? Schnelle Entscheidungen sollen dennoch in stabilen Prozessen, Aufgaben und stabiler Verantwortung abgesichert werden (Smet und Gagnon 2018).

Die Schnelligkeit von Entscheidungen wird erhöht, wenn definiert wird, auf welchem Weg und auf welcher Ebene welche Entscheidungen getroffen werden. Basis hierzu sind Strukturen, Regeln und Prozesse, die Werte festlegen und bestimmen, wie ein Unternehmen funktioniert. Dies ist die oberste Ebene der Entscheidung. Darunter werden Entscheidungsebenen festgelegt, die die weiteren unterschiedlichen Geschäftsentscheidungswege bestimmen (Smet und Gagnon 2018).

Die nächste Ebene wird berührt durch wichtige strategische und riskante Entscheidungen, die große Auswirkungen auf das Unternehmen und innerhalb desselben haben, jedoch von geringer Frequenz sind. Dies können Unternehmenskäufe und -verkäufe von Bereichen oder sehr wichtige Investitionsentscheidungen sein. Die nächstfolgende Ebene wird gleichfalls noch betroffen von Entscheidungen mit wichtigen geschäftlichen Auswirkungen. Diese Entscheidungen sind jedoch eher dadurch bestimmt, dass es sich um eine Zusammensetzung aus zahlreichen kleineren, kooperativ herbeigeführten Entscheidungen verschiedener Bereiche handelt. Markt-, Produktportfolioentscheidungen, Preismodelle und Budgetplanungen fallen in diesen Bereich. Die vierte Entscheidungsebene betrifft häufige Entscheidungen mit einem geringeren Risiko und schwächeren Auswirkungen, die in die operativen Zentren und entsprechende Teams delegiert, schnell getroffen und umgesetzt werden. Schnelle „Ad-hoc"-Entscheidungen werden schließlich von einzelnen Mitarbeitern mit angemessener Managementunterstützung getroffen und fallen in die Kategorie „safe enough to try" (Tony Hsieh, Zappos). Der Spagat zwischen Agilität und Stabilität ist für alle Mitarbeiter herausfordernd. In diesem Umfeld ist eine hervorragende Unternehmenskultur mit klaren Werten, Zielen und sozialem Zusammenhalt umso wichtiger (ebd.).

Das zuvor aufgezeigte Ergebnis zeigt: Bei den meisten Unternehmen muss die Effektivität der Entscheidungen deutlich verbessert werden. Erfolgreiche Unternehmen werden ihre Entscheidungsprozesse auf die Unternehmensstrategien abstimmen. Am Beispiel des Unternehmens Ford und des Turnarounds aufgrund wichtiger strategischer Veränderungen und Restrukturierungen sei dies erläutert.

Ford befand sich in einem Abwärtstrend im Markt und bei den Marktanteilen. Nach Übernahme der Unternehmensführung durch Alan Mulally im Jahr 2006 wurde jedoch nicht zuerst die Organisation restrukturiert, sondern es wurden die notwendigen Entscheidungen ermittelt, die eine Trendwende herbeiführen könnten. Erst in der Folge begann man damit, „die neue Struktur um diese Entscheidungen herum aufzubauen" (Blenko et al. 2010). Diese stellte sicher, dass die wichtigsten Entscheidungen besser und schneller gefällt werden konnten, die z. B. eine erhebliche Umstrukturierung, Unternehmensverkäufe und Veränderung der Plattformstrategie betrafen. Sowohl große einmalige Entscheidungen als auch ggf. viele kleine, immer wiederkehrende Entscheidungen können große Auswirkungen auf den Unternehmenserfolg haben. Nach Identifikation der Entscheidungen, die eine besonders große Rolle für den Unternehmenserfolg spielen, wird entschieden, an welcher Stelle im Unternehmen sie am besten getroffen werden sollen. Es wird Entscheidungen mit erheblicher strategischer Bedeutung, mit Größeneffekten und Koordinierungsaufwand geben, die eher an einem zentralen Punkt oder in der Konzernzentrale entschieden werden. Andere werden schneller und mit höherem Nutzen und geringerem Aufwand in einzelnen Geschäftseinheiten angesiedelt sein. Entscheidungskompetenz, Transparenz und Einfachheit sind wichtige Parameter.

Wichtige Entscheidungen sind häufig entlang der Wertschöpfungskette zu identifizieren. Die Struktur wird in überschaubaren Einheiten organisiert. Die Auslegung der Struktur wird sich an der Effizienz der Entscheidungsprozesse und ihrer Umsetzung orientieren. Die Größe der Verantwortungsbereiche wird einen Kompromiss darstellen: zwischen zu enggefassten Verantwortungsbereichen mit dem Risiko zu komplizierter hierarchischer Strukturen und Entwicklung eines Mikromanagements einerseits oder andererseits zu weiter Struktur mit dem Risiko unzureichender Kontrolle. Die entscheidungsorientierte Restrukturierung wird auch in den dann folgenden kleineren Anpassungen weiterverfolgt werden. Entscheidungsbefugnisse werden entsprechend der Effizienz und nicht der hierarchischen Kriterien festgelegt. Sollte das Ergebnis der Überprüfung und Optimierung der Entscheidungseffizienz dazu führen, dass zur Umsetzung keine strukturelle Veränderung notwendig ist, kann dies ein Hinweis darauf sein, dass andere betriebliche Ursachen für die schwachen Ergebnisse verantwortlich sind. Einer neuen Organisationsstruktur folgt die Festsetzung neuer Regeln, die neue Festsetzung von Zuständigkeiten, Berichts- und Informationsflüssen, Anreiz- und Kennzahlensystemen. Ziele der einzelnen Organisationen und ihrer organisatorischen Prozesse werden angepasst. Das neue Entscheidungssystem wird transparent und mit der Definition der Verantwortlichkeiten dargestellt.

Entscheidungsprozesse und Befugnisse, Informationsfluss und Leistungsmanagement sowie Standardisierungen sind Prozessgrößen, die unter hoher Aufmerksamkeit betrachtet werden müssen. Zusätzlich gilt es selbstverständlich, Mitarbeiter und ihre Fähigkeiten, Talente und die Unternehmenskultur zu betrachten.

Die gute, disziplinierte Vorbereitung von Entscheidungen und Bereitstellung von transparenten Entscheidungsunterlagen unterstützt Geschwindigkeit und Effizienz komplexer Entscheidungsprozesse und trägt maßgeblich zu Qualität, Geschwindigkeit, Nutzen und Reduzierung des Entscheidungsaufwandes bei. Diese vier Kennzahlen wurden zuvor als Kriterium effektiver Entscheidungen benannt. Sie korrelieren entsprechend den Ergebnissen der zuvor genannten Analyse mit überdurchschnittlichen Unternehmensergebnissen.

Jeff Bezos unterstrich im Brief an seine Aktionäre die Notwendigkeit von „high-velocity decision making" als Basisanforderung neben dem Ziel „high-quality decisions" (Bezos 2017). Er unterstreicht, dass die meisten Entscheidungen eher auf Basis von 70 % der wünschenswerten Informationen getroffen werden sollten, anstelle zu lange auf 90 %

der gewünschten Informationen zu warten und zu langsam zu entscheiden. Bezos führte weiter aus, dass falsche Entscheidungen weniger kostenintensiv sein könnten, wenn man gut im Korrigieren solcher Entscheidungen sei. Zu späte Entscheidungen seien nach seiner Ansicht in jedem Fall zu teuer.

## 10.2	Wie wird Reorganisation wirklich zu einem Erfolg?

McKinsey fragte mehr als 2000 Executives aus Unternehmen zahlreicher Branchen, Regionen, verschiedenen Unternehmensgrößen und Funktionen: Hat die letzte Reorganisation die Leistung ihres Unternehmens verbessert und die Ziele erfüllt (Smet und McGinty 2014)? Ergebnis: 45 % der Befragten sagten aus, dass die Reorganisation während der Umsetzung stockte und niemals zu Ende geführt wurde. In ca. einem Drittel verfehlte sie die Ziele und konnte die Unternehmensleistung nach seiner Umsetzung nicht verbessern. Nur 23 % der Senior-Führungskräfte gaben an, dass die letzte Reorganisation im Unternehmen die Leistung verbesserte und die Ziele erfüllte. Ca. zwei Drittel sagten, dass das Ziel der letzten Reorganisation war, die strategischen Prioritäten besser zu unterstützen, 50 % berichteten, durch eine Reorganisation den Fokus auf Wachstum zu stärken, 40 % wollten dank der Reorganisation für bessere Entscheidungen sorgen und 39 % nannten Kostensenkung und klarere Verantwortlichkeiten als Ziel. 60 % der Befragten gaben an, dass sie innerhalb der vergangenen zwei Jahre von einer Reorganisation betroffen waren. Dies war die Konsequenz immer schnellerer Veränderungen der Märkte und Geschäftsmodelle unter hohem Wettbewerbsdruck (Aronowitz et al. 2015).

Die Schwierigkeiten, eine Reorganisation zum Erfolg zu führen, wurden auch schon vor über 50 Jahren notiert: „Eine Reorganisation ist eine wundervolle Methode, um die Illusion von Fortschritt zu schaffen, während man Verwirrung, Ineffizienz und Demokratisierung fördert" (Ogburn 1957).

Erfahrungen zeigen, dass die Erfolgswahrscheinlichkeiten einer Reorganisation gering ist, wenn nur strukturelle Elemente im Unternehmen, wie Geschäftsbereiche und Funktionen, Organigramme, Verantwortlichkeiten und Rollen, betrachtet werden.

Entscheidungsprozesse und Befugnisse, Informationsfluss und Leistungsmanagement sowie Standardisierungen sind Prozessgrößen, die mit hoher Aufmerksamkeit betrachtet werden müssen. Zusätzlich gilt es selbstverständlich, Mitarbeiter und ihre Fähigkeiten, Talente und die Unternehmenskultur zu anzusehen.

Auf Basis einer Vielzahl von Daten erfolgreicher und nicht erfolgreicher Reorganisationen können jedoch einige grundlegende Anforderungen, die die Wahrscheinlichkeit einer erfolgreichen Umorganisation deutlich erhöhen, abgeleitet werden. Eine Reorganisation zur erfolgreicheren Umsetzung der Strategie integriert Strukturen, Prozesse und alle Mitarbeiter. Die Veränderung mit dem Ziel, Entscheidungs- und Arbeitsprozesse zu beschleunigen und effektiver zu gestalten, wird Verantwortlichkeiten genauer und adäquater regeln und vorhandene Ressourcen besser nutzen. Erfahrungsdaten zeigen, dass ein Projekt der

Reorganisation bis zur vollständigen Umsetzung mehr als 18 Monate benötigt (Smet und Gagnon 2018).

Daten von McKinsey zeigen, dass bei Beachtung und strukturierter Umsetzung von neun bestimmten Regeln die Wahrscheinlichkeit des Erfolgs einer Reorganisation siebenmal größer ist, als wenn nur wenige der Regeln angewendet werden (Aronowitz et al. 2015).

Diese Regeln sind das Ergebnis einer Analyse von mehr als 20 allgemein betrachteten Ansätzen in Reorganisationsprojekten, von denen jedoch eine große Anzahl nicht zwangsläufig mit einem Erfolg in der Umsetzung korrelierte. Die verbleibenden neun Regeln sind allgemeingültig, unabhängig von Region, Branchen und Unternehmen. Sie waren erfolgreich bei unterschiedlich motivierten organisatorischen Veränderungen, sei es bei der Integration nach einem Unternehmenszusammenschluss, Restrukturierungsanforderungen oder dem Ziel einer besonderen strategischen Fokussierung. Es fällt auf, dass nur wenige Spitzenunternehmen die vollständige Beachtung der aufgeführten Regeln wirklich diszipliniert und konsequent verfolgen und anwenden. Eine Chance im Wettbewerb für jedes Unternehmen, das sich dazu zählt (ebd.):

1. Fokussierung auf die langfristigen Ziele, denn die Beschränkung auf einige unmittelbar kritische Punkte kreiert typischerweise Schwierigkeiten. Es wird klar definiert, welchen Zweck die Organisationsanpassung erfüllen soll. Weiterhin wird eine unmittelbare Verbindung zwischen diesen Zielen und der Unternehmensstrategie aufgezeigt.
2. Entwicklung eines akkuraten, verifizierbaren Bildes der heutigen Strukturen, Prozesse, Mitarbeiterressourcen. Diese Aufgabe verlangt hohe Aufmerksamkeit für Details und entsprechenden zeitlichen Aufwand. Auf dieser Basis werden die Problempunkte der aktuellen Organisation sehr genau analysiert, um die richtigen Entscheidungen zu treffen.
3. Auswahl des richtigen Modells nach Schaffung mehrerer Optionen und Test unter verschiedenen Szenarios. Die firmenspezifischen Merkmale und die Verbindung von Strategie, Kultur, Mitarbeitern, Kernkompetenzen u. a. verlangen eine firmenindividuelle Lösung des organisatorischen Designs und der Prozesse, Regeln und Entscheidungswege. Ist die Entscheidung über die zukünftige Struktur faktenbasiert entwickelt?
4. Betrachtung der Anpassung über Organigrammstrukturen hinaus, Betrachtung aller Elemente. Die erfolgreichsten Reorganisationen betrachten jeweils mehrere Elemente, die prozess-, struktur- und mitarbeiterbezogen sind. Informelle und formelle Wege der Zusammenarbeit und Kommunikation haben genauso wichtigen Einfluss. Die Berücksichtigung der Systeme der Leistungsmessung und Incentives ist wichtig.
5. Definition klarer Rollen auf transparentem Weg. Die Definition der Rollen sollte zuerst kommen, die Entscheidung der Besetzung durch entsprechende Mitarbeiter folgt danach. Entsprechend transparente Datenbanken geben Einblick in alle verfügbaren Talente und Fähigkeiten, um die Rollen bestmöglich zu besetzen. Die besten Leute auf die wichtigsten Positionen: Insbesondere diese Regel wird oftmals nicht beachtet.

6. Identifikation und aktive Veränderungen der notwendigen Verhaltensweisen und Einstellungen der Mitarbeiter und Führungskräfte. Soft-Faktoren unter den Mitarbeitern werden berücksichtigt, kritische Einstellungen müssen in Betracht gezogen und durch entsprechende Maßnahmen verändert werden. Eine motivierende Veränderungsgeschichte weckt Verständnis und die Motivation, die Veränderungen zu unterstützen. Welche erforderlichen neuen Fähigkeiten und Kenntnisse müssen bei Mitarbeitern entwickelt werden?

7. Welche Parameter werden zur Messung und Überwachung der kurz- und langfristigen Resultate angewandt? Ein neues organisatorisches Set-up wird eine Überarbeitung und Anpassung der Leistungsparameter der Mitarbeiter und des Unternehmens erfordern.

8. Sicherstellen, dass Führungskräfte eine gute Kommunikation und „Story" der Reorganisation schaffen und kommunizieren, um alle im Unternehmen zu inspirieren und zu mobilisieren. Eine zentrale Kommunikation an alle Mitarbeiter wird nicht ausreichend sein. Persönliche Kommunikation und Diskussion über alle Hierarchieebenen sichert gegenseitiges Verständnis. Werden den Mitarbeitern in Diskussionen mit den Führungskräften alle Details der Veränderungen und ihre Gründe genau erläutert?

9. Überwachung und Management der Veränderungsrisiken, wie Störungen in der Kontinuität des Geschäfts, Verlust von guten Mitarbeitern, Auswirkungen auf die Kunden. Ein aktives, vorausschauendes Risikomanagement und entsprechende Planung werden potenziell negative Auswirkungen betrachten und entsprechende Maßnahmen vorsehen.

Im Rahmen von organisatorischen Veränderungen sei auch auf die im Kap. 12 (Changemanagement) aufgezeigten Hinweise und Methoden verwiesen, die ggf. im Rahmen größerer Veränderungsprojekte einer Reorganisation betrachtet werden sollen (Abb. 10.1).

Zu Beginn einer Initiative der Reorganisation werden in Diskussionen und Workshops mit den verschiedenen Bereichen und verschiedenen Führungskräfteebenen grundlegende Prinzipien der Reorganisation festgelegt. Das Bild der aktuellen Organisation, Beschreibung von Aufgaben und Rollen und Strukturen wird genau betrachtet, analysiert und überprüft. Ein Reorganisationsteam prüft Stärken und Schwächen der aktuellen Organisation und erstellt interne und externe Benchmarks, z. B. die Anzahl der Mitarbeiter in einzelnen Funktionen im Vergleich zum Branchendurchschnitt. Anschließend werden verschiedene Optionen auf die Erfüllung grundlegender Anforderungen ihrer jeweiligen Stärken geprüft und gegenüber möglichen Marktszenarien getestet. Auf Basis intensiver Diskussionen des Für und Wider der einzelnen Optionen wird eine enge Auswahl der weiter zu betrachtenden Lösungen gebildet. Es ist sehr entscheidend, das organisatorische Design jenseits von Organigrammstrukturen, Linien und Kästchen zu betrachten. Wie werden Prozesse, Mitarbeiterressourcen, formelle und informelle Kommunikation und Zusammenarbeit einbezogen? Ist der wechselseitige Einfluss zwischen formaler Organisation und Mitarbeiterverhalten berücksichtigt?

Im besten Fall kann das neue Organisationsdesign in einem kleineren Rahmen zunächst getestet werden. Die neue Organisation muss ein stabiles Rückgrat bilden, um welches ggf. andere flexible und agile organisatorische Elemente aufgebaut werden können. Zur

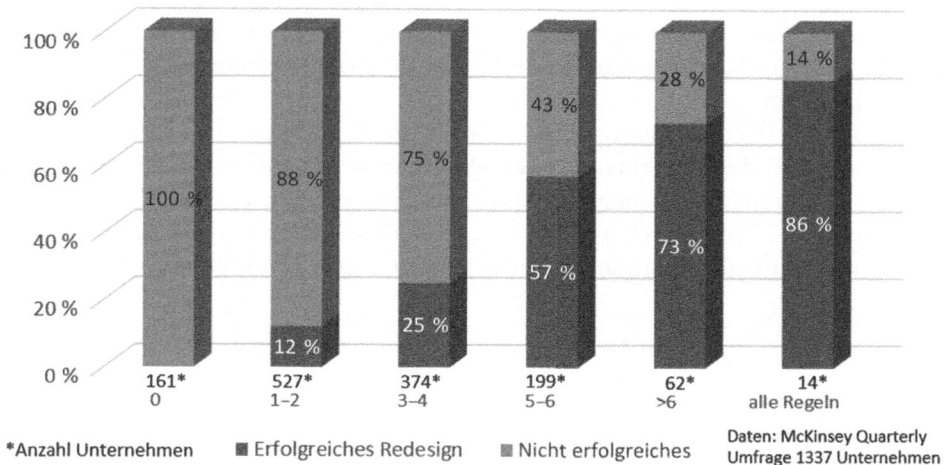

Abb. 10.1 Umsetzungserfolge in Funktion der Beachtung von bis zu neun Basisregeln (Daten Aronowitz et al. 2015). Mit freundlicher Genehmigung von: © McKinsey & Company

Einführung und Umsetzung werden bis hinunter zur Arbeitsebene entsprechende Workshops abgehalten, um transparent darzustellen, wie die neue Struktur jede einzelne Funktion betrifft und welche neuen Aufgaben und Veränderungen eingeführt werden. Entscheidend ist es auch, die Soft-Faktoren zu behandeln, um Ängste und Verwirrung unter Mitarbeitern zu vermeiden. Eine gute, kontinuierliche Kommunikation und Diskussion stellen sicher, dass Mitarbeiter auch individuell ihre Fragen und Sorgen äußern können und diese beantwortet werden. Die gesamte Kommunikation muss Mitarbeiter aller Ebenen überzeugen. Teilweise nur schwer vorhersehbare Reaktionen von Mitarbeitern müssen flexibel gehandhabt werden. Mitarbeiter müssen zu einer positiven Einstellung gewonnen und von dem neuen System überzeugt werden, sodass auch ihre interne Einstellung die Umsetzung der neuen organisatorischen Auslegung unterstützt. Auf diese Weise werden die Offenheit und Bereitschaft der Zusammenarbeit mit neuen Kollegen oder anderen organisatorischen Einheiten gewonnen.

Eine Aufstellung der Aufgaben und Verantwortlichkeiten der kritischen Positionen, in denen die spezifischen Anforderungen und Fähigkeiten definiert werden, wird erstellt. Die Besetzung der Funktionen wird in einem fairen und transparenten Auswahlprozess durchgeführt, der die Definition der Anforderungen und Fähigkeiten und die Auswahl der bestgeeigneten Personen voranstellt.

Gleichfalls erfolgt die Anpassung der Unternehmensprozesse und Systeme. Neue und veränderte Kennzahlen und Anreizsysteme werden definiert. Den gesamten Prozess wird ein Projektbüro mit einem besonderen Fokus auf kritische Aspekte führen und zur erfolg-

reichen Umsetzung überwachen. Entsprechende Leistungskennzahlen im operativen, finanziellen und Personalbereich werden in der Umsetzungsphase definiert und verfolgt,
um sowohl positive wie eventuelle negative Auswirkungen der Veränderungen festzustellen. Die Einplanung von Risiken, wie die Störung von Geschäftsabläufen und Schwierigkeiten in der Umsetzung aufgrund kritischen Engagements von Mitarbeitern, müssen frühzeitig betrachtet und durch entsprechende Systeme in den kritischen Bereichen transparent
aufgezeigt werden.

Im Zuge der Überarbeitung von Entscheidungswegen, Befugnissen und Organisation
gilt es, die entsprechenden Fähigkeiten der Mitarbeiter in einem sich dynamischen entwickelnden Arbeitsumfeld mit immer komplexeren Anforderungen fortzuentwickeln. Neue
Entscheidungswerkzeuge bis hin zu Werkzeugen der künstlichen Intelligenz unterstützen
die Beherrschung und Entscheidungsfindung immer komplexerer Anforderungen und Prozesse.

10.3   Neue Organisationsformen mit beeindruckenden Leistungen

10.3.1 Jeder ist selbstverantwortlich – wie sind die Resultate?

Auch wenn es keine grundsätzlichen empirischen Ergebnisse gibt, die zuverlässig eine
Korrelation zwischen Organisationsform der Vielzahl der Unternehmensparameter und
dem Geschäftserfolg geben können, hat der How Report in den Jahren 2012 und 2016
organisatorische Systeme und ihre Auswirkungen auf Geschäftskennzahlen und Unternehmenskultur empirisch aufzeigen können. Aufgrund der globalen Ausrichtung und einer
sehr hohen Anzahl von Teilnehmern an der Befragung gelingt es, einige grundlegende
Einflüsse zwischen Organisationsform und Unternehmensergebnissen aufzuzeigen. Er unterscheidet dabei grundsätzlich drei verschiedene Gruppen der Unternehmensführung und
Unternehmenskultur (Seidman 2016):

1. Sich stark selbst steuernde Unternehmensstrukturen, die dazu ein hohes Maß an Transparenz allen Mitarbeitern geben. Diese Unternehmen basieren auf Werten und Prinzipien und der Entwicklung einer hohen Vertrauenskultur. Die Mitarbeiter verfolgen in
   ihrer Umsetzung definierte Werte und übernehmen ein hohes Maß an individueller Verantwortlichkeit. Motivation und Steuerung folgen aus den Werten und dem Sinn des
   Unternehmens einerseits und kollektiven Verantwortungssystemen andererseits.
2. Die zweite Kategorie der Unternehmen wird in die Gruppe der begrenzt informierten
   Mitarbeiter eingeordnet, die sich vielfach auf einer auf festen Regeln basierenden
   Unternehmenswelt charakterisiert. Unternehmen wenden vorwiegend die klassische
   Managementpraxis an und sind noch deutlich hierarchisch strukturiert. Es gibt einen
   Fokus auf kontrollierte Prozesse, Regeln und Richtlinien, die von der Unternehmens-
   führung vorgegeben sind. Ziele und Werte sind vom Management vorgegeben und

werden betreffs ihrer Umsetzung entsprechend verfolgt. Motivation folgt aus der erfolgreichen Erfüllung gesetzter Erfolgsziele und daraus resultierender Ansprüche und Belohnungssysteme.

3. Die dritte Kategorie betrifft Unternehmen, die ihre Funktionsweise grundsätzlich auf Anweisung und entsprechend disziplinierter Ausführung basieren. Sie sind meist gezeichnet durch einen eher autokratischen Führungsstil und enge Kontrolle. Sie erwarten von Mitarbeitern hohe Konformität und Akzeptanz vorgegebener Anforderungen.

Im Jahr 2012 wurden ca. 36.000 Befragungen (63 Fragen) zu Unternehmensergebnissen (14 Fragen) und Verhaltensweisen (49 Fragen) von Mitarbeitern von Unternehmen in 18 Ländern in allen 5 Kontinenten erhoben (Seidman 2012). 2016 wurden ca. 16.000 Befragungen mit 69 Fragen zu Verhaltensweisen in 17 Ländern durchgeführt (Seidman 2016). Die Umfrageteilnehmer konnten auf einer fünfstufigen Skala ihre Bewertungen eingeben. In dem Fall, dass Mitarbeiter 75 % ihrer Antworten in den obersten zwei Stufen markierten, die selbststeuernde Unternehmen charakterisierten, wurde das Unternehmen dem Feld der selbststeuernden Unternehmen zugeordnet. 78 % der Unternehmen waren profitorientierte Unternehmen, 10 % Non-Profit- und 12 % staatliche Organisationen. 31 % der Unternehmen hatten mehr als 10.000 Mitarbeiter, 13 % hatten zwischen 5000 und 10.000 Mitarbeiter, 29 % zwischen 1000 und 5000 Mitarbeitern und 27 % hatten zwischen 500 und 1000 Mitarbeitern. 11 % der Umfrageteilnehmer waren auf den Stufen Vorstandsebene, Vice-President und General Manager angesiedelt, 23 % waren Abteilungsleiter und Geschäftsbereichsmanager.

Aus den Ergebnissen resultiert, dass die Anzahl der Unternehmen mit einem großen Maß an Faktoren der Selbststeuerung sich in der Zeit von 2012 bis 2016 von 3 % auf 8 % erhöhte und sich der Anteil der im Wesentlichen autokratisch geführten Unternehmen von 43 % auf 30 % verringerte (ebd.).

Die Leistungsmessung der unterschiedlichen Unternehmen erfolgte auf Basis der Entwicklung von Marktanteilen, des Grades der Kundenzufriedenheit, des Grads von Innovation und der Höhe des Mitarbeiterengagements. Des Weiteren wurde die Nachhaltigkeit des Geschäfts und der Grad von Fehlverhalten in Unternehmen bewertet.

Entsprechend den Resultaten erzielten 97 % der Unternehmen mit weitgehender Selbststeuerung gute oder sehr gute Ergebnisse, 80 % der Unternehmen, die durch die traditionellen Managementwerkzeuge gezeichnet waren, erzielten gleichfalls gute oder sehr gute Ergebnisse, jedoch nur 36 % der Unternehmen unter autokratischer Führung. In Einzelfaktoren lag der zuvor im Kapitel Unternehmenskultur aufgezeigte Faktor des Mitarbeiterengagements nach Aussagen der Teilnehmer bei der Gruppe der selbststeuernden Unternehmen je nach Parameter bei 95–99 %, bei der zweiten Gruppe der Unternehmen bei ca. 85 % und bei der dritten Gruppe der eher autokratisch geführten Unternehmen zwischen 30–50 %. Die Innovationsparameter lagen bei 96–99 % bei der ersten Gruppe, bei 74–78 % in der zweiten Gruppe und bei 21–32 % in der Gruppe der autokratischen Unternehmen. Fehlverhalten von Mitarbeitern wurde bei 4 % der Mitarbeiter in selbststeuernden

Unternehmen beobachtet, bei den anderen beiden Gruppen lag diese Quote bei 27 % bzw. 69 %. Der Grad der Unternehmenssteuerung hängt stark ab von Unternehmensgröße und Branche. Im Bereich Computer, Software, Elektronik und Businessservice wurde der höchste Grad der selbststeuernden Elemente berichtet. Kleinere Unternehmen weisen erwartungsgemäß einen höheren Grad auf als Unternehmen mittlerer und großer Größe, die den geringsten Anteil dieser Organisationsform aufweisen (Seidmann 2016).

Merkmale von Mitarbeitern in selbststeuernden Unternehmen betreffen insbesondere ihr starkes Engagement für die gemeinsamen Werte und Ziele. Dies führt zu einer entsprechenden selbstmotivierten Leistungsorientierung. Typischerweise zeichnet diese Mitarbeiter eine enge Unternehmensbindung aus und ein kooperativer Arbeitsstil. Transparenz unterstützt die effiziente Entscheidungsfindung. Ein hohes Verantwortungsgefühl motiviert, frühzeitig kritische Themen zur Sprache zu bringen. Eine starke Vertrauenskultur unterstützt ein experimentelles Umfeld, welches wiederum Innovation fördert. Hierarchische Strukturen und Mikromanagement spielen eine untergeordnete Rolle. Diese Art der Unternehmensorganisation funktioniert gut, wenn sich alle Mitarbeiter den gleichen Zielen und Werten in Form einer starken intrinsischen Motivation zur Erzielung der übergeordneten Werte und Ziele verpflichtet fühlen.

Mitarbeiter, die sich selbst als hoch verantwortlich und sehr stark engagiert bezeichneten, waren in den selbststeuernden Unternehmen auch zu ca. 97 % in den Managementfunktionen vertreten, in den Unternehmen der zweiten Gruppe zu ca. zwei Dritteln, während in den autokratischen Unternehmen dies nur ca. ein Fünftel der Mitarbeiter berichtete (ebd.).

10.3.2 Wege zum selbststeuernden Unternehmen

Die Entwicklung einer selbstverantwortlichen Organisation muss durch eine Veränderung der Denkweise und besonderes Leadership gefördert werden und kann nicht einfach in Form eines typischen Changeprojektes umgesetzt werden. Es muss ein Weg entwickelt werden, der mit einem starken Commitment des Führungsteams beginnt. Es folgt ein kontinuierlicher Entwicklungsprozess, in dem entsprechende Verantwortlichkeiten in einer neuen offenen Struktur und neuem Entscheidungsrahmen entwickelt werden. Die Entwicklung der Organisation und der Unternehmenskultur muss ständig verfolgt und der Stand zwischen Wunsch, Realität und Wahrnehmung sorgfältig im Unternehmen gesteuert werden. Gleichzeitig muss sich die gesamte Mitarbeiterschaft entsprechend entwickeln und anpassen, sodass Mitarbeiter dem Unternehmen angehören, die sich Werten, Zielen, der Organisationsform und Kultur gegenüber verpflichtet fühlen. Sie müssen bereit und vor allem interessiert sein, ein hohes Maß an Eigenverantwortung im Unternehmen zu übernehmen. Dies gestaltet auch den Recruitingprozess neuer Mitarbeiter schwieriger und aufwändiger. Erfahrungen in derartigen Unternehmen zeigen, dass die Selbstorganisation eine längere Einarbeitungszeit benötigt, um die volle Leistung zu erbringen.

Mitarbeiter werden sich umstellen müssen, um von Kollegen Rechenschaft einzufordern. Sie werden sich auch umstellen müssen, um Rechenschaft gegenüber den Kollegen zu leisten betreffs der eigenen Erfüllung bei Qualität, Quantität, Zielerfüllung und anderen Kriterien. Das Ziel der Spitzenleistung darf nicht durch eine kulturelle Einigung auf Mittelmaß und gegenseitige Rücksicht untergraben werden. Fehlende traditionelle Karriereentwicklungsmöglichkeiten sind gleichfalls für viele Mitarbeiter schwierig. Es fehlt der Maßstab des eigenen Vorankommens. Ein Unternehmenswechsel in ein eher traditionelles Unternehmen kann sich in der Folge gleichfalls schwieriger gestalten (Hamel 2011).

Manager mit Führungsverantwortung müssen gleichfalls bereit sein, eine veränderte Rolle im Unternehmen zu akzeptieren. Die Autoren der HOW Studien stellen heraus, dass bei der Entwicklung zu einem „selbststeuernden" Unternehmen die Konzentration auf den Weg und nicht nur auf das Endziel notwendig ist.

Ein Managementvordenker und starker Befürworter dieser Unternehmensform, Gary Hamel, schlägt Unternehmen, die sich zur Selbstorganisation hin entwickeln möchten, einen langen Weg in vier Schritten vor (ebd.):

1. **Klarheit in Aufgaben und Wertschaffung:** Zu Beginn steht, dass jeder in der Organisation eine persönliche Aufgabe schriftlich formuliert und klarmacht, welcher Wert für Unternehmen und Kollegen geschaffen wird und welche Probleme mit welchen Ergebnissen gelöst werden. In Arbeitsgruppen werden die Aufgabenbeschreibungen diskutiert und anschließend in Form von kollegialen Vereinbarungen definiert.
2. **Einführung autonomer Aufgabenschritte:** In der Folge wird Mitarbeitern ein gewisses Maß zusätzlicher Autonomie gegeben, die sie insbesondere darin unterstützt, ihre Aufgaben einfacher und besser bzw. schneller zu lösen. Welche Abläufe hindern Mitarbeiter, ihre Aufgabe schnell und effizient zu erfüllen?
3. **Transparenz der Ergebnisse und Folgen des Handelns:** Im nächsten Schritt wird den Mitarbeitern auch die wichtige finanzielle Transparenz ihrer Aktivitäten offengelegt, sodass sie die Folgen ihrer Entscheidungen transparent nachvollziehen können. Ein hohes Maß an Transparenz ist eine Grundbedingung für die Entwicklung der sich selbst steuernden Organisationsform.
4. **Veränderung der Beziehung zwischen Manager und Mitarbeiter:** Die Auflösung der Unterscheidung zwischen Managern und Mitarbeitern wird gefördert. Manager listen selbst ihre Zusagen an das Team auf und bitten um entsprechende Kommentierung. Manager müssen ein höheres Maß an Rechenschaft akzeptieren zur Schaffung eines Systems der gegenseitigen Verpflichtungen.

Insgesamt stellt auch Gary Hamel als besonderer Befürworter der Selbstorganisation in Unternehmen heraus, dass der Weg vom traditionellen Unternehmen zu einem der Selbstorganisation lang und schwierig ist. Als besondere Beispiele einer erfolgreichen Transformation werden immer wieder die beiden Unternehmen Morning Star und W. L. Gore angeführt.

Auffallend in den Aussagen der Umfrageteilnehmer des HOW Reports aus den verschiedenen hierarchischen Managementebenen ist, dass in den oberen Etagen der Unternehmen offensichtlich wesentlich mehr Merkmale einer selbststeuernden Organisation vorhanden sind als auf dem unteren Level der Hierarchie (Seidman 2016). Offensichtlich gelingt es Unternehmensführungen durchaus erfolgreich, derartige Strukturen in ihrer eigenen Ebene einzuführen, sie können oder möchten dies jedoch nicht auf den darunterliegenden Ebenen umsetzen.

Des Weiteren ist auffallend, dass in der Beurteilung einzelner wichtiger Merkmale eines selbststeuernden Unternehmens auf dem Niveau der Vorstandsebene einzelne Kriterien zu ca. 40–50 % als erfüllt betrachtet werden, während dies auf den darunterliegenden Ebenen im Fall von Einzelkriterien nur von 18–25 % der Befragten ausgesagt wird. Die Aggregierung der Werte zur Bestimmung des Grads des Selbstmanagements führt dazu, dass 19 % des Top-Managements die Kriterien eines selbststeuernden Unternehmens erfüllt sehen, jedoch nur 9 % auf der Ebene der Abteilungsleiter und 4 % auf der Arbeitsebene (ebd.).

10.3.3 Perfekte Organisation und Kultur in den Straßen Indiens?

Eine Hochleistungsorganisation auf den Straßen Indiens, aus Tausenden Einzelunternehmen mit extrem niedrigen Fehlerraten, ohne Prozesshandbuch, elektronische Systeme und Kontrolle und Anweisung? Wie funktioniert dies?

Auf den Straßen von Mumbai gibt es das System der Dabbawalas. Unzählige Kleinstunternehmen stellen einen perfekt abgestimmten Essenslieferdienst zur Verfügung (Thomke 2012). 5000 Dabbawalas liefern täglich 130.000 Essensbehälter in einer der größten Städte der Welt aus. 260.000 Transaktionen werden innerhalb von sechs Stunden an sechs Tagen pro Woche ausgeführt. Eine extrem hohe Qualität und Zuverlässigkeit wird bei niedrigen Kosten ohne Computersysteme in einem System des Selbstmanagements, welches seit über 120 Jahren existiert, erreicht. Der Autor der Studie über dieses beeindruckende System stellt heraus, dass es sich auf die miteinander perfekt abgestimmten Säulen „Organisation, Management, Prozesse und Kultur" als tragende Elemente eines Systems stützt. Das gesamte Transportsystem stützt sich dabei auf die Vorstadtzüge der Stadt. Zwischen den Bahnhöfen und den Häusern der Kunden und deren Büros werden mithilfe von Fahrrädern und Handkarren die übrigen kurzen Wege zurückgelegt. Bemerkenswert ist gleichfalls, dass die persönlichen Essensbehälter vom Haus des Konsumenten zur Mittagszeit an seinen Arbeitsplatz nicht nur hin transportiert werden, sondern die leeren Essensbehälter am Nachmittag auch zuverlässig wieder an den Ausgangspunkt zurück transportiert werden. Das gesamte System ist in ca. 200 Einheiten mit jeweils 25 Lieferanten aufgeteilt, die sich in eigener Regie organisieren. Mitarbeitersuche, Logistik, Kundenmanagement und auch die Lösung von Konflikten organisieren die Dabbawalas im Wesentlichen selbst. Geringe Kosten und eine hohe Servicequalität sind entscheidend. Jede Dabbawala handelt Preise mit ihren Kunden selbst aus. Eine üblicherweise lange Kundenbindung wird durch einen Code of Conduct geschützt, nachdem eine Dabbawala z. B. nicht in bestehende Kundenverhältnisse eingreifen darf.

Die enge Taktung der Vorstadtzüge im Bereich von 20–40 Sekunden an den Bahnhöfen gibt genaue Zeitvorgaben, um die Kisten mit Essensbehältern zu verladen. Das Abholen eines Behälters beim Kunden darf nur 30 bis 60 Sekunden in Anspruch nehmen. Geringe Verspätungen könnten bereits erhebliche Störungen im System auslösen. Deshalb verfügt jede Gruppe über zwei oder drei Ersatzkräfte, die bei Engpässen aushelfen. Strikte Orientierung an festgelegten Prozessen und Standards optimiert das Handling der Behälter an den Verladestationen. Straffe Disziplin und Abstimmung aller Prozessschritte sind entscheidend. Einfache Codes zeigen den genauen Bestimmungsort jedes Essensbehälters an.

Neben dem strengen Einhalten von Prozessen und Standards sowie der Vorhaltung von ausreichenden Reserven sind ein starkes Gemeinschaftsgefühl in den Gruppen und die Einhaltung und Überwachung einer strengen Disziplin weitere Erfolgsfaktoren. In den Gruppen entwickelt sich aufgrund der langen Zugehörigkeit, die sich über ein gesamtes Arbeitsleben erstrecken kann, und gemeinsamer Werte ein starkes Gemeinschaftsgefühl. Die Mission jeder Gruppe ist es, jeden Tag jedes Essen pünktlich zu liefern. Das Erfolgssystem funktioniert nur in seiner Ganzheitlichkeit und allen Details, sodass es bisher auch noch nicht gelang, ein gleichwertiges System in der Welt zu kopieren. Die Stabilität des Systems wird durch die starke Konzentration auf die Kernkompetenz der Essenslieferung mit den zur Verfügung stehenden Transportmitteln gesichert. Wesentliche Modifikationen werden zur Erhaltung des fein abgestimmten Systems als Ganzes und auch zur Begrenzung der Komplexität im Allgemeinen abgelehnt (Thomke 2012). Bemerkenswert ist sicherlich auch, dass das gesamte System dank seiner perfekten Abstimmung und Konzentration auch mit ganz einfachen Arbeitern und ohne herausragende Manager außergewöhnliche Ergebnisse erzielt.

10.3.4 Führung eines Start-ups – können etablierte Unternehmen Ideen nutzen?

Eine Studie des Berliner Thinktanks Lead untersucht Mythos und Realität von Start-up-Unternehmen in Interviews mit 30 Top-Managern von Start-ups, etablierten Unternehmen, Inkubatoren und Accelerators, die junge Unternehmen im Wachstum begleiten. Die Studie schließt aus den Erkenntnissen, welche Stärken größere Unternehmen aus der Start-up-Welt übernehmen könnten (Baumanns et al. 2017):

1. **Unsicherheit als Chance begreifen:** In Start-up-Unternehmen ist Unruhe der Normalzustand. Es wird dort die Unsicherheit aufgrund schneller und unerwarteter Veränderungen nicht als Bedrohung betrachtet, sondern als große Chance. Gleichzeitig gewinnen Mitarbeiter, die einen großen Gestaltungsspielraum suchen und ausfüllen möchten, einen Baustein zum Erfolg.

2. **Gemeinsame Werte und eine klare Strategie geben:** Anstelle scheinbare Sicherheit über zukünftige Marktentwicklung und Wachstum auf Basis von Hochrechnungen und Prognosen zu gewinnen, entscheiden erfolgreiche Start-ups auf Basis ihrer festgelegten, übergeordneten Werte. Start-up-Unternehmen benötigen schon aufgrund ihrer nicht vorhandenen Historie starke Werte und eine klare Ausrichtung, um gute und hoch motivierte Mitarbeiter zu gewinnen. Auch Start-ups passen ihre Strategie regelmäßig der Markt- und Unternehmensentwicklung an und revidieren schnell operative Entscheidungen. Erfolgreiches Start-ups unterscheiden die strategische Vision klar vom operativen Handeln. In großen Unternehmen werden Strategien von spezialisierten Abteilungen entworfen, während Start-up Unternehmen stärker auf Basis einer „Emerging Strategy" auf Basis ihrer Werte und Mission arbeiten.

3. **Radikal auf den Kunden ausrichten:** Aufwendige interne Prozesse und Strukturen lassen in internen Abteilungen von Großunternehmen oftmals keinen Raum für die Kundenpriorisierung zu. Start-up-Unternehmen sind zumeist gezwungen, sich radikal auf ihr Produkt, Kunden und ein schnelles Wachstum zu konzentrieren und können sich nicht verzetteln. Dementsprechend sind die Ressourcen meistens bedingungslos markt- und kundenkonzentriert und ordnen dieser Notwendigkeit alle Aktivitäten unter.

4. **Innovationen im raschen Try-and-Error-Verfahren entwickeln:** Experimentieren bleibt ein wichtiger Bestandteil des Geschäftsmodells der Start-up-Unternehmen, wenngleich auch sie, nicht zuletzt vor dem Hintergrund ihrer Geldgeber, kontrolliert arbeiten müssen. Ziel bleibt ein möglichst einfaches Produkt, um schnellstmöglich Kundenerfahrungen zu sammeln. Unternehmen sind stark darauf ausgerichtet, in aufwendigen Innovationsprozessen Risiken zu minimieren und ein möglichst perfektes Produkt auf den Markt zu bringen. Experimentierfreude, Fehlerkultur und Akzeptanz von Fehlschlägen sind Aspekte, die große Unternehmen zurzeit lernen müssen.

5. **In Netzwerken arbeiten:** Start-up-Unternehmen teilen ihre Ideen schneller mit dem Markt und entwickeln eine starke interne und externe Netzwerkkultur und -organisation.

6. **Klare Ziele setzen und viel Freiraum schaffen:** Guten Mitarbeitern und Talenten werden früh Verantwortung und auch Freiräume übertragen. Dies schafft Raum des selbstbestimmten Arbeitens.

7. **Zusammenarbeit stärken:** Agile und projektbasierte Arbeitsformen sind eine elementare Organisationsform gegenüber starren Organigrammen und Hierarchien konventioneller, großer Unternehmen. Anstelle aufwendiger Reorganisationen passen Start-up-Unternehmen ihre Projektorganisation dynamisch den Erfordernissen an. Eine lebendige unternehmensinterne Kommunikation ersetzt die Orientierung an starren Verantwortungsbereichen.

Die Autoren stellen gleichfalls fest, dass es einige Mythen um das Thema Start-up herum gibt, die derart nicht zutreffen. Auch für diese Unternehmen ist das Gleichgewicht zwischen Flexibilität und Improvisation und klaren Strukturen ein Balanceakt. Ziele und Kontrolle werden durch Investoren und Accelerators verfolgt, die wirtschaftliche Ergebnisse erwarten. Gleichfalls beobachtet man, dass die Führungskultur in diesen Unternehmen auch straffe Züge aufweist, wenn die Gründer Verantwortungsbereiche nur schwer loslassen können und sie ihren Einflussbereich auch langfristig erhalten und ihn weniger durch eine Erweiterung des Führungsteams aufteilen möchten (Baumanns et al. 2017)

10.4   Organisation zu Wachstum – viele Möglichkeiten

Im Kapitel Wachstum wurde bereits die zehnjährige Untersuchung der seinerzeit 300 erfolgreichsten Unternehmen erwähnt. Auf die grundsätzlich unterschiedlichen Organisationsformen und Möglichkeiten und den Beitrag zu Wachstum wird im Folgenden eingegangen.

Es zeigte sich, dass nur jene Unternehmen überdurchschnittliche Renditen am Aktienmarkt erzielten, die ein gleichmäßiges Wachstum bei Umsatz und Gewinn aufweisen konnten. Besonders herausfordernd war jedoch die gleichzeitige kontinuierliche Steigerung bei beiden Parametern, was nur ca. 25 % der Unternehmen gelang. Die Schwierigkeit liegt in der Herausforderung, einerseits flexible Strukturen zur Schaffung von Innovation und Wachstum zu öffnen und andererseits gleichzeitig effiziente operative Prozesse zur Steigerung der Profitabilität und Effizienz aufrechtzuerhalten (Gomez et al. 2007).

In der Untersuchung unter 300 Unternehmen mit unterschiedlichen Ergebnissen traten vier grundsätzlich mögliche Wege zum Erfolg auf, um diesen Zielkonflikt zu lösen (ebd.):

1. **Zyklischer Wechsel in der organisatorischen Ausrichtung:** Unternehmen wechseln in einem mehrjährigen Rhythmus zwischen einer Zentralisierung mit dem Ziel der Optimierung der operativen Effizienz und der Dezentralisierung zur Steigerung der Innovation. Kleine dezentrale Einheiten sind i. A. besser in der Entwicklung schneller, marktorientierter Innovationen.
2. **Räumliche Trennung von Organisationseinheiten:** Einige Unternehmensbereiche werden in eigenständigen Einheiten zur Förderung von Produktinnovation und einer innovativen Kultur geführt. Andere Einheiten werden entsprechend ihrer Strategie mit dem Ziel einer hohen operativen Effizienz zentral geführt.
3. **Entwicklung einer Parallelorganisation:** Eine der primären Strategie entsprechende Grundstruktur zum Erzielen der operativen Effizienz wird durch eine bereichsübergreifende Projekt- oder Kooperationsstruktur ergänzt. In der Kooperationsstruktur arbeiten Experten verschiedener Bereiche zusammen, die neue Wachstumsfelder in den verschiedenen Bereichen öffnen. Auch eine dazu konträr aufgebaute Primärstruktur, die Innovation und Flexibilität fördert, ist möglich, die dann durch eine Projekt- oder Kooperationsstruktur zum Gewinnen von Synergien und Effizienz ergänzt wird.

4. **Integrierte Netzwerke:** Hier handelt es sich um eine Matrixstruktur, in der z. B. das Management globaler Produktgruppen und das Management geografischer Regionen verbunden wird. Globale Produktsparten sind verantwortlich für Entwicklung und Innovation, und die regionale Organisation stellt operative Effizienz der Abwicklung der Geschäftstätigkeit vor Ort sicher. Die Wahl einer entsprechenden organisatorischen Strategie hängt insbesondere von der Art der Marktveränderungen und der Wettbewerbsstrategie ab. Auf weitere Details der Matrixstruktur wird im weiteren Verlauf des Abschnitts noch eingegangen werden.

Strategie der schnellen Veränderung: Im Fall schneller und disruptiver Veränderungen eignet sich insbesondere die Strategie der zyklischen Veränderung, in der die Organisation sich jeweils neu den veränderten Bedingungen anpasst. Gleichfalls geeignet erscheint die Struktur der räumlichen Trennung mit einer eigenständigen Einheit zur schnellen Reaktion auf wichtige Veränderungen im Marktumfeld. Diese Organisationsentwicklungen sind jedoch mit erheblichem zeitlichem und finanziellem Aufwand verbunden, sodass Aufwand und Nutzen kritisch gegeneinander abgewogen werden müssen.

Evolutionäre Markt- und Innovationsentwicklung: Im Fall evolutionärer Markt- und Innovationsentwicklungen wird auf Basis der Untersuchung unter 300 großen europäischen Unternehmen die Einführung der Parallelorganisation, der integrierten Netzwerke bzw. der Matrixstruktur empfohlen. Sie bindet Mitarbeiter sowohl in das bestehende, operative Geschäft wie in die Innovationsentwicklung ein. Diese Struktur wäre nicht zur Entwicklung disruptiver Veränderungen geeignet und würde dies eher behindern.

Markt- und Wettbewerbsstrategie: In einer markt- und wettbewerbsorientierten Strategie kann eine Parallelorganisation zur Anwendung kommen, wie z. B. im Fall einer Zweimarkenstrategie für unterschiedliche Zielgruppen oder zwei verschiedener Geschäftsmodelle. Im Fall einer engen Verflechtung der zwei Produkt- bzw. Geschäftsmodelle ist eine gemeinsame räumliche Basis zur Förderung der Kooperation und Koordination sinnvoll. In anderen Fällen kann eine räumliche Trennung sinnvoll sein.

Effizienz und Differenzierung: Eine hybride Wettbewerbsstruktur wird durch die Netzwerkstruktur entwickelt und hat zum Ziel, Effizienzvorteile bei Entwicklung einer guten Differenzierung in einem einzigen Geschäftsmodell zu entwickeln. Eine räumliche oder organisatorische Trennung ist nicht sinnvoll.

Die erfolgreiche Umsetzung wird auf entsprechenden kulturell günstigen Bedingungen basieren müssen. Je nach Organisationsmodell, welches sich in Unternehmensteilen unterscheiden kann, ist eine unterschiedliche, organisationsspezifische kulturelle Ausrichtung notwendig, die den Zielen der jeweiligen Einheiten entspricht. Dies kann erhebliche Unterschiede ausmachen, wie z. B. im Fall einer Kultur der Effizienzentwicklung oder der experimentellen Kultur der Entwicklung disruptiver Innovation. Dennoch muss die Identifikation mit dem Gesamtunternehmen aufrechterhalten werden, um die Vorteile von Kooperationen und Synergien zu nutzen. Das Personalwesen erfolgreicher

Unternehmen passt die Gehalts- und Incentivesysteme entsprechend an, indem sowohl bereichsspezifische als auch bereichsübergreifende Ziele gesetzt werden, sodass die unternehmensweite Zusammenarbeit und die Realisierung der spezifischen Ziele abgesichert sind.

10.5 Matrixorganisationen – neue Ergebnisse alter Diskussionen

Auf der Basis verschiedener Erhebungen von Gallup und McKinsey wurde eine Analyse der besonderen Aspekte bewertet, die in einer Matrixorganisation zum Tragen kommen.

Es flossen Daten von Tausenden US-Angestellten aus verschiedenen Gallup- bzw. McKinsey-Untersuchungen zu Matrixorganisationen, Mitarbeiterengagement, Geschäftsergebnissen und zum McKinsey „Organisational Health Index" (OHI) ein. Dieser Index bildet die Qualität des Betriebsklimas und der organisatorischen Gesundheit ab (Kap. 9). Die Ergebnisse der Untersuchungen zur Matrixorganisation wurden mithilfe statistischer Verfahren ausgewertet und mittels statistischer Überprüfungen auf die Zuverlässigkeit der Aussagen getestet (Bazigos und Harter 2016).

84 % der von Gallup befragten Angestellten arbeiteten in einer zumindest teilweise matrixbasierten Organisation. 49 % arbeiteten in verschiedenen Teams an einigen Tagen („slightly matrixed") und 18 % arbeiteten in verschiedenen Teams täglich mit verschiedenen Kollegen, wobei sie jedoch stets an den gleichen Manager berichteten („matrixed"). Weitere 17 % berichteten an verschiedene Vorgesetzte und arbeiteten in verschiedenen Teams („supermatrixed").

Langfristig aufgenommene Gallup-Ergebnisse zeigen genauso wie die anderen im Kapitel Kultur und Erfolg aufgezeigten Untersuchungsergebnisse, dass Profitabilität, Produktivität und Kundenservicebeurteilungen erheblich vom Mitarbeiterengagement im Unternehmen bestimmt wird.

Das Ergebnis der Gallup/McKinsey-Untersuchung zeigt, dass Mitarbeiterengagement mit dem Grad der Matrixeinbindung leicht ansteigt („nonmatrixed" = 28 %, „supermatrixed" = 34 %, aktiv nicht engagierte Mitarbeiter: 16 %/11 %). In der Detailanalyse zeigt sich, dass bei Matrixorganisationen insbesondere der Grad der Zusammenarbeit unter Mitarbeitern stärker sind. Kritisch ist in Matrixorganisationen die Klarheit in der Definition der Aufgaben. Mitarbeiter in Supermatrix-Organisationen sagen ungefähr doppelt so häufig aus, dass ihre Organisation sie in der Zusammenarbeit mit anderen Kollegen und Kunden effektiv unterstützt und den Innovationsprozess fördert. Gleichzeitig berichteten diese Mitarbeiter über einen etwas höheren Grad der Anerkennung und der Berücksichtigung ihres Inputs. Auch konnte in diesen Organisationen über ein höheres Engagement zu qualitativ hochstehender Arbeit berichtet werden. Dies belegt, dass das Engagement und die Zusammenarbeit in Matrixorganisationen gefördert werden. Allerdings kann nur eine Minderheit der in einer Supermatrix organisierten Mitarbeiter bestätigen, dass sie genau wissen, was von ihnen bei der Erledigung ihrer Aufgabe erwartet wird. Dies wissen jedoch 60 % der nicht in einer Matrix organisierten Mitarbeiter.

Dies belegt die oftmals zitierte Tatsache, dass die Definition von Verantwortung, Erwartungen und Berichtsverhältnissen in Matrixorganisationen schwierig ist. Die entsprechende Abstimmung zwischen den verschiedenen Managern und Projektleitern zur Definition der Prioritäten in den Aufgaben ist dementsprechend wichtig. Der erfolgskritische Index OHI (Kap. 9) zum gesunden Betriebsklima wird u. a. erheblich von dem Aspekt klarer Rollen, Aufgaben und Verantwortung beeinflusst. Diese Klarheit stärkt das Betriebsklima und in der Folge die wirtschaftliche Stärke. Manager werden in einem regen Informations- und Gedankenaustausch mit ihren Mitarbeitern Aufgaben und Verantwortungen transparent darstellen und sie fördern.

Matrixorganisationen sind tendenziell auch langsamer in der Entscheidungsfindung und dementsprechend ungünstig für eine schnelle Reaktion und Agilität einer Organisation (Nordmeyer 2018; Krell 2011).

10.6   Wann trägt ein COO besonders zu positiven Ergebnissen bei?

Eine Untersuchung der h&z Unternehmensberatung und der Fachhochschule für angewandtes Management in Erding zeigt auf Basis von Vergleichsanalysen die Ergebnisunterschiede zwischen Unternehmen, an deren Spitze der operativen Verantwortung ein COO steht, und anderen Unternehmen. Basis waren eine Umfrage unter 90 Führungskräften produzierender Unternehmen mit oder ohne COO, eine Kennzahlenanalyse operativer Bilanzdaten von 70 Unternehmen und einige detaillierte Interviews mit CEOs und COOs. Die Ergebnisse zeigen, dass produktionsgesteuerte Unternehmen im deutschsprachigen Raum mit einem COO effizienter und erfolgreicher arbeiten (Schmutte et al. 2012). Die Fokussierung der COOs auf operative Effizienz, Synergien, Prozessoptimierungen, Kostenreduktion und kontinuierliche Verbesserung im operativen Bereich tragen zu der Ergebnisverbesserung maßgeblich bei. In der Umfrage stimmten 83 % der CEOs und 75 % der COOs der Aussage zu, dass die Präsenz eines COOs für eine Verbesserung der Geschäftsprozesse im Unternehmen sorgt. Die EBIT-Marge lag bei Unternehmen mit einem COO im Durchschnitt bei ca. 8 %, bei Unternehmen ohne COO nur bei ca. 3 %. Auch die Rentabilität des langfristig eingesetzten Kapitals lag bei Unternehmen mit COO bei 24 %, ohne COO bei 22 %. Die Lagerumschlagsdauer lag bei durchschnittlich 88 Tagen, während dies bei Unternehmen ohne COO 106 Tage waren. Leichte Vorteile hatten Unternehmen mit COO auch im operativen Cashflow (9 %/8 %) und im Working-Capital-Management.

Die Einführung eines COOs empfehlen die Autoren dennoch auf Basis der individuellen Unternehmenssituation genau zu überprüfen. Es konnte keine Korrelation der Wirksamkeit in Abhängigkeit von Unternehmens- oder Umsatzgröße festgestellt werden. Branchen mit besonders starkem Wettbewerbsdruck und Unternehmen mit komplexen Strukturen und Abläufen sowie Unternehmen in einem grundlegenden Wandel oder einer Turnaround-Situation scheinen den Ergebnissen zufolge besonders von der Aktivität eines COOs zu profitieren. Hier kann ein COO mit seinem internen Fokus wichtige Aufgaben zur Verbesserung der Gesamtkosten und der Umsetzung von leistungssteigernden Maßnahmen vorantreiben(ebd.).

Eine weltweite Befragung unter 83 Top-Managern verschiedener Branchen zeigte die hohen Kosten von Personalthemen in Unternehmen auf (Menon und Thompson 2016). Die Kosten unproduktiver Meetings lagen an zweiter Stelle der intern verursachten Probleme und wurden mit ca. 8200 US$ pro Tag pro Unternehmen angegeben, gefolgt von dem Problem nicht inspirierender Führungskräfte. Darüber stand noch die Position unpassender Neueinstellungen mit ca. 8500 US$ pro Unternehmen und Tag. Weiter unter den Top-Kostenverursachern des Personalbereiches standen Probleme, die aus Konfliktscheu ignoriert wurden, unnötige Analysen, Kosten aufgrund der Verfolgung von Standardlösungen oder auch ein zu starker Fokus auf individuelle Incentives. Fehlendes Feedback für leistungsschwache Mitarbeiter wurde mit ca. 7800 US$ pro Tag und Unternehmen angegeben; dieses stand auf Platz 10 der intern verursachten wichtigen Kostenpositionen.

10.7 Führungsmodelle – was fordert die Zukunft?

Verschiedene Führungs- und Organisationsmodelle sind in Unternehmen eingeführt. Welche Modelle vertreten die Unternehmensführer, wie werden diese von Mitarbeitern wahrgenommen, welche sind in welchem Umfeld besonders angebracht?

Das Haufe Agilitätsbarometer gibt zusätzlich zu den vorgestellten Aspekten der Führungskultur (Abschn. 9.7) auch tiefere Einblicke zu den aktuellen Führungsmodellen. 1812 Mitarbeiter und 1006 Führungskräfte aus Unternehmen mit mehr als 100 Mitarbeitern aus dem Raum DACH gaben ihre Einschätzungen und Erfahrungen an (Anderson und Rotzinger 2017).

Die Anwendung eines agilen Führungsmodells in ihrem Unternehmen sehen 29 % der Führungskräfte, jedoch nur 11 % der befragten Mitarbeiter. Das partizipative Führungsmodell sehen 36 % der Führungskräfte und 30 % der Mitarbeiter in Anwendung, ein hierarchisches Modell sehen 35 % der Führungskräfte, jedoch noch 46 % der befragten Mitarbeiter. Dementsprechend sehen bei der Frage nach der Einschätzung der aktuellen Führungsmodelle Führungskräfte agile und partizipative Modelle häufiger angewandt als die Mitarbeiter.

Etwas mehr als die Hälfte der Führungskräfte und Mitarbeiter waren mit dem Führungsmodell im Unternehmen bzw. im Führungsteam ihres Vorgesetzten zufrieden oder sehr zufrieden. Die Zufriedenheit mit dem Modell der agilen Führung oder der partizipativen Führung war annähernd gleichwertig, die Zufriedenheit mit dem hierarchischen System war deutlich geringer. Mitarbeiter und Führungskräfte beurteilen auch die Auswirkungen des agilen oder partizipativen Führungsstils auf den Geschäftserfolg als gleichwertig und positiver als im Fall des hierarchischen Modells.

Das partizipative System halten 49 % der befragten Mitarbeiter für zukunftsfähig und 27 % das agile Modell. Die Einschätzung der Führungskräfte liegt auf dem gleichen Niveau. Diese Aussagen belegen die bekannte Tendenz und Tatsache, dass die Führungskultur sich gewandelt hat und tradierte, hierarchische Methoden zur Erzielung des Unternehmenserfolgs und in der Akzeptanz aufseiten der Mitarbeiter ein Auslaufmodell sind.

Dennoch zeigt die Umfrage, dass diese noch in 35–46 % der Unternehmen vorherrschend zu sein scheint – je nach der befragten Gruppe „Führungskräfte" oder „Mitarbeiter" (ebd.).

Eine deutlich divergierende Auffassung haben Mitarbeiter und Führungskräfte jedoch zur Förderung eines offenen Umfelds, der Selbstorganisation und des aktiven Feedbacks durch die Führungskräfte. 80 % der Führungskräfte sind davon überzeugt, angemessene Impulse für ein agiles Arbeitsumfeld zu setzen. Mitarbeiter geben hier eine neutrale Bewertung ab und konnten nicht einmal in 10 % der Fälle diesen Aussagen voll und ganz zustimmen. Kritisch wird insbesondere die Transparenz der Kommunikation und des aktiven Einholens von Feedback bewertet. Die Bewertung der Führungsleistung durch Mitarbeiter war sowohl in agilen wie partizipativen Führungsmodellen gleichwertig. Erhebliche Unterschiede in der Wahrnehmung der Führungsleistung und Kommunikation war auch schon in Abschn. 9.9.1 im Zusammenhang mit der Bewertung der Unternehmenskultur zwischen den hierarchischen Ebenen aufgetreten. Erfolgreiche Unternehmen werden diesen Wahrnehmungsgap zur Optimierung ihrer internen Maßnahmen schließen.

10.7.1 Herausforderungen der Zukunft – was sehen Mitarbeiter und ihre Vorgesetzten?

Die Bewertung der besonderen Herausforderungen für Unternehmen in der Zukunft differiert erheblich zwischen Mitarbeitern und Führungskräften. Bei diesen Punkten sehen die Vorgesetzten ein deutlich höheres Maß an Herausforderungen. Gleichwertig hoch schätzen beide Parteien die Herausforderungen aufgrund neuer Anforderungen von der Seite der Mitarbeiter. (Tab. 10.1)

10.7.2 Change – wie bereit sind Mitarbeiter zu Veränderung und wo findet sie statt?

Sowohl Führungskräfte als auch Mitarbeiter (42 %/49 %) nehmen bereits seit einigen Jahren eine hohe Veränderungsgeschwindigkeit in den Anforderungen wahr. Ein weite-

Tab. 10.1 Wichtigste Herausforderungen der Unternehmen der Zukunft (Daten Anderson und Rotzinger 2017).

Wichtigste Herausforderungen des Unternehmens in der Zukunft	Mitarbeiter	Führungskräfte	Differenz
Umgang mit sich ändernden Anforderungen der Mitarbeiter	47%	47%	0%
Sicherung des Innovationsvorsprungs	33%	46%	-13%
Kostensenkung	40%	45%	-5%
Umgang mit modernen Arbeitsformen, Homeoffice, Job Sharing u	28%	37%	-9%
Fachkräftemangel	37%	44%	-7%
Veränderungen der Geschäftsmodelle durch neue Technologien	28%	40%	-12%
Schnellere Produktzyklen	23%	40%	-17%

res Viertel stellte diese in den letzten zwölf Monaten vor der Umfrage fest. Ca. ein Achtel der Befragten erwartet eine hohe Veränderungsgeschwindigkeit in den folgenden zwölf Monaten. Die höchste Veränderungsgeschwindigkeit wird in den Branchen Medien, Banken/Finanzdienstleistung/Versicherung und an dritter Stelle im Bereich der Automobilindustrie registriert. Es folgen die IT-Telekommunikationsindustrie und der Energiesektor (Anderson und Rotzinger 2017).

Die Bereitschaft zu Wandel und Veränderungen bestätigen 34 % der Befragten ohne Einschränkung. Weitere 40 % sind mit leichten Einschränkungen und 18 % mit deutlichen Einschränkungen dazu bereit und werden für Veränderungen gewonnen werden müssen. Alarmierend ist jedoch der Anteil der Führungskräfte, der nur zu 44 % auf jeden Fall bereit ist, zum Wandel beizutragen. Es kommt doch gerade auf die Führungskräfte an, wenn es darum geht, Unternehmen und Mitarbeiter erfolgreich durch die Veränderungen zu führen. Mehr als zwei Drittel der Mitarbeiter wie auch der Führungskräfte sagen, dass der technologische Wandel für viele eine starke und in einigen Fällen sogar eine außerordentlich starke Belastung darstellt. Die Einschätzung der starken Belastung nach Branche deckt sich mit den zuvor genannten, besonders von Veränderungen betroffenen Branchen (Medien, Banken/Finanzdienstleistung/Versicherung, Automobilindustrie, IT, Telekommunikation, Energie).

Sowohl Führungskräfte als auch Mitarbeiter (46 %/45 %) nennen die Organisation und ihre Strukturen, Prozesse sowie Werte und Kultur als die wichtigsten Gründe für das Scheitern von Veränderungen. In der Bewertung einer Veränderungsresistenz werden die Menschen selbst angegeben (39 %/34 %), die den Wandel nicht mittragen. Nur ein kleiner Anteil (10 %/13 %) sieht die Technologie und entsprechend fehlende Tools zur Durchführung des Wandels als Ursache (ebd.). Auf die besonderen Herausforderungen und Maßnahmen des erfolgreichen Veränderungsmanagements wird ausführlich in der Folge eingegangen. Probleme im erfolgreichen Veränderungsmanagement sind seit Jahrzehnten ein Dauerbrenner der Managementliteratur. Bei der Reaktion auf die Veränderungen und den Einsatz von erfolgreichen Methoden in dem Management der Veränderung gibt es offensichtlich weiterhin erheblichen Raum und Bedarf der Verbesserung. Was wurde inzwischen daraus gelernt, sodass derartige Maßnahmen endlich erfolgreich abgeschlossen werden? (Kap. 12)

10.7.3 Agilität – ein neuer Hebel im Wettbewerb?

Grundsätzlich gibt es ein weites Feld der Anwendung und Umsetzung agiler Arbeitsmethoden und Organisationsformen, um den wachsenden dynamischen Anforderungen in einem unsicheren und komplexen Umfeld durch schnelle Markt-, Technologie- und Wettbewerbsveränderungen gerecht zu werden und wichtige Wettbewerbsvorteile zu gewinnen.

Die schnelle Anpassung an sich verändernde Bedingungen, Agilität, ist von strategischer Wichtigkeit. In einer Untersuchung der Unternehmensberatung Kienbaum wurden

200 Führungskräfte und Mitarbeiter befragt, in welchem Maß sie die Treiber von Veränderungen in vier Bereichen wahrnehmen (Kienbaum Management Beratung 2015):

1. Wettbewerbsintensität
2. Umfeld und Rahmenbedingungen
3. Technologieinnovationen
4. Kundenverhalten und Kundenreferenzen

Des Weiteren gaben sie an, wie schnell ihr Unternehmen auf derartige Veränderungen reagiert. Zusätzlich wurden Teilnehmer befragt, in welchem Maß 24 Faktoren („Enabler") in ihrem Unternehmen umgesetzt sind, die Agilität fördern können. 19 % der Teilnehmer kamen aus Großunternehmen mit mehr als 10.000 Mitarbeitern, 28 % aus Unternehmen mit 1000–10.000 Mitarbeitern und 51 % aus Unternehmen mit weniger als 1000 Mitarbeitern. Am häufigsten sagen die Teilnehmer, dass sie stark oder sehr stark von einer hohen Wettbewerbsintensität betroffen sind (59 %, „trifft voll zu"), gefolgt von starken Veränderungen der Rahmenbedingungen (40 %), starken technologischen Veränderungen (25 %) und starken Veränderungen der Kundenpräferenzen und des Kundenverhaltens (17 %).

Generell geben die Teilnehmer in großer Zahl an, dass ihr Einblick in das Markt- und Wettbewerbsumfeld und in die Veränderungen unzureichend ausgeprägt ist. Sie erkennen die Notwendigkeit einer deutlich höheren Reaktivität auf und Sensibilität für das Marktgeschehen an.

Nur ca. 20 % der Firmen sagen aus, dass sie generell zuverlässig Veränderungen erkennen und knapp die Hälfte sagen dies mit Einschränkungen aus. Ca. ein Viertel der teilnehmenden Unternehmen gibt an, dass sie Veränderungen im Wettbewerbsumfeld nicht besonders gut erkennen bzw. Rahmenbedingungen im politischen und gesellschaftlichen Umfeld nicht ausreichend registrieren. Im Bereich des technologischen Wandels und der Veränderungen bei Kundenverhalten und Präferenzen sagen dies sogar ca. ein Drittel der Teilnehmer aus. Bei den notwendigen Reaktionen auf Veränderungen sehen ca. 30 % erhebliche Schwächen bei der Reaktion auf sich verändernde Wettbewerbsintensität und auf den Wandel von gesellschaftlichen und politischen Rahmenbedingungen. 32 % sehen ein schwaches Reaktionsvermögen auf Veränderungen im Kundenumfeld und sogar 37 % auf Veränderungen durch wichtige technologische Innovationen.

Als andererseits sehr sensitiv für die vier Treiber von Veränderungen bezeichnen sich 19–23 % der Unternehmen. Eine deutlich höhere Anzahl der Unternehmen (50–65 %) sagt jedoch aus, dass sie in diesen Bereichen eine sehr viel höhere Sensitivität benötigen. 15–18 % geben an, dass sie in diesen Bereichen sehr reaktiv sind, wobei jedoch je nach Treiber 49–65 % der Unternehmen aussagen, dass sie tatsächlich in diesem Bereich eine höhere Reaktivität benötigen würden.

In beiden Kategorien, der Sensitivität für das Marktumfeld und der Treiber von Veränderungen, gibt es viel Raum für erhebliches und normalerweise leicht zu gewinnendes Verbesserungspotenzial. Gibt es Faktoren, die in einem auffälligen Muster die markt- und wettbewerbssensitiven Unternehmen mit schnellem Reaktionsvermögen von anderen unterscheidet?

Auf Basis der Ergebnisse und Aussagen der Unternehmen bildeten die Autoren eine Gruppe der „eher agilen" Unternehmen und eine Gruppe der „weniger agilen" Unternehmen. In der Analyse der gleichfalls von den Umfrageteilnehmern auf einer vierstufigen Skala bewerteten Anwendung der erwähnten 24 agilitätsfördernden Faktoren zeigen die Autoren, welche dieser Faktoren zu welchem Grad mit der Agilität der Unternehmen korrelierte. Dies bietet Unternehmen auf dem Weg der Verbesserung eine mögliche Orientierung zur Wahl erfolgreicher Ansätze.

Daraus folgt ein Ranking der Maßnahmen auf Basis der Ergebnisse. Die „Enabler", korrelierten eindeutig positiv mit der Reaktivität der Unternehmen auf ihren Markt und ihrer Sensivität für diesen. Dieses Ergebnis mit der Auflistung der Reihenfolge bietet eine Chance für Unternehmen zur marktgerechten Entwicklung ihrer Fähigkeiten im agilen Wettbewerb.

Reihenfolge der wichtigsten „Enabler" (Kienbaum Management Beratung 2015):

1. IT zur Kommunikation (Social Media)
2. Schnelle Entscheidungen Top-Management
3. Systeme und Verfahren auf kurzfristige Veränderungen ausgerichtet
4. Top-Management ist Vorbild für Changeinitiativen
5. Entscheidungen werden umgesetzt
6. Durchlässige Hierarchie
7. Aktive Unterstützung von Veränderungen durch Mitarbeiter
8. Mitarbeiter offen für neue Ideen und Methoden
9. Kernkompetenzen werden fortlaufend gepflegt und erweitert
10. Proaktive und zielorientierte Gestaltung der Veränderungen durch Führungskräfte

In dem folgenden Abschnitt wird zwischen agilen Organisationsformen (z. B. Holokratie), agilen Führungsmodellen und -methoden und agilen Entwicklungs- und Arbeitsmethoden unterschieden.

10.8 Lean oder agil – was sind Unterschiede und Gemeinsamkeiten?

Lean Management hat das Ziel einer intelligenten Standardisierung von Prozessen zur Erzielung einer schlanken, flexiblen und günstigen Massenproduktion, die auch in kleinen Losgrößen erbracht werden kann.

Agile Methoden unterstreichen das Element der Flexibilität, welches sie mit einer iterativen Vorgehensweise zur Entwicklung von kundenoptimierten Produktlösungen nutzen. Lean Management hat den standardisierten und automatisierten günstigen Produktionsprozess im Fokus, während agiles Management sich auf die flexible und individuelle Produktentwicklung fokussiert.

Der agile Scrum-Prozess hat einen höheren Detaillierungsgrad im Regelwerk zur Beschreibung von Rollen und Prozessen bis hin zu zeitlichen Vorgaben der Sprints und täglichen Sprint-Meetings. Die Beschreibung des Lean Managements ist weniger detailliert festgelegt.

Es gibt zahlreiche Ähnlichkeiten zwischen der Philosophie der schlanken Prozesse (Lean Management) und den agilen Prozessen (agiles Management). Der schlanke Prozess „Plan-Do-Check-Act"-Kreislauf wird im agilen Prozess abgebildet durch die Sprint-Planung, die den Sprint-Backlog aufbaut, der sich aus den Produktanforderungen ergibt, dem Sprint-Prozess des Teams zur Abarbeitung des Sprint-Backlogs und der Sprint-Review und Sprint-Retrospektive. Die Implementierung der Verbesserungen korrespondiert zum „Act" des Lean-Prozesses.

Auch in der klaren Kundenorientierung zur Wertschöpfung bzw. Erfüllung der Kundenwünsche, dem Fokus auf Arbeitsgruppen bzw. Teamarbeit liegen die Vorgehensweisen unter Beachtung des benannten Unterschieds im Fokus nahe beieinander. Im Lean Management werden Prozessvereinfachungen durch Standardisierung und die Reduktion von Veränderungen angestrebt. In den agilen Prozessen wird anstelle dessen mittels flexibler Vorgehensweise die schnelle und kostengünstige Umsetzung von Veränderungen erreicht. Eigenverantwortliche Mitarbeiter und Teams arbeiten im Lean-Prozess mit einem stetigen Feedback zur kontinuierlichen Verbesserung und Offenlegung von Problemen. Die agilen, selbstorganisierten Teams reduzieren durch ein dauerhaftes Feedback Probleme. Der Prozess der ständigen Verbesserung im Lean-Prozess wird im agilen Management durch den kontinuierlichen Fokus auf ein exzellentes, kundenorientiertes Design ersetzt. Bei den Lean-Methoden wird mithilfe von kurzen planbaren Intervallen, im Scrum-Prozess in kurzen Zyklen gearbeitet. Im Lean Management konzentriert man sich auf die Reduzierung der Komplexität durch die Betrachtung der wesentlichen wertschöpfenden Prozesse. Die Reduktion der Komplexität im agilen Management erfolgt durch die Entwicklung in kleinen iterativen Prozessen. Die gleichmäßige Auslastung der Ressourcen im Lean Management wird im agilen Prozess durch ein beständiges Arbeitstempo in der Projektentwicklung ohne Überforderung abgebildet (Komus und Kamlowski 2014).

10.9   Chancen der agilen Organisation

In einer agilen Matrixstruktur ist ein dynamisch sich anpassendes Teamnetzwerk in ein stabiles, funktional organisiertes Rückgrat eingesetzt. Das Abarbeiten der wertschöpfenden Tätigkeiten in der dynamischen Team- und Netzwerkstruktur ist der wesentliche Unterschied zu den traditionellen hierarchisch und funktional organisierten Unternehmensorganisationen. Letztere sind insbesondere auf hohe Effizienz und das Abarbeiten in standardisierten, immer wiederkehrenden Prozessen ausgelegt, um bestmöglich Größenvorteile zu nutzen. Die neue agile Struktur soll insbesondere auf ein sich immer schneller veränderndes Umfeld reagieren. Schnelle Anpassung an Strategie, Kundenwünsche, neue Technologien und Geschäftsmodelle in einem volatilen Umfeld ist das Ziel. Strukturen, Prozesse und Mitarbeitereinsatz entwickeln sich dazu passend (Aghina et al. 2018).

Zahlreiche Unternehmen haben agile Führungs- und Arbeitsmethoden erfolgreich in ausgesuchten Bereichen ihrer Struktur eingeführt, um spezifische Ziele dank der Vorzüge der agilen Arbeitsweisen wie Design Thinking und Scrum in einzelnen Bereichen und Abteilungen zu gewinnen. Sie entwickeln, testen und führen dadurch schneller neue Produkte oder Änderungen ein.

Nachdem Hochtechnologiewissen in Ländern wie Indien und China noch zu deutlich geringeren Kosten vorhanden ist, positionieren sich gute Unternehmen in den Hochlohnländern besser mit Kreativität, Engagement und Begeisterung unter den Mitarbeitern am Markt (Hamel 2013).

In einigen Unternehmen ging man in der Anwendung agiler Wege sehr weit, bis zur Einführung vollständig neuer Organisationsformen, wie der Holokratie und von Mitarbeitern selbstbestimmter Geschäftseinheiten, die die gesamte Unternehmensstruktur und Unternehmensregeln grundlegend verändern. (Abschn. 10.11)

Managementmethoden in agilen Unternehmen entwickeln sich mit dem Ziel, Werte und Leidenschaft in das Zentrum und als Basis für Mitarbeiterengagement, Flexibilität, Anpassungsfähigkeit und Innovation zu stellen. Gewinn- und Effizienzstreben allein reichen nicht mehr aus, um wirtschaftlichen Erfolg im volatilen und unsicheren Umfeld zu gewinnen. Kreative und leidenschaftliche Mitarbeiter sind das Wunschbild anstelle fleißiger, gehorsamer, leidenschaftsloser Mitarbeiter, um sich im Wettbewerb durchzusetzen. Das kreative Potenzial und das Engagement aller Mitarbeiter sollen im Wettbewerb gewonnen werden. Unternehmen der Schönheit und des Designs (Apple) sowie der Klugheit (Google) haben sich an die Spitze der erfolgreichsten Unternehmen entwickelt. Unternehmen wie IBM und Procter & Gamble haben sich mit neuen Werten und Geschäftsmodellen als „wiedergeborene Innovatoren" erfolgreich und neu in ihrem Markt durchgesetzt (ebd.).

Der Hersteller eines zahlen- und effizienzgetriebenen Produktes wie das einer Finanzsoftware, Intuit, entdeckte Design und Kreativität als wichtigen Werttreiber (Smith 2015). Man forderte alle Mitarbeiter entsprechend heraus, kreative Ideen zu entwickeln: „Unser Produktentwicklungsprozess war zu inkrementell und zu sehr auf Funktionen und einfache Handhabung konzentriert. Wir brauchten einen innovativen Aufbruch und eine größere Vision. Alle unsere Mitarbeiter mussten verstehen, dass das Gestalten von hervorragenden Produkten und Nutzererfahrungen ein Mannschaftssport ist, zu dem nicht nur Designer und Produktmanager beitragen müssen, sondern alle – bis hin zum CEO. Heute sind wir ein wirklich kundenzentriertes, von Design getriebenes Technologieunternehmen" (Brad Smith, CEO Intuit, in Smith 2015).

10.10 Grenzen der neuen Arbeitsform

Erfolgreiche Unternehmensgeschichten zeigen, wie agiles Arbeiten in Teams oder ganzen Unternehmen erfolgreich umgesetzt wurde. Demgegenüber steht das Risiko, dass hohe Veränderungsgeschwindigkeit und stetig steigendes und notwendiges Spezialwissen in neuen Technologien, schnelle Marktanforderungen und -veränderungen das gegenseitige Verständnis zwischen verschiedenen funktionalen Disziplinen schwieriger gestalten. Dies kann Fachbereiche zum Rückzug und zur Konzentration auf die eigene Fachkompetenz im eigenen Fachbereich verleiten. Der Einsatz in multidisziplinären Teams stellt höhere Anforderungen, und der Weg zum Ziel führt durch einen stetig dichteren Dschungel.

Ergebnisse und Erfahrungen zeigen, dass nicht alle Mitarbeiter den Weg agiler Organisations- oder Arbeitsformen gehen möchten. Viele fühlen sich in der traditionellen Unternehmenswelt mit geringeren Erwartungen an Eigeninitiative, Engagement, Kritikfähigkeit und Verantwortung besser aufgehoben als in dem „Spielfeld für kreative Mitarbeiter" (Leitl 2016).

Unternehmen mit agilen Methoden benötigen Mitarbeiter mit hoher persönlicher Reife. Die Umsetzungsschwierigkeiten und die „Agilitätsfalle" beschreibt Hermann Arnold (Haufe-umantis) in dem Buch „Wir sind Chef" (Arnold 2016): „Der Geschäftsführer eines mittelständischen Unternehmens beschreibt diese so: ,Die Tiger liefen im Käfig im Kreis und brüllten: Lass uns hier raus! Lass uns endlich hier raus!' Dann öffnete ich den Käfig. Rate, was passierte? Die Tiger kreisten trotz des sperrangelweit geöffneten Tores weiterhin im Käfig und brüllten: ,Wer füttert uns nun? Wer füttert uns?' Statt dass sie endlich selbst auf die Jagd gehen."(Arnold in Leitl 2016). Eine Untersuchung des Roman-Herzog-Instituts kam nach Untersuchungen zu neuen Arbeitsmethoden und den Erwartungen der Mitarbeiter zu dem Schluss, dass es trotz ihrer Wünsche und Forderungen bei der Umsetzung oftmals zu Widerstand kommt (Leitl 2016). Weitere Untersuchungen bestätigen dies. Unsicherheit angesichts neuer und schwierig einzuschätzender Entwicklungen, Angst, ggf. etwas zu verlieren oder unter neuen Bedingungen und Anforderungen zu versagen, führen zu Widerstand. Managementfunktionen werden neu definiert, und die Veränderung der Funktion und Arbeitsweise des Chefs als Gleicher unter Gleichen stellt neben hoher sozialer Führungs- und Überzeugungskompetenz auch hohe emotionale Anforderungen an ehemalige hierarchische Vorgesetzte.

In sich selbst organisierenden Teams können permanente unterschwellige Anforderungen und sozialer Druck entstehen. Mitarbeiter buhlen um persönliche Einflussnahme und Verbesserung ihres eigenen Standings in der Gruppe. Informelle Hierarchien entstehen, an deren Spitze diejenigen stehen können, die die meisten Sympathien auf sich vereinigen können oder ihre persönliche Machtbasis mit offenen und versteckten Methoden ausbauen (Jumpertz 2018).

Ein ständiger Druck durch besonders ehrgeizige High-Performer, die dabei ihre persönlichen Vorstellungen von Arbeitsgeschwindigkeit und -umfang durchsetzen wollen, kann zu weiterem Stress führen. Das Team kann in einen Wettbewerb der Selbstausbeutung eintreten. Unausgesprochene soziale Normen und gegenseitige Erwartungen machen es für Einzelne schwieriger, dagegen zu opponieren. Auch wenn ein breites Regelwerk die Zusammenarbeit und Kommunikation in agilen Teams regeln soll, stoßen diese an ihre Grenzen, wenn es um die Betrachtung der Beziehungen auf Gefühlsebene kommt.

In einem hierarchisch-konservativ orientierten Unternehmensumfeld wird der Start separater agiler und selbstorganisierter Bereiche auf weitere Konflikte und Widersprüche stoßen, wenn Teams zwar eine hohe Verantwortung für die Ergebnisse erhalten, jedoch nicht über die notwendigen Ressourcen entscheiden können.

Einführung und Arbeit von selbstorganisierten Strukturen muss sehr sorgfältig geprüft und eingeführt werden. Mitarbeiter müssen neue Fähigkeiten lernen und in die Lage versetzt werden, mit Interessenskonflikten umzugehen und sozial verträgliche Feedback-Methoden anzuwenden. Nicht nur die Einführung, sondern auch die Fortführung selbstorganisierter Arbeitsformen benötigt weiterhin Führung, um teamdynamische Prozesse und Aspekte zu managen, Interessenskonflikte und anderes Konfliktpotenzial zu lösen. Es braucht einen Moderator und Coach.

Die Umstellung von Organisationen darf erfahrungsgemäß Mitarbeiter nicht mit einem großen Maß an Neuigkeiten überfordern und ihre über Jahre entwickelte berufliche Identität nicht kurzfristig zu stark verändern. Unternehmen und Mitarbeiter benötigen bei aller Flexibilität stabile Strukturen, wie auch weiter unten im Kapitel (Abschn. 10.15) anhand empirischer Ergebnisse zu agilen Strukturen und Unternehmenskultur aufgezeigt wird.

Auf Basis einer Literaturauswertung (Isabel Reichel, Lutz Becker, Hochschule Fresenius in Leitl 2016) und quantitativer Umfragen unter Mitarbeitern agiler Teams bzw. Unternehmen erscheinen folgende besondere Anforderungen an Mitarbeiter in agilen Teams:

1. **Vertrauen:** Die Entwicklung einer hohen Vertrauenskultur beinhaltet gleichzeitig auch die Tatsache, dass Vertrauen fragil ist (Abschn. 9.13) und schneller erschüttert als aufgebaut wird. Vertrauen ist auch notwendig, um in agilen Teams den im Vergleich zu traditionellen Teams leichter entstehenden sozialen Druck aufzufangen.

2. **Selbstorganisierte Teams:** Abstimmungsprozesse in Teams gestalten sich oftmals komplex, wenn es darum geht, dass am Ende viele Ja sagen müssen – anstelle eines verantwortlichen Entscheiders in traditionell organisierten Strukturen. Regeln der Entscheidungsfindung sind wichtig, um Prozesse nicht zu bremsen, sondern zu beschleunigen. Der offene Umgang mit gegenseitigem Feedback, Anforderungen und Erwartungen unter Teammitgliedern ist eine hohe Herausforderung, die durch klare Regeln der Zusammenarbeit gestaltet werden muss. Mitarbeiter dürfen sich weder im gegenseitigen sozialen Druck überfordert fühlen noch auf der anderen Seite in gegenseitiger Rücksichtnahme ein allseits akzeptiertes Mittelmaß billigen. Selbstverständlich müssen die Teamstruktur und die Teamkompetenz alle notwendigen Fähigkeiten zur Erfüllung der Aufgabe und Ziele beinhalten.

3. **Arbeit, Ressourcen und Erfolge teilen:** Alle Mitarbeiter müssen bereit sein, in gegenseitiger Verantwortung Ressourcen, Wissen, Erfolge und Misserfolge zu teilen. Ziele der Gruppe müssen über persönlichen Leistungs- und Qualitätsansprüchen stehen, um ein unternehmerisch erfolgreiches Ziel zu verwirklichen. Verantwortlichkeiten für Ergebnisse müssen gerecht sein, sodass nicht Mitarbeiter oder Vorgesetzte einerseits für

Ergebnisse verantwortlich sind, die sie andererseits aufgrund anderer Entscheidungswege kaum beeinflussen können.

4. **Ein gemeinsames Ziel verfolgen:** Das gesamte Team muss eine gleiche Vision des
   Ziels und der Wege zum Ziel entwickeln und für ein eigenverantwortliches Handeln
   einstehen.

5. **Eigenes Handeln im Team reflektieren:** Jedes Teammitglied muss offen für das Feedback der Gruppe sein und sein eigenes Handeln und seine Wertvorstellungen stets
   hinterfragen. Feedback und unterschiedliche Erwartungen können schnell zu erheblichen Spannungen im Team führen. Das Unternehmen Haufe-umantis, welches in hohem Maß agile Arbeitsmethoden einsetzt, wurde auf der Arbeitgeberbewertungsplatt-
   form Kununu im Jahr 2015 auch mit dem Kommentar bewertet, im Unternehmen
   herrsche „Management by fear".

6. **Kommunikation:** Offene und transparente, wechselseitige Kommunikation ist entscheidend und beim Übergang von traditionellen Organisationsformen zu agilen Arbeitsformen eine neue Herausforderung. Die unterschiedliche Einschätzung zwischen
   Führungskräften und Mitarbeitern kommt auch in den Ergebnissen dieses Buches (Abschn. 9.7) mehrfach zum Ausdruck. Die streng erfolgsorientierte Steuerung nach Zahlen auch in agilen Organisationen kann zu einer hierarchischen Entscheidungsmacht an
   der Spitze führen (Leitl 2016).

7. **Sich auf wesentliche Aufgaben konzentrieren:** Aufgrund der hohen sozialen, emotionalen und intellektuellen Anforderungen, unter einem meist hohen Tempo der Veränderung, erscheinen schnelle, einfache Lösungen mit der Konzentration auf das Wesentliche in agilen Methoden leichter zu entwickeln als hochkomplexe langfristige
   Entwicklungsprojekte.

8. **Veränderungsbereitschaft:** Entscheidend ist bei der Einführung agiler Methoden und
   Organisationsformen unter den Mitarbeitern die Bereitschaft zur Veränderung. Zappos
   bot seinen Mitarbeitern bei der Umstellung auf eine holografische Organisation in au-
   tonomen Gruppen an, das Unternehmen mit einem Bonus mehrerer Monatsgehälter zu
   verlassen, wenn Sie diese Organisationsform nicht übernehmen wollten (ebd.). 18 %
   verließen daraufhin das Unternehmen, 6 % gaben die Einführung der Holokratie als
   Grund an mit dem Verweis auf Unklarheiten bei Zuständigkeiten, Karriere und Bezahlung. Es wurde auch im späteren Verlauf häufiger über Schwierigkeiten in der Umsetzung und Arbeit in der Holokratieorganisation berichtet.

Hinzu kommt in dieser Aufstellung als weitere, für agile Teams selbstverständliche Voraussetzung, den Kunden im Blick zu behalten. Agile Organisations- oder Arbeitsformen sind nicht für alle Unternehmen gleichermaßen geeignet. Unternehmen und Ge-
schäfts-, Bereichs- und Abteilungsaktivitäten, die ihre Wertschöpfung mit
hocheffizienten Routineprozessen schaffen, benötigen andere Organisations- und Arbeitsformen als Unternehmen und Aktivitäten in Geschäftsbereichen, in denen die
Entwicklung von Innovation in einem volatilen Umfeld die Kernaufgabe ist. Dement-

sprechend sind für die agile Arbeitsweise neben der Produktentwicklung auch Marke-
tingprojekte, die Optimierung von Wertschöpfungsprozessen und die strategische
Planung eher geeignet als Routineaufgaben, wie sie öfter in Einkauf, Buchhaltung oder
Verkauf und Kundenbetreuung vorkommen. Problemstellungen auf Top-Managemente-
bene wurden gleichfalls schon sehr erfolgreich mit agilen Entwicklungsmethoden z. B.
im Bereich der Strategieentwicklung und Ressourcenverteilung oder der Optimierung
der Zusammenarbeit im Unternehmen gelöst. Agile Ressourcenanpassungen ermöglichen ein optimiertes Reagieren auf kurzfristiges Anpassen der Unternehmensprioritäten
und die schnelle Entwicklung von Maßnahmen zur Verbesserung kritischer Parameter
und Prozesse. Die Erfahrungen im Top-Management erleichtern gleichfalls Einführung
und gegenseitiges Verständnis bei der Anwendung agiler Entwicklungsmethoden auf
den Arbeitsebenen (Rigby et al. 2016).

Unternehmen in Märkten mit schnellen technologischen Zyklen und kurzen Pro-
duktentwicklungszeiten im volatilen Umfeld benötigen eher agile Methoden als Unternehmen, bei denen es auf hocheffiziente Prozesse mit Produkten mit langen und planbaren
Entwicklungszyklen ankommt. Produkte, die auch nach Markteinführung noch schnelle
Korrekturen und Anpassungen zulassen, sind besser geeignet als Produkte, bei denen ein
hoher Qualitätsanspruch in gleichmäßiger Produktion in großen Losen von Los Nummer
1 an notwendig ist. Sehr entscheidend für den Erfolg agiler Organisationsformen ist die
Mitarbeit tatsächlich engagierter und hoch motivierter Mitarbeiter, die in diesem Umfeld
arbeiten möchten und die entsprechenden persönlichen Herausforderungen kennen. Umfangreiche Schulungen in der Anwendung agiler Methoden, Arbeitsweisen und das entsprechende agile „Mindset" sind weitere wichtige Voraussetzungen. Der Start der agilen
Arbeitsweise sollte in kleinem Maßstab bei einzelnen, besonders geeigneten Projekten
beginnen und bei Erfolg dann mit den gewonnenen Erfahrungen weiter ausgedehnt werden. Es wird auf der Basis von empirischen Daten und Erfahrungen berichtet, dass die
klassisch-agilen Methoden und ihre Arbeitsschritte insbesondere zu Beginn genau befolgt
werden sollten und zu Beginn auch nicht mit Teilzeitteams und wechselnden Teammit-
gliedschaften gearbeitet werden soll (ebd.). Entsprechend den Erfahrungen und Ergebnissen werden stabile Teams in der agilen Arbeitsweise um 60 % produktiver sein und besser
auf Kundenfeedback reagieren. Erst nach ausreichenden Erfahrungen und gewonnener
Routine mit den agilen Wegen können diese Methoden entsprechend den individuellen
Bedingungen, Anforderungen und Erkenntnissen im Unternehmen nach Bedarf modifiziert werden.

Landmaschinenhersteller John Deere berichtet nach der Einführung agiler Entwicklungsmethoden von beeindruckenden Einsparungen in der Projektlaufzeit. Der
Entwicklungszeitraum von Prototypen für neue Anwendungen und neue Maschinen
wurde z. B. von 1,5 bis 2 Jahren auf 8 Monate reduziert. Es wird auch von hoher Zufriedenheit der dort engagierten Mitarbeiter berichtet. In der Folge wurde die Anwendung agiler Entwicklungsmethoden im Unternehmen in größerem Maßstab weiterentwickelt (ebd.).

Laut der Non-Profit-Gesellschaft Scrum Alliance mit über 400.000 Mitgliedern gibt es bei ca. 70 % der agil arbeitenden Mitarbeiter Spannungen zwischen den agilen Teams und der restlichen Organisation. Aus diesen Resultaten und den Erfahrungen leiten Darrel K. Rigby, (Bain & Company), Jeff Sutherland, Miterfinder von Scrum und Ex-CEO der Gesellschaft Scrum Inc. sowie Harvard Professor Hirotaka Takeuchi u. a. folgende Empfehlungen ab (Rigby et al. 2016):

1. Agile Entwicklungsprojekte bewegen sich oftmals mit einer anderen Geschwindigkeit als andere Projekte, sodass diese Teams bei dem Zugriff auf andere Unternehmensressourcen in Koordination, Abstimmung und Abarbeitung notwendiger Aufgaben in Konflikte geraten. Die strategischen Prioritäten im Unternehmen müssen so angepasst werden, dass die hohe Geschwindigkeit auf der einen Seite nicht durch Hindernisse an anderer Stelle ausgebremst wird.
2. In den Matrixstrukturen mit multidisziplinären Arbeitsteams muss die Entscheidungskompetenz eindeutig definiert sein und anerkannt werden. Dies betrifft sowohl die Beauftragung von Teams, die Benennung des Teamleiters als auch die Verabschiedung der finalen Entscheidung des Teams.
3. Verschiedene Forschungseinrichtungen (u. a. MIT Center for Collective Intelligence) zeigten, dass die kollektive Teamintelligenz noch wichtiger ist als die der einzelnen Mitglieder. Die Prozessverantwortlichen des agilen Teams entwickeln diese kollektive Intelligenz durch klare Rollenzuweisungen und Rollendefinitionen, Konfliktlösung und ein starkes Engagement aller Teammitglieder. Im Mittelpunkt der Anerkennung und Verfolgung des Fortschritts müssen das geschäftliche Ergebnis, die Zufriedenheit und das Engagement der Mitarbeiter stehen.
4. Eine agile, wertschätzende Führungsmethode, die die Lösung von Problemen aus dem Team heraus fördert und keine Wege vorgibt, führt zu besseren Ergebnissen.

Dennoch, schnelle agile Entwicklung und Reaktion ist nicht allein ein Werttreiber im Markt: Zahlreiche Beispiele traditioneller Unternehmen zeigen auch, dass diese in vielen Bereichen nicht deshalb erfolgreich sind, weil schnell auf kurzfristige Entwicklungen und gerade neu entdeckte Kunden und Marktpräferenzen reagiert wird, sondern im Gegenteil, weil sie gerade in einem langfristigen Entwicklungszyklus mit einem visionären Blick langfristige Entwicklungstrends voraussahen. Google behauptet sich in immer neuen Märkten dank seiner langfristig ausgerichteten visionären Entwicklungskompetenz und starken Mission, die im gesamten Unternehmen verbreitet ist, und weniger durch die agile, schnelle Anpassung von Suchmaschinenalgorithmen in einem Wettbewerb, den sie aktuell kaum zu fürchten haben. IBM, einst Inbegriff eines schwergewichtigen Blue Chips, startete seine Forschungen im Bereich künstlicher Intelligenz und maschinellen Lernens schon vor Jahrzehnten. IBM arbeitet heute an Technologien, an die sich noch kaum ein agiles Start-up Unternehmen mit seinem vermeintlich nahen Ohr an Kunden und schneller Entwicklungskompetenz heranwagt (Satell 2017). Ein Unternehmen wie Bosch, welches lange Zeit als langsam, aber technisch hoch kompetent galt, konnte bislang in allen Epochen die Automobilwelt mit neuen revolutionären Technologien aufgrund seiner langfristig angelegten Forschungsaktivitäten überraschen. Unternehmen müssen sich in schnell verändernden Märkten schnell anpassen. Spitzenunternehmen haben dies jedoch nicht nötig, denn sie erschaffen die Zukunft selbst. Basis des Erfolgs ist die langfristige, wertschaffende Orientierung. Schnelle Anpassungen werden mit agilen Methoden gestaltet, wenn dies entsprechend den zuvor geschilderten Bedingungen zu Markt, Produkten, Unternehmen und Prozessen passt.

10.11 Selbstorganisation total – was sind Risiken dieser Organisationsform?

Wie zuvor aufgezeigt, benötigen Mitarbeiter und Führungskräfte in einem persönlich, individuellen Gleichgewicht Stabilität mit klaren Zielen und Zuständigkeiten in einer verlässlichen Organisation einerseits und ein individuelles Maß an Freiheit, Selbstbestimmtheit, Entscheidungs- und Gestaltungsbefugnisse und Autonomie andererseits.

Es gibt verschiedene agile Organisationsmodelle, die agile Prinzipien und die Selbstverwaltung und Selbstbestimmung der Organisation verfolgen. Wie ist eine holokratische Organisation angelegt?

Das Modell der Holokratie verteilt Autorität und Entscheidungsmacht auf verschiedene Teams, die im holokratischen System Kreise genannt werden (Bernstein et al. 2016). Diese Kreise sind unterhalb eines Unternehmenskreiseses angeordnet und durch verschiedene Rollen mit unterschiedlichen Zuständigkeiten multidisziplinär besetzt. Das System der Kreise oder Teams verändert sich laufend und dynamisch entsprechend der Projekte und Aufgaben im Unternehmen. Kreise werden auf einfache Weise bei der Entstehung neuer Aufgaben und Ziele zwischen Mitarbeitern gebildet. Jeder Mitarbeiter übernimmt typischerweise mehrere Rollen in verschiedenen Kreisen. Basis der Bildung und Auflösung von Kreisen, Definition von Rollen, Führung und Zusammenarbeit im Unternehmen ist eine „Verfassung" und ggf. auch formale Vereinbarungen von Mitarbeitern zur Zusammenarbeit mit den jeweiligen Kollegen in einem Team oder einem Kreis. Die Zuweisung der Rollen in Teams und Kreisen erfolgt auf Basis von ausgewiesenen Kompetenzprofilen jedes Mitarbeiters.

Der Lead Link ist in einem Kreis zuständig, verschiedene Rollen zu besetzen und die notwendigen Ressourcen zur Verfügung zu stellen. Er übernimmt insofern in dieser Rolle eine hierarchische Führungsaufgabe, ist jedoch den Regeln des Kreises selbst untergeordnet. Ein holokratischer Kreis kann wiederum mehrere Unterkreise umfassen, welche sich gleichfalls aus weiteren Unterkreisen zusammensetzen können. Die Aktivitäten in den Kreisen und Teams sollen sich nach den Notwendigkeiten der Aufgabe und Ziele richten und nicht nach den Vorgaben eines Vorgesetzten. Dies ist ein Unterschied zu der grundlegenden Architektur der traditionellen hierarchischen Struktur, der jedoch im Fall guter Führung in einem partizipativen System nicht dazu im Widerspruch stehen muss.

In der Holokratie entsteht eine sehr dynamische und komplexe Organisationstruktur der Kreise. Entscheidungen fallen nicht grundsätzlich durch mehrheitliche Abstimmung, denn Vorschläge im Kreis gelten auch dann als angenommen, wenn keiner im Kreis widerspricht und darlegen kann, dass diese Vorschläge dem Kreis schaden. Die dynamische Kreisstruktur erhöht die Komplexität für Mitarbeiter und in der Organisation. So sollen bei Zappos in der Holokratieorganisation Mitarbeiter durchschnittlich 7,4 Rollen übernommen haben, die jeweils mit durchschnittlich 3,5 verschiedenen Zuständigkeiten verbunden sind. Daraus resultieren ca. 25 Zuständigkeiten je Mitarbeiter. Dies erhöht den Priorisierungs-, Koordinierungs-, und Abstimmungsbedarf. Auch wenn organisationsweit Grenzen der Anzahlen von Rollen und Zuständigkeiten gelten, resultieren daraus für jeden Mitarbeiter hohe Anforderungen. Durch das schnelle Entstehen und Schließen von Kreisen kommt es zu einer hohen Komplexität für jeden Mitarbeiter bei der Ausübung der unterschiedlichen Rollen. Im Jahr 2015 schufen 1500 Mitarbeiter bei Zappos 17.624 Rollen (195/Tag). Als Zappos auf das System der Holokratie überging, wurden aus 150 Abteilungen 500 Kreise (Bernstein et al. 2016). Der Strukturierungsaufwand der Organisation ist sehr hoch. Erfahrungen des Social-Media-Unternehmens Medium: „… bleibt der Strukturierungsaufwand enorm und verlangt jedem Beschäftigten im Schnitt etwa eine Governance-Gesprächsrunde pro Woche ab. Bei Medium, dem Social-Media-Unternehmen, das die Prinzipien der Holokratie wieder über Bord warf, erwies sich die Hürde am Ende zu als zu hoch: In seinem Blogeintrag notierte Andy Doyle: ‚Das System hatte begonnen, unsere Arbeit mit einem kontinuierlichen kleinen Malus zu belegen – sowohl im Hinblick auf unsere Effizienz als auch unser Gemeinschaftsgefühl'" (ebd.).

Die Vielzahl der Rollen eröffnet interessierten Mitarbeitern andererseits die Chance, in eine Vielzahl von Aufgaben hereinzuwachsen und neue Kompetenzen in der beruflichen Laufbahn zu entwickeln.

In der komplexen Architektur der Kreise, Rollen und Befugnisse kann es für Mitarbeiter schwierig sein, ihre Befugnisse entsprechend einzufordern, wenn Rollen und Befugnisse der formalen Struktur und andere informelle Netzwerke sich überschneiden. Nach einer Umstellung einer traditionellen Hierarchieform auf eine der neuen agilen Organisationsformen stellt sich sowohl für ehemalige Manager als auch für die früheren Mitarbeiter die Veränderung anspruchsvoll dar. Die neue Architektur der Kreise und Rollen ergeben für Mitarbeiter und ihre ehemaligen Manager jeweils andere und wechselnde Befugnisse und Rollen.

Die Ergebnisse und Erfahrungen des Organisationsforschers Ethan Bernstein (Harvard Business School) „legen nahe, dass sich für unterschiedliche Arten von Unternehmen einzelne Elemente der Selbstorganisation zu wertvollen Instrumenten entwickeln werden. Unternehmen, die den Ansatz als Ganzes übernehmen wollen, tun sich jedoch schwer. (…) Organisationen erkannten, dass eine vollständige Umsetzung viel zu aufwendig wäre" (ebd.).

Die Einführung agiler Methoden, wie sie in ihrer Wirksamkeit und positiven Aspekte auch in den im Kap. 9 aufgezeigten Ergebnissen entsprechen, bedingen jedoch nicht die

Einführung einer vollständigen holokratischen oder selbstbestimmten Organisation. Ein agiler Führungsstil zeigt positive Ergebnisse in der Entwicklung der Unternehmenskultur und den damit aufgezeigten, empirisch nachgewiesenen Ergebnisverbesserungen.

10.12 Entwicklungsmethodik – alles agil?

Unter die agile Entwicklungsmethodik fallen Methoden wie Lean Development, Scrum, Design Thinking, auf die in ihrer spezifischen Vorgehensweise nicht weiter eingegangen wird.

Agile Entwicklungsmethoden entstanden ursprünglich unter den Entwicklungsbedingungen der Softwarebranche, sind jedoch grundsätzlich in einer Entwicklungsumgebung der Produkt- und Prozessentwicklung, die von starken Veränderungen betroffen ist, anwendbar.

Ursachen des häufigen Scheiterns von Projekten der Softwarebranche fand man in der „vor-agilen Zeit" weniger bei den beteiligten Personen als vielmehr in unzureichenden Methoden. Infolgedessen wurde versucht, feste Regelwerke zu reduzieren und die Prozesse flexibler zu gestalten sowie die Fähigkeit von Individuen und die Ergebnisse von Interaktionen höher einzuschätzen. Die enge Zusammenarbeit mit Kunden und das schnelle Reagieren auf rapide Veränderungen waren das Ziel anstelle der Verfolgung eines zu Beginn festgelegten Projektplans. Die zügige Entwicklung in iterativen Prozessen und die Bereitstellung von funktionsfähigen Mustern zum Gewinnen neuer Erkenntnisse und daraus resultierender Verbesserungen ist das Ziel. Die enge Zusammenarbeit zwischen Experten und Entwicklern in einem Projekt wurde durch Wissenstransfer und Informationstransparenz in engen Kontakten sichergestellt. Die enge Abstimmung sollte einen gleichmäßigen Arbeitsfortschritt auf allen Seiten sicherstellen. Die Projektteams organisierten sich selbst, und jeder sollte sein eigenes Handeln reflektieren, um im Team die höchste Effizienz zu erreichen. Hervorragendes Design und technische Perfektion nach den Kundenerwartungen waren das Ziel. Dazu gehörte auch die Forderung, zu einem Problem eine möglichst einfache Lösung zu entwickeln (KISS, Keep It Simple and Stupid). Agile Entwicklungsmethoden führen nicht automatisch zu schnelleren Ergebnissen, sondern sollen schneller Prototypen zum weiteren Erkenntnisgewinn in der Entwicklung marktgerechter Produkte liefern. Die Anwendung agiler Entwicklungsmethoden fordert nicht nur die Anwendung spezifischer Methodenschritte, sondern auch eine entsprechend agile Kultur und ein agiles Denken unter den Beteiligten. Die Einführung agiler Methoden erfordert, wie alle wichtigen Veränderungen, einen gewissenhaften Changeprozess.

Agile Entwicklungsmethoden sind jedoch nicht grundsätzlich anderen Methoden gegenüber vorzuziehen. Traditionelle Projektentwicklungsmethoden können in einem wenig volatilen Umfeld mit von Beginn an klar definierten Bedingungen angemessener sein.

Agile Entwicklungsmethoden eignen sich insbesondere bei komplexen Problemen mit sich auch in der Folge noch rasch wechselnden Produktanforderungen, bei denen die Lösung zu Beginn noch nicht bekannt ist und kreative Lösungen erforderlich sind (Rigby et al. 2016). Die Arbeit sollte sich in Module aufteilen lassen. Eine enge Zusammenarbeit mit externen oder internen Kunden soll möglich sein.

Eine Vergleichsstudie an der RWTH Aachen mit der Boston Consulting Group untersuchte auf Basis einer schriftlichen Befragung von 154 Teilnehmern im Zeitraum 2014 bis 2016 (6 % Automobilhersteller, 15 % Automobilzulieferer, 34 % Maschinen- und 33 % Komponentenhersteller und 12 % Sonstige) die Nutzung und Wirksamkeit agiler Entwicklungsmethoden (Schuh et al. WZL/RWTH Aachen 2016).

Die Teilnehmer wurden in zwei Gruppen eingeteilt, die der „Agile Practitioner" und der „Non-agile Practitioner". Die Gruppe der „Agile Practitioner-Unternehmen" wird durch 14 Unternehmen (9 %) abgebildet, die ihren Entwicklungsprozess in kurzen Entwicklungszyklen und iterativen Feedback-Schleifen abarbeiten. Von den übrigen „Non-agile Practitioner-Unternehmen" arbeitete die große Mehrheit von 82 Unternehmen (56 %) in ihren Entwicklungsprozessen mit mehreren kleineren Phasen mit regelmäßigem Feedback. Der Entwicklungsprozess bei weiteren 47 Unternehmen (32 %) besteht aus einigen wenigen Phasen mit Zwischenfeedback und bei 4 Unternehmen (3 %) als kontinuierlicher Entwicklungsprozess ohne regelmäßige Gate Reviews.

Die „Agile Practitioner" erzielten signifikant öfter einen termin- (74 % vs. 48 %) und budgetgerechten Abschluss (76 % vs. 52 %) und erfüllten die Qualitätsanforderungen in Form von allen definierten Produktspezifikationen bei einer signifikant höheren Anzahl von Projekten (90 % vs. 65 %) als die „Non-agile Practitioner". Sie nutzten Werkzeuge wie Rapid Prototyping (3D-Druck) und Virtual Prototyping wesentlich stärker und wendeten diese Werkzeuge in 82 % der Projekte an (59 % „Non-agile Practitioner").

Der Einsatz eines Projektmanagers mit klar definierter Rolle und vollumfänglicher Verantwortung war gleichfalls bei den „Agile Practitioner" signifikant öfter im Einsatz als bei den Vergleichsunternehmen. Crossfunktionale Teams mit der systematischen Einbindung aller betroffenen Funktionen waren in den agilen Unternehmen etwas stärker verbreitet als in der Vergleichsgruppe.

Der Umgang mit Unsicherheiten und die Entwicklung einer Fehlerkultur in den Projekten war in den agilen Unternehmen verbreiterter. Sie nutzten Misserfolge stärker zur kontinuierlichen Lernerfahrung. Die vollumfängliche faktenbasierte Steuerung des Projektes mit wenigen, sinnvollen Kennzahlen wandten alle agilen Unternehmen an, während dies in den Vergleichsunternehmen nur sporadisch angewendet wurde.

Die zuverlässige Bereitstellung konsistenter Produktdaten in einer zentralen Datenbank war bei den agilen Unternehmen gleichfalls weiter verbreitet, jedoch noch nicht immer vollumfänglich realisiert. Diese konsistente Produktdatenbank ist eines der zentralen Elemente einer agilen Entwicklung zur Sicherung einer vollumfänglichen Transparenz zu Produktdaten und Entwicklungsstand (Abb. 10.2).

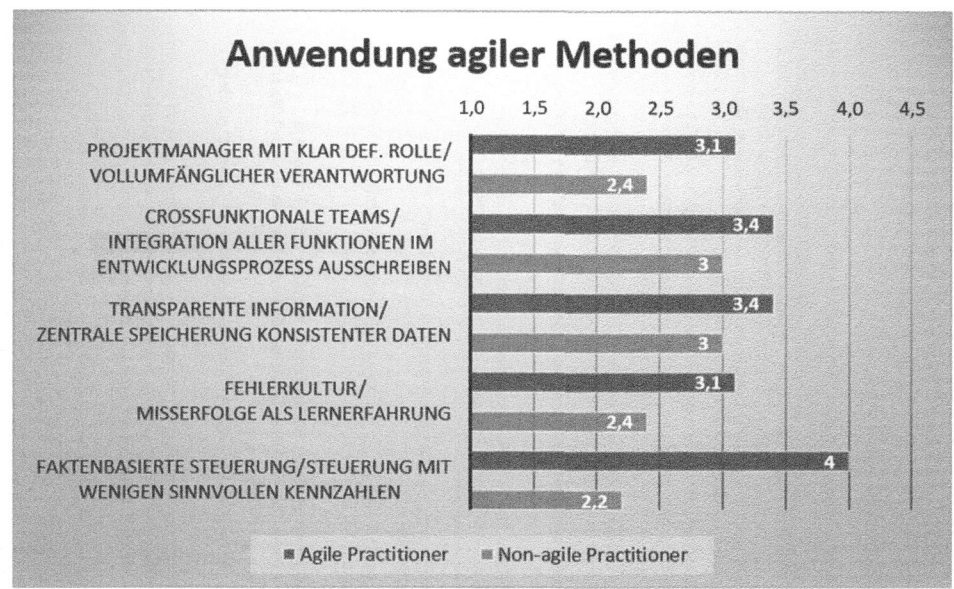

Abb. 10.2   Grad der Anwendung agiler Entwicklungsmethoden (Daten Schuh et al. 2016).

Gleichfalls wurde am Werkzeugmaschinenlabor der RWTH Aachen ein Konsortial-Benchmarking, Managing Breakthrough Innovations, durchgeführt. Es nahmen 132 Unternehmen aus dem deutschsprachigen Raum (69 %), restlichen Europa (12 %), China (11 %), USA & Israel (je 3 %) und sonstige (2 %) teil (Schuh 2016).

Auf Basis der Untersuchungen wurden erfolgreiche Methoden der Entwicklung von Innovationen identifiziert und die Ansätze bei Unternehmensbesuchen analysiert. Man identifizierte die folgenden Treiber und Merkmale, die die Entwicklung von radikalen „Breakthrough Innovations" förderte. Auch hier zeigen sich bei den Erfolgsfaktoren die Merkmale agiler Arbeitsmethoden und die Entwicklung entsprechender Kultur und Mindsets (Tab. 10.2).

10.13   Wie gestaltet sich die erfolgreiche Umsetzung agiler Führungs- und Arbeitsformen?

Erfolgreiche, agile (Teil-)Organisationen zeichnen sich durch fünf Merkmale bei Strategie, Struktur, Prozessen, Mitarbeiter und Technologie aus (Aghina et al. 2018):

1. **Gemeinsame Vision und Ziele:** In der entsprechenden Ausrichtung werden stets neue Chancen mit einem starken Markt- und Kundenfokus gesucht. Diese werden unter einer strategischen Führung und durch das Setzen der wichtigen Prioritäten in einer flexiblen Teamorganisation, mit einer flexiblen Zuteilung von Ressourcen und in einer im Sinne

Tab. 10.2 Bewertung und Methoden agiler Anwendungen in der Entwicklung von Innovationen (Schuh 2016)

Bewertungsdimension	Erfolgsfaktor	Kurzbeschreibung
Identifikation von Breakthrough Innovations	Früh probieren statt lange analysieren	Analysen beruhen auf den Gesetzmäßigkeiten der Vergangenheit - Breakthrough Innovations berufen sich aber auf neue Gesetze, die durch Ausprobieren gefunden werden
	Durchbrüche brauchen Netzwerk	Netzwerke für Breakthrough Innovationen sind langfristiger Natur und müssen aufgebaut werden - richtige Interessensgruppen müssen im richtigen Moment zusammengebracht werden
	Radikal innovieren heißt radikal vereinfachen	Vereinfachung ist ein Erfolgsmuster für Breakthrough Innovations, weil es die kostbarsten Ressourcen von Nutzern schont: Kosten und Zeit
Bewertung von Breakthrough Innovations	Eine Schutzhülle für kreative Ideen schaffen	Breakthrough-Ideen sind Visionen - Begeisterung hilft, sie am Leben zu halten
	Immer anders bewerten	Breakthrough Innovations müssen kontinuierlich an die jeweilige Phase angepasst und von unterschiedlichen Persönlichkeiten im Unternehmen bewertet werden
	Breakthrough Innovations brauchen Look & Feel	Breakthrough Innovations werden erst durch Look & Feel (be-)greifbar und somit bewertbar
Organisation und Prozesse für Breakthrough Innovations	Über Umwege direkt zum Ziel	Nur so lässt sich das Schwarze auf der richtigen Zielscheibe treffen
	Supertanker und Schnellboote brauchen einander	Supertanker brauchen Schnellboote, um die eigene Trägheit zu überwinden, Schnellboote brauchen Supertanker, um bei jeder Witterung auf See sein zu können
Kultur und Mindset	Prozesse können keine Innovationen erzwingen - Kultur macht den Unterschied	Unternehmenskultur kann nicht diktiert, sondern nur "gelebt" werden
	Kontinuierliche Impulse für dauerhafte Inspiration	Kontinuierliche Impulse treten natürlich auf oder müssen gesetzt werden, um Mitarbeiter dauerhaft zu inspirieren und die Innovationsfähigkeit von Unternehmen immer wieder neu zu steigern

RWTH Aachen Campus | Cluster Produktionstechnik

aller Stakeholder wertschöpfenden Tätigkeiten umgesetzt. Die Fortschritte der Umsetzung werden kontinuierlich verfolgt und der Ressourceneinsatz entsprechend der internen und externen Entwicklung der Projekte und des Marktes dynamisch angepasst.

2. **Netzwerkstrukturen:** Unter der stabilen Unternehmensführung werden die wirtschaftlichen Tätigkeiten in einer flexiblen Netzwerkstruktur von Teams umgesetzt. Eine Netzwerkstruktur wird innerhalb des Unternehmens, aber auch nach außen mit Kunden und Lieferanten entwickelt. Crossfunktionale Zusammenarbeit und Informationstransparenz sind wichtig. Diese Teams werden von einem Projektleiter geführt und entwickeln auf Basis ihrer verschiedenen Kompetenzen das Zielprodukt. Selbststeuernde Teams sind nicht grundsätzlich projektorientiert, sondern arbeiten kontinuierlich an der Umsetzung von Geschäftszielen und stimmen selbstständig ihre Aktivitäten ab. Diese auf die kontinuierliche Wertschöpfung und Zielverfolgung ausgerichteten Teams kommen z. B. im Vertrieb und in der Produktion zum Einsatz.

   Teams und Mitarbeitern wird eine klare Verantwortung zugeteilt. Eine Aufgaben- und Rollendefinition wird einzelnen oder auch mehreren Mitarbeitern übertragen. Andererseits kann ein Mitarbeiter auch mehrere Rollen übernehmen. Eine flache Struktur bildet typischerweise die Wertschöpfungskette im Unternehmen ab. Teams werden in strategischen Teameinheiten („tribes") zusammengefasst. Entsprechende Erfahrungen haben gezeigt, dass sie eine Größe von 150 Mitarbeitern nicht überschreiten sollten.

3. **Schnelles Entscheiden und Lernen:** Dies wird in einem dynamischen volatilen Umfeld durch Experimente und interaktive Fortentwicklung erreicht. Hierzu wurden neue Methoden entwickelt wie Design Thinking, Scrum u. a. Anstelle fester Planungszyklen und jährlicher Budgetentwicklung werden oftmals monatlich oder vierteljährlich aktualisierte Zwölfmonatsbudgets und -pläne sowie aktualisierte Leistungsparameter verabschiedet. Schnelle Experimente und Iterationsprozesse werden in kurzfristigen, schnellen „Sprints" abgearbeitet. Die schnelle Abarbeitung wird durch standardisierte Arbeits- und Kommunikationsprozesse und -tools unterstützt (gemeinsame Arbeitsplattformen, soziale Netzwerke, Fortschrittscharts u. a.). Informationen über Stand, Veränderungen und Ergebnisse werden transparent in kurzen, spontanen Stehmeetings in den Teams geteilt. Alle Mitarbeiter erhalten einen detaillierten Einblick in alle Leistungsdaten und andere Informationen zu Markt, Kunden, Arbeitsfortschritt, Produktspezifikationen etc.

   Die Kultur des kontinuierlichen Lernens wird mithilfe von transparentem formellen und informellen Feedback, der Dokumentation von Erfolgen und Fehlern, Wissensteilung und aktivem Engagement zur Fortentwicklung von Geschäftsprozessen und Arbeitsmethoden erzielt.

   Agile Organisationen treffen schnelle Entscheidungen auch in einem unsicheren Umfeld. Zahlreiche kurzfristige, kleine Entscheidungen werden schnell getestet und ggf. nach entsprechenden Iterationsschritten angepasst. Entscheidungswege und Methoden sind festgelegt und werden oftmals in Komitees getroffen, in denen nicht zwangsläufig allseitige Zustimmung herrschen muss, jedoch dem entsprechenden Expertenwissen größeres Gewicht bei der Entscheidungsfindung beigemessen wird.

4. **Dynamisches Mitarbeitermodell:** Engagement und Begeisterung wird entfacht durch eine kooperativ-partizipative Führung in einer starken Community. Das Unternehmen hat einen mitarbeiterzentrierten Fokus, fördert ihre Entwicklung und gibt ihnen im Rahmen ihrer Ziele und Aufgaben Handlungsfreiräume. Mitarbeiter engagieren sich stark und fühlen sich dem Unternehmensziel und -zweck gegenüber verantwortlich. Die sich daraus entwickelnde Führungs- und Unternehmenskultur verbessert entsprechend den Ergebnissen in zahlreichen Unternehmen das Betriebsklima und den organisatorischen Gesundheitsindex (OHI). Dies unterstützt eine unternehmerische Kultur, in der Mitarbeiter die Chance, aber auch die Verpflichtung haben, wechselnde Rollen zu übernehmen. Die häufige Veränderung von Teamzusammensetzungen und sich daraus ergebende unterschiedlichen Rollen und Aufgaben sind wichtige Merkmale agiler Organisationen. Führung und Engagement entwickeln sich insbesondere auf Basis einer hoch entwickelten Vertrauenskultur. Führung in agilen Unternehmen ist in erster Linie strategische Führung und Mitarbeiterentwicklung. Mitarbeiter sind in dieser Vertrauenskultur mit hohen Freiheitsgraden in der Gestaltung dem Team und Führungskräften gegenüber verantwortlich und müssen sich einer entsprechenden Beurteilung unterziehen. Gehälter und Incentives werden nach dem messbaren Beitrag zum Unternehmenserfolg und nach transparenten Leistungsparametern gestaffelt.

5. **Fokus auf zukünftige Technologien, die neue Chancen eröffnen:** Dies bedeutet, dass Technologie nicht nur ein Werkzeug der Organisation zum Erreichen ihrer Ziele ist, sondern dass neue Technologien ein wichtiger Bestandteil der gesamten Organisation sind, um neue Geschäftschancen zu entdecken und zu entwickeln. Technologie ist ein fundamentaler Bestandteil der eigenen Organisation, um Flexibilität und hohe Entwicklungs- und Reaktionsgeschwindigkeit zu erzielen. Moderne technologische Arbeitswerkzeuge und Systeme werden in crossfunktionalen Teams entwickelt und schnell der gesamten Organisation zur Verfügung gestellt.

Unterschiedliche Arten der Eigenverantwortlichkeit zeigen sich für Mitarbeiter anhand von Entscheidungsspielräumen, Leistungsparametern und ggf. daraus resultierenden Gehaltsmodellen. Die US-Supermarktkette für Bioprodukte, Whole Foods Market, entwickelt die Eigenverantwortung der Mitarbeiter in den jeweiligen Filialen so weit, dass diese selbst über Einstellung neuer Kollegen, Warensortiment, Lagerhaltung und Preisgestaltung entscheiden. Monatlich wird unternehmensweit für die einzelnen Einheiten Umsatz, Profitabilität je Arbeitsstunde und Gehälter aller Mitarbeiter veröffentlicht. Mitarbeiter fühlen sich der Mission und den Zielen des Unternehmens, der Lieferung hochqualitativer und gesunder Nahrungsmittel, verbunden. Bei W. L. Gore erhalten neue Mitarbeiter zu Beginn keine Arbeitsplatzbeschreibung, sondern suchen sich mithilfe von Mentoren ein Team, in dem sie arbeiten möchten. Mitarbeiter haben einen halben Tag je Arbeitswoche Zeit für eigene Projekte zur Verfügung, für die sie auf dem internen Markt Kollegen zur Unterstützung und Durchführung gewinnen können. Mitarbeiter können so einerseits weitgehend bestimmen, welche Aufgaben sie übernehmen, müssen sich aber andererseits am Jahresende einer genauen Beurteilung durch das Team unterziehen. Das Gehalt wird auf Basis des messbaren Beitrags zum Unternehmenserfolg sehr leistungsorientiert ermittelt (Hamel 2008).

Der chinesische Hausgerätehersteller Haier organisierte sich in einer Vielzahl von einzelnen Profitcentern. Jedes Profitcenter ist für seine eigenen Betriebskosten verantwortlich und kauft Dienstleistungen anderer Bereiche und Abteilungen zu selbstständig verhandelten Preisen ein. Die Bezahlung der Mitarbeiter ist auf Basis der monatlichen Zielerreichung (%) multipliziert mit dem Grundgehalt und einem Bonus oder Abzug auf Basis einer individuellen Gewinn-und-Verlust-Rechnung der Einheit kalkuliert. Jeder Mitarbeiter trägt dementsprechend persönlich ein eigenes unternehmerisches Risiko. Haier schaffte innerhalb von 20 Jahren den Aufstieg von einem nationalen chinesischen Kühlschrankhersteller zu einem großen internationalen Weltkonzern.

10.14   Wie agil sind Unternehmen heute?

Das Haufe Agilitätsbarometer gibt neben der Prüfung der in Abschn. 10.7 angewandten Führungsmodelle und Kultur (Abschn. 9.7) einen guten Einblick in den Stand der agilen Arbeitsweisen in Unternehmen. Agilität wurde in der Umfrage wie folgt beschrieben: „Agilität ist zunächst die Fähigkeit einer Organisation, relevante Veränderungen in ihrem Umfeld zu antizipieren. Darüber hinaus bedeutet Agilität, bei relevanten Veränderungen flexibel, aktiv und anpassungsfähig zu agieren" (Anderson und Rotzinger 2017).

Die repräsentative Umfrage (Deutschland, Österreich, Schweiz) wurde entsprechend der Verteilung der Beschäftigten nach Unternehmensgröße angepasst, wobei die aufgeführten Ergebnisse sich dadurch geringfügig veränderten, sodass diese Ergebnisse als robust betrachtet werden können.

Im Vergleich zur vorausgegangenen Umfrage (2016) schätzten Mitarbeiter und Führungskräfte die Unternehmen etwas agiler ein. Gleichzeitig glaubten überraschend hohe 68 % der Führungskräfte, dass ihr Unternehmen im Vergleich zum Wettbewerber in der Führung mehr agile Methoden anwendet. Unter den Mitarbeitern waren es 54 %, was jedoch einem deutlichen Anstieg im Vergleich zu 2016 entspricht (41 %). Dennoch sagen 70 % der Führungskräfte und 90 % der Mitarbeiter aus, dass sie im Unternehmen niemals durchgängig agile Methoden anwenden (Design Thinking, Scrum, u. a.).

Anwendung agiler Methoden in Unternehmen: Die Anwendung einzelner Prozesse und Maßnahmen, wie unterjährige Zielanpassungen, Veränderungen in den Elementen der Strategie und eine Entwicklung einer positiven Fehlerkultur, werden jedoch von jeweils von etwas mehr als 50 % der Mitarbeiter und Führungskräfte gesehen. Zwei Drittel der Führungskräfte stimmen einer Ausweitung der Nutzung agiler Methoden als sinnvolle Maßnahme zu.

Auffallend ist, dass Angaben von Teilnehmern, die ihr eigenes Unternehmen als agil einstufen, mit positiven Angaben zu folgenden Merkmalen im Unternehmen am stärksten korrelieren:

- Werteorientierung
- Veränderungsfähigkeit der Strategie
- Einräumen von Entscheidungsspielräumen und Gestaltungsmöglichkeiten
- Positive Fehlerkultur, starke Vertrauenskultur, unterjährige Zielanpassung.

Aus den Daten entnehmen die Autoren, dass Unternehmen mit einem höheren agilen Reifegrad insgesamt eine agile Gesamtstrategie verfolgen und nicht nur einzelne Schwerpunkte setzen. Insgesamt bleibt der Nutzungsgrad agiler Methoden gering. 15 % der befragten Führungskräfte nutzen oft oder täglich selbst agile Methoden, und 90 % der Mitarbeiter arbeiten nicht mit durchgängig agilen Methoden. Der Nutzungsgrad hat sich im Vergleich zum Vorjahr damit nicht verändert. Allerdings fällt auf, dass ein größerer Anteil der Mitarbeiter (25 %) und insbesondere der Führungskräfte (47 %) glaubt, dass in den Unternehmen mindestens 25 % der Beschäftigten in agilen Strukturen arbeiten, was sich auf Basis der Angaben zu der Häufigkeit der Anwendung im eigenen Bereich nicht nachvollziehen lässt. („Agile Methoden gibt es bei den anderen", Anderson und Rotzinger 2017)

Weiter auffallend ist, dass der konkrete Kenntnisstand von Methoden wie Design Thinking (24 %), Scrum und Holokratie (14 %) unter Führungskräften in den meisten Bereichen gering ist. Mitarbeiter aus dem IT-Bereich und dem Marketing verfügen im Vergleich noch über die besten Kenntnisse in diesen Methoden. In der Kategorie der Mitarbeiterbefragung konnten nur wenige diese drei benannten Begriffe erklären (8 %/7 %/5 %).

Effizienz und Effektivität agiler Methoden: Der Glaube an Effizienz und Effektivität der agilen Methoden hat sich unter den Mitarbeitern im Vergleich zum Vorjahr auf hohem Niveau leicht nach unten verändert. Unter den Führungskräften sind die Überzeugung, Effizienz und Effektivität mithilfe agiler Methoden zu verbessern, hingegen angestiegen. 51 % der Führungskräfte glauben, mit agilen Methoden diese Parameter etwas verbessern zu können, und 12 % rechnen mit einer starken Verbesserung. Unter den Mitarbeitern rechnen 54 % bzw. 15 % mit entsprechenden Verbesserungen. Ungefähr ein Fünftel der Befragten glaubt, dass sich mithilfe der agilen Methoden Effizienz und Effektivität nicht weiter verbessern lassen. In jedem Fall betrachten zwei Drittel der Führungskräfte die Anwendung als eher sinnvoll bzw. sehr sinnvoll und vorteilhaft. Unter den Mitarbeitern sagen dies ca. die Hälfte der Befragten aus. Es gibt jedoch nur eine schwache Korrelation zwischen denen, die diese Methoden im eigenen Unternehmen schon anwenden und denen, die diese auch für sinnvoll erachten. Als Gründe für die Anpassung interner Methoden oder Strukturen an agile Arbeitsweisen werden in absteigender Reihenfolge angegeben (ebd.):

1. Prozesse optimieren
2. Kosten senken
3. Auf Kundenbedürfnisse individueller und schneller eingehen
4. Mit dem Wettbewerb mithalten
5. Innovationskraft des Unternehmens stärken

Den Aspekt der Innovationskraft unterstreichen Mitarbeiter stärker als die Führungskräfte. Im Vergleich zum Jahr 2016 ist der Anteil der Nutzung zu den einzelnen Anwendungsgebieten entsprechend den Ergebnissen der Umfrage 2017 zurückgegangen. An der Spitze steht weiter hin die Anwendung agiler Methoden zur Prozessoptimierung und Kostensenkung, gefolgt von dem Ziel schneller und individueller auf Kundenbedürnisse zu reagieren.

Die Anwendung von agilen Projektteams über verschiedene Bereiche wie IT, Vertrieb und Marketing, Forschung & Entwicklung, Produktion und Einkauf ist relativ gleichmäßig (11–7 % unter Führungskräften). Bereichsübergreifende agile Projektgruppen sehen 10 % der Führungskräfte und 22 % der Mitarbeiter (ebd.).

10.15 Agilität – was sind Maßnahmen und Resultate in der Praxis?

Eine Untersuchung von McKinsey unter ca. 2500 Unternehmen bzw. Geschäftseinheiten zeigt auf, dass es eine Korrelation zwischen der Instabilität und dem schnellen Anpassungsbedarf des Geschäftsumfeldes einer Branche und einer organisatorischen Veränderung zu agilen Methoden gibt (Ahlbäck et al. 2017). 560 Unternehmen zeigen eine breitere Anwendung agiler Methoden in der Gesamtgruppe von über 2500 Unternehmen auf. Die Umfrage umfasste die Einstufung der Unternehmensprozesse in je neun für stabile Anwendungen und neun für dynamische Anwendungen stehende Gebiete. Die Einstufung erfolgte auf Basis von 78 Fragen.

Jedoch sagen nur 4 % der Befragten aus, dass sie bereits eine unternehmensweite Transformation abgeschlossen haben, 37 % sind im Prozess dieser Veränderung. Die wichtigsten Treiber sind auch hier Innovation, Kundenanforderungen, Produktmanagement und Vertrieb und Service. Weitere wichtige Treiber sind hohe Produktivitätsanforderungen und der Gewinn von Mitarbeiterengagement. Mindestens 40 % der Antworten bestätigen, dass agile Arbeitsmethoden häufiger angewendet werden in den Bereichen von Produktion, General Management und Technologie, und ein weiteres Drittel bestätigt dies im Bereich der Versorgungskette und des Talentmanagements. Drei Viertel der Unternehmen sagen aus, dass organisatorische Agilität eine der drei Topprioritäten im Unternehmen ist. Wichtig ist, dass 81 % der Befragten in agilen Geschäftseinheiten einen damit zusammenhängenden moderaten oder signifikanten Anstieg der gesamten Unternehmensleistung erkennen. Sie berichten 50 % häufiger von besseren finanziellen Ergebnissen im Vergleich zu anderen Firmen (Abb. 10.3).

Wie schon zuvor aufgezeigt, arbeiten viele Unternehmen aus einer stabilen Basis heraus, die Effizienz, Widerstandsfähigkeit gegen Störgrößen und Zuverlässigkeit der operativen Pro-

Abb 10.3 Ergebnis der Umfrage, Analyse und Einstufung unter ca. 2500 Unternehmen (Ahlbäck et al. 2017)

Stark	28%	Start-up	22%	Agil
Dynamik				
schwach	23%	Gefangen	27%	Bürokratie
	schwach	Stabilität		Stark

zesse sicherstellt. Entsprechend der Umfrage sind nur 22 % aller Unternehmen solche, die aus einer ausgesprochen stabilen Basis ihrer Branche heraus arbeiten, gleichzeitig Anwender hochdynamischer, agiler Methoden. 28 % (n= 716) der Unternehmen entsprechen eher einer Start-up-Kultur, die zwar hochdynamische Methoden anwendet, jedoch in einer weniger stabilen Basis mit Prozessen die optimierte Effizienz, Zuverlässigkeit und Erzielung von wichtigen Größeneffekten verlangen würde. 27% der befragten Unternehmen charakterisieren sich hingegen als mit einer stabilen Basis, jedoch einem geringen Grad der Anwendung von agildynamischen Methoden. („bürokratische Unternehmenskultur", n = 697). Unternehmen mit Mängeln sowohl in der Anwendung von stabilen Prozessen als auch in der Anwendung von dynamischen, agilen Methoden sind in einer besonders kritischen Lage (27 %), (Tab. 10.4).

In der stabilen, agilen Organisation wird auf einer stabilen Basis eine Struktur aufgebaut, um die herum nach Bedarf funktionale Teams gebildet werden, die die tägliche Arbeit dynamisch und agil erfüllen (Smet et al. 2015a). Die Basisstruktur führt, fordert und entwickelt Mitarbeiter und legt wichtige Regeln fest. Diese Struktur bleibt stabil über lange Zeit. Hier können verschiedene Zentralfunktionen angelegt werden. Die stabile Basis bleibt auch die „Heimat" der Mitarbeiter im Personalbereich. Die dynamische Struktur wird entsprechend dem Ressourcenbedarf angepasst. Diese dynamische Struktur wird durch multidisziplinäre Teams („squads") gebildet, die nach Bedarf entwickelt und verändert werden, um schnell auf die Bedürfnisse und Chancen im Markt reagieren zu können. Mitarbeiter erfüllen hier ihre wertschöpfenden Aufgaben. Sie haben eine klare Definition ihrer vollständigen Aufgabe.

Diese oftmals aus acht bis zehn Mitgliedern bestehenden Teams („squads") übernehmen die vollständige Verantwortung für Ergebnisse und treffen eigene Entscheidungen, auf welchem Weg sie Ziele erreichen möchten.

Zur operativen Tätigkeit dieser Gruppen werden entsprechende Entscheidungsregeln festgelegt. Gleichfalls wird definiert, auf welchem Niveau oder in welchen Komitees welche Entscheidungen getroffen oder an wen sie delegiert werden. Die dynamische Besetzung derartiger Komitees soll sicherstellen, dass die jeweils am besten geeigneten Personen zu schnellen Entscheidungen übereinkommen können:

> Die Idee ist, ein Unternehmen hat prinzipiell ein operatives System, das sich langsam fortschreitend entwickelt über die Zeit. Und dann, zusätzlich dazu, spielen sie Apps ein. Sie fügen verschiedene mehr dynamische Dinge zusätzlich zu dem operativen System ein. (…) Diese Apps sind die tatsächliche Flora und Fauna des modernen Lebens von Unternehmen, Initiativen, Teams, Spezial-Projekten. (Smet et al. 2015b)

Die Betrachtung der wertschöpfenden Prozesse und der damit einhergehenden Entscheidungen ist wesentlich, denn entlang dieser Wertschöpfungsketten werden Entscheidungen gefällt und Leistungsparameter gemessen. An diesen Leistungsparametern orientieren sich alle Beteiligten. Dies stärkt die Zusammenarbeit erheblich.

Entscheidungstreffen werden so vorbereitet, dass derartige Treffen nicht zum Informationsaustausch dienen, sondern zur finalen Diskussion und Entscheidungsfindung.

Dementsprechend werden agile Organisationen auf einer Matrixstruktur aufbauen, in der der funktionale Manager der stabilen Struktur zugeordnet wird, und wo die wertschöpfenden Aufgaben in der Teamstruktur entwickelt werden. Die formale funktionale Organisation ist verantwortlich für das Gewinnen und die Entwicklung von Mitarbeitern und stellt kompetente Mitarbeiter zur Verfügung. Die funktionale Struktur setzt ihre kompetenten Mitarbeiter auf Basis ihrer Expertise in den Teams („squads") ein (Smet und Gagnon 2018). Die funktionalen Führungskräfte („chapter leader") übernehmen nicht die Verantwortung, direkte Führung und Kontrolle in den wertschöpfenden Teamaufgaben. Die neue herausfordernde Aufgabe für die funktionalen Vorgesetzten ist es, insbesondere für die Bereitstellung von hoch qualifizierten Mitarbeitern zu sorgen, ohne jedoch die direkte operative Kontrolle in Teams hinein auszuüben. Coaching, Talententwicklung und Ausbau der Mitarbeiterfähigkeiten sind die Kernaufgaben des funktionalen Leiters. Führungskräfte der Teamstruktur („tribe leader") setzen in Zusammenarbeit mit den funktionalen Führungskräften die richtigen Leute in den richtigen Teams ein. Zur Wahrnehmung ihrer Verantwortung (z. B. Gewinn/Verlust) entwickeln sie einen strategischen und unternehmensweiten Überblick, sodass sie für ihre spezifischen Aufgaben und Ziele die notwendigen Ressourcen im Unternehmen aus der funktionalen Struktur gewinnen können. Diese Führungskräfte der Teamstruktur („tribe leader") sind stark in der Entwicklung erfolgreicher Strategien, Ziele und Entscheidungsfindung. Mit ihrem starken, strategisch- multidisziplinären Überblick gewinnen sie verschiedene Bereiche zur Zusammenarbeit.

Die Teamleiter („squads") entwickeln eine starke Teamstruktur und sind das Bindeglied zwischen Team und dem Leiter der Teamstruktur („tribe leader") und geben ihre Beobachtungen zur Leistungsentwicklung auch an die funktionalen Führungskräfte weiter („chapter leader"). Typischerweise haben die Teamführer nicht die Rolle des Vorgesetzten, sondern die eines informellen Führers, in der sie verantwortlich sind, Teamgeist zu entwickeln, Teamziele zu erreichen und konstruktiv-wertschätzendes Feedback zur Entwicklung den Teammitgliedern zu geben. Alle drei Funktionen bedürfen individuell unterschiedlicher Fähigkeiten.

Diese klare Unterscheidung zwischen den beiden Aufgabenfunktionen, „chapter" und „tribe", vermeidet typische Konflikte in Matrixorganisationen und unterstützt die flexible Zuteilung von Ressourcen.

Stabile und standardisierte Prozesse werden festgelegt, um die transparente agile Abarbeitung zu ermöglichen. Entsprechende Rollen und Beschreibungen werden hinterlegt. Parameter der Leistungsmessung können sich an der Wertschöpfungskette orientieren und müssen nicht zwangsläufig auf traditionellen Wegen auf Hierarchieebenen heruntergebrochen werden, was ansonsten häufig zu siloorientiertem Denken führt. In einer eigenen Organisation gilt es, Informationen, Aufgaben und Verantwortung jenseits des Bereichsdenkens zur Wertschöpfung zu verteilen (Smet et al. 2015a).

In der zuvor erwähnten Umfrage zur Einstufung der Anwendung stabiler und agiler Prozesse in Unternehmen wurden anhand von 78 spezifischen Fragen, die den jeweils neun stabilen bzw. dynamischen Methoden zugeordnet waren, der Grad der Anwendung in den Unternehmen beurteilt und sie entsprechend der nachfolgenden Tab. 10.2 charakterisiert (Ahlbäck et al. 2017). Die tatsächlichen Differenzen werden in den Bildern Tab. 10.4 aufgezeigt.

Tab. 10.3   Anteil der Unternehmen mit spezifischer Unternehmenskultur, entsprechend der internen Prozessauslegung (Ahlbäck et al. 2017; Smet et al 2015a). Mit freundlicher Genehmigung von: © McKinsey & Company

Stark	28 %	Start-up	Agil	22 %
	Start-up		Schnelle Mobilisierung	
	Chaotisch		Beweglich	
	Kreativ		Kooperativ	
	Begeistert		Einfach Dinge erledigen	
	Frei für alle		Reaktiv	
	Ad hoc		Freier Informationsfluss	
	Rad neu erfinden		Schnelle Entscheidungen	
	Keine Grenzen		Freiheit, zu agieren	
	Konstante Veränderung des Fokus		Belastbar	
Dynamik	Unvorhersehbar		Lernen aus Fehlern	
	23 %	Gefangen	Bürokratie	27 %
	Unkoordiniert		Risikoscheu	
	Stockend		Effizient	
	Bereichs-Fürsten		Langsam	
	Feuerlöscher		Bürokratisch	
	Lokale Bereichsgrenzen		Standard-Arbeitsprozeduren	
	Fingerzeiger		Silodenken	
	Unter Angriff		Entscheidungshierarchie	
	Rigide		Zuverlässig	
	Politikbestimmt		Zentralisiert	
Schwach	Gebietsschutz		Etabliert	
	Schwach	Stabilität		Stark
		N = 2546 Unternehmen		

Erhebliche Unterschiede zwischen den 22 % als agil charakterisierten Geschäftseinheiten und den übrigen fallen auf. Die größten Unterschiede lagen in der gesamten Auswertung zwischen den agilen Unternehmenseinheiten einerseits und den als bürokratisch charakterisierten Unternehmenseinheiten andererseits. Unterschiede fielen insbesondere auf im Bereich folgender Methoden (%-Angabe als Differenz in der Angabe angewendeter Methoden, ebd.):

1. Schnelle Versuche und Iterationen (29 % vs. 81 % = −52 %)
2. Neue Technologien, Systeme und Werkzeuge (−45 %)
3. Kontinuierliches Lernen (−44 %)
4. Suchen und Aufnehmen neuer Geschäftschancen (−40 %)
5. Veränderliche Definition von Rollen in der Organisation (−37 %)
6. Informationstransparenz (−37 %)
7. Flexible Ressourcenzuteilung (−37 %)

Tab. 10.4 Prozessauslegung in agilen Geschäftseinheiten im Vergleich zu anderen (Daten Ahlbäck et al. 2017)

Stabile Prozesse	Agile BU	Andere
Strategische Führung	92 %	52 %
Offene Vision & Unternehmenszweck	91 %	52 %
Unternehmerische Kultur	91 %	50 %
Offene, partizipative Führung	89 %	44 %
Standard-Arbeitsprozesse	89 %	51 %
Starke Community	88 %	50 %
Klare Verantwortlichkeiten	85 %	44 %
Leistungsorientierung	82 %	38 %
Umsetzungsorientierte Entscheidungsstruktur	82 %	44 %

Dynamische Prozesse	Agile BU	Andere
Transparente Information	87 %	44 %
Schnelle Iteration & Experimente	81 %	35 %
Kontinuierliches Lernen	80 %	34 %
Flexible Ressourcenzuteilung	79 %	39 %
Offene physische und visuelle Umgebung	78 %	50 %
Offenes Suchen nach Gelegenheiten	75 %	38 %
Technologie, Systeme, Werkzeuge	62 %	26 %
Flexible Rollendefinition	60 %	23 %
Aktive Partnerschaften & Ökosysteme	56 %	33 %
% Antworten – regelmäßig/oft/fast immer		

Für die anderen Geschäftseinheiten gibt es je nach ihrer Struktur und Kultur verschiedene Wege der Entwicklung zu Agilität und Stabilität. Jedes Unternehmen muss die wichtigsten Unterschiede in der Anwendung der jeweiligen Praxis prüfen und entsprechende Anwendungen beschließen (Tab. 10.4). Die Implementierung agiler Methoden kann experimentell in einzelnen Bereichen und Aktivitäten erfolgen und im Anschluss in weitere Unternehmensaktivitäten fortentwickelt werden.

Die Einführung agiler Methoden ist oftmals insbesondere für traditionelle, große Unternehmen von besonderer Schwierigkeit. Manager und Führungskräfte blicken auf eine lange erfolgreiche Erfahrung zurück und tendieren zu einer Fortschreibung der früheren Erfolgsrezepte: Kontrolle, Regeln, Prozesse, Struktur. Wenn derartige Unternehmen dann unternehmensweit agile Methoden einführen, geschieht es oftmals, dass erhebliche Probleme auftreten. Unternehmen verlieren z. B. Größenvorteile, zu viele Entscheidungen laufen dezentral und verschiedene Aktionen werden unabgestimmt gestartet. Deshalb ist es entscheidend, dem Unternehmen in Form von einigen kritischen Prozessen ein stabiles Rückgrat zu erhalten und gleichzeitig agile, dynamische Fähigkeiten im Bereich von Strukturen, Prozessen und Mitarbeitern zu entwickeln.

10.16   Was leisten agile Methoden zur Entwicklung der Unternehmenskultur?

Der Einfluss agiler Organisationsmaßnahmen auf Unternehmenskultur und Mitarbeiteren-gagement wurde mehrfach erwähnt. Lässt sich der Einfluss auf Basis der vorliegenden großen Datenmenge auf das Ergebnis in Unternehmenskultur, Betriebsklima und Ergeb-nisse herunterbrechen?

Entsprechend der Analyse von McKinsey haben Unternehmen, die sowohl über Stabi-lität als auch Agilität und Geschwindigkeit verfügen, eine um 70 % größere Chance, in dem obersten Viertel der Unternehmen mit dem höchsten organisatorischen Gesundheits-index (Kap. 9) platziert zu sein (Smet et al. 2015a). Dies steigert wiederum die Chancen auf überdurchschnittliche Profitabilität entsprechend der bereits aufgezeigten Ergebnisse deutlich. Dies deckt sich auch mit dem zitierten Ergebnis aus der Untersuchung von 2300 großen US-Unternehmen, die zeigt, dass die Unternehmen mit dem erfolgreichsten Wachstum über zehn Jahre sich gleichfalls sowohl durch extreme Stabilität als auch als schnelle Innovatoren mit schneller Anpassung ihrer Ressourcen auszeichnen (McGrath 2012). Erfolgreiche agile Unternehmen legen hier bewusst Wert auf die Basis stabiler Elemente. Entscheidend sind entsprechend der Untersuchung drei organisatorische Berei-che zum Ausgleich der Spannung zwischen Stabilität und Flexibilität: organisatorische Struktur, Regeln und Richtlinien, Prozesse. Diese Struktur zeigt auf, wie Ressourcen ver-teilt werden, wie Entscheidungen gefällt werden und auf welchem Wege Dinge umgesetzt, kontrolliert und erreicht werden.

In dem durch 37 Managementmethoden abgebildeten organisatorischen Gesundheits-index (OHI) verbesserte sich dieser insbesondere unter dem Fokus der Anwendung der Aspekte Geschwindigkeit und Stabilität. Insbesondere bei den vier Faktoren Finanzma-nagement, finanzielle Anreizsysteme, Gewinnen externer Ideen und Mitarbeitereinbin-dung hatten diese beiden Faktoren einen deutlichen Einfluss (Bazigos et al. 2016). In einer Analyse unter 161 Unternehmen zeigte sich, dass nur 5 % der Unternehmen in dem Qua-dranten „Gefangen" und nur 17 % aus dem „Bürokratie"-Quadranten sich im obersten Viertel der Unternehmen im OHI platzierten. Die Unternehmen aus dem „Agil"-Quadran-ten hatten durchweg einen besseren OHI als die übrigen Unternehmen. 70 % dieser agilen Unternehmen waren im obersten Viertel derer mit dem besten Klima (OHI) platziert, und nur 5 % im untersten Viertel. Unter den „Bürokratie"-Unternehmen fielen 58 % in dieses untere Viertel mit dem kritischsten Betriebsklima (OHI). Auffallend ist auch, dass opera-tive Disziplin und klare Rollendefinition Managementdisziplinen sind, die gerade unter den agilen Unternehmen stark vertreten sind. Die Autoren leiten daraus ab, dass es gerade eine spezielle Stärke der Unternehmen im agilen Quadranten ist, eine Balance zwischen schneller Aktion und dem Wechsel mit organisatorischer Stabilität und klarer Struktur zu gewinnen. Unter den Unternehmen des agilen Quadranten waren auch die Topperformer im Bereich Innovation, prozessorientierter Fähigkeiten und Unternehmen, die stark waren in Kriterien wie sinnvolle Unternehmenswerte, Wissensteilung und inspirierende „Lea-der" im Bereich Führung und Motivation (Bazigos et al. 2015).

10.17 Besprechungen – Riesenaufwand und Riesenpotenzial

Der enorme Zeitaufwand von Mitarbeitern und Führungskräften in Besprechungen verursacht enorme Kosten, die in Unternehmen nur selten kontrolliert und ausgewiesen werden. Auf Basis einer Untersuchung von Zeitbudgets in 17 Konzernen durch Bain & Company wurde ein seit Jahren stetiger Anstieg der in Besprechungen verbrachten Arbeitszeit betrachtet (Mankins et al. 2014). In der Untersuchung zeigt sich, dass 15 % der gesamten Arbeitszeit in einem Unternehmen in Meetings verbracht wird. Meetings des Top-Managements verursachten durch zahlreiche Vorbesprechungen und Vorbereitungen auf den darunterliegenden Hierarchieebenen weiteren erheblichen Zeitaufwand. In der Analyse wird gezeigt, dass die wöchentliche Lagebesprechung des obersten Führungsteams einen jährlichen Aufwand von 7000 Stunden pro Jahr verursacht. Unter Hinzuziehung der Besprechungszeiten und Vorbereitungszeiten der vorgelagerten Abteilungen und Mitarbeiter führt dies zu einem Gesamtaufwand von 300.000 Stunden im Jahr, ohne dabei Zeiten für entsprechende Datenerhebungen und verwandte Aufgaben zu berücksichtigen.

Eine Untersuchung an der TU Braunschweig/Universität Amsterdam (Simone Kauffeld, Nale Lehmann-Willenbrock in Perlow et al. 2017) unter 20 Unternehmen in den Bereichen Automobilzulieferer, Metall,- Elektro-, Chemie- und Verpackungsindustrie zeigt, dass „dysfunktionale Verhaltensweisen in Meetings (etwa das Abschweifen vom Thema, Beschwerden und Kritik) einhergingen mit geringerem Marktanteil, weniger Innovation und Beschäftigungsstabilität" (ebd.). In einer Umfrage unter 182 Führungskräften aus verschiedenen Branchen „sagten 65 %, Meetings halten sie von ihrer eigenen Arbeit ab, 71 % hielten Meetings für ineffizient und unproduktiv, 64 % fanden, Meetings beeinträchtigen konzentriertes Arbeiten, 62 % erklärten, Meetings schaffen es nicht, den Zusammenhalt des Teams zu stärken" (ebd.). Weitere Untersuchungen zeigen, dass schlecht geführte Meetings negative Auswirkungen auf die Zufriedenheit der Mitarbeiter im Unternehmen haben. Die Veränderung der Besprechungskultur führte andererseits in einer Untersuchung in einem Unternehmen der Finanz- und Regulierungsberatung innerhalb von drei Monaten zu deutlicher Verbesserung der Teamarbeit. Dies führte sogar zu einer Verbesserung der Wahrnehmung der Work-Life-Balance (Perlow et al. 2017).

Weitere Analysen von Besprechungen bei Bain & Company zeigen, dass die Vorgänge sich meist innerhalb von Abteilungen abspielen und nicht zwischen unterschiedlichen Bereichen und Funktionen der Unternehmen (Mankins et al. 2014). Im Fall von abteilungsübergreifenden Besprechungen fällt auf, dass oftmals die falschen Mitarbeiter eingeladen werden. Oftmals war lediglich der Austausch von Information Bestandteil des Meetings und nicht die Entwicklung neuer Ideen oder das Einholen von Feedback. Die Autoren schließen daraus, dass die steigende Anzahl von Besprechungen die bereichsübergreifende Zusammenarbeit nicht wesentlich steigert. Manager sagten häufig ihre Teilnahme an mehreren Meetings gleichzeitig zu und entschieden erst im letzten Moment, wo sie tatsächlich präsent sein möchten. Dies führt in anderen Besprechungen dann zu Ausfällen und uneffektiven Meetings, weil Abstimmungen und Beschlüsse nicht getroffen werden können. Die Autoren stellen insbesondere heraus, dass im Unterschied zu auch nur geringen finanziellen Ausgaben, die eine Autorisierung verlangen, Mitarbeiter mit den Zeitbudgets ihrer Kollegen durch Einberufung von formalen Besprechungen großzügig umgehen dürfen. Aus diesen Resultaten und Beobachtungen leiten die Autoren von Bain & Company u. a. folgende Handlungsempfehlungen ab (ebd.):

1. **Klar formulierte, kurze Tagesordnung:** Kritische Bewertung, welche Punkte herausgestrichen werden können. Steve Jobs war bekannt für seine Fokussierung, sodass er nach Festlegung der Prioritäten der zehn wichtigsten Punkte meistens eine größere Anzahl herausstrich.
2. **Zeitbudgets für Meetings festsetzen:** Die Einladenden können entsprechende „Abhebungen" machen.
3. **Wer darf Besprechungen einberufen:** Festlegung, wer entscheiden darf, eine Besprechung einzuberufen. Besprechungen verursachen hohe Kosten, wer darf diese Kosten freigeben?
4. **Vereinfachung von Organisationsstrukturen:** Die Analyse von Bain & Company zeigt auf, dass ein zusätzlicher Manager neben seiner eigenen Arbeitskraft ungefähr Arbeit für eine zusätzliche halbe Vollzeitstelle verursacht. Ein zusätzlicher Senior Vice-President verursachte Arbeit für zusätzliche 1,6 Vollzeitstellen, wobei Aufwendungen für Assistenzkräfte noch nicht eingerechnet sind.
5. **Standardisierte Entscheidungsprozesse:** Dies führt dazu, dass vorab Klarheit darüber besteht, welche Informationen und Unterlagen notwendig sind und wie eine Entscheidung gefällt wird. Dies beschleunigt Vorbereitung und Abstimmung zwischen einzelnen Bereichen für schnelle Entscheidungen.
6. **Zeitdisziplin sicherstellen:** Aufstellung einer Tagesordnung mit Formulierung von Zielen und Zweck der Besprechung. Gründliche Vorbereitung, Verteilung grundlegender Informationen vorab lässt wenig Zeit in der Besprechung anfallen, diese zu erfragen. Pünktlich beginnen und ggf. auch vorzeitig beenden, wenn in der Besprechung kein weiterer Fortschritt erkennbar ist.

Literatur

Aghina, Wouter; Smet Aaron De; Lackey, Gerald; Lurie, Michael; Murarka, Monica (2018): The five trademarks of agile organizations (McKinsey Report). Online verfügbar unter https://www.mckinsey.com/business-functions/organization/our-insights/the-five-trademarks-of-agile-organizations, zuletzt geprüft am 20.02.2019.
Ahlbäck, Karin; Fahrbach, Clemens; Murarka, Monica; Salo, Olli (2017): How to create an agile organization (McKinsey Survey). Online verfügbar unter https://www.mckinsey.com/business-functions/organization/our-insights/how-to-create-an-agile-organization, zuletzt geprüft am 21.02.2019.

Anderson, Kai; Rotzinger, Joachim (2017): Haufe Agilitätsbarometer, So agil sind Unternehmen im DACH. Eine Studie von Haufe & promerit. Verlag Haufe-Lexware GmbH & Co.KG. Freiburg. Online verfügbar unter www.haufe.de, zuletzt geprüft am 23.08.2018.

Arnold, Hermann (2016): Wir sind Chef. Wie eine unsichtbare Revolution Unternehmen verändert. 1. Auflage, Version 0.9. Freiburg: Haufe.

Aronowitz, Steven; Smet, Aaron de; McGinty, Deirdre (2015): Getting organizational redesign right (McKinsey Quarterly). Online verfügbar unter https://www.mckinsey.com/business-functions/organization/our-insights/getting-organizational-redesign-right, zuletzt geprüft am 13.02.2019.

Baumanns, Markus; Bidmon, Christina; Sahlmüller, Ben (2017): Mythos Start-up - Führungsimpulse für etablierte Unternehmen? Hg. v. LEAD|Mercator Capacity Building Center for Leadership & Advocacy, in Zusammenarbeit mit der Universität St. Gallen, Center for Leadership and Values in Society, HHL Leipzig. Online verfügbar unter www.le-ad.de, zuletzt aktualisiert am 20.02.2019.

Bazigos, Michael; Harter, James (2016): Revisiting the matrix organization. McKinsey Quarterly 1-2016, Michael Bazigos, James Harter, Revisiting the matrix organization, www.mckinsey.com (McKinsey Quarterly). Online verfügbar unter https://www.mckinsey.com/business-functions/organization/our-insights/revisiting-the-matrix-organization, zuletzt geprüft am 20.02.2019.

Bazigos, Michael; Smet, Aaron de; Gagnon, Chris (2015): Why agility pays (McKinsey Quarterly). Online verfügbar unter https://www.mckinsey.com/business-functions/organization/our-insights/why-agility-pays, zuletzt geprüft am 21.02.2019.

Bazigos, Michael; Smet, Aaron de; Gagnon, Chris (2016): Why agility pays. McKinsey. Online verfügbar unter https://www.mckinsey.com/business-functions/operations/our-insights/why-agility-pays, zuletzt geprüft am 21.02.2019.

Bernstein, Ethan; Bunch, John; Canner, Niko; Lee, Michael (2016): Beyond the Holacracy Hype. Online verfügbar unter https://hbr.org/2016/07/beyond-the-holacracy-hype, zuletzt geprüft am 20.02.2019.

Bezos, Jeffrey P. (2017): 2016 Letter to Shareholders. Online verfügbar unter https://blog.aboutamazon.com/company-news/2016-letter-to-shareholders, zuletzt geprüft am 13.02.2019.

Blenko, Marcia W.; Mankins, Michael; Rogers, Paul (2010): The Decision-Driven Organization. Online verfügbar unter https://hbr.org/2010/06/the-decision-driven-organization, zuletzt geprüft am 13.02.2019.

Gomez, Peter; Ransch, Sebastian; Rigall, Juan (2007): Die Formel für profitables Wachstum (Harvard Business Manager). Online verfügbar unter http://www.harvardbusinessmanager.de, zuletzt geprüft am 13.01.2019.

Hamel, Gary (2008): Das Ende des Managements. Unternehmensführung im 21. Jahrhundert. Berlin: Econ.

Hamel, Gary (2011): First, Let's Fire All the Managers. Online verfügbar unter https://hbr.org/2011/12/first-lets-fire-all-the-managers, zuletzt geprüft am 20.02.2019.

Hamel, Gary (2013): Worauf es jetzt ankommt! Erfolgreich in Zeiten kompromisslosen Wandels, brutalen Wettbewerbs und unaufhaltsamer Innovation. 1. Aufl. Weinheim: Wiley-VCH-Verl.

Jumpertz, Sylvia (2018): Risiken der Selbstorganisation. Vorsicht, Freiheit,. In: *Managerseminare* (249), S. 22–29.

Keller, Scott; Meaney, Mary (2018): Reorganizing to capture maximum value quickly (McKinsey). Online verfügbar unter https://www.mckinsey.com/business-functions/organization/our-insights/reorganizing-to-capture-maximum-value-quickly, zuletzt geprüft am 13.02.2019.

Kienbaum Management Beratung (2015): Agility - überlebensnotwendig für Unternehmen in unsicheren und dynamischen Zeiten. Hg. v. Kienbaum Management Beratung. Online verfügbar unter www.kienbaum.com/de/studien, zuletzt geprüft am 20.02.2019.

Kimes, Mina (2009): Most Admired firms have different organizational structures - Mar. 6, 2009. Online verfügbar unter http://archive.fortune.com/2009/03/06/news/companies/hay.survey.fortune/index.htm, zuletzt aktualisiert am 06.03.2009, zuletzt geprüft am 09.03.2019.

Komus, Ayelt; Kamlowski, Waldemar (2014): Gemeinsamkeiten und Unterschiede von Lean-Management und agilen Methoden. Hochschule Koblenz/BPM Labor. Online verfügbar unter https://www.hs-koblenz.de/fileadmin/media/fb_wirtschaftswissenschaften/Forschung_Projekte/Forschungsprojekte/BPM-Labor/BPM-Lab-WP-Lean-vs-Agile-v1.0.pdf, zuletzt geprüft am 20.02.2019.

Krell, Eric (2011): Managing the Matrix. Online verfügbar unter https://www.shrm.org/hr-today/news/hr-magazine/pages/0411krell.aspx, zuletzt geprüft am 20.02.2019.

Leitl, Michael (2016): Lost in Transformation (Harvard Business Manager). Online verfügbar unter http://www.harvardbusinessmanager.de/heft/d-144075281.html, zuletzt geprüft am 20.02.2019.

Mankins, Michael; Brahm, Chris; Caimi, Greg (2014): Your Scarcest Resource. Online verfügbar unter https://hbr.org/2014/05/your-scarcest-resource, zuletzt geprüft am 21.02.2019.

McGrath, Rita Gunter (2012): How the growth outliers do it. In: *Harvard Business Review* 90 (1), S. 110–116.

Menon, Tanya; Thompson, Leigh L. (2016): Stop spending, start managing. Strategies to transform wasteful habits. Boston, Massachusetts: Harvard Business Review Press.

Morieux, Yves (2011): Smart Rules: Six Ways to Get People to Solve Problems Without You (Harvard Business Review). Online verfügbar unter https://hbr.org/2011/09/smart-rules-six-ways-to-get-people-to-solve-problems-without-you, zuletzt geprüft am 13.02.2019.

Nordmeyer, Billie (2018): Disadvantages of Organizations With the Matrix Approach. Online verfügbar unter https://smallbusiness.chron.com/disadvantages-organizations-matrix-approach-22115.html, zuletzt geprüft am 20.02.2019.

Ogburn, Charlton (1957): Merrill's marauders: The truth about an incredible adventure. In: *Harper's Magazine*, S. 29–44.

Perlow, Leslie A.; Hardley, Constance Noonan; Eun, Eunice (2017): Stop the Meeting Madness. Online verfügbar unter https://hbr.org/2017/07/stop-the-meeting-madness, zuletzt geprüft am 21.02.2019.

Rigby, Darrell; Sutherland, Jeff; Takeuchi, Hirotaka (2016): Embracing Agile. https://www.facebook.com/HBR. Online verfügbar unter https://hbr.org/2016/05/embracing-agile, zuletzt geprüft am 09.03.2019.

Satell, Greg (2017): Mapping innovation. A playbook for navigating a disruptive age. New York, Chicago, San Francisco: McGraw-Hill Education.

Schmutte, Andre M.; Haas, Christian; Sonderhauser, Christof; Offergelt, Florian (2012): Die mächtigste Stelle im Unternehmen (Harvard Business Manager). Online verfügbar unter http://www.harvardbusinessmanager.de/heft/d-88169675.html, zuletzt geprüft am 20.02.2019.

Schuh (2016): Konsortial Benchmarking: Managing Breakthrough Innovations_2016.p. Innovation Center der RWTH Aachen, KEX Knowledge Exchange AG, 52074 Aachen. Aachen. Online verfügbar unter https://www.agile-produktentwicklung.com/agile-verstehen/aktuelle-studien/, zuletzt geprüft am 01.02.2019.

Schuh et al. WZL/RWTH Aachen (2016): Lean Engineering - Schneller ans Ziel durch agile Produktentwicklung. Hg. v. WZL/RWTH Aachen, Fraunhofer IPT, Boston Consulting Group. Online verfügbar unter https://www.agile-produktentwicklung.com/agileverstehen/aktuelle-studien/, zuletzt geprüft am 01.02.2019.

Seidman, Dov (2012): The HOW Report. Governance, Culture & Leadership - LRN. Online verfügbar unter https://lrn.com/governance-culture-leadership/, zuletzt geprüft am 20.02.2019.

Seidman, Dov (2016): How Report 2016. Our Findings - HOW Metrics (https://howmetrics.lrn.com/wp/wp-content/uploads/2017/01/HOW_REPORT_5.04.16_finalspreads_b.pdf). Online verfügbar unter https://howmetrics.lrn.com/, zuletzt geprüft am 20.02.2019.

Smet, Aaron de; McGinty, Deirdre (2014): The secrets of successful organizational redesigns: McKinsey Global Survey results (McKinsey Survey). Online verfügbar unter https://www.mckinsey.com/business-functions/organization/our-insights/the-secrets-ofsuccessful-organizational-redesigns-mckinsey-global-survey-results, zuletzt geprüft am 09.03.2019.

Smet, Aaron de; Gagnon, Chris (2018): Organizing for the age of urgency (McKinsey Quarterly). Online verfügbar unter https://www.mckinsey.com/business-functions/organization/our-insights/organizing-for-the-age-of-urgency, zuletzt geprüft am 12.01.2019.

Smith, Brad (2015): Intuit's CEO on Building a Design-Driven Company. Online verfügbar unter https://hbr.org/2015/01/intuits-ceo-on-building-a-design-driven-company, zuletzt geprüft am 20.02.2019.

Thomke, Stefan (2012): Mumbai's Models of Service Excellence. Online verfügbar unter https://hbr.org/2012/11/mumbais-models-of-service-excellence, zuletzt geprüft am 20.02.2019.

Umsetzung zum Erfolg – was macht Teams tatsächlich erfolgreich?

11

Was zählt am Ende? Die tatsächliche ergebniswirksame Umsetzung aller Maßnahmen im Team macht erst den Erfolg der erfolgreichen Unternehmen möglich. Zahlreiche Hard- und insbesondere Soft-Faktoren machen den Unterschied zwischen guten Teams und den sehr guten Teams, die mit ihrer Arbeitsweise und Umsetzung aller Maßnahmen entscheiden, ob ein Unternehmen tatsächlich unter die Besten gelangt. Die Schwierigkeit und Wichtigkeit erfolgreicher Teamarbeit wird u. a. sichtbar in Form immer wiederkehrender zahlreicher, offenbar notwendiger Workshops in Unternehmen zur Verbesserung der Teamarbeit unter kritischen Bedingungen.

Die Schwierigkeit und Wichtigkeit des Themas High-Performing-Leadership-Team zeigt sich auch in der Tatsache, dass das Topic in 40 Jahren von 1976 bis 2016 zu den Top-Ten-Themen in der Harvard Business Review gehörte (Keller und Meaney 2017a). Was haben zahlreiche Forschungen, empirische Ergebnisse und Erfahrungen über die Zeit herausgefunden, um endlich in der Kombination dieses umfangreichen Wissens einen großen Schritt zum dauerhaften Erfolg zu gehen? Wichtigkeit und Qualität erfolgreicher Teamarbeit wird auch von der Börse hoch bewertet. Entsprechend der Analyseergebnisse bei McKinsey denken 90 % der Investoren, dass der wichtigste nicht finanzielle Faktor bei der Bewertung eines Börsengangs die Qualität des Managementteams ist. Finanzkennzahlen liegen in dem Fall, dass das Topteam aktiv auf eine wirklich gemeinsame Vision hinarbeitet, mit 1,9-facher Wahrscheinlichkeit oberhalb des Medians (ebd.). Erfolgreiche Teamarbeit ist ein starker Werttreiber. „Wie brillant auch immer die Strategie sein mag, wenn man ein Solospiel spielt, wird man immer gegenüber einem Team zurückfallen." (Reid Hoffmann, Mitgründer LinkedIn in Keller und Meaney 2017b)

© Springer-Verlag GmbH Deutschland, ein Teil von Springer Nature 2020
H. Goffin, *Erfolgsunternehmen – empirisch belegte Wege an die Spitze*,
https://doi.org/10.1007/978-3-662-59819-1_11

11.1   Globale Teamarbeit – was macht Erfolg im globalen Tagesgeschäft?

11.1.1 Grundbedingungen erfolgreicher und effektiver Teamarbeit

Entsprechend den langjährigen Forschungsarbeiten von J. Richard Hackman zeigt sich, dass bestimmte Grundbedingungen erfolgreiche Teamarbeit jenseits von Aspekten wie Persönlichkeit, Einstellung und Verhaltensweise der Teammitglieder ausmachen (Hackman 2011): überzeugende Orientierung und Richtung, gute Struktur, positives Arbeitsumfeld. Die zunehmende Komplexität, Diversität und crossfunktionale Besetzung sowie die Dezentralisation von Teams stellen darüber hinaus weitere Anforderungen.

In 15-jähriger Forschungsarbeit in neun Forschungsprojekten in globalen Unternehmen haben M. Haas, M. Mortensen (Wharton School/Insead Business School) in über 4200 Befragungen von Teamleitern und Managern und 300 Detailgesprächen weitere Kriterien erfolgreicher Teamarbeit untersucht (Haas und Mortensen 2016). Befragt wurden Teams aus der Produktentwicklung, dem Vertrieb, Produktion, Finanzen, Forschung und Entwicklung und Geschäftsleitung aus Unternehmen sehr unterschiedlicher Branchen. Weitere Erkenntnisse wurden aus einer großen Anzahl von Schulungen für Tausende Teammitglieder und -leiter gewonnen. Jeder Manager wird regelmäßig in der Teamarbeit mit Problemen wie der Bildung von Subgruppen, „Wir-gegen-sie"-Mentalität und Klagen über mangelnde Information und Transparenz konfrontiert gewesen sein. Die Autoren der Untersuchung identifizieren zusätzlich zu diesen drei Grundbedingungen nach Hackman die vierte notwendige Grundbedingung, eine gemeinsame Einstellung (ebd.):

1. **Überzeugende Orientierung und Richtung:** Herausfordernde, erreichbare Ziele geben eine gemeinsame Arbeitsgrundlage und bei Erreichen entsprechende Anerkennung. Der Zweck der Ziele muss insbesondere bei den heute oft dezentral sitzenden Mitarbeitern mit einer breiten crossfunktionalen Teamzusammensetzung so klar definiert sein, dass auch in den verschiedenen Standorten und Funktionen ein leichtes Verständnis sichergestellt ist. Teams stimmen sich in einem Kick-off über die Ziele und messbare Erfolgsparameter ab und erzielen Übereinstimmung.
2. **Teamstruktur und Teambesetzung:** Diversität in den verschiedenen Fähigkeiten und Kompetenzen, zu denen auch die Sozialkompetenz gehört, sind entscheidend. Eine Abstimmung der Qualifikation und der verschiedenen Sichtweisen sind wichtig. Unterschiedliche kulturelle und nationale bzw. internationale Hintergründe spielen eine wichtige Rolle (Kap. 9). Internationale Erfahrung kann die Kreativität auf der Suche nach mehreren Lösungswegen unterstützen, während das nationale Know-how anderer Mitglieder kulturelles Wissen über bestimmte Märkte sicherstellt. In den verschiedenen Projektphasen können zusätzliche Experten spezifische notwendige Kompetenzen zeitweilig ergänzen. Die Teamstruktur wird stets klein gehalten werden, um die Bildung von Subgruppen und Missverständnissen zu vermeiden. Innerhalb der Struktur wird der Teamleiter dafür sorgen, dass alle Mitglieder eine ihren Fähigkeiten

und Zielen entsprechend motivierende Aufgabe verantwortlich abarbeiten können. Eine zu starke Modularisierung kann dem entgegenstehen. Basis einer guten Teamstruktur sind gemeinsame Regeln, die über verschiedene Standorte in gleichem Maß angewendet werden.

3. **Positives Arbeitsumfeld:** Grundlage eines positiven Arbeitsumfeldes sind die Verfügbarkeit der notwendigen materiellen Ressourcen, eines finanziellen Budgets und einer guten Infrastruktur an allen Standorten der Teammitglieder. Des Weiteren ist ein motivierendes Arbeitsumfeld notwendig, das die intrinsische Motivation unterstützt.

4. **Eine gemeinsame Einstellung:** Probleme wie die dezentrale Lokalisierung der Teammitglieder und eine wechselnde Zusammensetzung fördern die Bildung von Subgruppen und das Entstehen von Informationsdefiziten. Die Autoren fanden heraus, dass eine gemeinsame Einstellung und Identität sowie gemeinsames Verständnis und gegenseitiges Vertrauen weitere wichtige Faktoren erfolgreicher Teams sind. Die Bildung von Untergruppen in dieser komplexen Struktur und bei komplexen Aufgabenstellungen ist ein vielfach kritisches Merkmal von Projektgruppen. Dieses wird vermieden durch entsprechende Maßnahmen in Teambildung, Wissensaustausch und transparenter Kommunikation über alle Medien (inkl. Social-Media-Anwendungen) – und die zuvor genannten Grundbedingungen. Persönliche Kontakte fördern ein gemeinsames Verständnis und vermeiden nonverbale Kommunikationsverluste.

Außerdem steigern persönliche Kontakte das Verständnis für spezifische Probleme, die auch durch die persönliche Arbeitsumgebung und Arbeitsbedingungen verursacht sein können und im formellen Informationsaustausch nicht erkannt werden. Im persönlichen Kontakt werden sie meist schnell erfasst. Videokonferenzen sind ein hilfreiches Werkzeug und Telefonkonferenzen gegenüber überlegen. Die Wertschätzung des individuellen Beitrages zum Gesamtziel wird gleichfalls sichergestellt werden. Mitarbeiter sind motivierter in der Teamarbeit, wenn sie auch die Chancen der persönlichen Weiterentwicklung und des Lernens in der Teamarbeit erkennen.

Hackmann schlägt drei Kriterien zur Messung der Teameffektivität vor (Hackman 2011):

1. **Ergebnis:** Werden Ziele, Qualität und Fristen sowie die Kundenzufriedenheit erfüllt?
2. **Zusammenarbeit und Teamdynamik:** Trägt sie zur erfolgreichen Erledigung der Arbeit bei?
3. **Entwicklung:** Können die Teammitglieder in ihrer persönlichen Entwicklung und mit ihren Fähigkeiten sowie ihrem Fachwissen aus der gemeinsamen Arbeit profitieren?

Eine regelmäßige Überprüfung der drei Kriterien der Effektivität und der vier Grundbedingungen unterstützt den Erfolg. Im Fall von Problemen bei einem der genannten Punkte wird schnell nachjustiert unter der Prüfung und Beachtung der gegenseitigen Abhängigkeiten dieser Kriterien. Durch Prüfung des schlechten der drei Effektivitätskriterien in Zusammenhang mit den vier Grundbedingungen lassen sich meistens klare Zusammenhänge für entsprechende Korrekturmaßnahmen finden. Diese Prüfungen können in einer kurzen Kontrolle, persönlichen Gesprächen oder auch in einem Workshop mit den Möglichkeiten der Diskussion für alle Teammitglieder durchgeführt werden. Diskussionen im Workshop geben allen Teammitgliedern die Chance, kritische Punkte zu äußern und vor allem Verständnis für die Aspekte anderer Teammitglieder zu gewinnen.

11.1.2   Vertrauen, Erfolgskriterium mit kleinen Nachteilen?

Die Wichtigkeit von Vertrauen in der Unternehmenskultur und in der Zusammenarbeit innerhalb von Teams wurde bereits mehrfach herausgestellt. Vertrauen entwickelt sich im Rahmen gemeinsamer Arbeit und Ergebnisse. Entsprechend Untersuchungen des Psychologieprofessors Robert Huckman (Harvard University, z. B. Ursachen unterschiedlicher Leistung von Flugzeugbesatzungen) durchlaufen Teams genauso wie Individuen eine Lernkurve. Es zeigt sich, dass eine höhere Vertrautheit zu höherer Leistung führt. In der Untersuchung professioneller Basketballmannschaften wurde gezeigt, dass eine höhere Vertrautheit zwischen den Spielern zu weniger Fehlpässen führt (Huckman und Staats 2013).

In der Untersuchung von Huckman et al. wurde die Leistung von Softwareentwicklungsteams anhand der Daten von 1004 Entwicklungsprojekten mit insgesamt 11.376 Mitarbeitern beurteilt (ebd.). Auf Basis detaillierter Daten wurde analysiert, welche Mitarbeiter mit wem in welcher Intensität zusammengearbeitet hatten. Anschließend wurde die Leistung der verschiedenen Teams bewertet. Parameter dieser Leistungsanalyse waren die Anzahl der Fehler in den Programmen, die Einhaltung von Fristen und das Budget. Zur Messung der Vertrautheit wurden Daten aus den drei vergangenen Jahren herangezogen, um zu bewerten, welche Mitarbeiter eines Teams bereits zuvor zusammenarbeiteten. Mit der Zunahme einer Vertrautheit um 50 % sank die Anzahl der Fehler um 19 % und Abweichungen vom Budget reduzierten sich um 30 %. Die Leistung der Teams ließ sich sogar auf Basis der Vertrautheit besser vorhersagen als durch die Erfahrung der Mitarbeiter und Projektleiter. Wenn die Teambesetzung eine höhere Diversität bei den Erfahrungen der Mitglieder aufwies, zeigte sich bei einer geringen Vertrautheit eine schwächere Leistung. Im Fall eines hohen Grades der Vertrautheit konnten die Teams jedoch die Diversität nutzen, um sich zu verbessern. In einer weiteren Untersuchung an der Harvard Business School zeigte sich, dass die Teams von Wirtschaftsprüfungs- und Beratungsgesellschaften im Fall einer hohen Vertrautheit nach Kundeneinschätzung eine um 10 % höhere Leistung ablieferten. Diversität in Teams führt häufig zu Konflikten und einem Mangel an Kommunikation, wenn keine ausreichende Vertrautheit die Unterschiede überbrückt. Ein hohes Maß an Vertrautheit unterstützt hier. Zusätzlich können die Teams das Wissen der einzelnen Mitarbeiter besser nutzen. Hohe, sich verändernde Projektanforderungen verlangen eine hohe Flexibilität, in der Vertrautheit den Umgang mit besonderen Herausforderungen unterstützt. Vertrautheit erleichtert die Identifikation innovativer Lösungen aufgrund besserer Kommunikation. Die Auswahl der Mitarbeiter in der Zusammenstellung von Teams mit Einbeziehung der zusätzlichen Dimension der Vertrautheit kann die Leistung steigern.

Dennoch darf nicht übersehen werden, dass neue Mitglieder in Teams neue kreative Ideen und Lösungswege einbringen. Dieser Aspekt ist gleichfalls wichtig in der Teambesetzung, da es auch Untersuchungen gibt, dass eine zu hohe Vertrautheit mit der Folge der Entwicklung von Routine in der Zusammenarbeit zu Leistungsverlust und schwächerer Motivation führen kann (Huckman und Staats 2013).

Erfolge von Teams müssen herausgestrichen werden. In einer Studie konnte gezeigt werden, dass Teams mit positivem Feedback deutlich bessere Ergebnisse erzielen als solche, denen insbesondere ihre Fehler gezeigt werden (Aiken und Keller 2007). In einer Lernstudie zeigte man zwei Bowlingteams Videos: Team 1 sah Videos, die nur ihre Fehler zeigten. Team 2 sah Videos, die nur ihre guten Leistungen zeigten. Nach Betrachtung der jeweiligen Videos verbesserten sich beide Teams. Das Team mit den positiven Videos verbesserten seine Ergebnisse jedoch doppelt so stark wie das mit den Videos, die ihnen die Fehler vorführte.

11.1.3   Projektplanung – kritische Merkmale zu erfolgreicher Umsetzung

Eine Projektplanung ist stets von Unsicherheit und Risiken schneller Veränderungen betroffen. Die Ressourcenplanung geht häufig von einer 100 %-Auslastung zur Erfüllung der Meilensteine aus. Untersuchungen zeigen jedoch, dass ein derartig hoher Auslastungsgrad erhebliche Nebenwirkungen verursacht. Nicht alle Prozesse sind genau planbar bzw. unterliegen typischen Schwankungen, die aus der Abarbeitung zahlreicher Einzelaufgaben unter herausfordernden, gleichfalls nicht genau planbaren Bedingungen bestehen. Neue Kundenanforderungen und neue Erkenntnisse sind eine weitere Ursache zeitlicher Schwankungen. Zu Beginn des 20. Jahrhunderts entwickelte der Mathematiker Agner Krarup Erlang die Warteschlangentheorie zur Dimensionierung von Telefonvermittlungsanlagen. Das mathematische Modell kommt zur Anwendung in der Untersuchung von Engpässen bei nicht genau planbaren Prozessen. Die mathematische Kalkulation zeigt, dass insbesondere an der Auslastungsgrenze bereits ein geringer Anstieg der Belastung aufgrund einer stark exponentiellen Funktion zu einer Verdoppelung der Wartezeiten führen kann. Dementsprechend ist es nicht überraschend, wenn Projekte mit knapper Ressourcenausstattung erhebliche Zeitrisiken beinhalten (Thomke und Reinertsen 2012).

In Entwicklungsabteilungen entstehen auf diese Art große Lager in Form von Wissen und Dokumentationen, die auf die Fertigstellung anderer Entwicklungsmodule warten. Derartig große Lager würden in schlanken Produktionsprozessen nicht akzeptiert. Entwicklungslager werden jedoch in keinen Finanzkennzahlen direkt ausgewiesen, sodass ein derartiger Schwachpunkt im Reporting nicht sichtbar ist. Aufgrund des exponentiellen Zusammenhangs ist eine entsprechende Erhöhung knapper Ressourcen in Entwicklungsbereichen ein effizientes Mittel, um Entwicklungszeiten zu verkürzen. Andernfalls muss die Anzahl der aktiven Projekte eng begrenzt werden. Ein Projekt darf in diesen Fällen nur gestartet werden, wenn nachweislich entsprechende Ressourcen verfügbar sind, die die zuvor erwähnte Flexibilität zur Vermeidung des Warteschlangeneffektes zulassen (Huckman und Staats 2013).

Die Methoden der agilen Entwicklung haben bereits ein wichtiges Mittel zur Reduzierung der Entwicklungszeiten erfolgreich umgesetzt: Die Arbeit mit kleinen Chargen und der Entwicklung von Prototypen der Zielversion für schnelle, messbare Ergebnisse. Das Vorgehen erfolgt in kurzen, iterativen Entwicklungsschritten mit schneller Rückmeldung. Auch diese Maßnahme zeigt einen exponentiellen Einfluss auf die Länge der Entwicklungszeiten.

Zusätzlich steigert das Vorgehen aufgrund der schnell erreichbaren und messbaren Ergebnisse und Rückmeldungen bei Mitarbeitern Motivation und ein Gefühl von Dringlichkeit. Die Erfahrung zeigt, dass Mitarbeiter stärker motiviert sind, wenn in Projekten selbst entwickelte Ziele, die aus ihren Einzelschritten folgen, in ihrer eigenen Verantwortung liegen. Diese Motivation ist stärker als in Projekten mit Aufgaben und Zielen, die im Vorfeld bereits genau festgelegt wurden, in denen jedoch der einzelne Mitarbeiter selten die Verantwortung für das Endziel bestimmt.

Das sehr hohe Maß der Zusammenarbeit in den vernetzten Unternehmensstrukturen verursacht, dass ein großer Anteil der Mitarbeiter mehr als die Hälfte der Arbeitszeit in Besprechungen, Telefonaten und mit E-Mails verbringt. Die Zeit zur Erledigung der anstehenden Aufgaben wird knapp. Eine Studie in 300 Unternehmen zeigt auf, dass die Arbeitslast in Teams sehr ungleichmäßig verteilt ist (Cross et al. 2016): 20 bis 35 % der wertschöpfenden Kooperationen wurden von nur 3–5 % der daran beteiligten Mitarbeiter erfüllt. Eine weitere Studie (Ning Li, Tippie College, University of Iowa in Cross et al. 2016) zeigt, dass überdurchschnittlich engagierte Mitarbeiter die Leistung eines Teams durch ihre Mitarbeit mehr beeinflussen als alle übrigen Teammitglieder. Hier entstehen Engpässe.

Da engagierte und hilfsbereite Mitarbeiter überdurchschnittlich oft zu Konsultationen, Kooperationen und Aufgaben herangezogen werden, entstehen gerade hier die Ressourcenengpässe, die zu den schon zuvor aufgezeigten, überproportionalen Warteschlangen führen. Einerseits wird Teamarbeit und Netzwerkarbeit als wichtiger, zwingender Erfolgsfaktor in der heutigen Unternehmenswelt erkannt, andererseits entstehen gerade hieraus wiederum erhebliche Engpassrisiken.

Netzwerk- und Zusammenarbeit ist ein effektiver Zugewinn insbesondere dort, wo Unterstützung durch Wissensteilung oder Vermittlung von Netzwerkkontakten zur erfolgreicheren Lösung von Problemen führt. Diese Art der Zusammenarbeit verursacht typischerweise geringfügige Aufwendungen oder Verluste. Persönliche Unterstützung in der Teamarbeit und Einsatz höheren Zeitaufwands für den Informationsaustausch in Form von Besprechungen verursachen jedoch erhebliche Belastungen. Die kompetentesten Mitarbeiter, die typischerweise auch gleichzeitig von der großen Mehrheit der Kollegen als besonders wichtige Informationsquelle betrachtet werden, werden zu einer Vielzahl von Projektsitzungen, Besprechungen, formalen und informalen Informationstreffen eingeladen. Die Wertschätzung der Kompetenz verursacht in dieser kleinen Gruppe Überlastung und Engpässe. Eine Studie unter Führungskräften von 20 Unternehmen zeigt darüber hinaus, dass insbesondere die Mitarbeiter, die bei Kollegen als besonders kompetent angesehen werden und beliebt sind, häufiger unzufrieden und demotiviert sind als andere (Cross et al. 2016). In einer Unternehmensanalyse zeigte sich, dass gerade Unternehmensteile mit einer größeren Anzahl der zur Zusammenarbeit begehrten Kollegen eine höhere Mitarbeiterfluktuation ausweisen. Aufmerksame Führungskräfte werden hier rechtzeitig regulierend und ausgleichend eingreifen. Dies kann in Form der Begrenzung der Nominierung von Mitarbeitern in Teams sein, in der Einführung eines Besprechungsbudgets und einer Analyse der in Meetings verbrachten Zeiten der Mitarbeiter. Eine Veränderung der Besprechungskultur hin zu mehr kurzen spontanen Stehmeetings anstelle formaler Besprechungen, die Veränderung der „E-Mail-Kultur", die Vereinfachung von Prozessen, Abläufen und Genehmigungen tragen gleichfalls zur Entlastung bei.

11.1.4 Projektziele und Ergebnisse – wie können erreichbare Werte definiert werden?

Warum erreichen Projekte trotz detaillierter Planungen viel zu selten ihre wirtschaftlichen und zeitlichen Ziele? Unvorhergesehene Umstände werden oft angeführt. Manager und Führungskräfte schätzen den wirtschaftlichen Nutzen, die zeitliche Realisierbarkeit, notwendige Ressourcen und die internen Möglichkeiten der Realisierung oft zu optimistisch ein. Die Innenperspektive blendet externe Störungen und Risiken aus und verleitet zu einem übertriebenen Optimismus und der Überschätzung der eigenen Möglichkeiten und des eigenen Einflusses (Lovallo und Kahneman 2003). Exemplarisch sei eine Studie in den USA erwähnt, in denen in den Siebzigerjahren 1 Mio. Studenten zu ihrer eigenen Einschätzung der persönlichen Führungsfähigkeit befragt wurden. 25 % gaben an, sich selbst zu den Top 1 % der Personen mit herausragenden Führungsfähigkeiten zu zählen. 60 % der Studenten schätzten ihr Potenzial innerhalb der Gruppe der Top 10 % ein und nur 2 % glaubten, unterdurchschnittliche Führungsfähigkeiten zu haben. Kognitive Verzerrungen drücken sich dadurch aus, dass Personen die eigenen Einfluss- und Kontrollmöglichkeiten überschätzen und Ursachen für bestimmte Ereignisse falsch wahrnahmen. Negative Ergebnisse werden auffallend häufig externen Faktoren zugeschrieben, positive Ergebnisse verstärkt als persönlicher Erfolg verbucht.

In Unternehmensstudien zeigte sich gleichfalls ein übertriebener Optimismus. Eine Untersuchung zeigt auf, dass über 80 % riskanter Firmenneugründungen den angestrebten und prognostizierten Marktanteil nicht erreichen. Des Weiteren zeigt sich, dass zum damaligen Zeitpunkt der Studie 70 % aller neuen Produktionsstandorte innerhalb von zehn Jahren wieder geschlossen werden. Auch der überwiegende Anteil aller Fusionen und Übernahmen zeigt trotz intensiver Risikobewertungen im Vorfeld kaum die prognostizierten Ergebnisse auf. Die Vielzahl der potenziellen Probleme und Komplexität der zahlreichen, verschiedenen Einflüsse übersteigt die persönliche Vorstellungskraft. Die Untersuchung des Baus von 44 Chemiewerken verschiedener Großunternehmen zeigt auf, „dass die tatsächlichen Baukosten der Fabriken im Schnitt mehr als doppelt so hoch ausfielen wie ursprünglich veranschlagt. Zudem lag die Produktion bei rund der Hälfte der Anlagen selbst ein Jahr nach ihrer Inbetriebnahme bei weniger als 75 % ihrer Plankapazität, bei einem Viertel lag sie sogar unter 50 %. Für viele der Anlagen hatte die Geschäftsführung die Leistungserwartungen ständig gesenkt, und die Eigner erzielten in ihren Investitionen nie eine Rendite" (Lovallo und Kahneman 2003). Dan Lovallo und Wirtschaftsnobelpreisträger Daniel Kahnemann verweisen auf der Basis von Daten darauf, dass Unternehmer und Führungskräfte besonders anfällig für derartige Fehleinschätzungen zu sein scheinen. Der persönliche Einfluss durch hervorragendes persönliches Management und Planung wird aus der Innenperspektive heraus überschätzt und der Einfluss durch den Wettbewerb unterschätzt. Wie schon an anderer Stelle erwähnt, zeigen oftmals die Vergleiche von Marktplanungen mehrerer Wettbewerber eine deutliche Überschätzung des gesamten Marktvolumens, und die Marktanteilsplanungen verschiedener Wettbewerber übersteigen oft die theoretische Höchstgrenze von 100 % bei Weitem.

Der innerbetriebliche Wettkampf um Ressourcen verleitet Führungskräfte dazu, die Chancen ihrer eigenen Projekte überoptimistisch darzustellen. Positive Annahmen mehrerer Teilnehmer der Planung potenzieren sich ggf..

Die Autoren Lovallo/Kahnemann konnten anhand verschiedener Beispiele und Untersuchungen zeigen, dass die Einnahme einer Außenperspektive und die Nutzung von Benchmarkdaten durch Hinzuziehen vergleichbarer Projekte mit bekannten Ergebnissen in der Vorhersagegenauigkeit von Prognosen deutlich besser abschnitten als die Planungen auf Basis einer persönlichen Innenperspektive. Die Außenperspektive mittels Referenzprojekten vermeidet kognitive Verzerrungen und die Risiken falscher Annahmen. Markt- und Wettbewerbseinflüsse werden automatisch auf Basis der empirischen Erfahrungswerte berücksichtigt. Gerade bei innovativen Projekten und Aufgaben ist die Gefahr eines übergroßen Optimismus gegeben, da sie im Unternehmen selbst noch nie realisiert wurden. Die Gefahr ist insbesondere durch einen geringeren eigenen Erfahrungshorizont gegeben (Kahneman 2012).

Um jedoch eine realistischere Abschätzung von Projektprognosen zu erreichen und entsprechend valide Entscheidungen zu treffen, sollte es einen formalen Weg zu einer objektiveren Bewertung in Planungsprozessen geben. Wenn eine Bewertung aufgrund von Referenzprojekten mit der Außenperspektive vorgenommen wird, werden die Details des vorliegenden Projektes und Ereignisse und Einflüsse, die den zukünftigen Projektverlauf und die Ergebnisse beeinflussen, nicht betrachtet. Ein Wechsel zwischen dieser Außen- und der Innenperspektive wird in dem folgenden Ansatz beschrieben.

Ein gesunder Optimismus in der Projektplanung kann förderlich sein, wenn er Engagement und Motivation der involvierten Mitarbeiter fördert. Insofern gilt es, das richtige Maß zu finden und gleichfalls zu vermeiden, dass aufgrund scheinbar leicht erreichbarer Ziele das Engagement reduziert wird. Das zuvor aufgezeigte Beispiel der Plan- und tatsächlichen Baukosten und des Produktionsanlaufes von 44 Chemiewerken wäre in einem derartigen Vorgehen eine sehr gut geeignete Referenzgruppe in dem nachfolgend aufgezeigten Vorgehen.

Daniel Kahnemann/Amos Tversky entwickelten bereits 1977 ein entsprechendes Vorgehen (Kahneman und Tversky 1977):

1. **Bestimmung Vergleichsgruppe:** Bestimmung einer Vergleichsgruppe mit ähnlichen Projekten mit bekannten Ergebnissen unter Abwägung der Ähnlichkeiten und Unterschiede betreffs wichtiger Variablen.
2. **Bewertung der Ergebnisverteilung:** Bewertung der Ergebnisse und der statistischen Verteilung in dieser Vergleichsgruppe.
3. **Bewertung des eigenen Projektes innerhalb der statistischen Verteilung:** Bewertung auf Basis des eigenen Projektverständnisses und auf Basis des Vergleichs mit den Ergebnissen der Referenzgruppe. Da dieser Wert häufig zu optimistisch ist, wird er mithilfe von Schritt 4 und 5 überprüft und angepasst.
4. **Bewertung der Zuverlässigkeit der eigenen Vorhersagen:** Wie zutreffend waren frühere, vergleichbare Abschätzungen im Vergleich zu den Ergebnissen? Bildung eines Korrekturfaktors in Form eines Korrelationswertes zwischen den Prognosen und tatsächlichen Ergebnissen.
5. **Korrektur der intuitiven Einschätzung:** Überprüfung der eventuell aus dem dritten Schritt noch zu optimistischen eigenen Vorhersage im Vergleich zum durchschnittlichen Ergebnis der Referenzgruppe. Anpassung des finalen Wertes mithilfe eines aus dem Vergleich früherer eigener Planungen und eines aus den Ergebnissen hergeleiteten Korrelationswertes (4) und dem Vergleich des Durchschnittswerts der Referenzgruppe. Insbesondere im Umfeld von volatilen und unsicheren Märkten ist die eigene Vorhersage unzuverlässiger und sollte sich entsprechend stärker an Projekten und Werten der Referenzgruppe orientieren.

11.1.5   Zielerreichung in Gefahr – gibt es einfache Tools mit nachweisbarem Erfolg?

Im Umfeld hochanspruchsvoller Märkte ist das Erreichen der anspruchsvollen Ziele von Projekten stets eine wichtige und herausfordernde Aufgabe. Welche Methoden zum Stärken der Zielerreichung gibt es? Eine Vielzahl wird in der Literatur erwähnt.

Die Verbesserung der Zielerreichung von Teams in Projekten wurde in Untersuchungen im Motivation Center of Science, Columbia Business School, NY, mithilfe bestimmter Planungswerkzeuge erkannt. Die Anwendung der Methode der „Wenn-dann-Planung" zeigte in über 200 individuellen Untersuchungen eine um 300 % höhere Wahrscheinlichkeit der Zielerreichung im Vergleich zu anderen Menschen (Grant 2014).

Die Forschungen zeigen, dass ein ähnlicher Effekt sich auch bei Gruppen beobachten lässt. Eine „Wenn-dann Planung" zeigt detailliert auf, welche Voraussetzungen erfüllt werden müssen, um erfolgreich zu sein. In Planungen ist es entscheidend, explizit zu beschreiben, wie die Vorgaben erreicht werden sollen. Mit der „Wenn-dann-Planung" kann die Formulierung und Umsetzung der geschäftlichen Ziele erheblich verbessert werden. Sie schärft den Fokus des

Teams und motiviert einzelne Mitglieder stärker zur rechtzeitigen Umsetzung festgelegter Aktionen. In Studien unter kontrollierten Bedingungen gaben beispielsweise Teilnehmer, die einfache „Wenn-dann Pläne" erstellt hatten (Bsp.: wenn es Freitag 12 Uhr, erstelle ich Bericht xy), ihre wöchentlichen Berichte mit nur 1,5 Stunden durchschnittlicher Verspätung ab, während andere ohne einen solchen Plan durchschnittlich 8 Stunden zu spät lieferten (ebd.). Es geht um die Auslösung eines Motivationsreizes, den der Psychologe und Motivationsforscher Peter Gollwitzer genauer untersucht hat. „Wenn-dann-Pläne" haben auch den Vorteil, die wesentlichen Details der Umsetzung genauer zu planen und festzulegen. Ergebnisse zeigen, dass die durch kognitive Verzerrungen beeinträchtigte kollektive Urteilsfähigkeit von Teams in konkreten Situationen vermieden werden kann. „Wenn-dann-Pläne" fördern in einer Organisation entsprechend Untersuchungsergebnissen an der Universität Konstanz den Informationsaustausch und die Zusammenarbeit in Organisationen und führen nachweislich zu besseren Entscheidungen. Entsprechend weiteren Forschungsergebnissen unterstützen „Wenn-dann-Pläne"-Teams darin, eine neutrale Beurteilungsperspektive in schwierigen Projektsituationen einzunehmen. Eine derartige Planung erleichtert es Teams beispielsweise, die Strategie der Zielerreichung zu ändern, wenn das bisherige Vorgehen nicht zum Erfolg führt. Studien belegen, dass Teams und Menschen mit einer entsprechend vorausschauenden „Wenn-dann-Planung" bessere Entscheidungen treffen können. Es wird die kognitive Verzerrung eines Gruppendenkens unter sozialem Druck vermieden, wenn unvorhergesehene Komplikationen oder von den Erwartungen stark abweichende Ergebnisse auftreten (ebd.).

Derartige Pläne können am besten aufgestellt werden, wenn die meist eher allgemeinen und abstrakten Zielformulierungen in kleinere konkrete Schritte unterteilt werden und festgelegt wird, wie diese Zwischenschritte erreicht werden sollen. Schritt 1 legt das organisatorische Ziel fest, Schritt 2 zerlegt es in Etappenziele, in Schritt 3 werden Maßnahmen zur Etappenzielerreichung festgelegt (was, wer, wann, wo) und in Schritt 4 werden vorausschauende „Wenn-dann-Pläne" formuliert, die die entsprechende Maßnahme auslösen. Dieses Vorgehen lässt sich auf individuelle Aufgabenziele genauso herunterbrechen wie auf Teamziele. „Wenn-dann-Pläne" entwickeln sich in einem fortlaufenden Prozess und bedürfen einer regelmäßigen Überprüfung oder Anpassung, wenn sich Rahmenbedingungen ändern. Die Autorin fasst die positiven Ergebnisse einer „Wenn-dann-Planung" zusammen: „Klar ist heute schon: ‚Wenn-dann-Pläne' helfen Gruppen, ihre Ziele so zu formulieren, dass sie erreichbar sind. Sie schlagen eine Brücke von der bloßen Absicht zur praktischen Umsetzung. Und sie versetzen Teams in die Lage, mehr Aufgaben besser zu erledigen, sie fördern das Verantwortungsbewusstsein ihrer Mitglieder und geben ihnen den entscheidenden Impuls, eine Handlung auch vorzunehmen" (Grant 2014).

11.1.6   Projekte unter Druck – wieviel Druck soll sein?

Projektanalysen an der Harvard Business School zeigen, dass Teams oftmals gerade unter hohen Leistungserwartungen, wenn Höchstleistung gefragt ist, ihre gerade jetzt dringend benötigte Kreativität im Verlauf eines Projektes stark einschränken (Gardner 2012). Nach einem zunächst hoch motivierten Start beschränken sich Teams bei steigendem Risiko des Projektabschlusses und Zeit- bzw. Leistungsdrucks auf Standardprozeduren und zeigen ein Bestreben, sich umfassend abzusichern. Gruppen einigen sich in dem Fall auf eher weniger riskante Optionen und weisen alternative Ansichten und innovative Ideen zurück, um schnell zu einem Abschluss auf der sicheren Seite zu kommen. Auf diese Weise gehen kritischen Projekten oftmals wichtige Ideen verloren. Wie kann dieser Rückgang der positiven, motivierten Arbeitsweise vermieden werden, um zu wirklich guten Ergebnissen zu gelangen?

Dieser im Allgemeinen schleichende Prozess der Veränderung und des Abbaus wird in den Projekten zunächst nicht bemerkt, wird jedoch bereits Auswirkungen auf das Ergebnis haben. Teamleiter und erfahrene Gruppenmitglieder übernehmen zunehmend die Wortführung, und andere Teammitglieder unterwerfen sich unbewusst existierenden hierarchischen Strukturen und halten alternative Ansichten und Ideen zurück. Um diesen Risiken eines herausfordernden Projektes entgegenzuwirken, wird auf Basis der Ergebnisse der Untersuchungen vorgeschlagen, kontinuierlich Prüftermine in den Projektablauf einzubauen. Nach Festlegung der Aufgaben und Analyse der vorhandenen und notwendigen Mitarbeiterkompetenzen im Kick-off-Meeting oder einem späteren Meilenstein- oder Projektreview wird der Grad der Nutzung der verschiedenen Mitarbeiterkompetenzen geprüft.

In den Prüfungen wird jeder Mitarbeiter in einer persönlichen schriftlichen Analyse aufzeigen, welche Ziele und Aufgaben er erfüllen konnte, welche Fortschritte in dem Beobachtungszeitraum erreicht wurden und insbesondere, ob er aussagen kann, dass er in dem Projekt so viel beitragen konnte, wie er sich vorgenommen hatte. Wenn Mitarbeiter zum Ausdruck bringen, dass sie nicht ausreichend ihr eigenes Wissen und Kompetenzen einbringen konnten, werden die konkreten Gründe im Team besprochen. In dem Fall, dass hier erhebliche Differenzen bestehen, spricht dies für eine entsprechend suboptimale Projektleistung und -führung. In diesem Fall benötigt das Projektteam ggf. externe Hilfe, um aus dem alten Muster auszubrechen und herauszufinden, was im Projekt verbessert werden kann. Entscheidend ist es, dass Teams wichtiger Projekte kritische Kräfte, die der bestmöglichen Projektarbeit entgegenstehen, rechtzeitig identifizieren, um ein optimales Ergebnis zu erreichen (ebd.).

11.1.7   Projekte in Verzug mit roter Karte – schnelle Korrekturen werden möglich

Beispielhaft für teilweise einfache, aber sehr effektive Methoden in der Projektverfolgung jenseits der klassischen „Kritischen-Pfad-Analyse" und Überwachung und Sicherung der zielgerechten Umsetzung, wird das System der roten Karte bei dem Fensterhersteller Roto mit Unterstützung der Top-Managementschmiede Insead vorgestellt. Die Einführung dieses Systems reduzierte die Zahl der Verspätungen in Projekten um über 50 % (Loch et al. 2011). Verspätungen bei Einführung von Produktneuheiten gingen gleichfalls deutlich zurück. Projektdurchlaufzeiten reduzierten sich grundsätzlich. Der Prozess reduzierte auch die Anzahl notwendiger Konstruktionsänderungen nach Beginn des Baus der Werkzeuge. Diese Änderungen verursachen ansonsten hohe Kosten und Zeitverzögerungen aufgrund der Konstruktions- und Werkzeugänderungen. Dies ergab sich aus der frühzeitigen Meldung von Problemen, die durch den Prozess vorgegeben ist. Grundlage ist ein visuelles Managementsystem, auf dem alle Projekte, Aufgaben und der Arbeitsaufwand jeder Woche kurz beschrieben sind. Projektkritische Aufgaben werden besonders herausgestellt.

Der Prozess der roten Karte ist folgendermaßen angelegt: In dem Moment, in dem sich im Bearbeitungsprozess eines Mitarbeiters eine Verspätung abzeichnet oder die Zielerreichung unter erheblichem Risiko steht, stellt der Mitarbeiter selbst eine rote Karte auf die Wochentafel, die die bearbeiteten Aufgaben mit ihrem Arbeitspensum der Woche aufzeigt. Das visuelle Projektmanagementsystem muss derart gestaltet und verstanden werden, dass Mitarbeiter das System der roten Karte als ein System der Unterstützung und Hilfestellung und nicht als eine Bedrohung und Infragestellung ihrer eigenen Arbeit betrachten. Für den Fall, dass nach Aufstellung der roten Karte nicht sofort eine angemessene Lösung gefunden wird, wird ein Rote-Karte-Team als Taskforce eingesetzt, das aus Mitarbeiter, Projektleiter und ausgewählten Experten besteht. Die Verantwortung für eine weitere Verspätung aufgrund einer roten Karte liegt jetzt beim Rote-Karte-Team und nicht mehr nur beim entsprechenden Mitarbeiter. Tägliche Treffen eines Steuerkreises mit den Rote-Karte-Teams überwachen die effektive Abarbeitung. Das System der roten Karten fokussiert und strukturiert den Problemlösungsprozess.

Nach Einführung des Systems der roten Karte wurde das System mit zunehmender Erfahrung und Routine weiter optimiert. Die Weiterentwicklung brachte eine stete Reduzierung der Bearbeitungsdauer einer roten Karte. Projekte werden im Unternehmen entsprechend der strategischen Wichtigkeit priorisiert und in einem Meilensteinphasenprozess bearbeitet.

Das Projektportfolio im Unternehmen besteht aus Hauptprojekten und einer größeren Anzahl von Nebenprojekten. Ressourcen und Kapazitätsprobleme in den Hauptprojekten werden ggf. dadurch gelöst, dass Ressourcen aus den Nebenprojekten abgezogen werden, deren Termin dann ggf. angepasst wird oder dort Ressourcen aus anderen Projekten zum Einsatz kommen. Entsprechend der zuvor bereits aufgezeigten Risiken von Projektverspätungen aufgrund einer sehr hohen Ressourcenauslastung werden bei Roto nur 70 % der Arbeitszeit für Projekte verplant. Die restliche Zeit steht für übrige Aufgaben des Tagesgeschäfts oder der Weiterbildung zur Verfügung, die im Fall von Kapazitätsengpässen angepasst werden können.

Aufgrund des Prozesses der roten Karte wurden im Unternehmen weitere positive, zuvor nicht absehbare Effekte erreicht: aufgrund des Sicherheitsgefühls der Mitarbeiter, rechtzeitig Unterstützung in schwierigen Projektaufgaben zu erhalten, haben Mitarbeiter ihre persönlichen, teilweise informellen Zeitpuffer reduziert. Das System hat sich bewährt, sodass sich Mitarbeiter auf das Rote-Karten-System verlassen. Aufgrund der positiven Erfahrungen der Mitarbeiter wenden sie die rote Karte auch in Situationen an, in denen Prozessverbesserungen vorgeschlagen werden, jedoch kein akuter Handlungsbedarf besteht. Mit der Benennung einer „Prozessverbesserung der Woche" wird in einer Abteilungsbesprechung ein Prozess benannt. Ziel ist es, eine Verbesserung in der folgenden Woche mithilfe konkreter Umsetzungsideen der Ingenieure zu erzielen. Hier kann es sich um die Verbesserung einfacher, aber störender Prozesse handeln, die die Bearbeitung anderer Aufgaben einschränken oder in Abläufen mit Kunden zu Hindernissen führen. Die Erfahrung zeigt, dass in jedem Prozessverbesserungsvorschlag entsprechendes Potenzial realisiert werden konnte.

Ein weiterer unvorhergesehener Effekt des Rote-Karte-Systems war es, dass die Zusammenarbeit im Team verbessert wird, weil die sichtbare Problemmeldung auch die informelle Kommunikation zwischen den Projektmitarbeitern förderte. Die gemeinsame Lösungsverantwortung im Team trug gleichfalls zum Zusammenhalt und zur besseren Zusammenarbeit im Entwicklungsprozess bei. Aufgrund der Möglichkeiten, rote Karten auch abteilungsübergreifend einzusetzen, verbesserte sich auch die abteilungsübergreifende Zusammenarbeit. Um Gründe, Bedürfnisse und Prioritäten der von anderen Abteilungen erhaltenen roten Karten auch innerhalb der eigenen Abteilung bewerten zu können, werden die roten Karten stets über den Abteilungsleiter eingeleitet. Eine zentrale Stelle im Unternehmen überwacht alle aktiven roten Karten und deren Abarbeitung, deren Status in einem wöchentlichen Termin überprüft und besprochen wird (Loch et al. 2011).

11.1.8   Teams, die Kassenschlager entwickeln

In einer zehnjährigen Untersuchung von 700 Produktentwicklungsteams und umfangreichen Befragungen von Projektleitern, Teammitgliedern und Senior-Führungskräften wurden wichtige Erfolgsfaktoren untersucht, die die besonderen Markterfolge von Projektteams auszeichnen. Lediglich 7 %, d. h. 49 Teams schafften es, mit ihrer Innovation alle Merkmale der Definition eines Markterfolgs zu erfüllen (Linn und Reilly 2003). Diese Produkte mussten die Unternehmensziele, Gewinn- und Umsatzziele erreichen, firmeninterne und branchenspezifische Auszeichnungen gewinnen und nationale Beachtung finden. Außerdem mussten sie die Kundenerwartungen erfüllen, um hier als Projekterfolg betrachtet zu werden.

Ein entscheidender Faktor bei allen Produktentwicklungshits war ein dauerhaftes Engagement der oberen Führungskräfte. Produkteigenschaften und Entwicklungswege wurden mit der Unterstützung des oberen Managements geplant und von dort mit den entsprechenden Ressourcen freigegeben. Mit dieser Unterstützung konnten die Teams im Bedarfsfall auch einmal die interne Bürokratie umgehen und sich Regelverstöße auf dem Weg zum Erfolg erlauben. „Entscheidend aber ist, dass die Top-Manager das Team anfeuern und die Rolle des Visionärs übernehmen, indem sie verbreiten, wie sehr sie hinter der Produktentwicklung stehen. Eine solche Botschaft führt auf allen Unternehmensebenen zu einer höheren Unterstützung" (Linn und Reilly 2003). Wichtig zu beachten ist allerdings, dass sich diese Manager kontinuierlich in dem Projekt engagieren und nicht nur temporär und punktweise Information anfordern und sich nicht nur eher unerwartet in den Entwicklungsprozess einmischen. Zufällige oder punktuelle und plötzliche Einmischung können die Produktentwicklung eher stören und die Motivation im Team herabsetzen. Des Weiteren waren zur erfolgreichen Produktentwicklung vier zusätzliche Stärken entscheidend: „Flexibilität und Improvisation, Informationsaustausch, Zusammenarbeit und der Entwurf einer klaren, beständigen Vision. Ist nur eine dieser Voraussetzungen nicht erfüllt, ist außergewöhnlicher Erfolg fraglich. Kassenschlager entstehen erst, wenn Teams alle fünf Disziplinen beherrschen" (Linn und Reilly 2003).

11.1.9   Projekte, die keinen Misserfolg erlauben – was sind die Erfolgsparameter?

McKinsey führte eine umfangreiche Untersuchung zu den Erfolgsfaktoren von außergewöhnlichen Großprojekten durch (Asvadurov et al. 2017). Die Erfahrungen und Ergebnisse, die zum Erfolg derartiger komplexer und riskanter Projekte führen, sollen auch als Guideline der Führung anderer komplexer Projekte dienen. Derartige Großprojekte mit einem Budget von über 5 Mrd. US-Dollar und einem Zeitrahmen, der fünf Jahre übersteigt, stellen besondere Anforderungen, um diese zum Erfolg zu führen. Derartige „ultra large projects" haben ein entsprechend hohes Risiko und unterliegen zahlreichen unvorhersehbaren Einflüssen.

Ziel der Untersuchung war es nicht, typische Projektmanagementwerkzeuge des Erfolgs zu analysieren, die vorausgesetzt werden, sondern die Fokussierung auf die mindestens genauso wichtigen Softskills der Projektleitung, da sich diese als zentrale Erfolgsfaktoren besonders großer und komplexer Projekte erweisen.

Die Untersuchung betrachtete nicht nur die Frage des Erfolgs derartiger Projekte mit Zielerfüllung, sondern auch die Frage, wann und weshalb Großprojekte trotz umfangreicher Erfahrungen, Vorbereitungen und detaillierter Analysen ihre Ziele nicht erfüllen.

Auf Basis der zahlreichen Interviews mit Leitern derartiger Großprojekte und weiterer Untersuchungen werden vier Merkmale in der grundsätzlichen Einstellung zu Projekt, Partnern, Mitarbeitern und Stakeholdern sowie acht Erfolgspraktiken herausgearbeitet. Darüber hinaus werden Merkmale und Vorgehensweisen identifiziert, die in jedem Fall für den erfolgreichen Abschluss eines Projektes gemieden werden sollten.

Vier kritische Einstellungen (Asvadurov et al. 2017):

1. **Ein Projekt wie ein Geschäft führen:** Ein großes Projekt soll wie ein Geschäft und nicht als Projekt geführt werden. Derartig komplexe Großprojekte erfordern das starke Engagement auf Vorstandsebene, um ein weites Feld organisatorischer Probleme zu lösen.
2. **Volle Verantwortung:** Die Leitung muss die volle Verantwortung für das Resultat übernehmen. Dafür muss der Projektleiter auf der Basis umfangreicher, zeitgerechter Informationen bereit sein, klare Entscheidungen rechtzeitig zu treffen.
3. **Externe Partner – mit gewinnen, mit verlieren:** Externe Partner müssen als verantwortliche Geschäftspartner mit der Einstellung des gemeinsamen Gewinnens/gemeinsamen Verlierens auftreten. Gegenseitiges Vertrauen mit dem Ziel einer gemeinschaftlichen Problemlösung ist die Basis einer erfolgreichen Beziehung.

4. **Leadership vor Prozesse:** Leadership ist gefragt, auch wenn man Prozessen vertraut, da diese nicht alle Herausforderungen und Unwägbarkeiten großer Projekte abbilden können. Projektleiter müssen den Prozessen vertrauen und sie unter Anerkennung ihrer Vorteile und Grenzen nutzen.

Acht Handlungsweisen zum Erfolg (ebd.):

1. **Definition von Ziel, Zweck und Entwicklung einer Projektkultur:** Erfolgreiche Teams haben eine gemeinsame, einzigartige Identität in einer Kultur der Zusammenarbeit und des gegenseitigen Vertrauens. Projektleiter müssen die Zielkultur fördern und entsprechendes Verhalten unterstützen.
2. **Teamzusammenstellung und Kultur:** die richtige Teamzusammenstellung finden, in der die Projektmitglieder und externe Partner nicht nur auf Basis ihrer Expertise und Erfahrung, sondern auch mit der entsprechenden kulturellen Einstellung die Aufgaben übernehmen.
3. **Risikomanagement:** Externe Partner sollten die Risiken übernehmen, die diese selbst besser beherrschen können. Das Beziehungsmanagement mit externen Partnern ist jenseits von Vertragsinhalten zur Zusammenarbeit wichtig.
4. **Beziehungsmanagement:** Beziehungsmanagement mit anderen Stakeholdern ist ein zentraler Punkt und sollte auf der Basis von Vertrauen schnelle Lösungen von Problemen bringen.
5. **Teamentwicklung:** Teamentwicklung, auf die Projektleiter kontinuierlich Wert legen müssen, um den Mitarbeitern Weiterentwicklungen und interessante, herausfordernde Aufgaben zu bieten.
6. **Entscheidungen:** Rechtzeitige Entscheidungsfindung, die vom Projektleiter auf das angemessene Niveau delegiert wird. Entscheidungsbefugnisse werden auf der Basis von Vertrauen in Mitarbeiter und Systeme delegiert. Dies erlaubt dem Projektleiter, sich den kritischen Themen zu widmen.
7. **Leistungsmanagement:** Leistungsmanagement ist auf Basis von klaren Leistungsindikatoren und Führung zukunftsgerichtet, um frühzeitig Probleme zu lösen und neue Chancen zu nutzen.
8. **Förderung eines positiven Verhaltens:** Das positive Verhalten im Projekt ist insbesondere in schwierigen Zeiten wichtig. Im persönlichen Austausch mit den Projektmitgliedern werden die notwendigen Einstellungen und das gewünschte Verhalten zur Entwicklung der Projektkultur gefördert.

Vier Handlungsweisen, die vermieden werden:

In den Untersuchungen zeigen sich auch Einstellungen und Handlungsweisen, die insbesondere zu vermeiden sind (ebd.):

1. **Unangemessene Verantwortungsdelegation an externe Partner:** Verantwortung an externe Partner unter Aufbau zusätzlichen Drucks abschieben, anstelle eine Problemlösung zu verfolgen.

2. **Projektverantwortung nicht an externe Partner verschieben:** Projekterfolge können nicht delegiert werden, d. h. externe Partner haben nicht die Verantwortung, das Projekt in dem vorgegebenen Zeitrahmen und im Rahmen des Budgets sicherzustellen.

3. **Blindes Vertrauen auf Prozesse:** blindes Vertrauen auf Prozesse, was beispielsweise unkonventionelle Lösungen verhindert, die nach Prozess nicht vorgesehen wären.

4. **Mangelnde Geschäftseinstellung des Teams:** Unvermögen, das Team zu einer Einstellung zu gewinnen, das Projekt mit einer Geschäftseinstellung zu führen. Die Ausrichtung an einem traditionellen Projektablauf soll vermieden werden.

Jack Futcher, CEO der Firma Bechtel, einem Unternehmen, welches Großprojekte der Bauindustrie weltweit leitet, unterstreicht das Erfolgskriterium Leadership derartiger komplexer Projekte: „Process does not deliver projects. Leadership does and has to trump process" (Asvadurov et al. 2017).

11.1.10 Hochleistung – Teams, die sie wirklich erzielen – ohne „Wenn und Aber"

In der Formel 1, bei der Feuerwehr und in Spezialeinsatzkommandoteams ist Höchstleistung ein absolutes Muss und Standard. In einer Untersuchung mit 20 Experten von Feuerwehr, Rettungsdiensten, Spezialeinsatzkommandos und Formel-1-Teams analysierte eine Untersuchung die gemeinsamen Merkmale, die diese Teams zu außergewöhnlichen Leistungen befähigen. Welche Gemeinsamkeiten können beobachtet werden, die auch auf Unternehmen übertragbar sind (Pawlowsky et al. 2005)?

Organisatorische Flexibilität und kontinuierliches Lernen sowie ein klares Verständnis gemeinsamer Ziele versetzt Teams in die Lage, auch in sich schnell verändernden und unvorhersehbaren Situationen auf Basis gemeinsamer Prinzipien angemessen zu reagieren. Hohe Aufmerksamkeit aufseiten jedes Teammitglieds auch für schwache Veränderungssignale und daraus resultierende potenzielle Auswirkungen ermöglichen flexible Handlungsweisen zur Aufgaben- und Zielerfüllung. Vorausschauendes Planen und Agieren ist ein Grundmerkmal (ebd.):

1. **Zielorientierung:** Die Mitglieder dieser Teams haben eine klare, gemeinsame Vorstellung und ein Verständnis von den Zielen und den entsprechend erwarteten Leistungen. Aufgrund der hohen Leistungsbereitschaft verschmelzen die individuellen Interessen der Teammitglieder mit denen des Hochleistungsteams. Konflikte werden konsequent vermieden, persönliche Ziele im Einsatz zurückgestellt. Dank der klaren Zielorientierung können die Teammitglieder bei plötzlich veränderten Situationen ihr Handeln im Einsatz schnell anpassen. Anstelle detaillierter Regeln wird das Handeln durch allgemeine Prinzipien und übergeordnete Ziele gesteuert.

2. **Achtsamkeit:** Jedes Teammitglied hat eine klar definierte Aufgabe, die unter Zeitdruck perfekt ausgeführt werden muss. Die Teammitglieder planen ihre Handlungen unter hoher Achtsamkeit situationsgerecht voraus. Dank dieser vorausschauenden Achtsam-

keit bemerken die Teammitglieder frühzeitig wichtige Veränderungen, jedoch auch mögliche Fehler und Abweichungen und reagieren entsprechend.

3. **Organisationsstrukturen:** Alle Hochleistungsteams weisen eine flexible, vernetzte Einsatzstruktur auf, die durch die jeweilige Einsatzsituation bestimmt wird. In der klaren Ziel- und Aufgabenorientierung haben Macht- und Entscheidungskompetenzen nur eine stark untergeordnete Rolle. Die im Team verteilte Kompetenz erlaubt flexible Reaktionen und Entscheidungen in den spezifischen Situationen vor Ort.

4. **Rollenverständnis:** Dank sich stark überlappender Kompetenzen und redundanter Fähigkeiten ist ein situationsgerechtes, verantwortliches Handeln möglich. Ein klar definiertes Rollenkonzept bestimmt Aufgabenverteilung, Verantwortung und Teilziele genauso wie den Informationsfluss für jede Position. Wichtig ist eine Informationstransparenz, sodass alle Mitglieder im Einsatz ein gemeinsames Bild der Situation und Handlungen der anderen Teammitglieder haben. Das gegenseitige Rollenverständnis und die Überlappung der Kompetenzen erlauben es, dass die Teammitglieder die Aufgaben von allen einschätzen und konstruktiv mitdenken können.

5. **Lernfähigkeit:** Teammitglieder lernen in konkreten Situationen und anhand realer Probleme. Erfahrene Einsatzkräfte unterstützen das Lernen weniger erfahrener Kollegen. In den Teams werden regelmäßig Leistung und eventuell anfallende Probleme reflektiert und besprochen. Die Feedbackkultur unterstützt die kontinuierlichen Leistungsverbesserungen.

6. **Motivation:** Mitglieder dieser Teams sind in erster Linie durch Aufgabe, Ziele und den möglichen Erfolg ihres Einsatzes stark intrinsisch motiviert. Teamkultur und Kultur der Erzielung der perfekten Höchstleistung im Team sind Erfolgstreiber. Extrinsische Motivatoren wie Boni spielen keine wesentliche Rolle.

Der Ausbildungsleiter eines Sondereinsatzkommandos fasste seine Erfahrungen zusammen:

Hochleistung wird nur erzielt, wenn jeder weiß, wie alles zusammenhängt, was jeder einzelne bringen muss, was das Team bringen muss, was an Ausbildung dahintersteckt, an Engagement, an Belastung im Einsatz, an Vorbereitung, an Erfahrung. (…) Hochleistung funktioniert nur, wenn all diese Komponenten zusammenkommen. (Pawlowsky et al. 2005)

11.1.11   High-Performer-Teams – ganz andere Arbeitsweisen zum großen Erfolg?

Spitzenteams aus Spitzenleuten verschiedener Disziplinen zu bilden ist eine besonders schwierige Herausforderung, die unternommen wird, um besonders kritische und ehrgeizige Projekte zum Erfolg zu führen.

Die Kombination von mehreren Leuten mit hoher Produktivität und der Fähigkeit, herausragende Ergebnisse zu liefern, könnte sich in derartigen Teams zu einem durchschlagenden Erfolg potenzieren. Kreativität und Entwicklung von gemeinsamen Ideen könnten den Vorstoß in eine höhere Leistungsdimension ermöglichen. Boeing entwickelte seine 777 mit einem All-Star-Team der besten Ingenieure. Das Unternehmen konnte die Entwicklung und den Market Launch der 777 schneller als jedes andere bis dahin weltweit entwickelte Großflugzeug realisieren. Die Inbetriebnahme erfolgter nach weniger als fünf Jahren Entwicklungszeit. Während ca. 10.000 Ingenieure das frühere Windows-Betriebssystem Vista in fünfjähriger Arbeit entwickelt haben sollen, sollen nur 600 Apple-Ingenieure in einer vollständigen Überarbeitung das Betriebssystem OS X in zwei Jahren marktreif gemacht haben. Untersuchungen zeigen an, dass herausragende Leute 6-9-mal so produktiv bzw. so erfolgreich in der Zielerreichung sind wie Durchschnittskräfte (Mankins et al. 2013). McKinsey-Untersuchungen zeigten sogar noch deutlich höhere Werte auf.

Zahlreiche Erfahrungen belegen, dass die Kombination der High-Performer in Teams jedoch nur dann zu herausragenden Ergebnissen führen kann, wenn wichtige Regeln beachtet werden (Mankins et al. 2013; Fischer und Boynton 2005). Diese Regeln unterscheiden sich auch von denen der Zusammensetzung eines üblichen Teams. Gerade in den auf die Spitzenleute genau zugeschnittenen kreativen Arbeitsbereichen entwickeln diese Leute besonders herausragende Ergebnisse in deutlich kürzerer Zeit. Typischerweise sind diese Mitarbeiter jedoch mit einem starken Ego und hohen Selbstbewusstsein ausgestattet, was die Unterordnung in eine Teamstruktur und Einhaltung einer Teamdisziplin erschwert. Arbeitsstil und Arbeitsrhythmus unterscheiden sich erheblich von dem der üblichen Teams, da ihre Auswahl unter diesen Bedingungen normalerweise unter dem Aspekt der Spitzenkompetenz und nicht unter dem einer guten Teamdynamik oder der Verfügbarkeit geeigneter Kandidaten erfolgt. Dies schürt die Gefahr von Konflikten. Die Teammitglieder müssen in der Projekt- und in dem Teamentwicklungsprozess ihre Egozentrik überwinden und in einer eigenen Teamfindung sich auf das gemeinsame und vor allem bedeutsame Ziel konzentrieren. Der Teambildungsprozess wird unter der eigenen ehrgeizigen Behauptung im Team nicht ohne Konflikte und eine gewisse Aggression stattfinden. Das Ziel muss so bedeutsam sein, dass dessen Erreichen mehr zählt als die Durchsetzung der eigenen Ziele und die Demonstration der persönlichen Bedeutsamkeit.

Der Anreiz, durch den Teamerfolg noch Größeres zu leisten, als es für jeden Einzelnen möglich wäre, wird zum Treiber der Teamleistung. Dies fördert Leidenschaft, die für einen überdurchschnittlichen, intrinsisch-motivierten Einsatz entscheidend ist. Anreizsysteme werden dementsprechend den Teamerfolg in den Fokus stellen. Dennoch muss es Raum geben, die Egos der Mitglieder zu würdigen und herauszustellen. Ein Wettbewerb unter den Mitgliedern, mit ihrem individuellen Beitrag Herausragendes zu leisten, wird die Leistung fördern. Die Mitglieder werden in enger lokaler Nähe und einem offenen, direkten Dialog zusammenarbeiten. Dies werden ein gemeinsamer Arbeitsbereich und Besprechungsraum sein, der dem Team an ggf. prominenter Stelle zur Verfügung steht.

Dies fördert den kontinuierlichen, schnellen und notwendigen Austausch einer großen Anzahl kreativer Ideen und die Verfolgung von Teilzielen in enger Kommunikation. Die Nutzung des kreativen Potenzials der Mitglieder hat hohe Priorität in dieser Zusammenarbeit. Bestehende Leistungsstandards sollen übertroffen und besonders anspruchsvolle

Ziele erreicht werden. Lösungen werden in kreativen Konflikten in Konkurrenz und Kooperation gefunden werden und können sich nicht an einer durchschnittlichen Konsenslösung orientieren, die zwar Zeit- und Budgetvorgaben erfüllen mag, jedoch nur ein akzeptables Standardniveau erfüllt. Diese Teams akzeptieren in ihren Entscheidungen zur Erreichung außergewöhnlicher Ziele auch höhere Risiken und erhalten entsprechende Entscheidungsfreiräume. Sie müssen sich jedoch an strenge Ziele halten, sodass alle im gleichen Takt arbeiten. Die hohen Anforderungen und Ziele werden den Teamerfolg herausstellen, was im Einklang steht mit der von den Topperformern erwarteten Aufmerksamkeit (Fischer und Boynton 2005).

Gleichzeitig muss es bei schlechtem Verhalten einzelner Mitglieder entsprechende Sanktionierungsmaßnahmen wie z. B. den Ausschluss aus dem Spitzenteam geben. Die Auswahl eines herausragenden Teamleiters wird mit großer Sorgfalt erfolgen. Teammitglieder sollten wiederum ein häufiges Feedback über den Leiter geben und auch die Möglichkeit haben, ggf. diesen gegen ein anderes Teammitglied auszutauschen (Mankins et al. 2013). Diese Hochleistungsteams werden einen Arbeitsstil zur Realisierung der großen Ziele haben, der sich von dem traditioneller Projektteams unterscheidet (Fischer und Boynton 2005):

1. **Teamauswahl nach Fähigkeiten:** Mitglieder werden nur nach den besten Fähigkeiten eingesetzt – nicht nach Verfügbarkeit und spezifischen Problemerfahrungen. In jeder Position des Teams findet man den Topspezialisten.
2. **Individualität steht im Vordergrund:** Egos werden genutzt, um von jedem Mitglied die beste Leistung zu erhalten. Mitglieder sind im Wettbewerb um die beste Lösung. Ein Team-Ego nach Spitzenleistung wird entwickelt. Teamkomfort und Gruppenharmonie werden zurückgestellt. Ziel ist die besonders wertvolle Lösung – nicht die Konsenslösung. Kreativität ist wichtiger als Effizienz.
3. **Herausragende Ideen sind wichtiger als „eine" Aufgabenlösung:** Kreativer Ideenaustausch geht vor. Die Realisierung der genialen Idee steht im Vordergrund.
4. **Intensive gemeinsame Arbeitsweise statt individueller Arbeitsweise:** enge lokale Zusammenarbeit bei hohem Tempo und direktem Dialog statt individueller Lösung von Teilaufgaben und Förderung einer freundlichen Atmosphäre.
5. **Herausragende Ziele statt durchschnittlicher Leistungserfüllung:** Paradigmen werden neu gedacht, allgemeine Stereotypen nicht akzeptiert.

Die entscheidende Grundlage, die vorab sichergestellt werden muss, ist herauszufinden, welche Mitarbeiter im Unternehmen derartige High-Performer sind. In welchen Bereichen haben welche Spitzenleute ihre Kompetenzen? Ein zuverlässiges Screeningsystem wird unternehmensweit dauerhaft unterhalten. Interessen spezifischer Bereiche oder Abteilungen dürfen sich dem nicht entgegenstellen. Die Unternehmensführung entscheidet, in welchen Projekten diese knappen Ressourcen eingesetzt werden sollen.

11.1.12   Team und Projekterfolge im unsicheren Umfeld

Komplexe Situationen, schwierige Projekte mit zahlreichen Risiken und Unbekannten, innovative Produkte, die auf unbekannten Lösungswegen entwickelt werden müssen und andere riskante Aufgaben, die ein Unternehmen zuvor noch nicht erfüllen konnte, erfordern andere Planungen und Teamzusammenarbeit als konventionelle Projekte, deren Ziele und Randbedingungen eine konventionelle Projektplanung zulassen. Projekte mit ungewissem Ausgang bedingen permanente Richtungsveränderungen. Es entstehen neue, nicht voraussehbare Fragestellungen, die kurzfristig eine Lösung in schnell neu zusammengesetzten Teams benötigen.

Zur Bewältigung derartiger Projekte hat sich der Prozess des Teamings entwickelt (Edmondson 2012). In den aufgezeigten Bedingungen ist die Vermeidung des Falls ins Chaos eine Herausforderung, der mit Teaming begegnet werden kann. Teaming ist für Mitarbeiter eine Herausforderung, die Offenheit und Flexibilität zur Erfüllung herausragender Leistungen erfordert. Gleichzeitig besteht in den flexiblen Strukturen des Teamings mit unvorhersehbaren Veränderungen ein hohes Konfliktpotenzial. In dem Fall, dass sich ein derartiges Projekt auch noch über mehrere internationale Standorte erstreckt, steigt dieses Risiko noch einmal erheblich an.

Das an der Harvard Business School näher betrachtete Vorgehen des Teamings verändert die Zusammenarbeit in Unternehmen. Es fordert und bietet Mitarbeitern auf der persönlichen Ebene die Chance umfangreichen Lernens und persönlicher Fortentwicklung. Führungskräfte werden den Umfang der Aufgaben abstecken, die Strukturen festlegen und Aufgaben priorisieren. Nach der Abschätzung des Umfangs der Herausforderungen werden die notwendigen Kompetenzen und entsprechenden Mitarbeiter identifiziert, die Aufgaben bestmöglich verteilt, auch wenn schon klar ist, dass im Verlauf des Projektes sich diese Zuordnungen erheblich verändern werden. Die Festlegung der Struktur erfolgt in Form eines Gerüstes. Welche wichtigen Positionen können definiert werden? Welche Teammitglieder mit welchen Kompetenzen stehen im Team zur Verfügung? Wer übernimmt in dem aktuellen Einsatz welche Rolle? Dies gibt allen Mitgliedern einen transparenten Überblick. Welche Definition von Zielen und Grenzen gibt es? Die dazugehörenden Antworten und die Struktur sollten auch im Bedarfsfall neuer, unvorhergesehener Probleme eine Ad-hoc-Zusammenarbeit zwischen entsprechend kompetenten Fachleuten ermöglichen.

Die folgende Priorisierung der Aufgaben wird nach dem Grad der Abhängigkeit zwischen den jeweiligen Personen erfolgen. Aufgaben mit „sequenzieller Interdependenz" werden genau geplant und koordiniert, um Verzögerungen zu vermeiden. Andernfalls entstehen Zeitverschwendung und Fehler in der Kommunikation. Diese Aufgaben werden als Folge einer zuvor erledigten Aufgabe im Fluss abgearbeitet. Die Übergabe der Aufgaben muss rationell erfolgen, um die Zeitverschwendung zu vermeiden (ebd.)

Aufgaben mit „reziproker Interdependenz" erfordern die ständige Kommunikation und Abstimmung zwischen Teammitgliedern. Teammitglieder kommen oft zusammen, um diese Aufgaben abzuarbeiten. Diese Aufgaben müssen insbesondere dort priorisiert werden, wo sie andernfalls den Projektfluss gefährden. Die Veränderung von kritischen Aufgaben der sequenziellen Interdependenz in Aufgaben reziproker Interdependenz führt zu einer schnelleren Fertigstellung und niedrigeren Kosten. In diesem Fall werden jedoch eine größere Komplexität und höherer Koordinierungsbedarf der „reziproken Interdependenz" in Kauf genommen. Die Planung muss prüfen, welche kritischen Aufgaben als reziproke Interdependenz gehandelt und geplant werden und welche Aufgaben in der sequenziellen Abarbeitung bleiben sollten. Die Abarbeitung von Aufgabenpaketen in reziproken Interdependenzen erhöht einerseits die Komplexität und den Koordinierungsaufwand, vermeidet aber überflüssige Tätigkeiten und führt bei guter Teamarbeit zu schneller Fertigstellung. Gute Schnittstellen sind wichtig.

Eine besondere Herausforderung in derartigen Projekten ist die menschliche Seite der Zusammenarbeit. Es wird ein hohes Maß an Vertrauen zwischen allen Mitgliedern notwendig. Amy C. Edmundson empfiehlt zur Förderung vier Maßnahmen: 1. Gemeinsame Ziele eindeutig benennen und herausstellen. 2. Aufbau psychologischer Sicherheit und eines Vertrauensklimas. 3. Misserfolge akzeptieren und die Chance des Lernens nutzen. 4. Konflikte konstruktiv nutzen und zuhören. Welche Chancen liegen in Konflikten und in anderen Sichtweisen?

In der Definition der Ziele werden gemeinsame Werte herausgearbeitet, die Ziele, Sinn und Zweck des Projektes klären. Psychologische Sicherheit soll die Bereitschaft einer uneingeschränkten Informationsteilung und Offenheit unterstützen, um Wissen und Rat von anderen Mitgliedern zu erbitten und anzunehmen. Psychologische Sicherheit unterstützt auch das innovative Klima und die Entwicklung von Ideen unter allen Mitarbeitern. Führungskräfte haben eine wichtige Vorbildfunktion. In derartigen Projekten wird es zu Misserfolgen und Fehlschlägen kommen. Dies wird in der Projektkultur verankert werden, um diese als Chance des Lernens zu nutzen. Hier kommt gleichfalls Führungskräften eine Schlüsselstellung zu, sodass Fehlschläge einzelner nicht zu Vertrauensverlusten und bei den Betroffenen zu einem Gefühl der Peinlichkeit führt. Aus Konflikten Nutzen zu ziehen, bedingt die Offenheit in der Einstellung, auch seine persönliche Sichtweise mit der Neugier eines Verstehens der anderen Standpunkte zu hinterfragen. Die Autorin erkennt aus der persönlichen Forschungs- und Beratungtätigkeit, dass es weniger Zeit kostet, eine kritische Analyse der eigenen Standpunkte zu vollziehen, als Konflikte eskalieren zu lassen. Die unterschiedlichen Perspektiven eröffnen Raum für neue Synergien und innovative Ideen.

Erfahrungen des Teaming werden wie folgt zusammengefasst:

> Organisationen, die das Teaming gut beherrschen, werden beweglicher und innovativer. Sie sind in der Lage, komplexe, disziplinübergreifende Probleme zu lösen. (…) Teaming hilft Unternehmen, ihre Aufgaben zu erfüllen und sich weiterzuentwickeln. Auch die einzelnen Mitarbeiter im Unternehmen profitieren von Teaming: Sie können sich dadurch schneller und intensiver Wissen aneignen, besser soziale Kompetenzen aufbauen, ein größeres Netzwerk sowie ein besseres Verständnis ihres Unternehmens und der verschiedenen Kulturen erlangen. (Edmondson 2012)

Innovationen und die Lösung disziplinübergreifender Probleme werden schneller erreicht. Abteilungsgrenzen lösen sich auf, die gemeinsame Unternehmenskultur wird gestärkt. Teilung von Wissen und Erfahrung wird vorangetrieben. Schnelle Veränderungen können schneller umgesetzt werden, um herausragende und überraschende Ergebnisse zu erzielen. Auf der Mitarbeiterebene wird die Zusammenarbeit im Unternehmen gestärkt, persönliche Beziehungen und Verständnis der anderen Arbeitsbereiche werden entwickelt. Das Netzwerk aller Mitarbeiter vergrößert sich.

11.1.13   Risiken und schwarze Schwäne – 5 Mio. $ Budget und 200 Mio. $ Verlust?

Aufsehenerregende Projekte, die sich von attraktiven Aussichten und Projektionen zu noch stärker aufsehenerregenden Projekten mit hohen Millionen oder auch Milliarden Verlusten entwickelten, werden immer wieder bekannt. Ein 5 Mio.-US$-Projekt zum Update eines veralteten IT-Systems bei dem Jeanshersteller Levi-Strauss verursachte eine Ergebnisbelastung im Jahr 2008 von ca. 200 Mio. US$. Kundenforderungen, die nicht antizipiert waren und einige kleinere, nicht vorhergesehene Aspekte führten dazu, dass das Unternehmen innerhalb einer Woche drei Logistikzentren in den USA schließen musste. Das Projekt und die Ergebnisbelastung kosteten den CIO seinen Job (Flyvbjerg und Budzier 2011). Bekannt ist immer noch das Desaster des Systems Toll Collect in Deutschland, welches aufgrund nicht vorhergesehener Softwareprobleme dem deutschen Staat Einnahmeverluste von ca. 10 Mrd. Euro bescherte.

Eine Untersuchung von 1471 IT-Projekten, die das finanzielle Budget und die erwarteten wirtschaftlichen Verbesserungen der Projekte mit den tatsächlichen Kosten und Ergebnissen verglich, offenbarte die erheblichen Risiken von IT-Projekten, die als Beispiele für unvorhergesehene Projektrisiken stehen sollen (ebd.). Auch wenn die Mehrzahl dieser Projekte öffentliche Einrichtungen in den USA betrafen, zeigten sich in der Gesamtanalyse nur wenige Unterschiede zwischen öffentlichen Projekten, Projekten in Unternehmen und europäischen Organisationen, die gleichfalls in der Betrachtung vertreten waren. Durchschnittlich überschritten die Projekte den vorgesehenen Kostenrahmen um 27 %. Alarmierend ist jedoch eine große Anzahl dramatischer Überschreitungen. Ca. 15 % der Projekte verursachten Mehrkosten von durchschnittlich 200 % und wurden mit einem Zeitverzug um ca. 70 % abgeschlossen. Diese hohe Anzahl schwarzer Schwäne im IT-Bereich ist alarmierend. Das US-Unternehmen Kmart musste nach gescheiterten IT-Projekten, die 2 Mrd. US$ verschlungen hatten, im Jahr 2002 Konkurs anmelden und wurde daraufhin vom Einzelhandelskonzern Sears übernommen. Das Risiko schwarzer Schwäne gilt es insbesondere zu vermeiden. Vorausschauende Unternehmen arbeiten mit fortschrittlichen Prognose- und Szenariowerkzeugen, die Erfahrungen vergleichbarer Projekte in anderen Unternehmen miteinbeziehen. Weitere Maßnahmen, wie die Unterteilung von Großprojekten in kleinere, schneller abschließbare Teilprojekte und die Erstellung von Notfallplänen zur angemessenen Reaktion auf unvermeidbare Risiken, werden empfohlen.

Auf Basis dieser Ergebnisse und Erfahrungen empfehlen die Autoren der Analyse Unternehmen mit herausfordernden Projekten einen Stresstest mittels zweier Betrachtungen:

1. Kann das Unternehmen den Fall abfedern, dass das größte Projekt im Unternehmen den Budgetrahmen um 400 % überschreitet und nur 25–50 % des veranschlagten Nutzens erzielen kann?
2. Zur Bewertung der mittelgroßen Projekte wird empfohlen, die Auswirkung zu prüfen, wenn 15 % dieser Projekte den Budgetrahmen um 200 % übersteigen.

In der Analyse eines Großprojektes der Emirates Bank zur Neuorganisation wesentlicher Teile ihres Kernbankensystems identifizieren die Autoren exemplarisch bewährte Vorgehensweisen von Großprojekten. Zusätzliche Störgrößen traten im Projektverlauf auf. Ca. 14 Monate nach Projektstart fusionierte die Bank zusätzlich mit der National Bank of Dubai, was eine erhebliche zusätzliche Komplexität verursachte. Dennoch sollte die Umstellung aller Komponenten an jedem Bankschalter, Bankautomat, Callcenter und im Online Banking gleichzeitig erfolgen. Das Projekt wurde trotz allem erfolgreich abgeschlossen, der Zeitrahmen nur um 7 % und der Kostenrahmen um 18 % überschritten (Flyvbjerg und Budzier 2011).

Wesentliche Maßnahmen der Projektleitung zur Erfüllung des Zeitplans unter den schwierigen Randbedingungen werden zusammengefasst (ebd.):

1. Aufteilung des Projektes in Teilmodule
2. Keine Ausweitung des Projektumfangs
3. Richtige Teamzusammensetzung aus beiden Unternehmen, externen Dienstleistern und Lieferanten
4. Vermeidung von Fluktuation im Team
5. Definition des Projektes als geschäftliche und nicht als technische Initiative
6. Konzentration auf ein einziges Ziel – Liveschaltung – und entsprechende Ausrichtung aller Aktionen an diesem Ziel.

11.2 Teamzusammensetzung – wer mit wem?

Erfahrungen zeigen, dass ein optimales Topteam aus sechs bis zehn Teilnehmern besteht. Kleinere Teams könnten aufgrund fehlender Diversität suboptimale Entscheidungen treffen, größere Teams werden sowohl durch die Bildung von Subgruppen als auch durch das geringere „ownership" jedes einzelnen Teammitglieds an Entscheidungsfindungen geschwächt. In dem Fall, dass größere Teams aus internen Gründen zur Berücksichtigung aller Kompetenzfelder betrachtet werden, wäre die Gründung spezifischer Subteams ein Weg, eine effektive Teamstruktur zu erzielen.

Entscheidend ist es, die richtigen Kompetenzen und die optimale Teamdynamik in der Teamzusammensetzung zu finden. Daten aus Befragungen von mehr als 5000 Senior-Führungskräften über ein Jahrzehnt bei McKinsey zeigen umfangreiche Erfahrungen einer erfolgreichen Teamzusammensetzung. Die Ergebnisse sind bemerkenswert konsistent und zeigen drei Schlüsseldimensionen erfolgreicher Teams (Keller und Meaney 2017b):

1. Gemeinsames Verständnis und Abstimmung der Ziele und Ausrichtung des Unternehmens bzw. des Teams
2. Hervorragende offene Kommunikation und Vertrauen sowie Konfliktbereitschaft
3. Motivierendes Umfeld, in dem die Teammitglieder unter der Akzeptanz von Risiken mittels Innovation und neuer Ideen auch bei starken Herausforderungen tatsächlich wichtige Ergebnisse erreichen können. Ein derartiges Team ist gleichfalls geprägt von der Tatsache, dass Mitglieder erkennen, zum persönlichen Wachstum voneinander lernen zu können.

Während und nach der Zusammensetzung des Teams wird auch durch die Teilnahme Außenstehender objektiv herausgefunden werden, wo es betreffs dieser drei Dimensionen steht. Dies kann in Form persönlicher Gespräche, Workshops und Umfragen erfolgen. Welches ist die Aufgabe, welches sind die Ziele und was ist der aktuelle Status? Wie wird die Teamzusammensetzung wahrgenommen? Welche Information kann aus dem Mitarbeiterumfeld und dem Umfeld weiterer Stakeholder dazu gewonnen werden? Der Startpunkt kann ein Projektworkshop sein, in dem im Weiterem auch Ziele, Regeln und Arbeitsmethoden festgelegt werden. Projektworkshops, die Aspekte der Teamdynamik behandeln, werden oft und erfolgreich durch einen außenstehenden Moderator geführt. Im Verlauf der Entwicklung komplexer Projekte werden weitere (off-site) Projektworkshops zur Bewertung und Entwicklung der Teamdynamik angesetzt werden.

Die Teamdynamik und Zusammensetzung werden sich über die Zeit verändern. Daten von McKinsey weisen darauf hin, dass Senior-Führungskräfte fünfmal so produktiv sein können, wenn sie in einem tatsächlichen High-Performance-Team arbeiten, sodass der Aufwand zur Findung der optimalen Komposition des Teams und der zuvor genannten Festlegung von Zielen, Regeln und Arbeitsmethoden sehr hilfreich sein wird (ebd.). Teambesprechungen werden oftmals als zu zeitaufwendig wahrgenommen. Deshalb sollen sie in der Planung der Tagesordnung und im Ablauf gut vorbereitet und strukturiert ablaufen. Dies bedingt eine Konzentration auf die Punkte, in denen tatsächlich Diskussion und Austausch zur Abstimmung und Entscheidungsfindung oder der Nutzung von Synergien notwendig sind (Abschn. 10.17). Die Förderung eines informellen Austauschs in Aspekten, die einzelne Fragestellungen betreffen, ist wichtig.

11.2.1   Projektleiter – gibt es typische Eigenschaften für den Erfolg?

Was ist das typische Profil eines Projektmanagers? Das Institut für Qualitätssicherung in Personalauswahl-Entwicklung (IQP) und die Deutsche Gesellschaft für Projektmanagement e. V. (GPM) untersuchten und verglichen auf Basis von Persönlichkeitstests (Big Five, Leistungsmotivation, Risikoneigung) eine Gruppe von 184 Personen aus dem Projektmanagement mit einer Kontrollgruppe von 896 Personen mit ähnlichen sozio-demografischen Merkmalen, jedoch ohne Erfahrungen im Projektmanagement (Enders und Nachtwei 2013). Ergebnisse der Untersuchung zeigen die emotionale Belastbarkeit, die insbesondere in Projekten unter hoher Belastung und Stress die Leistungsfähigkeit beeinflusst. Weitere Faktoren betrafen die geistige Flexibilität, Leistungsmotivation, um entsprechende Leistungskriterien zu erfüllen, die Offenheit gegenüber Feedback, Teamfähigkeit, Gewissenhaftigkeit und Sorgfalt in der Erledigung von Aufgaben sowie die Risikoneigung mit der Bereitschaft, sich auch über etablierte Regeln und Normen hinwegzusetzen.

Es zeigten sich klare Unterschiede zwischen der Gruppe der Projektmanager und der Kontrollgruppe. Projektmanager zeichnen sich durch einen höheren Grad an Motivation, Gewissenhaftigkeit und geistiger Flexibilität im Vergleich aus. Die Eigenschaften Risikoneigung und Teamfähigkeit traten dabei insbesondere unter den Projektmanagern im Vergleich stark hervor. Die emotionale Belastbarkeit war nur geringfügig stärker ausgeprägt als bei der Kontrollgruppe (ebd.).

Eine weitere Kontrollgruppe aus 25 Geschäftsführern aus der Bau- und Energieindustrie zeigte in vielen Punkten eine ähnliche Ausprägung der Merkmale wie die der Projektmanager. In den Punkten Gewissenhaftigkeit und insbesondere Teamfähigkeit wiesen die Geschäftsführer jedoch geringere Werte auf als der typische Projektmanager.

Die wichtige Führungseigenschaft Extraversion war überraschenderweise jedoch bei Projektmanagern unterdurchschnittlich ausgeprägt. Es konnte kein signifikanter Zusammenhang in der Gruppe der Projektmanager zwischen den Merkmalen emotionaler Belastbarkeit, Risikoneigung, Teamfähigkeit oder Extraversion zu Erfolg oder Misserfolg festgestellt werden. In einer nachträglichen zusätzlichen Untersuchung weiterer 52 Projektmanager wurde allerdings ein signifikanter Zusammenhang zwischen Extraversion und Projekterfolg festgestellt. Die Autoren bemerken jedoch kritisch zur Gültigkeit des Ergebnisses, dass es sich hier nur um Projektmanager handelte, die ein einziges Projekt geführt hatten. Eine relativ große Varianz der Merkmale innerhalb der gesamten Gruppe zeigt auf, dass die genannten Merkmale unzureichend sind, um eine Korrelation zwischen den benannten Eigenschaften des Projektmanagers und dem Projekterfolg zu ziehen.

Zusammenfassend stellen Enders/Nachtwei jedoch fest, dass Projektmanager sich deutlich von anderen Mitarbeitern unterscheiden. Die Akzeptanz eines höheren Risikos, die Bereitschaft, unkonventionelle Wege zu gehen und die Charaktereigenschaft einer höheren persönlichen Verträglichkeit, die in der Untersuchung hervortraten, sind unzweifelhaft wichtige Merkmale erfolgreicher Projektleiter.

11.2.2   Stille Experten oder machtvolle Kommunikatoren – was ist der richtige Mix?

Gegenüber machtvollen Kommunikatoren treten die wichtigen Beiträge zurückhaltender Experten oft in den Hintergrund und bekommen ein zu geringes Gewicht und zu wenig Beachtung. Der selbstsichere Auftritt einiger im Team kann zur indirekten Abwertung der

Beiträge anderer führen. Sowohl die Kommunikationsstärke als auch der Machtstatus der Teammitglieder haben wichtigen Einfluss, deren nachteiligen Effekte im Sinne guter Ergebnisse vermieden werden sollen.

Machtvolle Kommentatoren neigen zu Unterbrechungen der Beiträge anderer oder verstehen es, ggf. fremde Ideen für sich selbst zu beanspruchen. (DePaulo und Friedman, 1998 in (Hildreth und Anderson 2016) Sie ignorieren im Allgemeinen öfter die Beiträge anderer Gruppenmitglieder und geben weniger positive Unterstützung zu Beiträgen anderer Gruppenmitglieder. (Galinsky et al. 2006; Overbeck und Park 2001, 2006 in Hildreth und Anderson 2016). Gleichfalls kann ein rauerer Ton unter Personen mit Machtbefugnissen die Teamleistung nachteilig beeinflussen.

Kreativität und innovative Gedanken sind ein zentrales Ziel erfolgreicher Gruppenarbeit. Zur Untersuchung des Einflusses des Gruppenstatus auf diese Ergebnisse wurden Untersuchungen an der Berkeley University, Florida (Hildreth und Anderson 2016) durchgeführt. Es wurden 174 Teilnehmer in 58 Dreiergruppen mit gleichgeschlechtlicher Aufteilung zur Lösung einer Kreativaufgabe eingeteilt. Die Teilnehmer erhielten vor Testbeginn Informationen zu ihrem Machtstatus (Chef/Mitarbeiter) und mussten dann in verschiedenen Gruppenkompositionen mit Mitgliedern unterschiedlichen Machtstatus oder des gleichen Machtstatus zusammenarbeiten. Unabhängige Beobachter achteten in den auf Video aufgezeichneten Arbeiten bei der Lösungsfindung der Gruppen auf Faktoren wie Aufgabenfokussierung, Kreativität und Gruppen- oder Statuskonflikte. Den erfolgreichsten Teilnehmern wurden Geldprämien in Aussicht gestellt.

In mehreren Studien zeigte sich, dass Personen mit einem höheren Machtstatus schlechtere Resultate erzielen, wenn sie in Gruppen von Teilnehmern mit gleichfalls höherem Machtstatus zusammenarbeiten, als andere Gruppen von Mitgliedern mit geringerem Machstatus. Die Teilnehmer waren weniger aufgaben- und lösungsorientiert. Sie teilten weniger Informationen. Sie zeigten geringere Integrationsneigung. In Untersuchungen waren Gruppen von Personen mit höherem Machstatus in der Gruppenarbeit weniger kreativ (Abb. 11.1).

Die Analysen zeigen, dass schlechtere Ergebnisse erzielt werden, weil diese Personen stärker um ihren relativen Status in der Gruppe kämpfen und sich in der Folge weniger auf die Lösung der Problemstellung konzentrieren. Diese Merkmale unterschieden sich von denen in Gruppen mit niedrigem Machtstatus.

In Aufgaben, die weniger Koordination verlangen, sind sie hingegen kreativer und verfolgen die Lösungsfindung einer schwierigen Aufgabe intensiver als andere Gruppen. Dementsprechend ist Gruppen- und Teamarbeit ein Kernproblem in Teams mit Personen eines höheren Machstatus.

Die Autoren empfehlen dementsprechend, die Gruppenarbeit gerade unter Führungskräften gut zu strukturieren, indem z. B. eine strikte Tagesordnung spezielle Zeiträume ausweist, die einem aktiven Informationsaustausch gewidmet werden, und jedem Teammitglied ein Raum zur persönlichen Meinungsäußerung eingeräumt wird. Die Definition von Regeln der Kommunikation und Zusammenarbeit zur Vermeidung dieser empirisch belegten Problematik ist dementsprechend gerade in Gruppen mit Führungskräften sehr wichtig. Die Lösung individueller Aufgaben eines Projektes scheint hingegen in dem Fall des Einsatzes von Führungskräften bessere Ergebnisse zu erbringen (Abb. 11.2).

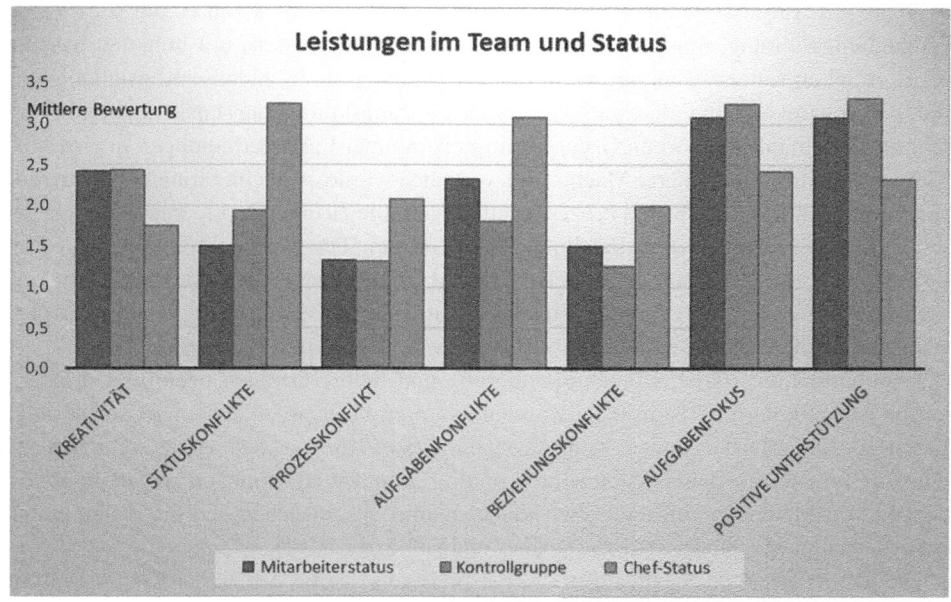

Abb. 11.1 Teamarbeit verschiedener Gruppen mit unterschiedlich hierarchischen Machtstatus (Daten Hildreth und Anderson 2016)

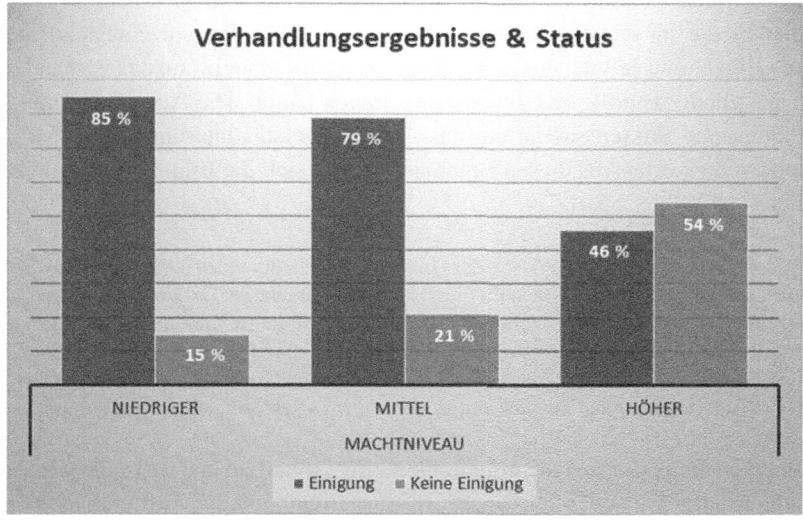

Abb. 11.2 Verhandlungsergebnisse verschiedener Gruppen mit unterschiedlichem hierarchischen Machtstatus (Daten Hildreth und Anderson 2016)

Analoge Ergebnisse wurden auch in den Tests gefunden, in denen es um schwierige Verhandlungsführung ging. Verhandlungsgruppen mit Mitgliedern mit höherem Machtstatus erzielten seltener Einigungen in der Verhandlung als in anderen Konstellationen. Dies galt sowohl in dem Fall, wenn dies Senior-Führungskräfte eines tatsächlichen Unternehmens waren, als auch wenn Gruppenmitgliedern unter Laborbedingungen in einer zufälligen Verteilung ein höherer Machtstatus verliehen wurde. Auch hier traten bei höherem Machtstatus höhere Status- und Prozesskonflikte auf, die zu einer geringeren Wahrscheinlichkeit der Erzielung einer Verhandlungslösung führten. Die Autoren stellen heraus, dass die Erzielung einer Einigung z. B. nicht aufgrund einer aggressiveren Verhandlungstaktik oder der Einräumung von weniger Zugeständnissen in der Verhandlung weniger erfolgreich war, sondern Status- und Aufgabenkonflikte wichtige Ursachen waren.

Kommunikationsstärke, Kontaktorientierung und Selbstvertrauen beeinflussen Redezeit und Beachtung im Team. Gute Kommunikatoren beanspruchen oftmals selbst dann mehr Redezeit in Diskussionen, wenn sie sich mit dem Thema selbst weniger gut auskennen, als Experten, die dabei in den Hintergrund geraten. Untersuchungen zeigen die Wirksamkeit von Methoden auf, die diesen Mechanismus abschwächen und die Nutzung des Potenzials aller Mitglieder stärken (Bonner und Bollinger 2014).

Die Teams erhielten Schätzaufgaben, beispielsweise Höhe des Bergs King's Peak in Utah, und diskutierten die Fragen zur Findung einer gemeinsamen Antwort. Anschließend wurden Mitglieder einiger Teams angewiesen, zunächst zwei Informationen über die eigene Person anzugeben, die zur Lösungsfindung eventuell nützlich sein könnten. In den Teams wurde entweder die Information direkt zusammengetragen oder jedes Mitglied stellte eventuell nützliche, persönliche Informationen zunächst für sich selbst zusammen. Die Kontrollgruppen hatten keinerlei Anweisung für die Findung zusätzlicher persönlicher Informationen erhalten. Die Kontrollgruppen, in denen tendenziell diejenigen den Vortritt hatten, die am selbstbewusstesten wirkten, erzielten die schlechtesten Ergebnisse. Die besten Ergebnisse zeigten die Gruppen, die zunächst gemeinsam das vorhandene Wissen aller Mitglieder geprüft und zusammengetragen hatten. Die Autoren vermuten, dass diese gemeinsame Wissenssammlung das Aufgabenverständnis unter allen Mitgliedern der Gruppe verbesserte. Aus diesen Ergebnissen lässt sich die Empfehlung ableiten, dass Teamleiter

> ihr Team dazu auffordern, das Wissen der einzelnen Mitglieder einzuschätzen und darüber zu sprechen, wie relevant dieses Wissen für die anstehende Aufgabe ist. Dadurch verändern sich die Machtstrukturen in der Gruppe: nicht mehr der soziale Einfluss ist wichtigstes Machtkriterium, sondern der informationelle Einfluss. Zudem können die Teammitglieder auf diese Weise andere wichtige Einflussfaktoren ausblenden (Bonner und Bollinger 2014) (z. B. Selbstvertrauen, Extraversion, Status, Erfahrung, Durchsetzungsvermögen, Geschlecht, ethnische Herkunft).

In Teams entwickeln sich soziale Hierarchien sehr schnell zu stabilen Formen. Der erste persönliche Eindruck ist wichtig. Die innere Einstellung und das Auftreten sind entscheidend, wenn auch weitere typische soziologisch-demografische Faktoren die Wahrnehmung eines Machtstatus beeinflussen. Offene Meinungsäußerung, das frühzeitige Ergreifen von Initiativen und ein selbstbewusstes Auftreten führen gleichzeitig zu der Annahme, dass das entsprechende Teammitglied über entsprechende Fachkenntnisse und Erfahrungen verfügt. Versuche zeigen auch, dass allein die Selbstwahrnehmung und das sich daraus ableitende Verhalten bis hin zur gleichfalls daraus resultierenden Stimmlage einen starken Einfluss auf die Gruppenwahrnehmung und Zuschreibung einer entsprechenden Position und Kompetenz hat (Galinsky und Kilduff 2013). Probanden wurde ein deutlich höherer Status in dem Gruppenprozess zugebilligt als anderen Versuchsteilnehmern, wenn sie vor einer Gruppenarbeit mittels psychologischer Übungen in ein enthusiastisches, mächtiges oder glückliches Verhaltensmuster geführt wurden. Gruppenmitglieder, die keine Erklärung dieser vorausgegangenen psychologischen Methoden erhalten hatten, erkannten die Personen „eifrig-enthusiastischer" Gemütslage deutlich eher als Teamführer an als andere.

Versuchspersonen, die durch entsprechende psychologische Konditionierung auf ein Gefühl der Macht eingestellt waren, ergriffen während der ersten zehn Minuten von Gruppendiskussionen ein dominantes Verhalten und zeigten stärkeres Durchsetzungsvermögen als andere Teammitglieder (ebd.). Diese Konditionierung hatte auf die kurzfristige Stimmung sogar einen größeren Einfluss als stabile Persönlichkeitsmerkmale wie Extrovertiertheit, die bekanntermaßen einen höheren Status in Gruppen verursachen können. In weiteren Versuchen erkannten die Autoren, dass Mitglieder mit einem höheren anerkannten Status mehr wichtige Informationen erhalten und häufiger die Gelegenheit bekommen, das Wort zu ergreifen. Dies festigt in der Folge wiederum ihre stärkere Position. In Kontrollversuchen 48 Stunden später hatten die zuvor nur aufgrund ihrer psychologischen Konditionierung als Führungspersönlichkeiten anerkannten Personen weiterhin einen größeren Einfluss auf die übrigen Teammitglieder. Zu diesem Zeitpunkt waren die Probanden nicht erneut durch vorausgehende Übungen psychologisch konditioniert. Wesentliche Erkenntnisse aus diesen Versuchen betreffen insbesondere die Tatsache, dass im Team „Status ein sich selbst verstärkender Kreislauf ist" (ebd.). Entsprechend der Resultate können sich Teammitglieder durch entsprechendes Auftreten eine einflussreichere Position im Team erarbeiten. Teamleiter können mit dieser Erkenntnis jedoch durch entsprechende Steuerung auch den Einfluss stärkerer Kommunikatoren im Vergleich zu zurückhaltenden Experten steuern.

Weitere Untersuchungen der Autoren an den Universitäten Toronto/Utah/Köln belegen auch, dass der Aufbau einer „eifrig-enthusiastischen Einstellung" vor einer B2B-Verhandlung hilfreich sein kann (ebd.). In einer Verkaufsgesprächssimulation erzielte die Gruppe der derart konditionierten Einkäufer deutlich bessere Resultate als eine Gruppe, der auf den Weg gegeben wurde, Risiken und einen negativen Gesprächsausgang zu vermeiden.

11.2.3 Leistung und Teamkommunikation – was steigert den Erfolg?

Am Massachusetts Institute of Technology, MIT, werden mithilfe eines dort entwickelten Sociometers in Gruppendiskussionen soziale Signale aufgenommen, die Aufschluss geben über Gestik, Tonfall, den persönlichen Ausdruck, die körperliche Stellung gegenüber anderen Personen und die Verteilung der Redeanteile (Pentland 2012). In Untersuchungen konnte aufgrund von derartigen Signalen ohne Bewertung des Gesprächsinhalts der Ausgang von Verhandlungen ziemlich genau vorausbestimmt werden. Mithilfe derartiger Analysen wurde z. B. die Organisation in Gruppen von Callcentern auf Basis der Messungen so verändert, dass positive Kommunikation gefördert wurde und die Produktivität stieg.

In einem anderen Versuch wurden Manager auf einer Party mit diesem Gerät ausgestattet, welches die Kommunikationssignale aufzeichnete. Als Tage später die gleichen Manager einer Jury Geschäftsmodelle präsentierten, konnte der Autor der Untersuchung voraussagen, „wer den Wettbewerb gewinnen würde, ohne die Vorträge zu hören oder zu sehen. Er nutzte dazu nur die Daten, die er auf der Party gesammelt hatte" (Harvard Business Manager 2010). A. Pentland erklärt im Interview: „Allen Untersuchungen gemeinsam ist die Erkenntnis, dass die sozialen Hinweise, wir nennen sie ‚ehrliche Signale', sehr mächtige Erfolgsindikatoren sind" (ebd.).

Weitere Untersuchungen zeigten eine starke Abhängigkeit von Teamerfolgen in Funktion von Kommunikationsmustern (Pentland 2012). Mithilfe der Messungen lassen sich gruppendynamische Prozesse entschlüsseln, die leistungsstarke Teams charakterisieren. Kreativität, Energie und gemeinsames Engagement sind entscheidend und konnten gemessen und quantifiziert werden. Aufzeichnungen der Sociometer zeigten das individuelle Kommunikationsverhalten von Innovationsteams, Kundenberatungsteams, Callcenterteams und vielen anderen auf. Die Teams von Unternehmen verschiedener Branchen hatten erhebliche Leistungsunterschiede gezeigt. Unterschiedliche Kommunikationsmuster erklärten unterschiedliche Ergebnisse in scheinbar ähnlichen Teams. Die Auswertung zeigte, „dass innere und informelle Kontakte im Team offenbar den größten Einfluss auf die Produktivität hatten. Ein Drittel der monetär messbaren Produktivitätsunterschiede zwischen den Callcentergruppen ließ sich allein durch diese beiden Faktoren erklären" (ebd.). Daraus abgeleitete einfache Maßnahmen zur Stärkung der informellen Kommunikation reduzierten die Bearbeitungszeit des gesamten Callcenters für einzelne Anrufe um 8 % und im Fall der schlechtesten Teams um mehr als 20 %. Innerhalb von sieben Jahren wurden in 21 Unternehmen bzw. Organisationen die Kommunikationsmuster von rund 2500 Personen über einen zumeist mehrwöchigen Zeitraum aufgenommen. Exakte Daten gaben Auskunft zu Tonfall, Ausmaß der Gestik, inwieweit die Teilnehmer sich gegenseitig anschauen, Redezeit, Zeit des Zuhörens und Unterbrechungen sowie der Grad der Extrovertiertheit und des Einfühlungsvermögens der Gesprächsteilnehmer. Erstaunlich konstante Kommunikationsmuster konnten bei besonders erfolgreichen Teams identifiziert werden. Bemerkenswert ist gleichfalls, dass diese Erfolgsmuster sowohl für ein Managementteam, ein Innovationsteam der Pharmaindustrie als auch für ein Callcenterteam gelten. Pentland sagt aus, dass er „allein durch Analyse der Daten den Erfolg prognostizieren können, ohne die Teammitglieder jemals getroffen zu haben. (…) Ein Blick in die relevanten Messergebnisse verrät uns, ob die Teammitglieder einen Tag rückblickend als produktiv oder kreativ bezeichnen werden" (ebd.). Es gelang nur durch die Auswertung der Daten aus Verhandlungssituationen den finanziellen Erfolg eines Investmentteams einer Bank vorauszusagen.

Allgemeingültige Merkmale der erfolgreichsten Teams waren (Pentland 2012):

1. Alle Teammitglieder reden etwa so viel, wie sie zuhören; ihre Beiträge sind kurz und prägnant.
2. Die Mitglieder sind bei den Gesprächen einander zugewandt und gestikulieren lebhaft.
3. Sie suchen nicht nur den direkten Kontakt zu ihren Vorgesetzten, sondern auch untereinander.
4. Sie tauschen sich auch informell und außerhalb der offiziellen Teamstruktur aus.
5. Sie machen regelmäßig Pausen, gehen außerhalb des Teams auf Informationssuche und bringen Erkenntnisse zurück ins Team.

Entsprechend der Ergebnisse der Untersuchungen ist es entscheidender, wie die Teammitglieder kommunizieren und erfolgreiche Kommunikationsmuster aufnehmen, als das individuelle Talent und logische Denkvermögen der Personen.

Grundlegende zentrale Pfeiler einer guten Teamkommunikation mit entsprechender Leistungsauswirkungen sind (Pentland 2012):

1. **Hohe Energie:** Hohe Energie im Team wird maßgeblich bestimmt von der Häufigkeit und persönlichen Kommunikation zwischen den Teammitgliedern. Nach der persönlichen Kommunikation folgen in der Stärke Videotelefonkonferenzen, die jedoch im Falle eines großen Teilnehmerkreises stark an Effektivität verlieren. E-Mails leisten den geringsten Beitrag zur positiven Energieentwicklung im Team.
2. **Starkes Engagement:** Engagement im Team ist der durchschnittliche Wert des Austauschs aller Teammitglieder miteinander. Daraus, dass das Engagement zwischen allen Teammitgliedern auf einem ähnlich hohen Niveau ist, erkennt man ein besonders engagiertes Team. Erwartungsgemäß ist die Bildung von Subgruppen mit unterschiedlichem Engagement des kommunikativen Austauschs weniger erfolgreich. Bei der Analyse der Ergebnisse und Kommunikationsmuster fiel dies bei der Analyse von Investmentteams auf. Teams mit unterschiedlich starker Kommunikation zwischen Mitgliedern zeigten im Gesamtergebnis ein geringeres Engagement und schwächere Ergebnisse. Diese Teams standen vorwiegend im telefonischen Austausch in Folge einer starken räumlichen Trennung und hatten unterschiedlich stark engagierte Teilnehmer. Dies führte in diesen Teams zu weniger profitablen Anlageentscheidungen.
3. **Austausch außerhalb des Teams:** Der dritte wichtige Aspekt, die Exploration, betrifft die Energie und Kommunikation, die das Team in den Austausch mit anderen Teams und Personen außerhalb des eigenen Teams steckt. Erfolgreiche Teams zeichnet eine stärkere Kommunikation nach außen aus. Dies gilt in besonderem Maß für Kreativ- und Innovationsteams. Teams werden einen gewissen Zielkonflikt zwischen starker interner und starker externer Kommunikation ausgleichen. Die Daten zeigen auch, dass eine starke externe Kommunikation mit einem deutlichen Leistungsanstieg von Innovationsteams insbesondere dann korrelierte, wenn die Teammitglieder sich nicht auf die häufige Kommunikation mit einigen ausgewählten externen Teams konzentrierten,

sondern die Teams in ständiger Suche nach neuen Sichtweisen mit einer Vielzahl von Gruppen im Unternehmen im Austausch waren.

In der Forschungsgruppe des MIT Media Lab war der ständige Wechsel zwischen der externen Kommunikation und dem internen Engagement im Team „für nahezu die Hälfte der Unterschiede in der kreativen Leistung verantwortlich. Und im Forschungslabor eines Industrieunternehmens konnten wir anhand dieses Musters mit knapp 90 % Trefferquote die kreativen von den weniger kreativen Teams unterscheiden" (ebd.).

Zur Leistungssteigerung im Team ist es wichtig, alle drei Faktoren ausgewogen und gleichmäßig zu entwickeln. Dementsprechend haben Teamleiter mehrere Ansatzpunkte, die Teamleistung zu steigern.

Wenn auch die grundlegenden Erkenntnisse dieser Analyse nicht neu sind, um den Erfolg von Teams zu erklären, konnten die Messungen die Präzision der Vorhersagen von Teamleistungen sehr genau bestimmen, und es können klar belegbare Handlungsempfehlungen gegeben werden. So erkannten die Autoren z. B.,

> dass die Leistungsschwankungen eines Teams zu 35 % durch die Zahl der persönlichen Kontakte zwischen den Mitgliedern zu erklären sind. Wir wissen außerdem, dass die optimale Kontaktfrequenz innerhalb eines Teams bei mehreren Dutzend Kontakten pro Arbeitsstunde liegen kann, dass die Leistung aber wieder sinkt, wenn das optimale Niveau überschritten wird. Darüber hinaus können wir mit Sicherheit sagen, dass die Mitglieder eines typischen Hochleistungsteams nur die Hälfte der Zeit mit der gesamten Gruppe interagieren. Wenn sie zum Rest des Teams sprechen, achten Sie darauf, keinen deutlich größeren Redeanteil als die anderen in Anspruch zu nehmen. (Pentland 2012)

Die andere Hälfte der Zeit führen die Teammitglieder erfolgreicher High-Performance Teams kurze und sachliche Vieraugengespräche. Die Ergebnisse belegen auch, dass ein intensiver, informeller Kommunikationsaustausch in der Gruppe selbst in stark effizienzgetriebenen Teams für die Leistung entscheidend ist. In der Untersuchung in einem Software-Start-up zeigte sich z. B., dass Veranstaltungen wie „Treffen auf ein Bier" und andere Initiativen unter bekannten Kollegen nur einen sehr schwachen positiven Einfluss hatten. Es zeigte sich jedoch in den Daten, dass die Vergrößerung der Tische im Pausenraum eine sehr große Veränderung bewirkte, weil dadurch zuvor einander unbekannte Kollegen zusammensaßen.

11.2.4 Teams – welche Diversität macht Erfolg?

Diversität wird als Merkmal erfolgreicher Teams im Sinne von kreativer Arbeit betont. Welche Art von Diversität ist jedoch für Erfolg verantwortlich? Über 100 Tests mit Gruppen mit verschiedenen Diversitätsmerkmalen wie Geschlecht, Alter oder Herkunft konnten in den Untersuchungen keine Korrelation zwischen der Leistung und der Diversität der Gruppenmitglieder im Fall einer strategisch-komplexen Aufgabenlösung zeigen (Reynolds und Lewis 2017). Die unterschiedlichen Gruppen mit einer Stärke von durchschnittlich 16 Personen waren Senior Manager, MBA-Studenten, Lehrer oder Teenager. Aus diesem Grund wurde die Teamleistung mithilfe eines weiteren Parameters untersucht: des Einflusses der kognitiven Vielfalt der Teamzusammensetzung auf die Fertigkeit verschiedener Teams in der Lösung des strategisch komplexen Problems.

Mithilfe des von dem Psychologen und Berater Peter Robertson entwickelten „AME Cube" werden die Art der Wissensverarbeitung und die interne/externe Orientierung der Wissensperspektive gemessen. Der erste Faktor zeigt auf, wie die Mitglieder des Teams sich Wissen erarbeiten, um Probleme zu lösen. Der zweite Faktor der Wissensperspektive gibt an, ob die entsprechende Person sich eher auf die eigene Expertise verlässt bzw. wie sie das eigene Wissen mit Ideen und Anregungen anderer Teammitglieder verknüpft. Die Art der Wissensverarbeitung entwickelt sich bei Menschen in der Jugend und ist unabhängig von Geschlecht und Herkunft.

Im Ergebnis zeigt sich eine starke Korrelation zwischen der Standardabweichung in den zwei Kategorien der Wissensverarbeitung und der Leistung der fünf Teams A–F (Bild 11.2.4). Teams mit hoher kognitiver Vielfalt, d. h. hoher Standardabweichung in beiden Dimensionen der Wissensverarbeitung und -perspektive, erledigten die Aufgaben unter Zeitdruck mit Erfolg sehr schnell. Teams mit geringerer Standardabweichung brauchten längere Zeit bzw. bestanden die Aufgaben nicht. In den Tests versagte das Entwicklungsteam einer Biotechnologiefirma, die eine geringe kognitive Diversität aufwiesen. Auch die Gruppe eines IT-Beraterteams schaffte es auch nicht ansatzweise, die Aufgabe in der vorgegebenen Zeit zu lösen. Es gab Gruppen mit niedriger soziologischer Diversität, die jedoch ein hohes Maß kognitiver Variabilität zeigten und die Aufgabe sehr schnell lösten (ebd.).

Die Art der kognitiven Wissensverarbeitung von Mitarbeitern erschließt sich im Allgemeinen nur selten. Der kulturelle Anpassungsdruck in Unternehmen führt dazu, dass die kognitive Diversität der einzelnen Personen nicht genutzt wird und sich die meisten an der kulturellen Norm des Unternehmens oder der Abteilung und Tätigkeit ausrichten. Dementsprechend haben die meisten Organisationen zumeist ähnlich denkende Teams, wie dies auch in dem Fall des Entwicklungsteams der Biotechnologiefirma gegeben war. Eine homogene Kultur, wie sie z. B. auch in Ingenieurunternehmen oder Produktionsbereichen anzutreffen ist, reduziert die kognitive Vielfalt deutlich. In einem Test, in dem einerseits Führungskräfte ihre Art der Wissensverarbeitung selbst abschätzten und andererseits durch eine Gruppe von Mitarbeitern beurteilt wurden, zeigte sich eine erhebliche Divergenz in der Einschätzung. Wenn kognitive Vielfalt als Stärke von Teams und Unternehmen zur Lösung komplexer strategischer Aufgaben betrachtet wird, sollten entsprechende Kandidaten im Prozess der Teambildung und auch im Recruiting neuer Mitarbeiter mit dem Ziel der Förderung dieser Diversität betrachtet werden. Mitarbeiter in Teams sollten in der Nutzung der persönlichen Authentizität anstelle einer Ausrichtung auf gemeinsame Normen und Verhaltens- und Denkweisen gefördert werden. Wenn Führungskräfte und Mitarbeiter darin bestärkt werden, ihre Persönlichkeit stärker zum Ausdruck zu bringen, könnte dies im Sinne der Lösung komplexer Aufgaben entsprechend dieser Ergebnisse hilfreich sein (ebd.), (Abb. 11.3).

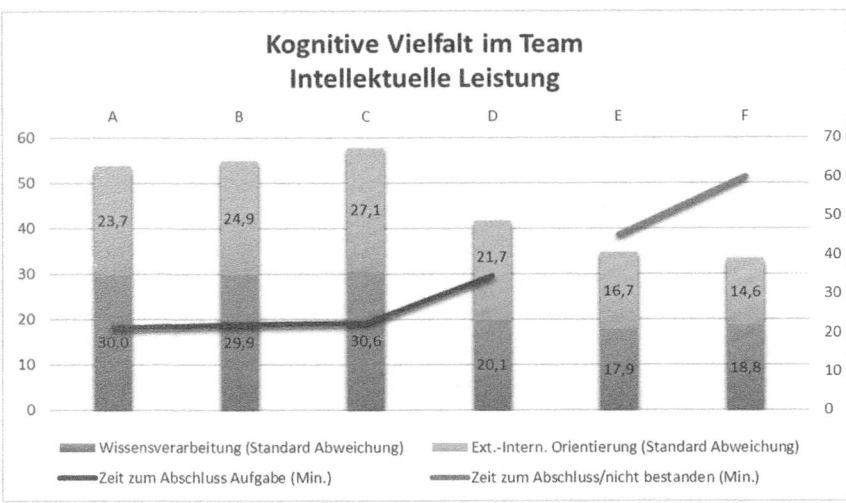

Abb. 11.3 Steigerung der Leistung in Teams mit starker kognitiver Vielfalt (Daten Reynolds und Lewis 2017)

Vorteile und Risiken von Teams mit hoher Diversität oder starker Homogenität stellen sehr unterschiedliche Herausforderungen an eine erfolgreiche Zusammenarbeit. Je nach Teamzusammensetzung entsteht in Teams mit starker Diversität die Gefahr von Subgruppenbildung, die vermieden werden soll. Diversitätsmerkmale, die Subgruppenbildung fördern, können Alter, Geschlecht und Herkunft und, wie zuvor aufgezeigt, die kognitive Diversität in der Wissensverarbeitung sein. Die Kumulation derartiger Merkmale in Teilgruppen kann den Zerfall von Teams in Subgruppen fördern. Deswegen kann mit dem Werkzeug der „Diversity Faultline" gearbeitet werden (Meyer und Glenz 2013). Die Stärke und das Risiko der Bildung von Subgruppen kann mit einer Formel (www.group-faultlines.org) berechnet werden.

Eine starke Diversity Faultline wäre beispielsweise in einem Team gegeben, welches sich aus zwei älteren deutschen Frauen, zwei jüngeren deutschen Männern und zwei gleichaltrigen ausländischen Mitgliedern zusammensetzt. Teams mit weniger signifikanten Diversitätsmerkmalen von einzelnen Gruppen haben eine schwache Diversity Faultline. Eine starke Subgruppenbildung führt im Allgemeinen zu verstärkten Konflikten und Missverständnissen und entsprechenden Problemen in der Teambildung. Informationsaustausch, Abstimmungsprozesse und Zusammenarbeit beeinträchtigen die Leistungsfähigkeit des gesamten Teams und sorgen für höhere Unzufriedenheit unter den Mitgliedern. Andererseits sind die Vorteile von Teams mit starker Diversität aufgrund des unterschiedlichen Wissens-, Erfahrungs- und kulturellen Hintergrundes gut bekannt. Viele Studien weisen in ihrem Ergebnis darauf hin, dass stark diverse Teams bessere Leistung und eine höhere Produktivität besitzen. Die Ergebnisse von Kunze/Bruch (Universität St. Gallen, Bruch und Schuler 2016), zeigen, dass Teams mehr produktive Energie und bessere Leistungen bringen, wenn die Vorgesetzten mittels eines transformationalen Führungsstils und einer individuellen Behandlung der Mitarbeiter die Entwicklung neuer Ideen fördern. Der Erfolg von Teams mit starker Diversität und einem den individuellen Bedürfnissen der Mitarbeiter angepassten Führungsstil wurde auch in weiteren Untersuchungen (Homan, Greer, Universität Amsterdam, Stanford University in Bruch und Schuler 2016) nachgewiesen.

Untersuchungen mit der Befragung von 44 Teams mit insgesamt 217 Mitgliedern verschiedener Unternehmen zeigen, dass Teams mit hoher Diversität besser zusammenarbeiteten, wenn Führungskräfte von den Vorteilen heterogener Teams überzeugt sind und sie entsprechend führen (Schermuly und Schölmerich 2016). In dem Fall, dass die Vorgesetzten stark diversen Teams gegenüber skeptisch waren, zeigten die Teams einen geringeren Zusammenhalt. Weitere Untersuchungen von 41 Teams mit 219 Teammitgliedern im auswärtigen, diplomatischen Dienst zeigen, „dass Diversity Faultlines die Leistungen weniger beeinträchtigen, wenn die Mitarbeiter vom Wert bunt gemischter Teams überzeugt sind. Diplomatenteams mit starken Diversity Faultlines zeigten sogar besonders gute Leistungen, wenn sowohl Führungskräfte als auch Teammitglieder positive Diversitätsüberzeugungen vertraten" (Schermuly und Schölmerich 2016).

In der praktischen Umsetzung und der Führungsarbeit bedeuten die Ergebnisse, dass es entscheidend ist, zu verstehen, wie sich die verschiedenen Merkmale in der Gruppe verteilen und daraus eine Subgruppenbildung folgen könnte. Führungskräfte werden aktiv der Subgruppenbildung durch die Förderung einer gemeinsamen Teamidentität und gemeinsamer Ziele entgegenwirken. Die Förderung der Zusammenarbeit zwischen einzelnen, stark diversen Teammitgliedern vermeidet gleichfalls die Bildung von Subgruppen und fördert die Kommunikation. Standpunkte der verschiedenen Diversitätsgruppen werden aktiv durch den Vorgesetzten zusammengebracht, der im Team die Gemeinsamkeiten herausstellt. Die Ergebnisse zeigen, dass Führungskräfte, die Teams mit ausgeprägter Diversität skeptisch gegenüberstehen, nicht als Führungskraft dieser Teams ausgewählt werden sollten (ebd.). Führungskräfte benötigen das persönliche Fingerspitzengefühl im aktiven Umgang mit den Vorteilen und Herausforderungen von Diversität im Team. Aktives Management von Diversity in Unternehmen stellt sicher, dass alle Mitarbeiter unabhängig von ihren soziologischen Merkmalen Wertschätzung erfahren und diese Unterschiede aktiv in die Zusammenarbeit einbringen können.

11.2.5 Risiken der Diversität – Parteienbildung „Die gegen die" vermeiden

Die Bildung von Subgruppen in Teams steht einem effektiven Wissenstransfer und der Zusammenarbeit entgegen. Kommunikation und Informationsaustausch werden behindert oder eingeschränkt. Wie kann der konfliktiven Entwicklung in Teams eines „Die gegen die" entgegengewirkt werden?

In einer Untersuchung wurden ca. 170 Mitarbeiter aus 40 verschiedenen Ländern befragt, die über 27 Teams und in insgesamt 45 Standorten eines globalen Technologieunternehmens verteilt waren (Ambos et al. 2017). Die wichtigste Erkenntnis war, dass die Isolation einzelner Teammitglieder das größte Problem zur Sicherung eines guten Wissenstransfers war. In 20 % der untersuchten Teams gab es ein geografisch isoliertes Teammitglied, in 25 % der Teams ein aufgrund der Nationalität kulturell isoliertes Mitglied. Die dominanten Gruppen der Teams nehmen auf die isolierten Einzelmitglieder weniger Rücksicht. Diese fühlen sich schlecht integriert, ziehen sich entweder zurück oder drängen sich lautstark in den Vordergrund mit jeweils schlechtem Einfluss auf das gesamte Team. Die Autoren erkennen eine wichtige negative Korrelation zwischen der Zufriedenheit mit dem Wissenstransfer im Team und der Isolation. Die geografische Distanz wurde als Index aller Entfernungen zwischen den Teammitgliedern bewertet. Große Distanz oder große kulturelle Diversität zwischen einzelnen Gruppen und Mitgliedern hatte hingegen keine negative, statistisch signifikante Korrelation mit der Zufriedenheit aller Teammitglieder beim Wissenstransfer. Dementsprechend ist es besonders wichtig, dass Teamleiter neben der Vermeidung von Subgruppenbildung darauf achten, dass einzelne Teammitglieder nicht aufgrund geografischer oder kultureller Gegebenheiten isoliert werden. Die Autoren stellen heraus:

> Die Ergebnisse virtueller Teamarbeit werden maßgeblich von den gruppendynamischen Prozessen beeinflusst. Der Fokus sollte daher nicht auf individuellen Profilen und Anreizinstrumenten liegen, sondern auf der Balance des Teams als Ganzes. Wer hier von Anfang an die Weichen richtig stellt, kann dafür sorgen, dass Mitarbeiter nicht ins Abseits geraten und dem Team womöglich Schaden zufügen.(ebd.)

11.2.6   Kreativität im Team – wer mit wem?

Ein Forschungsprojekt in 41 Innovationsteams aus den Bereichen Forschung und Entwicklung bzw. Produktion eines großen Zulieferers der Rüstungsindustrie zeigt auf, dass Teams innovativer sind, wenn sie aus einer Vielzahl verschiedener kognitiver Typen in einem bestimmten Mix zusammengestellt sind (Miron-Spektor et al. 2012). Neben einer großen Zahl von Generalisten in den Teams wurden die übrigen Teammitglieder in drei kognitive Typen eingeteilt: Kreative, Konformisten, Detaillisten. Kreative Teammitglieder bringen hervorragende Innovationsideen hervor, beurteilen jedoch weniger den Nutzen. Sie sind häufig die Ursache von Konflikten und beachten Regeln weniger. Ein zu großer Anteil der Kreativen kann jedoch Probleme in der Umsetzung verursachen. Konformisten stärken die Zusammenarbeit und das Selbstvertrauen im Team. Sie unterstützen die Kreativen. Den Detaillisten werden spezifische Aufgaben wie die Budgetkontrolle aufgegeben. Sie schrecken vor Risiken zurück. Ihr Fokus liegt auf Präzision. Detaillisten können die Kreativität des Teams einschränken. Dementsprechend ist es wichtig, Kreative und Konformisten gleichfalls neben dem Generalisten mit einer Mischung unterschiedlicher Denkmuster im Team zu haben. Zur Erzielung des bestmöglichen Innovationsklimas empfehlen die Autoren auf Basis ihrer Ergebnisse, den Mix von 20 bis 30 % Kreativen, 10 bis 20 % Konformisten, 10 % Detaillisten und den verbleibenden Anteil mit Generalisten zu füllen (ebd.), (Abb. 11.4).

Abb. 11.4 Optimale
Zusammensetzung von
Innovationsteams aus vier
Gruppen (Daten Miron-
Spektor et al. 2012)

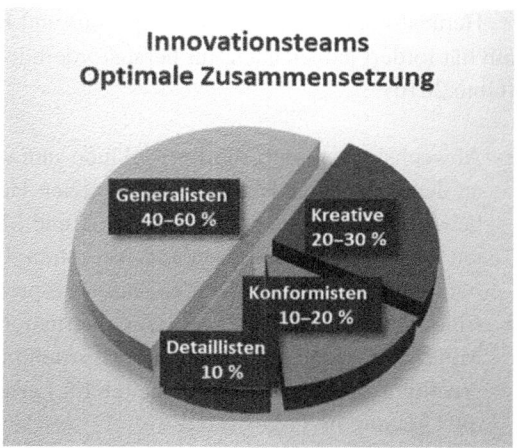

Kreative Nonkonformisten sind wichtig, um vieles infrage zu stellen und Widersprüche zu fördern. In einer Untersuchung (Francesca Gino, Mitglied des Management Thinkers50 2017 Ranking) unter 2087 Mitarbeitern aus Unternehmen sehr verschiedener Branchen gaben 49 % an, dass sie regelmäßig im Unternehmen unter Anpassungsdruck stehen (Gino 2016). Mehr als die Hälfte sagte aus, dass Mitarbeiter im Unternehmen den Status quo nicht infrage stellen. Mitarbeiter unter Anpassungsdruck fühlen sich nach der Umfrage dem Unternehmen gegenüber weniger verpflichtet, engagieren sich weniger bei der Arbeit und sind unzufriedener mit ihrem Arbeitsplatz. Sie äußern öfter den Eindruck, keine Kontrolle über ihre Tätigkeit zu haben und dass das Unternehmen nicht ihr volles Talent nützt. Sie fühlen sich öfter ausgebrannt und sagen aus, dass sie das Unternehmen gern verlassen würden. Auch Umfragen in den mittleren Führungsebenen ergaben ähnliche Ergebnisse. Dies gefährdet Engagement, Innovation, Produktivität und Unternehmens- und Projekterfolge.

Zur Entwicklung benötigen Unternehmen Menschen ohne Anpassungsdruck als Querdenker und kreativ-konstruktive Nonkonformisten. Diese Mitarbeiter stellen Normen und Erwartungen infrage, setzen sich jedoch für den Erfolg des Unternehmens ein. Unternehmen werden mit der Gestaltung einer unternehmerischen Kultur (Kap. 9) Mitarbeitern eine authentische Arbeitsweise ermöglichen, in der sie selbst entscheiden können, wie sie bestimmte Probleme lösen. Mitarbeitern wird Gelegenheit gegeben, ihre persönlichen Stärken zu entwickeln und hervorzubringen. Dies führt dazu, dass sie entsprechend dieser Stärken eingesetzt werden können. Sie können ihre gesamte Persönlichkeit einbringen, und das Unternehmen kann ein zuvor unausgeschöpftes Potenzial nutzen. Führungskräfte haben die Aufgabe, die Arbeit so zu gestalten, dass Nonkonformismus gefördert wird, jedoch kein Chaos entsteht. Sie werden dementsprechend Mitarbeiter dazu einladen, den Status quo infrage zu stellen, und Kreativität und Engagement fördern. Dies setzt jedoch auch voraus, dass Mitarbeiter die Grundlagen und üblichen Vorgehensweisen zunächst sehr genau kennen.

Herausforderung zu Nonkonformismus und Kreativität: Die Herausforderung der Kreativität fordert jedoch auch, für herausfordernde Anforderungen und Erlebnisse zu sorgen (Gino 2016):

- Abwechslung fördert die Entwicklung innovativer Ideen und Motivation. Mitarbeiter an den Rand ihrer Komfortzone in steten Herausforderungen mit neuen Aspekten zu bewegen, fördert nicht nur Innovation und Motivation, sondern gibt auch Gelegenheiten für persönliches Lernen und Wachstum. In Untersuchungen zeigt sich, dass Mitarbeiter mit täglich wechselnden Aufgaben produktiver waren als andere.
- Eine weitere Feldstudie in einer internationalen Unternehmensberatung zeigt, dass Mitarbeiter sechs Monate nach der Einstellung engagierter waren, wenn sie in der Einarbeitung zusätzliche Gelegenheiten für Lernen und Wachstum bekamen und nicht nur die Leistung im Fokus stand.
- Entscheidungsfreiräume fördern gleichfalls Denken und Kreativität. Die Einnahme eines weiten Blickfeldes und die Betrachtung von Problemen aus unterschiedlichen Sichtweisen wird mit diesen Maßnahmen gleichfalls gestärkt.
- Die Wichtigkeit der Diversität in Teams zur Einnahme unterschiedlicher Blickwinkel wurde schon zuvor herausgestellt.
- Einladung zum Widerspruch, damit sich Mitarbeiter aus der Komfortzone bewegen, kann auch mit der expliziten Herausforderung, Gegenbeweise zur allgemeinen Sichtweise zu entwickeln, erreicht werden. In Teamsitzungen können Mitarbeiter aufgefordert werden, einen gegenteiligen, kreativ-konstruktiven Standpunkt zur Mehrheitsmeinung zu vertreten.

Insgesamt gilt es, ein ausgewogenes Gleichgewicht zwischen Konformismus und Nonkonformismus zu finden. Entscheidend ist die Realisierung der Team- und Unternehmensziele innerhalb festgelegter Unternehmensstandards.

11.2.7   Teamzusammensetzung und Talentmanagement – Synergien für Erfolg

Eine Ende 2017 von McKinsey unter mehr als 1800 Teilnehmern aus zahlreichen Branchen und allen Regionen durchgeführte Analyse zeigt: Ein intensives und nachhaltiges Talentmanagement lässt sich in der Unternehmensleistung und im Wettbewerb positiv messen (Andrianova et al. 2018).

Gleichzeitig zeigen die Ergebnisse, welche der zahlreichen Talentmanagementaktivitäten den größten Einfluss und eine positive Korrelation auf die Unternehmensleistung haben.

Unternehmen mit einem besonders effektivem Talentmanagement überflügelten ihre Wettbewerber mit einer sechsmal höheren Wahrscheinlichkeit in der Aktienrendite (TRS/ Total Shareholder Return) als Unternehmen mit einem uneffektiven Talentmanagement.

Gleichzeitig gelang es diesen Unternehmen auch sehr viel häufiger, die richtigen Talente und Fähigkeiten auf dem Arbeitsmarkt zu gewinnen oder im Unternehmen zu halten, um ihre strategischen Ziele umzusetzen. Drei Maßnahmen erwiesen sich entsprechend der Umfrage als besonders erfolgreich im Talentmanagement (ebd.):

1. Dynamischer Einsatz und flexible Zuweisung wichtiger Talente zu strategischen Projekten
2. Engagement seitens des Personalwesens, Mitarbeitern während ihrer Zeit im Unternehmen eine allgemein positive Erfahrung zu sichern. Lediglich 37 % der Teilnehmer gaben an, dass das Personalwesen ihres Unternehmens die Aufgabe erfüllt, Mitarbeiter in der Gewinnung einer positiven Arbeitserfahrung im Unternehmen nachhaltig zu unterstützen.
3. HR-Manager haben ein eingehendes Verständnis der strategischen Prioritäten und des operativen Geschäfts, um Personal- und Teamentwicklung mit einer positiven Mitarbeitererfahrung und -entwicklung zu verbinden.

Eine signifikant positive Korrelation zum erfolgreichen Talentmanagement besteht, wenn Personalwesen und auch alle Mitarbeiter im Unternehmen ein genaues Verständnis der Unternehmensstrategie und der Geschäftsprioritäten haben, um diese Aufgaben zu erfüllen. Lediglich 17 % der Teilnehmer sagten aus, dass alle drei Maßnahmen in ihrem Unternehmen umgesetzt werden.

Die drei Faktoren zusammen korrelieren in den Ergebnissen mit einem Faktor von 0,4 zu überlegenen Finanzresultaten gegenüber dem Wettbewerb. Diese Unternehmen konnten mit einer zweieinhalb Mal so hohen Wahrscheinlichkeit die Effektivität ihres Talentmanagements belegen.

Sie nutzen die Arbeit in crossfunktionalen Teams mit einer dynamischen Zuweisung ihrer Talente zu verschiedenen Projekten. Dies unterstützt nicht nur erfolgreiche Teamarbeit, sondern nutzt zusätzlich im erfolgreichen Talentmanagement. Erfolgreiche Teams, positive Entwicklung einer erfolgreichen Unternehmenskultur und vorbildliches Talentmanagement verstärken sich gegenseitig in kräftigen Synergien. Dementsprechend ist dies eine wichtige Aufgabe, die im Senior Management verankert werden soll. Das Engagement des Executive Teams des Unternehmens in dem Bereich Talentmanagement ist nach den Ergebnissen der Umfrage unter den erhobenen Parametern, der an vierter Position positiv mit einem erfolgreichen Talentmanagement korreliert (ebd.).

11.3 Bürogestaltung – messbar zu mehr Team, Ideen, Innovation und Umsatz?

Traditionelle Kennzahlen der Bürogestaltung wie Mitarbeiter oder Kosten je Quadratmeter optimieren scheinbar effizient die Gestaltung von Büroräumen. Neue Konzepte, wie die von Google, Apple, Ideo und anderen Innovationsunternehmen, ändern die Auffassung des Zusammenhangs zwischen Büro und wirtschaftlichen Nutzen in Unternehmen. Steve Jobs wollte ungeplante Begegnungen unter der Magie des glücklichen Zufalls zur Förderung der Innovationskraft erreichen. Apples Büroarchitektur wurde jenseits aller üblichen Effizienzkriterien geplant.

Die digitale Arbeitsweise und die Erkenntnis der Wichtigkeit von Team- und Netzwerkstrukturen tragen gleichfalls zu einer Veränderung bei. Erfahrungen und Ergebnisse zeigen, Aspekte wie Nähe, Privatsphäre und Öffentlichkeit sowie Unternehmenskultur sind wichtige Parameter in einem labilen Gleichgewicht zur Erzielung kreativer Zusammenarbeit und guter Kommunikation.

Bekannt ist die von Thomas J. Allen 1977 formulierte stark negative Korrelation in Form der „Allen-Kurve" zwischen der Kommunikationshäufigkeit unter Kollegen mit der räumlichen Entfernung im Büro. Die Wahrscheinlichkeit der regelmäßigen Kommunikation zwischen Kollegen, die ca. zwei Meter voneinander entfernt sitzen, ist viermal größer als bei Kollegen mit einer Entfernung der Arbeitsplätze von ca. 18 Meter. Neuere Studien (Waber et al. 2014) zeigen, dass diese Korrelation auch für die digitale Kommunikation gilt. Die E-Mail-Frequenz zwischen Kollegen in geringer räumlicher Entfernung ist viermal so hoch wie zwischen Kollegen an unterschiedlichen Standorten. Die räumliche Nähe unterstützt auch eine stärkere digitale Kommunikation und führt in den Analysen zu einer im Vergleich um 32 % reduzierten Projektlaufzeit.

11.3.1   Förderung von Energie und Engagement im Team zu mehr Erfolg

Am MIT Social Lab und der Managementberatung Sociometric Solutions werden mithilfe des Sociometers (Abschn. 11.2.3) verbale und nonverbale Kommunikationsmuster analysiert und die Auswirkungen auf Arbeitsergebnisse bewertet. Auf Basis der Daten von Tausenden Soziometern wurden Daten zur Arbeitsplatzgestaltung, soziale Gesichtspunkte, Kommunikationswege und Gehälter der Mitarbeiter zueinander untersucht.

Die in den bekannten neuen Bürokonzepten zugrunde liegenden, beabsichtigten Zufallsbegegnungen innerhalb und auch außerhalb des Unternehmens verbessern die Leistung. Gleichzeitig wurden unterschiedliche Parameter gefunden, die die Kreativität zur Entwicklung von mehr Innovation oder die Produktivität verbessern. In der Untersuchung wird sogar aufgezeigt, wie sich die Gestaltung eines bestimmten Bürobereichs auf das wirtschaftliche Ergebnis auswirkte und entsprechende Maßnahmen eingeführt werden. Kontaktförderung ist wichtiger als die effizienzoptimierte Gestaltung. Wenn Raumkonzepte der Arbeitsweise der Mitarbeiter entsprechen und diese unterstützen, werden Leistungssteigerungen verzeichnet werden. Erfolgreiche Teamarbeit wird durch die Interaktion zwischen Menschen verschiedener Gruppen, Engagement und Energie gefördert (Pentland 2012).

Die Energie drückt sich in dem Maß aus, wie Menschen sich in ein Team einbringen, und der Häufigkeit und Form der Interaktion zwischen Teammitgliedern. Das Engagement drückt aus, wie stark die Teammitglieder untereinander kommunizieren (Pentland 2012). Ein stark engagiertes Team wird eine gleichmäßig verteilte Kommunikationsintensität zwischen allen Teammitgliedern aufweisen. Teams, die in beiden Kategorien, Energie und Engagement, eine starke Ausprägung haben, arbeiten am effizientesten. Im Vergleich wird ein Team mit schwächerer, aber ausgeglichener Stärke in beiden Dimensionen stärker sein als ein Team mit einer hohen und einer schwächeren Ausprägung in einer Dimension. Teams mit schwacher Ausprägung bei Energie und Engagement können effizienter sein als Teams mit stark unterschiedlichen Ausprägungen. Die Aufnahmen Tausender Mitarbeiter in einer größeren Anzahl verschiedener Firmen zeigen auf, wie erfolgreiche Teams kommunizieren und zusammenarbeiten.

Je nach Gestaltung unterstützen Raumkonzepte stärker die Interaktion mit Menschen aus anderen Gruppen, das Engagement und die Energie gemäß der zuvor erwähnten Definition.

Es wurde bereits in Abschn. 11.2 aufgezeigt, wie ein höheres Engagement aufgrund intensiverer Kommunikation mit Kollegen der eigenen Abteilung wirtschaftliche Ergebnisse verbesserte. Im Fall von Teams mit dem Ziel der Entwicklung innovativ-kreativer Ideen wird der Aspekt der Kommunikation zwischen anderen Abteilungen und Bereichen (Energie) wichtiger werden. Je nach Ziel eines Bereiches wird dementsprechend die Büroarchitektur anders aussehen müssen. In einem Projekt wurden 50 Manager eines Pharmaunternehmens mit einer Umsatzverantwortung von ca. 1 Mrd. US$ mit Soziometern ausgestattet (Pentland 2012). Analysen über den Zeitraum einiger Wochen zeigten, dass ein Vertriebsmitarbeiter, der den Kontakt zu Kollegen aus anderen Teams um 10 % steigerte, einen deutlichen Umsatzanstieg von 10 % verbuchen konnte. Das Unternehmen ergriff daraufhin die überraschend anmutende Initiative, die Anzahl der Kaffeemaschinen in den Büros deutlich zu reduzieren und von einer Dichte von einer Maschine je 6 Mitarbeiter auf eine Maschine je 40 Mitarbeiter zu senken. Außerdem wurde ein großes Café für alle Mitarbeiter eingerichtet. In den folgenden Quartalen nach den Umbaumaßnahmen stieg der Umsatz um 20 % bzw. 200 Mio. US$ (ebd.).

Um entsprechende für ein Unternehmen nützliche architektonische Maßnahmen in der Bürogestaltung einzuführen, wird jedoch zuvor geklärt sein müssen, ob die Ziele z. B. eine höhere Produktivität, eine größere Kreativität oder eine Steigerung der individuellen Produktivität fördern sollen.

Ein Möbelhersteller veränderte seine Architektur im offenen Großraumbüro so, dass die Mehrheit der Mitarbeiter keine festen Arbeitsplätze mehr hatte. Eine Analyse mithilfe der Soziometer unter 65 Vertriebs- und Marketingmitarbeitern vor und nach der Maßnahme zeigte, dass die Kommunikation zwischen Mitarbeitern verschiedener Abteilungen um 17 % anstieg, die tägliche Kontaktanzahl eines Mitarbeiters (Energie) fiel jedoch um 14 %. Die Teamkommunikation selbst ging um 45 % zurück. Mitarbeiter hatten durch die wechselnden Arbeitsplätze zwar Kontakte zu Kollegen anderer Abteilungen aufgebaut, jedoch konnte das Gesamtniveau der Kommunikation nicht verbessert werden. Raumkosten wurden aufgrund der Reduzierung der festen Arbeitsplätze gesenkt, Produktivität und Umsatz gingen jedoch zurück (ebd.).

Unternehmen können nur unter genauer Beachtung der spezifischen Team-, Abteilungs- und Unternehmensziele mit der Auslegung der Büros wirtschaftliche Vorteile gewinnen.

Großraumbüros mit dem Ziel der Steigerung der Gruppeneffizienz werden die Teamproduktivität und Projektentwicklung mit einer festen Teamsitzordnung steigern können, während Teams, die auf wichtige Impulse von außen angewiesen sind, in Großraumbüros mit einer eher flexiblen Sitzordnung bessere Resultate erreichen werden.

Wenn individuelle Produktivität und fokussierte Arbeit die Erfolgstreiber sind, werden weiterhin feste Einzelbüros eine gute Lösung sein. Agile Projektteams, die Entwicklungen auf Basis von interaktiven Prozessen und Versuchen mittels Kreativität und der Ideenentwicklung in kleinen Gruppen vorantreiben, werden in eigenen kleinen Büroeinheiten mit flexibler Sitzordnung entsprechend bessere Ergebnisse erzielen (Waber et al. 2014).

Auf positive, wirtschaftlich messbare Mikroeffekte durch die Gestaltung von Sitzstrukturen in Büros zur Unterstützung einer kreativen und unternehmerischen Kultur wurde auch schon im Kap. 9 eingegangen.

11.3.2   Welchen Wert entwickeln Privatsphäre und informelle Kommunikation?

Das feine Austarieren der Aspekte Nähe, Privatsphäre, Kultur und Anerkennung sowie Förderung informeller Kontakte auf Basis einer entsprechenden Erlaubnis wird durch die Büro- und digitale Struktur und das Verhalten der Führungskräfte bestimmt. Aufgrund der Komplexität dieses Gleichgewichts können auch kleinere Aspekte der Bürogestaltung informelle Kontakte und Austausch sowohl fördern wie hemmen. Fayard/Weeks (New York University/IMD Lausanne) führten neun Studien in den USA, Europa und Asien durch zur Untersuchung der Effekte der Arbeitsplatzgestaltung auf die Kommunikation zwischen Mitarbeitern (Fayard und Weeks 2011). Erfolgreiche Bürokonzepte fördern einerseits den Austausch und geben andererseits ausreichend Privatsphäre, sodass sich Mitarbeiter nicht permanent beobachtet fühlen mit dem Risiko von Unterbrechung. Gemeinschaftsplätze machen Unterhaltungen öffentlich, kleinere Räume und Nischen zur Schaffung von Privatsphäre geben Mitarbeitern die Wahl, zu bestimmen, mit wem sie sprechen, und zu erkennen bzw. einzuschränken, welche Personen sich in Hörweite aufhalten. Nischen erlauben immer noch zufällige Begegnungen, die gefördert werden sollen, geben jedoch gleichzeitig auch ein wichtiges Maß der Privatsphäre. Die Labilität des Gleichgewichts wird anhand eines Beispiels eines Universitätslabors erläutert. In der Vergangenheit waren zwei Assistentinnen im Wechsel für die Zubereitung des Kaffees am Nachmittag in der Gemeinschaftsküche zuständig. Dies war Anlass eines regelmäßigen informellen Treffens unter Kollegen, in denen aktuelle Forschungsprojekte und auch Persönliches besprochen wurde. In der scheinbar positiven Weiterentwicklung des Unternehmensservice für die Mitarbeiter wurde ein Kaffeeautomat als Ersatz der alten Kaffeemaschine angeschafft, sodass Mitarbeiter sich jederzeit bedienen konnten. Infolgedessen bediente sich jeder individuell und die informellen, wertvollen Nachmittagstreffen beim Kaffee entfielen (ebd.).

Informelle Privatgespräche entstehen, wenn Mitarbeitern diese seitens der Unternehmenskultur und der Vorbildfunktion der Führungskräfte als Bestandteil des Arbeitsprozesses gestattet werden. Nähe entsteht durch die Schaffung von Gemeinschaftsbereichen an zentralen Orten wie Kopierer, Kaffeemaschinen u. a. Privatsphäre wird durch die Schaffung kleinerer Räume gewonnen, in die sich wenige Personen zu privaten Gesprächen zurückziehen können.

Auch Untersuchungen an der Harvard Business School zeigen, dass Unternehmen mittels eines Gleichgewichts der offenen Räume und Orten des Rückzugs und der Privatsphäre ein innovatives und produktives Arbeitsklima fördern (Bernstein 2012). In einer Untersuchung bei dem chinesischen Handyhersteller PrecisionMobile zeigten sich die Risiken einer 2000 qm großen transparenten Freifläche mit 32 Produktionslinien. Die genaue Analyse mit der Unterstützung von fünf vor Ort beschäftigten, chinesischstämmigen Harvard-Studenten, die nur als normale Mitarbeiter erkennbar waren, offenbarte, dass die Mitarbeiter sehr neue, innovative und produktivere Ideen versteckten, wie z. B. Chancen auf eigene Faust entdeckter, produktiverer Arbeitsschritte mit Zeitgewinn, die sie lieber zum eigenen Vorteil nutzten. Es kam sogar vor, dass Linien gerade unter Beobachtung in ihrer Effizienz zurückfielen, weil man sich streng an die Vorgaben hielt. Zur genauen Analyse der Details gaben die fünf Beobachter in 40-minütigen Abständen ihre Beobachtungen des Verhaltens und der Gespräche von Mitarbeitern der Linie zu Protokoll.

In der Folge wurden 4 der 32 Line-shifts der 3G-USB-Datacards-Produktion (total 16 Linien im Zweischichtbetrieb) in einem Experiment mit Vorhängen abgesperrt. Die übrigen Linien dienten als Kontrollgruppe. In den mit Vorhängen abgeschirmten Linien stieg die Produktivität in den folgenden fünf Monaten um 10–15 %, nachdem bereits andere mögliche Einflüsse auf die Produktivität herausgerechnet wurden. In den abgeschirmten Bereichen stellte sich eine größere Offenheit ein, in der die Teams Probleme intensiver und selbstständig lösten. Die Fehlerquote sank. Gleichzeitig stieg die Qualität der persönlichen Beziehungen und die Entwicklung innovativer Vorschläge an. Es wurde sogar beobachtet, dass diese Gruppen auch stärker andere Teams an ihren neuen Ideen und Lösungen teilhaben ließen. Weitere Daten und Erfahrungen des Autors zeigen auf, dass Innovation und Produktivität in der Teamarbeit durch eine angemessene Privatsphäre gefördert werden. Ähnliche Ergebnisse wurden in einer Studie in einer Krankenhausnotaufnahme erzielt. Die Bildung von kleinen, zeitlich befristeten Teams von Medizinern und Pflegepersonal senkte die durchschnittliche Zeit pro Patient in der Abteilung ohne Qualitätseinbuße um ca. 40 %. Weitere Untersuchungen zeigen (Richard Hackman), dass kleinere Teams und die Entstehung des „Wir-Gefühls" und des Schutzes gegen übermäßige externe Störungen die Produktivität steigern (ebd.). Es geht darum, ein Gleichgewicht zu finden zwischen den Vorteilen der Teambildung und den Nachteilen, wenn Mitarbeiter sich stets wie auf einer Bühne beobachtet fühlen. Zahlreiche Studien belegen, dass Menschen bei der Ausführung sich wiederholender Routineaufgaben in der Anwesenheit anderer Personen bessere Leistungen erbringen im Vergleich zu einer isolierten Stellung. Kreative Aufgaben werden jedoch bei transparenter hoher Sichtbarkeit aufgrund einer gewissen Befangenheit und Hemmungen mit schlechteren Ergebnissen ausgeführt. Dies belegt gleichfalls die angesprochene aufgaben- und zielspezifische Balance zwischen Transparenz und Privatsphäre. Kreative Werkstätten und Kreativteams werden aus diesem Grund in geschützten Räumen installiert.

In der Welt der schnellen digitalen Kommunikation muss das Bürokonzept auch diese Aspekte der digitalen Kommunikation berücksichtigen (Waber et al. 2014). Wie hier schon zuvor aufgezeigt, fördert jedoch ganz offensichtlich der persönliche Kontakt auch die Intensität der digitalen Kommunikation, die jedoch keinen Ersatz für persönlichen Kontakt darstellen kann. Die Integration digitaler Konzepte in physische Büros steigert die Komplexität der Gestaltung sowohl in der standortinternen wie der standortübergreifenden Kommunikation. Die digitale Kommunikation muss in Unternehmen aktiv gefördert werden.

11.3.3   Wie virtuelle Kommunikation persönlich wird

Die Aspekte Nähe, Privatsphäre, und Erlaubnis müssen auch in der digitalen Kommunikation berücksichtigt und abgestimmt werden. Zur Teilnahme an der virtuellen Kommunikation in Form von Foren und Social Media müssen Mitarbeiter ermutigt und überzeugt werden. Der einfache, jederzeit verfügbare Zugang ist eine Grundbedingung. Genutzt werden sie jedoch nur, wenn jeder Mitarbeiter darin auch den Gewinn zusätzlicher und nützlicher Information und Kontakte erkennt. In den digital-virtuellen Räumen entsteht Nähe durch Förderung und leichten Zugang zu gemeinsam genutzten Foren und Social-Media-Kanälen, in denen Privatsphäre geschaffen werden kann, wenn aus den Gruppenbeiträgen zur Einzelkommunikation gewechselt werden kann und Mitarbeiter sich auch zeitweise aus der Online-Sichtbarkeit ausloggen können. Die Gestaltung privater Kommunikation in diesen Räumen fördert auch informellen Austausch (Fayard und Weeks 2011).

Die digitale Kommunikation unter Kollegen in sozialen Netzwerken wird intensiver, wenn die Anzahl der regelmäßigen Beiträge und Nutzung ein kritisches Maß überstiegen hat. Führungskräfte können dies durch entsprechende Vorbildfunktion fördern.

Globale Unternehmen mit zahlreichen Standorten in der Welt sehen sich neuen Herausforderungen der Unterstützung der Bürokommunikation gegenüber. Waber at al. zeigen anhand eines globalen Unternehmens mit 300.000 Beschäftigten in 26 Ländern die Förderung der virtuellen Kommunikation und Abbildung des virtuellen Raums in den lokal weit verbreiteten Standorten durch einen Communitymanager auf. Dieser übernimmt analog zu anderen Onlinecommunities und Coworking-Projekten die Rolle des Bindeglieds zwischen Gebäudemanagement, Technologie und Unternehmenskommunikation. Seine Aufgabe besteht darin, virtuelle Begegnungen und Kommunikation für räumlich getrennte Kollegen über soziale Medien und Onlinekanäle zu fördern.

In den Bereich der virtuellen Räume und der Förderung der informellen und formellen Kommunikation fallen auch Videokonferenzen in kleineren und größeren Gruppen. Sollten derartige Konferenzen einer formalen Besprechung dienen, zeigte sich die Nützlichkeit, Kanäle vor und nach der Konferenz länger offen zu halten, damit auch die informelle Kommunikation zwischen den lokal weit entfernten Mitarbeiter gefördert wird.

11.3.4 Coworking für Netzwerker

Teams, für deren Mitglieder eine abteilungs-, bereichs- oder unternehmensübergreifende Kommunikation wichtig ist, kann auch das Modell der Coworking-Büros innerhalb eines Unternehmensstandortes oder auch extern außerhalb des Unternehmens betrachtet werden. In Umfragen geben coworkingerfahrene Personen stets eine hohe Zufriedenheit mit diesem Büromodell an, die für das Segment der Personen besonders geeignet ist, die durch Außenimpulse ihre Arbeitsergebnisse steigern können (Waber et al. 2014).

An der Ross School of Business, University Michigan, ergaben Untersuchungen, dass Nutzer von Coworking-Büros eine hohe Vitalität und starke persönliche Weiterentwicklung empfinden (Spreitzer et al. 2015). Sie empfinden ihre Arbeit als besonders sinnstiftend und schätzen das angenehme Umfeld moderner Büros und des intensiven Austauschs mit Menschen unterschiedlicher Tätigkeitsfelder. Diese Büros bieten im Allgemeinen Zonen der Gruppenarbeit und des formellen oder informellen Zusammenkommens genauso wie Ruhezonen, die mehr Privatsphäre bieten. In der Zusammenfassung erkennen die Autoren: „Unsere Forschung deutet darauf hin, dass die Kombination einer ansprechenden Umgebung mit einer positiven Arbeitserfahrung einer der Gründe ist, warum die Nutzer von Coworking-Spaces so sehr in ihrer Tätigkeit aufgehen" (ebd.).

Literatur

Aiken, Carolyn B.; Keller, Scott P. (2007): The CEO's role in leading transformation (McKinsey Quarterly). Online verfügbar unter https://www.mckinsey.com/business-functions/organization/our-insights/the-ceos-role-in-leading-transformation, zuletzt geprüft am 18.01.2019.

Ambos, Tina C.; Ambos, Björn; Eich, Kathrain J.; Puck, Jonas (2017): Gemeinsam stärker. In: *Harvard Business Manager* (3), S. 18–19. Online verfügbar unter http://www.harvardbusinessmanager.de/heft/d-149414496.html, zuletzt geprüft am 23.02.2019.

Andrianova, Svetlana; Maor, Dana; Schaninger, Bill (2018): Winning with your talent-management strategy (McKinsey Survey). Online verfügbar unter https://www.mckinsey.com/business-functions/organization/our-insights/winning-with-your-talent-management-strategy, zuletzt geprüft am 23.02.2019.

Asvadurov, Sergey; Brinded, Tom; Ellis, Mike; Knox, David; Speering, Rod (2017): The art of project leadership: Delivering the world's largest projects (McKinsey Report). Online verfügbar unter https://www.mckinsey.com/industries/capital-projects-and-infrastructure/our-insights/the-art-of-project-leadership-delivering-the-worlds-largest-projects, zuletzt geprüft am 23.02.2019.

Bernstein, Ethan S. (2012): The Transparency Paradox: A Role for Privacy in Organizational Learning and Operational Control. In: *Science Quarterly* 57 (2), S. 181–216, zuletzt geprüft am 09.03.2019.

Bonner, Bryan L.; Bollinger, Alexander R. (2014): Bring Out the Best in Your Team (Harvard Business Review). Online verfügbar unter https://hbr.org/2014/09/bring-out-the-best-in-your-team, zuletzt geprüft am 23.02.2019.

Bruch, Heike; Schuler, Anna (2016): Mehr Energie für den Neustart (Harvard Business Manager Sonderheft Change Management). Online verfügbar unter http://www.harvardbusinessmanager.de/sonderheft/d-140072229.html, zuletzt geprüft am 23.02.2019.

Cross, Rob; Rebele, Reb; Grant, Adam (2016): Collaborative Overload (Harvard Business Review). Online verfügbar unter https://hbr.org/2016/01/collaborative-overload, zuletzt geprüft am 23.02.2019.

Edmondson, Amy C. (2012): Teamwork on the Fly (Harvard Business Review). Online verfügbar unter https://hbr.org/2012/04/teamwork-on-the-fly-2, zuletzt geprüft am 23.02.2019.

Enders, Sylvia; Nachtwei, Jens (2013): Projekte passend besetzen, Empirische Befunde zum Persönlichkeitsprofil erfolgreicher Projektmanager. Online verfügbar unter https://www.gpm-ipma.de/fileadmin/user_upload/GPM/Know-How/S5_15_1620-1700_Projekt__passend_besetzen_final.pdf.

Fayard, Anne-Laure; Weeks, John (2011): Who Moved My Cube? (Harvard Business Review). Online verfügbar unter https://hbr.org/2011/07/who-moved-my-cube, zuletzt geprüft am 09.03.2019.

Fischer, Bill; Boynton, Andy (2005): Virtuoso Teams (Harvard Business Review). Online verfügbar unter https://hbr.org/2005/07/virtuoso-teams, zuletzt geprüft am 23.02.2019.

Flyvbjerg, Bent; Budzier, Alexander (2011): Why Your IT Project May Be Riskier Than You Think (Harvard Business Review). Online verfügbar unter https://hbr.org/2011/09/why-your-it-project-may-be-riskier-than-you-think, zuletzt geprüft am 23.02.2019.

Galinsky, Adam; Kilduff, Gavin (2013): Be Seen as a Leader (Harvard Business Review). Online verfügbar unter https://hbr.org/2013/12/be-seen-as-a-leader.

Gardner, Heidi K. (2012): Coming Through When It Matters Most (Harvard Business Review). Online verfügbar unter https://hbr.org/2012/04/coming-through-when-it-matters-most, zuletzt geprüft am 23.02.2019.

Gino, Francesca (2016): Let Your Workers Rebel (Harvard Business Review). Online verfügbar unter https://hbr.org/cover-story/2016/10/let-your-workers-rebel, zuletzt geprüft am 23.02.2019.

Grant, Heidi (2014): Get Your Team to Do What It Says It's Going to Do (Harvard Business Review). Online verfügbar unter https://hbr.org/2014/05/get-your-team-to-do-what-it-says-its-going-to-do, zuletzt geprüft am 23.02.2019.

Haas, Martine; Mortensen, Mark (2016): The Secrets of Great Teamwork (Harvard Business Review). Online verfügbar unter https://hbr.org/2016/06/the-secrets-of-great-teamwork, zuletzt geprüft am 23.02.2019.

Hackman, J. Richard (2011): Collaborative intelligence. Using teams to solve hard problems. San Francisco, CA: Berrett-Koehler Publishers (Bk Business). Online verfügbar unter http://gbv.eblib.com/patron/FullRecord.aspx?p=685214.

Harvard Business Manager (2010): Wir können die Macht von Charisma messen. Interview mit Alexander Pentland (Harvard Business Manager). Online verfügbar unter http://www.harvard-businessmanager.de/heft/d-70393682.html, zuletzt geprüft am 23.02.2019.

Hildreth, John Angus D.; Anderson, Cameron (2016): Failure at the Top: How Power Undermines Collaborative Performance. IRLE Working Paper. In: *Journal of Personality and Social Psychology* 110 (2), S. 261–286. Online verfügbar unter http://irle.berkeley.edu/workingpapers/122-14.pdf, zuletzt geprüft am 23.02.2019.

Huckman, Robert S.; Staats, Bradley (2013): The Hidden Benefits of Keeping Teams Intact (Harvard Business Review). Online verfügbar unter https://hbr.org/2013/12/the-hidden-benefits-of-keeping-teams-intact, zuletzt geprüft am 23.02.2019.

Kahneman, Daniel (2012): Schnelles Denken, langsames Denken. 5. Auflage. München: Penguin Verlag.

Kahneman, Daniel; Tversky, Amos (1977): Predictions: Biases and Corrective Procedures. Cybernetics Technology Office, Defense Advanced Research Projects Agency (http://www.dtic.mil/dtic/tr/fulltext/u2/a047747.pdf/), zuletzt geprüft am 26.02.2019.

Keller, Scott; Meaney, Mary (2017a): Leading organizations. Ten timeless truths. London, UK, New York NY, USA: Bloomsbury Business.

Keller, Scott; Meaney, Mary (2017b): High-performing teams: A timeless leadership topic (McKinsey Quarterly). Online verfügbar unter https://www.mckinsey.com/business-functions/organization/our-insights/high-performing-teams-a-timeless-leadership-topic, zuletzt geprüft am 23.02.2019.

Linn, Gary; Reilly, Richard (2003): Verkaufshits sind planbar. In: *Harvard Business Manager* (7), S. 18–19.

Loch, Christoph; Sting, Fabian J.; Stempfhuber, Dirk; Huchzermeier, Arnd (2011): Meeting Project Deadlines under Uncertainty: An Alternative to the Critical Chain Method (Insead Working Paper). Online verfügbar unter https://flora.insead.edu/fichiersti_wp/inseadwp2011/2011-08.pdf, zuletzt geprüft am 23.02.2019.

Lovallo, Dan; Kahneman, Daniel (2003): Delusions of Success: How Optimism Undermines Executives' Decisions (Harvard Business Review). Online verfügbar unter https://hbr.org/2003/07/delusions-of-success-how-optimism-undermines-executives-decisions, zuletzt geprüft am 23.02.2019.

Mankins, Michael; Bird, Alan; Root, James (2013): Making Star Teams Out of Star Players (Harvard Business Review). Online verfügbar unter https://hbr.org/2013/01/making-star-teams-out-of-star-players, zuletzt geprüft am 23.02.2019.

Meyer, Bertolt; Glenz, Andreas (2013): Team Faultline Measures. In: *Organizational Research Methods* 16 (3), S. 393–424. DOI: https://doi.org/10.1177/1094428113484970.

Miron-Spektor; Erez, Miriam; Naveh, Eitan (2012): To Drive Creativity, Add Some Conformity (Harvard Business Review). Online verfügbar unter https://hbr.org/2012/03/to-drive-creativity-add-some-conformity, zuletzt geprüft am 23.02.2019.

Pawlowsky, Peter; Geithner, Silke; Mistele, Peter (2005): Hochleistung unter Lebensgefahr (Harvard Business Manager). Online verfügbar unter http://www.harvardbusinessmanager.de/heft/d-42769118.html, zuletzt geprüft am 23.02.2019.

Pentland, Alex (2012): The New Science of Building Great Teams. Online verfügbar unter https://hbr.org/2012/04/the-new-science-of-building-great-teams, zuletzt geprüft am 23.02.2019.

Reynolds, Alison; Lewis, David (2017): Teams Solve Problems Faster When They're More Cognitively Diverse (Harvard Business Review). Online verfügbar unter https://hbr.org/2017/03/teams-solve-problems-faster-when-theyre-more-cognitively-diverse, zuletzt geprüft am 23.02.2019.

Schermuly, Carsten C.; Schölmerich, Franziska (2016): Bloß keine Grüppchen bilden. In: *Harvard Business Manager* (12), S. 56–60.

Spreitzer, Gretchen; Bacevice, Peter; Garrett, Lyndon (2015): Why People Thrive in Coworking Spaces (Harvard Business Review). Online verfügbar unter https://hbr.org/2015/05/why-people-thrive-in-coworking-spaces, zuletzt geprüft am 23.02.2019.

Thomke, Stefan; Reinertsen, Donald (2012): Die sechs Mythen der Produktentwicklung. In: *Harvard Business Manager* (7), S. 68–78.

Waber, Ben; Magnolfi, Jennifer; Lindsay, Greg (2014): Workspaces That Move People. https://www.facebook.com/HBR. Online verfügbar unter https://hbr.org/2014/10/workspaces-that-move-people, zuletzt geprüft am 23.02.2019.

Changemanagement, seit 30 Jahren zu wenig Erfolg – und jetzt?

Zahlreiche Veränderungsprojekte werden mit großen Erwartungen gestartet und resultieren entsprechend zahlreichen Statistiken in ca. zwei Drittel der Fälle mit enttäuschenden Resultaten oder werden eingestellt. Gleichzeitig erkennen Unternehmen und Führungskräfte gerade bei erfolgreichen Unternehmen oft nicht rechtzeitig die Notwendigkeit zum Wandel. Unternehmen entwickeln über die Zeit gewisse Ideologien, die zu einer dominanten Logik in Unternehmen unter Managern und Mitarbeitern führen, der „Art und Weise, wie wir hier Dinge tun" (Prahalad 2010). Die Fortführung lange erfolgreicher Methoden und Verhaltensweisen des Industrialisierungszeitalters führten über weitere, darauffolgende Jahrzehnte zu erfolgreichen Entwicklungen in einer Zeit, als Globalisierung, Digitalisierung, Nachhaltigkeit und mobile Kommunikation sich noch in den Kinderschuhen befanden. Zur Fortführung des Erfolges ist es notwendig, frühzeitig auf schwache Signale der Veränderung zu reagieren.

Unternehmensentwicklungen unterliegen auch der S-Kurve und müssen sich in einem nachhaltigen Vitalisierungsprozess weiterentwickeln, bevor sich das Wachstum abschwächt, bevor sie z. B. auf Kostendruck nur noch mit Maßnahmen der Kostensenkung reagieren können, um den Gang in eine Krisensituation letztendlich nur zu verzögern. Die jahrzehntelang optimierte Effizienz und kontinuierliche Verbesserung der Gruppe der Optimierer (Bailom et al., Abschn. 1.4) der Fertigungsprozesse erlaubt andererseits oft keine großen Schritte. Produktion ist heute oft nur noch ein Kostenfaktor, während die Wertschöpfung in der Wissenswelt im Lösen von Kundenproblemen und in überlegener Dienstleistung mit neuen Systemen und Daten liegt. Große Veränderungsprojekte sind keine Maßnahmen der kontinuierlichen Verbesserung, sondern wichtige Systemveränderungen mit neuen Regeln (Gairola 2003).

Heilige Kühe im Unternehmen müssen rechtzeitig geschlachtet werden. Coimbatore K. Prahalad empfahl dazu, im Unternehmen kontinuierlich folgende Fragen zu stellen (Prahalad 2010):

© Springer-Verlag GmbH Deutschland, ein Teil von Springer Nature 2020
H. Goffin, *Erfolgsunternehmen – empirisch belegte Wege an die Spitze*,
https://doi.org/10.1007/978-3-662-59819-1_12

- Was betrachten wir als gute Leistung?
- Wen fördern wir: Führungskräfte, die Gewinne im traditionellen Geschäft erzielen, oder jene, die neue Geschäftsfelder erschließen? Konzentriert sich das mittlere Management auf den Wandel oder auf den Status quo?
- Über welche Erfahrungen verfügt das Managementteam? Gibt es Vielfalt an der Spitze?
- Welche Fähigkeiten in der Organisation schätzen wir? Wo gibt es Wissenslücken?
- Wie schnell führen wir Planung und Budgetierungssysteme in neuen Geschäftsfeldern ein?

Unternehmen unterschätzen oft die Rivalen und nehmen sie erst ernst, wenn sie sich bereits zu einer starken Bedrohung entwickelt haben. Erfolgreiche Unternehmen werden eigene Prozesse und Strukturen schneller verändern und verbessern, „als die Konkurrenten neue Formen des Wettbewerbs schaffen können" (ebd.).
Dazu werden sie:

- die sich wandelnde Wettbewerbssituation und deren Wirkung auf die Erträge verstehen und beschreiben;
- erkennen, welche Fähigkeiten im Unternehmen fehlen und diese schnell erwerben;
- Informationstechniksysteme verändern, weil sie meist für alte Geschäftsmodelle stehen;
- sich auch um die Vergessenskurve ihrer Organisation kümmern. Sie müssen herausfinden, welche Verhaltensweisen, Gewohnheiten und Vorstellungen nicht mehr länger funktionieren oder sogar schaden; (…) Während des Umbaus einer Organisation ist die Vergessenskurve letztlich wichtiger als die Lernkurve. (ebd.)

Ein Unternehmen benötigt ein schnelles System der Veränderung (Michael Porter/Clayton M. Christensen), das von der traditionell-hierarchischen Unternehmensstruktur nicht abgebildet wird.
Erfolge und Misserfolge von Veränderungsinitiativen haben in den letzten 30 Jahren tiefe Einblicke gewährt. Dadurch ist es möglich, Erfolgstreiber und Fehler in der Planung und Umsetzung von Veränderungen zu identifizieren, damit so agiert werden kann, dass der Erfolg hoch wahrscheinlich wird.

12.1   Kleine oder große Initiativen?

Grundsätzlich wird im Folgenden unterschieden zwischen einzelnen, eher kleineren oder auch dezentralen Veränderungsinitiativen und größer angelegten Veränderungsprogrammen, die i. A. das ganze Unternehmen oder größere Geschäftsbereiche betreffen und der klassischen Lehre des Veränderungsmanagements entsprechen.
Kleine Veränderungsinitiativen entstehen oft aufgrund der Initiativen einzelner Bereiche und Abteilungen oder im Netzwerk von Teams, die schnelle Initiativen mit oftmals agilen Entwicklungsmethoden umsetzen.
Heutige Markt- und Unternehmenssysteme erreichen nicht mehr einen stabilen Gleichgewichtszustand. Unternehmen bleiben überlebensfähig, wenn sie sich analog

natürlicher Systeme mittels kleiner Experimente kontinuierlich anpassen (Gergs 2017). Derzeit gelingt dies offensichtlich jedoch nur einer kleinen Anzahl herausragender Unternehmen, die ständig ihr Geschäftsmodell und ihre Wertschöpfung, ihre Prozesse, ihren eigenen Markt und ihren Marktauftritt hinterfragen. Die ständige Veränderung erfordert einen Überblick, der durch das unternehmensweite Engagement motivierter Beobachter und Ideengeber unterstützt wird. Bei dem globalen Zementhersteller Cemex mit einem Umsatz von mehr als 10 Mrd. US\$/Jahr generierten selbst definierte Teams Tausende Wechselinitiativen im Jahr. Es geht um eine kontinuierliche Selbsterneuerung.

Diese Veränderungen haben entgegen der klassischen Lehre des Changemanagements nicht eine Krisensituation als Auslöser. Diese Unternehmen verändern sich, bevor eine externe Bedrohung so massiv wird, dass nur noch große, einschneidende Veränderungen zur Lösung dienen können. Unternehmen der kontinuierlichen Veränderung müssen über die notwendigen Ressourcen in Finanzen, Personal, Know-how und andere Ressourcen verfügen, die es neben der hervorragenden Leistung im Tagesgeschäft gestattet, den Motor der Veränderung fortlaufend zu betreiben. Der Motor wird durch Mitarbeiter mit Neugier auf Zukunftschancen in der Suche nach neuen Möglichkeiten und Chancen betrieben. Die Vorwegnahme einer sich verändernden Welt, die Identifikation der dazu erforderlichen Stärken und Ressourcen, eine Führung, die Gestaltungs-, Handlungs- und Fortbildungsspielräume öffnet, sind Bestandteile des Treibstoffs dieses kontinuierlich laufenden Motors.

Die Förderung des vertrauensvollen und kreativen Austauschs in einem unternehmerischen Netzwerk über die Hierarchiestufen hinweg fördert diese Energie (Kap. 9). Die Entwicklung einer unternehmerischen Kultur ist ein Schlüssel zu diesem Weg. Die Initiativen gehen nicht mehr klassisch von den oberen Führungsetagen aus, sondern entwickeln sich in einem breiten Unternehmensnetzwerk im Unternehmen und werden oft in agilen Entwicklungsmethoden umgesetzt. Derartige Veränderungsprozesse können nicht mehr durch die traditionelle, genaue Planung abgebildet werden, sondern entwickeln sich in den iterativen Prozessen der agilen Kultur. Nicht alle Maßnahmen werden erfolgreich sein, eine Kultur des Lernens und der Fehler gehört dazu. Manager können den Prozess unterstützen, indem sie eher Fragen stellen als Antworten geben. Diversität im Unternehmen, Teams und Netzwerke (Abschn. 11.2) unterstützen die kreative Entwicklung neuer Ideen und Initiativen (Gergs 2017).

12.2 Krisen und große Veränderungsinitiativen – Druck zum Erfolg – aber Misserfolg?

12.2.1 Wann ist der Start?

Große Veränderungsprogramme sind meist eine Reaktion auf deutlich veränderte externe Bedingungen oder interne Versäumnisse. Jim Collins stellt in seinen Vergleichsuntersuchungen erfolgreicher und weniger erfolgreicher Unternehmen bereits fest: Weniger erfolgreiche Vergleichsunternehmen setzten häufiger aufwendig kommunizierte Veränderungsprogramme ein, die jedoch meist nur kurzfristige Erfolge erzielen. Der darauffolgende

Einsatz weiterer neuer Programme stoppte den Schwung zuvor beschlossener Maßnahmen und sorgte für Enttäuschung und unklare Orientierung bei den Mitarbeitern. Veränderungsprogramme stellen sehr hohe Anforderungen, um eine wirklich nachhaltig erfolgreiche Umsetzung und Veränderung zu gewährleisten.

Der Start einer großen Veränderungsinitiative liegt lange vor dem Kick-off eines derartigen Projektes mit seinen Plänen.

Die Formulierung der Veränderungsinitiative und Entwicklung der Lösungswege bedarf eines intensiven Engagements, Analyse, Diskussion im Top-Management und mit einer großen Anzahl der übrigen Führungskräfte und Mitarbeiter (Gairola 2003). Wo kommt das Unternehmen her, wo steht es, wo will es hin? Die tatsächlichen Ursachen und Wurzeln der Probleme müssen erkannt werden, bevor ein Weg der Veränderung aufgenommen werden kann. Das Top-Management wird die Antworten dazu in einem sehr offenen Austausch mit den Mitarbeitern finden (Kotter 2009).

12.2.2   Was und wie ist der Ausgangspunkt?

Die Autoren einer vierjährigen Untersuchung von 62 Veränderungsprojekten verschiedener Unternehmen erkennen, dass neben den häufigen Umsetzungsschwierigkeiten von Veränderungsinitiativen frühe Fehleinschätzungen und die Wahl falscher Ansatzpunkte eine wichtige Ursache sind (Anand und Barsoux 2017). Projekte, die auf falschen Voraussetzungen und Annahmen sowie der fehlenden Berücksichtigung von Abhängigkeiten verschiedener Maßnahmen und Ziele liegen, können bestehende Probleme nicht nur verschärfen, sondern Ursache weiterer Schwierigkeiten werden. Sie können die Akzeptanz von Veränderungsinitiativen und die Motivation der Mitarbeiter gefährden.

Die Ergebnisse zeigen, dass Irrtümer im Vorfeld – in der richtigen Einschätzung der notwendigen Veränderungen und Aufgaben – große Auswirkungen haben. Derartige Fehleinschätzungen können sowohl die zugrunde liegenden Aufgaben als auch die wichtigen Treiber der Transformation, die zur Umsetzung besonders maßgeblich sind, und die notwendigen Managementfähigkeiten betreffen.

In der Formulierung der Ziele und der Umsetzung der Aufgaben müssen Abhängigkeiten berücksichtigt werden. Beispielsweise könnten der Gewinn einer Effizienzsteigerung durch Kostenersparnis einerseits und der Gewinn durch ein angestrebtes Wachstum andererseits in der Summe falsch eingeschätzt werden. Beide Größen und ihre Ergebnisse hängen voneinander ab und können sogar negativ korrelieren. Eine Konzentration auf einen der beiden Aspekte beeinflusst andere Aspekte. Dies muss durch andere Maßnahmen berücksichtigt werden, die die Abhängigkeiten abschwächen (ebd.):

- Was sind die grundlegenden Ziele?
- Was muss tatsächlich zuerst verändert werden?
- Was sind die Prioritäten im Projekt?
- Was unterstützt die Veränderung?

- Was sind die Risiken im Prozess?
- Was sind die Treiber zur Erzielung des Transformationszieles?
- Was beeinflusst die Größen, gibt es negative Abhängigkeiten, wie werden diese gelöst?
- Was sind die Risiken einzelner Maßnahmen?
- Wie werden Ziele verfolgt?

Eine klare Fokussierung auf die Aufgaben und tatsächlichen Treiber zur Erzielung des Transformationsziels ist wichtig. Angemessene Risikoanalysen in der Bewertung der Maßnahmen, ein diszipliniertes Verfolgen der Ziele und der Umsetzung im Prozess wird schon in der Planung von Maßnahmen sehr genau bewertet und berücksichtigt.

In der Untersuchung der 62 Veränderungsprojekte betrafen die meisten Veränderungsprozesse in Unternehmen fünf grundsätzliche Aufgaben (ebd.):

1. Globale Präsenz stärken, neue Märkte erreichen, Innovation entwickeln, Kompetenzen stärken
2. Kundenorientierung mit dem Ziel, Kundenwünsche zu erfüllen – mit der Bereitstellung besserer Lösungen, Erlebnisse und Erkenntnisse auch jenseits von Produkten und Dienstleistungen
3. Wendigkeit, um Unternehmensprozesse zu vereinfachen oder zu beschleunigen und in den Abläufen agiler zu werden
4. Innovation entwickeln mittels neuer Ansätze und Ideen aus neuen Quellen
5. Nachhaltigkeit für ein ökologisches und sozialverantwortliches Handeln

Zu jedem Aufgabenfeld werden Aufgaben und Treiber der Umsetzung einer erfolgreichen Transformation und die Hindernisse und Risiken aufgezeigt. Welches ist die Richtung und Vision des Projektes und des zukünftigen Unternehmens? Das gleichzeitige Verfolgen mehrerer Aufgabenfelder kann den notwendigen Fokus und dementsprechend den Erfolg beeinträchtigen. Aufgaben müssen sich überzeugend und zielgerichtet miteinander kombinieren lassen. Eine auf breiter Basis im Unternehmen bei Top-Management, Führungskräften und Mitarbeitern gewonnene Einsicht über die Aufgaben, Erfolgstreiber, Abhängigkeiten, Risiken und Hindernisse wird die richtige Festlegung der Prioritäten transparent vereinfachen.

Welche Herausforderungen bringt jeder nachfolgende Schritt im Veränderungsprozess mit sich? Welche Hard- und Softfaktoren müssen verändert werden? Welche Kompetenzen müssen gewonnen werden, um die Ziele zu erreichen und die Veränderung nachhaltig und langfristig im Unternehmen zu etablieren? Welche kulturellen Aspekte in der Organisation sind zu berücksichtigen? Welche Problemfelder benötigen besondere Beachtung? Eine sehr offene und kritische Prüfung und Diskussion werden auch schmerzhafte Einsichten und die Hinterfragung von grundlegenden Annahmen zulassen. Welche bislang nicht beachteten oder verschwiegenen Probleme können das Veränderungsprojekt gefährden? Sind die zur Entwicklung des Projektes notwendigen Ressourcen, Stärken und das Know-how tatsächlich vorhanden? Wie können diese ggf.

gewonnen werden? Eine wichtige Aufgabe ist der genaue und systematische Test und die offene Bewertung der notwendigen erfolgskritischen Kompetenzen und Risiken zur Umsetzung der Transformationsaufgabe.

Aus einer Vielzahl von Problemen, Möglichkeiten, und Vorschlägen werden die Bereiche mit den größten Chancen, Risiken und Schwierigkeiten identifiziert werden.

Der Bereich mit der niedrigsten Bewertung einer erfolgskritischen Kompetenz sollte gemäß den Ergebnissen der Untersuchung die oberste Priorität in einem Veränderungsprozess haben. Es geht hier nicht darum, zuerst auf der Basis von besonderen Stärken das Unternehmen im Veränderungsprozess zu entwickeln, sondern zunächst erfolgskritische, jedoch schwache Kompetenzen auszubauen (Anand und Barsoux 2017).

Am Beispiel eines spanischen Anbieters von Küchenarbeitsplatten zeigt sich, wie das Veränderungsprojekt einer globalen Ausweitung nicht auf Basis seiner besonderen globalen Kompetenz gestartet wurde, sondern auf Basis der wichtigsten, erfolgskritischen Schwäche. Nach Prüfung der eigenen Kompetenzen in Feldern wie globale Präsenz und strategische Entwicklung von Märkten, Kundenorientierung, Innovation u. a. sowie der Bewertung der strategischen Möglichkeiten kam das Unternehmen zu der Erkenntnis, dass im Bereich Innovation in Zusammenarbeit mit externen Partnern die größte Schwäche und das größte Potenzial einer Veränderung lagen. Der Blick auf die größten im eigenen Unternehmen liegenden Hindernisse öffnet den Weg zu einer erfolgreichen Veränderung.

Anschließend werden die weiteren erforderlichen Managementfähigkeiten und erfolgskritischen Kompetenzen bewertet und die Verfügbarkeit oder Entwicklung dieser Kompetenzen im Unternehmen geprüft und Wege entwickelt, wie diese gewonnen werden können.

Die „Vielstimmigkeit" im Unternehmen in der Identifikation von Chancen, Risiken, Stärken und Schwächen bzw. Hindernissen, der Definition von Erfolgstreibern und der Bewertung von Kompetenzen verschafft einen empirisch gewonnen Einblick und eine solide Entscheidungsgrundlage. Transparenz, Offenheit und eine unternehmerisch-kreative Kultur unterstützen die Diskussion, Kommunikation und folgende Akzeptanz in der Belegschaft. Basis der Vielstimmigkeit soll ein Netzwerk der Veränderung in einer großen Unternehmensplattform sein, auf deren Aufbau, Entwicklung und Betrieb in einem der folgenden Kapitel (Abschn. 12.2.8) eingegangen wird.

Zusätzlich zur notwendigen Fokussierung und Verfolgung der Aufgaben und des Handlings der Risiken und Hindernisse zeigen Ergebnisse der Analyse drei wichtige Transformationsfallen auf (Anand und Barsoux 2017):

1. **Unklare Aufgabenstellung:** Die das Unternehmen inspirierende Geschichte ist auch in dieser Untersuchung von grundlegender Wichtigkeit. Die Veränderungsinitiative und die Unternehmensstrategie müssen mit einer klaren Aufgabenstellung harmonieren und sich gegenseitig ergänzen. Harmonieren die Veränderungen mit Geschäftsstrategie, Wertversprechen, Kerngeschäft und Markt?

2. **Falsche Stellung der Aufgabe:** Auf Basis der zuvor erläuterten eingehenden, offenen und kritischen Analyse und genauen Überlegungen muss sichergestellt sein, dass die tatsächlichen Probleme mit der richtigen Priorisierung aufgegriffen werden. Waren die Analysen und Diskussionen so offen, dass alle Probleme, Risiken und Hindernisse treffsicher aufgezeigt und mit Maßnahmen hinterlegt werden konnten?

3. **Fokussierung zu vieler Aufgaben:** In komplexen Unternehmen mit vielfältigen Interessen und verschiedenen Schwerpunkten sind der Abstimmungsprozess und die Einigung auf einen klaren Fokus schwierig. Wenn zu viele Aufgaben mit vielen Zielen starten, werden Management und Mitarbeiterkapazitäten knapp. Resultierende Aufgabenvielfalt und Komplexität überfordern das Unternehmen. Eine Vielzahl von Aufgaben und Zielen kann auch innerhalb der Organisation zu mangelndem Fokus und Verwirrung führen. Die Anzahl der Initiativen muss stark limitiert werden. Eine geringere Anzahl sehr sichtbarer Maßnahmen und Erfolge schafft mehr Motivation, Zuversicht und Energie als eine Vielzahl kleinerer Programme (Isern et al. 2007).

Die Betrachtung der Herausforderungen und Fallen der kritischen Softfaktoren folgt im nächsten Kapitel.

12.2.3   Leadership unter schwierigen Rahmenbedingungen

Leadership ist insbesondere unter schwierigen Rahmenbedingungen entscheidend. Leadership gibt eine inspirierende Richtung vor, schafft Vertrauen, bewegt Mitarbeiter dazu, unternehmerisch zu denken, schafft Motivation und Begeisterung, führt mit Anerkennung und Respekt. Dies ist gerade in Veränderungssituationen ein Faktor, der über Erfolg und Misserfolg entscheidet. Leadership zeigt Mitarbeitern, dass sie mehr erreichen und über sich selbst herauswachsen können. Im Wechsel von aktivem Zuhören und dem Ziehen schneller Schlüsse gibt Leadership wertvolle Anregungen (Hinterhuber 2011). Veränderungsprojekte werden Mitarbeiter nur mit einer inspirierenden Vision und Veränderungsgeschichte gewinnen.

Große Veränderungsinitiativen erfordern einen langen Planungs- und Umsetzungszeitraum. Im Unternehmen müssen dazu Engagement und der Fluss von Energie und Ideen nicht nur gewonnen, sondern insbesondere erhalten werden. Die notwendige Energie über den gesamten Zeitraum auf einem hohen Niveau zu halten ist schwierig. Negative Einflüsse und korrosive und resignative Energien (Abschn. 12.2.7) müssen erkannt, beachtet und ausgeräumt werden. Erfolgreiche Führungskräfte werden die Dynamik und Geschwindigkeit der Veränderung stetig unterstützen und die Veränderung glaubhaft zur persönlichen Sache machen.

Im Moment des Starts des Veränderungsprojektes muss ein klares Verständnis des Umfeldes und der Bereitschaft der Organisation zur Akzeptanz eines Veränderungsprozesses gewonnen werden. Führungskräfte müssen Mitarbeiter mit Energie und Ideen gewinnen. Um den Eindruck eines chaotischen Veränderungsprozesses zu vermeiden, wird nach der Detaillierung aller Maßnahmen und Identifikation der Anforderungen ein disziplinierter Ansatz gewählt. Interessante Ziele und Visionen des Wechsels lassen für Mitarbeiter das Projekt lebendig und attraktiv gestalten.

12.2.4   Grundbedingungen der Veränderung bei Mitarbeitern

Entsprechend der Erfahrungen aus zahlreichen Veränderungsprojekten werden von McKinsey vier Grundbedingungen genannt, die notwendig, aber noch nicht hinreichend sind, damit sich Mitarbeiter im Rahmen eines Changeprogramms engagieren und auch ihr Verhalten entsprechend den zukünftigen Zielen verändern (Aiken und Keller 2009; Lawson und Price 2003):

1. Inspirierende Veränderungsgeschichte, die Mitarbeiter einbezieht und im Herzen anspricht.
2. Angepasstes Rollenmodell der Führungskräfte, sodass Mitarbeiter von Beginn an das neue, gewünschte Rollenverhalten unter den Führungskräften erkennen.
3. Überarbeitung von Systemen, Prozessen und Incentives, die mit dem neuen Vorgehen übereinstimmen müssen.
4. Aufbau der Fähigkeiten in Training und Lernen unter Führungskräften und Mitarbeitern, die den Zielwechsel umsetzen müssen. Nur das nachhaltige Training wird grundsätzlich neue Prozesse und Verhalten sicherstellen.

12.2.5   Erfüllung der Grundbedingungen

12.2.5.1   Changestory

Eine überzeugende „Changestory" beinhaltet sowohl die positiven Aspekte des Wandels und des aktuellen Unternehmens-Set-ups als auch die Defizite im Unternehmen, die abgestellt werden müssen.

Sie verbindet die Menschen im Unternehmen über alle Hierarchiestufen hinweg. Sie erläutert die Notwendigkeit der Veränderungen und zeigt die Auswirkungen des Wandels für jeden persönlich. Diese Geschichte wird unter Einbindung der Mitarbeiter geschrieben und wird in fesselnder Prosa emotionale Aspekte einbeziehen, um die Herzen der Mitarbeiter zu gewinnen. Die häufig erlebte Darstellung in „Bullet Points" des Ergebnisses von Vorstandsinitiativen in einer Betriebsversammlung wird dem nicht gerecht. Es geht nicht um die Formulierung abstrakter Kennzahlen und Ziele, sondern um eine inspirierende Geschichte, die Mitarbeitern in persönlichen Gesprächen und Diskussionen vermittelt wird. Mitarbeiter sollen Stolz und Engagement empfinden, Teil des Wandels zu werden. Persönliche Begegnungen zwischen Mitarbeitern und Senior-Executives sind wichtig, um die Bereitschaft zum Dialog zu zeigen und ihn zu öffnen. Jenseits aller Kennzahlen und Prozessparameter ist Veränderung ein umfassender emotionaler und mentaler Prozess mit starken positiven und negativen Emotionen, denen offen mit Wertschätzung begegnet werden muss. Wichtige psychologische Elemente müssen erfüllt werden, um einen Wechsel erfolgreich zu gestalten (Aiken und Keller 2009):

1. **Entwicklung einer guten Geschichte des Wandels:** Hier reicht es nicht aus, Ziele zu formulieren, wie die des Wunsches sich vom guten zum großartigen Unternehmen zu entwickeln oder eine im intensiven Wettbewerb und aufgrund wechselnder Kundenbedürfnisse verloren gegangene Führungsposition wieder erlangen zu wollen. Auch die Turnaround-Story, die Dringlichkeit erzeugen soll, weil das Unternehmen, welches unterhalb des Industriestandards arbeitet, sich dramatisch zur Sicherung des Überlebens verändern muss, wird nicht ausreichen. Die Vorgabe von zahlenorientierten Zielgrößen gewinnt keine ausreichende Unterstützung.

   Manager und Mitarbeiter werden heute grundsätzlich durch fünf verschiedene Aspekte motiviert, die zu gleichen Anteilen Bestandteile einer erfolgreichen und motivierenden Changestory sein sollten:
   1. Einfluss auf Gesellschaft
   2. Einfluss auf Kunden
   3. Einfluss auf das Unternehmen
   4. Einfluss auf das Arbeitsteam und das persönliche Umfeld
   5. Einfluss auf die eigene Person, persönliche Entwicklung und Bezahlung
   Dementsprechend erfüllen die meisten der bekannten Changestories oft weniger als die Hälfte der fünf Aspekte. Führungskräfte und Mitarbeiter können sich nur wenig mit den ausgegebenen Zielen identifizieren. Eine motivierende Veränderungsgeschichte benennt die Gründe für den Wechsel, die Herausforderungen und Chancen der Zukunft, was verändert werden soll, und die Auswirkungen des Wechsels für jeden persönlich. Erfolgreiche Geschichten beleuchten auch emotionale Aspekte und Gewohnheiten und Routinen, die es zu verändern gilt (Isern et al. 2007).

2. **Entwicklung der Changestory durch die Mitarbeiter selbst:** Führungskräfte werden mehr Zeit in das aktive Zuhören und die Wahrnehmung schwacher Signale in der Organisation investieren, was das Schaffen einer inspirierenden und entsprechend motivierenden Geschichte mit den Beiträgen und der Einbindung der Mitarbeiter gestattet. Frühere Ansätze in Veränderungsprozessen unterschätzten vielfach den Motivationseinfluss, den Mitarbeiter und eine gesamte Organisation durch die Wahl eines eigenen Weges der Veränderung zu gewinnen. Anstelle eines von der Spitze vorgegebenen Wechsels wird eine Changeplattform entwickelt werden, die den Wechsel auch von unten nach oben entwickelt (Hamel und Zanini 2014). Social-Media-Plattformen geben die Chance, frühzeitig schwache Signale einer notwendigen Veränderung wahrzunehmen und Einblick in die Chancen der kontinuierlichen Veränderungen zu gewinnen. Mitarbeitern wird keine Veränderungsmaßnahme vorgegeben, sondern sie werden eingeladen. Wenn sie Einfluss auf den Weg der Veränderung nehmen können und in dem

kreativen Schaffungsprozess der Veränderung eingebunden sind, werden sie engagierter zum Ergebnis beitragen. Es entsteht das Veränderungsnetzwerk mit einem „Heer der Freiwilligen" (Kotter 2012). Es unterstützt unternehmensweit die Entwicklung von Ideen, die Umsetzung und die neuen Perspektiven für das neue Unternehmen, indem mentale Unternehmensgrenzen überwunden werden. Vorgegebene Wechselprogramme limitieren den Lösungsraum, eine Wechselplattform erhöht die Vielstimmigkeit der Vorschläge und strategischer Alternativen. Neben einflussreichen Führungskräften ist es insbesondere entscheidend, in welchem Maße die Mitarbeiterschaft bereit ist, die Wechselinitiative zu unterstützen. Emotionales Engagement muss geweckt, gefördert und zugelassen werden.

3. **Die Veränderungsgeschichte enthält sowohl die starken wie die schwachen Punkte:** Veränderungsgeschichten, die auf Problemidentifikationen und der Beschreibung von Defiziten beruhen, die mithilfe von Verbesserungen und Wandel gelöst werden sollen, führen in der Mitarbeiterschaft zu Ermüdung, Widerstand, Zynismus und nicht zu der Begeisterung und Motivation, die Mitarbeiter im Herzen vom Wandel überzeugt. Mitarbeiter widersetzen sich nicht dem Wechsel, jedoch der kennzahlengesteuerten Anweisung von oben. Jedoch sind auch Geschichten, die nur ein positives Zielbild aufzeigen, wenig geeignet. Die Erfahrung zeigt, dass beide Aspekte in einer guten Veränderungsgeschichte berücksichtigt werden müssen.

12.2.5.2   Rolle der oberen Führungskräfte

4. **CEO und Führungskräfte, die den Wandel persönlich gestalten:** Das sichtbare, persönliche Engagement des CEOs ist ein weiterer entscheidender Faktor zum Erfolg (Aiken und Keller 2007). Er wird von Beginn an den Wechsel im eigenen Verhalten verkörpern, welches er durch angemessenes symbolisches Verhalten unterstützt. CEO und Senior-Führungskräfte sollten persönlich erlebbar und betroffen wirken. Persönliche Geschichten, die den Wandel illustrieren, unterstützen. Der CEO wird ein Topteam benennen, das dank hoher Reputation, der Demonstration des Zielverhaltens und einer guten Vernetzung im Unternehmen überall den entsprechenden persönlichen Zugang findet.

Selbstkritische Betrachtungen der Senior-Führungskräfte unterstützen die Entwicklung des Dialogs und der Entwicklung von Ideen im Unternehmen. Hierzu wird eine Unternehmenskultur entwickelt, die kritische Stimmen zulässt. Die Organisation einer Aufbruchsstimmung zu Beginn eines Changeprozesses soll authentisch und glaubhaft wirken. Selbst wenn Führungskräfte meinen, das zukünftige Rollenverhalten bereits zu verkörpern, ist dies noch keinesfalls sichergestellt. Führungskräfte müssen sich ihrer eigenen Wirkung im Unternehmen bewusst werden. Ein 360-Grad-Feedback vermittelt genauso neue Einsichten wie andere erprobte Führungskräfte- und psychologische Tests (Boaz et al. 2014). Eine McKinsey-Untersuchung unter ca. 52.000 Mitarbeitern in 44 Unternehmen zeigte ein erhebliches Gap zwischen der Selbstwahrnehmung und Einschätzung der Führungskompetenz der Topteams und der Sicht der übrigen Organisation.

12.2.5.3   Mitarbeiter, Systeme und Prozesse

5. **Emotionales Engagement gewinnen:** Einflussreiche Führungskräfte allein reichen bei Weitem nicht aus zur Planung, Umsetzung und Erfolgssicherung der Initiative. In welchem Maße sind die Mitarbeiter bereit, die Wechselinitiative zu unterstützen? Emotionales Engagement muss geweckt, gefördert und zugelassen werden (Isern et al. 2007). In dem Moment, wo das Veränderungsprojekt startet, muss ein klares Verständnis vom Umfeld der Organisation und ihrer Akzeptanz des Veränderungsprozesses gewonnen werden. Führungskräfte müssen Mitarbeiter mit Energie und Ideen gewinnen und Energiefallen vermeiden (Abschn. 12.2.7). Um den Eindruck eines chaotischen Veränderungsprozesses zu vermeiden, wird nach der Detaillierung aller Maßnahmen und Identifikation der Anforderungen ein disziplinierter Ansatz gewählt. Interessante Ziele und Visionen des Wechsels machen das Projekt für Mitarbeiter lebendig und attraktiv.

6. **Beharrungskräfte im Veränderungsprozess:** Die Beharrungskräfte in einem Unternehmen stellen sich Veränderungsprozessen zu Beginn entgegen. Mitarbeiter müssen die Ziele und das Projekt der Veränderung als ein fundamental wichtiges und attraktives Projekt der Zukunft verstehen. Sie müssen Vertrauen in die Maßnahmen durch entsprechende Kommunikation vor und während des Projektes gewinnen. Geld ist der teuerste Weg, Mitarbeiter zu motivieren. Im Allgemeinen ist es sehr schwierig, eine sinnvolle und wirksame Verbindung zwischen einem Veränderungsprogramm und einem Incentivesystem zu entwickeln. Experimente, auf die schon eingegangen wurde (Abschn. 9.5), zeigen, dass kleine unerwartete Anerkennungen, beispielsweise auch innerhalb einer Veränderungsinitiative, einen überproportionalen Effekt auf Engagement und Motivation von Mitarbeitern haben (Harvard Business Manager 2012). In großen Veränderungsprojekten ist fast jeder Mitarbeiter vom Top-Management bis auf die Arbeitsebenen betroffen. Kontinuierliche Veränderungen in kleinen Schritten treffen auf weniger Beharrungskräfte. Dies reicht jedoch bei großem Veränderungsbedarf nicht mehr aus. Zur Überwindung der Beharrungskräfte müssen Mitarbeiter den größeren Rahmen verstehen können und die Chance der aktiven Beteiligung erhalten. Die Umsetzung braucht jedoch Zeit. Führungskräfte müssen diesem mit Geduld begegnen. Entscheidend ist es auch, auf kleinste Details zu achten, die ggf. Mitarbeitern auf der Arbeitsebene wesentlich wichtiger erscheinen, als es Führungskräfte im oberen Management vermuten können (Braun et al. 2016). Schwung und Energie der Veränderung müssen im persönlichen Dialog, der kontinuierlichen Kommunikation der Ziele und der Zwischenerfolge aufrechterhalten werden. Es gibt kaum das Risiko der Über-Kommunikation. Erfahrungen in einer Vielzahl von Veränderungsprojekten zeigen, dass Veränderungsziele, -motivation und der Projektstatus immer wieder kommuniziert werden müssen. ThyssenKrupp führte zur Förderung der Kommunikation eine Onlineplattform unter dem Motto „Grill the Board" ein, wo Mitarbeiter ihre Anliegen anonym oder unter persönlichem Namen äußern können (ebd.). Führungskräfte müssen in einem Veränderungsprojekt die individuellen Ängste ihrer Mitarbeiter nachvollziehen. Die Wertschätzung der emotionalen Sorgen und die Einbindung der

Mitarbeiter gehören dazu. Aktives Zuhören, gegenseitiges Verständnis und die Bereitschaft zum Perspektivenwechsel eröffnen neue Einblicke und unterstützen den Dialog zum Verständnis der Ziele und des Weges. Ein Veränderungsprojekt muss die Einstellungen und Überzeugungen und Bereitschaft zur Veränderung der Mitarbeiter miteinbeziehen. Ein angestrebter kultureller Wandel ist besonders zeitaufwendig und fordert intensive Kommunikation auf Basis der angestrebten Werte. Die Entwicklung der Werte und Diskussion mit den Mitarbeitern muss aufzeigen, wie diese den Arbeitsalltag aller beeinflussen. Leistungsparameter müssen dementsprechend angepasst werden.

7. **Prozess und Resultate:** Der Prozess und die Resultate müssen ein faires Ergebnis abbilden. Mitarbeiter werden bei dem Eindruck von Unfairness ihr Engagement einstellen und ggf. sogar gegen eigene Interessen handeln und den Erfolg des Programms gefährden.

12.2.5.4 Aufbau und Stabilisierung neuer Kompetenzen und Fähigkeiten

8. **Training und Förderung neuer Verhaltensweisen zur Umsetzung und Aufrechterhaltung des Wandels:** Trainingsprogramme müssen nicht nur praktische Fähigkeiten vermitteln, sondern auch die erwünschte positive Verhaltensentwicklung unterstützen. Hier ist soziales und ggf. psychologisches Einfühlungsvermögen entscheidend. Die Organisationsforschung zeigt, dass Menschen mehrere Anläufe unternehmen müssen, und nur mit emotionaler Überzeugung in der Folge ein neues Verhalten dauerhaft übernehmen (Schmitz 2004).

Es gelingt selbst im Fall entsprechender Trainingsmaßnahmen in Unternehmen oft nicht, dass diese aufseiten der Führungskräfte und Mitarbeiter in wirklich grundsätzlich anderes Verhalten mit neuen Ergebnisse umgesetzt werden.

Gute Absichten sind nicht genug. Trainingsmaßnahmen mit praktischen Übungen werden häufig am Arbeitsplatz dennoch nicht entsprechend umgesetzt. Neue Prozesse und Anwendungen verlangen zu Beginn oft ein höheres Maß an Zeit und Engagement im Vergleich zu den bisher üblichen Vorgehen. Dementsprechend wird am Arbeitsplatz Raum gegeben, die neuen Methoden anzuwenden. Trainingsmaßnahmen sind nicht eine isolierte Maßnahme, die Anwendung wird kontinuierlich in entsprechenden Anwendungsaufgaben praktiziert. Es ist vorteilhaft, wenn die Einhaltung der neuen Prozesse und Vorgehensweisen messbar gemacht werden kann.

12.2.6 Kompetenzen und Ressourcen

Eine große Veränderungsinitiative verlangt ein hohes Maß der richtigen Managementkompetenz, des Fachwissens und Ressourcen. Sind diese Fähigkeiten und Ressourcen im Unternehmen vorhanden? Glaubwürdigkeit und Vertrauen in eine Veränderungsinitiative gewinnen Führungskräfte durch die Bereitstellung der notwendigen Ressourcen und Investitionen, eine Größe, die in ihrer Dimension oft unterschätzt wird. Sind die richtigen Leute mit den passenden Kompetenzen und Einstellungen in dem Projekt und dem neuen „Zielunternehmen" verfügbar? Wird eine ausreichende Zahl von veränderungsmotivierten Mitarbeitern in allen Hierarchieebenen erreicht? Wie kann die Fraktion der ablehnenden Mitarbeiter, die oft im Unternehmen wichtige Erfahrungsträger sind, durch die Zuordnung passender Aufgaben und neuer Rollen des Zielunternehmens für die Veränderungsinitiative gewonnen werden?

Es gibt zahlreiche Gründe für das Scheitern. Zögerliche und halbherzig gestartete Veränderungsinitiativen, Mangel an Vertrauen, Mut und Glaubwürdigkeit, unklare Führungsprinzipien und interne Seilschaften, die eigene Interessen durchsetzen und Energie vernichten, sind einige Ursachen (Gairola 2003).

In zahlreichen Veränderungsprozessen wurden immer wieder die Softfaktoren übersehen, die Führungskräfte für die erfolgreiche Umsetzung mit den Mitarbeitern benötigen – um diese zu inspirieren, sie zu unterstützen, wenn sie sich überfordert fühlen und die Zusammenarbeit in der Organisation zu fördern. Zuallererst ist es jedoch wichtig, dass die Führungskräfte selbst den Wechsel verkörpern. Dazu bedarf es einer kritischen Masse an Führungskräften mit der entsprechenden Einstellung (Smet et al. 2012).

12.2.7   Energie unter Mitarbeitern – Grundlage des Erfolgs und des Scheiterns

An der Universität St. Gallen wurde der Einfluss positiver Veränderungsenergie in Transformationsprojekten untersucht. Nach den dort vorliegenden Daten soll allein der Schaden durch gescheiterte Veränderungsprojekte im Sektor der Informationstechnologie in der EU ca. 140 Mrd. €/Jahr betragen. Diese Zahl berücksichtigt noch nicht weitere immaterielle Schäden in der Unternehmenskultur und am Image der Unternehmen (Bruch und Schuler 2016).

Basis der nachfolgenden Beobachtungen zu kritischen Phasen und Ursachen des Scheiterns sind Daten von mehr als 1100 Unternehmen mit über 600.000 Mitarbeitern in 55 Ländern in verschiedenen Branchen aus Datenerhebungen des Instituts für Führung und Personalmanagement der Universität St. Gallen.

Erfolgreiche Veränderungsprozesse erfordern ein hohes Maß an Energie in der gesamten Organisation. Es wird zwischen vier verschiedenen Energiezuständen unterschiedlicher Ausprägung unterschieden (ebd.):

1. Produktive Energie (Engagement, Begeisterung, Zielorientierung)
2. Angenehme Energie (Zufriedenheit, Gelassenheit)
3. Resignative Energie (reduziertes Engagement und starke Frustration)
4. Korrosive Energie (Widerstand, Egoismus, interne Kämpfe)

Hohe produktive und angenehme Energie unterstützt erfolgreiche Veränderungsprozesse. Die negativen Energieformen, korrosive und resignative Energie in Form von Widerstand, internen Kämpfen, Egoismus, einem hohen Frustrationsniveau und geringem Engagement müssen vermieden werden.

In den Untersuchungen fiel eine große Zahl der Veränderungsprojekte in drei unterschiedlichen Phasen in Energiefallen, auf deren Vermeidung sich auch zuvor genannte Maßnahmen beziehen (ebd.):

1. **Phase 1 – Trägheit und Resignationsfalle:** Mitarbeiter sind zwar von der Notwendigkeit der Transformation überzeugt, es fehlt ihnen jedoch die Bereitschaft zur Veränderung. Unternehmen gelingt es nicht, die Veränderung als umsetzbar zu präsentieren. Mitarbeiter glauben nicht an den Erfolg, und es kommt zum Widerstand. Das Unternehmen fällt in die Resignationsfalle.
2. **Phase 2 – Korrosionsfalle:** Einzelinteressen, Konkurrenz, Spannungen, Silodenken und mangelndes Vertrauen greifen um sich. Die Aktivitäten werden nicht auf die gleichen Ziele gerichtet.
3. **Phase 3 – Beschleunigungsfalle:** Mitarbeiter bekommen das Gefühl, zu viele verschiedene Aktivitäten gleichzeitig umsetzen zu müssen. Sie arbeiten konstant an der Belastungsgrenze und unter unklaren Prioritäten. Mitarbeiter fühlen sich durch das Unternehmen überfordert. Es entstehen Veränderungsmüdigkeit, Leistungsdefizite, Qualitätsmangel und eine reduzierte Innovationsfähigkeit.

Eine Studie der Universität St. Gallen in organisatorischen Veränderungsprojekten in 96 Unternehmen mit über 16.000 Mitarbeitern und Führungskräften zeigt auf, wie nur dann Projekte die anvisierte Produktivität erreichen, wenn die richtigen Voraussetzungen zum Vermeiden der Energiefallen geschaffen werden. Denn 67 % fielen in die Resignationsfalle, 94 % in die Korrosionsfalle und 56 % in die Beschleunigungsfalle (Bruch und Schuler 2016).

Erneut zeigt sich in den Ergebnissen, dass die zuvor erwähnten Maßnahmen zur Gestaltung des Erfolgs der Projekte von grundlegender Wichtigkeit sind: inspirierende Führung, klare Vermittlung der Strategie und Aufbau einer unterstützenden Unternehmenskultur (ebd.):

Bausteine zum Vermeiden der Energiefallen und zum Aufbau positiver Energien: Inspirierendes Führungsklima, Führungskräfte als Vorbilder des Wechsels, Vision und Zweck des Projektes, Gewinnen der Mitarbeiter für kreatives und kritisches Denken, intensive Kommunikation, Zusammenarbeit und Teamerfolg stehen im Mittelpunkt.

Die produktive Energie nimmt mit diesen Maßnahmen erheblich zu und die drei Energiefallen werden mit größerer Wahrscheinlichkeit vermieden. In Unternehmen ohne inspirierendes Führungsklima treten jedoch Widerstand, Egoismus oder interne Kämpfe (korrosive Energie) deutlich häufiger auf. Mitarbeiter fühlen sich öfter überfordert und fallen dementsprechend in die Beschleunigungsfalle.

Eine unterstützende, positive Unternehmenskultur zeichnet sich durch ein stabiles Maß an hohem Vertrauen in den Teambeziehungen und z. B. einer Familienorientierung des

Unternehmens aus. Diese Faktoren leisten einen wichtigen Beitrag zur Vermeidung der Beschleunigungsfalle. Die Vermeidung des Gefühls der Überlastung und Überforderung führte gleichzeitig zu einem besseren, messbaren Gesundheitszustand der Mitarbeiter im Unternehmen (ebd.).

Entsprechend einer Erhebung der Beratungsgesellschaft CEB im Jahr 2016 in 40 Ländern unter 20.000 Angestellten sind Veränderungsprogramme in der realen Unternehmenswelt weiterhin ein häufiger Abwanderungsgrund von Mitarbeitern. „Tempo und Ausmaß der Veränderungen wirken sich auf die Loyalität der Mitarbeiter aus. Besonders betriebliche Umstrukturierungen und Änderungen in der oberen Führungsebene frustrieren Mitarbeiter. Das Ergebnis: Je mehr Wandel, desto höher die Fluktuation" (Wirtschaftswoche 2016). In der Umfrage kommt CEB auch zu dem Schluss: „Selbst vernünftig geplante Veränderungen stören den Arbeitsalltag der Mitarbeiter.(…) In der Konsequenz suchen 15 % der veränderungsmüden Arbeitnehmer nach neuen Jobs in anderen Unternehmen. Sie glauben, dass ihnen bei einem Arbeitsplatzwechsel bessere Chancen für persönliches und professionelles Wachstum geboten werden als bei ihrem aktuellen Arbeitgeber" (ebd.). Veränderungsmanagement ist ein delikater Prozess des „People-Managements", der mit den aufgezeigten Maßnahmen sehr gewissenhaft aufgenommen werden muss.

12.2.8   8 Grundbedingungen und 8 Beschleuniger

Change-Guru John P. Kotter entwickelte die klassischen acht Grundbedingungen für den Wandel. Sie bestätigen sich auch auf Basis erfolgreicher Changeinitiativen. Sie sind jedoch nur eine Basis und entsprechend den Erfahrungen mehrheitlich enttäuschender Veränderungsprogramme nicht ausreichend für den Erfolg. Kotter ergänzte auf Basis seiner Erfahrungen dazu die acht Beschleuniger des Wandels, die mit den Grundbedingungen ineinandergreifen (Tab. 12.1). Die Dringlichkeit des Wandels wird glaubhaft angesichts der identifizierten Bedrohungen aufgezeigt, um Führungskräfte und Mitarbeiter mit Veränderungsbereitschaft und Veränderungswillen zu gewinnen. Sie werden zentraler Bestandteil der Veränderungsinitiative im Unternehmen. Die Zukunftsvision und das Leitbild müssen attraktiv für Mitarbeiter und das ganze Unternehmen sein, Kopf und Herz aller treffen. Die Vision zeigt die Ausrichtung im Veränderungsprojekt auf. Die gemeinsamen Unternehmenswerte und die Werte der Transformation unterstützen den Weg dorthin (Kotter 2012).

Die Initiative der Entwicklung und Bildung des Netzwerkes der Veränderungsinitiative geht vom Top-Management aus und wird ein legitimer Teil der Organisationen sein, die sich in hierarchische Prozesse und Strukturen einfügen. Dies führt zu einem dualen System der Veränderung (ebd.):

Auf die wichtigen Elemente der Entwicklung einer Changeplattform, des Verhaltens und Vorlebens der neuen Vision durch die Führungskräfte, der Entwicklung einer offenen Kultur der Diskussion und des Wandels und der motivierenden, inspirierenden Einbindung

Tab. 12.1 Grundbedingungen und Beschleuniger in erfolgreichen Veränderungsprojekten (Kotter 2012)

Grundbedingungen	Beschleuniger
Schaffe Bewusstsein für die Dringlichkeit.	Bewusstsein der Organisation, ständige strategische Anpassung ist notwendig, die Organisation muss immer nach den größten erkennbaren Chancen ausgerichtet werden. Das Bewusstsein der Dringlichkeit muss mit der Emotion für bedeutende Chancen kombiniert werden.
Gewinne Verantwortliche mit Veränderungsbereitschaft und führe sie zusammen.	Koalitionen der Veränderung in der gesamten Organisation aufbauen und pflegen. Binde Vertreter aller Abteilungen und Hierarchiestufen mit großer Bandbreite an Kompetenzen ein. Dies vermeidet Abteilungs- und Silodenken.
Formuliere die Zukunftsvision und entwickle die Strategie zur Erreichung.	Entwicklung der strategischen Vision und Veränderungsinitiativen mit einem Leitbild für den angestrebten Erfolg.
Mache die Zukunftsvision für alle bekannt.	Eine lebhaft formulierte Vision und Strategie kommunizieren, um ein „Heer der Freiwilligen" mit hoher Motivation zu gewinnen.
Ermögliche Handeln nach der neuen Vision und beseitige Hindernisse.	Entwicklung und Umsetzung in einem Netzwerk der Freiwilligen in einer harmonischen Symbiose mit der formalen Organisation.
Schaffe kurzfristige Ergebnisse, plane und führe sichtbare Erfolge herbei und zeichne die Mitarbeiter und Führungskräfte des Erfolgs aus.	Stelle sicher, dass die Erfolge mit der Vision übereinstimmen, damit sie zum Erhalt der Glaubwürdigkeit der Organisation beitragen.
Baue erreichte Verbesserungen systematisch aus. Entwickle Erfolge auf dem Weg der Realisierung der Vision weiter, gebe Dich nicht mit „gut genug" zufrieden.	Niemals nachlassen, Dringlichkeit und Initiativen erhalten, die immer wieder Neues erschaffen und auf Veränderungen im Geschäft reagieren. Dies erhält die Arbeit des Netzwerkes, anstatt die „Freiwilligen" in die Arbeit der Hierarchie abrutschen zu lassen.
Das Neue fest verankern.	Der strategische Wandel wird in der Kultur institutionalisiert und verankert, wenn Initiativen erkennbare Ergebnisse liefern.

der Mitarbeiter wurde bereits zuvor eingegangen, mithilfe derer ein großes „Heer der Freiwilligen" und Engagierten gewonnen werden soll.

Durch entsprechende Ressourcen, Kompetenzen und Maßnahmen werden Mitarbeiter in die Lage versetzt und dafür gewonnen, den Wandel zu realisieren. Die Kultur der angestrebten Vision und des Leitbildes soll schnell und nachhaltig implementiert werden, allerdings ist dieser letzte Schritt auch nach Kotter der schwierigste und zeitaufwendigste. Die enttäuschende Umsetzungsrate und Realisierung der geplanten Ergebnisse in Veränderungsprojekten zeigen, dass es in der Projektumsetzung sehr vieler kleiner Details bedarf, die ein Erfolgsprojekt ausmachen.

Hierarchische Unternehmensstrukturen und die entsprechenden Prozesse sind zumeist wenig geeignet, um Chancen und Risiken im Wettbewerb schnell zu erfassen und kreative Initiativen zu entwickeln und umzusetzen. Das „zweite Betriebssystem" (Kotter) mit schnellen Netzwerkstrukturen ergänzt die traditionelle Hierarchie, um schneller technische und strategische Veränderungen zu initiieren und umzusetzen. Freiwillige Mitglieder aus der Hierarchie werden in einem Veränderungsnetzwerk von einer leitenden Koalition in ihren Initiativen und Unterinitiativen gelenkt. Das „Heer der Freiwilligen" in der Veränderungsinitiative ist keine Taskforce oder geschlossene Gruppe, sondern ein Netzwerk von Personen, „Change Agents", mit Energie, Enthusiasmus und Entschlossenheit. Die Geisteshaltung wird ein „Ich will" statt „Ich muss" sein. Als Treiber des Wandels ist das „Heer der Freiwilligen" unabhängig von hierarchischen Strukturen. Dieses Netzwerk wird zur Vermeidung eines „Haufens Freiwilliger" in einem System mit der hierarchischen Struktur verbunden und koordiniert werden. Das Netzwerk, welches sich innerhalb der hierarchischen Struktur bildet, übernimmt die strategischen Initiativen und Arbeitsprogramme, sodass die hierarchische Struktur weniger belastet wird und das Tagesgeschäft weiterhin effizient erledigen kann.

Die fünf wichtigsten Prinzipien dieses dynamischen Modells des ständigen Suchens nach neuen Chancen und Initiativen sind (ebd.):

1. Beteiligung vieler Menschen in der Organisation (10 %), die sich als Change Agents am Wandel beteiligen.
2. Menschen mit einer „Ich will"- statt „Ich muss"-Mentalität gewinnen, die gerne als freiwillige Change Agents agieren.
3. Gewinne Kopf und Herz der Mitarbeiter, durch Ansprache der Emotion und eines echten Wunsches der Gestaltung des positiven Wandels unter den Mitarbeitern.
4. Mehr Leadership und nur so viel Management wie nötig, um Inspiration und eigenverantwortliches Handeln zu gewinnen.
5. Die Entwicklung der zwei Systeme in einer Organisation, die Netzwerk und Hierarchie miteinander verbindet, sodass alle Freiwilligen sowohl im Netzwerk als auch in der Hierarchie arbeiten.

Besondere Herausforderung in der Entwicklung eines derartigen dualen Systems ist, die reibungslose, gleichrangige Zusammenarbeit beider Systeme und die notwendige Dynamik zu erhalten. Eine enge Zusammenarbeit mit der Geschäftsführung und eine kontinuierliche Kommunikation sind Grundvoraussetzung. In traditionellen hierarchisch orientierten Strukturen wird es zu Beginn schwierig sein, ein derartiges duales System einzuführen. Das Gefühl der Dringlichkeit und der Wahrung einer strategischen

Chance kann den Funken der Mobilisierung entfachen. In der Folge wird es wachsen, sich beschleunigen und ein Eigenleben entwickeln. Diese kontinuierliche Entwicklung wird die Organisation weniger belasten als die plötzliche Änderung und Einführung einer großen Changeorganisation und Projektstruktur. Ein Kernteam überzeugter und glaubwürdiger Change Agents wird die Ideenfindung vorantreiben, die Chancen der Veränderung kommunizieren und weitere Unterstützer gewinnen. Das Team der Freiwilligen mit einer starken Mission und der notwendigen Managementkompetenz zur Führung des Veränderungsprozesses wird gebildet und aus den Ideen eine Vorschlagsliste der Initiativen erstellen. Ein transparenter Informationsaustausch fördert die Beteiligung aller Mitarbeiter mit der Preisgabe wichtiger Informationen, Ideen und Wissen. Dies eröffnet die Wege der schnellen, agilen Entwicklung und Experimente, um Maßnahmen zu testen und zu bewerten. Ein Beispiel der Umsetzung des dualen Systems folgt im nächsten Abschn. 12.2.9.

Ein Veränderungsprozess ist dynamisch und erfordert eine flexible Vorgehensweise in der Unternehmens- und Prozessentwicklung in ein neues, zumindest teilweise unbekanntes Gebiet. Es wird gependelt zwischen unterschiedlichen Lösungsansätzen und -schritten. Neue Aspekte und Erkenntnisse entstehen, keine Aspekte dürfen übersehen werden. Nachhaltige Veränderungen werden nicht durch schnelle Abkürzungen erzielt, sondern sind das Ergebnis der dynamischen Verarbeitung, Integration und Interpretation starker und schwacher Signale aus vielfältigen Perspektiven (Schmitz 2004).

12.2.9   Entwicklung der Veränderung dank Netzwerkplattform in der Praxis

Mithilfe eines unternehmensweiten Veränderungs- und Ideenprozesses werden die wichtigen Kernthemen und dazugehörigen Unterpunkte herausgearbeitet. Eine klare Gliederung dieser Themen erlaubt die Benennung von Verantwortlichen und eine differenzierte Abarbeitung der Themen ohne verwirrende Überschneidungen.

Das oft angewandte Modell des Senior-Executives in der Verantwortung eines Changeprogramms kann zur Verantwortung in einem Koordinationsteam einiger Mitarbeiter entwickelt werden. Es entsteht ein Prozess konstanter Ideenentwicklung und Experimente mit neuen Modellen in einer agilen Arbeitsweise. Changeplattformen ermutigen Mitarbeiter zur Teilnahme am organisatorischen Wechsel. Lösungsideen werden in kleinen agilen Experimenten zusammengeführt und getestet, anstelle den Change in einem großen, komplexen Projekt zu führen. Führungskräften kommt die Aufgabe des Katalysators zum Anstoß von Wechselinitiativen zu. Oliver Burkhard, Personalvorstand von ThyssenKrupp, fasst die Erfahrungen im Konzern wie folgt zusammen:

> Wir haben gelernt, dass von Einzelnen getroffene Entscheidungen keine Verbindlichkeit schaffen. Erst das gemeinsame Erarbeiten von Themen und das Ringen um die besten Argumente und Lösungen versetzt eine große Organisation wie uns in die Lage, gegenüber den Mitarbeitern glaubwürdig und überzeugend aufzutreten. (Braun et al. 2016)

Ein Beispiel für ein erfolgreiches Veränderungsmanagement auf Basis einer konsequenten Netzwerkentwicklung „von unten" und der Nutzung des dualen Systems von John. P. Kotter setzte Vodafone im Bereich der Geschäftskundenbeziehungen ein (Fuhrmann und Raith 2016). Im Unternehmen hatte man diagnostiziert, dass verkrustete Strukturen kontinuierliche Veränderungen verhindert hatten. Mitarbeiter hatten den Eindruck, Initiative und Mut zu Verbesserungsvorschlägen lohnen sich nicht. In einem agilen Netzwerk bleiben Verbesserungsvorschläge nicht irgendwo liegen oder harren wochenlang einer Beantwortung, sondern werden von den Initiatoren selbst zur Umsetzung vorangetrieben. Ideengeber, Initiator und Umsetzer sind in einer Person verantwortlich. Viele kleine Strukturprobleme wurden erkannt, die wesentlich entscheidender für die Kundenerlebnisse und -zufriedenheit waren.

Frühere klassische Veränderungsprojekte entwickelten in den komplexen Strukturen nicht die notwendige Dynamik. Andererseits erkannte das Unternehmen, dass dringend Maßnahmen im Kundenmanagement notwendig waren. Das Top-Management stieß ein Projekt an, welches durch Ideen und deren Umsetzung durch die Mitarbeiter selbst in agilen Netzwerken geführt werden sollte. Aus dem Führungskräftekreis wurden sechs sogenannte Netzwerkscouts gewonnen, die sich spontan zur Arbeit in einem Kernteam meldeten. Im Kernteam verständigte man sich auf fünf Ziele der Veränderung, definierte die Rahmenbedingungen, Prozesse, Spielregeln und setzte eine zentrale Kommunikationsplattform auf. Nachdem man die Voraussetzungen für ein agiles Netzwerk geschaffen hatte, wurde diese Initiative in einem Kick-off-Workshop einer großen Gruppe von Experten und Multiplikatoren vorgestellt. Es bildeten sich spontan zahlreiche Netzwerkinitiativen.

Das Top-Management beschränkte sich in seinen Aufgaben vornehmlich auf die Bereitstellung von Budgets und im Fall der Notwendigkeit auf weitere Unterstützung. Mitarbeiter mussten jedoch in den ersten Wochen zunächst Vertrauen für die Ernsthaftigkeit der neuen Initiative gewinnen. In der Folge starteten jeden Monat neue Netzwerkinitiativen. Das Engagement der Mitarbeiter stieg in der Folge sehr deutlich. Die operative Exzellenz und Kundenzufriedenheit wurden aus Sicht der Mitarbeiter dank der Initiativen deutlich verbessert. Es gelang, die beiden Betriebssysteme der Veränderung nach Kotter zu verbinden. Netzwerk und formale Struktur arbeiteten Hand in Hand. Schnelle Problemlösungen und eine große Anzahl von Verbesserungsideen, die Mitarbeiter bis zur Umsetzung betreuen konnten, stehen für den Erfolg der Maßnahme. Kreativität wurde dank des Netzwerks gefördert. Aufgrund der Initiativen von Mitarbeitern mit Kundenkontakt erhöhte sich der Kundenfokus der gesamten Organisation. Im Unternehmen zeigte sich, dass das agile Veränderungssystem das Unternehmen weniger belastete als klassische Veränderungsprojekte mit ihrem hohen Steuerungs- und Kooperationsaufwand. Die agilen Netzwerke unterstützen eine hochdynamische Veränderungskultur.

Auf Basis der Erfahrungen mit agilen Netzwerken fassen Fuhrmann/Raith wichtige Erfolgsfaktoren zusammen:

Manager werden zu Helfern und Moderatoren in einer Hierarchie und bereichsübergreifenden Kooperation. Sie stellen ein angemessenes Budget zur Verfügung, unterstützen bei der Priorisierung der Maßnahmen und bei einer bereichsübergreifenden Vernetzung. Das Kernteam unterstützt eine optimale Vernetzung der Mitarbeiter und gibt ihnen einen größtmöglichen Gestaltungsfreiraum. Das Kernteam unterscheidet sich von einem klassischen Lenkungsteam dadurch, dass es keine inhaltlichen Bewertungen vornimmt, sondern den Mitarbeitern die Verantwortung für die einzelnen Initiativen überlässt. Es ist wichtig, dass die Mitarbeiter wichtige Entscheidungsbefugnisse erhalten, um Probleme schnell lösen zu können. Dies fördert die Übernahme von Verantwortung unter Mitarbeitern. Zusätzlich steht Mitarbeitern ein Netzwerk von Experten zur Unterstützung zur Verfügung. Wichtig zu Erhalt und Entwicklung der Dynamik dieses Veränderungsnetzwerkes sowie der Entwicklung weiterer Initiativen ist eine angemessene Belohnung und öffentliche Anerkennung und Auszeichnung von erfolgreich umgesetzten Initiativen. (Fuhrmann und Raith 2016)

12.2.10   Einfluss im Netzwerk für Veränderungen – wie bekommt man ihn?

Die Bedeutung von Netzwerken in Unternehmen zur Schaffung neuer Chancen wurde in verschiedenen Kapiteln bereits herausgestellt. Eine entscheidende Frage ist jedoch, wer gewinnt wann mit welchen Methoden Einfluss? Eine Untersuchung in dem staatlich geführten Unternehmen NHS, dem britischen Gesundheitsdienst National Health Service, begleitete 68 Veränderungsinitiativen über ein Jahr (Battilana und Tiziana 2013). Ziel war es, Faktoren zu identifizieren, die entscheidend für die Erfolgsaussichten eines Agenten der Veränderung sind. Dazu wurden die formale Position und die informellen Netzwerkkontakte der Klinikmanager in der mittleren und oberen Ebene erfasst, die für die Umsetzung der Veränderungsinitiativen verantwortlich waren. Die Informationen über die informellen Netzwerke wurden durch Umfragen und Besuche vor Ort gewonnen. In dem zusammenfassenden Ergebnis erkennen die Autoren ausschlaggebende Faktoren für den Erfolg eines Change Agent.

Es wird in der Analyse jedoch nicht nur die Position innerhalb eines Netzwerkes unterschieden, sondern auch nach Typen des Netzwerks differenziert (ebd.):

- **Kohäsives Netzwerk:** Die eigenen Kontakte sind auch selbst miteinander verbunden. Dies verstärkt gegenseitiges Vertrauen, Unterstützung, Verständnis und intensiven Austausch in der Kommunikation. Hier bestehen ein gewisser Druck der Kooperation und ggf. auch informelle Gruppenregeln. In der Untersuchung zeigte sich, dass dieses Netzwerk günstig war, wenn der beabsichtigte Wandel nicht zu groß war. In dem Fall der unentschiedenen Netzwerkkontakte machten diese ihren Einfluss bei kleineren und auch radikaleren Veränderungen durch Unterstützung des Change Agents geltend, wenn sie sich ausreichend nahestanden. Ein gutes Beziehungsmanagement zum Gewinn dieser Unterstützung ist hilfreich.
- **Brückennetzwerk:** Kontaktnetzwerk mit Menschen, die selbst nicht miteinander in Verbindung stehen. Der Change Agent kann Informationsflüsse bestimmen. Dieser Netzwerktyp war günstiger, wenn der Change Agent stärkere Veränderungen umsetzen wollte.

Es ist vorteilhaft, an den Schlüsselstellen des informellen Unternehmensnetzwerks zu sitzen. Der Einfluss ist unabhängig von der Position in der formellen hierarchischen Organisation. Der Zugang zu Netzwerken ist ausschlaggebend für den Erfolg eines Change Agent, unabhängig ob er im mittleren oder oberen Management sitzt. Es war überraschend, dass der formelle Rang im Vergleich zur zentralen Position im Netzwerk eine relativ unbedeutende Rolle spielte. Ein hoher Rang steigerte nicht die Wahrscheinlichkeit, dass Veränderungsvorschläge akzeptiert wurden. Die Autoren erkennen, „dass jeder, der erfolgreich Veränderungen durchsetzen möchte – unabhängig von seiner formellen Stellung –, eine zentrale Rolle im informellen Netzwerk des Unternehmens einnehmen sollte" (ebd.). Gute Beziehungen zu Personen, die Veränderungen unentschieden gegenüberstanden, waren immer vorteilhaft.

In dem Fall der Widerständler konnten keine allgemeingültigen Regeln gefunden werden, da ihr Widerstand von ihrer eigenen Position zur Veränderung abhing. Des Weiteren geben sie ihre Position nicht immer klar zu erkennen, sodass der Change Agent die Position durch genauere Beobachtung herausfinden muss. Im Fall starker Veränderungen ist der Widerstand im Allgemeinen deutlich. Ein Austausch mit den Widerständlern kann hilfreich sein, um die eigene Veränderungsinitiative kritisch zu beleuchten. Man wird diese Gruppe jedoch normalerweise nicht argumentativ für eine Unterstützung der Veränderung gewinnen.

Zusammenfassend ergibt sich aus den Resultaten: Ein gutes und weites Netzwerk kann entscheidender sein als die formale, hierarchische Position im Unternehmen zur Gestaltung einer Veränderungsinitiative (ebd.).

12.2.11   Führung in der Veränderung – welche Instrumente passen zu wem?

Führung im Veränderungsmanagement schließt auch Unternehmenskultur und das kollektive Bild im Unternehmen über „Ursachen-Wirkung-Zusammenhänge" ein.

Zur Entwicklung und Umsetzung von Maßnahmen und der Erreichung der Ziele ist ein kultureller Fit und Konsens zwischen Mitarbeitern und Führungskräften betreffs der Ziele und eines damit einhergehenden Ursache-Wirkungs-Zusammenhangs zu den Maßnahmen notwendig.

Je nach Unternehmenssituation und Unternehmenskultur stehen verschiedene Führungskonzepte der Veränderung zur Verfügung. Klassisch sind Motivationsprogramme und finanzielle Anreize, Motivationsreden, aber auch der Aufbau von bedrohlichen Szenarien, die jedoch nicht immer die erhoffte Wirkung zeigen. Die aufgezeigten Wege und Ziele werden der Unternehmens- und Mitarbeiterkultur Rechnung tragen. Legendär ist der Fall des früheren CEOs von Procter & Gamble, Durk Jager, der angetreten war, die Unternehmenskultur radikal zu ändern. Die Mitarbeiter des Unternehmens waren jedoch vollkommen anderer Meinung und betrachteten die verordneten, tief greifenden Veränderungen als nicht notwendig und boykottierten die Maßnahmen. Jager musste nach 17 Monaten das Unternehmen wieder verlassen, weil er es nicht geschafft hatte, Mitarbeiter des Unternehmens ausreichend einzubinden.

Auf Basis der Untersuchungen und Analysen zahlreicher Veränderungsprojekte entwickelte Clayton M. Christensen mit Howard H. Stevenson (Harvard Business School) und Matt Marx (MIT, Sloan School of Management) die Konsensmatrix (Christensen et al. 2006). Unternehmen sollen sich im Vorfeld eines derartigen Projektes Klarheit verschaffen, welche Ergebnisse, Prioritäten und Ziele Mitarbeiter im Unternehmen verfolgen. In welchem Maß sind sich Beschäftigte zu Maßnahmen zur Erreichung der Ziele in einem Ursache-Wirkungs-Zusammenhang einig?

Die Konsensmatrix zeigt auf der vertikalen Achse das Ausmaß der Übereinstimmung zwischen den Mitarbeitern über ihre Ziele. Die horizontale Achse zeigt den Mitarbeiterkonsens betreffs der Mittel und des Ursache-Wirkungs-Zusammenhangs auf. Die in Quadranten aufgeteilten Felder überlappen sich in der Praxis, und ihre Grenzen sind fließend:

1. Besteht Einigkeit in den Zielen, Werten und Prioritäten? Zu welchem Einsatz sind sie bereit?
2. Besteht Einigkeit, wie die Ziele erreicht werden können? Welche Ursachen und welche Wirkungen könnten mit welchen Maßnahmen zum gewünschten Ergebnis führen?

Entsprechend der Position des Unternehmens und der Mitarbeiter in dieser Matrixstruktur sind ganz unterschiedliche Führungsinstrumente im Rahmen eines Veränderungsprojektes notwendig. Die Grenzen der Position des Unternehmens und der Anwendung der Führungsinstrumente sind sicher fließend. Die Matrixstruktur gibt eine Orientierung für die Anwendung geeigneter Führungsinstrumente (Abb. 12.1).

Leadership: Im oberen linken Leadershipbereich haben Mitarbeiter zwar ein gemeinsames Verständnis über die Ziele des Unternehmens, sie sind sich jedoch nicht einig über die notwendigen Maßnahmen zur Zielerreichung. Führungskräfte schreiben hier nicht

Abb. 12.1 Konsensmatrix für die Ausrichtung von Veränderungsprojekten (Christensen et al. 2006)

immer detailliert vor, wie etwas zu machen ist, sondern motivieren unter der Maßgabe der Erreichung des gewünschten Ergebnisses zu eigenen Wegen. Leitbilder und Visionen vermitteln die Richtung, in die die Organisation sich bewegen soll. Leadershipqualitäten wie Charisma, die Übernahme einer Vorbildfunktion und die Entwicklung einer gemeinsamen Vision sind wichtige Führungsinstrumente. Die Führung wird stark ergebnisorientiert sein.

Unternehmenskultur: Im rechten oberen Unternehmenskulturbereich liegt weitgehender Konsens zu beiden Aspekten vor. Mitarbeiter sind im Unternehmen sehr zufrieden und haben die gleichen Vorstellungen, wie der aktuelle Zustand aufrechterhalten werden kann. Es wird auch ein weitgehender Konsens herrschen, welche Maßnahmen mit welcher Priorität abgearbeitet werden. Diese Unternehmen führen sich weitgehend von selbst. Da sie jedoch von der aktuellen Mission und Arbeit des Unternehmens überzeugt sind, sind Mitarbeiter eher resistent gegenüber Veränderungen. Unternehmen mit einer gemeinsamen starken Vision und guten Kooperation liegen typischerweise in diesem Quadranten. Apple und Google könnten als Beispiele derartiger Unternehmen eingeführt werden. Projekte und Entwicklungen werden mit Werkzeugen wie der weiteren strategischen Planung in einer gemeinsamen Kultur der Unternehmenstradition und Rituale geführt. Der Aufruf zur Veränderung ist nicht unbedingt erfolgreich, wenn dies eine Strategie impliziert, die nicht den gemeinschaftlichen Überzeugungen zu Zielen und Vorgehensweisen entspricht. Christensen führt Unternehmen wie Apple als ein plakatives Beispiel an, in dem trotz sich stark verändernder Märkte John Sculley mit dem Aufruf der Veränderung scheiterte und Steve Jobs mit der Stärkung und dem Nutzen der bestehenden Identität erfolgreich war, indem er Produkte entwickelte, die der bestehenden Philosophie entsprachen und neue Anwendungen öffneten.

Management: Im rechten unteren Managementbereich befinden sich Unternehmen, deren Mitarbeiter zwar nicht leidenschaftlich hinter den Zielen des Unternehmens stehen, jedoch dazu bereit sind, vorgeschriebene Abläufe zu beachten, wenn sie davon überzeugt sind, dadurch die notwendigen Ergebnisse zu erzielen. Als Beispiel können hier viele traditionelle Industrieunternehmen angeführt werden, die stark prozesseffizient mit einer großen Anzahl von Zulieferern und gewerkschaftlich orientierten Mitarbeitern arbeiten. Standardisierte Prozesse und Kontrollsysteme mit entsprechenden Kennzahlen sind typische Merkmale dieser Unternehmen, die die Zusammenarbeit fördern.

Macht: Im linken unteren Quadranten liegt der Fall vor, in dem weder zu den Zielen noch zu den Ursachen-Wirkungs-Zusammenhängen Einigkeit im Unternehmen besteht. Typisch autoritäre Maßnahmen wie Druck, Drohungen und Sanktionen zwingen die Mitarbeiter zur Kooperation. Mitarbeiter, die mit den Zielen der Unternehmensführung übereinstimmen, werden befördert, andere werden das Unternehmen verlassen. Stellt sich Erfolg ein, treibt dies die Konsensfindung zu Zielen und Methoden voran und kann sich die Organisation innerhalb der Matrix weiterentwickeln. Mit einem zunehmenden Maß an Übereinstimmung auf den beiden Dimensionen kommen auch Instrumente wie die strategische Planung, finanzielle Anreize und Verhandlungen in Betracht. Bei stark unterschiedlichen Vorstellungen führen sie jedoch nicht zum Erfolg.

Entscheidend ist es, dass es in diesem Konsensmodell keine „beste Position" gibt, sondern auf Basis der Position die richtigen Führungsinstrumente für Veränderungsprojekte festgelegt werden sollen (Christensen et al. 2006).

Zu beachten ist, dass sich nicht alle Personen im Unternehmen in dem gleichen Quadranten befinden werden. Kreative Mitarbeiter werden beispielsweise im Managementquadranten oben links liegen mit einer klaren Sichtweise, was wichtig ist, werden sich aber typischerweise ungern den festen Prozessstrukturen des rechten unteren Managementquadranten unterwerfen.

Die meisten Führungskräfte sind aufgrund ihres persönlichen Hintergrundes für Unternehmen in den verschiedenen Quadranten unterschiedlich geeignet. Führungskräften, die mit einer intuitiven Führungsqualität flexibler handeln können, eröffnen sich ein größeres Portfolio an Führungswerkzeugen und Einflussmöglichkeiten. Unternehmen können sich in ihrer Entwicklung auf beiden Achsen bewegen und werden dementsprechend nicht zwangsläufig ihre Position in einem Quadranten beibehalten. Die Unternehmensentwicklung und Führung können diese Position genauso verändern wie externe Einflüsse aufgrund von Marktveränderungen, die eine Anpassung der Führungsinstrumente und der Unternehmenskultur verursachen können. Als Beispiel führen die Autoren den Konzern General Electric unter Jack Welch an, der im Laufe seiner Amtszeit den Konzern aus dem Bereich des Machtquadranten in den rechts oben sich befindenden Unternehmenskulturquadranten bewegte. Nach strengen Maßnahmen, die verschiedene Geschäftsbereiche mit unterschiedlichen Kulturen und Prozessen in ihren jeweiligen Märkten auf die Position 1 oder 2 bewegten, konzentrierte er sich später auf Maßnahmen zur Festigung einer gemeinsamen Unternehmenskultur.

12.2.12 Erfolg in der Praxis – was unterscheidet die Erfolgreichen von anderen?

Eine Umfrage unter 2230 Senior-Führungskräften zeigt deutliche Unterschiede in der Beachtung wichtiger Parameter zwischen den besonders erfolgreichen und den wenig erfolgreichen Veränderungsprojekten (Pustkowski et al. 2014). Die Teilnehmer machten Angaben zu ihren Stärken in den wichtigsten Umsetzungsfähigkeiten und -methoden. Die Kernfähigkeiten von Veränderungsmaßnahmen definiert McKinsey entsprechend Abb. 12.2. Unter den Top 25 % Unternehmen mit hohen Umsetzungsfähigkeiten in den sieben Parametern war es 4,7-mal wahrscheinlicher, dass die Teilnehmer aussagten, dass in den Unternehmen Veränderungsprojekte in den letzten fünf Jahren erfolgreich abgeschlossen wurden. Die Unternehmen zeigten deutlich bessere Resultate bei verschiedenen Finanzkennzahlen.

Zuvor erläuterte Grundbedingungen des Erfolgs bestätigen sich empirisch. In den erfolgreichen Projekten ist das Top-Management unter hohem zeitlichen Einsatz stark engagiert und steht für kurzfristige Interventionen und Eingriffe zur Verfügung. Die Manager übernehmen selbst eine vorbildliche Rolle, die die Veränderungsinitiative unterstützt. Sie

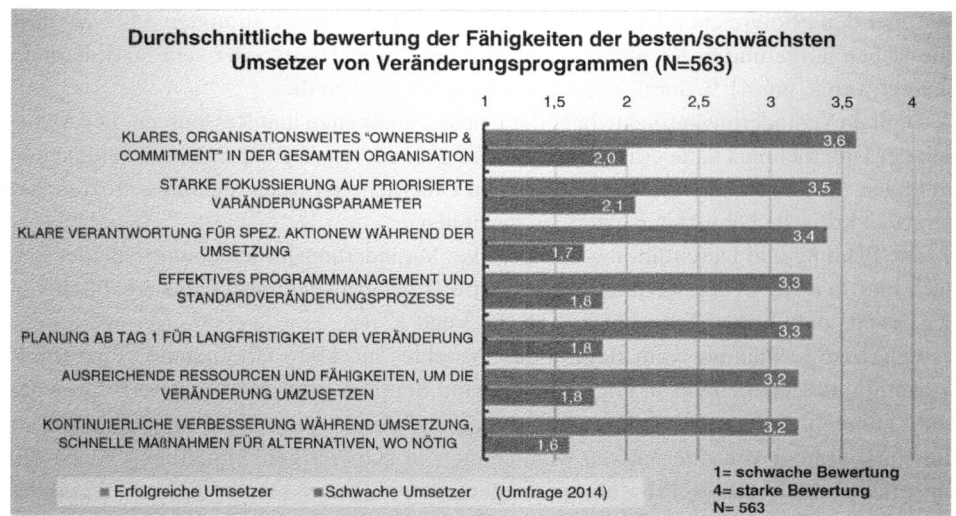

Abb. 12.2 Durchschnittliche Bewertung der Fähigkeiten und Maßnahmen der besten/schwächsten Umsetzer von Veränderungsprogrammen (Daten Pustkowski et al. 2014). Mit freundlicher Genehmigung von: © McKinsey & Company

stellen heraus, welche Maßnahmen kritisch in der Umsetzung sind und unterstützen ihre Mitarbeiter in persönlichen Gesprächen und Reviews.

Die verantwortliche Umsetzung wird in angemessener Frequenz mit Leistungsindikatoren, Teambesprechungen und individuellen Mitarbeitergesprächen verfolgt.

Die disziplinierte Umsetzung und Verfolgung ist ein zentraler Faktor. Eine weitere McKinsey-Umfrage mit einem leicht veränderten Fokus auf ausschließlich digitale Veränderungsprojekte im Jahr 2017 unterstreicht erneut die Wichtigkeit disziplinierter Methodik, systematischer Entwicklung und Priorisierung (Lindsay et al. 2018).

Von den ca. 1500 Teilnehmern dieser Umfrage aus allen Wirtschaftsregionen, Branchen, Unternehmensgrößen und Funktionsbereichen hatten mehr als 1400 persönliche Erfahrung mit größeren Veränderungsprojekten in den vergangenen fünf Jahren. Deutlich mehr als die Hälfte der Projekte betraf die Implementierung von digitalen Lösungen. Auch hier berichtete eine Minderheit (37 %) von einer erfolgreichen Umsetzung. Die Methoden des erfolgreichen Veränderungsmanagements blieben im Vergleich zur Umfrage 2014 ähnlich.

Die Komplexität der Veränderungsprojekte im digitalen Zeitalter steigt an, 75 % dieser Projekte betrafen mehr als eine Geschäftseinheit oder mehrere funktionale Bereiche. Dies galt im Bereich der übrigen Veränderungsprojekte zu 64 %.

Unter den erfolgreichen Umsetzern der Veränderungsprojekte stimmten 85 % zu, dass alle sieben aufgeführten Kernfähigkeiten in ihrem Projekt stark oder sehr stark berücksichtigt waren, nur 41 % der übrigen Teilnehmer bestätigten dies.

Digitale Veränderungsprojekte benötigen neue Fähigkeiten und Ressourcen. Die Mehrheit der Unternehmen hatte erhebliche Schwierigkeiten, intern entsprechende Fähigkeiten zu finden. Nur 57 % der Teilnehmer hatten im Unternehmen einen regulären Prozess, um derartige kritische Fähigkeiten extern zu gewinnen.

Die Planung und Durchführung erfolgreicher Veränderungsprojekte unterscheidet sich auch hier in allen sieben Kernfähigkeiten betreffs des Anwendungsgrades erheblich von der Gruppe der übrigen Teilnehmer (Abb. 12.3 und 12.4).

Langfristige Planung vom Beginn des Projektes an, klare Übernahme von Verantwortung und Engagement in allen Ebenen sind deutlich öfter Merkmale erfolgreicher Unternehmen. Die kontinuierliche Anpassung und Verbesserung im Projektablauf oder die Entwicklung von alternativen Maßnahmen in schwierigen Situationen sowie ein entsprechend effektives Programmmanagement auf Basis standardisierter Veränderungsprozesse sind weitere Stärken, die erfolgreiche Unternehmen deutlich öfter auszeichnen.

Die intensive Unternehmenskommunikation war in erfolgreichen Projekten wesentlich stärker angewandt. (46 % vs. 13 %)

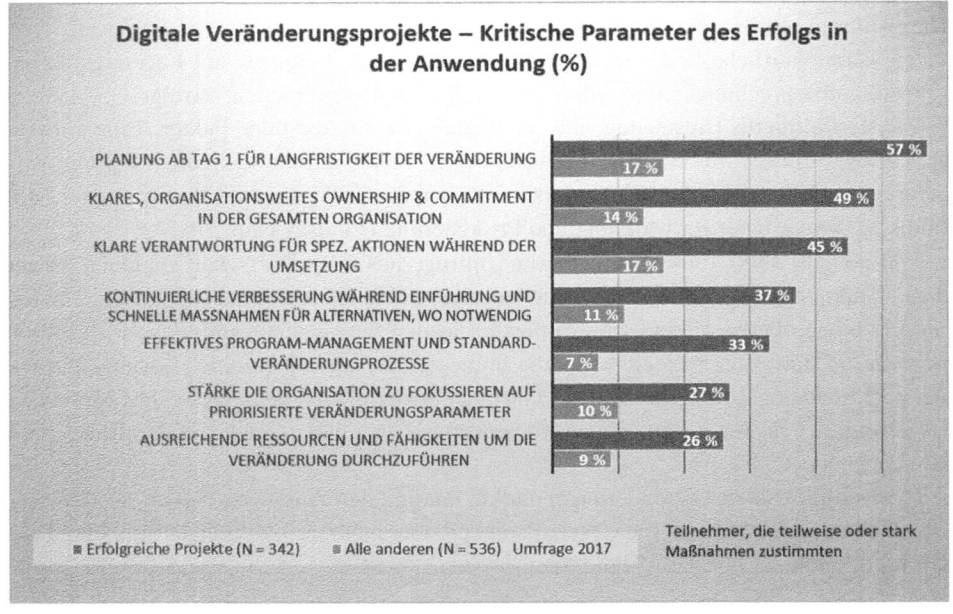

Abb. 12.3 Digitale Veränderungsprojekte – kritische Parameter des Erfolgs (Daten Lindsay et al. 2018) Mit freundlicher Genehmigung von: © McKinsey & Company

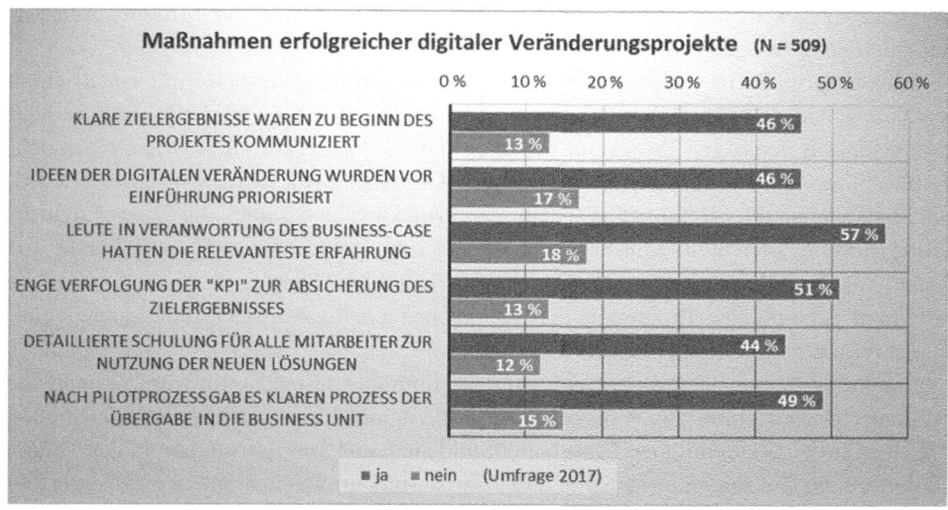

Abb. 12.4 Maßnahmen erfolgreicher digitaler Veränderungsprojekte (Daten Lindsay et al. 2018). Mit freundlicher Genehmigung von: © McKinsey & Company

Erfolge und Fortschritte werden Mitarbeitern transparent aufgezeigt. Dies unterstützt den Glauben an den Erfolg und Motivation. Positive Rückmeldung ist ein starker Motivator. (Abschn. 11.1)

In Abschn. 10.1 wurde bereits detailliert auf neun wichtige Tools in Veränderungsprojekten und den messbaren Beitrag zur Erfolgsrate eingegangen. Dies sei hier zur Vollständigkeit erwähnt.

Konsequente Umsetzung und Verfolgung der Ziele sind eine wichtige Grundlage. In der Planverfolgung ist dennoch Flexibilität gefordert. Es wird nicht möglich sein, jede Maßnahme frühzeitig mit einem fixen Datum der erfolgreichen Umsetzung zu versehen. Rigide Pläne und agile Arbeitsweisen können Widersprüche verursachen. Die konsequente Einhaltung frühzeitig festgesetzter Umsetzungstermine kann zu suboptimalen Ergebnissen und Schwierigkeiten führen. Neue, unvorhergesehene Probleme erfordern angemessene Reaktionen. Veränderungen müssen jedoch für alle nachvollziehbar sein, um Verlässlichkeit und Glaubwürdigkeit zu erhalten.

12.2.13 Strategische Konzernprogramme – funktionieren sie anders?

Initiativen im Rahmen von großen strategischen Konzernprogrammen werden einer klaren Zielsetzung mit übergreifender Logik und Entwicklung folgen und nicht die Ansammlung vieler Einzelinitiativen darstellen. Ein klares, knappes Ziel wird mit einer motivierenden

Veränderungsgeschichte hinterlegt, die die benannten Merkmale zur Mitarbeitereinbindung und der Erzeugung der notwendigen Energie aufweisen muss.

Frühzeitig wird ein geeigneter Projektleiter oder ein Führungsteam mit einem guten Ruf und weiten Kontaktnetzwerk gewonnen. Die Programmleitung wird mit hoher sozialer Kompetenz in derartigen Projekten, in denen immer ein starker Gegenwind weht, sehr konfliktfähig sein müssen. In weitverzweigten Organisationen werden in einzelnen Geschäftsbereichen oder Regionalorganisationen Projektteams gebildet, die an eine zentrale Projektführung berichten. Konzernweite Veränderungsprogramme sollten in lokale und funktionale Transformationsprogramme der Führungskräfte übertragen werden, sodass sie zu einem persönlichen Programm der entsprechenden lokalen oder funktionalen Führungskräfte werden (Haupenthal et al. 2014).

Die Projektleitung übernimmt in enger Abstimmung mit dem Konzernvorstand die Führung. In Konzerninitiativen muss der Vorstand dennoch stetig in einen engen Kontakt mit allen am projektbeteiligten Mitarbeitern und auch anderen Betroffenen in den Dialog vor Ort treten. Die zeitliche Kapazität und Priorisierung im Vorstand müssen sichergestellt sein. Eine transparente Kommunikation entlang des gesamten Projektzeitraums zur Erzeugung und Erhalt des Veränderungsmomentums ist notwendig. Der kommunikative Dialog der oberen Führungskräfte mit den Mitarbeitern im Unternehmen ist eine wichtige Grundvoraussetzung. Dem Aspekt Mitarbeiter muss in konzernweiten Veränderungsprogrammen trotz der Größe und Komplexität dieser Aufgabe eine zentrale Rolle eingeräumt werden (ebd.).

Soziale Netzwerke oder betriebliches Vorschlagswesen sind eine wichtige Plattform, um Mitarbeiter einzubinden, Ideen und Vorschläge aufzunehmen. Soziale Netzwerke und Foren eigenen sich zur Diskussion und zum Bericht der Fortschritte und Erfolge neben der wichtigen persönlichen Kommunikation. Unternehmen richten Plattformen ein, in denen Mitarbeiter sich auch direkt mit Fragen und Vorschlägen an den Vorstand wenden können.

Die Steuerung der Initiative erfolgt über angemessene Controllinginstrumente, die sich in die existierenden Kennzahlen und Projektmanagementwerkzeuge einfügen sollten.

AT&T stand angesichts der Veränderung der Branche vor der Notwendigkeit eines Veränderungsprogramms, das 280.000 Mitarbeiter betraf. Geschäftszweige waren obsolet geworden, Markt, Aufgaben und notwendige Fähigkeiten im Unternehmen veränderten sich grundlegend und rasant. Mitarbeiter blicken auf eine lange Beschäftigungsdauer von durchschnittlich 22 Jahren zurück. Das Unternehmen brauchte vollkommen neue Fähigkeiten und Technologiekenntnisse, die in der Größe auch am Markt nicht einfach verfügbar waren. AT& T startete das „Workforce 2020" Programm (Donovan und Benko 2016). Notwendige Kenntnisse und Fähigkeiten der Zukunft wurden identifiziert und ein Plan erstellt, wie diese entwickelt werden konnten. Man entwickelte 80 verschiedene Rollen im gesamten Unternehmen, die klar strukturiert, standardisiert und einfach gehalten wurden, um die Mobilität zwischen verschiedenen Positionen zu ermöglichen und die Entwicklung von entsprechenden Fähigkeiten zu fördern. Die Mobilität von Mitarbeitern sollte durch entsprechenden Kompetenzaufbau zwischen verschiedenen Rollen erhöht werden. Die Metrik der Leistungsbewertung, Leistungsmessung und das Entlohnungssystem wurden angepasst. Kenntnisse und Fähigkeiten erhielten ein höheres Gewicht in der Bemessung des variablen Lohnanteils. Die Personalabteilung stellte eine Onlineplattform mit verschiedenen Instrumenten der Karriere- und Talentförderung sowie Weiterbildungsangeboten zur Verfügung. Die Kompetenzen, beruflichen Erfahrungen und Qualifikationen von Mitarbeitern wurden in einem Profil von jedem Mitarbeiter zusammengefasst, um einfach festzustellen, ob das Profil zu einer zukünftigen Rolle passt oder zusätzliche Fähigkeiten zunächst entwickelt werden müssen. Ein Job-Simulation-Tool zeigt Interessenten realitätsnah die Situationen auf, die in einer neuen Aufgabe auftreten könnten, sodass Mitarbeiter sich selbst ein Urteil bilden können, ob sie für die entsprechenden Aufgaben geeignet sind.

Zur Entwicklung der Mitarbeiter führte AT&T ein umfangreiches Weiterbildungsprogramm bis hin zu Online-Masterabschlüssen in Computerwissenschaften ein. Hierzu arbeitete AT&T u. a. mit Udacity zusammen, die Kurse in wichtigen technischen Spezialgebieten entwickelten.

Mitarbeiter beteiligten sich an den Kosten mit einem Betrag von 200 US$/Monat, die sie nach Abschluss vom Unternehmen zurückerstattet bekamen. Kurse zur Erlangung eines Bachelor oder Masterabschlusses in Computerwissenschaften wurden mit bis zu 30.000 US$ unterstützt. Nach ca. zwei Jahren hatten Mitarbeiter über 1,5 Mio. Kurse erfolgreich abgeschlossen.

Fortentwicklung der Mitarbeiter zum Erlangen neuer Fähigkeiten durch ein umfangreiches Weiterbildungsprogramm war nur ein Teil der Veränderung. Ein neues Karrieremodell erhöht die Flexibilität von Mitarbeitern zwischen verschiedenen Rollen. Karriereschritte können seitwärts, diagonal, aufwärts und auch abwärts möglich sein. Mitarbeiter sind in diesem Karrieregitter primär selbst verantwortlich für ihre berufliche Entwicklung. Möglichkeiten von Praktika oder Jobsharing sind im Karrieregitter gleichfalls möglich. AT&T investierte in ca. zwei Jahren über 200 Mio. US$ in Programme zur Weiterbildung und beruflichen Entwicklung.

Das Veränderungsprogramm zeigte nach 18 Monaten schon erhebliche geschäftliche Verbesserungen. In einem Zeitraum von 18 Monaten verkürzte sich der Produktentwicklungszyklus um ca. 40 %, die Produktentwicklung bis zur Markteinführung um über 30 %.

Dennoch gab es unter Mitarbeitern auch erhebliche Kritik. Langjährige Mitarbeiter werden durch grundlegende Veränderungen oft verunsichert. AT&T bietet jedoch jedem Mitarbeiter die Chance der persönlichen Veränderung im Unternehmen. Mitarbeiter, die sich jedoch grundsätzlich gegen Veränderungen wenden, werden das Unternehmen verlassen müssen, da Arbeitsplätze verschwinden, die Kenntnissen und Fähigkeiten im Bereich älterer Technologien entsprechen.

Das Unternehmen hat sich mit dem Programm zum Ziel gesetzt, flexibler zu werden, für große Konzerne immer wieder eine besondere Herausforderung. Elemente und Werkzeuge der Start-up-Kultur sollen stärker genutzt werden. Dazu gehört der kulturelle Wechsel, in dem Mitarbeiter eine stärkere Selbstverantwortung für sich und in ihren Aufgaben übernehmen. Dies gelingt nur mit der grundsätzlichen Reorganisation und dem unternehmensweiten Aufbau neuer Fähigkeiten und Karrieremuster (Haupenthal et al. 2014).

Jeffrey R. Immelt vollzog in seiner Zeit als CEO bei General Electric fünf große Veränderungsprogramme. Er veränderte in wechselhaften Zeiten und über zwei größere Weltwirtschaftskrisen in geopolitischer Instabilität das Unternehmen, entsprechend seiner Beschreibung von einem hierarchischen Koloss des klassischen Konglomerats zu einem 125 Jahre alten Start-up im digitalen Zeitalter (Immelt 2017).

Das Unternehmen mit klarem Industriefokus entwickelte sich von einem M&A-getriebenem, diversifiziertem Unternehmen zu einem technologiegetriebenen Wachstumsunternehmen. Das F&E-Budget stieg auf weit über das Doppelte an und wurde auch in schwierigen Zeiten auf konstantem Niveau gehalten. Der Konzern baute seine Aktivitäten in den Wachstumsregionen mithilfe der dazu gebildeten Global-Growth-Organisation aus. Die internationale Präsenz steigerte sich von 100 Ländern auf ca. 180 Länder. Auch der strategische Fokus orientierte das Unternehmen neu und stärker zur digitalen Industrie und zu Dienstleistungen für vernetzte Produkte. Die Organisation wurde schlanker, Hierarchien abgebaut, das Unternehmen beweglicher entwickelt und Ausgaben für große neue Investitionen reduziert. Die Organisation wurde dezentraler aufgebaut, die Verwaltungsbereiche verkleinert. Die Vereinfachung der Prozesse verlangte ein höheres Maß an Transparenz. Mitarbeiter mussten verstehen, wie sich die Dinge vorwärtsentwickelten. Eine Vielzahl von Unternehmensdaten wurde online zugänglich gemacht. Entscheidungs- und Abstimmungsprozesse wurden verkürzt und einfacher gestaltet, Entscheidungskompetenzen neu geordnet. Der kulturelle Wandel wurde auch dadurch unterstützt, dass die legendären Wachstumsziele abgeschafft und durch neue Glaubenssätze, „GE Beliefs" ersetzt wurden, die den Unternehmergeist in der Kultur hervorheben sollen.

Jeffrey Immelt beschreibt wesentliche Erfolgsmerkmale und Lektionen, die er aus den von ihm initiierten Konzernumbauten gelernt hat (ebd.).

1. **Konsequent bleiben:** In einem Konzernumbau müssen einzelne Initiativen konsequent miteinander verknüpft werden. Das Unternehmen muss ein klares und gleichbleibendes Ziel verfolgen und nicht auf kurzfristige Moden setzen. Der CEO muss sich insbesondere dort einsetzen, wo Veränderungen besonders dringend sind und sein Einfluss gebraucht wird.

2. **Informationen aufsaugen:** Immelt besuchte Forschungseinrichtungen und traf die besten Leute auf jedem interessanten Wissensgebiet zu Gesprächen. Der CEO muss ständig wichtige Entwicklungen mit Neugierde aufnehmen und zu dem gegebenen Zeitpunkt seine Schlüsse daraus ziehen. Die genaue Reflexion der Bedeutung dieser Entwicklungen für das Unternehmen ist wichtig für eine angemessene Reaktion. Er muss in Veränderungsprojekten eine erhebliche Standhaftigkeit zeigen, um gegen enormen Widerstand zu bestehen und den nachhaltigen Wandel zu erzielen. Es muss die eigene Überzeugung bestehen, dass es mit dem Erfolg des Wandels um „Leben und Tod" geht.

3. **Die Gefahr betonen:** Ein CEO muss ein tiefes und leidenschaftliches Verständnis für ein Transformationsprogramm als eine Frage von „Leben und Tod" schaffen. Die konsequente und nachhaltige Kommunikation muss immer wiederholt werden. Bei GE wird

über das Vergütungssystem, die Leistungsbeurteilungen und die Organisationsstruktur sichergestellt, dass jeder bei einem Veränderungsprogramm mitmacht. Eine Leistungsbeurteilung der Führungskräfte der Geschäftsbereiche erfolgt alle 60 Tage auf Basis von Vereinbarungen für jedes Geschäftsfeld. Die Leistungsparameter und Prozessschritte wurden im Unternehmen genauso ausgerichtet, dass sie den Wandel unterstützen. Die Entwicklung eines persönlichen Netzwerkes zu allen wichtigen Führungskräften eröffnet Einblicke in die Geschäftsbereiche, die über das übliche Maß hinausgehen.

4. **Vollen Einsatz bringen:** Volles Engagement und Konsequenz des CEOs sind entscheidend. Das Top-Management muss demonstrieren, dass es vollkommen hinter dem Transformationsprojekt steht. Dazu gehören hohes persönliches Engagement und die Bereitschaft, entsprechende Ressourcen und Investitionen zur Verfügung zu stellen.

5. **Sich anpassen:** Transformation verlangt Durchhaltevermögen. GE verdoppelte beispielsweise von 2009 bis 2012 seine Investitionen in Flugzeugantriebe der kommerziellen Luftfahrt. Wettbewerber hielten sich diesbezüglich zurück. Die Tatsache, dass GE im Jahr 2017 auf der Luftfahrtmesse in Paris ein Vielfaches der Auftragshöhe der Wettbewerber verbuchen konnte, führt Immelt auf diese expansive Initiative auch in Krisenzeiten zurück. (Kap. 2). Auch Immelt unterstreicht, dass Transformation viel Zeit, Beharrlichkeit, Mut und Risikobereitschaft sowie „ein dickes Fell" benötigt.

6. **Die Richtung korrigieren:** Auf Basis immer wieder neuer Informationen müssen Anpassungen vorgenommen werden. Das Spannungsfeld ist groß: „… auch wenn Sie sich zu einer großen Investition verpflichten, müssen Sie bereit sein, die Richtung zu wechseln, wenn sie entsprechende neue Informationen erhalten. Denn es ist unwahrscheinlich, dass Ihre Strategie von Anfang an perfekt ist." Man muss bereit sein, „Neues einfach auf sich zukommen zu lassen." (ebd.)

7. **Die Kultur verändern:** Eine Transformation bedingt zwangsläufig eine Anpassung der Unternehmenskultur und die Überarbeitung alter Prozesse. „Um Erfolg zu haben, brauchen Sie eine Menge großer Ideen. Ein Prozess ist ein Hilfsmittel, durch dessen Anwendung Sie methodisch eine Vielzahl großartiger Ideen entwickeln können. Er ist wichtig, aber lediglich Mittel zum Zweck. Unternehmen, die ihre Prozesse als Zweck ihres Tuns betrachten und das, was dabei am Ende für ihre Kunden entsteht, aus den Augen verlieren, geraten in ernsthafte Schwierigkeiten." Immelt führt weiterhin aus: „Für uns bedeutete das: Wir mussten uns für Schnelligkeit und gegen Bürokratie entscheiden. Wir bauten Bürokratie ab, indem wir unser Recruiting neu aufstellten und dafür sorgten, dass unsere besten Leute mehr Führungsverantwortung erhielten. Damit banden wir sie ans Unternehmen." (ebd.)

Zur Veränderung der Kultur benötigt man Mitarbeiter, die nicht alle im gleichen Unternehmen aufgewachsen und sozialisiert sind. Dementsprechend muss das Management offen sein für neue Kultur, Verhaltensweisen und Ideen. Gleichzeitig müssen neue Mitarbeiter mit einer anderen Sozialisierung in einem Unternehmen mit stark gewachsener Kultur geschützt werden, bis sie sich vollständig integrieren können. Eine Veränderung der Kultur geht auch einher mit einer Veränderung der Werte und der Sprache im Unternehmen. Auch die Personalprozesse und das Leistungsmanagement müssen dem zunehmenden Tempo der Geschäftswelt und einer neu entwickelten Kultur angepasst werden. GE veränderte seinen Fokus der jährlichen Gespräche der Mitarbeiterbeurteilungen in „People Days", bei denen der Fokus auf individueller Förderung und Entwicklung in einen fortlaufenden Prozess liegt (ebd.). Mitarbeiter erhalten Feedback zur eigenen Förderung und Entwicklung zur Erzielung besserer Ergebnisse für die Kunden.

Mercedes strebt mit seinem Programm Leadership 2020 einen Kulturwandel an, der zahlreichen der zuvor genannten Ansprüchen gerecht werden soll. „Die neue Führungskultur macht Abläufe effizienter und stärkt die Organisation. Mitarbeiter werden dadurch motivierter, das fördert den Veränderungswillen." Mercedes möchte mittels acht Punkten folgendes umsetzen (Brzoska 2017):

1. In einer offenen und ehrlichen Feedbackkultur sollen bei kurzen Reaktionszeiten Angestellte und Vorgesetzte aus unterschiedlichen Perspektiven bewertet werden. Dies erlaubt wesentlich schnellere und wertvollere Hinweise und Anerkennung für alle im Vergleich zu den in vielen Unternehmen meist angewandten Jahresgesprächen.
2. Das Prämiensystem bei Mercedes unter dem Titel Leadership 2020 wird sowohl Team- als auch individuelle Ziele honorieren.
3. Der kontinuierlichen Fortbildung leitender Angestellter wird unter dem Aspekt des lebenslangen Lernens mehr Aufmerksamkeit geschenkt.
4. Eine weiter entwickelte, transparente Jobplattform soll es Mitarbeitern ermöglichen, sich weltweit auf für sie und ihre individuellen Interessen besonders passende Positionen zu bewerben. Jede offene Position soll mit den geeigneten Talenten aus aller Welt besetzt werden. An anderer Stelle wird bereits darauf eingegangen, dass Mitarbeiter auf einer Position, die ihren Zielen, Werten und Fähigkeiten besonders entspricht, ein stärkeres Gefühl für die Werthaltigkeit ihres individuellen Beitrags gewinnen. Dies fördert wiederum Engagement und Motivation.
5. Das Wissens- und Ideensharing in weltweite, länderübergreifenden Schwarmorganisationen soll verstärkt und entsprechende Kooperation gefördert werden.
6. Die Digitalisierung soll Mitarbeitern zusätzliche, individuell auf sie zugeschnittene Werkzeuge zur Verfügung stellen.
7. Entscheidungen sollen einfacher und schneller fallen. In der üblicherweise komplexen Antrags-, Genehmigungs- und Entscheidungsstruktur eines großen Unternehmens soll es wieder öfter möglich sein, einfache mündliche Genehmigungen zu erlangen.
8. Eine Entrepreneurshipkultur und der Austausch neuer Ideen werden mit der Eröffnung zusätzlicher Chancen in einfachen Brainstormingrunden und Experimenten in Werkstätten gefördert werden.

Erfolgreiche Konzernprogramme zeichnen sich entsprechend den zuvor aufgezeigten Beispielen genauso wie andere große Veränderungsinitiativen durch die gleichen Regeln und Merkmale aus. Die Komplexität und entsprechenden Anforderungen steigen jedoch mit der Größe und Vielzahl der Beteiligten und Betroffenen enorm an. Die entsprechenden

Managementkapazitäten, Ressourcen und Fortbildungsmaßnahmen zum Aufbau des notwendigen neuen Know-hows im Unternehmen sind allerdings sehr erheblich und fordern eine intensive, aber dennoch flexible Planung. Konzerne, die sich zu den herausragenden Unternehmen zählen möchten, werden besser im Rahmen der kontinuierlichen Anpassung und Veränderung ihre stetige und dynamische Fortentwicklung absichern. Ressourcen, die dies rechtzeitig ermöglichen, scheinen besser investiert als die Aufwendungen großer Konzernprogramme mit unsicherem Ausgang im Angesicht von Krisen oder um die Versäumnisse der Vergangenheit aufzuholen.

Literatur

Aiken, Carolyn; Keller, Scott (2009): The irrational side of change management (McKinsey Quarterly). Online verfügbar unter https://www.mckinsey.com/business-functions/organization/our-insights/the-irrational-side-of-Changemanagement, zuletzt geprüft am 23.02.2019.

Aiken, Carolyn B.; Keller, Scott (2007): The CEO's role in leading transformation (McKinsey Article). Online verfügbar unter https://www.mckinsey.com/business-functions/organization/our-insights/the-ceos-role-in-leading-transformation, zuletzt geprüft am 23.02.2019.

Anand, N.; Barsoux, Jean-Louis (2017): What Everyone Gets Wrong About Change Management (Harvard Business Review). Online verfügbar unter https://hbr.org/2017/11/what-everyone-gets-wrong-about-Changemanagement, zuletzt geprüft am 23.02.2019.

Battilana, Julie; Casciaro Tiziana (2013): The Network Secrets of Great Change Agents (Harvard Business Review). Online verfügbar unter https://hbr.org/2013/07/the-network-secrets-of-great-change-agents, zuletzt geprüft am 23.02.2019.

Boaz; Nate; Fox, Erica Ariel (2014): Change leader, change thyself (McKinsey Quarterly). Online verfügbar unter https://www.mckinsey.com/featured-insights/leadership/change-leader-change-thyself, zuletzt geprüft am 23.02.2019.

Braun, Gesine; Domke, Britta; Höhmann, Ingmar; Kestel, Christina; Leitl, Michael (2016): Nur Mut. In: *Harvard Business Manager* (Sonderheft Change Management), S. 8–40. Online verfügbar unter http://www.harvardbusinessmanager.de/sonderheft/d-140072210.html, zuletzt geprüft am 23.02.2019.

Bruch, Heike; Schuler, Anna (2016): Mehr Energie für den Neustart (Harvard Business Manager Sonderheft Change Management). Online verfügbar unter http://www.harvardbusinessmanager.de/sonderheft/d-140072229.html, zuletzt geprüft am 23.02.2019.

Brzoska, Ina (2017): Konzentriert Euch! Leadership 2020. In: *Mercedes me.*

Christensen, Clayton M.; Marx, Matt; Stevenson, Howard H. (2006): The Tools of Cooperation and Change. Clayton M. ChristensenMatt MarxHoward H. Stevenson (Harvard Business Review). Online verfügbar unter https://hbr.org/2006/10/the-tools-of-cooperation-and-change, zuletzt geprüft am 23.02.2019.

Donovan, John; Benko, Cathy (2016): Inside AT&T's Radical Talent Overhaul (Harvard Business Review). Online verfügbar unter https://hbr.org/2016/10/atts-talent-overhaul, zuletzt geprüft am 23.02.2019.

Fuhrmann, Michael; Raith, Jürgen (2016): Veränderung von unten (Harvard Business Manager). Online verfügbar unter http://www.harvardbusinessmanager.de/heft/d-142518617.html, zuletzt geprüft am 23.02.2019.

Gairola, Arun (2003): Das Unternehmen umbauen (Harvard Business Manager). Online verfügbar unter http://www.harvardbusinessmanager.de/heft/d-28624627.html, zuletzt geprüft am 23.02.2019.

Gergs, Hans Joachim (2017): Change the Change. Managerseminare 5-2017, Hans Joachim Gergs, Change the Change, S 47. In: *Managerseminare* (230), S. 42–48.

Hamel, Gary; Zanini, Michele (2014): Build a change platform, not a change program (McKinsey Quarterly). Online verfügbar unter https://www.mckinsey.com/business-functions/organization/our-insights/build-a-change-platform-not-a-change-program, zuletzt geprüft am 09.03.2019.

Harvard Business Manager (2012): Ans Schenken denken. Interview mit Sebastian Kube, Professor für Verhaltensökonomie, Universität Bonn (Harvard Business Manager). Online verfügbar unter http://www.harvardbusinessmanager.de/heft/d-84505149.html, zuletzt geprüft am 13.02.2019.

Haupenthal, Frank; Kreutzer, Markus; Müller-Stewens, Günter (2014): Strategische Programme meistern (Harvard Business Manager). Online verfügbar unter http://www.harvardbusinessmanager.de/heft/d-124426734.html, zuletzt geprüft am 23.02.2019.

Hinterhuber, Hans H. (2011): Die 5 Gebote für exzellente Führung. Wie Ihr Unternehmen in guten und in schlechten Zeiten zu den Gewinnern zählt. Frankfurt am Main.: F.A.Z.-Inst. für Management- Markt- und Medieninformationen (Frankfurter Allgemeine Buch).

Immelt, Jeffrey R. (2017): Inside GE's Transformation. How I remade GE (Harvard Business Review). Online verfügbar unter https://hbr.org/2017/09/inside-ges-transformation, zuletzt geprüft am 12.02.2019.

Isern; Josep; Pung, Caroline (2007): Driving radical change (McKinsey Quarterly). Online verfügbar unter https://www.mckinsey.com/business-functions/organization/ourinsights/driving-radical-change, zuletzt geprüft am 23.02.2019.

Kotter, John P. (2009): Das Prinzip Dringlichkeit. Schnell und konsequent handeln im Management. Frankfurt, M.: Campus-Verl.

Kotter, John P. (2012): Accelerate! Online verfügbar unter https://hbr.org/2012/11/accelerate, zuletzt geprüft am 23.02.2019.

Lawson, Emily; Price, Colin (2003): The psychology of change management (McKinsey Quarterly). Online verfügbar unter https://www.mckinsey.com/business-functions/organization/our-insights/the-psychology-of-Changemanagement, zuletzt geprüft am 23.02.2019.

Lindsay, Blake; Smit, Eugéne; Waugh, Nick (2018): How the implementation of organizational change is evolving (McKinsey Survey). Online verfügbar unter https://www.mckinsey.com/business-functions/mckinsey-implementation/our-insights/how-the-implementation-of-organizational-change-is-evolving, zuletzt geprüft am 23.02.2019.

Prahalad, C. K. (2010): Column: Why Is It So Hard to Tackle the Obvious? (Harvard Business Review). Online verfügbar unter https://hbr.org/2010/06/column-why-is-it-so-hard-to-tackle-the-obvious, zuletzt geprüft am 23.02.2019.

Pustkowski, Raphael; Scott, Jesse; Tesvic, Joseph (2014): Why implementation matters (McKinsey Survey). Online verfügbar unter https://www.mckinsey.com/business-functions/operations/our-insights/why-implementation-matters, zuletzt geprüft am 23.02.2019.

Schmitz, Christof (2004): Widerstand ist nicht zwecklos (Harvard Business Manager). Online verfügbar unter http://www.harvardbusinessmanager.de/heft/d-29766395.html, zuletzt geprüft am 23.02.2019.

Wirtschaftswoche (2016): Changemanagement, Veränderung lässt Mitarbeiter abwandern. Online verfügbar unter www.wiwo.de, zuletzt geprüft am 01.09.2016.

The manufacturer's authorised representative in the EU is Springer
Nature Customer Service Centre GmbH, Europaplatz 3, 69115 Heidelberg,
Germany. If you have any concerns regarding our products, please
contact ProductSafety@springernature.com

Printed and bound by CPI Group (UK) Ltd, Croydon, CR0 4YY
24/04/2026
02096311-0018